理论法全解

2025年国家法律职业资格考试

客观

高晖云 编著

那流泪播种的，
必欢呼收割。

高晖云

中国政法大学出版社
2025·北京

功崇惟志　业广惟勤

厚大在线

硬核干货：八大学科学习方法、新旧大纲对比及增删减总结、考前三页纸等你解锁。

定期直播：备考阶段计划、心理疏导、答疑解惑，专业讲师与你相约"法考星期天"直播间。

免费课堂：图书各阶段配套名师课程的听课方式，课程更新时间获取，法考必备通关神器。

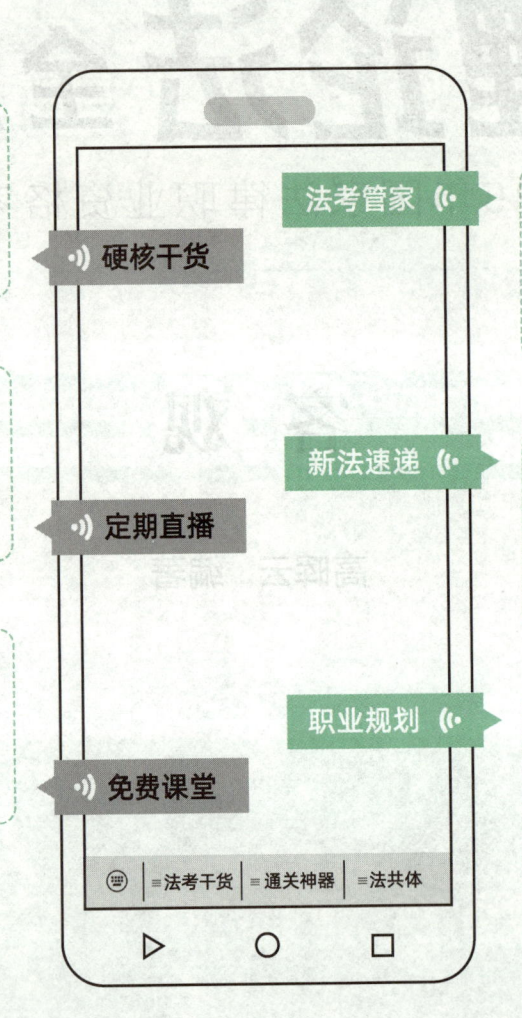

法考管家：法考公告发布、大纲出台、主客观报名时间、准考证打印等，法考大事及时提醒。

新法速递：新修法律法规、司法解释实时推送，最高院指导案例分享；牢牢把握法考命题热点。

职业规划：了解各地实习律师申请材料、流程，律师执业手册等，分享法律职业规划信息。

更多信息
关注厚大在线

HOUDA

代 总 序
GENERAL PREFACE

做法治之光
——致亲爱的考生朋友

如果问哪个群体会真正认真地学习法律，我想答案可能是备战法考的考生。

当厚大的老总力邀我们全力投入法考的培训事业，他最打动我们的一句话就是：这是一个远比象牙塔更大的舞台，我们可以向那些真正愿意去学习法律的同学普及法治的观念。

应试化的法律教育当然要帮助同学们以最便捷的方式通过法考，但它同时也可以承载法治信念的传承。

一直以来，人们习惯将应试化教育和大学教育对立开来，认为前者不登大雅之堂，充满填鸭与铜臭。然而，没有应试的导向，很少有人能够真正自律到系统地学习法律。在许多大学校园，田园牧歌式的自由放任也许能够培养出少数的精英，但不少学生却是在游戏、逃课、昏睡中浪费生命。人类所有的成就靠的其实都是艰辛的训练；法治建设所需的人才必须接受应试的锤炼。

应试化教育并不希望培养出类拔萃的精英，我们只希望为法治建设输送合格的人才，提升所有愿意学习法律的同学整体性的法律知识水平，培育真正的法治情怀。

厚大教育在全行业中率先推出了免费视频的教育模式，让优质的教育从此可以遍及每一个有网络的地方，经济问题不会再成为学生享受这些教育资源的壁垒。

最好的东西其实都是免费的，阳光、空气、无私的爱，越是弥足珍贵，越是免费的。我们希望厚大的免费课堂能够提供最优质的法律教育，一如阳光遍洒四方，带给每一位同学以法律的温暖。

没有哪一种职业资格考试像法考一样，科目之多、强度之大令人咂舌，这也是为什么通过法律职业资格考试是每一个法律人的梦想。

法考之路，并不好走。有沮丧、有压力、有疲倦，但愿你能坚持。

坚持就是胜利，法律职业资格考试如此，法治道路更是如此。

当你成为法官、检察官、律师或者其他法律工作者，你一定会面对更多的挑战、更多的压力，但是我们请你持守当初的梦想，永远不要放弃。

人生短暂，不过区区三万多天。我们每天都在走向人生的终点，对于每个人而言，我们最宝贵的财富就是时间。

感谢所有参加法考的朋友，感谢你愿意用你宝贵的时间去助力中国的法治建设。

我们都在借来的时间中生活。无论你是基于何种目的参加法考，你都被一只无形的大手抛进了法治的熔炉，要成为中国法治建设的血液，要让这个国家在法治中走向复兴。

数以万计的法条，盈千累万的试题，反反复复的训练。我们相信，这种貌似枯燥机械的复习正是对你性格的锤炼，让你迎接法治使命中更大的挑战。

  亲爱的朋友，愿你在考试的复习中能够加倍地细心。因为将来的法律生涯，需要你心思格外的缜密，你要在纷繁芜杂的证据中不断搜索，发现疑点，去制止冤案。

  亲爱的朋友，愿你在考试的复习中懂得放弃。你不可能学会所有的知识，抓住大头即可。将来的法律生涯，同样需要你在坚持原则的前提下有所为、有所不为。

  亲爱的朋友，愿你在考试的复习中沉着冷静。不要为难题乱了阵脚，实在不会，那就绕道而行。法律生涯，道阻且长，唯有怀抱从容淡定的心才能笑到最后。

法律职业资格考试不仅仅是一次考试，它更是你法律生涯的一次预表。

我们祝你顺利地通过考试。

不仅仅在考试中，也在今后的法治使命中——

不悲伤、不犹豫、不彷徨。

但求理解。

厚大®全体老师　谨识

前　言

本书的写作初衷就是解决理论法学书看不完、课听不完的痛点。为此，我把16年讲授法考的经验浓缩成为本书——就这一本书，知识都够用。

本书共五编，分别对应理论法学的五个学科：第一编"法理学"、第二编"宪法学"、第三编"中国法律史"、第四编"习近平法治思想"、第五编"司法制度和法律职业道德"。

本书编下分章、章下分节，每一编、每一章之下均有思维导图，脉络清晰、内容明了。每一编下的思维导图是知识的"骨架"，直观呈现该编所包括的章、节，每一章节均附上我总结的核心句，一句话让你掌握本章、本节的精髓和神韵。每一章节的思维导图是知识的"血肉"，具体展示了该章节知识的内容，这里尤其要注意思维导图右侧的概括，它们直接指向考试重点、难点和命题规律、陷阱。建议大家认真揣摩这些思维导图，从整体上掌握知识边界，避免复习到后期把知识点记混了。

本书的正文以"考点+举例"的方式写作，直击考点、形象直观。考点用字为宋体；举例用字为仿宋体，且以"例如"等起头。在考点部分，关键字词均以下划波浪线标出，建议大家读完一节后，就将这些关键字词直接抄到本章节的思维导图上，感受一下纲举目张、豁然开朗，体验一把立地飞升、欲罢不能。举例务必看懂，理论法学比其他科目更抽象，因而更需要直白生动的例子。如果立足于我的举例再进一步、举一反三，那么，你就是学霸。

本书的正文中有"注意"字样，它们对应着考试的难点和陷阱，被真题反复考查、运用，虽然它们的数量不算多，但是，掌握到位了就能集腋成裘、聚沙成塔，掌握不到位就可能一招不慎、功亏一篑。

本书中的"记忆口诀"是考点背诵的捷径。记忆口诀一般以细黑字在正文中单独列出，部分记忆口诀附在思维导图右侧——它们放在那里更直观，宪法学、司法制度和法律职业道德的少量记忆口诀放在表格中。记忆口诀必须反复背诵，因为记忆是通关之母，重复是记忆之祖。

本书中的"经典真题"都是高频考题，它们所对应的知识点被反复考查。经典真题主要有两种：一种是针对某一个考点，另一种是综合考查数个考点，跨越了章节界限。做真题时，对于后一种真题须下足功夫。此外，如果某一考点之下列举了两道以上的真题，这一处就是绝对的重点！真题的用法是结合知识点，正误都要弄懂——要弄清选项为什么错，更要弄清选项为什么对，否则"正误一换，全都白干"。

本书怎么用？不同用法造就不同段位，如下表所示：

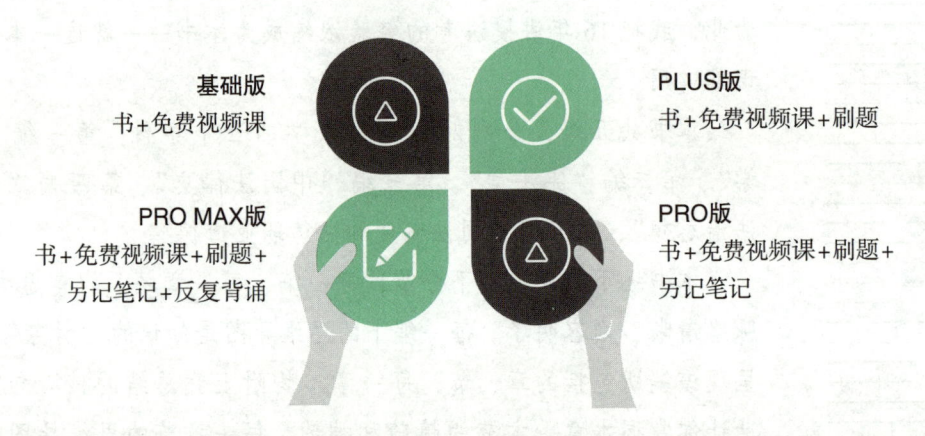

基础版
书+免费视频课

PLUS版
书+免费视频课+刷题

PRO MAX版
书+免费视频课+刷题+
另记笔记+反复背诵

PRO版
书+免费视频课+刷题+
另记笔记

上图中的"刷题"是指刷有效真题，并不是刷所有真题，随着考纲、法律的修改，好些真题都过时了。一般来说，"近5年的真题刷3遍"，或者"近3年的真题刷5遍"，刷到疑难问题，就来问问老师。我把两个二维码放在前言的结尾处，找我就扫码。

本书最大的特色就是浅显直白。它适用于理论法学小白、非法本、零基础等各种对理论法学不适应的人群。为此，本书以生动的语言、传神的案例来解说考点，如果文字的效果不够生动，就配上图画——效果好不好，用过都知道。

用好本书的法门就六个字：抠字眼、讲逻辑。本书中的重点字眼都有相应标注，不同字眼对应着不同的逻辑。在客观题的考题中，往往一字之差，就有天壤之别。因此，看书、听课，一定要注意字眼和逻辑。

得理论法者，得天下也。理论法学是法考八科中性价比最高的学科，分值最大、难度最小。

理论法学的分值如下图所示：

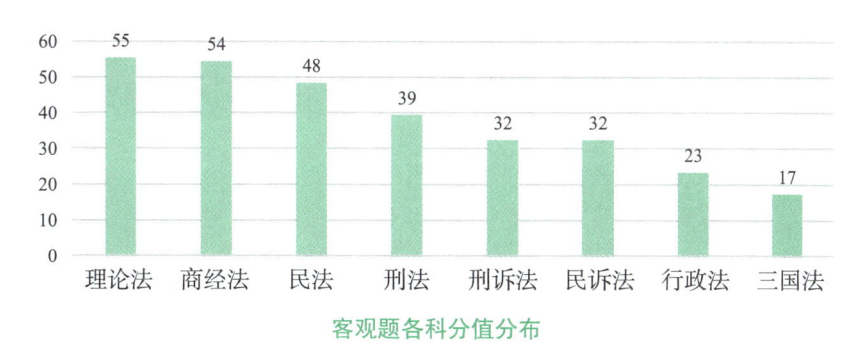

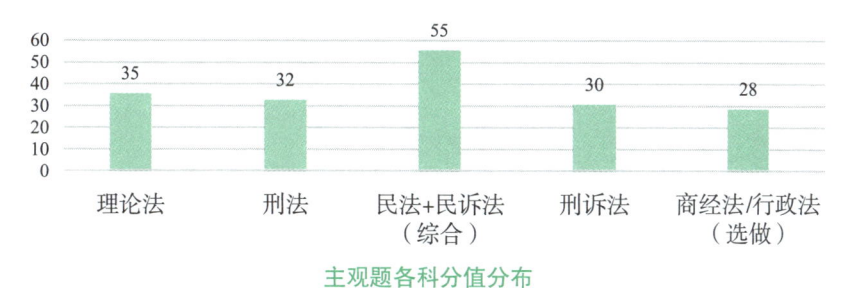

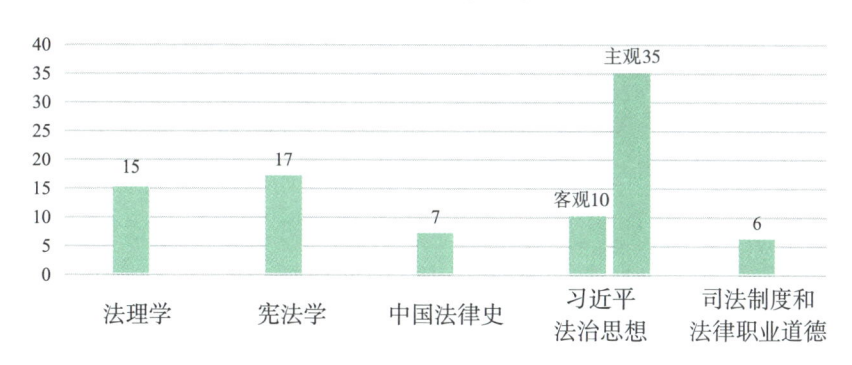

客观题各科分值分布

科目	分值
理论法	55
商经法	54
民法	48
刑法	39
刑诉法	32
民诉法	32
行政法	23
三国法	17

主观题各科分值分布

科目	分值
理论法	35
刑法	32
民法+民诉法（综合）	55
刑诉法	30
商经法/行政法（选做）	28

理论法学各科分值分布

科目	分值
法理学	15
宪法学	17
中国法律史	7
习近平法治思想	客观10、主观35
司法制度和法律职业道德	6

最后，祝大家顺利通关！

理论法高晖云

高小云管理员

高晖云

2025 春于成都寓所

目 录 CONTENTS

01 第一部分 金点系统精讲

第 1 编 法理学

第 1 章 法的本体 003

第 1 节 法的概念 ·· 003
第 2 节 法的价值 ·· 011
第 3 节 法的要素 ·· 015
第 4 节 法的渊源 ·· 025
第 5 节 法的效力 ·· 031
第 6 节 法律部门与法律体系 ·· 035
第 7 节 法律关系 ·· 037
第 8 节 法律责任 ·· 041

第 2 章 法的运行 046

第 1 节 法的制定与法的实施 ·· 046
第 2 节 法适用的一般原理 ·· 050
第 3 节 法律解释 ·· 054

| 第 4 节 | 法律推理 | 057 |
| 第 5 节 | 法律漏洞的填补 | 061 |

第 3 章 法的演进 — 064

第 1 节	法的起源	064
第 2 节	法的发展	066
第 3 节	法的现代化	068

第 4 章 法与社会 — 070

| 第 1 节 | 法与社会的一般理论 | 070 |
| 第 2 节 | 法与经济、政治、道德 | 071 |

第 2 编 宪 法 学

第 1 章 宪法基本理论 — 075

第 1 节	宪法的概念	076
第 2 节	宪法的基本原则	079
第 3 节	宪法的渊源与宪法典的结构	081
第 4 节	宪法规范与宪法效力	083

第 2 章 我国宪法的制定、实施、监督和宪法宣誓 — 086

第 1 节	我国宪法的制定	087
第 2 节	我国宪法的实施	088
第 3 节	我国宪法的监督	092
第 4 节	宪法宣誓	096

第 3 章 国家的基本制度 — 098

第 1 节	基本政治制度	099
第 2 节	基本经济制度	101
第 3 节	基本文化制度	103
第 4 节	基本社会制度	104
第 5 节	国家结构形式	106

第 6 节	国家标志	107
第 7 节	人大代表选举制度	109
第 8 节	民族区域自治制度	114
第 9 节	特别行政区制度	115
第 10 节	基层群众自治制度	119

第 4 章 公民的基本权利和义务 122

| 第 1 节 | 我国公民的基本权利 | 123 |
| 第 2 节 | 我国公民的基本义务 | 127 |

第 5 章 国家机构 128

第 1 节	国家机构概述	128
第 2 节	全国人大和全国人大常委会	130
第 3 节	地方各级人大和人大常委会	137
第 4 节	专门委员会和调查委员会	140
第 5 节	国务院和地方各级人民政府	141
第 6 节	国家主席、中央军事委员会	143
第 7 节	监察委员会、人民法院和人民检察院	144

第 3 编 中国法律史

第 1 章 法律思想和立法活动 147

| 第 1 节 | 法律思想 | 148 |
| 第 2 节 | 立法活动 | 153 |

第 2 章 主要法典及其内容 154

第 1 节	《法经》与魏晋南北朝律典	155
第 2 节	隋唐宋时期的法典	156
第 3 节	明清时期的法典	158
第 4 节	清末修律与民国时期的法典	159
第 5 节	中国共产党民主政权宪法性文件	161

第 3 章 刑事法律制度　164

第 1 节　法律适用原则 …………………………………………………… 165
第 2 节　罪　　名 ………………………………………………………… 167
第 3 节　刑　　罚 ………………………………………………………… 168

第 4 章 民事法律制度　170

第 1 节　契　　约 ………………………………………………………… 171
第 2 节　婚　　姻 ………………………………………………………… 171
第 3 节　继　　承 ………………………………………………………… 173

第 5 章 司法制度　174

第 1 节　司法机关 ………………………………………………………… 175
第 2 节　诉讼制度 ………………………………………………………… 179

第 4 编　习近平法治思想

第 1 章 习近平法治思想的形成发展及重大意义　186

第 1 节　习近平法治思想的形成发展 …………………………………… 187
第 2 节　习近平法治思想的重大意义 …………………………………… 190

第 2 章 习近平法治思想的核心要义（"十一个坚持"）　192

第 1 节　坚持党对全面依法治国的领导 ………………………………… 193
第 2 节　坚持以人民为中心 ……………………………………………… 194
第 3 节　坚持中国特色社会主义法治道路 ……………………………… 195
第 4 节　坚持依宪治国、依宪执政 ……………………………………… 196
第 5 节　坚持在法治轨道上推进国家治理体系和治理能力现代化 …… 198
第 6 节　坚持建设中国特色社会主义法治体系 ………………………… 200
第 7 节　坚持依法治国、依法执政、依法行政共同推进，法治国家、
　　　　 法治政府、法治社会一体建设 ………………………………… 202
第 8 节　坚持全面推进科学立法、严格执法、公正司法、全民守法 …… 204
第 9 节　坚持统筹推进国内法治和涉外法治 …………………………… 205

第 10 节　坚持建设德才兼备的高素质法治工作队伍 …………………… 207

第 11 节　坚持抓住领导干部这个"关键少数" …………………………… 208

第 3 章　习近平法治思想的实践要求　210

第 1 节　充分发挥法治对经济社会发展的保障作用 …………………… 211

第 2 节　正确认识和处理全面依法治国一系列重大关系 ……………… 212

第 5 编　司法制度和法律职业道德

第 1 章　司法制度和法律职业道德概述　215

第 1 节　中国特色社会主义司法制度概述 ……………………………… 216

第 2 节　法律职业与法律职业道德概述 ………………………………… 218

第 2 章　审判制度和法官职业道德　220

第 1 节　审判制度概述 …………………………………………………… 221

第 2 节　法官职业道德 …………………………………………………… 223

第 3 章　检察制度和检察官职业道德　226

第 1 节　检察制度概述 …………………………………………………… 227

第 2 节　检察官职业道德 ………………………………………………… 228

第 4 章　律师制度和律师职业道德　230

第 1 节　律师制度 ………………………………………………………… 231

第 2 节　律师职业道德 …………………………………………………… 233

第 3 节　法律援助制度 …………………………………………………… 234

第 5 章　公证制度和公证员职业道德　237

第 1 节　公证制度 ………………………………………………………… 237

第 2 节　公证员职业道德 ………………………………………………… 239

第 6 章　其他法律职业人员职业道德　241

第 1 节　其他法律职业人员概述 ………………………………………… 241

第 2 节　其他法律职业人员职业道德 …………………………………… 242

02 第二部分 金题配套练习

第 1 编 法理学

- 第 1 章 法的本体 ················· 245
- 第 2 章 法的运行 ················· 259
- 第 3 章 法的演进 ················· 271
- 第 4 章 法与社会 ················· 273
- 答案及解析 ····················· 274

第 2 编 宪法学

- 第 1 章 宪法基本理论 ··············· 313
- 第 2 章 我国宪法的制定、实施、监督和宪法宣誓 ·· 315
- 第 3 章 国家的基本制度 ············· 319
- 第 4 章 公民的基本权利和义务 ········· 329
- 第 5 章 国家机构 ················· 332
- 答案及解析 ····················· 336

第 3 编 中国法律史

- 第 1 章 法律思想和立法活动 ··········· 372
- 第 2 章 主要法典及其内容 ············ 373
- 第 3 章 刑事法律制度 ·············· 375
- 第 4 章 民事法律制度 ·············· 376
- 第 5 章 司法制度 ················· 379
- 答案及解析 ····················· 382

第 4 编　习近平法治思想

第 1 章　习近平法治思想的形成发展及重大意义 …………………………………… 394

第 2 章　习近平法治思想的核心要义 …………………………………………………… 395

第 3 章　习近平法治思想的实践要求 …………………………………………………… 398

答案及解析 ……………………………………………………………………………… 399

第 5 编　司法制度和法律职业道德

第 1 章　司法制度和法律职业道德概述 ………………………………………………… 406

第 2 章　审判制度和法官职业道德 ……………………………………………………… 410

第 3 章　检察制度和检察官职业道德 …………………………………………………… 413

第 4 章　律师制度和律师职业道德 ……………………………………………………… 415

第 5 章　公证制度和公证员职业道德 …………………………………………………… 419

第 6 章　其他法律职业人员职业道德 …………………………………………………… 420

答案及解析 ……………………………………………………………………………… 421

附赠　金句180 …………………………………………………………………………… 441

第一部分
PART 1

金点系统精讲

第一编

法 理 学

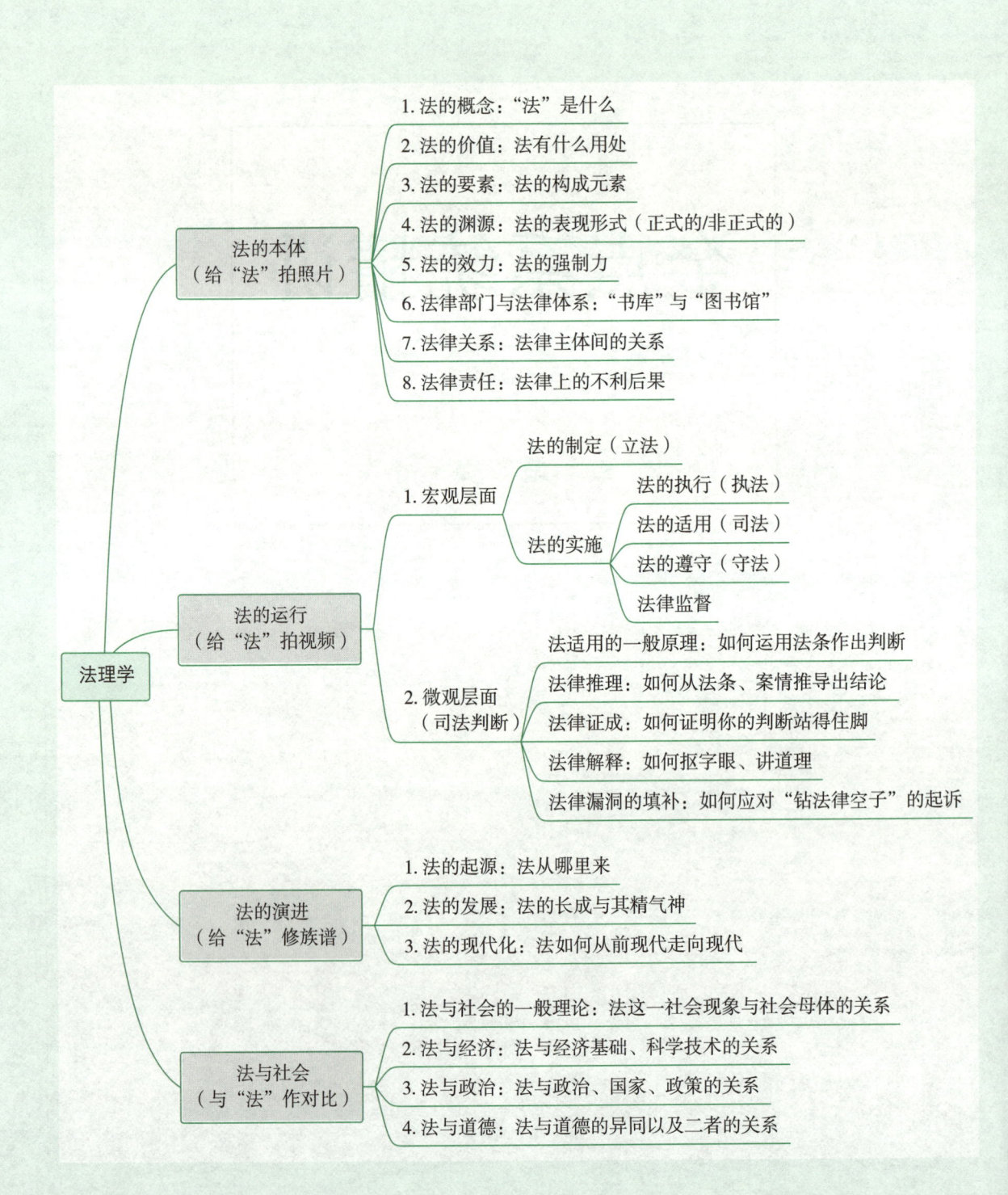

- **法理学**
  - **法的本体（给"法"拍照片）**
    - 1. 法的概念："法"是什么
    - 2. 法的价值：法有什么用处
    - 3. 法的要素：法的构成元素
    - 4. 法的渊源：法的表现形式（正式的/非正式的）
    - 5. 法的效力：法的强制力
    - 6. 法律部门与法律体系："书库"与"图书馆"
    - 7. 法律关系：法律主体间的关系
    - 8. 法律责任：法律上的不利后果
  - **法的运行（给"法"拍视频）**
    - 1. 宏观层面
      - 法的制定（立法）
      - 法的实施
        - 法的执行（执法）
        - 法的适用（司法）
        - 法的遵守（守法）
      - 法律监督
    - 2. 微观层面（司法判断）
      - 法适用的一般原理：如何运用法条作出判断
      - 法律推理：如何从法条、案情推导出结论
      - 法律证成：如何证明你的判断站得住脚
      - 法律解释：如何抠字眼、讲道理
      - 法律漏洞的填补：如何应对"钻法律空子"的起诉
  - **法的演进（给"法"修族谱）**
    - 1. 法的起源：法从哪里来
    - 2. 法的发展：法的长成与其精气神
    - 3. 法的现代化：法如何从前现代走向现代
  - **法与社会（与"法"作对比）**
    - 1. 法与社会的一般理论：法这一社会现象与社会母体的关系
    - 2. 法与经济：法与经济基础、科学技术的关系
    - 3. 法与政治：法与政治、国家、政策的关系
    - 4. 法与道德：法与道德的异同以及二者的关系

法的本体 第1章

第1节 法的概念

[举个例子] 清末民初时，小镇上的老六媳妇偷了汉子，老六气不过，把奸夫打成轻伤。奸夫将老六告上县衙，县知事打算按国法判老六故意伤害罪。对此，坊间议论纷纷：

甲说："得按国家规定的法律来判，因为国法最有权威。"

乙说："得按镇上的老规矩来判，因为老规矩得到了老百姓的认可和遵守。"

丙说："不能拿缺德的规矩来判，因为缺德的规矩算不得是规矩，国法亦然。"

丁说："甲、乙、丙说的都有点道理，但是都不全面，要按不缺德、有权威、大家都遵守的规矩来判。"

你认同哪一个观点？

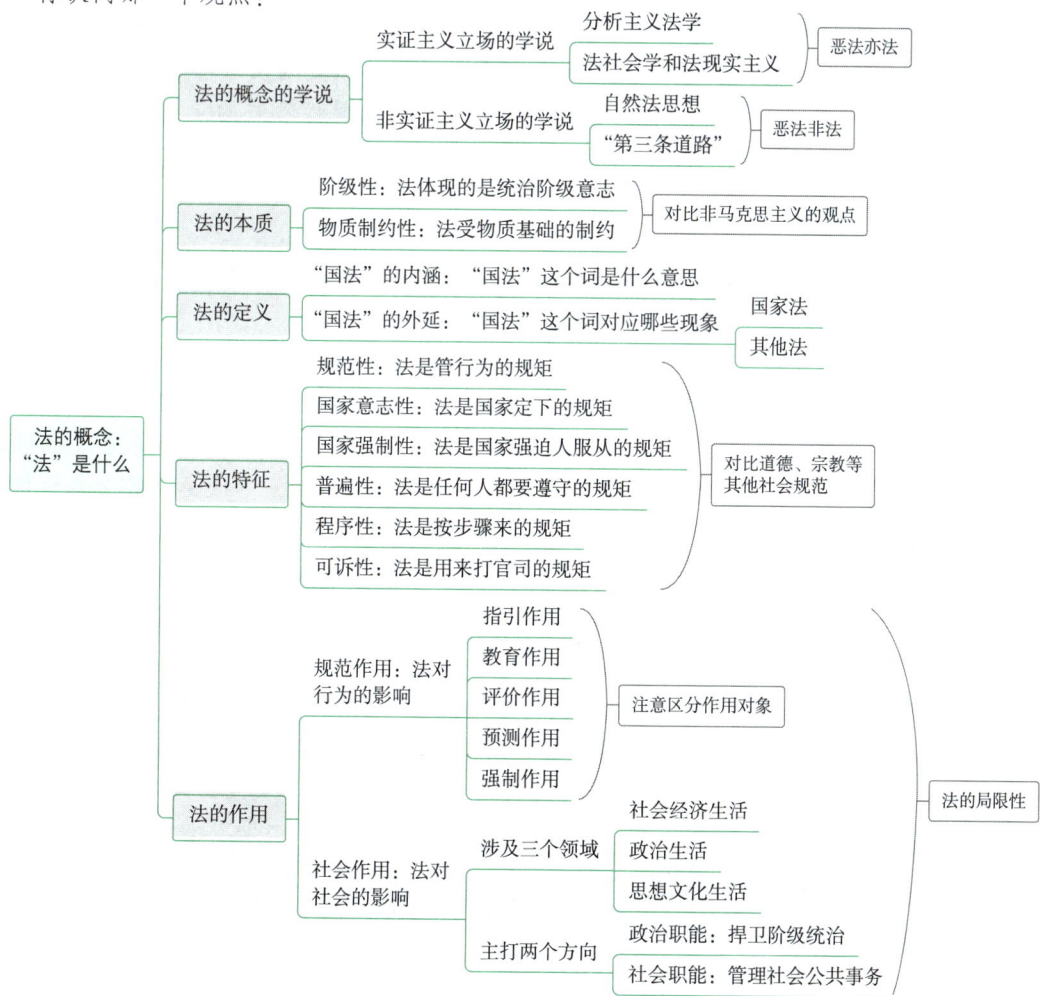

法的概念："法"是什么
- 法的概念的学说
  - 实证主义立场的学说
    - 分析主义法学
    - 法社会学和法现实主义 — 恶法亦法
  - 非实证主义立场的学说
    - 自然法思想
    - "第三条道路" — 恶法非法
- 法的本质
  - 阶级性：法体现的是统治阶级意志
  - 物质制约性：法受物质基础的制约
  - 对比非马克思主义的观点
- 法的定义
  - "国法"的内涵："国法"这个词是什么意思
  - "国法"的外延："国法"这个词对应哪些现象
    - 国家法
    - 其他法
- 法的特征
  - 规范性：法是管行为的规矩
  - 国家意志性：法是国家定下的规矩
  - 国家强制性：法是国家强迫人服从的规矩
  - 普遍性：法是任何人都要遵守的规矩
  - 程序性：法是按步骤来的规矩
  - 可诉性：法是用来打官司的规矩
  - 对比道德、宗教等其他社会规范
- 法的作用
  - 规范作用：法对行为的影响
    - 指引作用
    - 教育作用
    - 评价作用 — 注意区分作用对象
    - 预测作用
    - 强制作用
  - 社会作用：法对社会的影响
    - 涉及三个领域
      - 社会经济生活
      - 政治生活
      - 思想文化生活
    - 主打两个方向
      - 政治职能：捍卫阶级统治
      - 社会职能：管理社会公共事务
  - 法的局限性

法理学 精讲

一、法的概念的学说

"法的概念"的学说，就是"法是什么"的学说。对于"法是什么"，古今中外的不同学说有不同的看法，其根本分歧在于法与道德是否存在概念上的必然联系，换句话来说，就是在讨论"法"的时候，要不要考虑道德因素。

据此，可以将各学说大致划分为两大立场：

- 俺只认权威定的规矩
- 俺只认实际有用的规矩
- 俺只认不缺德的规矩
- 前面说的，俺全收！

实证主义立场（恶法亦法）　　非实证主义立场（恶法非法）

（一）实证主义立场

实证主义立场认为法与道德在概念上不存在必然联系，故"恶法亦法"——不道德的、邪恶的法是法，仍然具有法律效力。因此，违反那些不道德的法律，也构成"违法"。例如，《悲惨世界》中，冉阿让为了养活7个孩子而偷窃一块面包，被判刑5年，警探沙威笃信"法律就是法律"，无需考虑道德因素，认定冉阿让是罪犯。警探沙威的观点属于实证主义立场。

> **抠字眼、讲逻辑**
>
> 法与道德"在概念上不存在必然联系"，不等于法与道德在任何层面上都不存在联系。

1. 分析主义法学。其以"权威性制定"为首要定义要素（即首先要考虑的因素）。也就是说，判断一个规范是不是"法"，首先看这个规范是不是权威制定的，只要是权威机关（如立法机关）制定的规范，就算它"缺德"，它也是"法"。例如，甲认为，对于老六打伤奸夫的行为，可以依据当时的国法作出判决，因为"国法"是最大的权威所定的规范，它才是真正的"法"。这就是分析主义法学的观点。

2. 法社会学和法现实主义。其以"社会实效"为首要定义要素。也就是说，判断一个规范是不是"法"，首先看这个规范有没有实际的社会效果（如人们都服从这个规范），有实际效果的话，就算它"缺德"，就算它不是由权威机关制定，它也是"法"。例如，乙认为，对于老六打伤奸夫的行为，可以依据当地通行的习惯作出判决，因为"当地通行的习惯"是生活中实际通行的规范，它才是真正的"法"。这就是法社会学和法现实主义的观点。

（二）非实证主义立场

非实证主义立场认为法与道德在概念上存在必然联系，故"恶法非法"——不道德的、邪恶的法不是法，不具有法律效力。因此，违反那些不道德的法律，不构成"违法"。例如，

《悲惨世界》中，冉阿让为了养活7个孩子而偷窃一块面包，被判刑5年，他认为法律不道德、不公正，屡次越狱，最终被加刑至19年。出狱后，冉阿让逃离指定居住地，改名换姓、舍己救人、扶危济困。冉阿让认为当时的法律不道德，无需遵守，其观点属于非实证主义立场。

1. 自然法思想。其以"内容的正确性"（即道德）为唯一定义要素（即唯一要考虑的因素）。也就是说，判断某个规范是不是"法"，就看它缺不缺德，只要是"缺德"的规范，不管它是权威机关制定的，还是有实际的社会效果，它都不是法。例如，丙认为，对于老六打伤奸夫的行为，只能依据不"缺德"的规范作出判决，因为只有符合道德的规范，才是真正的"法"。这就是自然法思想的观点。

传统的自然法理论通常关注"高级法"。"高级法"，是指体现了最普遍德性的法，它高于"人定法"，通常包括自然法、神定法。古代法律传统往往以"高级法"批判"人定法"。例如，皇帝昏庸无道、倒行逆施时，就有人喊出"替天行道"的口号，以"天道"的名义批判、对抗皇帝的做法，此处的"天道"即"高级法"。又如，古希腊戏剧《安提戈涅》中，波吕涅克斯被国王下令处死并暴尸田野、不得下葬，可是波吕涅克斯的妹妹安提戈涅却以"天条"为由埋葬了其兄，并质疑、批判国王说："（你）一个凡人，竟敢僭越诸神不成文的且永恒不衰的法?!"在这里，"天条"也是"高级法"。

2. "第三条道路"。其以"内容的正确性"（即道德）与"权威性制定""社会实效"同时作为定义要素。也就是说，判断某个规范是不是"法"，要综合来看，不能失之片面。例如，丁认为，对于老六打伤奸夫的行为，只能依据不"缺德"、有权威或者有实效的规范作出判决，因为这样的规范才是真正的"法"。这就是"第三条道路"的观点。

> 📖 注意："第三条道路"引入道德作为判断因素，所以它属于非实证主义立场。但是，"第三条道路"并不认为自己是传统的自然法思想，而只承认自己是非实证主义立场。

> 道德立场非实证，
> 实证立场不道德。
> 分权社效自然法，
> 兼容并包看斑马。

二、法的本质：马克思主义的基本观点

（一）阶级性

1. 法主要体现的是统治阶级意志。例如，习近平总书记指出："我们党领导人民制定的宪法，集中了人民智慧，体现了全体人民共同意志。"

抠字眼、讲逻辑

> 虽然法具有一定的公共性、中立性，但是它反映的"意志"只能是统治阶级意志，而不能是被统治阶级意志，它充其量只是反映了被统治阶级的某些愿望和要求。

2. 法所体现的"统治阶级意志"仅仅是统治阶级的整体意志、共同意志，而不是统治阶级中单个成员的意志，也不是所有成员意志的简单相加。例如，老六虽然是统治阶级的一个成员，但是老六的个人意志并不等于"统治阶级意志"。

3. 统治阶级通过国家机关把整体意志、共同意志上升为国家意志，把它们变成法律规定。例如，法律和政策都是"统治阶级意志"，二者的区别在于，法律是通过国家表达的统治阶级意志，政策是通过政党表达的统治阶级意志。

（二）物质制约性

1. **物质基础决定法**。法的内容受社会存在制约，最终由一定社会物质生活条件决定，俗称"经济基础决定上层建筑"，因此，"立法者不是在创造法律，而只是在表述法律"，立法者不可能脱离特定的物质生活条件而随心所欲地创造法律。例如，在奴隶制社会中，无论统治者有多大的能耐，也不可能创造出社会主义社会的法律。

2. **法对物质基础有相对独立性**。法不仅受社会物质生活条件的制约，还受其他因素的影响。例如，电影《刮痧》中，旅居美国的中国家庭按照中国传统给孩子刮痧，却被美国法律认为是虐待儿童，因此剥夺了父亲对孩子的监护权。在这里，显然是文化因素而非物质因素制约着法律。

记忆口诀 法的本质是"接人待物"：阶（级）、物（质）。

三、法的定义：国法

"国法"，即特定国家现行有效的法，包括以下四种形式：

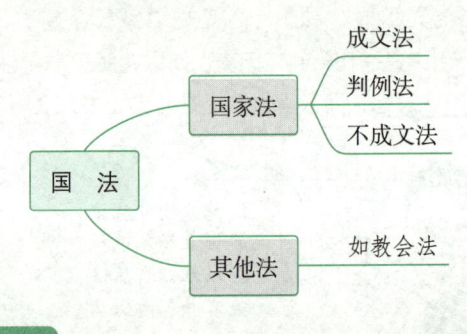

```
               ┌─ 成文法
         ┌─ 国家法 ─┼─ 判例法
国  法 ──┤        └─ 不成文法
         └─ 其他法 ── 如教会法
```

抠字眼、讲逻辑

"国法"不等于"国家法"，不等于"国家立法机关创制的法"。

（一）成文法

成文法是指国家立法机关制定的条文化、法典化的法律。例如，我国全国人大制定的《宪法》《民法典》。

（二）判例法

判例法是指国家审判机关（法院）或法官在判决中创制的法。例如，英美国家的普通法、衡平法。

（三）不成文法

不成文法是指国家通过一定方式认可的习惯法。例如，我国"以宪法修正案方式修改宪法"的习惯在1982年《宪法》修正时确立，它并未在宪法条文中予以明确规定，但是在实际政治生活中，它得到了国家认可并为国家机关、政党及公众普遍遵循。当今世界各国广泛存在的宪法惯例都属于不成文法。

（四）其他执行国法职能的法

其他执行国法职能的法，是指除了以上三种形式之外的其他的现行有效的法。例如，教会法，中世纪的教会法通行于当时的欧洲多国，执行着国法的职能。

记忆口诀 国法的形式包括"你闻不闻他"：（判）例、（成）文、不（成）文、（其）他。

四、法的特征

（一）规范性

法是调整人的行为的一种社会规范。

1. **法仅调整行为。**一般而言，法仅调整行为而不调整思想，这明显区别于道德、宗教等其他社会规范。例如，"万恶淫为首"，法律对此是"论迹不论心"，也就是说，有"淫心"无"淫行"的话，法律是不管的。但是，道德、宗教等其他社会规范对此是"论心也论迹"，有"淫行"要惩罚，有"淫心"也免不了惩罚。

2. **法调整关系行为。**法调整交互行为、涉他行为，一般不调整自涉行为（如自残、自虐）。例如，老六恨自己长得太帅，屡屡对社会造成不良影响，于是猛抽自己大嘴巴子，这并不构成违法。但是，老六恨他人长得太帅，可能对社会造成不良影响，于是猛抽他人大嘴巴子，这就构成违法。

注意： 道德规范、宗教规范不同于法律规范，它们既调整涉他行为，也调整自涉行为。例如，法律规范一般不调整自毁、自伤、自虐、自杀行为，但传统中国的道德规范强调"身体发肤，受之父母，不敢毁伤"，西方基督教规范多有反对自杀的表述。

3. **法属于社会规范。**法作为社会规范，不同于技术规范和自然法则。

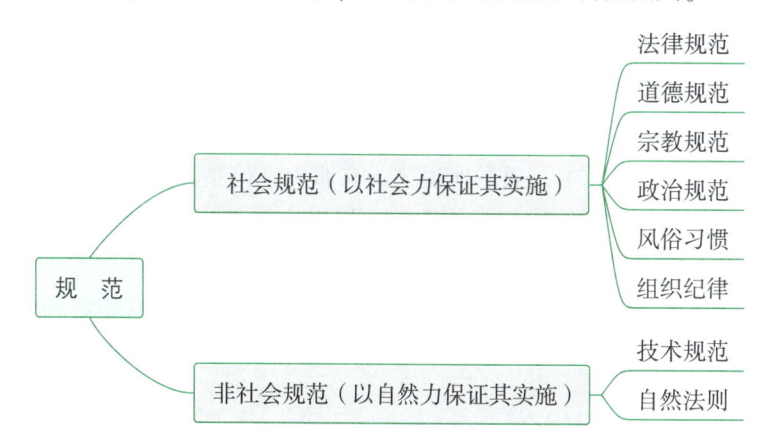

```
                                    ┌─ 法律规范
                                    ├─ 道德规范
                                    ├─ 宗教规范
              ┌─ 社会规范（以社会力保证其实施）─┤
              │                     ├─ 政治规范
              │                     ├─ 风俗习惯
  规 范 ──────┤                     └─ 组织纪律
              │
              │                     ┌─ 技术规范
              └─ 非社会规范（以自然力保证其实施）┤
                                    └─ 自然法则
```

注意：

（1）社会力与自然力的区别在于，社会力是人类所能控制的力量，自然力则不然。因此，法所运用的国家强制力属于社会力而非自然力。例如，依法执行死刑的方式可以是注射、枪决，却不能是用雷电劈死、用地震震死、用海啸卷死。

（2）法律规范可以吸收技术规范的内容，形成"技术法规"。例如，一般情形下，胚胎基因编辑属于技术规范的内容，但是，根据我国《刑法》第336条之一的规定，将基因编辑、克隆的人类胚胎植入人体或者动物体内，或者将基因编辑、克隆的动物胚胎植入人体内，情节严重的，构成非法植入基因编辑、克隆胚胎罪。这就是法律规范吸收了技术规范。

（二）国家意志性

法是由国家制定或认可的社会规范。

1. 制定，即国家立法机关按照法定程序创制法律规范。例如，1949年新中国成立之时，我国并没有宪法，1954年第一届全国人民代表大会第一次会议制定了新中国第一部宪法——"五四宪法"。

2. 认可，即国家通过一定的方式承认非法律规范（道德规范、宗教规范、政治规范、风俗习惯、组织纪律等）具有法律效力。它又分为两种方式：立法认可、司法认可。

（1）立法认可：又叫明示认可，即国家立法机关（全国人大、全国人大常委会）认可其他社会规范。例如，我国法律起初不管彩礼纠纷，彩礼一直按照民间风俗习惯来处理，但是，实践中确有必要运用法律手段调整这一现象，于是全国人大（我国最高立法机关）在制定《民法典》时，吸纳了部分彩礼习俗。这就是法律对彩礼习俗的立法认可/明示认可。

（2）司法认可：又叫默示认可，即国家司法机关（如法院）认可其他社会规范。例如，老六无视妻子劝告包养情人，并立下遗嘱，将夫妻共同财产中"属于自己的一半"指定给情人继承，法院认为"反对包养情人"符合民法中的"公序良俗"原则，据此判决老六的遗嘱无效。这就是法律对风俗习惯的司法认可/默示认可。

（三）国家强制性

法是以国家强制力保证其实施的社会规范。

1. 任何社会规范都有保证自身得以实现的力量，只是其力量大小不同。例如，"家有家规，国有国法"，一般而言，家规依靠爸爸的肌肉形变产生的力量和妈妈持续发力的唠叨来保证实现，而国法依靠警察、法院、监狱等国家机器所形成的暴力来保证实现。

2. 法律规范的保障力量是国家强制力，强调外在的"他律"，只关注外在的行为是否符合法律规定，这明显不同于内在的"自律"。例如，道德规范首先内化于心，由内而外起作用，而法律规范则首先关注行为，在人们身外施加强制。

3. 国家强制力是法的最终保障力量，但是，具体到法的运行环节上来看，不一定每一个环节都需要国家强制力介入其中。通俗地说，法有肌肉，但是法的运行并不是自始至终、时时刻刻都需要"秀肌肉"。例如，老六欠债不还被诉上法庭，但是，老六立马与债主和解，主动还债，法庭就不会通过动用国家强制力强迫老六服法。

4. 国家强制力并不是保证法实施的唯一力量，法的实施还可以通过舆论宣传、文化熏陶、宗教劝诫等方式进行。

（四）普遍性

法是具有普遍性的社会规范。法的普遍性有以下内涵：

1. 在效力上，法的效力范围与国家权力的效力范围相一致。通俗地说，国家的地盘有多大，法律的地盘就有多大。例如，风俗习惯往往是"十里不同风，百里不同俗"，一个地方的风俗习惯不见得适用于另一个地方，但是，法律规范却是统一、平等地适用于全国每一个地方。

2. 在对象上，法律面前人人平等，即法律给所有社会成员以同等待遇，对他们一律平等适用。例如，老六认为猥亵卖淫女不如猥亵普通女性恶劣，这一观点显然错误，因为保护妇女不受猥亵的法律并不区分卖淫女和普通女性，而是对其予以同等待遇和平等适用。

注意：①"法律面前一律平等"的前提是"在法律上"人人平等，不等于每个人在任何意义上都能够平等；②法律允许合理差别的存在，如我国公民未满18周岁不能行使选举权和被选举权；③近现代以来，人人平等地享有法律权利和承担法律义务，法律不允许任何人享有超越法律的特权，也不允许任何人对其他人的奴役与人身依附（古代并非如此）。

3. 在内容上，法律会因为国家、民族、地域等差别而呈现出差异，但是，其内容始终趋向于人类的普遍要求。例如，不管是哪个国家、哪个民族、哪个地域的法律，都认可"杀人偿命，欠债还钱"这些人同此心、心同此理的普遍要求。

（五）程序性

法是具有严格、明确程序的社会规范。

程序即步骤，法的创制、执行、适用、监督都有严格的步骤要求。国家强制力是"合法"的暴力，它要符合程序法的规定，不可随意滥用。例如，某犯罪嫌疑人有99.999%的可能性就是犯罪人，对此，老六主张一步到位伸张正义，派出金牌特工将该犯罪嫌疑人一枪击毙、就地正法。老六的主张显然不合法，因为根据法律的规定，执行刑罚之前，必须依法进行侦查、起诉、审判。

（六）可诉性

法是具有可诉性的社会规范。

1. 可争讼性。任何人都可以将法律作为提起诉讼和辩护的依据。
2. 可裁判性。法可以作为司法裁判的直接依据。

注意：现代国家，当事人不应直接将道德、宗教等其他社会规范作为起诉和辩护的有效根据，法院也不得将它们作为判决的依据（道德、宗教等非正式的法的渊源可以作为判决的参照）。

记忆口诀 法的特征包括"归宿已变成墙"：规（范）、（可）诉、（国家）意（志）、（普）遍、程（序）、（国家）强（制）。

五、法的作用

（一）法的规范作用/法的功能

法的规范作用即法对行为的影响。

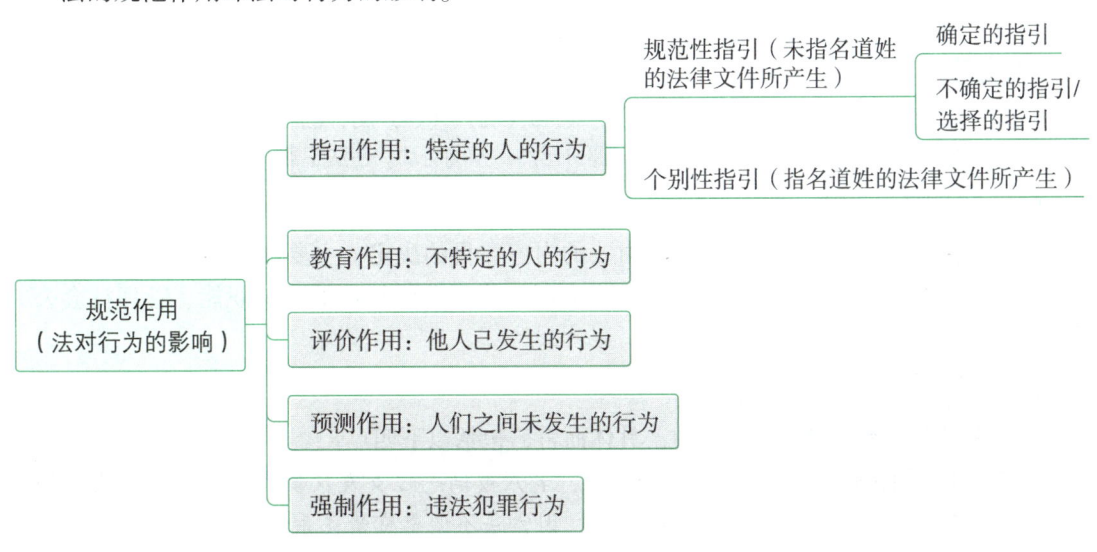

```
规范作用
（法对行为的影响）
├── 指引作用：特定的人的行为
│     ├── 规范性指引（未指名道姓的法律文件所产生）
│     │     ├── 确定的指引
│     │     └── 不确定的指引/选择的指引
│     └── 个别性指引（指名道姓的法律文件所产生）
├── 教育作用：不特定的人的行为
├── 评价作用：他人已发生的行为
├── 预测作用：人们之间未发生的行为
└── 强制作用：违法犯罪行为
```

1. 指引作用：作用于特定的人的行为。例如，老六看到刑法后流下了悔恨的泪，这体现了刑法对老六的指引作用，因为老六是特定的人。

（1）规范性指引：由规范性法律文件产生，如法典、法条所产生的指引。它又可以分为两种：

❶确定的指引，即通过设置义务（应为义务、勿为义务）而产生的指引。例如，我国《宪法》第12条第2款规定："……禁止任何组织或者个人用任何手段侵占或者破坏国家的和集体的财产。"这一法条所产生的指引作用就属于确定的指引。

❷不确定的指引/选择的指引，即通过宣告权利（可为、可不为）而产生的指引。例如，根据我国《民法典》第1015条的规定，子女可以随父姓，也可以随母姓。这一法条所产生的指引作用就属于不确定的指引。

（2）个别性指引：由非规范性法律文件产生，如判决书、合同、协议所产生的指引。

注意：如何区分规范性法律文件与非规范性法律文件？就看文件有没有指名道姓。规范性法律文件就是没有指名道姓、具体到某人的法律文件。例如，《民法典》《刑法》的法律条文从头到尾都不会出现某个人的姓名，不会具体到某一特定的人。非规范性法律文件就是指名道姓、具体到某人的法律文件。例如，刑事判决书必须载明被告人的姓名、性别、年龄、民族、职业、户籍地、罪名等详细信息。

2. 教育作用：作用于一般人（不特定的人）的行为。例如，老六被判处有期徒刑，来来往往的人听闻之后，都说"活该"，这体现了法的教育作用，因为"来来往往的人"属于"不特定的人"。

教育作用具体表现为示警作用和示范作用。例如，老六见义勇为将连环杀手扭送公安机关，连环杀手伏法而产生了示警作用，老六受到奖励而产生了示范作用。

3. 评价作用：作用于他人的行为，即判断、衡量他人的行为是否合法。例如，法院认定老六的行为构成违法，这体现了法的评价作用。

4. 预测作用：作用于人们之间的行为，即依据法律预估人们相互之间会如何行为。例如，李四为了狙杀情敌而网购弓弩一把，老六说李四："你这操作，可真'刑'！"后来李四果然被判刑，这体现了法的预测作用。

5. 强制作用：作用于违法犯罪行为，通过国家运用强制力而表现出来。例如，老六因造谣被行政处罚，这体现了法的强制作用。

记忆口诀

1. 法的规范作用是"加强测英语"：（评）价、强（制）、（预）测、（指）引、（教）育。

2. 五大规范作用：指引特定，教育大拨。评价已然，预测互动。违法犯罪，强制作用。

（二）法的社会作用

法的社会作用即法对社会的影响，由法的内容、目的决定，主要涉及三个领域（社会经济生活、政治生活、思想文化生活）和两个方向（捍卫阶级统治的政治职能、管理社会公共事务的社会职能）。

（三）法的局限性

法的局限性是指法律不是万能的，具体而言，包括以下四点：

1. 法的作用范围不可能是无限的。例如，老六被同一位女友反复抛弃后，决定提起法律诉讼，捍卫自己的爱情，这当然不可能实现，因为法不调整感情关系。

2. 法律受到其他社会规范以及社会条件和环境的制约。例如，老六自封"月球大使馆中华区大使""月球开发总公司 CEO"，兜售月球土地，每 100 平方米售价 500 元人民币，并附赠折叠伞一把，获利 2 万多元。老六的行为并不构成"投机倒把罪"，法律之所以规定投机倒把罪，是因为计划经济体制的影响，而在 1993 年我国实行社会主义市场经济体制以后，1997 年《刑法》修订时就取消了"投机倒把罪"。

3. 法律与事实之间的对应难题也非法律自身能够完全解决。例如，"渐冻人"老六仅能通过两根手指控制机器表达自己的意思，其余的表达能力完全丧失，他操控机器写了一份遗嘱，这是否属于《民法典》所规定的自书遗嘱的情形？

4. "辞不尽意"等法律自身条件的制约。例如，对于"父母有抚养教育未成年子女的义务"这一规定，老六反问，其中的"父母"是否包括智力严重障碍的父母？

第 2 节　法的价值

[举个例子] 恐怖分子被抓捕后，拒不交代数枚定时炸弹的安放地点和爆炸时间，随着时间流逝，无辜市民死伤的风险越来越大。对此，产生了不同观点：

甲说："法的用处在于维护秩序，为了秩序，可以刑讯逼供。"

乙说："法的用处在于保护人权，为了人权，不能刑讯逼供。"

丙说："法的用处在于保障利益，为了大多数人的利益，可以刑讯逼供。"

对于能否对本案中的恐怖分子刑讯逼供，你怎么看？

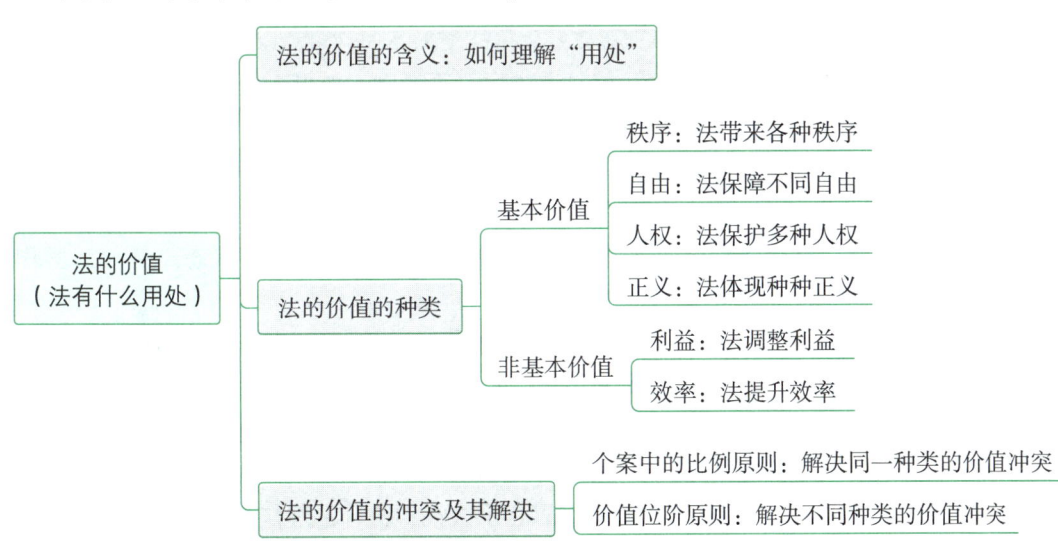

```
法的价值          ┌ 法的价值的含义：如何理解"用处"
（法有什么用处）  │                  ┌ 基本价值 ┌ 秩序：法带来各种秩序
                  │                  │         ├ 自由：法保障不同自由
                  ├ 法的价值的种类 ──┤         ├ 人权：法保护多种人权
                  │                  │         └ 正义：法体现种种正义
                  │                  └ 非基本价值 ┌ 利益：法调整利益
                  │                              └ 效率：法提升效率
                  └ 法的价值的冲突及其解决 ┌ 个案中的比例原则：解决同一种类的价值冲突
                                          └ 价值位阶原则：解决不同种类的价值冲突
```

一、法的价值的含义

（一）法的价值的概念

"价值"即"用处""有用性"，法的价值是指法对于人的用处、法对人有没有用。例如，老六口干舌燥，急于解渴之时，矿泉水和敌敌畏，哪一个对他有价值？当然是矿泉水，因为矿泉水对于解渴有用处，而敌敌畏对于解渴则没有用处。

法的价值包括秩序、自由、人权、正义，也就是说，法对于人的用处在于：为人类带来秩序，保障人的自由，保护人权不受侵犯，实现人所期待的正义。

（二）法的价值的内涵

理解法的价值——法的正面作用，要注意以下三点：

1. 法的价值体现了主客体间关系。人是主体，法是客体。对于人而言，法有没有价值、有哪些价值，既取决于法自身，也取决于人的主观需要。例如，在计划经济时代，我们需要保护计划体制、打击投机倒把，因此，刑法规定了投机倒把罪；进入市场经济时代，我们需要通过投机行为促进市场的活跃、发展（实践证明，没有投机的市场是一潭死水），因此，刑法顺势而为，废除了投机倒把罪。

2. 法的价值仅仅是指法的正面作用，而不包括负面作用。例如，纳粹政权制定的种族歧视、种族灭绝的法，对于全人类而言并无正面意义，因此，以全人类的标准来判断，这一类法律并不具有法的价值。

3. 法的价值既包含实然价值，又包含应然价值。实然价值就是在实践中已然表现出来的用处，应然价值就是在理想上应当达到的标准或要求。例如，人类制定法律，总是立足当下、放眼未来，所制定的法律不仅要在当下的实践中管用，还要能够应对未来的发展变化。

二、法的价值的种类

法的价值可分为基本价值和非基本价值，在这里，我们重点关注基本价值。法的基本价值有以下四类：

（一）秩序

"秩"就是有条理、不混乱，"序"就是有先后、不颠倒。如果一个整体中的每一个单位都以相同的方式来行动，这个整体就呈现出秩序。例如，中国人民解放军阅兵式之所以秩序井然，是因为每一个方队、方队中的每一个人都以相同的方式行动。

1. 秩序是一种"必然存在"。秩序的存在是自然界和社会的必然。自然界的秩序一般表现为自然法则或规律，社会的秩序通常表现为通过法律形成并维持有序状态。例如，罗马格言说，"只要有社会就会有法律"。

2. 秩序价值是法的基础价值。秩序是人生存与发展的前提与基础条件，因此，秩序价值成为法的基础价值。如果失去秩序，则自由、人权、正义等其他价值就会失去保障，从而毫无意义。

3. 秩序价值要与其他价值保持和谐。秩序不是法的唯一价值、最高价值、最根本价值，追求秩序不能牺牲法的其他价值。秩序本身必须以合乎人性、符合常理作为其目标。例如，老六认为，律师就不应该在法庭上为恶贯满盈的"人间恶魔"辩护，而应该主动揭发、批判被告人的罪行，这才符合舆论对秩序的期待。这一观点显然错误，因为法不仅要维护秩序，也要保障人权，而"被告人"即使十恶不赦，在法律上，他也首先是"人"，具有人权。

（二）自由

自由是指人能够基于自己的意思作出选择或决定。

1. 自由是法的最本质的价值、最高目标，是"真正的法律"的衡量标准，它体现人性最深刻的需要。例如，马克思说，"自由确实是人的本质"；"不自由对人来说就是一种真正的

致命的危险"。

2. 自由可分为"积极自由"（主动的自由，"我想干嘛就干嘛"）和"消极自由"（被动的自由，"我不想干嘛就不干嘛"）。例如，物业要求业主装修时必须安装隔音门窗，以避免后期邻里因噪声问题产生纠纷，这就侵犯了业主的消极自由。

3. 法律限制自由的三个原则：伤害原则、道德主义原则、家长主义原则（或称父爱主义原则）。

（1）伤害原则：在法律上，行使自由不得伤害他人的合法权利。对于伤害他人合法权利的行为，法律有权予以限制。例如，老六每天半夜在前任楼下将前任送给自己的所有礼物逐一摔在地上，并用高音喇叭大喊"爱情不是你想买，想买就能买"，这一行为侵害了他人的合法权利。

（2）道德主义原则：在法律上，行使自由不得侵害社会公共道德。例如，老六与其女友在地铁等末班车时，见整个站台无人，于是二人发生性关系，这一行为属于违法行为，法律基于道德主义原则而限制这种有伤风化的行为。

（3）家长主义原则：在法律上，行使自由不得滥用或误用其自主权。法律有权出于爱护而限制公民的某些自由，就如同家长出于爱护而限制孩子的自由。例如，老六自信意志力超凡且有金刚不坏之躯，即使吸毒也能不成瘾、不受害，于是频繁吸食各种毒品，对此，国家法律强制其戒毒。

记忆口诀▶法律限制自由的三个原则：害道长——伤害原则、道德主义原则、家长主义原则。

（三）人权

人权是指作为人应该享有或实际享有的权利。

1. 应有性。人权来自于"人自身"，因此，只要是人，就有人权，除非否认他/她是人。这是人权含义的关键和核心。

2. 历史性。人权不是空头口号，必须有具体内容，但是，其具体内容与范围总是随着人类历史的发展变化而变化。例如，现代社会中人人享有的受教育权，在古代社会中仅仅是贵族的待遇。

3. 道德性。人权在根本上是一种道德权利，把人当人看，给人以人权，这是人类的道德本性。人享有人权，既不依赖国家，也不依赖国家的法，而仅仅凭借自己是人，就能享有人权。因此，人权在逻辑上先于国家和法，先于法律权利，人权可以作为法的评价标准。

4. 法律化。人权必须尽可能被法律化，因为：①作为道德权利的人权总是虚拟的，不能总是保证人权的事实享有；②人权法律化意味着人权实在化，获得"他律"的保证（道德的保证是"自律"的保证）。

记忆口诀▶人权的性质：法史有德——法律化、历史性、应有性、道德性。

（四）正义

正义在本质上是美德、善德。

1. 正义可以分为个人正义和社会正义。个人正义即主观意义上的正义，就是个人的美德；社会正义即客观意义上的正义，是指社会中正直的、道德上合理的状态和规则。法学中的正义主要涉及社会正义。例如，罗尔斯在《正义论》中说："正义是社会制度的首要美德，正如真理是思想体系的首要美德一样。"

2. 法与正义的关系，包括以下三个方面：

（1）正义内化为法律的内容，法律是正义的体现。例如，一个刑事案件从侦查、公诉、审判到执行，每一个步骤都有《刑事诉讼法》等程序法予以明确规定，由此可见，我们将程序正义内化为程序法的内容，而程序正义借助程序法的规定体现出来。

（2）实施法律的时候，以正义作为对照、对比。在执法、司法、守法中，"善法恶用"的例子屡见不鲜，正义可以弥补这些个案的缺陷，实现个案正义。例如，恐怖分子被抓捕后，拒不交代定时炸弹的安放地点和爆炸时间，反而充分利用法律规定强调自身的人权必须受到严密的保障，对此，我们可以对照正义来弥补本案的缺陷。

（3）正义是检测法律的尺度或标准之一。检测法律的尺度或标准有很多，正义是其中至关重要的一种。法应该与正义相一致，也就是说，法应当与美德、善德相一致，法应该按照正义的标准分配权利和义务。例如，法律意义上的"血债血偿""多劳多得""允诺禁反言（禁止说话不算数）"，都反映了朴素的正义标准。

3. 分配正义的原则，包括以下三点：

（1）平等原则或无差别原则。每一个人享有的基本权利、承担的基本义务都是相同的，基本权利与基本义务是一致的。例如，在宪法这一根本大法的规定中，我国公民的基本权利与基本义务都是相同的，基本权利与基本义务也是一致的。

（2）差别原则。每一个社会成员"应该得到的"待遇，按照其贡献来分配。例如，钟南山获得"共和国勋章"，是因为他在抗击新冠肺炎疫情斗争中的杰出贡献，这一决定是由全国人大常委会依据《国家勋章和国家荣誉称号法》的规定而作出的。

（3）个人需求的原则。根据这一原则，人的必然的、客观的个人需求，应该予以满足。也就是说，分配时，要充分考虑个体差异。这一原则是对差别原则的补正：差别原则的短板在于，有缺陷的人可能没有什么贡献，按贡献分配的话，他们可能得不到那些"应该得到的"，那么，这些人将难以维持自己的价值与尊严。例如，老六生来除了脑子能动，身体的其他部分都不能动，终其一生，老六都没有什么贡献可言，但是，老六毕竟是一个人，法律应该给他以适当的待遇维持自己的价值和尊严。📖 注意：法律上的"合理的差别对待"主要体现了正义价值，比如基于年龄、性别、生活环境、残疾等原因而给予法律上的优惠和照顾。

三、法的价值的冲突及其解决

（一）法的价值的冲突

法的价值有很多，既包括基本价值（秩序、自由、人权、正义），也包括非基本价值（利益、效率等），在特定条件下，这些价值不可能被同等地实现。例如，老六节假日去热门景点旅游，总想着多点自由、少些秩序，而警察维持秩序，却要求老六必须记着规矩，不要由着性子。在这个特定场合中，秩序和自由不可能被同等地实现。

（二）法的价值冲突解决原则

立法、执法、司法是对各种法的价值的衡量、选择，立法者、执法者、司法者必须考虑法的价值的平衡。

在司法中解决法的价值冲突，要按照以下两个原则：

1. 个案中的比例原则。该原则适用于同一位阶/同一种类的价值冲突。例如，歌唱家老六与夜班工人系邻居，老六白天练歌、晚上赶场，夜班工人白天休息、晚上轮班，二人因之成讼，均主张自己有相应的自由。本案中，老六唱歌的自由与邻居休息的自由产生了冲突，二者属于同一位阶/同一种类的价值，对此，应适用个案中的比例原则。

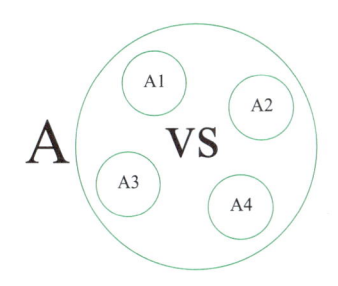

◉ **注意**：适用个案中的比例原则时，要注意"比例"适当，也就是说，要避免价值之间的"过度伤害"。例如，当唱歌的自由与休息的自由发生冲突时，法官应当把冲突限制在妥当的限度之内，不能偏袒唱歌的自由而过度伤害休息的自由，反之亦然。

2. 价值位阶原则。该原则适用于不同位阶/不同种类的价值冲突。例如，对于恐怖分子的审讯，老六主张，为了维护国家安全秩序，可以不讲人权、直接刑讯逼供。老六的主张体现了价值位阶原则，因为国家安全秩序属于秩序价值，恐怖分子的人权属于人权价值，二者是不同位阶/不同种类的价值，对此，应适用价值位阶原则。

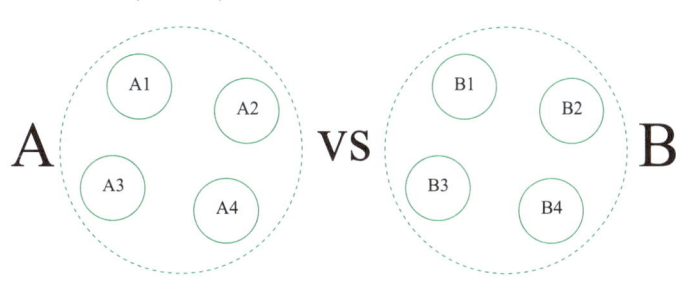

◉ **注意**：不同位阶/不同种类的价值之间，并没有固定的、僵化的先后顺序或者高下位阶。例如，对于恐怖分子的审讯，老六认为，国家安全秩序高于恐怖分子人权，而其他人的看法可能恰恰相反。一般而言，在适用"价值位阶原则"时，要全面考虑，不同的法的价值之间至少存在三种位阶：①某个具体法中的价值位阶；②该具体法所属部门法中的价值位阶；③特定国家的法体系中的法的价值位阶。

> 同种价值搞个比，
> 过度伤害是大忌。
> 异种价值用位阶，
> 先后顺序不拘泥。

第3节 法的要素

[**举个例子**] 老六背着妻子留下书面遗嘱，把自己名下的家庭财产赠给情人，并将此遗嘱予以公证。老六去世后，因为这份遗嘱，情人与正妻对簿公堂。依据当时的法律规则，因遗嘱在形式上真实、合法，故遗嘱有效，情人应获得相应的遗产；依据当时的法律原则，因

遗嘱在内容上违背公德，故遗嘱无效，情人不应获得相应的遗产。对于此案，你怎么看？

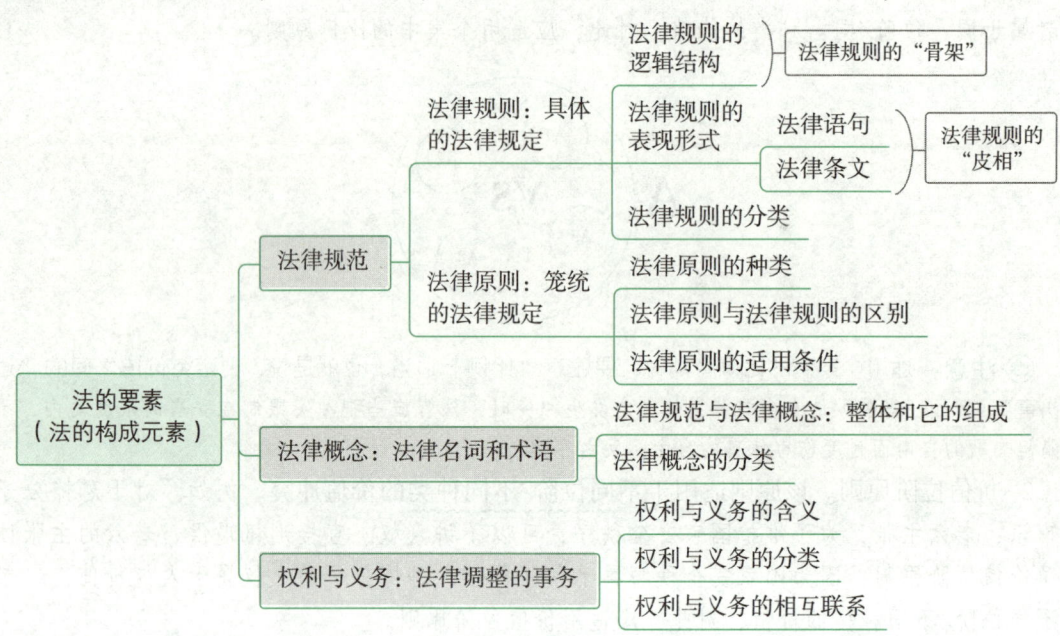

```
                                    ┌─ 法律规则的逻辑结构 ──── 法律规则的"骨架"
                                    │
                    ┌─ 法律规则：具体 ─┤ 法律规则的      ┌─ 法律语句 ┐  法律规则的
                    │  的法律规定     │  表现形式 ─────┤          ├─  "皮相"
                    │                │               └─ 法律条文 ┘
                    │                └─ 法律规则的分类
                    │
                    │                ┌─ 法律原则的种类
        ┌─ 法律规范 ─┼─ 法律原则：笼统 ┤
        │           │   的法律规定    ├─ 法律原则与法律规则的区别
        │           │                │
法的要素 ┤           │                └─ 法律原则的适用条件
(法的构成│           │
元素)    │           │                ┌─ 法律规范与法律概念：整体和它的组成
        ├─ 法律概念：法律名词和术语 ──┤
        │                            └─ 法律概念的分类
        │
        │                            ┌─ 权利与义务的含义
        └─ 权利与义务：法律调整的事务 ┼─ 权利与义务的分类
                                     └─ 权利与义务的相互联系
```

一、法律规则

（一）法律规则的逻辑结构

法律规则是采取一定的结构形式具体规定权利、义务以及相应后果的行为规范。

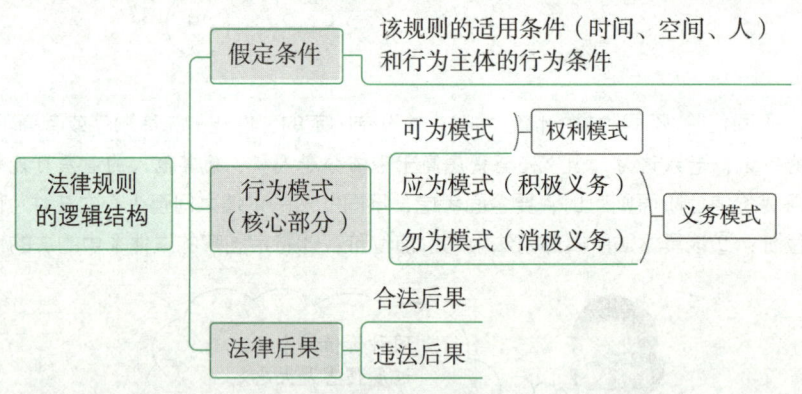

```
                        ┌─ 假定条件 ──── 该规则的适用条件（时间、空间、人）
                        │               和行为主体的行为条件
                        │
                        │                ┌─ 可为模式 ──── 权利模式
法律规则                 │                │
的逻辑结构 ──────────────┼─ 行为模式 ─────┤ 应为模式（积极义务）┐
                        │  (核心部分)    │                    ├─ 义务模式
                        │                └─ 勿为模式（消极义务）┘
                        │
                        │                ┌─ 合法后果
                        └─ 法律后果 ─────┤
                                        └─ 违法后果
```

如何从法律的字面提炼出其背后的逻辑结构？请看以下两例：

[例1]《刑法》第129条规定，依法配备公务用枪的人员，丢失枪支不及时报告，造成严重后果的，处3年以下有期徒刑或者拘役。

假定条件：假设依法配备公务用枪的人员，丢失枪支不及时报告，造成了严重后果。

行为模式：依法配备公务用枪的人员应当及时报告——应为模式。

法律后果：不及时报告的（违背了应为模式），处3年以下有期徒刑或者拘役（违法后果）。

[例2]《刑法》第17条第2款规定，已满14周岁不满16周岁的人，犯故意杀人、故意伤害致人重伤或者死亡、强奸、抢劫、贩卖毒品、放火、爆炸、投放危险物质罪的，应当负刑事责任。

假定条件：假设已满14周岁不满16周岁的人，犯故意杀人、故意伤害致人重伤或者死

七、强奸、抢劫、贩卖毒品、放火、爆炸、投放危险物质罪。

行为模式：已满14周岁不满16周岁的人不得犯以上八种罪行——勿为模式。

法律后果：犯了以上八种罪行的（违背了勿为模式），应当负刑事责任（违法后果）。

📖注意：判断一个法律条文表述的行为模式究竟是可为模式、应为模式还是勿为模式，关键是紧扣"可以""应当""禁止"等道义助动词，理解法律规定的态度。例如：

法条字面	道义助动词	行为模式
子女可以随父姓，可以随母姓。	可 以	可为模式
现役军人的配偶要求离婚，应当征得军人同意。	应 当	应为模式
禁止任何组织或者个人用任何手段侵占或者破坏国家的和集体的财产。	禁 止	勿为模式

（二）法律规则的表现形式

1. 法律语句

要表达抽象的法律规则，离不开具体的法律语句。一切法律规范（无论是法律规则还是法律原则）都必须以"法律语句"来表达。换句话说，法律规范的表达具有语言的依赖性，离开了语言，法律就因失去其载体而无法表达。与之相适应，我们只能通过语言来理解并运用法律，被理解和被运用的是隐含在语言背后的语义。

根据有无道义助动词，法律语句分为规范语句与非规范语句，如下表所示：

规范语句	命令句：道义助动词是"必须""应该""禁止"等。例如，现役军人的配偶要求离婚，应当征得军人同意。
	允许句：道义助动词是"可以"。例如，子女可以随父姓，可以随母姓。
非规范语句	陈述句：无道义助动词。例如，自然人以户籍登记或者其他有效身份登记记载的居所为住所；经常居所与住所不一致的，经常居所视为住所。

📖注意：非规范语句可以被改写为规范语句。

2. 法律条文

现代国家的法典大多以条文为基本构成单位。例如，我国现行《宪法》的正文有143条，《民法典》有1260条。

法律条文又分为规范性条文与非规范性条文，如下表所示：

规范性条文	直接表述法律规范（法律规则、法律原则），即法律条文有明确的行为模式，有行为约束力。 ［例1］《刑事诉讼法》第34条第1款规定，犯罪嫌疑人自被侦查机关第一次讯问或者采取强制措施之日起，有权委托辩护人；在侦查期间，只能委托律师作为辩护人。被告人有权随时委托辩护人。 ［例2］《刑事诉讼法》第12条规定，未经人民法院依法判决，对任何人都不得确定有罪。
非规范性条文	不直接表述法律规范，而是规定某些法律技术内容（法律术语的界定、公布机关、公布时间、法律生效日期等），即法律条文没有明确的行为模式，没有行为约束力。它们总是附属于规范性法律文件中的规范性条文。 ［例1］《刑法》第25条第1款规定，共同犯罪是指2人以上共同故意犯罪。 ［例2］《刑法》第452条第1款规定，本法自1997年10月1日起施行。

📖 **注意**：法律规则与法律条文之间不是机械的"一文只能表一义"的关系。在立法实践中，法律规则与法律条文的关系大致有以下三种情形：①"一文表一义"，即只用一个法律条文就说全了一条法律规则；②"数文表一义"，即用了数个法律条文才说全了一条法律规则；③"一文表多义"，即只用一个法律条文就说全了数条法律规则。

记忆口诀
1. 判断语句是否规范，就看有无道义助动词。
2. 判断条文是否规范，就看有无行为模式。

（三）法律规则的分类

1. 根据内容不同，将法律规则分为授权性规则与义务性规则。

（1）授权性规则是具体规定权力或权利的规则。具体规定权力的规则称为职权性规则；具体规定权利的规则称为权利性规则。

（2）义务性规则是具体规定义务的规则。具体规定积极义务的规则称为命令性规则；具体规定消极义务的规则称为禁止性规则。

授权性规则	职权性规则："有……职权"。例如，"县级以上的地方各级人民代表大会行使下列职权：……"这一法律规则规定了人大的权力。
	权利性规则："有权""可以"。例如，"当事人协商一致，可以变更合同。"这一法律规则规定了当事人的权利。
义务性规则	命令性规则："应当""必须"。例如，"现役军人的配偶要求离婚，应当征得军人同意……"这一法律规则规定了积极义务。
	禁止性规则："禁止""不得"。例如，"禁止任何组织或者个人用任何手段侵占或者破坏国家的和集体的财产。"这一法律规则规定了消极义务。

2. 根据内容的确定性程度不同，将法律规则分为确定性规则、委任性规则与准用性规则。

（1）确定性规则的内容已经明确，无需委托其他机关另行制定相应规则，也无需援引其他法律规则；

（2）委任性规则的内容尚未明确，需要委托其他机关另行制定相应规则；

（3）准用性规则的内容尚未明确，需要援引其他法律规则来进一步确定。

确定性规则	既未指向其他机关，也未指向其他规则的，即为确定性规则。例如，《民法典》第753条规定："承租人未经出租人同意，将租赁物转让、抵押、质押、投资入股或者以其他方式处分的，出租人可以解除融资租赁合同。"这一法律规则既未指向其他机关，也未指向其他规则。
委任性规则	指向其他机关。例如，《计量法》第32条规定："中国人民解放军和国防科技工业系统计量工作的监督管理办法，由国务院、中央军事委员会依据本法另行制定。"这一法律规则把相关问题的解决指向了国务院、中央军事委员会。
准用性规则	指向其他规则。例如，《商业银行法》第17条第1款规定："商业银行的组织形式、组织机构适用《中华人民共和国公司法》的规定。"这一法律规则把相关问题的解决指向了《公司法》的有关规则。 📖 **注意**：无论是指向"本法"的其他规则，还是指向"其他法"的规则，都属于准用性规则。

3. 根据规则对人们行为限定的范围、程度不同，将法律规则分为强行性规则与任意性规则。
(1) 强行性规则的内容具有强制性，行为人必须遵从，不得自行协商变更；
(2) 任意性规则的内容具有任意性，行为人不必遵从，可以自由协商变更。

强行性规则	其内容不允许更改。例如，"现役军人的配偶要求离婚，应当征得军人同意……"对于现役军人配偶而言，这一法律规则具有强制性。
任意性规则	其内容可自由选择。例如，"当事人协商一致，可以变更合同。"对于合同当事人而言，这一法律规则具有任意性。

二、法律原则

（一）法律原则的种类

1. 公理性原则与政策性原则

公理性原则	即由法律原理（法理）构成的原则，是严格意义上的法律原则。所谓"公理"，就是"人同此心，心同此理"，被人们普遍认同的法律原理，它在国际上具有较大的普适性，如平等原则、诚实信用原则、等价有偿原则、无罪推定原则、罪刑法定原则等。
政策性原则	即一个国家或民族出于特定的政策考虑而制定的原则。例如，我国现行《宪法》中的"法治原则"，其来源是1997年党的十五大提出的"依法治国，建设社会主义法治国家"这一政策。又如，我国现行《宪法》中的"市场经济原则"，其来源是1993年党的十三届四中全会提出的"国家实行社会主义市场经济"这一政策。

注意：与公理性原则相比，政策性原则具有针对性、民族性和时代性。

2. 基本原则与具体原则

基本原则	即整个法律体系或某一法律部门所适用的、体现法的基本价值的原则。例如，宪法是"根本大法""母法"，它规定的各项原则在刑法、民法、诉讼法等各个"子法"中都有具体的表现。
具体原则	即在基本原则指导下适用于某一法律部门中特定情形的原则。例如，在宪法的"法律面前人人平等原则"的指导下，《刑法》作出了具体规定："对任何人犯罪，在适用法律上一律平等。不允许任何人有超越法律的特权。"又如，英美契约法中的要约原则、承诺原则等，都是"缔约自由""契约神圣"等基本原则的具体表现。

3. 实体性原则与程序性原则

实体性原则	即直接涉及实体法问题（实体性权利和义务）的原则，如宪法、民法、刑法、行政法中所规定的原则等。
程序性原则	即直接涉及程序法问题（诉讼和非诉程序法）的原则，如一事不再理原则、辩护原则、无罪推定原则、非法证据排除原则、回避原则、上诉不加刑原则等。

（二）法律原则与法律规则的区别

1. 法律原则是法律规则的基础或本源。二者相比，法律规则"具体且明确"，法律原则"笼统而模糊"。例如，我国《民法典》中关于"公序良俗原则"的规定："民事主体从事民事活动，不得违反法律，不得违背公序良俗。"但是，"民事主体""公序良俗"的具体含义是什么，该原则并未明确。

2. 法律原则与法律规则的区别有三：

（1）在规范内容上：法律规则明确具体、刚性，着眼于共性（一般性、普遍性），目的是削弱或防止"自由裁量"；法律原则概括性、弹性，同时关注共性和个性（特殊性、个别性），适用余地较大。例如，对于父母杀死逆子与逆子杀死父母这两种情形，法律规则着眼于"杀人"这一共性，法律原则却更多地关注两种情形的个性。

（2）在适用范围上：法律规则仅仅适用于某一类行为；法律原则不仅适用于某一类行为、某一法律部门，甚至全部法律体系均通用。例如，"平等原则"是我国法律体系通用的原则，宪法、民法、刑法等各部门法均规定了"法律面前人人平等"。

（3）在适用方式上：

❶适用法律规则时，只采用全有或全无的方式。也就是说，遇到A规则和B规则都能适用于同一个行为的情形时，我们要么适用A规则，要么适用B规则，不能同时适用A规则和B规则。例如，老六拿10万元假币购买名表一只，在刑法上，有两个规则对应这一行为，即《刑法》第172条规定的"使用假币罪"和第266条规定的"诈骗罪"，但是，我们只能在两个规则中选择其中之一，要么定使用假币罪，要么定诈骗罪，而不能既定使用假币罪，又定诈骗罪。在这里，适用一个规则就否定、排除了另一个规则。

❷适用法律原则时，不采用全有或全无的方式。也就是说，遇到A原则和B原则都能适用于同一个行为的情形时，我们可以同时适用A原则和B原则。例如，对于老六拿10万元假币购买名表一只的行为，我们可以既适用"罪刑法定原则"给他定罪，又适用"罪责刑相适应原则"给他量刑。在这里，适用一个原则并不否定、排除另一个原则。

记忆口诀 ▶ 适用规则时"要么选我，要么选它"；适用原则时"既可选我，还可选它"。

（三）法律原则的适用条件

1. 规则优先适用：一般情形下，穷尽了法律规则，才能适用法律原则。

2. 除非个案正义：除非为了实现个案正义，可以优先适用法律原则，但是，要经过充分论证，为优先适用法律原则提供更强的理由，否则，不得径行适用法律原则。例如，1889年，在美国纽约州，帕尔默的祖父立下遗嘱，指定帕尔默为遗产继承人。为及早获得遗产，帕尔默将祖父毒死。依据当时纽约州的法律规则，谋杀归谋杀，继承归继承，谋杀不妨碍继承，帕尔默有权继承其祖父的遗产。但是，为了个案正义，法庭直接适用了"不当得利"原则，即"任何人都不得从他的不当行为中获利"，剥夺了帕尔默的继承权。

三、法律概念

（一）法律概念的内涵

法律概念，即具有法律意义的概念。

1. 任何具有法律意义的概念都是法律概念。它既包括法律和法学中特有的具有专门法律意义的概念（如法人、债权），也包括日常生活中具有法律意义的概念（如故意、自然人）。

注意：没有法律意义的概念不是法律概念。例如，"仅仅""只是""除非""然后""那么""如同""虽然""为了"等连词并没有法律意义，它们属于普通词汇。

2. 任何法律规范均由法律概念组成。法律概念的意义受到法律规范的影响，但并不完全取决于法律规范。 注意：在执法、司法中，法律概念能否脱离法律规范而独立运用？不能。因为法律概念是对法律事实、法律现象的概括和抽象，它本身并不规定权利和义务，而执法、司法是对权利和义务的处理，人们仅靠法律概念，无法达成执法、司法的要求。

（二）法律概念的分类

是否清晰表述	（1）确定性概念：语义清晰的概念。如"公民""法人""自然人"等概念。 （2）不确定性概念：语义不清晰的概念。例如，"夜间"究竟是几点钟到几点钟？"噪音"究竟是多少分贝？"机动车"究竟是什么车？"严重后果"究竟是什么程度？"显失公平"究竟有多明显的不公平？
定义要素间的关系	（1）分类概念：采用内涵定义的方式而形成的概念。内涵定义关注被定义事物的本质和特征，通常紧扣被定义事物与其他事物的差别。例如，"凡具有中华人民共和国国籍的人都是中华人民共和国公民。"在这里，"中国公民"与"其他国家的公民"最大的区别在于是否具有中国国籍。它分为两种：连言式定义、选言式定义。 ①连言式定义：用到"和""并且"这一类并列关系连词。例如，"明知自己的行为会发生危害社会的结果，并且希望或者放任这种结果发生，因而构成犯罪的，是故意犯罪。"在这里，"故意犯罪"这一概念使用了连言式的定义方式。 ②选言式定义：用到"或""或者"这一类选择关系连词。例如，"犯罪的行为或者结果有一项发生在中华人民共和国领域内的，就认为是在中华人民共和国领域内犯罪。"在这里，"在中国境内犯罪"这一概念使用了选言式的定义方式。 （2）类型概念：采用描述定义的方式而形成的概念。描述定义关注被定义事物的具体表现，通常选取有代表性的特例做参照物。例如，"人包括男人、女人"；"持有是一种事实上的、社会上的支配"；"物权包括所有权、用益物权和担保物权"。
功能差异	（1）描述性概念：用以描述事实的概念。描述性概念有真假之分：与事实相吻合的（俗称"说准了"），是真概念；与事实不相吻合的（俗称"没说准"），是假概念。例如，老六指着大瓶洗发水说："口~服~液！"然后一饮而尽。在这里，"口服液"这一概念与事实不相吻合，因而是假的描述性概念。描述性概念所描述的"事实"包括三种： ①自然事实：独立于人的意识的事实。例如，"矿藏""河流""森林""自然资源""自然灾害"等，都是描述了自然事实的概念。 ②社会事实：依赖于人的意识的事实。例如，"纠纷""人权""人祸"等，都是描述了社会事实的概念。 ③制度事实：依赖于法律规范的事实。例如，"法律纠纷""法律权利""武装叛乱""武装暴乱"等，都是描述了制度事实的概念。 （2）评价性概念：包含价值判断的概念。价值判断与事实判断相对。事实判断是指对事实的判断，通常表现为"是什么"或"不是什么"等判断，有真假之分。例如，"老六是人"，这是一个事实判断。价值判断是指主体对客体有无价值、有哪些价值、有多大价值的判断，通常表现为好与坏、善与恶、多与少、贵与贱、高尚与卑劣等判断，没有真假之分。例如，"老六是个恶人"，这是一个价值判断。在法律上，公序良俗、淫秽物品、善良、恶意等概念，都是包含价值判断的评价性概念。 （3）论断性概念：基于对一个事实的确认，来认定、推断另一个事实的存在。例如，确认"犯罪"这一事实后，就能认定、推断犯罪人的"责任"，在这里，"罪责"这一概念说的就是"先确认罪，再确定责"，它属于论断性概念。又如，民法的"推定""宣告死亡"也属于论断性概念。

四、权利与义务

权利与义务是一切法律规范、法律部门（部门法），甚至是整个法律体系的核心内容。

（一）权利与义务的含义

1. 法律权利。法律权利，是指法律关系主体依法享有的某种权能或利益，它通常表现为法律关系主体获得法律许可和保障的自主决定作为或不作为的资格。

（1）法律权利的特征有四：

❶法定性。法律权利仅仅是法律规定的权利，未经法律规定的权利不属于法律权利。例如，老六在楼顶搭建鸽舍，养鸽50只，邻居不堪其扰，将老六诉至法院，在法庭上，老六主张自己有"养鸽权"，邻居主张自己有"安居权"，这两种权利都不属于法律权利，因为法律并未对此作出规定。

❷自主性。法律权利不得被强制行使。例如，老六的前妻拒不探视孩子，老六遂将其前妻诉至法院，要求法院强制其前妻每月探视4次，而法院并未支持这一诉求，因为探视孩子是离异父母的权利，法律不能强制权利人行使权利。

❸利益性。法律权利实质上就是利益。换句话说，法律权利其实就是"法律允许你获得的利益"。例如，宪法规定"公民的合法的私有财产不受侵犯"，这一财产权的规定直接体现了法律权利的利益本质。

❹依存性。法律权利与法律义务相互依存。例如，马克思说，在法律上，"没有无义务的权利，也没有无权利的义务"。

记忆口诀 权利特征：依法自利。

（2）法律权利的语义类型。从语义类型上看，"老六享有法律权利"这句话里的"法律权利"，可能是自由权，也可能是主张权，还可能是权力权。因此，法律权利的语义类型有三：

❶自由权。自由权，是指法律允许权利主体自主决定做什么或不做什么，而且他人不得干涉。例如，婚姻自由就是一种自由权，法律明确规定，婚姻当事人有权依法决定自己的婚姻问题，不受任何人的强迫或干涉。

❷主张权。主张权，也称请求权，是指权利主体可以要求或请求他人作出或不作出一定的行为。例如，债权就是一种主张权，债权人自己无法实现债权，只能依法向债务人提出还债的请求。

❸权力权。权力权，也称法律能力，是指法律允许权利主体拥有力量使得他与别人的关系发生变化。权力权可以依法运用强力创立、维持、变更法律关系，因此，它可以把自由权和主张权作为对象或客体加以调整。例如，解约权就是一种权力权。老六很慷慨地对债务人说："我不再主张你还钱给我，我解除你向我还债的合同义务。"他之所以可以如此主张，就是因为法律赋予老六相应的力量，能够改变他和债务人之间的法律关系。

鉴于权力权相对于自由权、主张权的地位，法理学把自由权和主张权称为"一阶权利"，把权力权称为"二阶权利"。

```
                    二阶权利
          一阶权利 ──┤ 权力权
                    │
                    │ 自由权
                    │ 主张权
```

记忆口诀 "一姐资助了二姐的权力"：一阶自主，二阶权力。

2. 法律义务。法律义务，是指法律关系主体依法被强制履行的作为或不作为的约束。

（1）法律义务的内涵有三：

❶边界性。法律义务是义务人必要的行为尺度。例如，宪法规定"禁止用任何方法对公民进行侮辱、诽谤和诬告陷害"，而老六通过精神控制的方法让他人在公共场合裸露身体，这就违背了宪法规定的禁止侮辱他人的义务，因为"任何方法"包括精神控制的方法，老六的行为超出了宪法规定的行为尺度。

❷强制性。法律义务是必须履行的法律约束，它具有强制履行的性质。例如，老六败诉后执意当"老赖"，拒绝履行法院判决的赔偿义务，则法院执行局可以对其强制执行。注意：义务人对于义务的内容不可随意转让或违反。例如，老六不能拒绝赡养父母或把赡养父母的义务转让给无关的他人。

❸应然性。法律义务所指出的是人们的"应然"行为或未来行为，而不是人们事实上已经履行的行为。已履行的"应然"行为是义务的实现，而不是义务本身。例如，老六有缴纳个人所得税的义务，这意味着只要老六的个人所得达到了纳税标准，他就应当纳税，而老六每次纳税是对纳税义务的实现，纳税行为并不等于纳税义务本身。

（2）法律义务包括两个部分：积极义务和消极义务。

❶积极义务，又称作为义务，是指义务人必须作出一定行为的义务。例如，赡养父母的义务、抚养子女的义务、纳税的义务、服兵役的义务，都要求义务人以作为的方式（即积极的身体活动）履行义务。

❷消极义务，又称不作为义务，是指义务人不得作出一定行为的义务。例如，不得破坏公共财产的义务、禁止非法拘禁的义务、严禁刑讯逼供的义务，都要求义务人以不作为的方式（即消极的身体活动）履行义务。

（3）法律义务的语义类型有二：职责性义务和服从性义务。

❶职责性义务与自由权、主张权相对应。

与自由权相对应的职责性义务一般表现为禁止义务人作出或不作出某些行为，即自由权的拥有者有权要求义务人不阻碍其行为自由。例如，对于婚姻自由这一自由权，法律明确规定"禁止干涉婚姻自由"，确立了相应的禁止性义务。

与主张权相对应的职责性义务一般表现为命令义务人作出或不作出某些行为，即主张权的拥有者有权主张或要求义务人作出或不作出某些行为。例如，债权人老六依法享有债权这一主张权，那么，老六有权依法命令债务人还债，债务人必须按照这一命令履行还债的义务。

❷服从性义务与权力权相对应。一般而言，当权力权的拥有者改变他与义务人的法律关系或法律地位时，义务人只能服从或屈服。例如，债权人老六使用解约权这一权力权，依法

解除了债务人的还债义务，则债务人只能服从。

（二）权利与义务的分类

1. 基本权利义务与普通权利义务

（1）基本权利义务，即基于宪法规定的权利和义务。例如，人格尊严权、选举权和被选举权都是基于宪法规定的基本权利，依法纳税、依法服兵役、夫妻计划生育都是基于宪法规定的基本义务。

（2）普通权利义务，即基于普通法律规定的权利和义务。例如，姓名权、肖像权、名誉权、荣誉权、隐私权都是基于民法规定的普通权利，对特定危险源的管理义务、对特定对象的保护义务、对特定领域的管理义务都是基于刑法规定的普通义务。

2. 绝对权利义务与相对权利义务

（1）绝对权利义务，又称"对世权利"和"对世义务"，是对应不特定的法律主体的权利和义务。

❶绝对权利对应不特定的义务人，也就是说，绝对权利可以向不特定主体（即任何人）主张。例如，所有权是绝对权利，这意味着如果这个杯子属于我所有，那么我可以向任何人主张"谁都不能侵犯我的杯子"。

❷绝对义务对应不特定的权利人，也就是说，绝对义务应当向不特定主体（即任何人）履行。例如，宪法规定公民"不得侵犯他人的人格尊严"，这里的"他人"是指任何人，这意味着公民不能侵犯任何人的人格尊严，因此，不侵犯他人的人格尊严就是公民的绝对义务。

（2）相对权利义务，又称"对人权利"和"对人义务"，是对应特定的法律主体的权利和义务。

❶相对权利对应特定的义务人，也就是说，相对权利只能向特定主体（即特定人）主张。例如，老六起诉其妻婚后始终不生孩子，侵犯了自己的生育权。在这里，老六主张的生育权属于相对权利，因为老六只能向其妻提出主张，而不能向其妻之外的任何人提出主张。

❷相对义务对应特定的权利人，也就是说，相对义务应当向特定主体（即特定人）履行。例如，老六驾车将某人的门牙撞飞，应就此赔偿3000元。在这里，老六的赔偿义务属于相对义务，他撞谁就赔谁，他只向特定的受害人作出赔偿，而不用向此外的任何人作出赔偿。

记忆口诀 绝对权义对所有人，相对权义对特定人。

3. 个人权利义务、集体（法人）权利义务、国家权利义务

（1）个人权利义务：与公民个人（自然人）相关的权利义务；

（2）集体（法人）权利义务：与国家机关、社会团体、企事业组织相关的权利义务；

（3）国家权利义务：与国际法和国内法上作为法律关系主体的国家相关的权利义务。

（三）权利与义务的相互联系

1. 结构依存：两者紧密联系、不可分割。正如马克思所说，在法律上，"没有无义务的权利，也没有无权利的义务"。

2. 总量相等：在法律上，人们享受多少权利，就相应地履行多少义务。

3. 发展历程：权利和义务经历了从浑然一体到分裂对立再到相对一致的发展过程。

4. 两种本位：权利和义务两者在不同国家的法律体系中的地位有主次之分。

（1）"义务本位"，即义务先于权利，这意味着只有先履行义务，才能享受权利。等级特

权社会的法律往往强调"义务本位"。例如，古代社会法律秩序下的贱民阶层"不劳作者不得食"——只有履行了劳动义务才能享受基本的生存权利，否则饿死拉倒。

（2）"权利本位"，即权利先于义务，这意味着享受权利不以履行义务为前提。法治社会的法律重视"权利本位"，其义务设定的目的是保障权利的实现。例如，今日之中国，公民不履行纳税、服兵役的义务，同样可以享受生命权、受教育权，并不会因为不纳税、不服兵役就被剥夺生命和受教育的机会。

第4节 法的渊源

[举个例子] 老六的大伯自幼出家，大伯圆寂后，老六是其唯一的继承人。老六持继承权公证文书去大伯生前所在的佛寺要求继承巨额遗产，却被佛寺拒绝，因之成讼。老六要求依据法律的规定处理大伯的遗产，佛寺却要求依据寺规处理该遗产。佛寺认为，"出家的僧人，色身交于常住，性命交于龙天"，出家人生养死葬，皆由佛寺负责，与俗家无关，一切财物，统归佛寺，俗家亲属无权干预。老六的大伯生前一切费用由佛寺承担，葬礼由佛寺举办，遗物应归佛寺所有，老六无权继承。你认为，本案该如何处理？[1]

- 法的渊源（法的表现形式）
  - 法的渊源的分类
    - 正式的法的渊源
    - 非正式的法的渊源
  - 当代中国法的正式渊源
    - 宪法
    - 法律
    - 行政法规
    - 行政规章
    - 地方性法规
    - 民族自治法规（自治条例、单行条例）
    - 国际条约、国际惯例
    - 其他的法的正式渊源
      - 军事法规和军事规章
      - 监察法规
      - 特别行政区的法律
      - 经济特区的规范性文件
  - 正式的法的渊源的效力原则
    - 优先适用的情形
    - 需要裁决的情形
  - 当代中国法的非正式渊源
    - 具体种类
    - 适用情形

---

[1] 参见中国高级法官培训中心编写：《疑难案例评析》，中国政法大学出版社1992年版，第144页。

一、法的渊源及其分类

法的渊源，即法的表现形式。在这里，"渊源"这个词的意思不是"起源、来源、本源"，而是"表现形式"。将"法的渊源"一词作为专业术语，用来指称"法的表现形式"，很可能来自日本学者。[1]

（一）法的渊源的性质

1. 被特定法律共同体所承认。换句话说，只有得到了法律共同体承认的规矩，才能成为法的渊源；没有得到法律共同体承认的规矩，不能成为法的渊源。例如，一般而言，法律用于法官处理案件，教规用于法师解决问题，二者各有其位，但是，在老六与佛寺争讼和尚遗产一案之中，教规要成为法官判案的参照，首先要得到法官承认。

2. 具有法律上的约束力或法律上的说服力。①约束力，即强制力、效力，也就是强迫人们就范的力量；②说服力，即引导、劝服之力，也就是沟通、劝导人们就范的力量。例如，法官对于老六与佛寺争讼和尚遗产一案，可以依据国家法律，参照宗教教规，判决老六和佛寺按适当的比例分割和尚遗产。在本案中，国家法律之所以是判决的依据，是因为它具有法律上的约束力；宗教教规之所以成为判决的参照，是因为它虽然没有法律上的约束力，却具有法律上的说服力。

3. 能够作为法律决定的大前提。大前提就是判案时依据或参照的规矩。法律人作出法律决定，总是要依据、参照某些规矩，不能凭空判断。例如，对于老六与佛寺争讼和尚遗产一案，法官判案的依据是国家法律，判案的参照是宗教教规，二者都是本案"法律决定的大前提"。

（二）法的渊源的分类

法的渊源分为两种：正式的法的渊源、非正式的法的渊源。法即规矩，正式的法的渊源就是正式的规矩形式，非正式的法的渊源就是非正式的规矩形式。例如，"国有国法，家有家规"，二者相比，国法是正式的，首先就表现在它有起草、提案、审议、表决、公布等一系列国家机关进行的仪式性的程序，而家规显然是非正式的。

1. 正式的法的渊源，即正式的法的表现形式，它具有明文规定的法律效力，可以直接作为法律决定的大前提，即判决的依据。例如，包括宪法、法律（民法、刑法等）、法规（行政法规、地方性法规等）等制定法在内的国家法律，都是正式的法的渊源。

2. 非正式的法的渊源，即非正式的法的表现形式，它不具有明文规定的法律效力，但具有法律说服力，能够构成法律人的法律决定的大前提的准则来源，即判决的参照。例如，宗教教规就属于非正式的法的渊源，除此之外，正义标准、理性原则、公共政策、道德信念、社会思潮、习惯、乡规民约、社团规章、权威性法学著作、外国法等都属于非正式的法的渊源。

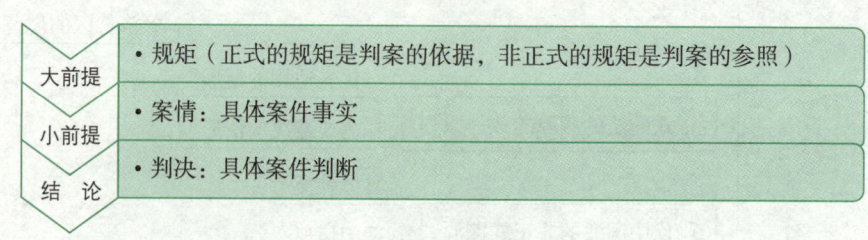

大前提	规矩（正式的规矩是判案的依据，非正式的规矩是判案的参照）
小前提	案情：具体案件事实
结 论	判决：具体案件判断

判案的三个步骤

---

[1] 参见周旺生：《法的渊源与法的形式界分》，载《法制与社会发展》2005年第4期，第125页。

📝 注意：判决的依据不同于判决的参照。例如，刑事判决书的"判决结果"部分应当写作"依照《中华人民共和国刑法》第××条、《中华人民共和国刑事诉讼法》第××条之规定，判决如下"，这一格式说明了法条之类正式的法的渊源就是判决的依据。与之相对应，在刑事判决书中绝不可能看到"依照我国传统美德，判决如下"的词句，只能看到判决书在释法说理部分援引道德、风俗等非正式的法的渊源强化判决的说服力，这充分说明非正式的法的渊源一般只能作为判决的参照。

二、当代中国法的正式渊源

当代中国法的正式渊源包括宪法、法律、行政法规、行政规章、地方性法规、民族自治法规（自治条例和单行条例）、国际条约和国际惯例等。

📝 注意：如何区分法的正式渊源？关键看"母体"（看它的制定机关是谁）。例如，全国人大常委会制定了《关于实行宪法宣誓制度的决定》，那么它就是"法律"，因为只要是全国人大、全国人大常委会制定的规范，即使名为"决定"，也都是"法律"。

（一）宪法

制定机关	1954年第一届全国人大第一次会议。 [概念辨析] （1）我国宪法的制定主体是人民； （2）我国宪法的制定机关是1954年第一届全国人大第一次会议； （3）我国宪法的起草机关是1953年宪法起草委员会； （4）我国宪法的修改机关是全国人大； （5）我国宪法的解释机关是全国人大常委会。
现行《宪法》不是判决依据	目前，我国《宪法》不能作为判决的依据。例如，2016年最高人民法院印发的《人民法院民事裁判文书制作规范》规定："裁判文书不得引用宪法……作为裁判依据，但其体现的原则和精神可以在说理部分予以阐述。"

（二）法律（狭义的法律）

制定机关	全国人大、全国人大常委会。
分类	（1）基本法律：全国人大制定和修改的规范性法律文件。例如，《刑法》由1979年7月1日第五届全国人大第二次会议通过。 （2）非基本法律：全国人大常委会制定和修改的规范性法律文件。例如，《文物保护法》由1982年11月19日第五届全国人大常委会第二十五次会议通过。 ①在全国人大闭会期间，全国人大常委会也有权对全国人大制定的法律进行部分补充和修改，但是不得同该法律的基本原则相抵触。 ②全国人大及其常委会作出的规范性的决议、决定、规定、办法等，也属于"法律"类的法的渊源。例如，全国人大常委会于1998年12月29日颁布的《关于惩治骗购外汇、逃汇和非法买卖外汇犯罪的决定》，虽名为"决定"，却是"法律"，它与《刑法》的地位、效力相同。 （3）全国人大授权全国人大常委会制定的相关法律。例如，2020年5月28日第十三届全国人大第三次会议通过了《全国人民代表大会关于建立健全香港特别行政区维护国家安全的法律制度和执行机制的决定》，授权全国人大常委会制定《香港特别行政区维护国家安全法》（以下简称《香港国安法》）。

续表

法律保留	法律保留，是指某些事项只能以"法律"的形式加以规定，不能以其他形式加以规定。我国的法律保留体现在《立法法》第11、12条的规定之中。法律保留分为绝对保留和相对保留。 (1) 绝对保留。以下事项只能以"法律"的形式加以规定，绝对不能以其他形式加以规定：①犯罪和刑罚；②对公民政治权利的剥夺；③限制人身自由的强制措施和处罚；④司法制度。 **记忆口诀**→献身政治，司法最行：限身；政治；司法；罪、刑。 (2) 相对保留。下列事项尚未制定法律的，全国人大及其常委会有权作出决定，授权国务院先制定行政法规：①国家主权的事项；②各级人大、人民政府、监察委员会、人民法院和人民检察院的产生、组织和职权；③民族区域自治制度、特别行政区制度、基层群众自治制度；④税种的设立、税率的确定和税收征收管理等税收基本制度；⑤对非国有财产的征收、征用；⑥民事基本制度；⑦基本经济制度以及财政、海关、金融和外贸的基本制度。 **记忆口诀**→主权、机关、自治、钱（税、财、民事、经济、海关、金融、外贸都属于"钱"的范畴）。

（三）行政法规

制定机关	国务院（即中央人民政府）。
权限	行政法规可以就下列事项作出规定： (1) 为执行法律的规定需要制定行政法规的事项； (2)《宪法》第89条规定的国务院行使行政管理职权的事项。
命名规范	行政法规的命名可以使用"条例""规定""办法"，或者"暂行条例""暂行规定"（冠以"暂行"须由全国人大及其常委会授权）。国务院各部门和地方人民政府制定的规章不得称"条例"。

（四）行政规章

制定机关	(1) 部门规章由国务院各部委、央行、审计署、直属管理机构以及法律规定的机构制定； (2) 地方政府规章由设区的市、自治州以上的地方各级人民政府制定。
权限	部门规章：根据法律和国务院的行政法规、决定、命令，在本部门的权限内制定。 地方政府规章：根据法律、行政法规和本省、自治区、直辖市的地方性法规制定。
命名规范	规章的名称一般称"规定""办法"，但不得称"条例"。

（五）地方性法规

制定机关	设区的市、自治州以上的地方各级人大及其常委会。
权限	地方性法规可以就下列事项作出规定：①为执行法律、行政法规的规定，需要根据本行政区域的实际情况作具体规定的事项；属于地方性事务需要制定地方性法规的事项。②设区的市、自治州只能就本行政区域的城乡建设与管理、生态文明建设、历史文化保护、基层治理等方面的事项制定地方性法规，省、自治区、直辖市则不受此限。
命名规范	地方性法规一般称"条例""规则""规定""办法"等。

· 028 ·

（六）民族自治法规

制定机关	自治区、自治州、自治县（不包括民族乡）的人大（人大常委会无此权力）。
分　类	自治条例系综合性法规，其内容比较广泛。
	单行条例规定某一方面的事务。
权　限	自治条例和单行条例可以依照当地民族的特点，对法律和行政法规的规定作出变通规定。但是，"基、宪、民、专不能变"，即不得违背法律或者行政法规的基本原则，不得对宪法和民族区域自治法的规定以及其他有关法律、行政法规专门就民族自治地方所作的规定作出变通规定。
命名规范	民族自治法规一般称"条例""规定""变通规定""变通办法"等。

（七）国际条约、国际惯例

分　类	国际条约，是指我国与外国缔结的双边、多边协议和其他具有条约、协定性质的文件。
	国际惯例，是指以国际法院等各种国际裁决机构的判例所体现或确认的国际法规则和国际交往中形成的国际习惯。
权　限	(1) 国务院同外国缔结条约和协定，全国人大常委会决定有关条约和重要协定的批准和废除；国家主席根据全国人大常委会的决定，批准和废除有关条约和重要协定。 (2) 加入多边条约和协定，由全国人大常委会或国务院决定；接受多边条约和协定，由国务院决定。
其他规定	我国国内法规定了国际条约和国际惯例的法的效力。例如，《民用航空法》第184条规定，中华人民共和国缔结或者参加的国际条约同本法有不同规定的，适用国际条约的规定；但是，中华人民共和国声明保留的条款除外。中华人民共和国法律和中华人民共和国缔结或者参加的国际条约没有规定的，可以适用国际惯例。

（八）其他的法的正式渊源

军事法规和军事规章	分别由中央军委和军内有关方面制定。
监察法规	国家监察委根据宪法和法律制定，经国家监察委全体会议决定，发布公告予以公布。
特别行政区的法律	特别行政区立法会在自治范围内制定、修改和废止。
经济特区的规范性文件	由全国人大授权经济特区的人大及其常委会制定。

三、正式的法的渊源的效力原则

[举个例子] 老六为大哥有偿育种，种成之日，因种子定价产生争论。老六主张按照国家《价格法》《种子法》搞市场价，大哥主张按照本省《种子管理条例》搞政府指导价。在这里，《价格法》《种子法》这两部"法律"与该省《种子管理条例》这一部"地方性法规"发生了冲突。对于本案，应适用法律还是地方性法规？（洛阳种子案）

正式的法的渊源之间的冲突，包括以下三种情形：①不同位阶/不同等级的法的渊源之间的冲突；②同一位阶/同一等级的法的渊源之间的冲突；③位阶交叉/等级交叉的法的渊源之间的冲突。

（一）不同位阶/不同等级的法的渊源之间的冲突

1. 基本原则：以宪法（或根本法）为核心，上位法高于下位法。

记忆口诀▶ 不同位阶，只管所"属"，谁"属"大，谁就大。

2. 等级划分
（1）第一等级：宪法（或根本法）；
（2）第二等级：法律、国际公约；
（3）第三等级：行政法规；
（4）第四等级：地方性法规、自治条例、单行条例和行政规章。

[举个例子] 全国人大常委会2000年制定的《种子法》与某省人大2003年制定的《种子管理条例》相比，哪一个位阶高？当然是《种子法》，因为它的制定机关是全国人大常委会，该机关的地位高于某省人大。

（二）同一位阶/同一等级的法的渊源之间的冲突

1. 新法优于旧法，也称后法优于先法，即同一国家机关制定的法中，如果新法与旧法产生冲突，那么新法的效力优先于旧法的效力。

2. 特别法优于一般法，即同一国家机关制定的法中，适用于特定主体、特定事项的法比适用于一般主体、一般事项的法优先；适用于特定时间、特定空间的法比适用于平时、一般地区的法优先。例如，全国人大常委会1993年制定《公司法》、1995年制定《商业银行法》，二者相比，《公司法》适用于所有的公司，《商业银行法》仅适用于商业银行这种特定形式的公司。因此，如果它们发生冲突，《商业银行法》优先于《公司法》适用。

3. 特殊情形：同一机关制定的法中，新的一般法与旧的特别法发生冲突，不能确定如何适用时，找该法的制定机关裁决。例如，法律之间对同一事项的新的一般规定与旧的特别规定发生冲突，找全国人大常委会裁决。又如，行政法规之间对同一事项的新的一般规定与旧的特别规定发生冲突，找国务院裁决。

记忆口诀▶ 同一个"属"同位阶，特别优先、新优先；两个原则绞一起，直接找"属"来裁决。

（三）位阶交叉/等级交叉的法的渊源之间的冲突

1. 变通规定
（1）自治条例和单行条例依法对法律、行政法规、地方性法规作变通规定的，在本自治地方适用自治条例和单行条例的规定；
（2）经济特区法规根据授权对法律、行政法规、地方性法规作变通规定的，在本经济特区适用经济特区法规的规定。

记忆口诀▶ 经济特区和自治，变通不出本辖区。

2. 地方性法规与部门规章之间发生冲突时，由国务院提出意见，国务院认为应当适用地方性法规的，则在该地方适用地方性法规；国务院认为应当适用部门规章的，还须提请全国人大常委会裁决。例如，某省人大制定的地方性法规与国家某部委制定的部门规章发生冲突时，应当先由国务院提出意见。国务院认为应当适用地方性法规的，则按照国务院的意思来，在当地适用地方性法规；如果国务院认为应当适用部门规章，那么还须提请全国人大常委会对此予以裁决。

> **抠字眼、讲逻辑**
>
> "提出意见"和"裁决"切不可混为一谈。《立法法》规定由国务院先提出意见，是因为国务院有权对规章是否合法或合理作出判断，如果是规章的问题，国务院可以行使改变或撤销权。但是，国务院无权改变或撤销地方性法规，因此，如果国务院认为地方性法规有问题，应当适用部门规章，则应当提请全国人大常委会作出裁决。

3. 部门规章之间、部门规章与地方政府规章之间发生冲突时，由国务院裁决。

记忆口诀 ▶ 行政系统内冲突，就找总"属"国务院。

4. 根据全国人大、全国人大常委会授权制定的法规与法律发生冲突时，由全国人大常委会裁决。

记忆口诀 ▶ 授权法规打法律，全国人常来裁决。

四、当代中国法的非正式渊源

（一）我国主要的法的非正式渊源

各国的非正式的法的渊源彼此不同，我国主要包括（但不限于）习惯、判例、政策。

1. 习惯。能够作为非正式的法的渊源的习惯仅指社会习惯。适用习惯时不得违背公序良俗。例如，《民法典》第10条规定："处理民事纠纷，应当依照法律；法律没有规定的，可以适用习惯，但是不得违背公序良俗。"

2. 判例（或指导性案例）。判例在英美法系属于正式的法的渊源，大陆法系已承认判例的重要性。作为非正式的法的渊源的指导性案例只能由最高人民法院发布。最高人民法院发布的指导性案例，各级人民法院审判类似案例时，应当参照。

3. 政策。政策是政党制定的标准化的政治措施。政策不是道德或伦理原则。它一般不包括法定政策或法律政策，因为法定政策或法律政策属于正式的法的渊源。

当代中国的政策包括国家政策和中国共产党制定的、与国家或政府有关的政策，如果是纯粹关于党自身的行动计划的政策，就不属于非正式的法的渊源。

（二）非正式的法的渊源的适用情形

在正式的法的渊源不能提供明确答案时，才可以适用非正式的法的渊源。具体而言，其情形有三：

1. 正式的法的渊源完全不能提供大前提，俗称"有空白"。
2. 适用正式的法的渊源会与公平正义冲突，俗称"反正义"。
3. 正式的法的渊源可能出现数种解释的模棱两可性和不确定性，俗称"无定论"。

第5节 法的效力

[举个例子] 美国公民老六乘坐中国飞机，飞到法国巴黎上空时，杀死了一名日本公民。对此，哪些国家的法律有权管辖？

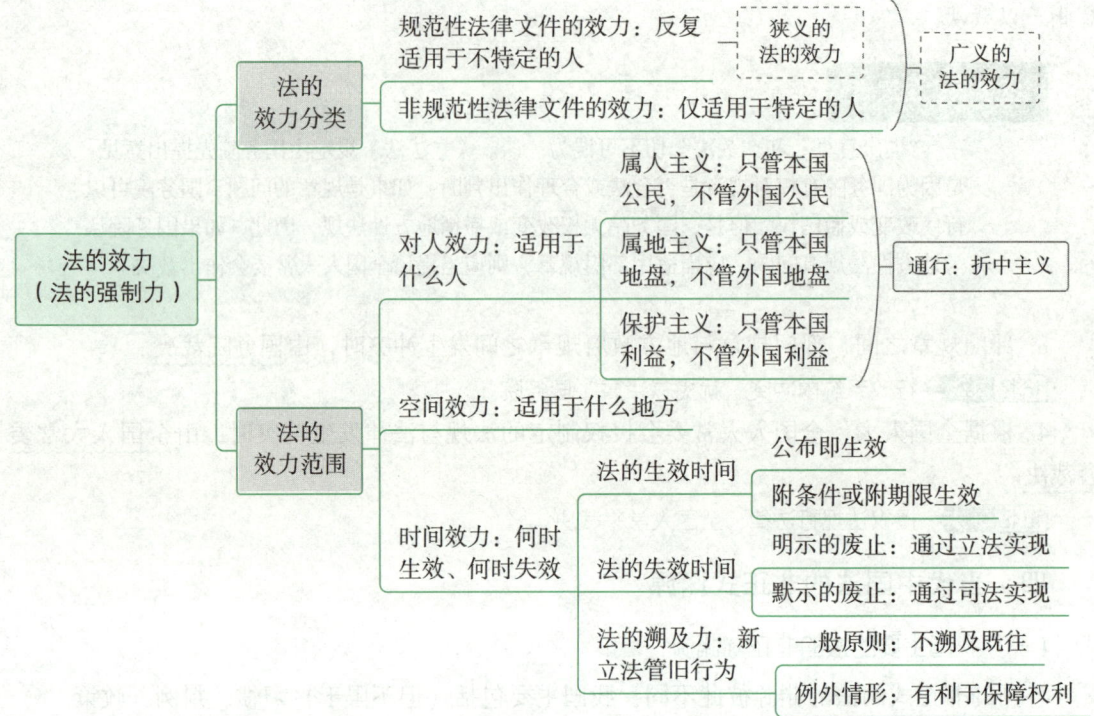

```
法的效力                 规范性法律文件的效力：反复     ┌ 狭义的 ┐
（法的强制力）  法的      适用于不特定的人            │ 法的效力 │── 广义的
              效力分类   非规范性法律文件的效力：仅适用于特定的人 ┘        法的效力

                                   属人主义：只管本国
                                   公民，不管外国公民
                        对人效力：适用于  属地主义：只管本国  ── 通行：折中主义
                        什么人           地盘，不管外国地盘
                                   保护主义：只管本国
              法的       ─ 空间效力：适用于什么地方
              效力范围              │                公布即生效
                                 法的生效时间 ─┤
                                              │ 附条件或附期限生效
                        时间效力：何时                明示的废止：通过立法实现
                        生效、何时失效 ─ 法的失效时间 ─┤
                                              默示的废止：通过司法实现
                                 法的溯及力：新   ┌ 一般原则：不溯及既往
                                 立法管旧行为 ─┤
                                         └ 例外情形：有利于保障权利
```

一、法的效力及其分类

（一）法的效力的概念

法的效力，即法的约束力、强制力，是指人们应当按照法律规定的行为模式来行为，必须予以服从的一种法律之力。

（二）法的效力的分类

1. 规范性法律文件的效力。规范性法律文件是指可对不特定主体反复适用的法律文件，换句话说，它是没有指名道姓、具体到某人的法律文件，如法典、法条。

规范性法律文件具有普遍约束力。例如，《民法典》约束民事主体的民事活动，这里的"民事主体"泛指《民法典》效力范围内的所有主体、一切主体、任何主体，即"普遍约束"。

2. 非规范性法律文件的效力。非规范性法律文件是指仅对特定主体适用的法律文件，换句话说，它是指名道姓、具体到某人的法律文件。例如，刑事判决书必须载明被告人的姓名、性别、年龄、民族、职业、户籍地、罪名等详细信息。

非规范性法律文件不具有普遍约束力，它只能约束特定主体。例如，法院对老六作出的判决书，就不能适用于老六之外的其他人。◉注意：非规范性法律文件是法律适用的结果或产物，它本身不是法律。

记忆口诀▶ 没名没姓规范性，指名道姓非规范。

二、规范性法律文件的效力

规范性法律文件的效力包括对人效力、空间效力、时间效力。对人效力解决的是"我管哪些人"的问题，空间效力解决的是"我管哪些地盘"的问题，时间效力解决的是"法的有效期"的问题。

（一）对人效力

法的对人效力是指法律对谁有效力、适用于哪些人。它包括属人主义、属地主义、保护主义和折中主义四种。

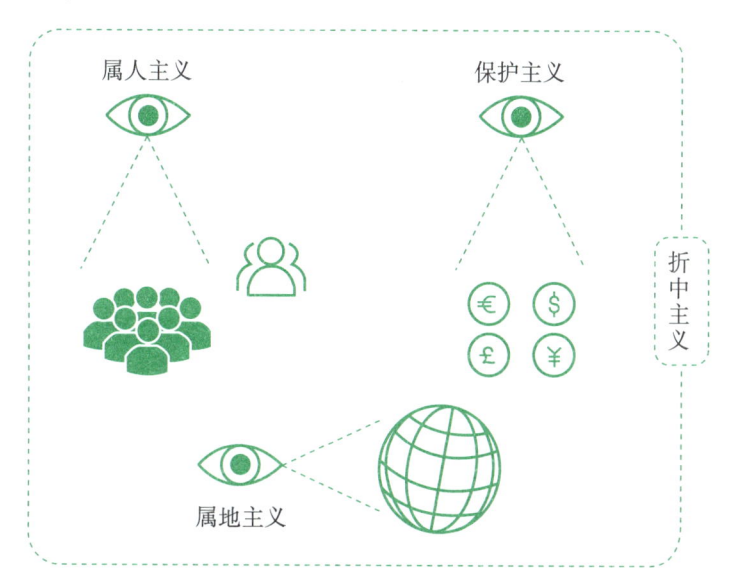

1. 属人主义。顾名思义，它以国籍为界线，关注本国人而不关注外国人。其内涵有二：

（1）法律只适用于本国公民，不论其身在何处。也就是说，"我的人都归我管，不管他们去了谁的地盘"。例如，日本公民在韩国境内殴打美国公民，对此，如果适用日本法律，就体现了属人主义。

（2）法律不适用于非本国公民，即使他们身在该国领域内。也就是说，"外国人我都不管，即使他们在我地盘上我也不管"。例如，日本公民在韩国境内殴打美国公民，对此，如果不适用韩国法律，也体现了属人主义。

2. 属地主义。顾名思义，它以国界为界线，关注国家管辖的区域。也就是说，"我的地盘我做主，谁到我地盘我都管"。具体而言，不管是不是本国公民，只要人在一国管辖地区内，均适用该国法律；若本国公民不在本国，则不适用该国法律。例如，日本公民在韩国境内殴打美国公民，对此，如果适用韩国法律，就体现了属地主义。

3. 保护主义。顾名思义，它以利益为界线，关注本国利益的维护，对于任何侵害本国利益的人，不论其国籍和所在地域，都予以追究。也就是说，"不管是谁动我的蛋糕，我都要管"。例如，日本公民在韩国境内殴打美国公民，对此，如果适用美国法律，就体现了保护主义。

4. 折中主义。近代以来，包括我国在内的多数国家所采用的原则均是以属地主义为主，与属人主义、保护主义相结合。也就是说，目前各国通行的做法是，只要人、地盘、利益中的任何一项或几项跟一国沾边，就适用该国法律，即"沾边就管"。例如，美国公民老六乘坐中国飞机，飞到法国巴黎上空时，杀死了一名日本公民。对此，中国法律能管（属地主义，飞机和船舶也被视为一国领土），美国法律能管（属人主义，因为老六是美籍），法国法律能管（属地主义，因为领空），日本法律能管（保护主义，日本公民被杀死即为侵害日本利益）。

（二）空间效力

法的空间效力是指法在哪些地域有效力、适用于哪些地区。

一般而言，一国法律适用于该国主权范围所及的全部领域，包括领土、领水及其底土和领空。根据有关国际条约的规定，一国的法律也可以适用于本国驻外使馆、在外船舶及飞机。

（三）时间效力

法的时间效力是指法何时生效、何时失效、法的溯及力（"新法能不能管旧事情"）。

1. 生效时间。法的生效时间包括两种情形：

（1）公布即生效，即法律自公布之日起生效。例如，在法律实践中，行政规章一般是自公布之日起××日后生效，但是，公布后不立即生效将有碍于规章施行或者不利于保障公共利益的，可以自公布之日起施行。

（2）公布后生效，包括两种情形：

❶由该法律规定具体生效时间。例如，我国《民法典》公布于2020年5月28日，但是，其生效时间却是2021年1月1日。

❷规定法律公布后符合一定条件时生效。例如，在法律文件传递极为困难的条件下，以文件送达时间为生效时间。

2. 失效时间。法的失效包括两种情形：

（1）明示的废止：新法或其他法律文件中明文规定废止旧法。例如，《民法典》第1260条明确规定："本法自2021年1月1日起施行。《中华人民共和国婚姻法》、《中华人民共和国继承法》、《中华人民共和国民法通则》、《中华人民共和国收养法》、《中华人民共和国担保法》、《中华人民共和国合同法》、《中华人民共和国物权法》、《中华人民共和国侵权责任法》、《中华人民共和国民法总则》同时废止。"

（2）默示的废止：在法律适用的过程中出现了新法与旧法的冲突时适用新法，从而使得旧法在事实上被废止。例如，在司法实践中"新法优于旧法""后法优于前法"的做法，实际上使得"旧法""前法"相对于"新法""后法"如同被废止。

记忆口诀 明示废止"名亡实亡"，默示废止"名存实亡"。

3. 法的溯及力，即法律对其生效以前的事件和行为具有约束力。

（1）现代法治社会一般以"法不溯及既往"为原则。也就是说，一般而言，新法不判旧案，因为法律溯及既往会破坏法的可预测性、确定性，进而破坏法律塑造的社会秩序。此话怎讲？如果"当下的法律"把"以往的行为"给法办了，那么，顺理成章地，"未来的法律"也能把"当下的行为"给法办了。如此一来，"当下的人们"该如何行为呢？会不会一不留神，行差踏错而成了"未来的罪犯"呢？进一步看，与其未来成罪犯，不如今天把罪犯了……所以，法律一般不可溯及既往。

（2）"法不溯及既往"原则不可绝对化，也有例外。

［例1］刑法上的"从旧兼从轻"——对于新法生效以前的旧行为，新法不认定为犯罪或者新法的处刑轻于旧法的，则溯及既往，适用新法。

［例2］"有利追溯"，或曰"有利原则"——《立法法》第104条规定，法律、行政法规、地方性法规、自治条例和单行条例、规章不溯及既往，但为了更好地保护公民、法人和其他组织的权利和利益而作的特别规定除外。

［例3］为保护民事权利而溯及既往——《著作权法》第66条第1款规定，本法规定的著作权人和出版者、表演者、录音录像制作者、广播电台、电视台的权利，在本法施行之日尚未超过本法规定的保护期的，依照本法予以保护。

> 属人主义看国籍，
> 属地主义看辖区，
> 保护主义看利益，
> 现代流行三合一。

第6节 法律部门与法律体系

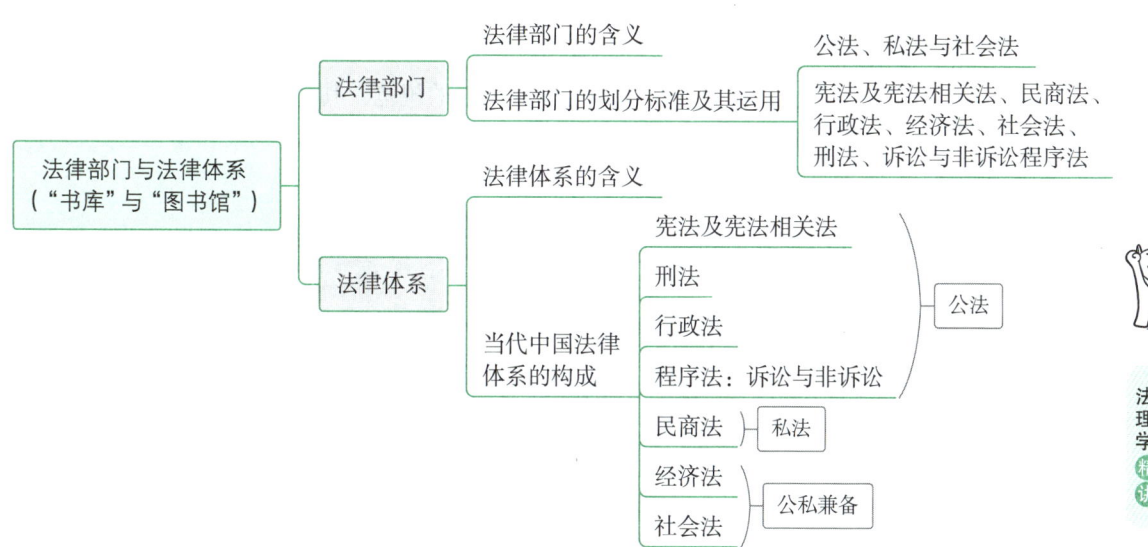

一、法律部门与法律体系

法律体系由不同的法律部门组成，如同图书馆由不同的书库组成。

（一）法律部门

法律部门，又称部门法，是指根据一定标准和原则对一国现行的全部法律规范进行划分所形成的同类法律规范的总称。

1. 法律部门的名称与该法律部门之中规范性法律文件的名称并不完全吻合。打个比方，书库的名称与该书库之中的书的名称不一定吻合，并不是所有的文学书籍都要在名称里带上"文学"二字。例如，《钢铁是怎样炼成的》是文学书籍，不能想当然把它当成冶金类书籍。

2. 法律部门的划分标准。传统的法律部门划分标准与当代中国的法律部门划分标准并不相同。

（1）传统的法律部门划分标准：公法、私法（古罗马法学家乌尔比安提出）、社会法（20世纪以来出现）。其中，社会法是介于公法和私法之间的法律，亦公亦私，公私兼备。

（2）当代中国的法律部门划分标准：以调整对象为主、调整方法为辅。按照这一标准，可以将中国现行的全部法律规范划为七个法律部门：宪法及宪法相关法、民商法、行政法、经济法、社会法、刑法、诉讼与非诉讼程序法。

（二）法律体系

法律体系是指一国的全部现行法律规范按不同法律部门形成的有机整体。

1. 当代中国的法律体系由前述七个法律部门所组成。
2. 当前，一个立足中国国情和实际、适应改革开放和社会主义现代化建设需要、集中体现党和人民意志的，以宪法为核心，以宪法相关法、民法商法等多个法律部门的法律为主干，由法律、行政法规、地方性法规等多个层次的法律规范构成的中国特色社会主义法律体系已经形成，国家经济建设、政治建设、文化建设、社会建设以及生态文明建设的各个方面实现有法可依。

二、当代中国的七大部门法

（一）宪法及宪法相关法

1. 宪法主要调整国家与公民之间关系，属于公法。
2. 宪法部门主要包括：①构成和组织不同国家机关的规范，其核心是授予公权力，即国家机构的组织方式、职权及其行使；②赋予宪法权利的规范，其核心是约束和指示公共权力。

（二）刑法

1. 刑法部门规定了犯罪和刑罚，主要载体是刑法典和刑法修正案，也有少量单行刑法，属于公法。
2. 相对其他法律部门而言，刑法部门的调整方法最严厉。

（三）行政法

1. 行政法部门是公法的主要组成部分，是宪法的实施和动态部分。
2. 行政法部门主要包括授予行政权的规范、约束行政行为的规范、监督行政行为的规范。
3. 行政法部门的内容包括一般行政法（普遍原则、共同规范）和专门行政法（专门领域）。

注意："行政法"与"行政法规"属于不同范畴，"行政法"是"行政法律规范"，"行政法规"是国务院专用的法的表现形式，其内容既可能是行政法，也可能是其他部门法。

（四）诉讼与非诉讼程序法

1. 诉讼与非诉讼程序法规定诉讼活动和非诉讼活动（如调解、仲裁等）的程序，属于公法。
2. 程序法部门包括民事诉讼、刑事诉讼、行政诉讼、调解和仲裁等法律规范。注意："实体法是规定权利的法律，程序法是规定救济的法律"这一观点是错误的。

（五）民商法

1. 民法是私法的一般法和核心部分，其规定的原则与一般规则贯穿整个私法领域，其基本原则是私人自治。
2. 商法是私法的特别法，它强调效率和效益。

注意：民法与商法是一般法与特别法的关系：商法有规定则优先适用商法的规定，商法无规定则以民法予以补充。

（六）经济法

1. 经济法产生于国家对经济活动的干预、管理或调控。由于经济活动既涉及公法主体，也涉及私法主体，因此，经济法的性质既非公法，也非私法，而是公私兼备。
2. 经济法部门主要包括创造平等竞争环境、维护市场秩序方面的法律（反垄断、反不正当竞争、反倾销）和国家宏观调控和经济管理方面的法律（财政、税务、金融、审计、物价、行业和产业发展、对外贸易等）。

3. 经济法调整对象的广泛性、复杂性决定了不可能制定出一部经济法典。

（七）社会法

1. 社会法调整有关劳动关系、社会保障和社会福利关系。与经济法相似，社会法调整的对象既涉及公法领域，也涉及私法领域，因此，社会法的性质也是公私兼备。

2. 社会法部门包括劳动用工、劳动保护、劳动安全、工资福利、社会公益事业发展和管理、社会保险、社会救济、特殊保障等方面的法律规范。

第7节 法律关系

[举个例子] 甲租住了老六的房屋，其间，甲将该房屋作价人民币12万元卖给乙。乙明知该房屋属于老六，仍然与甲签订了购房合同并付款。老六知悉后将甲、乙二人告到法院。本案中，甲、乙之间是否存在购房合同法律关系？

法律关系：法律主体间的关系
- 法律关系的特征
  - 法律性：依据法律规范建立
  - 意志性：体现国家意志和当事人意志
  - 特定性：特定法律主体之间的权利义务关系
- 法律关系的种类
  - 第一类
    - 调整性法律关系
    - 保护性法律关系
  - 第二类
    - 纵向（隶属）法律关系
    - 横向（平权）法律关系
  - 第三类
    - 单向（单务）法律关系
    - 双向（双边）法律关系
    - 多向（多边）法律关系
  - 第四类
    - 第一性（主）法律关系
    - 第二性（从）法律关系
- 法律关系变化的条件
  - 法律规范
  - 法律事实
- 法律关系的要素
  - 法律关系主体
  - 法律关系内容
  - 法律关系客体

一、法律关系的含义及其特征

（一）法律关系的含义

法律关系是在法律规范调整社会关系的过程中所形成的人们之间的权利和义务关系。

（二）法律关系的特征

1. 法律性。法律关系是依据法律规范建立的社会关系。与之相比，依据道德规范建立的关系称道德关系，依据宗教规范建立的关系称宗教关系。例如，男居士老六在佛寺求姻缘，与志同道合的女居士以"师兄妹"互称并建立交往，此为宗教关系；二人依照当地习俗确定恋爱关系，此为道德关系；二人根据法律规定缔结婚姻，此为法律关系。

2. 意志性。法律关系是体现意志性的特种社会关系。法律是国家意志的产物，法律关系必然体现着国家意志；与此同时，一般情形下，法律关系也体现了当事人意志。例如，老六与对象去登记结婚，却被民政局工作人员查出二人系血亲兄妹，法律不允许二人结婚。这就体现了蕴含在婚姻法律关系中的国家意志。后经证明血亲关系系当年记载有误，二人符合结婚的法定条件，国家法律允许二人结婚，但是，二人却不想结婚了。这说明婚姻法律关系也体现了当事人意志。

3. 特定性。法律关系是特定法律关系主体之间的权利和义务关系。例如，在婚姻法律关系中，配偶双方必然是特定的，不可能出现配偶不特定的情形。

二、法律关系的种类

根据不同的标准，可以将法律关系分为：调整性法律关系与保护性法律关系，纵向（隶属）法律关系与横向（平权）法律关系，单向法律关系、双向法律关系与多向法律关系，第一性（主）法律关系与第二性（从）法律关系。

（一）调整性法律关系与保护性法律关系

调整性法律关系基于主体间的合法行为而产生，它是法实现的正常形式，不对应法律制裁。保护性法律关系基于主体间的违法行为而产生，它是法实现的非正常形式，对应着法律制裁。例如，老六与商家合法交易犬只而产生的法律关系即为调整性法律关系，这种买卖关系并不会引起法律制裁；老六与商家非法交易枪支而产生的法律关系即为保护性法律关系，这种买卖关系就会引起法律制裁。

记忆口诀 调好的（调整——合法），保坏的（保护——违法）。

（二）纵向（隶属）法律关系与横向（平权）法律关系

纵向（隶属）法律关系是地位不平等的主体之间的法律关系，具有强制性，其中的权利和义务既不能随意转让，也不能随意放弃。横向（平权）法律关系是地位平等的主体之间的法律关系，具有一定程度的任意性，其中的权利和义务可以转让，也可以放弃。例如，买卖法律关系属于横向法律关系，因为买方和卖方的主体地位平等，而行政处罚的法律关系属于纵向法律关系，因为行政机关和被处罚者的主体地位不平等。

记忆口诀 纵有地位高低（纵向的地位不平等），躺平（横向）就能随意（任意性）。

（三）单向法律关系、双向法律关系与多向法律关系

单向法律关系中，权利人仅享有权利，义务人仅履行义务，二者之间没有反向联系。例如，不附条件的赠与法律关系中，赠与人仅履行赠与的义务，受赠人仅享有受赠的权利。双向法律关系中，一方的权利对应另一方的义务，反之亦然。例如，买卖法律关系中，买方一手交钱、一手收货，与之相对应，卖方一手收钱、一手交货。多向法律关系是3个或3个以上相关法律关系的复合体。例如，老六将猛犬转卖，委托某司机将猛犬运给外地买家，老六与司机、老六与买家、司机与买家之间均存在法律关系，这些法律关系复合成一个多向法律关系。

（四）第一性（主）法律关系与第二性（从）法律关系

在一组彼此相关的法律关系中，第一性（主）法律关系是指不依赖其他法律关系而独立

存在或居于支配地位的法律关系，它在逻辑顺序上先产生；第二性（从）法律关系是指由主法律关系产生、居于从属地位的法律关系，它在逻辑顺序上后产生。例如，老王将老六的猛犬打伤，老六索赔未果遂将老王告上法庭。其中，损害赔偿关系是第一性法律关系，诉讼法律关系是第二性法律关系，因为在逻辑上，先有损害赔偿，后有当事人提起诉讼。

记忆口诀 先生为主，后生随从；逻辑顺序上先产生的是主法律关系，后产生的是从法律关系。

三、法律关系变化的条件

法律关系产生、变更和消灭的主要条件有二：①法律规范；②法律事实。

（一）法律规范

法律规范是法律关系变化的依据。法律关系依法律规范建立，没有法律规范就没有法律关系，有什么样的法律规范就有什么样的法律关系。例如，没有婚姻法律规范，就没有婚姻法律关系（法律意义上的婚姻），充其量只有婚姻事实关系（事实意义上的婚姻）、婚姻社会关系（社会意义上的婚姻）。

（二）法律事实

法律事实是法律规范所规定的客观情况或现象，是法律关系变化的直接前提。其分为两种：

1. 法律事件：法律有规定，却不以当事人意志为转移的情形。例如，天灾人祸、生老病死，都属于法律事件。

2. 法律行为：法律有规定，以当事人意志为转移的身体动静。例如，打欠条、做买卖、私自堕胎等，都属于法律行为。

四、法律关系的要素

（一）法律关系主体

法律关系主体是法律关系的参加者。

1. 法律关系主体的分类

（1）公民（自然人）。这里的公民既包括中国公民，也包括居住在中国境内或在中国境内活动的外国公民和无国籍人。

（2）机构和组织（法人）。其主要包括三类：①各种国家机关（如立法机关、行政机关和司法机关）；②各种企事业组织和在中国领域内设立的中外合资经营企业、中外合作经营企业和外资企业；③各政党和社会团体。

（3）国家。一般情况下，国家机关或其授权的组织作为国家的代表参加法律关系，但是在特殊情况下，国家也可以作为一个整体成为法律关系主体。例如，国家可以作为国际公法关系的主体而成为外贸关系中的债权人或债务人，国家可以直接以其名义发行国库券。

2. 法律关系主体的权利能力。权利能力又称权义能力（权利义务能力），是指能够参与一定的法律关系，依法享有一定权利和承担一定义务的法律资格。

（1）公民的权利能力自出生之时起到死亡之时止，不得被任意剥夺或解除。法人的权利能力自法人成立时产生，至法人终止时消灭。

（2）不同主体具有不同的权利能力。一般权利能力（基本的权利能力），是指一国所有公民均具有的权利能力，它不能被任意剥夺或解除。特殊权利能力，是指公民在特定条件下

具有的法律资格，并不是每个公民都可以享有。例如，国家机关及其工作人员行使职权的资格，就是特殊权利能力。

3. 法律关系主体的行为能力。行为能力是法律关系主体能够通过自己的行为实际取得权利和履行义务的能力。其可分为如下两类：

（1）公民的行为能力。公民要具有行为能力必须首先具有权利能力，也就是说，有资格才能去实施相应行为；但是，具有权利能力并不必然具有行为能力。例如，法律不允许4周岁的老六跟小伙伴结婚，因为老六不到法定婚龄，不具有权利能力，当然更不具有行为能力。老六到了法定婚龄22周岁，却罹患精神病，那么他也不能结婚，因为他虽然具有了权利能力（结婚的资格），却不具有相应的行为能力（神志正常）。

世界各国法律一般将公民划分为完全行为能力人、限制行为能力人、无行为能力人。

（2）法人的行为能力。①公民的行为能力有完全与不完全之分，而法人的行为能力总是有限的，由其成立宗旨和业务范围决定。②公民具有权利能力却不一定同时具有行为能力，公民丧失行为能力也并不意味着丧失权利能力；与此不同，法人的行为能力和权利能力却是同时产生、同时消灭的。例如，公司的行为能力和权利能力自公司形成之时起一同产生，于公司解散时一同消灭。

（二）法律关系内容

1. 法律关系的内容就是法律关系主体之间的法律权利和法律义务。
2. 法律关系中的权利和义务不同于法律规范中的权利和义务。

（1）法律关系中的权利和义务是具体当事人之间的权利和义务，它们是正在履行的、实然领域中的权利和义务，具有现实性、特定性、个性，仅适用于法律关系中的有关主体，仅对特定的法律关系主体有效。例如，老六向商家购买犬只，形成了买卖法律关系，这一法律关系中的权利和义务仅仅约束老六和商家，不约束其他人。

（2）法律规范中的权利和义务是法律所规定的权利和义务，它们是有待实现的、可能性领域中的权利和义务，具有应然性、普遍性、共性，适用于一国之内的所有不特定的主体，具有一般的、普遍的法的效力。例如，《民法典》中有关买卖交易的法律规定中的权利和义务约束所有从事买卖交易的人。

（三）法律关系客体

法律关系客体是指法律关系主体之间的权利和义务所指向的对象。它包括以下内容：

1. 物。物是指法律关系主体可支配的客观实体。其特征如下：①应得到法律认可（违禁物不算）；②应为人类所认识和控制（未知天体不算）；③有经济价值；④有独立性（不可分离之物不算）。 注意：以下物不得成为私人法律关系客体：①人类公共之物或国家专有之物，如海洋、山川、水流；②除了集体、私人所有的文物之外的文物；③军事设施、武器；④危害人类之物。

2. 人身。人身只能在一定范围内成为法律关系客体。但是，要注意：

（1）活人的（整个）身体不得视为法律上之"物"。例如，老六要将自己的整个身体卖给他人做苦力，这一做法违法。

（2）权利人对自己的人身不得进行违法或有伤风化的活动。例如，老六为吸引心仪的女性而在闹市中裸奔，这一做法违法。

（3）对人身行使权利时须依法进行。例如，学校为管理学生而对学生进行体罚，这一做法违法。

3. 精神产品。精神产品即思维成果,"无体(形)物""智力成果""无体财产",属于非物质财富。

4. 行为结果。行为结果是义务人完成其行为所产生的能够满足权利人利益要求的结果,包括物化结果和非物化结果。物化结果具体表现为物化产品或营建物,如产品完成、房屋竣工;非物化结果则表现为一定的行为过程,如观众购票并欣赏、享受舞台剧的过程。

记忆口诀 法律关系的客体包括"勿为人精"(别当人精,别人也不是傻子):物、(行)为(结果)、人(身)、精(神)。

第8节 法律责任

[举个例子] 老六在草堆上强奸妇女时,不慎将草堆下熟睡的流浪汉压死。其行为同时触犯强奸罪和过失致人死亡罪。对此,应当如何追究其法律责任?

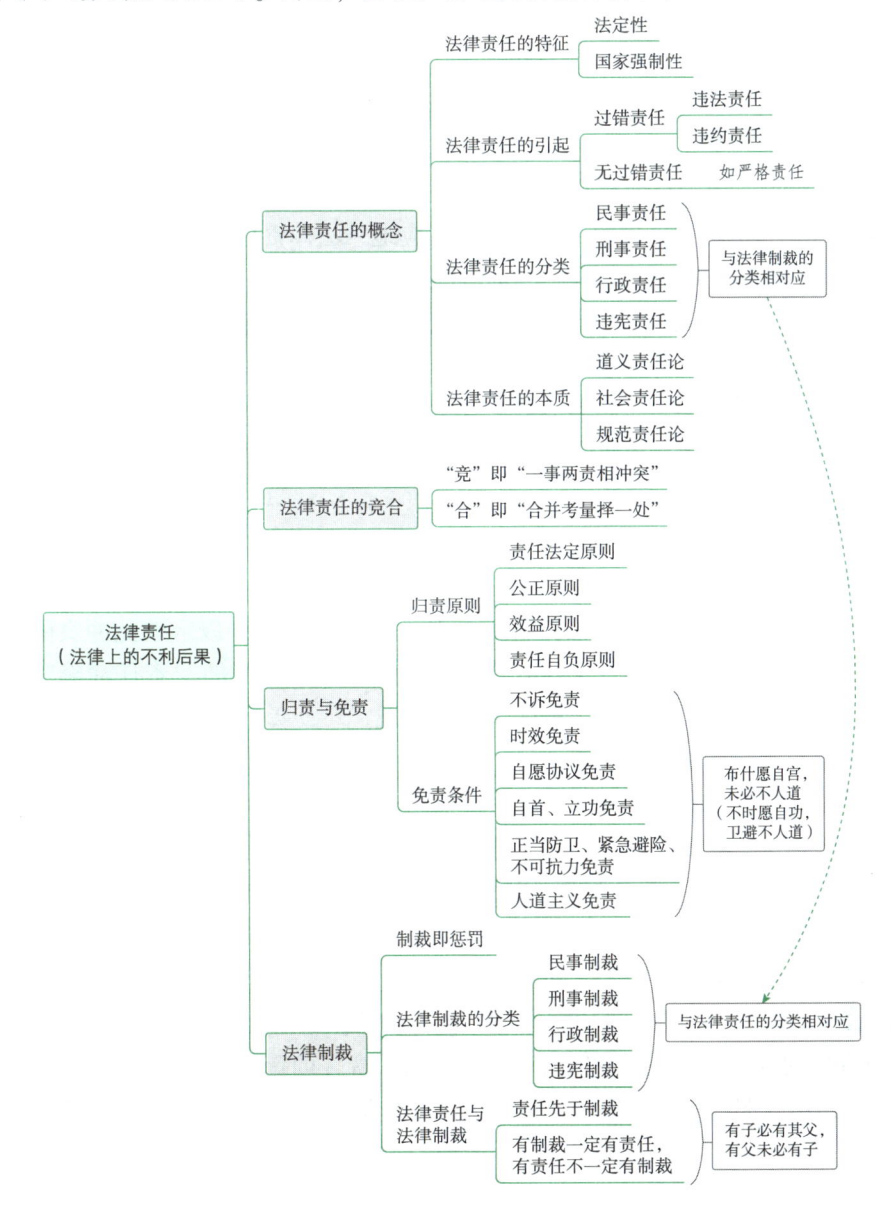

- 法律责任(法律上的不利后果)
  - 法律责任的概念
    - 法律责任的特征
      - 法定性
      - 国家强制性
    - 法律责任的引起
      - 过错责任
        - 违法责任
        - 违约责任
      - 无过错责任——如严格责任
    - 法律责任的分类(与法律制裁的分类相对应)
      - 民事责任
      - 刑事责任
      - 行政责任
      - 违宪责任
    - 法律责任的本质
      - 道义责任论
      - 社会责任论
      - 规范责任论
  - 法律责任的竞合
    - "竞"即"一事两责相冲突"
    - "合"即"合并考量择一处"
  - 归责与免责
    - 归责原则
      - 责任法定原则
      - 公正原则
      - 效益原则
      - 责任自负原则
    - 免责条件
      - 不诉免责
      - 时效免责
      - 自愿协议免责
      - 自首、立功免责
      - 正当防卫、紧急避险、不可抗力免责
      - 人道主义免责

      (布什愿自宫,未必不人道(不时愿自功,卫避不人道))
  - 法律制裁
    - 制裁即惩罚
    - 法律制裁的分类(与法律责任的分类相对应)
      - 民事制裁
      - 刑事制裁
      - 行政制裁
      - 违宪制裁
    - 法律责任与法律制裁
      - 责任先于制裁
      - 有制裁一定有责任,有责任不一定有制裁

      (有子必有其父,有父未必有子)

一、法律责任的概念

法律责任即行为主体应当承担的法律上的不利后果。

（一）法律责任的引起

1. 过错责任，即行为主体有过错而引起相应的法律责任。它包括两种情形：①违法行为引起的法律责任。例如，老六强奸妇女，违反了刑法，则应承担相应的刑事责任。②违约行为引起的法律责任。例如，停车场收费员老六收了停车费却不给车主停车票据，违反了"收费须给票"的合约，则应承担相应的民事责任。

2. 无过错责任，即行为主体无过错，却因为法律对此有特别规定，因而引起相应的法律责任。一般而言，环境污染、产品致人损害相关的法律规定，并不要求承担责任的主体有过错。例如，老六去澡堂洗澡，却因锅炉爆炸被烫伤，老六索赔期间，发现锅炉制造厂家和经销商家早已倒闭，而澡堂老板也没有违规使用锅炉。即便如此，澡堂老板也得承担赔偿责任。在这里，虽然澡堂老板并无过错，但是，根据产品致人损害的相关法律规定，这种情形中，澡堂老板须承担赔偿责任。

（二）法律责任的本质

对于法律责任的本质，目前存在的主流学说有三种：

1. 道义责任论：法律责任以道义为前提，相应地，法律责任的本质是对违法者的道义责难。"道义"即道德和正义，也就是说，违反了道德和正义，就会引发法律责任。

2. 社会责任论：社会是诸多利益的互动系统，相应地，法律责任的本质是对合法利益系统的维护。也就是说，侵犯了法律所维护的利益，就会引发法律责任。

3. 规范责任论：法律是一个规范系统，相应地，法律责任的本质是对行为的否定性规范评价。也就是说，行为不符合法律所规定的模式，就会被法律所否定，从而引发法律责任。

二、法律责任的竞合

（一）法律责任竞合的含义

1. 法律责任的竞合，是指1个法律行为同时引起2种或2种以上彼此冲突的法律责任，对此情形，在数个相冲突的责任中选择其中之一来追究。"竞"即"责任冲突"，"合"即"择一追究"。法律责任竞合在民法、刑法中多有体现。

［例1］《民法典》第186条规定，因当事人一方的违约行为，损害对方人身权益、财产权益的，受损害方有权选择请求其承担违约责任或者侵权责任。在这里，"或者"一词表明违约责任、侵权责任二者之间存在冲突（"竞"），只能选择其中之一予以追究（"合"）。

［例2］刑法上的"想象竞合"属于法律责任竞合的具体体现：对于1个行为触犯2个罪名的，从一重罪处罚。例如，盗窃公交车上的重要部件致使公交车倾覆而毁坏，这一行为同时触犯了盗窃罪和破坏交通工具罪，应当择一重责予以追究。

记忆口诀　竞是"一事两责相冲突"，合是"合并考量择一处"。

2. 法律责任的竞合可以是同一部门法中不同法律责任的竞合，如违约责任与侵权责任的竞合；也可以是不同部门法中的法律责任的竞合，如民事责任、行政责任与刑事责任的竞合。

3. 对于彼此冲突的法律责任如何"择一"追究？须具体情形具体分析，不能一概而论，不能全部套用刑法"择一重罪处罚"的思路。

（二）法律责任竞合的成因

1. 特定国家的法中存在不同类型的法律责任。例如，民法规定了民事法律责任，刑法规定了刑事法律责任，行政法规定了行政法律责任。

2. 某法律行为同时符合2个或2个以上的构成要件。例如，老六在草堆上强奸妇女时，不慎将草堆下熟睡的流浪汉压死。这一行为同时符合强奸罪和过失致人死亡罪的构成要件。

3. 该行为产生2个或2个以上的后果。例如，老六在草堆上强奸妇女时，不慎将草堆下熟睡的流浪汉压死。这一行为产了两个后果，一个是侵犯妇女的性权利，一个是侵犯他人的生命权利。

三、归责与免责

（一）归责原则

归责即法律责任的归结，须由特定国家机关根据法定职权和程序对法律责任予以判断和认定。其原则包括以下四点：

1. **责任法定原则**。它包括：①责任须由法律明确规定；②追责依据既包括刑法、民法等实体法，也包括刑事诉讼法、民事诉讼法等程序法；③禁止擅断责任和法外责罚。例如，"罪刑法定"和"法无明文规定不为罪，法无明文规定不处罚"就反映了责任法定原则。

2. **公正原则**。它包括：①法律面前人人平等。②定性公正，即责任与行为在性质和种类上一致。例如，老王吃"霸王餐"被餐厅老板扣下，为了逃脱，他拿起筷筒将老板打成轻微伤，老板随即报警，老王被警方抓获。老六认为，本案既可定性为转化型抢劫（这意味着量刑很可能在3年以上），也可定性为寻衅滋事罪（因情节显著轻微，可以不起诉），考虑到自己忍老王很久了，就定转化型抢劫。这就没有体现定性公正。③定量公正，即过错、责任、处罚三者相当。例如，刑法上的"罪责刑相适应"就体现了定量公正。公正原则最典型的体现就是责任主体"按比例承担责任"。

3. **效益原则**。效益即投入和产出的比例，它追求以最小的投入，获得最大的产出。效益原则意味着我们必须考虑法律责任的效益最大化。其衡量标准是法律有威慑力且责任适度，因此，责任"越大越好""越小越好"都不妥当。例如，"拐卖儿童一律死刑"这种责任"越大越好"的思维，首先就不符合效益原则（此外，这一说法也不符合其他原则），与判活刑相比，判死刑的标准更严格，这意味着更大的执法、司法投入，拐卖儿童者，有初犯、有累犯、有首犯、有从犯、有重犯、有轻犯，若一律处以死刑，对初犯、从犯、轻犯的执法、司法投入势必等同于对累犯、首犯、重犯的执法、司法投入，这显然不符合效益最大化的要求。

4. **责任自负原则**。它包括：①谁违法，谁负责，反对株连或变相株连；②违法责任得追究，无责必然不受追究；③现代社会中，独立的主体自主选择行为，相应地，自己承担后果。

> **注意**：有原则往往就有例外，责任自负原则也有例外。例如，楼上掉花盆砸伤行人，能找到花盆正主的话，就由正主自负其责；如果找不到正主，则由全楼承担赔偿责任。这就是责任自负原则的例外。

记忆口诀 法律责任的归责需要"一、定、功、夫":(效)益、(法)定、公(正)、(责任自)负。

(二)免责条件

1. 免责即法律责任的免除,包括法定免除条件和意定免除条件。法定免除条件,即法律上规定的责任免除条件。意定免除条件,即法律上允许的责任免除条件。

2. 我国法律上的免责条件主要包括:

(1) 不诉免责,即不予起诉,故而免责。例如,对于老王违法赖账,债主老六不予起诉,老王因此免责。

(2) 时效免责,即超过追诉期限,故而免责。例如,《刑法》第87条规定,犯罪经过下列期限不再追诉:①法定最高刑为不满5年有期徒刑的,经过5年。②法定最高刑为5年以上不满10年有期徒刑的,经过10年。③法定最高刑为10年以上有期徒刑的,经过15年。④法定最高刑为无期徒刑、死刑的,经过20年。如果20年以后认为必须追诉的,须报请最高人民检察院核准。

(3) 自愿协议免责。例如,在调解员主持下,老六自愿与对方达成协议,将责任免除。

(4) 自首、立功免责。例如,《刑法》第68条规定,犯罪分子有揭发他人犯罪行为,查证属实的,或者提供重要线索,从而得以侦破其他案件等立功表现的,可以从轻或者减轻处罚;有重大立功表现的,可以减轻或者免除处罚。在这里,视立功大小,予以部分或全部免责。

(5) 正当防卫、紧急避险、不可抗力免责。例如,《刑法》第20条第1款规定,为了使国家、公共利益、本人或者他人的人身、财产和其他权利免受正在进行的不法侵害,而采取的制止不法侵害的行为,对不法侵害人造成损害的,属于正当防卫,不负刑事责任。《刑法》第21条第1款规定,为了使国家、公共利益、本人或者他人的人身、财产和其他权利免受正在发生的危险,不得已采取的紧急避险行为,造成损害的,不负刑事责任。《刑法》第16条规定,行为在客观上虽然造成了损害结果,但是不是出于故意或者过失,而是由于不能抗拒或者不能预见的原因所引起的,不是犯罪。

(6) 人道主义免责,即法律责任超出责任主体的实际履行能力(责任大于能力)时,出于人道主义予以免责。

记忆口诀 布什愿自宫,未必不人道:不、时、愿、自、功、卫、避、不、人道。

四、法律制裁

(一)法律制裁的含义

1. 法律制裁是指由特定国家机关对违法者依其法律责任而实施的强制性惩罚措施。注意:法律制裁只能由特定国家机关实施,因为实施法律制裁的权力是法律授予特定国家机关的,非法定主体不能实施法律制裁。例如,老六手持菜刀残伤仇人肢体,并称"这是你应得的法律制裁",这实际上是犯罪。

2. 法律制裁即法律"惩罚",如无惩罚,则不构成制裁。例如,初中生老六在校与同学打篮球时,锁骨被撞断。对此,法院裁定学校和同学各补偿老六3000元。在这里,法院并未对学校和同学实施法律制裁,因为"补偿"不等于"惩罚",故不属于法律制裁。

```
法律责任的承担 ─┬─ 补偿方式 ── "一比一"的承担   "本店商品，假一赔一"
                └─ 惩罚方式 ── "多比一"的承担   "本店商品，假一赔三" ── 法律制裁
```

（二）法律责任与法律制裁

1. 法律制裁的分类。法律制裁的分类与法律责任的分类具有对应性、一致性。

法律责任可以分为民事责任、刑事责任、行政责任、违宪责任。与之相对应，法律制裁可以分为民事制裁、刑事制裁、行政制裁、违宪制裁。

2. 法律责任与法律制裁的关系。要言之，法律责任先于法律制裁。

在逻辑上，责任先于制裁，这意味着没有法律责任就没有法律制裁。但是，在责任人主动承担与履行责任的情况下，法律责任不一定必然导致法律制裁，即"有责任不一定有制裁"。

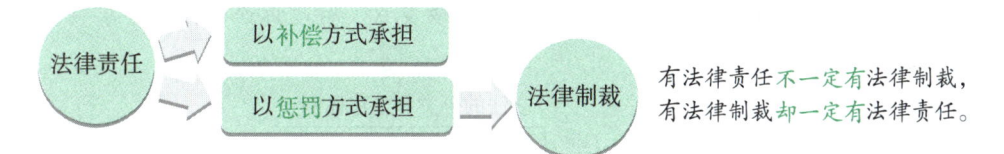

```
法律责任 ─┬─ 以补偿方式承担 ─┐
          └─ 以惩罚方式承担 ─┴─→ 法律制裁
```

有法律责任不一定有法律制裁，
有法律制裁却一定有法律责任。

第2章 法的运行

第1节 法的制定与法的实施

[举个例子] 老王当街销售食品，并对前来执法的城管大打出手。老六认为，城管执法既要合法，也要合理，城管的执法方式不妥当，遂拨打当地的12345热线投诉，并在国务院"互联网+督查"平台留言，还建议老王可以采用行政复议、行政诉讼的方式寻求救济。老六的做法是否正确？

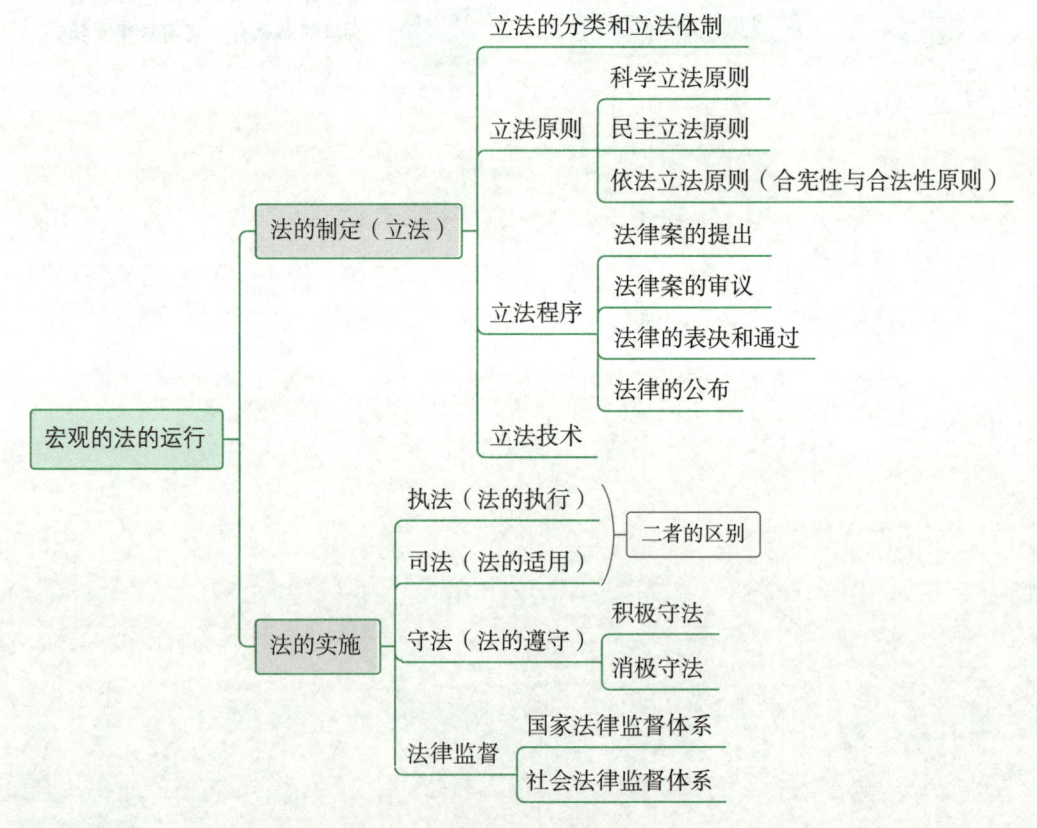

```
                                            ┌─ 立法的分类和立法体制
                                            │
                                            │            ┌─ 科学立法原则
                                            │            │
                                            ├─ 立法原则 ──┼─ 民主立法原则
                                            │            │
                                            │            └─ 依法立法原则（合宪性与合法性原则）
                       ┌─ 法的制定（立法）──┤
                       │                    │            ┌─ 法律案的提出
                       │                    │            │
                       │                    │            ├─ 法律案的审议
                       │                    ├─ 立法程序 ─┤
                       │                    │            ├─ 法律的表决和通过
                       │                    │            │
                       │                    │            └─ 法律的公布
                       │                    │
     宏观的法的运行 ───┤                    └─ 立法技术
                       │
                       │                    ┌─ 执法（法的执行）─┐
                       │                    │                    ├─ 二者的区别
                       │                    ├─ 司法（法的适用）─┘
                       │                    │
                       │                    │                    ┌─ 积极守法
                       └─ 法的实施 ─────────┼─ 守法（法的遵守）─┤
                                            │                    └─ 消极守法
                                            │
                                            │                    ┌─ 国家法律监督体系
                                            └─ 法律监督 ─────────┤
                                                                 └─ 社会法律监督体系
```

记忆口诀 ▶ 法的运行包括五个环节"你这厮手贱"：立（法）、执（法）、司（法）、守（法）、（法律）监（督）。

一、法的制定（立法）

立法是一定的国家机关依照法定的职权和程序，制定、修改和废止规范性法律文件及认可法律的活动，是对社会资源、社会利益进行第一次分配的活动。立法权是国家权力体系中最重要的核心的权力。

（一）立法的分类

1. 广义的立法

其泛指一切有法定职权的国家机关依法制定各种规范性法律文件的活动。例如，有关国家机关制定"宪法""法律""行政法规""行政规章""地方性法规""民族自治法规"等法的渊源的活动，均属于广义的立法。

2. 狭义的立法

其仅指国家的最高权力机关及其常设机关依法制定、修改和废止宪法和法律的活动。例如，唯有全国人大、全国人大常委会制定"法律"这一法的渊源的活动，才属于狭义的立法。

（二）我国现行的立法体制

1. 中央统一领导，一定程度分权。制宪权和立法权属于中央，整个立法权由中央和地方多元主体行使。

2. 多级并存，多类结合。①多级并存，即法律、行政法规、地方性法规等法律文件由不同主体制定，按照各自的位阶，下位法服从上位法；②多类结合，即不同的国家机关产生各类法律文件，从而形成法律体系。

（三）立法指导思想和立法原则

1. 立法指导思想。根据《立法法》的规定，其内涵如下：

（1）立法应当坚持中国共产党的领导，坚持以马克思列宁主义、毛泽东思想、邓小平理论、"三个代表"重要思想、科学发展观、习近平新时代中国特色社会主义思想为指导，推进中国特色社会主义法治体系建设，保障在法治轨道上全面建设社会主义现代化国家。

（2）立法应当坚持以经济建设为中心，坚持改革开放，贯彻新发展理念，保障以中国式现代化全面推进中华民族伟大复兴；立法应当倡导和弘扬社会主义核心价值观，坚持依法治国和以德治国相结合，铸牢中华民族共同体意识，推动社会主义精神文明建设；立法应当适应改革需要，坚持在法治下推进改革和在改革中完善法治相统一，引导、推动、规范、保障相关改革，发挥法治在国家治理体系和治理能力现代化中的重要作用。

2. 立法原则。其包括三点：

（1）科学立法原则。立法应当尊重客观实际，反映客观规律。例如，有关传染病防控的立法，应当针对传染病的传播规律而制定。

（2）民主立法原则。立法应当坚持和发展全过程人民民主，坚持以人民为中心的根本立场，坚持群众路线。

（3）依法立法原则（合宪性与合法性原则）。立法必须以宪法、法律为依据，维护社会主义法制的统一、尊严和权威。

（四）立法程序和立法技术

1. 立法程序

立法程序即制定、修改、废除、认可规范性法律文件的法定步骤和方式。

我国的立法程序

全国人大的立法程序

全国人大主席团、全国人大常委会、国务院、中央军委、国家监察委、最高人民法院、最高人民检察院、全国人大各专门委员会、全国人大1个代表团或者30名以上的代表联名向全国人大提出议案。

[注意] 1个代表团或者30名以上的代表联名提出的法律案，经全国人大主席团决定不列入本次会议议程的，交有关的专门委员会在全国人大闭会后审议，然后向全国人大常委会提出审议结果报告，经全国人大常委会审议通过后，印发全国人大下次会议。

1. 全国人大主席团主持审议。
2. 审议形式：各代表团审议、专门委员会审议、各代表团团长审议、全国人大宪法和法律委员会统一审议法律案并提出表决稿。

- 因撤回而终止审议
- 交付表决
- 授权全国人大常委会处理

1. 表决以无记名方式进行。
2. 对宪法修正案的表决，以全国人大代表2/3以上的多数通过，法律案只须过半数通过。

1. 宪法修正案以全国人大公告的形式，由全国人大主席团公布；法律由国家主席根据全国人大及其常委会的决定，以主席令的形式公布。
2. 公布载体：全国人大常委会公报（以公报所刊文本为标准文本）、中国人大网、全国范围内发行的报纸。

全国人大常委会的立法程序

全国人大常委会委员长会议、国务院、中央军委、国家监察委、最高人民法院、最高人民检察院、全国人大各专门委员会、全国人大常委会成员10人以上联名向全国人大常委会提出法律案。

[注意] 全国人大常委会成员10人以上联名提出的法律案，经委员长会议决定不列入常委会会议议程的，应当向全国人大常委会会议报告或者向提案人说明。

1. 全国人大常委会委员长主持审议。
2. 审议形式：分组会议审议、联组会议审议、全体会议审议、专门委员会审议、全国人大宪法和法律委员会统一审议法律案并提出表决稿。
3. "三读"程序。

- 因撤回而终止审议
- 交付表决
- 暂不交付表决

[其他程序]

（1）法律案的撤回。法律案在列入会议议程之前，提案主体有权撤回。法律案在列入会议议程后、交付表决前，提案主体要求撤回的，应当说明理由：①提案主体向全国人大提出的法律案，须经全国人大主席团同意，并向大会报告；②提案主体向全国人大常委会提出的法律案，须经委员长会议同意，并向全国人大常委会报告。法律案一经撤回，则终止审议。

（2）全国人大"授权全国人大常委会处理"。法律案在审议中有重大问题需要进一步研究的，经全国人大主席团提出，由大会全体会议决定，可以授权全国人大常委会根据代表的意见进一步审议，作出决定，并将决定情况向全国人大下次会议报告；也可以授权全国人大常委会根据代表的意见进一步审议，提出修改方案，提请全国人大下次会议审议决定。

（3）"三读"程序。列入全国人大常委会会议议程的法律案，一般应当经3次常委会会议审议后再交付表决。各方面的意见比较一致的，可以经2次常委会会议审议后交付表决；调整事项较为单一或者部分修改的法律案，各方面的意见比较一致，或者遇有紧急情形的，也可以经1次常委会会议审议即交付表决。

（4）全国人大常委会的"暂不交付表决"。在"三读"之后，仍有重大问题需要进一步研究的，经委员长或者委员长会议提出，联组会议或者全体会议同意，可以暂不付表决，交有关专门委员会进一步审议，提出审议报告。

列入全国人大常委会会议审议的法律案，因各方面对制定该法律的必要性、可行性等重大问题存在较大意见分歧搁置审议满2年的，或者因暂不付表决经过2年没有再次列入常委会会议议程审议的，委员长会议可以决定终止审议，并向全国人大常委会报告；必要时，委员长会议也可以决定延期审议。

立法程序包括以下步骤：

（1）法律案的提出。法律案是依法享有提案权的机关或个人向立法机关提出的关于立法的正式提案。 ◎注意：主体法定，非法定主体没有资格提出法律案。

法律案是议案的一种，除此之外，议案还有预算案、决算案、质询案等。

法律案有其固定的格式和要求。根据《全国人民代表大会和地方各级人民代表大会代表法》（以下简称《代表法》）的规定，议案应当有案由、案据和方案。在此基础上，根据《立法法》的规定，提出法律案，还应当同时提出法律草案文本及其说明，并提供必要的参阅资料。

（2）法律案的审议。法律案的审议是指立法机关对已经列入议事日程的法律案正式进行审查和讨论。

（3）法律的表决和通过，即立法机关以法定多数对法律案所附的法律草案表示最终赞同，从而使法律草案成为法律。这是立法程序中具有决定意义的步骤，这一步过去了，法律草案就变成法律；这一步过不去，法律草案就停留在草案阶段。

◎注意：表决分为公开表决和秘密表决两种。公开表决包括举手表决、起立表决、口头表决、行进表决、记名投票表决等各种形式。秘密表决主要是以无记名投票的形式进行。我国自1986年第六届全国人大常委会第十五次会议开始采用"计算机多功能会议事务信息处理系统"电脑表决器进行秘密表决。

（4）法律的公布。其指立法机关或国家元首将已通过的法律以一定的形式予以公布。例如，宪法修正案以全国人民代表大会公告的形式公布，法律以主席令的形式公布。 ◎注意：未经正式公布的法律规范，不为人们知晓，就不具有普遍约束力。

2. 立法技术。立法技术包括预测技术、规划技术、表达技术。当前，《立法法》、《行政法规制定程序条例》、《规章制定程序条例》、全国人大常委会法工委《立法技术规范（试行）（一）》《立法技术规范（试行）（二）》等文件对立法技术作出了规定。此外，中国民用航空局制定了《民航规章立法技术规范》，一些地方立法机关也制定了相关规定。

二、法的实施

（一）法的实施与法的实现

1. 法的实施。法的实施是指法在社会生活中被人们实际施行。

2. 法的实现。法的实现是指法的要求在社会生活中被转化为现实。📖注意：法的实施不等于法的实现。例如，老六无视红绿灯，硬闯斑马线，本案中，交通法规在实施，却并未实现。

（二）法的实施的环节

法的实施包括执法（法的执行）、司法（法的适用）、守法（法的遵守）和法律监督等环节。

1. 执法。执法有广义和狭义之分：广义的执法主体包括司法机关及其工作人员，狭义的执法仅指国家行政机关（政府及其工作部门）及其工作人员对法律规范的执行。

（1）执法的特点包括国家权威性、国家强制性、主体特定性、内容广泛性、主动性和单向性、执法权的优益性（执法权具有优先行使和实现的效力）；

（2）执法的原则包括合法性原则（根据法定权限、法定程序和法治精神执法）、合理性原则（执法须目的正当、手段必要且适当、结果均衡而不能轻重不一）、效率原则（主动有效执法以获得最大执法效益）。

2. 司法。司法是指国家司法机关（法院、检察院）具体应用法律处理案件的活动。

（1）司法的特点包括专门性、国家强制性、严格的程序性及合法性、书面性（必须有表明结果的文书）。

📖注意：执法与司法都是国家活动，但是，二者存在明显的区别：①主体不同：狭义的执法主体是国家行政机关及其工作人员，司法主体是国家司法机关及其工作人员；②内容不同：执法的对象是对社会的全面管理，司法的对象是案件；③程序性要求不同：司法比执法有着更严格、更细致的程序性要求；④主动性不同：执法具有主动性（由执法机关单方面发动），司法具有被动性（当事人不起诉，则司法机关不能主动受理诉讼）。

（2）司法的原则包括司法公正原则、司法平等原则、司法合法原则、司法权独立行使原则、司法责任原则。

3. 守法。守法即公民、社会组织、国家机关等主体享受权利、履行义务的活动。守法包括：

（1）积极守法，即积极主动地依法行使权利、履行义务；

（2）消极守法，即不违法。

4. 法律监督。法律监督是指对法律活动的合法性予以检查、监察、督促、指导。狭义的法律监督仅指特定国家机关的监督，广义的法律监督是指所有国家机关、各政党、各社会组织、媒体舆论和公民的监督。

（1）国家法律监督体系，包括国家权力机关、行政机关、监察机关、司法机关的监督；

（2）社会法律监督体系，包括中国共产党、人民政协、各民主党派、人民团体和社会组织、公民、媒体舆论的监督。

第2节 法适用的一般原理

[举个例子] 老六对隔壁老王说："张三是人，我是人，所以我是张三。"对此论证，如何破解？

```
                    ┌─────────┬──────────────────┬──────────────────────┬──────────────────────────────┬─────────┐
                    │法适用的  │获得一个"合理     │法律决定须          │合法性/确定性/法的安定性,体现  │法律      │
                    │目标      │的法律决定"       │具有可预测性        │了形式法治/形式正义的要求      │人须      │
                    │          │                  ├──────────────────┬──────────────────────────────┤坚持      │
                    │          │                  │法律决定须          │合理性/正当性/法的合目的性,体  │可预      │
                    │          │                  │具有可接受性        │现了实质法治/实质正义的要求    │测性      │
                    │          │                  │                    │                              │优先      │
法适用的─┤          ├──────────┼──────────────────┴──────────────────────────────┬──────────────────────┤
一般原理  │法适用的  │确认案件事实                                              │                      │
          │步骤      ├──────────────────┐                                      │                      │
          │          │选择法律规范      │妥善处理事实判断与价值判断            │                      │
          │          ├──────────────────┘                                      │                      │
          │          │推出法律决定                                              │                      │
          ├──────────┼──────────┬──────────────────────────────────────────────┤                      │
          │法适用的  │法的发现  │法律人作出法律判断的事实过程                  │                      │
          │层面      ├──────────┼──────────────────────────────────┬──────────┤法律裁判既是事实      │
          │          │法的证成  │法律人作出法律判断的论证过程      │内部证成  │过程,也是论证过      │
          │          │          │                                  ├──────────┤程,但是应当强调      │
          │          │          │                                  │外部证成  │论证的优先性          │
          └──────────┴──────────┴──────────────────────────────────┴──────────┴──────────────────────┘
```

一、法适用的目标

（一）"合理的法律决定"

法的适用即司法,其最直接的目标就是要获得一个"合理的法律决定"。合理的法律决定是指法律决定具有可预测性和可接受性。

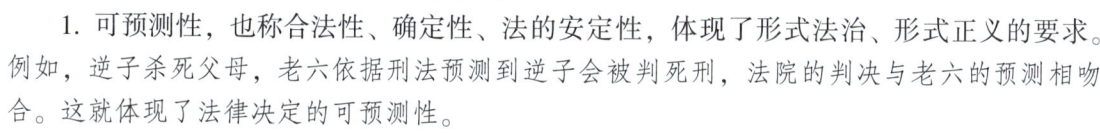

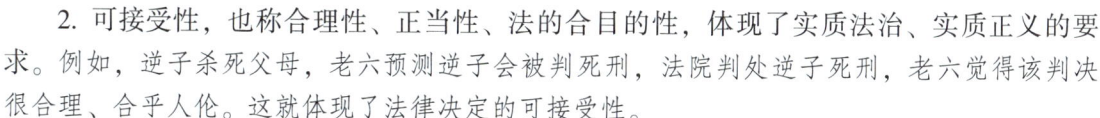

1. 可预测性,也称合法性、确定性、法的安定性,体现了形式法治、形式正义的要求。例如,逆子杀死父母,老六依据刑法预测到逆子会被判死刑,法院的判决与老六的预测相吻合。这就体现了法律决定的可预测性。

2. 可接受性,也称合理性、正当性、法的合目的性,体现了实质法治、实质正义的要求。例如,逆子杀死父母,老六预测逆子会被判死刑,法院判处逆子死刑,老六觉得该判决很合理、合乎人伦。这就体现了法律决定的可接受性。

（二）法律决定的内在紧张

法律决定中蕴含的可预测性与可接受性之间存在着一定的紧张关系,俗称"合法与合理"的矛盾。例如,老六包子铺在网络平台卖豆腐脑,被监管部门认定超许可范围经营,违反了《网络食品安全违法行为查处办法》和《网络餐饮服务食品安全监督管理办法》,对其处以罚款15 000元,并没收违法所得7000元。老六不服该处罚,诉至法院却败诉。法院的判决合法,却并不合理。

对于特定国家的法律人来说,首先理当崇尚的是法律的可预测性,因为不可预测的决定不可能被人们接受。例如,老六训练他的金毛寻回犬"波比"捡球,波比第一次捡球的结果是奖赏火腿肠一根,第二次捡球的结果是被暴揍一顿,经老六开导,波比第三次捡球的结果是奖赏狗粮三颗,第四次波比捡回球来却遭遇老六的冷暴力,波比最终精神错乱。正如法学谚语所说,如果因为同一行为时而受到奖赏,时而受到惩罚,即使是一条狗,也会变成疯狗。此谚语生动地诠释了可预测性与可接受性的关系。

二、法适用的步骤

（一）法适用的具体步骤

1. 在理论上,法适用的步骤有三:

第一步：确认案件事实，法律术语称之为"确认小前提"。
第二步：选择法律规范，法律术语称之为"寻找大前提"。
第三步：推出法律决定，法律术语称之为"推出结论"。

[例] 律师接到朋友来电咨询法律事务，问朋友："具体什么情况？"此即确认案件事实、确认小前提。听完朋友讲述，律师说："容我翻翻法条，琢磨琢磨。"此即选择法律规范、寻找大前提。此后，律师告诉朋友："本案结果大概是这样的……"此即推出法律决定、推出结论。

2. 在实践中，这三个步骤并非界限分明，而是具有融合性。其原因有二：

（1）确认案件事实，要运用法律规范。打个"筛沙"的比方，建房子的时候，通常不会直接用市场上买来的原沙，而是根据建筑需要，选择合适的筛子，把原沙过筛、去除杂粒，形成沙料。"客观事实"如同原沙，"案件事实"如同沙料，法律规范就是筛子。确认案件事实的过程，就是运用法律规范筛选客观事实的过程。例如，老六入室盗窃时，室内的老鼠看到了老六并打了个喷嚏，这二者都是客观事实，但是，只有入室盗窃属于案件事实，因为在本案中，法律不关注老鼠打喷嚏，把它给筛掉了。因此，法律人查明和确认案件事实的过程，不是一个纯粹的事实归结过程，而是一个在法律规范与客观事实之间来回穿梭的循环过程。

（2）选择法律规范，要贴合案件事实。例如，老六在草堆上强奸妇女时，不慎将草堆下熟睡的流浪汉压死。对此案件事实，若选择强奸致人死亡的法律条文，显然很不贴合。

（二）事实判断与价值判断

法适用的步骤中，既涉及事实判断，又涉及价值判断。

1. 事实判断是对案件事实的判断，通常表现为"是什么"或"不是什么"等判断，其特点在于"所有人看都一样"。例如，"老六是不是人"，这是一个事实判断，任何人看见老六，都会得出相同的判断。常见的事实判断包括犯罪金额、鉴定结论、勘验结果、实际损失等。例如，对于老六整只右手被砍掉，任何人拿着伤残鉴定标准，都会得出相同的鉴定结论，不可能张三对此鉴定为重伤，李四对此鉴定为轻微伤。这说明鉴定结论属于事实判断。

2. 价值判断是指主体对客体有无价值、有哪些价值、有多大价值的判断，通常表现为"好与坏""善与恶""多与少""贵与贱""高尚与卑劣"等判断，其特点在于"不同人看不一样"。例如，"老六是不是恶人"，这是一个价值判断，不同的人看见老六，会得出不同的判断。常见的价值判断包括因果关系、情节轻重、主观恶性、危害大小等。例如，老六三刀捅死老王。对此案中的因果关系，张三的观点是"因为捅，所以死，老王的死因是老六的刀捅"；李四的观点是"因为老六他爸生了老六，才有老六捅死了老王，老王的死因是老六他爸生了老六"。张三找"近因"，李四找"远因"，不同人看不一样。这说明因果关系属于典型的价值判断。

记忆口诀 事实判断"所有人看都一样"，价值判断"不同人看不一样"。

三、法适用的层面：法的发现与法的证成

法的适用包括两个层面：法的发现和法的证成。作为法律人，应强调法的证成优先于法

的发现。

（一）法的发现

1. 法的发现用来指称法律人作出法律判断的事实过程。

2. 在"法的发现"这一层面上，法律判断与判断者个人的心理因素、社会因素之间是因果关系。所谓"心理因素""社会因素"，是指法律人的直觉、偏见、情感、利益立场、社会阶层、价值偏好等。它们让法律判断带上了不确定性和个人色彩。例如，资深恶霸自幼霸凌同学，成人后聚众抢劫，民愤极大。老六考虑到社会影响，加之自己曾经屡遭校园霸凌，于是在法定量刑区间中，对资深恶霸处以最高刑期。此即"法的发现"层面上的判断。

（二）法的证成

1. 法的证成用来指称法律人作出法律判断的论证过程。

2. 在"法的证成"这一层面上，法律判断与判断者个人的心理因素、社会因素之间不是因果关系，因而法律判断不带有不确定性和个人色彩。例如，法官顶住舆论压力，通过严密的逻辑论证作出判决，就属于"法的证成"层面上的判断。

> **注意**：法的发现和法的证成并存于法的适用过程中，二者不是先后相继的两个环节，而是交织叠加的两个层面或角度。换句话说，"法的发现"告诉我们，法官、检察官、律师是"社会人"，作出法律判断时难以避免普通人的喜怒哀惧爱恶欲；"法的证成"提醒我们，法官、检察官、律师还是"法律人"，应当以严密的逻辑论证作出判决。但是，作为法律人，应强调法的证成的优先性，这是"合理的法律决定"的要求。

3. 法的证成的分类。"证成"即论证，法的证成就是找充足的理由去论证法律决定成立的过程。

（1）内部证成。内部证成是指从前提推出结论的证成。无论是从大前提（法律规范）推出结论（法律决定），还是从小前提（案件事实）推出结论（法律决定），都属于内部证成。例如，李法官依照法律（大前提）作出判决（推出结论），属于内部证成；王法官根据案件事实（小前提）作出判决（推出结论），也属于内部证成。

（2）外部证成。外部证成是指对前提的证成。无论是对大前提（法律规范）作论证，还是对小前提（案件事实）作论证，都属于外部证成。例如，甲对法律条文（大前提）予以论证属于外部证成，乙对案件事实（小前提）予以论证也属于外部证成。**注意**：外部证成能保证内部证成的前提正当，换句话说，如果大前提、小前提有毛病，则通过外部证成能消除这些毛病，进而保证结论不翻车，这就是外部证成的价值所在。例如，老六对隔壁老王说："张三是人，我是人，所以我是张三。"这一论证错在违背了逻辑规则。按照逻辑规则，大前提（法律规范）须涵盖小前提（案件事实），如"持武器抢劫加重处罚"这一大前提就涵盖了"持刀抢劫"这一小前提，由此才能得出"对持刀抢劫加重处罚"的结论，而"张三是人"与"我是人"之间并无涵盖关系，也就是说，这一论证的前提有毛病，因此，无法得出"我是张三"这一结论。由此可见，如果通过外部证成消除了前提的毛病，就能保证结论不翻车。

记忆口诀 内部证成关注的是"过程、结论不翻车"；外部证成关注的是"大、小前提要靠谱"，即法律规范找没找对、案件事实是否成立。

（3）内部证成与外部证成的相似之处：①二者都借助三段论展开（见下图）；②二者都需要说理；③二者都遵循推理规则。

内部证成与外部证成

```
                               内部证成
         外部证成         ┌─────────────────────────────────┐
                          │ 大前提：持武器抢劫加重处罚      │
  ┌──────────────────┐    │              ↓                  │
  │ 大前提：武器具有威胁性│←─│ 小前提：某人通过拿硫酸泼人来抢劫│
  │        ↓          │    │        "硫酸" = "武器" ?        │
  │ 小前提：硫酸亦具有威胁│    │              ✗                  │
  │        ↓          │    │ 因具有威胁性，"硫酸" = "武器"   │
  │ 结 论："硫酸"是"武器"│→  │              ↓                  │
  └──────────────────┘    │ 结 论：泼硫酸抢劫，加重处罚    │
                          └─────────────────────────────────┘
```

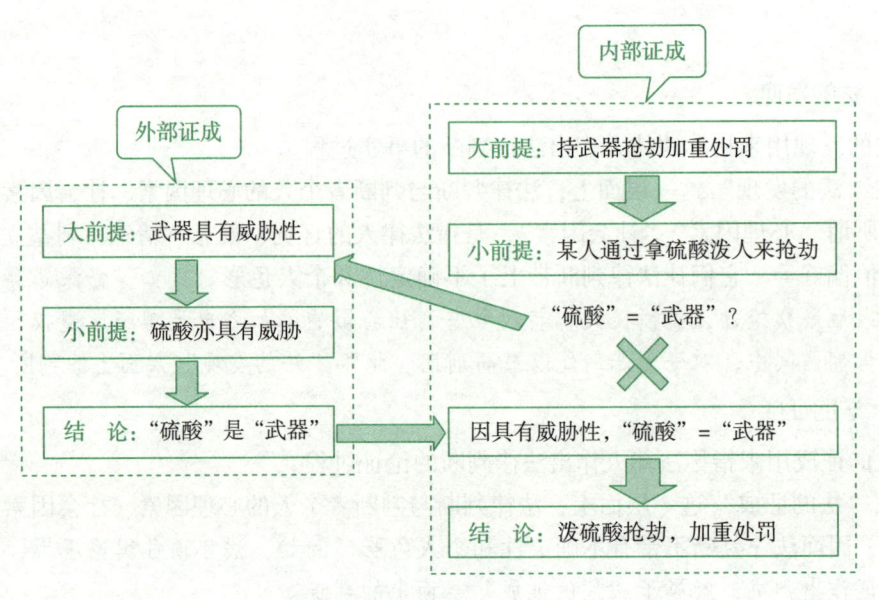

内部证成与外部证成

第3节　法律解释

[举个例子] 大哥两指夹着点燃的香烟进入电梯，老六提醒说："《控烟条例》规定了电梯里不能吸烟。"大哥反驳说："我'吸'了吗？我没有'吸'呀！我只是用手指'夹'着这根烟，并没有去'吸'它！"对此言论，如何破解？

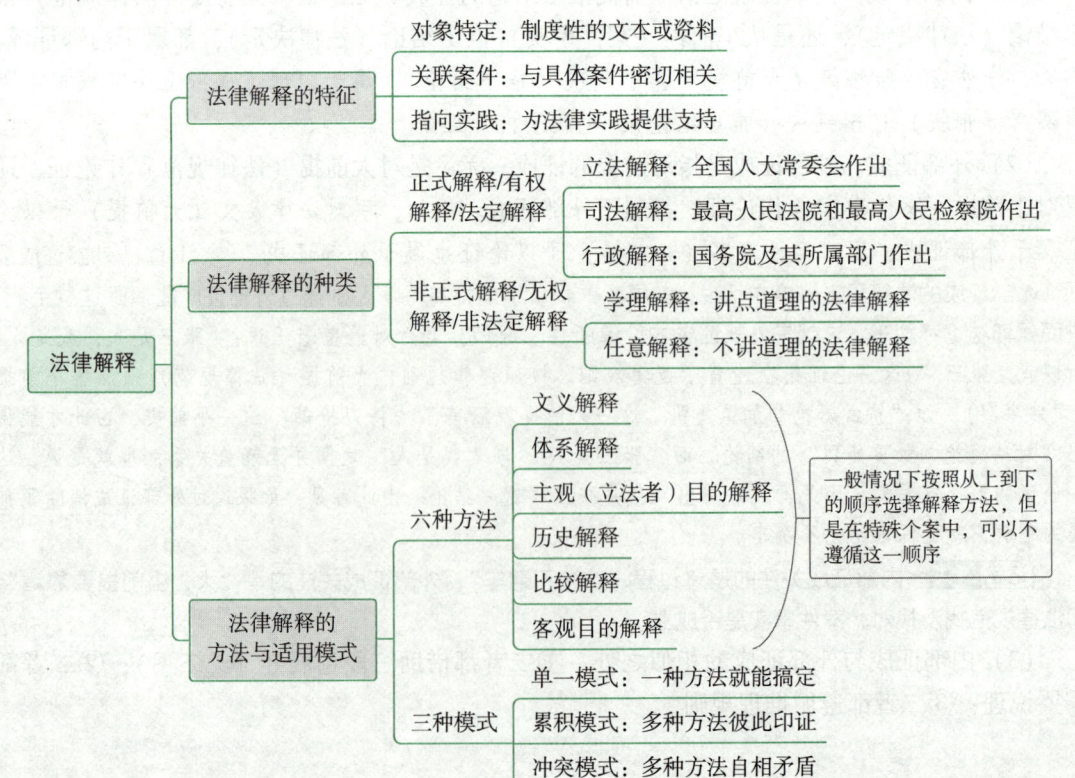

法律解释
├─ 法律解释的特征
│   ├─ 对象特定：制度性的文本或资料
│   ├─ 关联案件：与具体案件密切相关
│   └─ 指向实践：为法律实践提供支持
├─ 法律解释的种类
│   ├─ 正式解释/有权解释/法定解释
│   │   ├─ 立法解释：全国人大常委会作出
│   │   ├─ 司法解释：最高人民法院和最高人民检察院作出
│   │   └─ 行政解释：国务院及其所属部门作出
│   └─ 非正式解释/无权解释/非法定解释
│   ├─ 学理解释：讲点道理的法律解释
│   └─ 任意解释：不讲道理的法律解释
└─ 法律解释的方法与适用模式
    ├─ 六种方法
    │   ├─ 文义解释
    │   ├─ 体系解释
    │   ├─ 主观（立法者）目的解释
    │   ├─ 历史解释
    │   ├─ 比较解释
    │   └─ 客观目的解释
    │   （一般情况下按照从上到下的顺序选择解释方法，但是在特殊个案中，可以不遵循这一顺序）
    └─ 三种模式
        ├─ 单一模式：一种方法就能搞定
        ├─ 累积模式：多种方法彼此印证
        └─ 冲突模式：多种方法自相矛盾

一、法律解释的概念和特征

（一）法律解释的概念

1. 法律解释是指一定的人、组织或国家机关对法律的阐述和说明。
2. 在历史上，特定的人、组织都曾经成为法定的法律解释主体。例如，古罗马时期，《引证法》规定盖尤斯、伯比尼安、保罗、乌尔比安、莫迪斯蒂努斯（五大法学家）有解释法律的权力；无独有偶，我国司马氏建立的晋朝也授予张斐、杜预解释法律的权力。
3. 现代社会通常仅以特定国家机关作为法定的法律解释主体。例如，我国《立法法》规定，由全国人大常委会解释法律。

（二）法律解释的特征

1. 对象特定。法律解释的对象一般都具有制度性，通常是那些能够作为法律决定之大前提来源的文本或资料，如制定法、判例、国际协议或习惯。
2. 关联案件。法律解释与具体案件密切相关。法律解释往往由具体案件引起，解释过程中要把法律条文与案件事实相结合。
3. 指向实践。法律解释具有实践性和目的性。法律解释所涉及的总是实践命题或规范命题，而不是事实命题或描述命题。法律解释的目的不在于证明事实或描述的真假，而在于证成实践或规范的正当性。

二、法律解释的种类

根据有无国家授予法律解释的权力，可以将法律解释分为两种：正式解释、非正式解释。

（一）正式解释

正式解释又称有权解释、法定解释，是指获得国家授予法律解释权力的特定机关所作的解释。正式解释具有普遍约束力。它包括三种：

1. 立法解释。法律解释的主体是立法机关。当前我国的立法解释权由全国人大常委会行使。其适用情形包括：①法律规定需要进一步明确具体含义时；②新情况出现，需要明确适用法律依据时。
2. 司法解释。法律解释的主体是司法机关。当前我国的司法解释权由最高人民法院和最高人民检察院行使，二者分别负责解释审判工作和检察工作中具体应用法律的问题。如果二者对同一问题有原则性分歧，报请全国人大常委会解释或决定。
3. 行政解释。法律解释的主体是行政机关。当前我国的行政解释权由国务院及其所属部门行使，其负责解释不属于审判、检察工作的具体应用法律的问题。

（二）非正式解释

非正式解释又称无权解释、非法定解释，是指未获得国家授予法律解释权力的主体所作的解释。非正式解释不具有普遍约束力，但是，它具有一定的参考价值。它包括两种：

1. 学理解释：非法定主体作出的，有学术性和常识性的法律解释。例如，老六说电梯里不能吸烟，因为《控烟条例》规定公共场所不能吸烟，而电梯属于公共场所。老六的解释属于非正式解释中的学理解释。
2. 任意解释：非法定主体作出的，可能没有任何道理的法律解释。例如，大哥把"吸烟"解释为"用嘴吸烟"，并不包括"夹着点燃的烟"。大哥的解释属于非正式解释中的任意解释。

三、法律解释的方法、适用模式和位阶

（一）法律解释的方法

法律解释的方法有六，包括文义解释的方法、体系解释的方法、主观（立法者）目的解释的方法、历史解释的方法、比较解释的方法、客观目的解释的方法。

1. 文义解释的方法，又称语法解释、文法解释、文理解释的方法。其解释依据是法律条文的字面含义，通常表现为"抠字眼"。其缺点在于，如果过度了，也就是"死抠字眼"的话，解释的结果往往不公正、不合理。例如，大哥把"吸烟"解释为"用嘴吸烟"，并不包括"夹着点燃的烟"，就用了文义解释的方法，且因为"死抠字眼"而有失公正、合理。

2. 体系解释的方法，又称逻辑解释、系统解释的方法。其通过联系其他的法律条文而作出解释，凸显了体系性、逻辑性、系统性，故有此名。其解释依据是其他法律条文。体系解释的优势在于，有助于避免法秩序混乱，保障法律适用的一致性。例如，老六结合《刑法》总则相关条文，解释了《刑法》分则条文中的"醉驾入刑"，此处老六运用的就是体系解释的方法。又如，结合《刑法》《集会游行示威法》等多部法律和地方性法规来解释某一民事案件中"公共场所"的含义，也是对体系解释方法的运用。

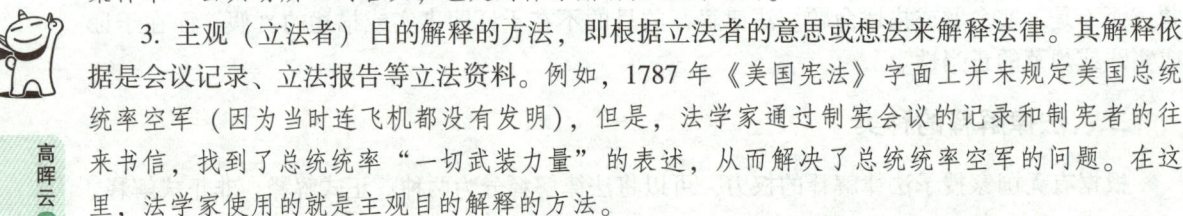

3. 主观（立法者）目的解释的方法，即根据立法者的意思或想法来解释法律。其解释依据是会议记录、立法报告等立法资料。例如，1787年《美国宪法》字面上并未规定美国总统统率空军（因为当时连飞机都没有发明），但是，法学家通过制宪会议的记录和制宪者的往来书信，找到了总统统率"一切武装力量"的表述，从而解决了总统统率空军的问题。在这里，法学家使用的就是主观目的解释的方法。

4. 历史解释的方法。其解释依据是历史事实或某现象有史以来的情况。例如，对于铁路部门打算在列车上收取开水费的举措，老六反驳说："自打咱有列车以来，就从来没在列车上收过开水费，过去没收过，现在也不能收。"老六所用的就是历史解释的方法。

5. 比较解释的方法。其解释依据是外国的判例和学说。例如，对于酒吧要不要赔偿当场醉死的消费者一案，法官参考了德国、奥地利等国的判例和相关理论，判决酒吧承担部分赔偿责任。此处法官所用的就是比较解释的方法。

6. 客观目的解释的方法。其解释依据是社会共同伦理道德的需要。该方法侧重于对社会利益和社会效果的衡量。例如，对于民愤极大的案件，法官充分考虑了社会的道德呼声而作出判决，满足了公众的道德期待。法官所用的就是客观目的解释的方法。客观目的解释可以使法律决定与特定社会的伦理和道德要求相一致，从而使法律决定具有最大可能的可接受性（正当性）。

文义要抠字眼，
体系参考另文，
主观揣摩立法人。
历史必依史实，
比较参详外国，
道德期待是客观。

（二）法律解释的适用模式

法律解释的适用模式有三：

1. 单一模式，即只用 1 种解释方法，而且解释结果符合人的理性。
2. 累积模式，即采用 2 种以上的解释方法，而且解释结果相同。
3. 冲突模式，即采用 2 种以上的解释方法，然而解释结果相互对立、冲突。

（三）法律解释方法的位阶

1. 位阶即高低顺序，给法律解释方法排位，是为了解决不同的解释方法之间的冲突，解决"公说公有理，婆说婆有理"的矛盾。通常而言，高位阶的解释方法优先于低位阶的解释方法，这就相对稳定地解决了一般情形下的解释冲突。

2. 法律解释方法的通行位阶：文义解释→体系解释→主观（立法者）目的解释→历史解释→比较解释→客观目的解释。但是，这一顺序并非一成不变，因为它是约定俗成的，而不是法定的。换句话来说，这一通行位阶是法律共同体的共识，遇到极端情形，有必要打乱这一顺序时，也不是不可以。

第 4 节　法律推理

[举个例子] 墨子说：木制成车子，但是"乘车"不能叫"乘木"；同样的道理，人做了强盗，所以"杀盗"不等于"杀人"。此话属于哪种推理？

```
                                    ┌─ 典型的演绎推理：三段论      ┐
                  ┌─ 演绎推理：从一般到个别 ─┤                        ├─ 必然性推理
                  │                 └─ 非典型的演绎推理：涵摄         ┘  （结论靠谱）
                  │                 ┌─ 完全归纳推理：穷尽所有样本     ┐
                  ├─ 归纳推理：从个别到一般 ─┤                        │
                  │                 └─ 不完全归纳推理：抽取部分样本   │
   法律推理 ──────┤                                                   │
                  ├─ 类比推理：同案同判                                ├─ 或然性推理
                  │                                                   │（结论未必靠谱）
                  ├─ 当然推理：异案同判                                │
                  │                                                   │
                  ├─ 反向推理：明示其一即否定其余                      │
                  │                                                   │
                  └─ 设证推理：倒推出曾经发生的事实或前提              ┘
```

一、法律推理与法律证成、法律解释

（一）法律推理的概念和特征

法律推理是指法律人按照一定的推理规则从前提推导出法律结论的过程。其特征如下：

1. 法律推理必须以法律规定和法学原理为基础，依据法的渊源进行。例如，老六基于动物界"弱肉强食"的规律，推导出他抢了狱友的配餐并无过错。这就不属于法律推理，因为其推理的依据是动物界的规律，而不是法的渊源。

2. 法律推理寻求的不是绝对真相，而是结论正当。

（二）法律推理与法律证成、法律解释

<u>法律推理与法律证成、法律解释是同一逻辑活动过程的不同侧面</u>。打个"看山"的比方，看山的角度不同，那么，所看到的山的样貌也随之变化，正所谓"横看成岭侧成峰，远近高低各不同"，山还是那座山，并没有变化，变化的只是看山的视角。法的适用过程如同山，它就在那里，不增不减，而法律推理、法的证成、法律解释如同看山的角度。对于法的适用过程，法律推理侧重于从推理的角度看它，法的证成侧重于从论证的角度看它，法律解释侧重于从解释的角度看它。可以说，法的适用过程实际上就是根据实践需要，综合运用推理、论证、解释的套路，以获得妥当的法律判断的逻辑过程。例如，"法官依据法律规定作出判决"，这一过程既是演绎推理（从一般的法律规范到个别的案件判断），又是内部证成（从法律规定这一前提推导出判决这一结论）。

二、法律推理的分类

（一）演绎推理

1. 演绎推理是从一般到个别的推理，是最基本的推理形式。例如，法官依法作出判决属于演绎推理，因为"法"即一般规范，"判决"即个案判断，依据一般规范作出个案判断，就是从一般到个别的推理，即演绎推理。

演绎推理的经典形式是"三段论"，其形式如下：大前提（一般原则）→小前提（相应个案）→结论（具体判断）。例如，大前提"所有的人都会死"（一般原则）→小前提"苏格拉底是人"（相应个案）→结论"苏格拉底会死"（具体判断）。

三段论的大前提是全称判断，小前提和结论都是特称判断。全称判断是一般情形的判断，它的特点在于没有例外、没有遗漏。例如，"所有的人都会死"这一判断就涵盖了古今中外的任何人，没有例外也没有遗漏。特称判断是对具体情形的判断。例如，"苏格拉底是人""苏格拉底会死"这两个判断，仅针对苏格拉底，而不涉及其他人。

2. 涵摄属于演绎推理。演绎推理的理想模型是大前提与小前提能直接地对接，涵摄是大前提、小前提存在落差而不能直接对接的演绎推理。这要求在大前提和小前提中间"搭梯子"，即加上数个阶梯式排列的中间性命题或步骤。如下图所示：

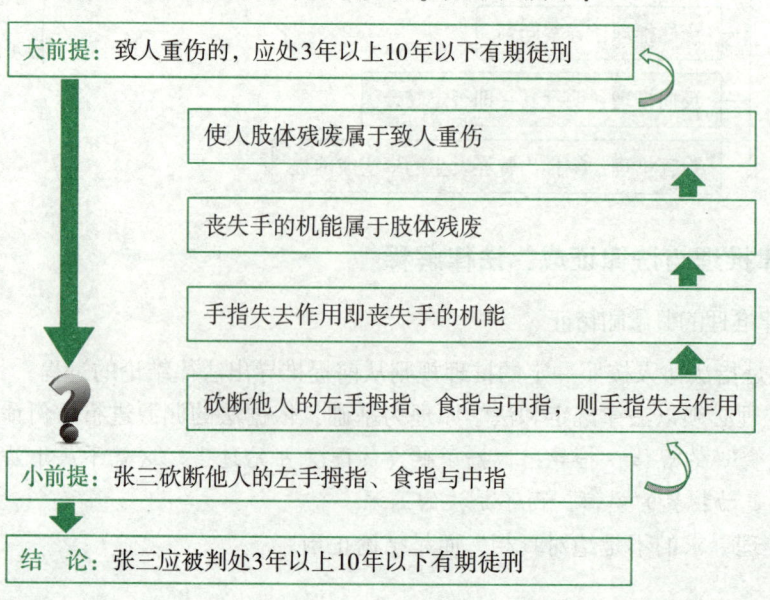

```
大前提：致人重伤的，应处3年以上10年以下有期徒刑
        ↑
        使人肢体残废属于致人重伤
        ↑
        丧失手的机能属于肢体残废
        ↑
        手指失去作用即丧失手的机能
        ↑
        砍断他人的左手拇指、食指与中指，则手指失去作用
        ↑
小前提：张三砍断他人的左手拇指、食指与中指
        ↓
结  论：张三应被判处3年以上10年以下有期徒刑
```

（二）归纳推理

1. 归纳推理是从个别到一般的推理。归纳推理的典型表现是从很多个案中找出一般认识。例如：

个案一：张三在早餐减少糖分摄入后体重下降。

个案二：李四在中餐减少糖分摄入后体重下降。

个案三：王五在晚餐减少糖分摄入后体重下降。

一般认识：减少糖分摄入有助于减肥。

2. 归纳推理分为两种：完全归纳推理和不完全归纳推理。

（1）完全归纳推理：从某个集合中所有的个案（特称判断）总结出一般认识（全称判断）。例如，某班级有60个学生，老师逐个点名（点名的都答到了），总结说"今天全班同学都到校了"。在实践中，全样本调查属于完全归纳推理。

（2）不完全归纳推理：从某个集合中的部分个案（特称判断）总结出一般认识（全称判断）。例如，某班级有60个学生，老师挑着点名（点名的都答到了），总结说"今天全班同学都到校了"。在实践中，抽样调查属于不完全归纳推理。

注意：相对于完全归纳推理，不完全归纳推理更有实践意义。但是，不完全归纳推理容易出现"以偏概全""轻率概括"的毛病，因此，在收集个案或样本时，必须注意，个案或样本的数量要多、范围要广、代表性要突出。

（三）类比推理

1. 类比推理是从个别到个别的推理，又称"相似性论证"，即对于相似的、相当的、同类的个案，作出相同的处理。例如，个案一：对于"击毙半夜闯入者"，作出"主人不负责任"的处理；个案二：对于"重伤半夜闯入者"，也作出"主人不负责任"的处理。

2. 类比推理实质上就是直接类比先例。例如，律师将其代理的案件与3年前的案例对照后，说两案案情相同，因此，法院要作出相同的判决。在这里，律师运用了类比推理。

（四）当然推理

1. 当然推理指的是"如果较强的规范有效，那么较弱的规范就必然更加有效"。它包括两种形式：

（1）举轻以明重。例如，如果"国家合法征收土地要给予补偿"（较强的规范）有效，那么，"国家非法侵犯财产要给予补偿"（较弱的规范）就更有效。换句话说，连"合法征收"都要给予补偿，那么，"非法侵犯"就更要给予补偿。

（2）举重以明轻。例如，如果"故意协助他人自杀不受刑事处罚"（较强的规范）有效，那么，"过失促使他人自杀不受刑事处罚"（较弱的规范）就更有效。换句话说，连"故意协助他人自杀"都不受刑事处罚，那么，"过失促使他人自杀"就更不受刑事处罚。

2. 当然推理近似但不等于类比推理，具体而言：

（1）二者都是从个案到个案的推理，都是寻求相同判决的推理。

（2）类比推理关注个案之间事实上的共同点、相关性，当然推理关注个案之间性质上的关联性、轻重度。类比推理实为"同案要同判"，当然推理实为"异案要同判"。

（五）反向推理

1. 反向推理又称反面推论，是指从"（应当）是什么"推出"（应当）不是什么"。例如，从"老六是男人"推出"老六不是女人"。

2. 反向推理的目的在于限制法律规范的扩大适用，因为在特定情形下，扩大适用法律规范，往往会造成恶果。这些特定情形主要包括以下四类：

（1）职权性规范的适用。职权性规范是授予国家机关及其工作人员公权力（而非私权利）的规范。其表现形式主要有两种：

❶"A机关有某职权"，则"A机关之外的其他机关都没有这一职权"。例如，"全国人大常委会解释宪法"（全国人大常委会有解释宪法的职权），则"国务院、最高法、最高检等其他国家机关都无权解释宪法"（全国人大常委会之外的其他主体都没有解释宪法的职权）。

❷"某机关有A职权"，则"该机关没有A职权之外的其他职权"。例如，"全国人大有权决定特别行政区的设立"（全国人大有设立特别行政区的职权），则"全国人大无权决定特别行政区的撤销"（全国人大没有设立权之外的其他职权）。

法律对公权力的规定，通常以"权力清单"的方式，逐一列举国家机关的所有职权，国家机关只能按照"权力清单"行使职权，不得超出"权力清单"的边界。此即"法无明文授权即禁止"；"法定职权必须为，法无授权不得为，既不能不作为，也不能乱作为"。

（2）公民义务性规范的适用。法律对公民义务的规定，也是以"义务清单"的方式逐一列举公民的义务，"义务清单"之外的事项都不属于公民的义务。此即在法律上，"明文之外，并无义务"。

（3）刑法规范的适用。在刑法上确立"罪刑法定""法无明文规定不为罪""法无明文规定不处罚"，旨在强调不得任意扩大罪名和刑罚的适用范围。

（4）例外条款的适用。适用例外条款时，不得任意扩大适用范围。例如，"楼上掉花盆砸伤行人，找不着正主的，就全楼赔"，这是"责任自负"的例外，其适用范围仅限于"全楼"，而不能扩张到"全小区""全街道""全城""全世界"。

记忆口诀 反向推理："明示其一即否定其余"。

（六）设证推理

1. 设证推理又称推定，是指从某个事实或结论出发，倒推出某个曾经发生的事实或前提。例如，见到甲被杀的结果，便猜测这是甲之仇家乙所为。设证推理是从"已经发生的"推出"曾经发生的"，因此，进行设证推理时，要尽量找出所有的可能性，并逐个排查，最终确认。

2. 设证推理包括经验推定和规范推定。

（1）经验推定：依据经验法则进行推定。这在生活中很常见，也是刑警的典型思维方式。

（2）规范推定：依据法律规范进行推定。

依法判案是演绎，
由点到面用归纳。
相同个案作类比，
当然推理轻重异。
反向推理守明文，
倒推曾经靠设证。

法律漏洞的填补 第5节

[举个例子] 智力障碍者老六迎娶智力有障碍的妻子，此后育有子女数名却从未履行抚养义务。这显然违反了"父母有抚养教育未成年子女的义务"这一民法规定。此案应如何判决？

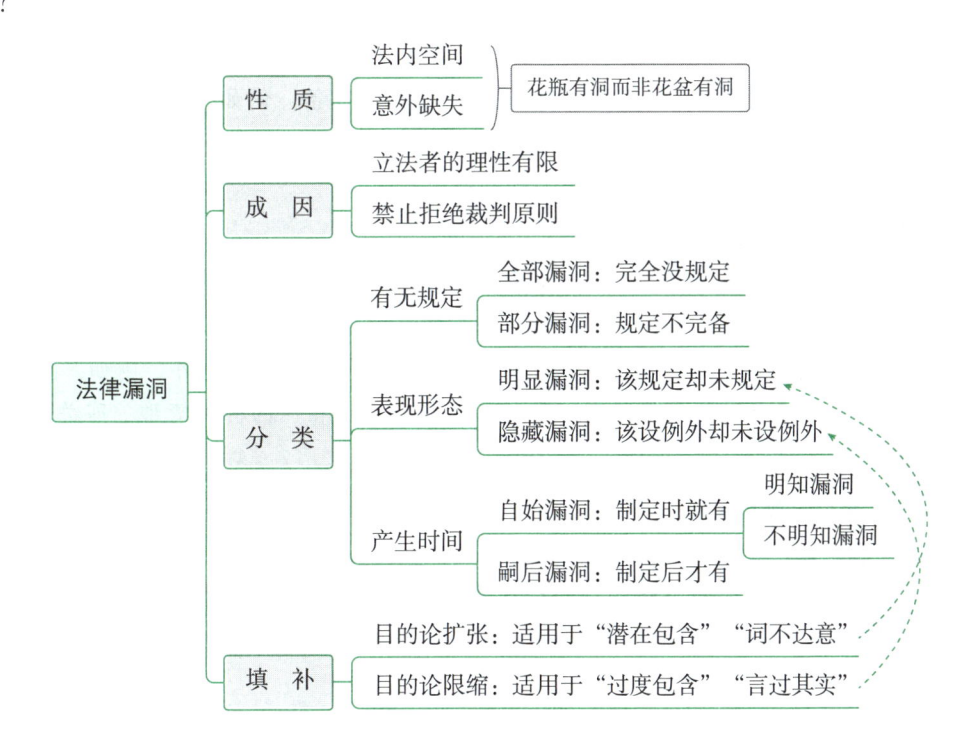

```
                    ┌─ 法内空间 ┐
            性 质 ──┤           ├─ 花瓶有洞而非花盆有洞
                    └─ 意外缺失 ┘

                    ┌─ 立法者的理性有限
            成 因 ──┤
                    └─ 禁止拒绝裁判原则

                            ┌─ 全部漏洞：完全没规定
                    有无规定─┤
                            └─ 部分漏洞：规定不完备

                            ┌─ 明显漏洞：该规定却未规定
法律漏洞 ──  分 类 ──表现形态─┤
                            └─ 隐藏漏洞：该设例外却未设例外

                            ┌─ 自始漏洞：制定时就有   ┌─明知漏洞
                    产生时间─┤                         └─不明知漏洞
                            └─ 嗣后漏洞：制定后才有

                    ┌─ 目的论扩张：适用于"潜在包含""词不达意"
            填 补 ──┤
                    └─ 目的论限缩：适用于"过度包含""言过其实"
```

一、法律漏洞概述

（一）法律漏洞的定义

1. 法律漏洞即违反立法计划（规范目的）的不圆满性。法律漏洞的特点在于"法律之内、计划之外"。

2. 法律漏洞的性质：①法律漏洞不是法外空间而是"法内空间"；②法律漏洞不是简单的法律缺失，而是不合目的或者依照目的被评价为不好的缺失状态。打个比方，花盆底部的洞不同于花瓶底部的洞，花盆底部的洞是人为设计的，花盆底部理应有洞作为排水孔，因此它符合人们的目的；与之相比，花瓶底部本不应有洞，它并不符合人们的目的。法律漏洞如同花瓶底部的洞，本不应有，却不少见，使得法律并不圆满。

（二）法律漏洞的成因

1. 在立法上，法律漏洞的形成是因为立法者的理性有限。立法者并非全知全能，设计法律制度难免出现漏洞。

2. 在司法上，法律漏洞的出现是因为"禁止拒绝裁判原则"。根据这一原则，对于千奇百怪的诉求，对于钻法律空子的起诉，法官不能找借口，比如说法律没有规定，法律规定不明确、不完备之类的，而拒绝裁判。这就为法律漏洞的出现提供了条件。

二、法律漏洞的分类

根据不同的标准，可以将法律漏洞分成以下三大类：

（一）全部漏洞与部分漏洞

1. 全部漏洞：即法律对某事项根本没有规定，俗称"法律空白"。对于这种漏洞，要基于法律体系作整体观察，才能作出判断。例如，刘邦入关中"约法三章"，"杀人者死，伤人及盗抵罪"，仅约束杀人、伤人、盗这三种行为，"三章"之外，就存在大量的法律空白。

2. 部分漏洞：即法律对某事项有规定，但是规定得不完备。例如，长期以来，我国刑法上的猥亵罪仅适用于猥亵妇女，漏掉了男性猥亵男性，此即部分漏洞。后来，将"强制猥亵妇女罪"修改为"强制猥亵罪"，才填补了这一漏洞。

（二）明显漏洞与隐藏漏洞

1. 明显漏洞：即法律对某事项应该积极规定却未规定。例如，网络侵权行为在《侵权责任法》（现为《民法典》侵权责任编）出台之前长期存在，立法却不予以调整。

2. 隐藏漏洞：即法律对某事项已有规定，但是，该设例外却未设例外。例如，《公司法》规定了公司的独立人格与财产及其相应的责任，却没有规定相应的例外情形，即关联公司人格混同时丧失了独立承担责任的基础。

（三）自始漏洞与嗣后漏洞

1. 自始漏洞：即法律制定时就存在的漏洞。它包括两种：

（1）明知漏洞：立法时有意将问题留给其他主体解决，即"有意的沉默"，也称"法律政策漏洞"。例如，《行政处罚法》有意将立案程序、听证的召集和主持交由司法解释或实施细则去规定。

（2）不明知漏洞：立法时因过失而形成的漏洞。

2. 嗣后漏洞：即法律制定、实施后产生的漏洞。整体来看，法律相对滞后于社会现实发展变化，会出现"旧法律跟不上新形势"的问题。

三、法律漏洞的填补方法

（一）目的论扩张

1. 目的论扩张的填补方法就是根据立法目的，扩大法条覆盖范围。该方法适用于法律"潜在包含""词不达意"的情形，即法条文义的范围小于立法目的所要求的范围，致使法条未能涵盖某类案件。例如，法官认为猥亵罪的立法目的是保护人的性自主权不受侵犯，此处的"人"不应当仅限于"女性"，因此，法官扩大"猥亵妇女罪"的适用范围，涵盖了男性猥亵男性的案件。这就是目的论扩张。

2. 目的论扩张有别于扩张解释。目的论扩张是扩大法条的适用范围以涵盖案件，扩张解释是扩张语词的文义以正确适用法条。

（二）目的论限缩

1. 目的论限缩的填补方法就是根据立法目的，缩小法条覆盖范围。该方法适用于法律"过度包含""言过其实"的情形，即法条文义的范围大于立法目的所要求的范围，致使法条不恰当地涵盖了某类案件。例如，法官认为"父母有抚养教育未成年子女的义务"的立法目的是保障未成年子女的健康成长，而智力严重障碍的父母没有保障未成年子女健康成长的能力，无法履行抚养义务，因此，法官缩小了这一法条的适用范围，豁免了智力严重障碍夫妇抚养未成年子女的义务。这就是目的论限缩。

2. 目的论限缩有别于限缩解释。目的论限缩是缩小法条的适用范围以排除案件，限缩解释是限缩语词的文义以期限制法条的适用。

第3章 法的演进

第1节 法的起源

```
法的起源
├── 法的起源的各种学说
│   ├── 非马克思主义法学的学说
│   │   ├── 神创说
│   │   ├── 暴力说
│   │   ├── 契约说
│   │   ├── 发展说
│   │   └── 合理管理说
│   └── 马克思主义法学的学说：经济基础决定上层建筑
├── 法产生的一般规律
│   ├── 起于偶然
│   ├── 来自习惯
│   └── 由合而分
└── 法的历史类型
    ├── 马克思主义法学的观点
    │   ├── 奴隶制法
    │   ├── 封建制法
    │   ├── 资本主义法
    │   └── 社会主义法
    └── 非马克思主义法学的观点
        ├── 梅因：从身份到契约
        └── 韦伯：从不合理的法到合理的法，从实质理性的法走向形式理性的法
```

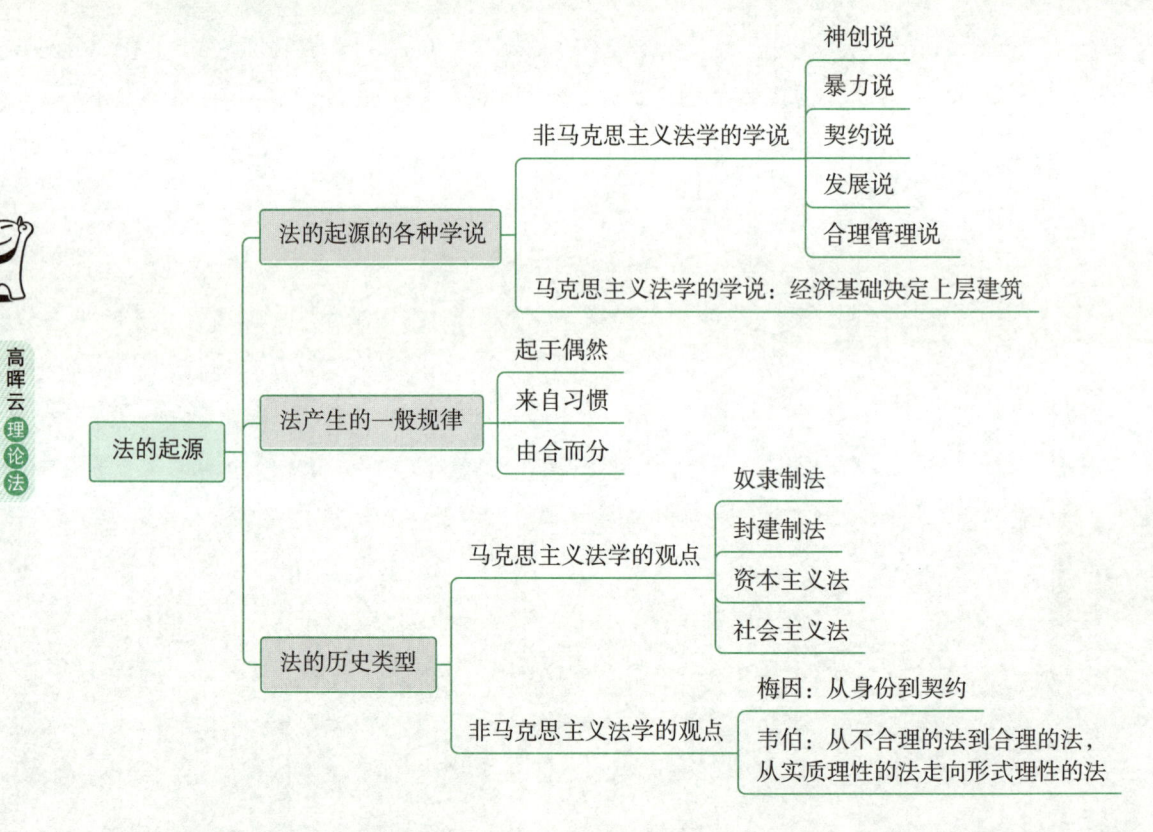

一、法的起源的各种学说

（一）非马克思主义法学的学说

1. 神创说。该学说认为，法起源于神的创造。例如，中世纪神学政治鼻祖奥古斯丁提出，法是神的意志；中国夏、商、周神权法及类似思想。

2. 暴力说。该学说认为，法起源于暴力的使用。例如，中国法家代表荀子"强权即法律"的思想。

3. 契约说。该学说认为，法起源于各种契约。例如，17、18世纪的古典自然法学者多持此说。

4. 发展说。该学说认为，法起源于人的能力发展需要和人类精神发展需要。例如，黑格

尔、萨维尼等持此说。

5. 合理管理说。该学说认为，法起源于对社会的合理性管理的需要。例如，法社会学家多持此说。

（二）马克思主义法学的学说

1. 法起源于一定的社会经济基础。法是随着生产力的发展、社会经济的发展、私有制和阶级的产生、国家的出现而产生的，经历了一个长期渐进的过程。原始社会的习惯只能称为"社会规范"，不足以称为"法"。

2. 法产生的标志包括国家的产生、权利和义务观念的形成、诉讼和司法的出现。

二、法产生的一般规律

法产生的一般规律可以总结为以下三个方面：

（一）调整机制

从调整机制上看，法的产生经历了从个别调整到规范性调整、一般规范性调整到法的调整的过程。

1. 个别调整即针对具体人、具体行为所进行的一次性的调整。
2. 规范性调整和一般规范性调整是针对不特定人的、统一的、反复适用的调整。相对于规范性调整而言，一般规范性调整的范围更广。
3. 法的调整即国家出现之后通过法律而实施的调整。

（二）表现形式

从表现形式上看，法的产生经历了从习惯到习惯法再到制定法的过程。

1. 习惯是公认的、通行的生活方式，它是原始社会的主要社会规范。
2. 习惯法是由习惯转化而来的法律规范，它经过国家的认可，得到国家强制力的保障。
3. 制定法是国家立法机关创制的法律规范。

（三）主要内容

从主要内容上看，法的产生经历了从法与宗教规范、道德规范的浑然一体到法与这二者分离并相对独立发展的过程。

> **记忆口诀** 法产生的规律：起于偶然（调整机制上），来自习惯（表现形式上），由合而分（主要内容上）。

三、法的历史类型

（一）马克思主义法学的观点

1. 法的历史类型按照经济基础的性质和阶级意志的不同而划分。
2. 法的历史类型有四：奴隶制法、封建制法、资本主义法和社会主义法。

（二）非马克思主义法学的观点

1. 梅因认为，法的发展是从身份到契约的运动。
2. 韦伯认为，法的发展是从不合理的法走向合理的法，从实质理性的法走向形式理性的法。

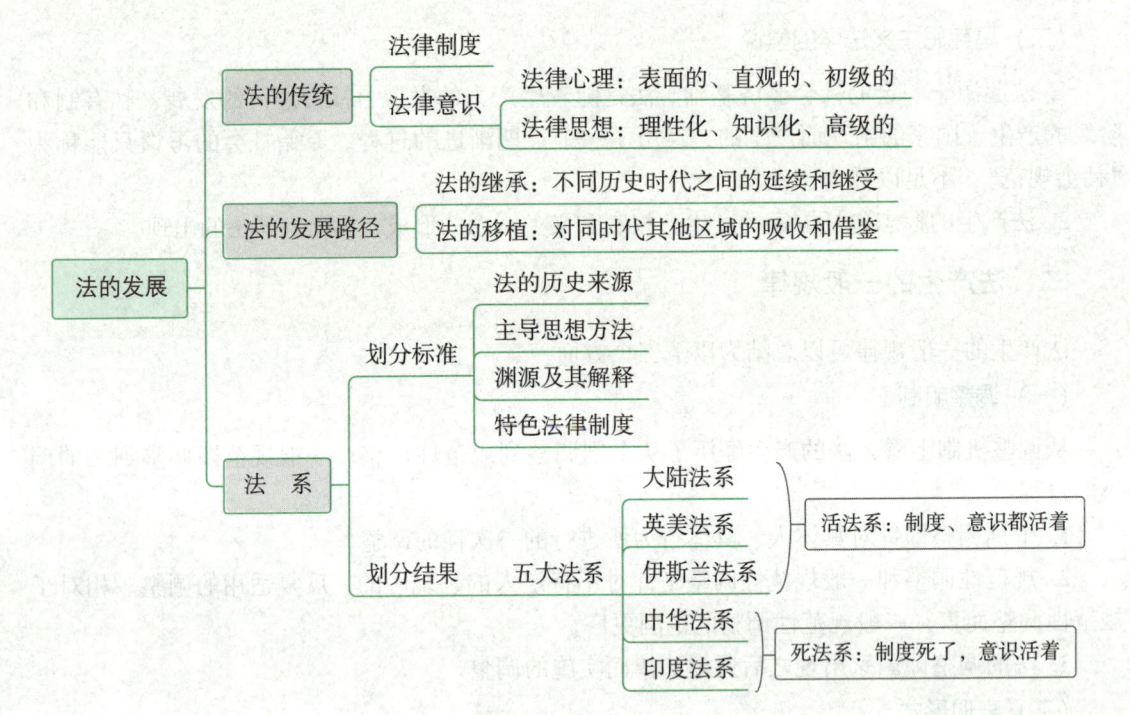

第2节　法的发展

```
法的发展
├── 法的传统
│   ├── 法律制度
│   └── 法律意识
│       ├── 法律心理：表面的、直观的、初级的
│       └── 法律思想：理性化、知识化、高级的
├── 法的发展路径
│   ├── 法的继承：不同历史时代之间的延续和继受
│   └── 法的移植：对同时代其他区域的吸收和借鉴
└── 法系
    ├── 划分标准
    │   ├── 法的历史来源
    │   ├── 主导思想方法
    │   ├── 渊源及其解释
    │   └── 特色法律制度
    └── 划分结果──五大法系
        ├── 大陆法系 ┐
        ├── 英美法系 ├── 活法系：制度、意识都活着
        ├── 伊斯兰法系 ┘
        ├── 中华法系 ┐
        └── 印度法系 ┴── 死法系：制度死了，意识活着
```

一、法的传统

法的传统是指特定国家和民族世代相传、辗转相承的有关法的制度、意识（观念）的总和。

（一）法律制度

1. 法律制度，即特定的法定主体（法定的人、组织、国家机关）运用国家强制力确立的规范。

2. 法律制度有创制、修改、废止、认可的规范程序，但是，它容易受政权更迭的影响。

（二）法律意识

1. 法律意识又称法律观念，即人们关于法律现象的思想、观点、知识和心理的总称，包括法律心理和法律思想。

（1）法律心理：即表面的、直观的、初级的法律意识。例如，"欠债还钱""杀人偿命"都属于法律心理。

（2）法律思想：即理性化、知识化、高级的法律意识。例如，西周的"明德慎罚"理论、中国特色社会主义法治理论，都属于法律思想。

2. 法律意识多以灵活的形式口耳相传、代代相传，不易受政权更迭的影响。

二、法的发展路径

（一）法的继承

1. 法的继承是指不同历史时代的法律制度之间的延续和继受。例如，1804年《法国民法典》继承了古罗马法，1900 年《德国民法典》继承了古罗马法和日耳曼法。

2. 法的继承的理由和根据：①社会生活条件的历史延续性；②法的相对独立性；③法是人类共同的文明成果。

（二）法的移植

1. 法的移植反映一国对同时代其他国家、地区和国际法律制度的吸收和借鉴。例如，日本《大宝律令》（公元 701 年）对我国唐朝法律制度的模仿，越南李太尊时期的《刑法》（公元 1042 年）对唐律的借鉴。

2. 法的移植的理由和根据：①社会发展及其不平衡性；②经济的全球化；③法律移植有助于推动法的现代化发展。

三、法系

（一）法系及其划分

1. 凡属同一法律传统或具有某些共同特征的各个国家或民族的法律就构成一个法系。

2. 法系的划分标准有四：

（1）法的历史来源。例如，中华法系来源于古代中国的成文法，伊斯兰法系来源于《古兰经》，民法法系的来源主要是罗马法，普通法系的来源主要是英格兰中世纪的普通法。

（2）主导思想方法。例如，伊斯兰法系中的宗教神学思想、中华法系中的儒家德治思想。

（3）渊源及其解释。例如，民法法系表现为成文法，其法官、学者采用较为严格的文本来解释法律；普通法系表现为判例法，其法官以较为自由的发现和裁量来解释法律。

（4）特定法律制度。例如，伊斯兰法系的婚姻制度，印度法系的种姓制度，普通法系的信托、约因和陪审团制度，民法法系的物债两分结构、法律行为理论、行政法院设置，等等。

3. 法系的划分结果："五大法系"，即大陆法系、英美法系、伊斯兰法系、中华法系、印度法系。通俗地说，前三者是"活法系"（制度和意识均活着），后二者是"死法系"（制度死了，意识活着）。

（二）大陆法系和英美法系

	大陆法系	英美法系
历史渊源	又称民法法系、罗马-德意志法系、法典法系，基于古罗马法、1804 年《法国民法典》而形成	又称普通法系、普通法法系、英国法系、判例法系，基于英格兰中世纪的普通法而形成
法的渊源	法的正式渊源仅为制定法，判例法不是法的正式渊源	制定法、判例法都是法的正式渊源
法律思维	以演绎思维为主	以归纳思维为主
法律分类	公法、私法	普通法、衡平法
诉讼程序	纠问制，法官主导，接近于教会法	对抗制，法官中立、律师积极
法典编纂	主要阶段均有代表性法典	总体上不倾向于法典编纂

> **注意**：随着法律全球化的发展，两大法系出现了一定程度的融合。近代以来，大陆法系国家开始重视判例的总结及其作用；英美法系国家的成文法增多，更加重视判例的体系化，例如，美国通过加强制定成文法和整理《法律重述》推动了判例的体系化。

第3节 法的现代化

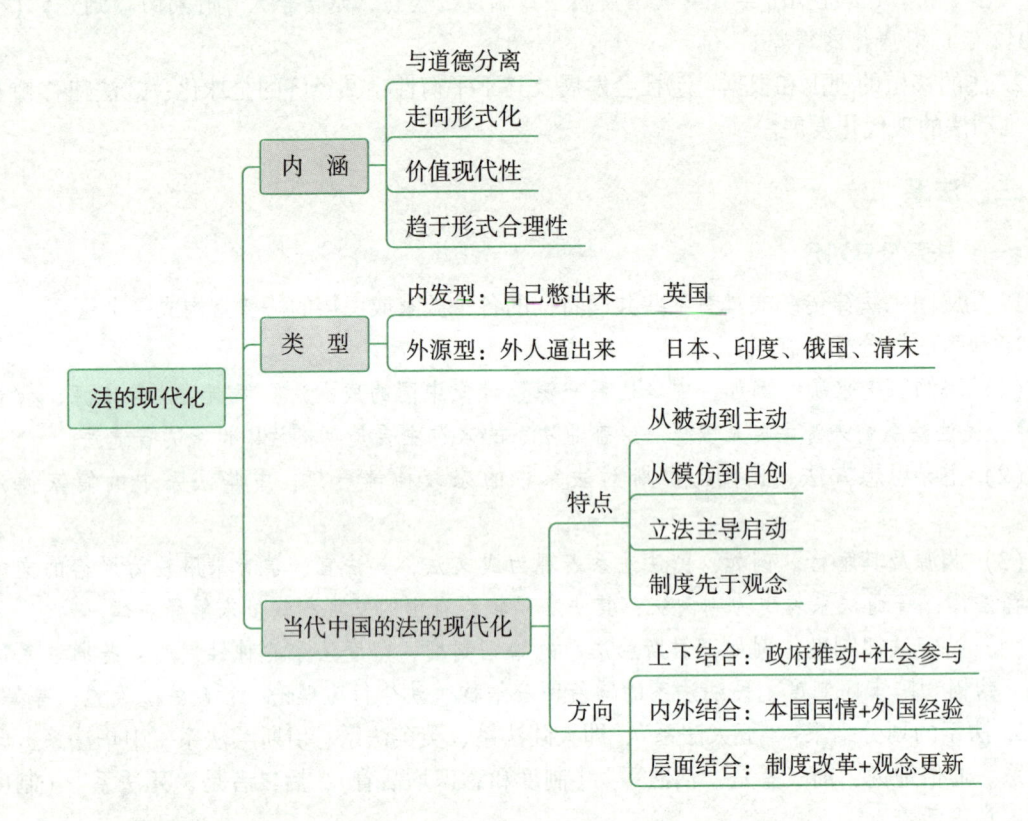

法的现代化
- 内涵
  - 与道德分离
  - 走向形式化
  - 价值现代性
  - 趋于形式合理性
- 类型
  - 内发型：自己憋出来 —— 英国
  - 外源型：外人逼出来 —— 日本、印度、俄国、清末
- 当代中国的法的现代化
  - 特点
    - 从被动到主动
    - 从模仿到自创
    - 立法主导启动
    - 制度先于观念
  - 方向
    - 上下结合：政府推动+社会参与
    - 内外结合：本国国情+外国经验
    - 层面结合：制度改革+观念更新

一、法的现代化的内涵及其分类

（一）法的现代化的内涵

法的现代化源于工业化，是指法的现代性因素不断增加的过程。其内涵有四：

1. 法与道德分离。传统社会中，法须合乎道德；现代社会中，法律普遍走向实证化，把道德理性化。

2. 法走向形式化。法的合法性来自于法自身尤其是其立法程序，而非伦理或神学因素（现代化的法之所以足以服众，不靠讲伦理，也不靠跳大神，而是依靠讲程序、讲理性）。

3. 法的价值现代化。法确立并捍卫现代价值而非前现代价值，如人的主体地位、人权与自由、人人平等、政治民主化。

4. 法趋于形式合理性。现代化的法律是普通人可理解的、精确的、一致的、普遍的、公开的法，一般是成文的且不溯及既往。

（二）法的现代化的类型

1. 内发型，即法的现代化依靠内部力量而自我创新。例如，西欧的法的现代化经历了中世纪的孕育，英国法是其典型。其特点是具有自发性，经历了自下而上、缓慢渐进的过程。

2. 外源型，即法的现代化受制于外部强力而产生法制革新。如近代以来日本、印度、俄国、清末的法律变革。其特点是具有被动性、依附性（工具色彩，服务于经济、政治变革）、反复性，经历了由外而内、自上而下、迅速突然的过程。

二、当代中国的法的现代化

1902年，以收回领事裁判权为契机，中国的法的现代化在制度层面上正式启动，属于外源型的法的现代化。

（一）特点

1. 由被动接受到主动选择。
2. 由模仿民法法系到自创有中国特色的社会主义法律制度。
3. 法的现代化的启动形式是立法主导型而非司法主导型。
4. 法律制度变革在前，法律观念更新在后，思想领域斗争激烈。

记忆口诀▶ 被动模仿，主动创造；立法主导，制度先搞。

（二）方向："三结合"

1. "上下结合"：将政府推动与社会参与相结合，自上而下和自下而上双向结合。
2. "内外结合"：把立足本国国情与借鉴外国经验相结合，使本土化与国际化、民族性与普遍性相统一。
3. "层面结合"：把制度改革与观念更新相结合，既要构建法律体系，也要启蒙法治观念。

第4章 法与社会

第1节 法与社会的一般理论

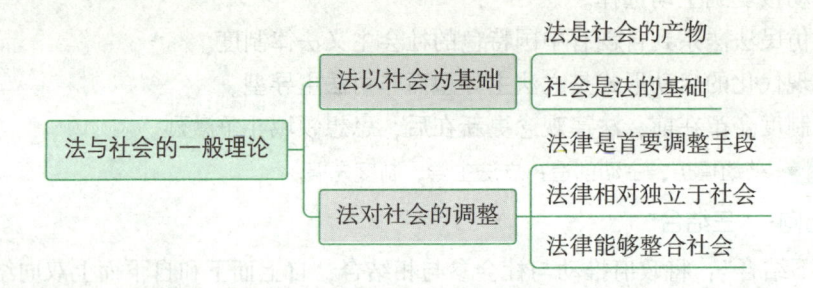

```
                          ┌─ 法以社会为基础 ─┬─ 法是社会的产物
                          │                  └─ 社会是法的基础
法与社会的一般理论 ───────┤
                          │                  ┌─ 法律是首要调整手段
                          └─ 法对社会的调整 ─┼─ 法律相对独立于社会
                                             └─ 法律能够整合社会
```

一、法以社会为基础

（一）法是社会的产物

1. 社会的性质决定法的性质。例如，奴隶制社会决定了法必然体现奴隶主阶级意志的性质。
2. 社会的发展阶段及其特征决定法的发展阶段及其特征。

（二）社会是法的基础

1. 法的发展重心不在立法、法学或判决，而在社会本身。
2. 国家以社会为基础，国家权力以社会力量为基础，国家法以社会法为基础，"纸上的法"以"实践中的法"为基础。
3. 法以社会为基础，既指社会决定法的性质与功能，又指法的变迁与社会发展的进程基本一致。例如，马克思说："社会不是以法律为基础，那是法学家的幻想。相反，法律应该以社会为基础，法律应该是社会共同的、由一定的物质生产方式所产生的利益需要的表现，而不是单个人的恣意横行。"又如，马克思说："立法者应该把自己看作一个自然科学家。他不是在创造法律，也不是在发明法律，而仅仅是在表述法律，他用有意识的实在法把精神关系的内在规律表现出来。如果一个立法者用自己的臆想来代替事情的本质，那么人们就应该责备他极端任性。同样，当私人想违反事物的本质任意妄为时，立法者也有权利把这种情况看作是极端任性。"在这里，"精神关系的内在规律""事情的本质"就是"经济基础决定法律"。

二、法对社会的调整

法对社会的调整表现在以下三个方面：

（一）法律是首要调整手段

自16世纪以来，法律已成为对社会进行调整的首要手段。所有其他的社会调整手段必须从属于法律手段或者与之配合，并在法律的范围之内运行。

（二）法律相对独立于社会

法律之于社会有相对独立性、自主性，它不仅维护社会的稳定与秩序，还促进社会变迁。

（三）法律能够整合社会

在现代社会，法律具有社会整合作用，法律通常与其他资源分配系统（宗教、道德、政策等）相配合，对社会进行全方位调整。

第2节 法与经济、政治、道德

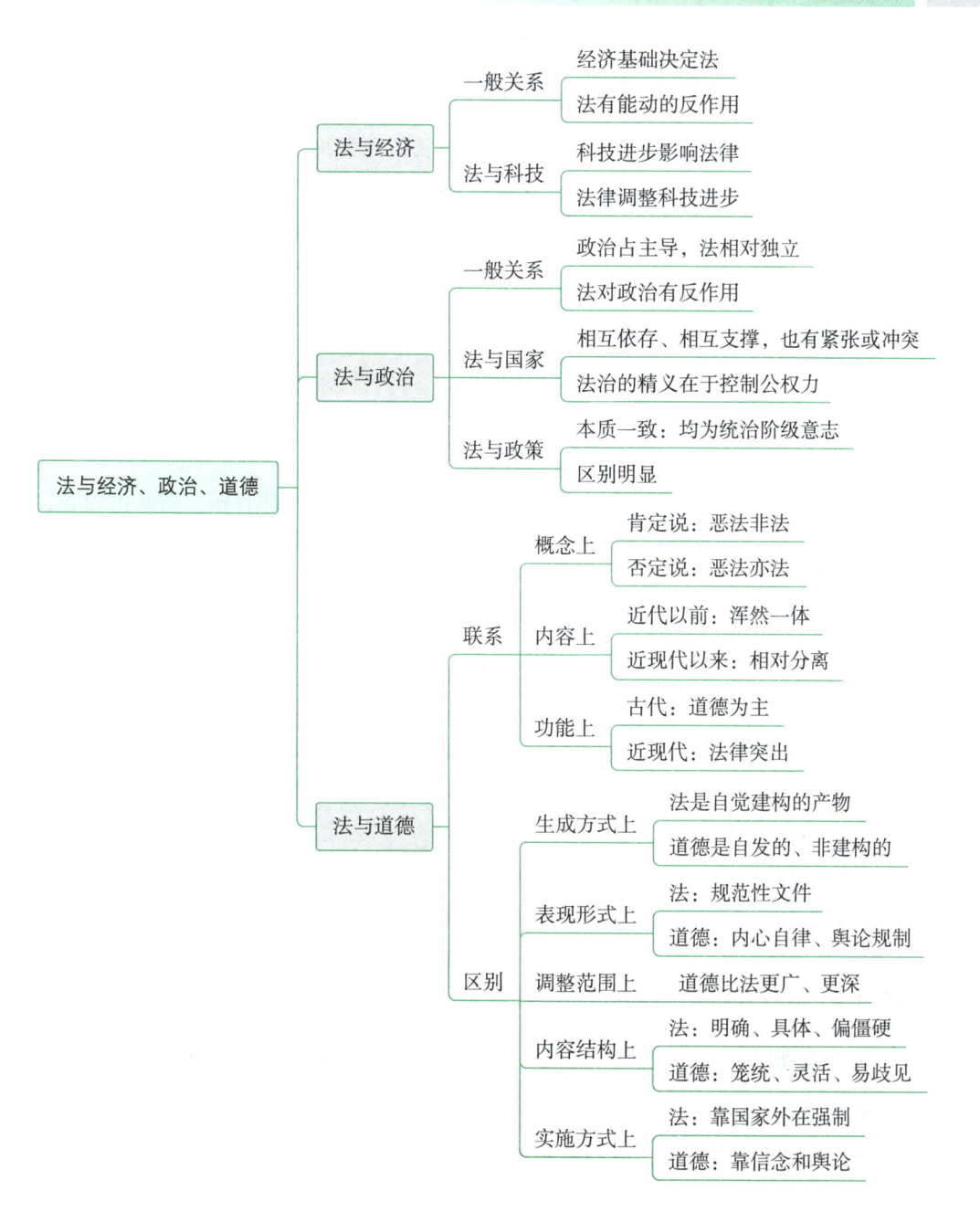

```
法与经济、政治、道德
├─ 法与经济
│   ├─ 一般关系
│   │   ├─ 经济基础决定法
│   │   └─ 法有能动的反作用
│   └─ 法与科技
│       ├─ 科技进步影响法律
│       └─ 法律调整科技进步
├─ 法与政治
│   ├─ 一般关系
│   │   ├─ 政治占主导，法相对独立
│   │   └─ 法对政治有反作用
│   ├─ 法与国家
│   │   ├─ 相互依存、相互支撑，也有紧张或冲突
│   │   └─ 法治的精义在于控制公权力
│   └─ 法与政策
│       ├─ 本质一致：均为统治阶级意志
│       └─ 区别明显
└─ 法与道德
    ├─ 联系
    │   ├─ 概念上
    │   │   ├─ 肯定说：恶法非法
    │   │   └─ 否定说：恶法亦法
    │   ├─ 内容上
    │   │   ├─ 近代以前：浑然一体
    │   │   └─ 近现代以来：相对分离
    │   └─ 功能上
    │       ├─ 古代：道德为主
    │       └─ 近现代：法律突出
    └─ 区别
        ├─ 生成方式上
        │   ├─ 法是自觉建构的产物
        │   └─ 道德是自发的、非建构的
        ├─ 表现形式上
        │   ├─ 法：规范性文件
        │   └─ 道德：内心自律、舆论规制
        ├─ 调整范围上
        │   └─ 道德比法更广、更深
        ├─ 内容结构上
        │   ├─ 法：明确、具体、偏僵硬
        │   └─ 道德：笼统、灵活、易歧见
        └─ 实施方式上
            ├─ 法：靠国家外在强制
            └─ 道德：靠信念和舆论
```

一、法与经济

（一）法与经济的一般关系

1. 经济基础决定法。法由经济基础决定，并为经济基础服务。经济基础决定法的性质、内容、发展变化、法的作用的实现程度。例如，马克思说，法的关系"既不能从它们本身来理解，也不能从所谓人类精神的一般发展来理解，相反，它们根源于物质的生活关系"。

2. 法有能动的反作用。相对于经济基础，法并不是完全被动的、消极的。

（二）法与科技

1. 科技是第一生产力，一般而言，生产力通过生产关系间接决定法及其发展变化。相应地，法对生产力的作用主要通过生活关系的中介来实现。

2. 法与科技的关系涉及两个方面：

（1）科技进步对法的影响：主要表现为科技发展向一些传统法律领域提出了新问题。例如，司法上的事实认定、法律适用和法律推理受到现代科学技术的影响；法律意识受到科技的影响和启迪，新的法律思想、法学理论出现；科技进步对法律方法论也产生了影响。

（2）法对科技进步的作用：主要表现为运用法律管理科技活动。例如，法律积极促进科技、经济一体化，特别是科技成果商品化；法律抑制和预防科技活动和科技发展所引发的各种社会问题。

二、法与政治

（一）法与政治的一般关系

法与政治相互作用、相辅相成。

1. 政治占主导，但法有相对独立性：①并非每一具体的法律都有相应的政治内容，都反映某种政治要求；②法在形式、程序和技术上有其自身属性；③法对包括政治在内的上层建筑诸因素都有相对独立性。

2. 法对政治有反作用。近现代以来，法在多大程度上离不开政治，政治就在多大程度上离不开法；法对政治体制、政治功能、政治角色、政治运行和发展都有影响。

（二）法与国家

1. 法与国家权力相互依存、相互支撑，二者之间也存在紧张或冲突。

2. 近代法治的精义在于控权。"控"是规范公权力的行使，而非简单的强化或弱化，"权"是公权力而非私权利。

（三）法与政策

1. 政策一般指国家政策或政党政策，此处指政党政策。政党政策是政党为实现一定政治目标、完成一定任务而作出的政治决策。

2. 法与政党政策在内容和实质方面存在联系，二者的区别也很明显。

三、法与道德

（一）法与道德的联系

1. 在概念上的联系。对此，有两种基本学说：

（1）"肯定说"。传统自然法思想认为，法与道德之间存在必然联系，恶法非法（恶法无法的本质）。

（2）"否定说"。实证主义法学认为，法与道德之间不存在必然联系，恶法亦法（"法"不等于"正义的法"）。

2. 在内容上的联系。近代以前，法与道德重合度极高，甚或浑然一体；近现代以来，"法律是最低限度的道德"。

3. 在功能上的联系。古代法学家更多地强调道德的首要或主要地位，近现代法学家一般都倾向于强调法律调整的突出作用。

（二）法与道德的区别

1. 生成方式：法是自觉建构（人为创制）的产物，道德是自发的和非建构的。

2. 表现形式：法一般通过国家机关创制的规范性文件来表现，道德通常以语言的方式存于内心和舆论。

3. 调整范围：道德的调整范围比法更广（如友谊、爱情），比法更深（同时关注外在和内在）。

4. 内容结构：法明确而具体，以规则为主要形式，道德则无特定、具体的形式，笼统而模糊；法易操作但偏僵硬，道德灵活但易歧见。

5. 实施方式：法以国家强制力形成外在强制，道德靠信念和舆论得以实施。

第二编
宪法学

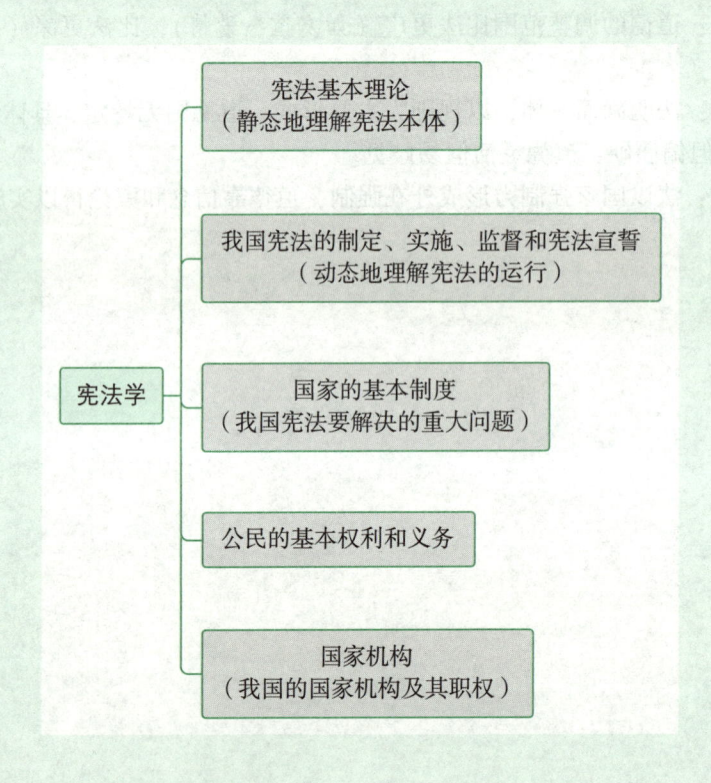

```
              ┌─ 宪法基本理论
              │  （静态地理解宪法本体）
              │
              ├─ 我国宪法的制定、实施、监督和宪法宣誓
              │  （动态地理解宪法的运行）
              │
  宪法学 ─────┼─ 国家的基本制度
              │  （我国宪法要解决的重大问题）
              │
              ├─ 公民的基本权利和义务
              │
              └─ 国家机构
                 （我国的国家机构及其职权）
```

宪法基本理论 第1章

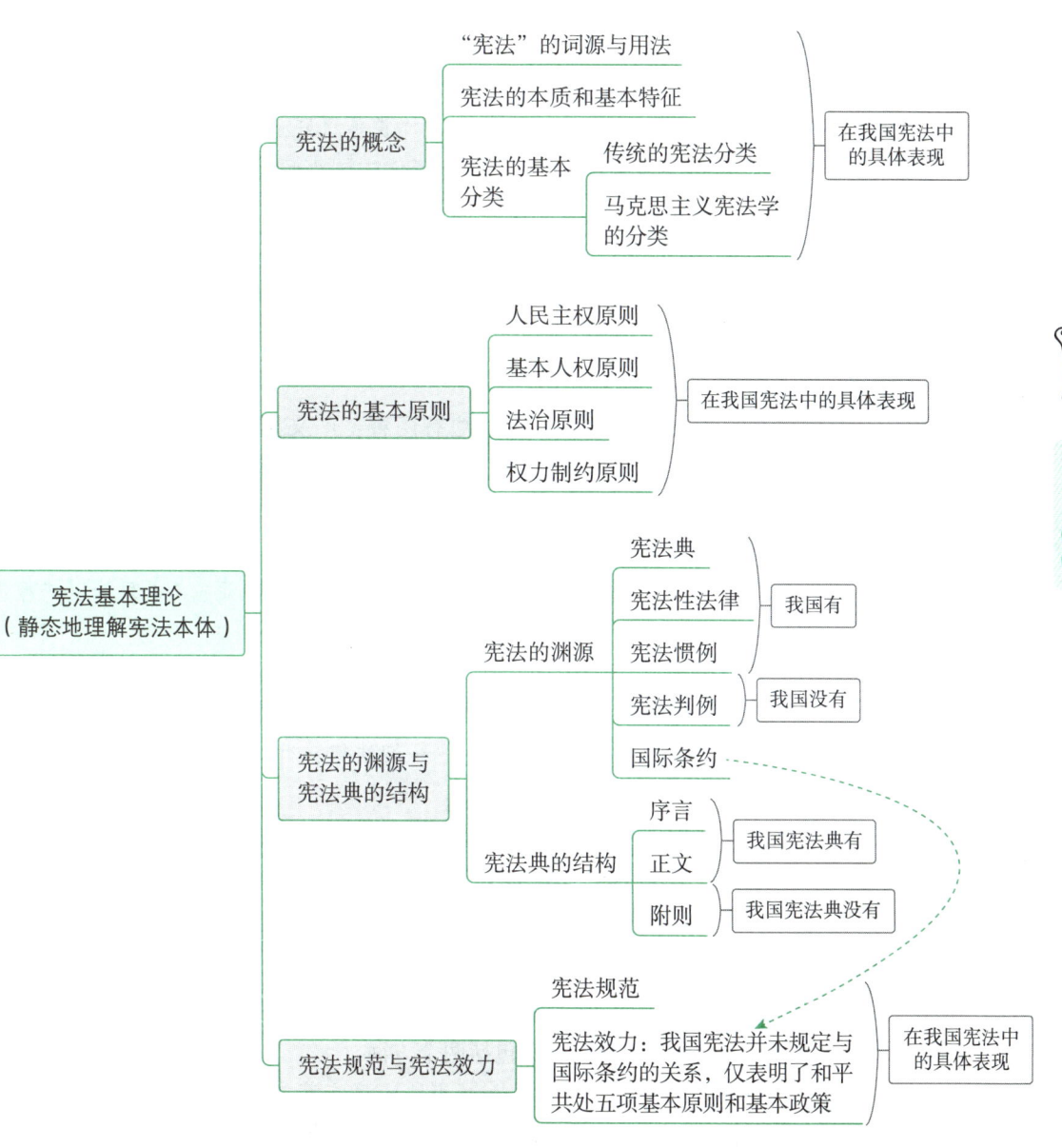

```
宪法基本理论          ┌─ 宪法的概念 ──┬─ "宪法"的词源与用法
（静态地理解宪法本体） │              ├─ 宪法的本质和基本特征
                     │              └─ 宪法的基本分类 ─┬─ 传统的宪法分类 ──┐
                     │                                 └─ 马克思主义宪法学的分类 ┴─ 在我国宪法中的具体表现
                     │
                     ├─ 宪法的基本原则 ─┬─ 人民主权原则
                     │                 ├─ 基本人权原则 ──── 在我国宪法中的具体表现
                     │                 ├─ 法治原则
                     │                 └─ 权力制约原则
                     │
                     ├─ 宪法的渊源与宪法典的结构 ─┬─ 宪法的渊源 ─┬─ 宪法典
                     │                            │              ├─ 宪法性法律 ── 我国有
                     │                            │              ├─ 宪法惯例
                     │                            │              ├─ 宪法判例 ──── 我国没有
                     │                            │              └─ 国际条约
                     │                            └─ 宪法典的结构 ─┬─ 序言
                     │                                             ├─ 正文 ──── 我国宪法典有
                     │                                             └─ 附则 ──── 我国宪法典没有
                     │
                     └─ 宪法规范与宪法效力 ─┬─ 宪法规范
                                           └─ 宪法效力：我国宪法并未规定与国际条约的关系，仅表明了和平共处五项基本原则和基本政策 ── 在我国宪法中的具体表现
```

第 1 节　宪法的概念

要弄清宪法的概念，就要厘清"宪法"一词的来源和用法，把握宪法的本质和基本特征，掌握宪法的基本分类。

一、"宪法"的词源与用法

（一）"宪法"的词源

1. "宪法"一词，古已有之，究其含义，迥异今日。无论在中国还是在西方国家，很早就出现了"宪法"一词。例如，《国语·晋语》中就有"赏善罚奸，国之宪法"的说法。

2. 近现代的"宪法"是指国家根本法。在 1880 年代中国宪政运动开端后，这一意义上的"宪法"才出现于中国。例如，郑观应《盛世危言》中的"宪法"、1908 年清政府的《钦定宪法大纲》。

3. 近现代国家的根本法通常称"宪法"，也有其他名称。如《中华民国约法》（1914年）、《德意志联邦共和国基本法》（1949 年）等。

（二）"法律"与"宪法"

"法律"一词常常在宪法文本中出现，其用法有两种：广义用法和狭义用法。广义的"法律"包含宪法、狭义的法律、行政法规、地方性法规等所有规范性法律文件在内。狭义的"法律"仅指全国人大及其常委会制定的规范性法律文件。

1. 广义用法。宪法文本中出现"以法律的形式""法律效力"等表述时，此处的"法律"通常是指广义的法律规范。例如，《宪法》序言第十三自然段中规定："本宪法以法律的形式确认了中国各族人民奋斗的成果……具有最高的法律效力。"

2. 狭义用法。其有两种表现：

（1）"宪法"和"法律"连用时，"法律"通常是指狭义的法律，即全国人大及其常委会制定的法律。例如，《宪法》第 5 条第 3 款规定："一切法律、行政法规和地方性法规都不得同宪法相抵触。"

（2）宪法文本中出现"依照法律规定""依照法律""依照法律的规定""依照……法律的规定"等表述时，"法律"是指狭义的法律。例如，《宪法》规定，"人民依照法律规定……管理国家事务"，"土地的使用权可以依照法律的规定转让"。

（三）"国家"与"宪法"

"国家"一词常常在宪法文本中出现，其用法有三种：

1. 作为统一的政治共同体的"国家"。其包括两个方面：

（1）主权意义上（对外）的国家。例如：①《宪法》序言第二自然段规定："1840 年以后，封建的中国逐渐变成半殖民地、半封建的国家。中国人民为国家独立、民族解放和民主自由进行了前仆后继的英勇奋斗。"②《宪法》第 67 条第 19 项规定，全国人民代表大会常务委员会在全国人民代表大会闭会期间，如果遇到国家遭受武装侵犯或者必须履行国际间共同防止侵略的条约的情况，决定战争状态的宣布。

(2) 主权权力意义上（对内）的国家。例如，宪法文本中"国家的权力""国家机关""国家工作人员""国家权力机关""国家行政机关"等表述。

2. 与"社会"相对的"国家"。其通常使用"国家和社会"的表述。例如：①《宪法》第45条第1款规定："中华人民共和国公民在年老、疾病或者丧失劳动能力的情况下，有从国家和社会获得物质帮助的权利。国家发展为公民享受这些权利所需要的社会保险、社会救济和医疗卫生事业。"②习近平法治思想中"法治国家、法治政府、法治社会一体建设"的表述。

3. 与"地方"相对的"国家"。其含义主要是指中央。例如，《宪法》第118条规定："民族自治地方的自治机关在国家计划的指导下，自主地安排和管理地方性的经济建设事业。国家在民族自治地方开发资源、建设企业的时候，应当照顾民族自治地方的利益。"

二、宪法的本质和基本特征

（一）宪法的本质

宪法是规定国家的根本制度和根本任务、集中体现各种政治力量对比关系、保障公民基本权利的国家根本法。

[例1] 我国现行《宪法》在序言第七自然段中明确规定："国家的根本任务是，沿着中国特色社会主义道路，集中力量进行社会主义现代化建设。"

[例2] 我国现行《宪法》正文第1条明确规定："中华人民共和国是工人阶级领导的、以工农联盟为基础的人民民主专政的社会主义国家。社会主义制度是中华人民共和国的根本制度。中国共产党领导是中国特色社会主义最本质的特征。……"

[例3] 我国现行《宪法》第二章"公民的基本权利和义务"中明确规定"国家尊重和保障人权"，并对公民的基本权利予以体系化的规定。

（二）宪法的基本特征

与其他法律表现形式相比，宪法有三大特征：国家的根本法、公民权利的保障书、民主事实法律化的基本形式。

1. 宪法是国家的根本法。作为根本法、"母法"，宪法在一国法律体系中内容最重要、效力最高、程序最严格。

（1）在内容上，宪法规定一个国家最根本、最核心的问题。注意：宪法不规定具体、细致的内容。

（2）在法律效力上，宪法具有最高法律效力。宪法的最高法律效力既有直接表现，也有间接表现。

[直接表现] 宪法是一切国家机关、社会团体和全体公民的最高行为准则。

[间接表现] 宪法是普通法律的制定依据，普通法律是宪法的具体化；任何普通法律、法规都不得与宪法的原则和精神相违背。

[例1] 我国现行《宪法》序言第十三自然段明确规定，本宪法以法律的形式确认了中国各族人民奋斗的成果，规定了国家的根本制度和根本任务，是国家的根本法，具有最高的法律效力。全国各族人民、一切国家机关和武装力量、各政党和各社会团体、各企业事业组织，都必须以宪法为根本的活动准则，并且负有维护宪法尊严、保证宪法实施的职责。

[例2] 我国现行《宪法》第5条第3~5款规定，一切法律、行政法规和地方性法规都不得同宪法相抵触。一切国家机关和武装力量、各政党和各社会团体、各企业事业组织都必须遵守宪法和法律。一切违反宪法和法律的行为，必须予以追究。任何组织或者个人都不得有超越宪法和法律的特权。

（3）在制定和修改程序上，宪法比普通法律更严格。例如，我国修改《宪法》的提案主体是全国人大常委会（约170人）或者1/5以上的全国人大代表（约600人），而修改普通法律的提案主体可以是全国人大常委会成员10人以上、一个代表团或者30名以上的代表。又如，《宪法》的修改需要全国人大全体代表2/3以上的多数（约2000人）表决通过，而普通法律的修改一般只需要全国人大全体代表的过半数（约1500人）表决通过。

记忆口诀 宪法是国家的根本法的内涵：严惩高根——程序更严格（严惩）、效力最高（高）、规定最根本的问题（根）。

2. 宪法是公民权利的保障书。宪法最重要、最核心的价值是保障公民的基本权利。例如，我国现行《宪法》正文一共四章，分别是第一章"总纲"、第二章"公民的基本权利和义务"、第三章"国家机构"、第四章"国旗、国歌、国徽、首都"，其中，保障公民的基本权利独占一章。又如，列宁说："宪法就是一张写着人民权利的纸。"1791年法国宪法称："凡权利无保障和分权未确立的社会，就没有宪法。"

注意：在历史上，资本主义宪法和社会主义宪法都曾将保障公民的基本权利作为首要内容。例如，1791年法国宪法将《人权宣言》作为其序言，1918年苏俄宪法将《被剥削劳动人民权利宣言》作为第一编（全文共6编17章90条）。

3. 宪法是民主事实法律化的基本形式。在保卫民主事实的所有法律形式中，宪法是最基本的形式。例如，我国宪法规定了人民民主专政、民主集中制、民主选举等内容，与之相适应，我国刑法明确规定了"保卫人民民主专政"，选举法明确规定了民主选举的具体程序等。

三、宪法的基本分类

（一）传统的宪法分类

有无统一宪法典	（1）成文宪法。如1787年美国宪法（世界上第一部成文宪法）、1791年法国宪法（欧洲大陆第一部成文宪法）。其思想渊源是17、18世纪自然法学派提出的社会契约论。 （2）不成文宪法。如英国、新西兰、以色列、沙特阿拉伯等国属于不成文宪法国家。	标准提出者是蒲莱士
制定、修改程序和效力差别	（1）刚性宪法。实行成文宪法的国家往往也是刚性宪法的国家。例外：哥伦比亚、智利、秘鲁等少数国家属于成文宪法国家，却不是刚性宪法国家。**记忆口诀** 成文不刚鲁智哥。 （2）柔性宪法。实行不成文宪法的国家往往也是柔性宪法的国家。	
制宪主体不同	（1）民定宪法。如法国1793年宪法。 （2）钦定宪法。如法国1814年宪法、意大利1848年宪法、日本1889年明治宪法、中国1908年《钦定宪法大纲》。 （3）协定宪法。如法国1830年宪法、英国1215年《大宪章》。	

(二) 马克思主义宪法学的分类

```
马克思主义宪法学的分类
├── 根据国家的类型和宪法的阶级本质
│   ├── 资本主义类型的宪法
│   └── 社会主义类型的宪法
└── 宪法是否与现实相一致
    ├── 虚假的宪法
    └── 真实的宪法
```

列宁曾经指出:"当法律同现实脱节的时候,宪法是虚假的;当它们是一致的时候,宪法便不是虚假的。"

第2节 宪法的基本原则

宪法的基本原则,是指在制定和实施宪法的过程中必须遵循的最基本的准则,是贯穿立宪和行宪过程的基本精神。

宪法的基本原则主要包括人民主权原则、基本人权原则、法治原则和权力制约原则。

一、人民主权原则

人民主权是指国家的最高权力被绝大多数人拥有。人民主权,顾名思义,即人民主宰政权,不同于君王主宰政权、贵族主宰政权。

(一) 历史渊源

该原则由卢梭力倡。西方国家宪法一般将其作为资产阶级民主的一项首要原则,社会主义国家宪法普遍规定了"一切权力属于人民"的原则。

(二) 我国宪法中的体现

我国宪法对人民主权原则的具体体现包括人民民主专政、一切权力属于人民、人民代表大会制度、公民的基本权利和义务、选举制度。

[例1]《宪法》第1条第1款规定:"中华人民共和国是工人阶级领导的、以工农联盟为基础的人民民主专政的社会主义国家。"《宪法》第2条第1款规定:"中华人民共和国的一切权力属于人民。"

[例2]《宪法》第2条第2、3款规定:"人民行使国家权力的机关是全国人民代表大会和地方各级人民代表大会。人民依照法律规定,通过各种途径和形式,管理国家事务,管理经济和文化事业,管理社会事务。"

[例3]《宪法》正文第二章规定了"公民的基本权利和义务"。

[例4]《宪法》第3条第2款规定:"全国人民代表大会和地方各级人民代表大会都由民主选举产生,对人民负责,受人民监督。"

二、基本人权原则

人权是指作为一个人所应该享有的权利。基本人权，也就是所有的人权分类中都应当包含的最基础、最普遍的人权。基本人权既包含个人权利（如个体的生命健康权、人身权、人格权、财产权、平等权、基本自由等），又包含集体权利（如老、弱、病、残、儿童、妇女等特殊群体的权利等）。

（一）历史渊源

1. 该原则是西方启蒙运动中的"天赋人权"学说作用的产物。资产阶级革命胜利后，人权原则在宪法中逐步确立。

2. 宪法对人权原则的表述方式有三：

（1）宪法文本直接规定人权；

（2）宪法文本中规定公民的具体权利和义务，并不出现人权的字样或概念；

（3）宪法文本中同时出现人权与基本权利、基本的权利等表述，在实践中主要通过宪法解释确定人权的具体内涵。

📖 **注意**：2004年以前，我国宪法以第二种方式表述人权原则；2004年以后，我国宪法以第三种方式表述人权原则。

（二）我国宪法中的体现

1. 从《中国人民政治协商会议共同纲领》（以下简称《共同纲领》）开始，我国历部宪法都规定了公民的基本权利和义务。例如，《共同纲领》第6条规定，妇女在政治的、经济的、文化教育的、社会的生活各方面，均有与男子平等的权利。《共同纲领》第9条规定，中华人民共和国境内各民族，均有平等的权利和义务。

2. 2004年，"国家尊重和保障人权"被写入《宪法》，基本人权原则成为国家的基本价值观。

三、法治原则

法治，是指统治阶级按照民主原则把国家事务法律化、制度化，并严格依法进行管理的一种方式。法治的核心在于依法治理国家，法律面前人人平等，反对任何组织和个人享有法律之外的特权。法治与人治相对立，法治是"法在人上"，人治是"人在法上"。

（一）历史渊源

17、18世纪，资产阶级思想家以"法治"批判君主制的"人治"。例如，洛克认为，政府应该以正式公布的既定法律来进行统治，这些法律无论贫富、无论权贵和庄稼人都一视同仁，并不因特殊情况而有出入。又如，潘恩认为，在专制政府中国王便是法律，同样地，在自由国家中法律便应该成为国王。

资产阶级革命胜利后，这一原则确立于资本主义宪法中。例如，作为1791年法国宪法序言的《人权宣言》明确阐述了这一原则。

（二）我国宪法中的体现

我国《宪法》第5条第1款规定："中华人民共和国实行依法治国，建设社会主义法治国家。"其中的"法治国家"既包括实质意义的法治内涵，也包括形式意义的法治要素。从宪法文本的规范内涵来看，"法治国家"包含法治社会。

四、权力制约原则

权力制约原则，是指国家权力的各部分之间相互监督、彼此牵制，从而保障公民权利。它既包括公民权利对国家权力的制约，也包括国家权力相互之间的制约。

（一）历史渊源

在资本主义国家的宪法中，权力制约原则主要表现为分权原则（分权制衡、三权分立），于17、18世纪欧美资产阶级革命时期确立。例如，1787年美国宪法即为分权制衡的典型。又如，法国《人权宣言》称："凡权利无保障和分权未确立的社会，就没有宪法。"

在社会主义国家的宪法中，权力制约原则主要表现为监督原则，由第一个无产阶级专政政权巴黎公社首创。

（二）我国宪法中的体现

我国宪法中"权力监督原则"的具体表现有四：

1. "人民监督人大"。例如，《宪法》第3条第2款规定，全国人民代表大会和地方各级人民代表大会都由民主选举产生，对人民负责，受人民监督。

2. "人大监督其他"。例如，《宪法》第3条第3款规定，国家行政机关、监察机关、审判机关、检察机关都由人民代表大会产生，对它负责，受它监督。

3. "其他互相监督"。例如，《宪法》第127条第2款规定，监察机关办理职务违法和职务犯罪案件，应当与审判机关、检察机关、执法部门互相配合，互相制约。又如，《宪法》第140条规定，人民法院、人民检察院和公安机关办理刑事案件，应当分工负责，互相配合，互相制约，以保证准确有效地执行法律。

4. "公民监督国家"。例如，《宪法》第41条第1、2款规定，中华人民共和国公民对于任何国家机关和国家工作人员，有提出批评和建议的权利；对于任何国家机关和国家工作人员的违法失职行为，有向有关国家机关提出申诉、控告或者检举的权利，但是不得捏造或者歪曲事实进行诬告陷害。对于公民的申诉、控告或者检举，有关国家机关必须查清事实，负责处理。任何人不得压制和打击报复。

记忆口诀 我国的权力监督原则包括：人民监督人大，人大监督其他，其他互相监督，公民监督国家。

第3节 宪法的渊源与宪法典的结构

一、宪法的渊源

宪法的渊源即宪法的表现形式。综观世界各国宪法，其主要表现形式有五：宪法典、宪法性法律、宪法惯例、宪法判例、国际条约。

（一）宪法典

1. 宪法典，是指将一国最根本、最重要的问题由统一的法律文本加以明确规定而形成的成文宪法。这一形式是绝大多数国家采用的形式。

2. 我国宪法采用了这一形式，即"一部宪法典（1982年《宪法》）+五个修正案（1988

年、1993 年、1999 年、2004 年、2018 年）"。

（二）宪法性法律

1. 宪法性法律，是指一国宪法的基本内容不是统一规定在一部法律文书之中，而是由多部法律文书表现出来的宪法。它分为两种情形：不成文宪法国家的宪法性法律与成文宪法国家的宪法性法律。

（1）不成文宪法国家的宪法性法律，即不采用宪法典而通过多部单行法律文书的形式规定宪法内容。不成文宪法国家的宪法性法律制定和修改的机关、程序通常与普通法律相同。例如，英国没有宪法典，不存在根本法意义上的宪法，只有宪法性法律即部门法意义上的宪法。

（2）成文宪法国家的宪法性法律，即由国家立法机关为实施宪法而制定的有关规定宪法内容的法律。

2. 我国存在丰富的宪法性法律。例如，我国在宪法典（1982 年《宪法》）之下，又制定了《全国人民代表大会组织法》、《地方各级人民代表大会和地方各级人民政府组织法》、《全国人民代表大会和地方各级人民代表大会选举法》（以下简称《选举法》）、《代表法》、《立法法》、《全国人民代表大会议事规则》、《全国人民代表大会常务委员会议事规则》。

（三）宪法惯例

1. 宪法惯例，是指宪法条文无明确规定，但在实际政治生活中已经存在，并为国家机关、政党及公众所普遍遵循，且实际上与宪法具有同等效力的习惯或传统。

2. 宪法惯例的特征有三：①没有具体的法律形式，不以明文加以规定，而是散见于政治实践之中；②内容涉及一国最根本、最重要的问题；③主要依靠社会舆论而非国家强制力来保证实施。

3. 我国有宪法惯例。例如，我国修宪程序不仅以明文规定，还包含两个惯例，即中共中央提出修宪建议，以宪法修正案的方式修改宪法。又如，全国人大通常和全国政协同时举行会议，俗称"两会"；有关国家重大问题的决策，先由政协、民主党派、人民团体协商，再由人大依法决定。

（四）宪法判例

1. 宪法判例，是指宪法条文无明文规定，而由司法机关在审判实践中逐渐形成并具有实质性宪法效力的判例。

2. 我国没有宪法判例。目前，我国宪法不能作为判决的依据，因此我国不存在宪法判例。例如，2016 年最高人民法院印发的《人民法院民事裁判文书制作规范》规定："裁判文书不得引用宪法……作为裁判依据，但其体现的原则和精神可以在说理部分予以阐述。"

（五）国际条约

国际条约是国际法主体之间就权利义务关系缔结的一种书面协议。

1. 国际条约能否成为国内法的渊源以及宪法的渊源，取决于一个国家是否参与和认可。例如，1787 年美国宪法第 6 条明确规定了与国际条约的关系，即合众国已经缔结和即将缔结的一切条约，皆为合众国的最高法律，每个州的法官都应受其约束。

2. 我国现行《宪法》并未规定宪法与国际条约的关系，仅在序言中表明了坚持和平共处五项基本原则，坚持和平发展道路，坚持互利共赢开放战略，发展同各国的外交关系和经济、文化交流，推动构建人类命运共同体。

二、宪法典的结构

宪法典的结构是指宪法内容的组织和排列形式。综观世界各国宪法，宪法典的结构通常包括序言、正文、附则三部分。

（一）序言

1. 宪法序言，是指写在宪法条文前面的陈述性表述，以表达本国宪法发展的历史、国家的基本政策和发展方向等。

2. 我国现行《宪法》序言主要包括以下四端：

（1）我国历史发展。序言回顾了自1840年以来中国社会的发展进程，明确规定了工人阶级领导的、以工农联盟为基础的人民民主专政的国体。

（2）国家根本任务。集中力量进行社会主义现代化建设，逐步实现工业、农业、国防和科学技术的现代化，把我国建设成为富强民主文明和谐美丽的社会主义现代化强国，实现中华民族伟大复兴。

（3）国家基本国策。完成统一祖国的大业；社会主义的建设事业的依靠力量是工人、农民和知识分子，团结一切可以团结的力量；巩固和发展爱国统一战线；维护民族团结，促进全国各民族的共同繁荣；等等。

记忆口诀 统一、依靠、统战、民族：（祖国）统一、依靠（力量）、（爱国）统（一）战（线）、民族（团结）。

（4）宪法的根本法地位和最高效力。台湾是中国的神圣领土的一部分，宪法效力及于所有领土。

（二）正文

1. 宪法正文是宪法典的主要部分，规定了宪法基本制度和权力体系的安排，确认了公民的基本权利和义务。

2. 我国现行《宪法》正文共分四章：第一章"总纲"（第1~32条），第二章"公民的基本权利和义务"（第33~56条），第三章"国家机构"（第57~140条），第四章"国旗、国歌、国徽、首都"（第141~143条）。

注意：1982年《宪法》首次将"公民的基本权利和义务"置于"国家机构"之前。

（三）附则

1. 宪法附则，是指宪法对于特定事项需要特殊规定而作出的附加条款。其名称包括"附则""附录""暂行条款""过渡条款""最后条款""特别条款""临时条款"等。

2. 我国现行《宪法》无附则。宪法附则是特定性、临时性的附加条款，逾限或超时均无效，在其有效范围和有效时间内，其效力等同于宪法的一般条款。

第4节 宪法规范与宪法效力

一、宪法规范

宪法规范是由国家制定或认可的、调整宪法主体参与国家和社会生活最基本社会关系的行为规范。

（一）主要特点

与一般法律规范相比，宪法规范具有以下主要特点：

1. 根本性。宪法规定国家生活中的根本问题。

2. 最高性。在整个国家的法律体系中，宪法是母法、基础法，其他法律都必须以宪法为制定的依据。

3. 原则性。宪法规范只规定有关问题的基本原则。

4. 纲领性。宪法规范明确表达对未来目标的追求。

5. 稳定性。宪法规范具有相对稳定性，不能朝令夕改。

记忆口诀 宪法规范的主要特点是"高原定本领"：（最）高（性）、原（则性）、（稳）定（性）、（根）本（性）、（纲）领（性）。

（二）宪法规范的分类

根据宪法规范性质与调整形式，可将宪法规范分为以下五类：

1. 确认性规范。确认性规范包括宣言性规范、调整性规范、组织性规范、授权性规范等形式。例如，《宪法》第1条第1款规定："中华人民共和国是工人阶级领导的、以工农联盟为基础的人民民主专政的社会主义国家。"《宪法》第2条第1款规定："中华人民共和国的一切权力属于人民。"

2. 禁止性规范。禁止性规范又称强制性规范，多用"禁止""不得"等词语。例如，《宪法》第65条第4款规定："全国人民代表大会常务委员会的组成人员不得担任国家行政机关、监察机关、审判机关和检察机关的职务。"《宪法》第12条第2款规定："国家保护社会主义的公共财产。禁止任何组织或者个人用任何手段侵占或者破坏国家的和集体的财产。"

禁止性规范有时表现为对某种行为的要求。例如，《宪法》第140条规定："人民法院、人民检察院和公安机关办理刑事案件，应当分工负责，互相配合，互相制约，以保证准确有效地执行法律。"

3. 权利性规范与义务性规范

（1）权利性规范。例如，《宪法》第35条规定："中华人民共和国公民有言论、出版、集会、结社、游行、示威的自由。"

（2）义务性规范。例如，《宪法》第52条规定："中华人民共和国公民有维护国家统一和全国各民族团结的义务。"

（3）权利和义务复合性规范。例如，《宪法》规定，我国公民有劳动的权利和义务、受教育的权利和义务。

4. 程序性规范

（1）直接的程序性规范。例如，宪法中全国人大召开临时会议的程序规定、全国人大延长任期的规定、有关宪法修改程序的规定、全国人大代表质询权的规定等。

（2）间接的程序性规范，即宪法典只作原则性规定，具体程序由部门法规定。例如，法律的具体制定程序、国家机关负责人的选举程序等。

二、宪法效力

宪法效力，是指宪法作为法律规范所发挥的约束力与强制性。

（一）效力来源

宪法效力来自于社会多数人的认可，即宪法是社会多数人共同意志的最高体现，术语称之为宪法具有"正当性基础"。具体而言，其包括三点：

1. 宪法制定权的正当性。国家机关取得、行使宪法制定权，必须得到社会多数人的认可。

2. 宪法内容的科学性。宪法规定的内容要正确反映一国的实际情况，符合一国的基本国情（历史传统、现实要求、权力平衡状况等）。

3. 宪法程序的合理性。完备的程序对宪法的重要性不可忽视。

（二）效力表现

1. 对人效力：适用于所有中国公民、华侨。

（1）我国采取出生地主义和血统主义相结合的原则来确定国籍，不承认双重国籍。

[对比] 对双重国籍的态度

❶间接承认。例如，美国宪法默认或不禁止美国公民具有别国国籍。

❷明确承认。例如，俄罗斯宪法规定："俄罗斯联邦公民根据联邦法律或俄罗斯联邦签署的国际公约，可以拥有外国国籍（双重国籍）。"

❸明确否认。例如，中国、缅甸、老挝、马来西亚、朝鲜、科威特、沙特阿拉伯、阿联酋、古巴等。

（2）宪法理论的通说认为，在一定条件下，外国人和法人也能成为某些基本权利的主体。但是，我国宪法并未采用这一通说。我国宪法仅规定对于因为政治原因要求避难的外国人，可以给予受庇护的权利。例如，《宪法》第32条规定："中华人民共和国保护在中国境内的外国人的合法权利和利益，在中国境内的外国人必须遵守中华人民共和国的法律。中华人民共和国对于因为政治原因要求避难的外国人，可以给予受庇护的权利。"

2. 空间效力：我国宪法效力及于中华人民共和国的所有领域。我国《宪法》序言规定，台湾是中华人民共和国的神圣领土的一部分。完成统一祖国的大业是包括台湾同胞在内的全中国人民的神圣职责。

（三）宪法与条约

我国现行《宪法》并未规定宪法与国际条约的关系，仅在序言中表明了坚持和平共处五项基本原则，坚持和平发展道路，坚持互利共赢开放战略，发展同各国的外交关系和经济、文化交流，推动构建人类命运共同体。

第2章 我国宪法的制定、实施、监督和宪法宣誓

我国宪法的制定、实施、监督和宪法宣誓（动态地理解宪法的运行）
- 宪法的制定
  - 宪法制定概述
  - 我国的宪法制定
    - 《共同纲领》
    - "五四宪法"
- 宪法的实施
  - 宪法实施概述
    - 宪法的遵守
    - 宪法的适用
      - 宪法解释
      - 违宪纠正
    - 宪法实施的保障
      - 政治保障
      - 社会保障
      - 法律保障——宪法修改
  - 我国的宪法实施
    - 我国的宪法解释
      - 宪法解释的机关和程序
      - 我国宪法的解释机制
    - 我国的宪法修改
      - 宪法修改的方式和程序
      - 我国宪法的历次修改
- 宪法的监督
  - 宪法监督概述
    - 宪法监督的体制
    - 宪法监督的方式
  - 我国的宪法监督
    - 我国宪法监督的体制：全国人大和全国人大常委会监督宪法实施
    - 我国宪法监督的方式：规范性文件的审查和纠正
- 宪法宣誓
  - 宪法宣誓概述
  - 我国的宪法宣誓

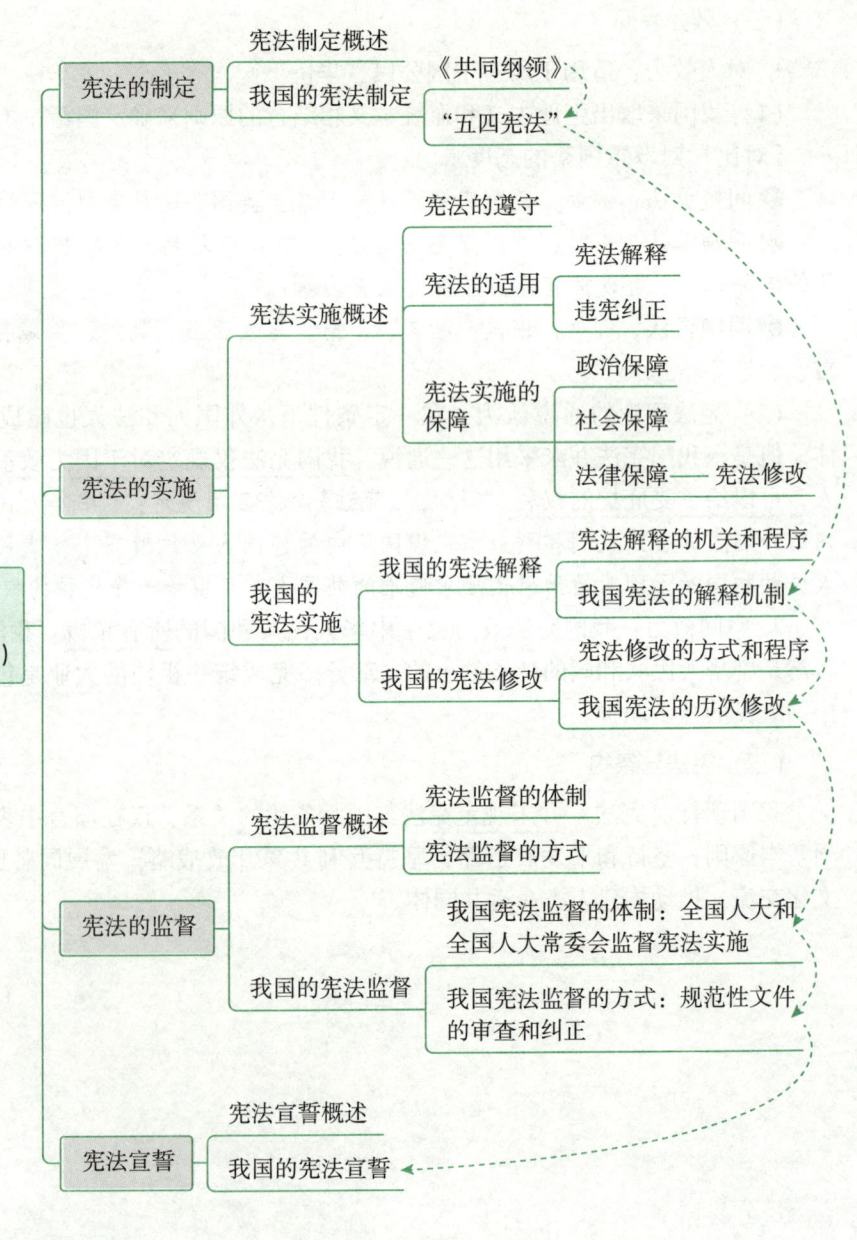

我国宪法的制定 第1节

一、宪法制定概述

宪法制定即制宪,是指制宪主体按照一定的程序创制宪法的活动。它主要关注制宪主体、制宪权与修宪权、制宪程序等基本内容。

(一) 制宪主体

制宪主体随着时代变迁而相应变化,主要包括以下两种情形:

1. 国民制宪。这是近代宪法理论的内容。最早系统地提出制宪权概念并建立理论体系的是法国大革命时期的著名学者西耶斯,他认为只有国民才享有制宪权。
2. 人民制宪。这是现代宪法发展的基本特点。人民作为制宪主体并不意味着人民直接参与制宪的过程。

(二) 制宪权与修宪权

1. 制宪权与修宪权的性质不同。修宪权源于制宪权,受到制宪权的约束,并不得违背制宪权的基本精神和原则。
2. 制宪权、修宪权属于根源性的国家权力,即能够创造立法权、行政权、司法权等其他具体组织性国家权力的权力。我国2018年通过修宪创造了监察权。

(三) 制宪程序

一般而言,制宪程序包括以下四个步骤:

1. 设立制宪机关。制宪机关,又称制宪会议、国民议会、立宪会议。制宪机关通常包括宪法起草机关(如我国1954年宪法起草委员会)和宪法通过机关(如美国制宪会议、我国1954年第一届全国人大第一次会议)。
2. 提出宪法草案。宪法草案的提出通常以民主讨论为基础。
3. 通过宪法草案。宪法草案一般要求2/3以上或3/4以上或全民公决通过。
4. 公布宪法。宪法一般由国家元首或代表机关公布。

二、我国的宪法制定

(一)《共同纲领》

1949年9月,中国人民政治协商会议第一届全体会议通过的《共同纲领》,起到了临时宪法的作用。

《共同纲领》规定了人民有广泛的权利和自由,男女平等、婚姻自由,还规定:

1. 中华人民共和国的国家政权属于人民,人民行使国家政权的机关为各级人民代表大会和各级人民政府。
2. 国家最高政权机关为全国人民代表大会;全国人民代表大会闭会期间,中央人民政府为行使国家政权的最高机关。
3. 在普选的全国人民代表大会召开以前,由中国人民政治协商会议的全体会议执行全国人民代表大会的职权。

（二）"五四宪法"

1954 年 9 月，第一届全国人大第一次会议在《共同纲领》的基础上制定了我国第一部社会主义类型的宪法，又称"五四宪法"。 注意：1975 年《宪法》、1978 年《宪法》、1982 年《宪法》 不是制定的法，而是 1954 年《宪法》 全面修改的产物。

第2节 我国宪法的实施

一、宪法实施概述

宪法实施，是指宪法规范在实际生活中的贯彻落实，是宪法制定颁布后的运行状态。

（一）宪法的遵守

宪法的遵守，是指一切国家机关、社会组织和公民个人严格依照宪法规定从事各种行为的活动。通常包括两层含义：

1. 宪法的执行，即国家机关依据宪法履行职权。
2. 狭义的宪法遵守，即社会组织和公民个人依据宪法行使权利、履行义务。

（二）宪法的适用

宪法的适用，是指国家机关纠正并追究违宪行为。其主要有两种途径：宪法解释和违宪纠正。其中，宪法解释是宪法适用的重要内容。

1. 宪法解释的机关

（1）代议机关。由代议机关解释宪法的制度源自英国。

（2）司法机关。由司法机关解释宪法的制度源自美国。1803 年"马伯里诉麦迪逊"案开创了司法审查制度的先河。在这一模式下，法院一般遵循"不告不理"的消极主义原则，相关解释一般没有普遍约束力。

（3）专门机关。其典型有德国的宪法法院、法国的宪法委员会。奥地利的汉斯·凯尔森最早提出设立宪法法院。在这一模式下，专门机关普遍采用司法积极主义原则，既可以抽象解释（不依附于个案），也可以具体解释（结合个案）。目前，奥地利、西班牙、德国、意大利、俄罗斯、韩国等国均设立了宪法法院，法国等国成立了宪法委员会。

2. 宪法解释的程序：提请解释→受理请求→审查请求→起草解释→通过解释。

（三）宪法实施的保障

宪法实施的保障主要包括政治保障（执政党对于宪法的尊重和遵守）、社会保障（宪法意识的促成、政治环境的稳定）、法律保障（宪法自身的理念宣示、制度程序）。其中，严格的宪法修改程序是保障宪法实施的重要措施。

宪法修改，是指在宪法实施过程中，宪法内容因社会现实的变化而导致不相适应或者出现漏洞，由有权机关依照宪法规定的程序删除、增加或变更宪法内容的行为。

1. 宪法修改的方式：全面修改和部分修改。

（1）全面修改，即对宪法全文进行修改。一般是在特殊情况下，或者是在国家生活中的某些重大问题发生变化的条件下，全面修改才予以采用。

（2）部分修改，即对宪法原有的部分条款加以改变，或者新增若干条款，而不牵动其他条款和整个宪法。在通常情况下，部分修改优于全面修改。部分修改的具体方法主要包括修改条文、增补条文和删除条文等。

2. 宪法修改的程序：提案→先决投票→起草和公布修宪草案→表决通过→公布宪法。但是，并非所有国家都必经这些程序。

二、我国的宪法实施

（一）我国的宪法解释

1. 我国的宪法解释属于代议机关模式，即由全国人大常委会解释宪法。根据《宪法》第67条第1项的规定，全国人大常委会行使解释宪法的职权。

2. 我国宪法没有规定宪法解释的具体程序。党的十八大特别是党的十八届四中全会以来，宪法解释程序机制受到高度重视。例如，党的十九届四中全会报告要求健全保证宪法全面实施的体制机制，落实宪法解释程序机制；又如，《法治中国建设规划（2020~2025年）》强调："加强宪法解释工作，落实宪法解释程序机制，回应涉及宪法有关问题的关切。"

（二）我国的宪法修改

1. 我国的修宪程序

（1）我国宪法修改的机关是全国人大。根据《宪法》第62条第1项的规定，全国人大行使修改宪法的职权。

（2）我国宪法修改的步骤如下：

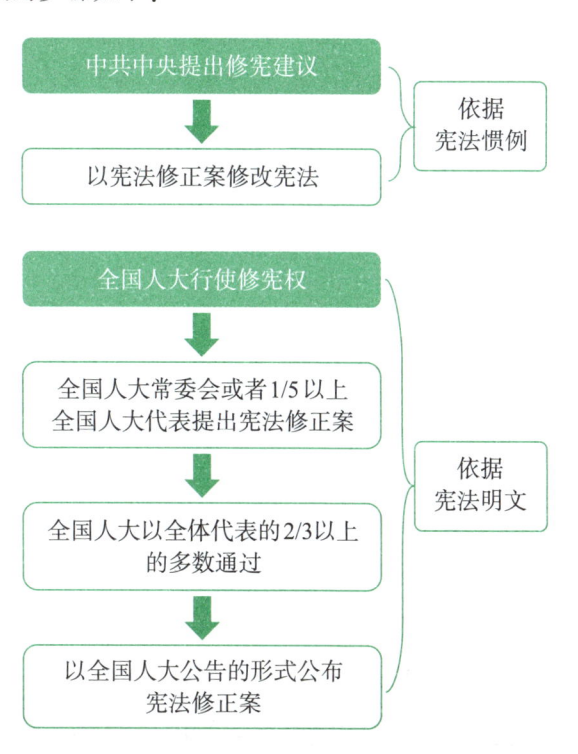

```
中共中央提出修宪建议
        ↓                依据宪法惯例
以宪法修正案修改宪法

全国人大行使修宪权
        ↓
全国人大常委会或者1/5以上
全国人大代表提出宪法修正案
        ↓                依据宪法明文
全国人大以全体代表的2/3以上
的多数通过
        ↓
以全国人大公告的形式公布
宪法修正案
```

记忆口诀 修宪程序："四明文""两惯例"。"四明文"：全国人大修宪，人常五一提案，通过绝对多数，公告形式公布。"两惯例"：中央建议，用修正案。

2. 我国宪法的历次修改及其主要内容

（1）我国宪法共经历了 3 次全面修改、7 次部分修改。

3 次全面修改分别形成了"七五宪法""七八宪法"和"八二宪法"（现行《宪法》）。

"七五宪法"	即 1975 年《宪法》，是我国的第二部宪法，是对"五四宪法"的<u>全面修改</u>，指导思想有严重错误，内容很不完善。
"七八宪法"	即 1978 年《宪法》，是我国的第三部宪法，是对"七五宪法"的<u>全面修改</u>，总体上不能适应新时期社会发展的需要。
"八二宪法" （现行《宪法》）	即 1982 年《宪法》，是我国的第四部宪法，是对"七八宪法"的<u>全面修改</u>，在精神上<u>继承和发展了"五四宪法"</u>。
	其基本特点为：①总结了历史经验，以四项基本原则为指导思想；②进一步完善了国家机构体系，扩大了全国人大常委会的职权，恢复设立了国家主席等；③扩大了公民权利和自由的范围，恢复了"公民在法律面前一律平等"原则，废除了最高国家机关领导职务的终身制；④确认了经济体制改革的成果，如发展多种经济形式、扩大企业的自主权等；⑤维护了国家统一和民族团结，完善了民族区域自治制度，根据"一国两制"的原则规定了特别行政区制度；⑥首次明确规定了修宪提案权。

我国宪法的七次部分修改包括：1978 年《宪法》在 1979 年和 1980 年的 2 次部分修改，1982 年《宪法》在 1988 年、1993 年、1999 年、2004 年、2018 年的 5 次部分修改。

（2）"八二宪法"（现行《宪法》）的历次修改

全国人大对"八二宪法"先后通过了共 52 条修正案。其主要内容如下：

1988 年《宪法修正案》

土 地	土地的使用权可以依照法律的规定转让。	我国第一次以宪法修正案的形式修改宪法。
私 营	国家允许私营经济在法律规定的范围内存在和发展。	

记忆口诀 ▶ 1988 年：土地私营。

1993 年《宪法修正案》

国 有	把"国营"改为"国有"，国有企业"有权自主经营"（国营企业是"服从国家的统一领导和全面完成国家计划"）。
承	家庭联产承包责任制作为农村集体经济组织的基本形式。
市	社会主义市场经济体制被确定为国家的基本经济体制。
初	明确"我国正处于社会主义初级阶段""建设有中国特色社会主义""坚持改革开放"。
县	县级人大的任期由 3 年改为 5 年。
政 协	增加规定"中国共产党领导的多党合作和政治协商制度将长期存在和发展"。

记忆口诀 ▶ 1993 年：国有城市出现政协。

1999 年《宪法修正案》

长 期	明确"我国将长期处于社会主义初级阶段",将"邓小平理论"写入宪法。
法 治	明确规定"中华人民共和国实行依法治国,建设社会主义法治国家"。
非 公	明确个体经济、私营经济称为"非公有制经济"。
安	将镇压"反革命的活动"修改为镇压"危害国家安全的犯罪活动"。
双 层	规定"农村集体经济组织实行家庭承包经营为基础、统分结合的双层经营体制"。
并 存	规定"公有制为主体、多种所有制经济共同发展"和"按劳分配为主体、多种分配方式并存"。

记忆口诀 ▶ 1999 年:长期法治非公安,农村双层加并存。

2004 年《宪法修正案》

鼓 励	增加"鼓励、支持和引导非公有制经济的发展"的规定。
三	将"'三个代表'重要思想"写入宪法。
建	在爱国统一战线中增加"社会主义事业的建设者"。
人	增加规定"国家尊重和保障人权"。
社 保	增加规定"国家建立健全同经济发展水平相适应的社会保障制度"。
急	将"戒严"修改为"紧急状态"。
征	规定"国家为了公共利益的需要,可以依照法律规定对土地实行征收或者征用并给予补偿"。
财	规定"公民的合法的私有财产不受侵犯";"国家为了公共利益的需要,可以依照法律规定对公民的私有财产实行征收或者征用并给予补偿"。
国 歌	《宪法》第四章章名中增加"国歌"一词,增加规定"中华人民共和国国歌是《义勇军进行曲》"。
国 事	《宪法》第 81 条国家主席职权中增加"进行国事活动"的规定。
乡 镇	乡镇人大的任期由 3 年改为 5 年。
特 别	在全国人大代表的组成中增加特别行政区全国人大代表。
文 明	《宪法》序言中增加规定"政治文明"。

记忆口诀 ▶ 2004 年:鼓励三建人,社保急征财;新增国歌国事,乡镇特别文明。

2018 年《宪法修正案》

科 习	《宪法》序言中增加规定"科学发展观、习近平新时代中国特色社会主义思想"作为指导思想。
治	《宪法》序言中将"健全社会主义法制"修改为"健全社会主义法治"。
发 展	《宪法》序言中写入"贯彻新发展理念"。
社生两文明	《宪法》序言中"物质文明、政治文明、精神文明"后增加"社会文明、生态文明"。
和谐美丽现	《宪法》序言中写入"和谐美丽""现代化强国"。

续表

复 兴	《宪法》序言中写入"实现中华民族伟大复兴"。
改 革	《宪法》序言中"革命和建设"修改为"革命、建设、改革"。
复 爱	《宪法》序言在爱国统一战线的组成中增加"致力于中华民族伟大复兴的爱国者"。
谐民族	《宪法》序言和正文有关社会主义民族关系增加"和谐"。
和平共赢命运	《宪法》序言在对外政策中增加"坚持和平发展道路,坚持互利共赢开放战略"和"推动构建人类命运共同体"。
党 领	《宪法》第1条第2款增加规定"中国共产党领导是中国特色社会主义最本质的特征"。
专 委	《宪法》第70条第1款规定的全国人大专门委员会"法律委员会"改为"宪法和法律委员会"。
立 法	《宪法》第100条增加规定设区的市的人大及其常委会制定地方性法规的立法权。
宣 誓	《宪法》第27条增加规定"国家工作人员就职时应当依照法律规定公开进行宪法宣誓"。
两 届	《宪法》第79条第3款规定的国家主席、副主席的任期删去"连续任职不得超过2届"。
监 察	《宪法》在第三章"国家机构"中增加"监察委员会"一节作为第七节,并删去政府分管"监察"的规定。
核 心	《宪法》第24条第2款增加规定"国家倡导社会主义核心价值观"。

记忆口诀 ▶ 2018年:科习治发展,社生两文明,和谐美丽现复兴;改革复爱谐民族,和平共赢命运,党领专委立法宣誓,两届监察核心。

第3节 我国宪法的监督

一、宪法监督概述

宪法监督是由宪法授权或宪法惯例所认可的机关,以一定的方式进行合宪性审查,预防和解决违宪,追究违宪责任,从而保证宪法实施的一种制度。宪法监督的对象有二:规范性文件、行为。

(一)宪法监督的体制

综观世界各国的宪法规定和实践,宪法监督主要有以下三种体制:

1. 由代议机关作为宪法监督机关。这一体制源自英国。

2. 由司法机关作为宪法监督机关。这一体制源自美国。自1803年"马伯里诉麦迪逊"案后,美国逐步确立了联邦法院系统审查法律文件合宪性的体制。

3. 由专门机关作为宪法监督机关。这一体制源于法国,其自1799年设立护法元老院。目前,法国的宪法委员会,德国、奥地利的宪法法院均属于专门的宪法监督机关。

(二)宪法监督的方式

综观世界各国的实践,宪法监督主要有以下四种方式:

1. 事先审查。其又称预防性审查,是指在规范性文件生效前予以审查,审查通过后,文件方能生效。

2. 事后审查。其指在规范性文件生效后予以审查，若文件违宪，则予以纠正。

3. 附带性审查。其指司法机关在审理案件时，对该案件适用的法律予以审查。这种审查方式必须以诉讼的发生为前提，司法机关不能脱离具体案件孤立地发起合宪性审查，也就是说，这一审查方式附属于诉讼，故称附带性审查。

4. 宪法控诉。其又称宪法诉讼、宪法诉愿，是指公民向宪法法院或其他有权机关提出基于宪法的控诉。

（三）违宪的制裁措施

违宪的制裁措施是宪法监督的核心内容。综观世界各国的实践，违宪的制裁措施主要包括：撤销违宪法律，宣布违宪法律无效，允许宪法主体不受该违宪法律的约束或者不适用该法律，不得通过违宪法案并责令立法机关修改，弹劾、罢免违宪责任者。

二、我国的宪法监督

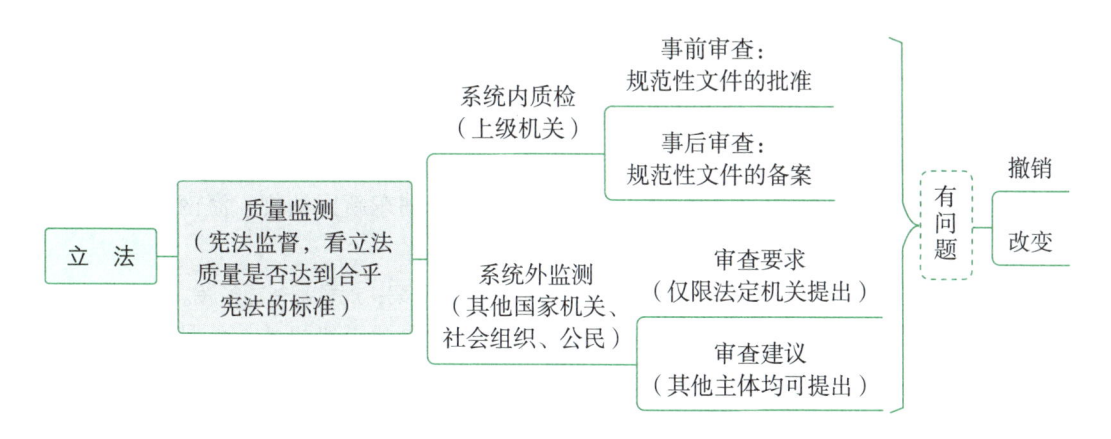

立法 → 质量监测（宪法监督，看立法质量是否达到合乎宪法的标准）
- 系统内质检（上级机关）
  - 事前审查：规范性文件的批准
  - 事后审查：规范性文件的备案
- 系统外监测（其他国家机关、社会组织、公民）
  - 审查要求（仅限法定机关提出）
  - 审查建议（其他主体均可提出）
- 有问题 → 撤销 / 改变

（一）我国宪法监督的体制

我国的宪法监督机关是全国人大和全国人大常委会，属于代议机关监督宪法的模式。根据《宪法》第62条第2项的规定，全国人民代表大会行使监督宪法的实施的职权。根据《宪法》第67条第1项的规定，全国人民代表大会常务委员会行使监督宪法的实施的职权。

（二）我国宪法监督的方式

1. 立法系统内的宪法监督

（1）事前审查："三批准" **记忆口诀** "三批准"外都备案。

❶ 自治条例和单行条例（民族自治法规）

自治区的自治条例和单行条例，报全国人大常委会批准后生效。例如，广西壮族自治区的自治条例、单行条例，须报全国人大常委会批准后生效。

自治州、自治县的自治条例和单行条例，报省、自治区的人大常委会批准后生效。例如，恩施土家族苗族自治州的自治条例、单行条例，须报湖北省人大常委会批准后生效。又如，陵水黎族自治县的自治条例、单行条例，须报海南省人大常委会批准后生效。

❷ 设区的市、自治州的地方性法规，报省、自治区的人大常委会批准后施行。例如，四

川省眉山市的地方性法规，须报四川省人大常委会批准后施行；恩施土家族苗族自治州的地方性法规，须报湖北省人大常委会批准后施行。

❸海南自由贸易港法规依授权制定，但是，涉及依法应当由全国人大及其常委会制定法律或者由国务院制定行政法规事项的，应当分别报全国人大常委会或者国务院批准后生效。换句话说，如果海南自由贸易港法规对某一事项作出了规定，而这一事项原本应当以"法律"的形式加以规定，那么，海南自由贸易港法规对这一事项的规定必须上报全国人大常委会批准后生效。海南自由贸易港法规的相关规定上报国务院批准后生效，也是同样的道理。

记忆口诀——"三批准"：民族自治法规，市州地方法规，特殊情况下的海南自贸法规。

（2）事后审查："三批准"之外的都备案
❶行政法规、监察法规、司法解释，报全国人大常委会备案。
❷省、自治区、直辖市的地方性法规，报全国人大常委会和国务院备案。
❸省级人大常委会批准了自治州、自治县的自治条例和单行条例后，还须将这些文件报全国人大常委会和国务院备案。
❹行政规章的备案：部门规章报国务院备案；省、自治区、直辖市政府规章报本级人大常委会和国务院备案；设区的市、自治州地方政府规章报本级人大常委会、所在的省级人大常委会和省级政府、国务院备案。
❺根据授权制定的法规（行政法规、经济特区法规、浦东新区法规、海南自由贸易港法规），按照授权决定的规定报有关机关备案。

记忆口诀——备案要找上级，除开人大、法律；批准机关去备案；规章都备国务院。

"备案要找上级，除开人大、法律"：备案的通行原则是找上级机关，但是，接受备案的机关没有人大，只有人大常委会和政府。同时，法律无须备案。例如，国务院、国家监察委和"两高"制定的行政法规、监察法规、司法解释只需报全国人大常委会备案，不用报全国人大备案；同时，全国人大常委会制定的法律也不用备案。

"批准机关去备案"：被批准的法实际上等同于批准机关自己的立法，因此，如果这些被批准的法需要备案，则由批准机关报送备案。例如，恩施土家族苗族自治州的自治条例、单行条例，须先报湖北省人大常委会批准后生效，再由湖北省人大常委会报全国人大常委会和国务院备案。

"规章都备国务院"：凡是行政规章，最终都要向国务院报备。行政规章的报备规律是"上级都报备，最高国务院"。例如，湖北省政府规章要报湖北省人大常委会和国务院备案，四川省眉山市政府规章要报眉山市人大常委会、四川省政府、四川省人大常委会和国务院备案，恩施土家族苗族自治州政府规章要报恩施州人大常委会、湖北省政府、湖北省人大常委会和国务院备案。

注意：自治条例、单行条例报送备案时，应当说明对法律、行政法规、地方性法规作出变通的情况；经济特区法规、浦东新区法规、海南自由贸易港法规报送备案时，应当说明变通的情况。

2. 立法系统外的宪法监督。其主要包括要求审查和建议审查两种情形。2019年12月4日，全国人大常委会在中国人大网开通公民网上提交审查建议功能，公民可以由此提起审查建议。

```
┌─────────────────────────────────────────────────────────────────┐
│  认为行政法规、地方性法规、自治条例和单行条例同宪法或者法律相抵触，      │
│              或者存在合宪性、合法性问题                              │
└─────────────────────────────────────────────────────────────────┘
              ↓                                    ↓
┌──────────────────────────┐              ┌──────────────────────────┐
│ 国务院、中央军委、国家      │   主体不同    │ 其他国家机关和社会团体、    │
│ 监察委、最高法、最高检      │   待遇有别    │ 企业事业组织以及公民可      │
│ 和省级人大常委会向全国      │              │ 以向全国人大常委会提出      │
│ 人大常委会提出审查要求，    │              │ 审查建议，由常委会工作      │
│ 由全国人大有关的专门委      │              │ 机构进行审查；必要时，      │
│ 员会和常委会工作机构进      │              │ 送有关的专门委员会进行      │
│ 行审查、提出意见。          │              │ 审查、提出意见。            │
└──────────────────────────┘              └──────────────────────────┘
                          ↓           ↓
┌─────────────────────────────────────────────────────────────────┐
│ 全国人大专门委员会、常委会工作机构在审查中认为有抵触、有问题的，可以向制 │
│ 定机关提出书面审查意见；也可以由宪法和法律委员会与有关的专门委员会、常委 │
│ 会工作机构召开联合审查会议，要求制定机关到会说明情况，再向制定机关提出书 │
│ 面审查意见。                                                      │
└─────────────────────────────────────────────────────────────────┘
                                   ↓
┌─────────────────────────────────────────────────────────────────┐
│ 制定机关应当在2个月内研究提出是否修改或者废止的意见，并向全国人大宪法和 │
│ 法律委员会、有关的专门委员会或者常委会工作机构反馈。                  │
└─────────────────────────────────────────────────────────────────┘
              ↓                                    ↓
┌──────────────────────────┐              ┌──────────────────────────┐
│ 制定机关按照所提意见对行政法 │              │ 制定机关不予修改或者废止的， │
│ 规、地方性法规、自治条例和单 │              │ 应当向委员长会议提出予以撤   │
│ 行条例进行修改或者废止的，审 │              │ 销的议案、建议，由委员长会议 │
│ 查终止。（改了，审查终止）   │              │ 决定提请常委会会议审议决定。 │
│                          │              │ （不改，就找boss）          │
└──────────────────────────┘              └──────────────────────────┘
                          ↓           ↓
┌─────────────────────────────────────────────────────────────────┐
│ 全国人大有关的专门委员会、常委会工作机构应当按照规定要求，将审查情况向提出 │
│ 审查建议的国家机关、社会团体、企业事业组织以及公民反馈，并可以向社会公开。 │
└─────────────────────────────────────────────────────────────────┘
```

（三）违宪的制裁措施

我国对违宪的制裁措施主要体现为有权机关撤销或者改变违宪的规范性文件。其具体内容如下：

	处理方式	具体情形
领导关系	既能撤销，也能改变	**人大对其常委会的规范性文件**。例如，四川省人大对四川省人大常委会的地方性法规既能撤销，也能改变。
		上级政府对下级政府的规范性文件。例如，四川省政府对成都市政府的地方政府规章既能撤销，也能改变。

续表

处理方式		具体情形
领导关系	既能撤销，也能改变	政府对其工作部门的规范性文件。例如，国务院对公安部的部门规章既能撤销，也能改变。
监督关系	只能撤销，不能改变	人大常委会对本级政府的规范性文件。例如，四川省人大常委会对四川省政府的地方政府规章只能撤销，不能改变。
		上级人大常委会对下级人大及其常委会的规范性文件。例如，全国人大常委会对四川省人大的地方性法规、四川省人大常委会的地方性法规只能撤销，不能改变。
		授权机关对于被授权机关的规范性文件。例如，国务院得到全国人大常委会授权后制定了某一暂行条例，那么，对这一暂行条例，全国人大常委会只能撤销，不能改变。
		对于被批准的自治条例、单行条例。例如，全国人大常委会批准了某自治区的自治条例，那么，对这一自治条例，全国人大只能撤销，不能改变。

记忆口诀

1. 人大常委会来处理，方式都是撤销；政府来处理，方式是改变和撤销。
2. 遇到自治条例、单行条例，不管谁来处理，方式都是撤销。
3. 政府"只管自家，不管人大"，即上级政府无权处理下级人大及其常委会的规范性文件。
4. 人大"只管自家人常，不管下级机关"，即人大审查与本级人大常委会有关的规范性文件，不直接审查其他的政府系统和下级人大系统的规范性文件，需要审查时则由其人大常委会进行。

第4节 宪法宣誓

一、宪法宣誓概述

宪法宣誓，是指经过合法、正当的选举程序后，当选的国家元首或者其他国家公职人员在就职时，公开宣读誓词、承诺遵守宪法的制度。

当前，包括我国在内的许多国家的宪法均规定了宪法宣誓制度。

二、我国的宪法宣誓

（一）法律依据

1. 2015年，《全国人民代表大会常务委员会关于实行宪法宣誓制度的决定》作了基本规定；2018年2月，全国人大常委会对该决定予以修订；2018年3月，我国将宪法宣誓以宪法修正案的形式写入《宪法》。

2. 目前，各省、自治区、直辖市人大常委会参照前述决定，制定了宣誓的具体组织办法。

（二）主要内容

1. 我国宪法宣誓制度包括：①宣誓人员为国家工作人员；②宣誓应当在就职时进行；③宣誓应当公开进行；④宣誓的具体制度由法律规定。

2. 宪法宣誓主体包括各级人大、人大常委会产生的人员，各级政府、监察委、法院、检察院任命的人员。

3. 誓词内容："我宣誓：忠于中华人民共和国宪法，维护宪法权威，履行法定职责，忠于祖国、忠于人民，恪尽职守、廉洁奉公，接受人民监督，为建设富强民主文明和谐美丽的社会主义现代化强国努力奋斗！"

4. 组织机构：①全国人大主席团负责组织全国人大产生的所有人员[1]的宣誓；②全国人大常委会产生的人员[2]原则上由全国人大常委会委员长会议组织宣誓。

注意：以下四类人员虽然由全国人大常委会产生，但是其宣誓程序有所区别：①除主任之外的国家监察委员会副主任、委员，由国家监察委员会组织宣誓；②除院长之外的最高人民法院的其他成员，由最高人民法院组织宣誓；③除检察长之外的最高人民检察院的其他成员，由最高人民检察院组织宣誓；④驻外全权代表，由外交部组织宣誓。

记忆口诀 中央"法检监外"，宣誓"各自回家"。

5. 宣誓仪式：①在形式上，可以单独宣誓或者集体宣誓；②宣誓场所应当悬挂中华人民共和国国旗或者国徽，奏唱中华人民共和国国歌；③负责组织宣誓仪式的机关，可以根据相关决定并结合实际情况，对宣誓的具体事项作出规定。

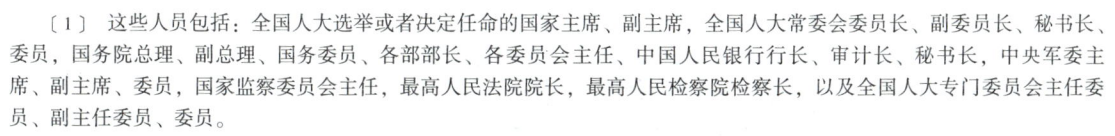

记忆口诀 宪法宣誓要"有声有色"。"有声"即奏唱国歌，"有色"即悬挂国旗或国徽。

---

[1] 这些人员包括：全国人大选举或者决定任命的国家主席、副主席，全国人大常委会委员长、副委员长、秘书长、委员，国务院总理、副总理、国务委员、各部部长、各委员会主任、中国人民银行行长、审计长、秘书长，中央军委主席、副主席、委员，国家监察委员会主任，最高人民法院院长，最高人民检察院检察长，以及全国人大专门委员会主任委员、副主任委员、委员。

[2] 这些人员包括：①在全国人大闭会期间，全国人大常委会任命或者决定任命的全国人大专门委员会个别副主任委员、委员，国务院部长、委员会主任、中国人民银行行长、审计长、秘书长，中央军委副主席、委员；②全国人大常委会任命的全国人大常委会副秘书长，全国人大常委会工作委员会主任、副主任、委员，全国人大常委会代表资格审查委员会主任委员、副主任委员、委员等。

第3章 国家的基本制度

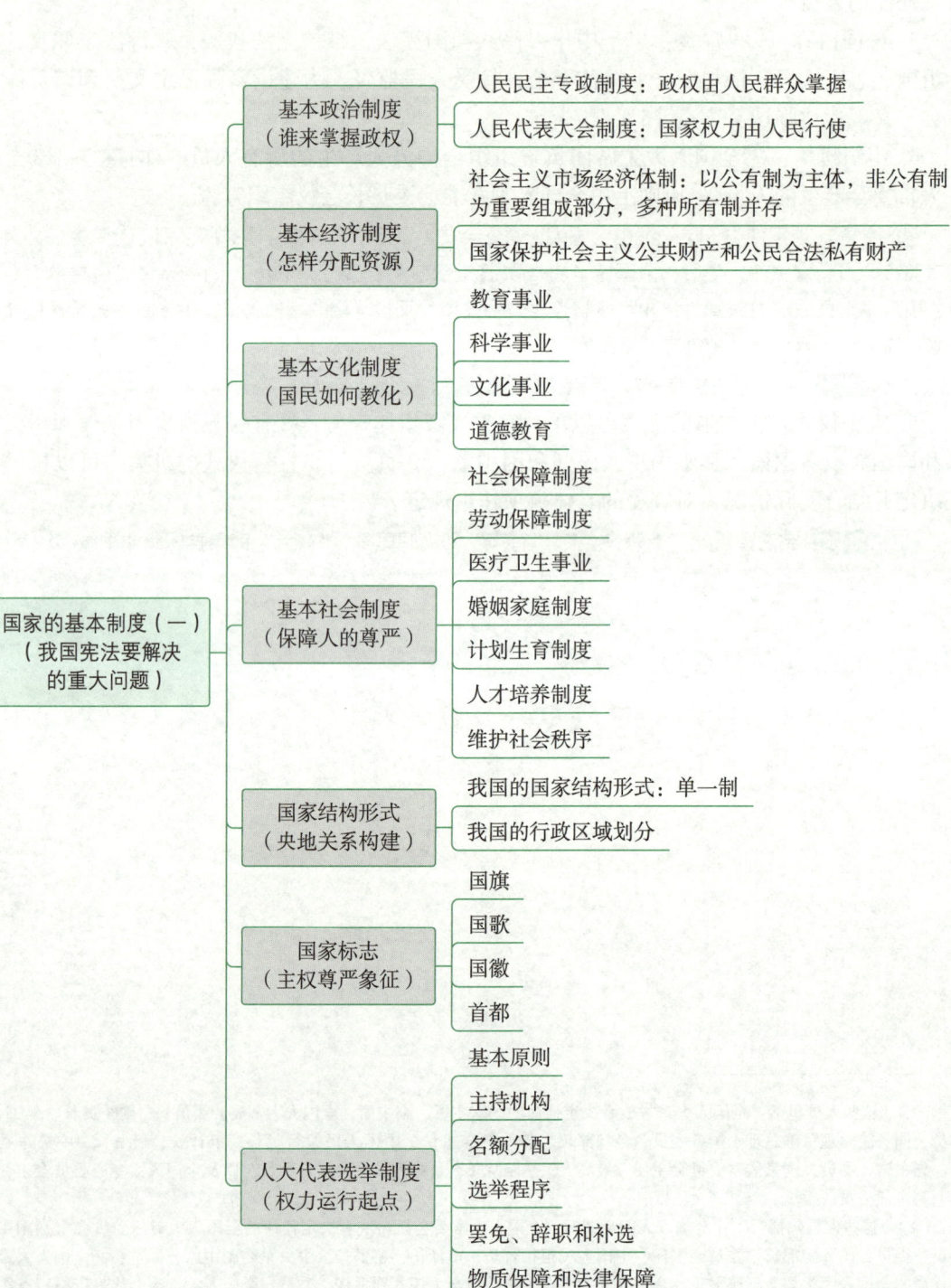

国家的基本制度（一）（我国宪法要解决的重大问题）
- 基本政治制度（谁来掌握政权）
  - 人民民主专政制度：政权由人民群众掌握
  - 人民代表大会制度：国家权力由人民行使
- 基本经济制度（怎样分配资源）
  - 社会主义市场经济体制：以公有制为主体，非公有制为重要组成部分，多种所有制并存
  - 国家保护社会主义公共财产和公民合法私有财产
- 基本文化制度（国民如何教化）
  - 教育事业
  - 科学事业
  - 文化事业
  - 道德教育
- 基本社会制度（保障人的尊严）
  - 社会保障制度
  - 劳动保障制度
  - 医疗卫生事业
  - 婚姻家庭制度
  - 计划生育制度
  - 人才培养制度
  - 维护社会秩序
- 国家结构形式（央地关系构建）
  - 我国的国家结构形式：单一制
  - 我国的行政区域划分
- 国家标志（主权尊严象征）
  - 国旗
  - 国歌
  - 国徽
  - 首都
- 人大代表选举制度（权力运行起点）
  - 基本原则
  - 主持机构
  - 名额分配
  - 选举程序
  - 罢免、辞职和补选
  - 物质保障和法律保障

```
                                          民族自治地方：自治区、自治州、自治县
                    民族区域自治制度 ┬─ 自治机关 ┬ 人大   ┬ 民族自治地方的人大常委会、
                    （民族团结和谐）│          └ 政府   │ 监察委、法院、检察院都不
                                    └─ 自治权              是自治机关，而是民族自治
                                                           地方的国家机关

                                       ─ 特别行政区的概念和特点
                                       ─ 中央与特别行政区的关系
国家的基本制度（二） ─ 特别行政区制度 ─ 特别行政区的政治体制
（我国宪法要解决    （祖国统一大业） ─ 特别行政区的法律制度
的重大问题）                           ─ 特别行政区维护国家安全的宪制责任

                                       ─ 基层群众性自治组织的概念
                    基层群众自治制度 ─ 村民委员会
                    （江山根基所在） ─ 居民委员会
```

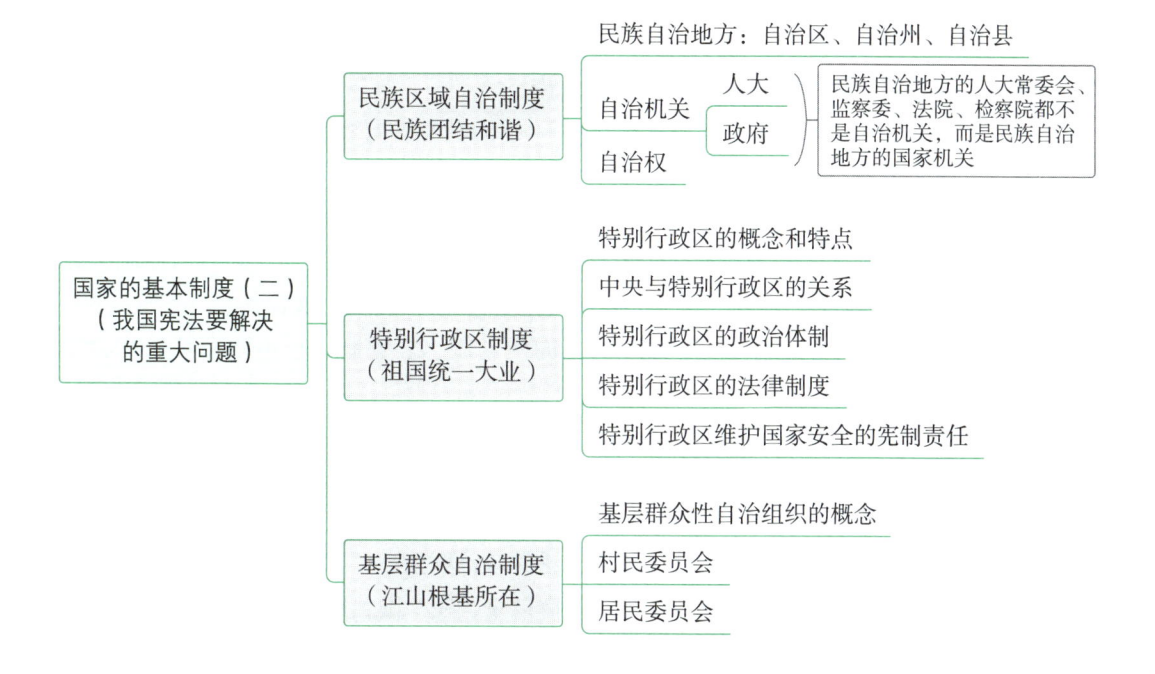

第1节 基本政治制度

国家的基本政治制度，是指统治阶级在特定的社会中通过特定的政权组织形式来实现其政治统治的法律规范的总和。通俗地说，它要解决的是"谁来掌握政权"和"通过什么形式来掌握政权"的问题。

在我国，国家的基本政治制度的主要内容包括：人民民主专政制度、中国共产党领导的多党合作和政治协商制度、人民代表大会制度。也就是说，在我国，人民掌握国家政权，其主要通过人民代表大会、中国人民政治协商会议等形式行使国家权力。

一、人民民主专政制度

（一）我国的国家性质

1. 我国的国家性质是人民民主专政的社会主义国家。在这里，社会主义国家区别于资本主义国家，人民民主专政的社会主义国家区别于其他无产阶级专政的社会主义国家。我国《宪法》第1条第1款规定，中华人民共和国是工人阶级领导的、以工农联盟为基础的人民民主专政的社会主义国家。

> **注意：** 我国的人民民主专政是对人民实行民主与对敌人实行专政的统一，实质上即无产阶级专政，但是，它是无产阶级专政的发展，是马克思主义国家理论同中国实际相结合的新产物，更加直观、准确，更具中国特色。

2. 我国的根本制度是社会主义制度。我国《宪法》第1条第2款规定，社会主义制度是中华人民共和国的根本制度。中国共产党领导是中国特色社会主义最本质的特征。禁止任何组织或者个人破坏社会主义制度。

（二）人民民主专政的主要特色

1. 中国共产党领导的多党合作和政治协商制度

在这一制度下，中国共产党同各民主党派[1]"长期共存、互相监督、肝胆相照、荣辱与共"，形成了"共产党领导、多党派合作，共产党执政、多党派参政"的政治格局。其内涵有三：①中国共产党是执政党，各民主党派是亲密友党、参政党；②合作的政治基础是坚持中国共产党的领导，坚持四项基本原则[2]；③中国共产党的领导是政治领导，即政治原则、政治方向和重大方针政策的领导，各民主党派的参政地位和参政权利受宪法保护。

因此，这一制度在根本上既不同于西方国家的两党制、多党制，也不同于其他社会主义国家的政党制。

2. 爱国统一战线

（1）我国新时期的爱国统一战线是由中国共产党领导的，有各民主党派和各人民团体参加的，包括全体社会主义劳动者、社会主义事业的建设者、拥护社会主义的爱国者、拥护祖国统一和致力于中华民族伟大复兴的爱国者的广泛的政治联盟。

[背景知识] 从20世纪20年代新民主主义革命以来，在中国共产党的领导下，先后建立了民主联合战线、工农民主统一战线、抗日民族统一战线、人民民主统一战线，取得了北伐战争、土地革命、抗日战争、解放战争等一系列胜利。1981年6月，党的十一届六中全会通过了《关于建国以来党的若干历史问题的决议》，将新时期统一战线定名为"爱国统一战线"。

（2）爱国统一战线的主要任务有三：①为把我国建设成为富强民主文明和谐美丽的社会主义现代化强国而努力奋斗；②争取台湾回归祖国，实现祖国和平统一的大业；③为维护世界和平作出新的贡献。

（3）爱国统一战线的组织形式是中国人民政治协商会议，简称"政协"。政协不是国家机关，也不同于一般的人民团体。政协是在我国政治体制中具有重要地位和影响的政治性组织，是在我国政治生活中发展社会主义民主和实现各民主党派之间互相监督的重要形式。[3]

二、人民代表大会制度

人民代表大会制度，是指拥有国家权力的人民根据民主集中制原则，通过民主选举组成全国人民代表大会和地方各级人民代表大会，并以人民代表大会为基础，建立全部国家机构，对人民负责，受人民监督，以实现人民当家作主的政治制度。

注意：我国的人大产生了哪些国家机构？

1. "全国人大生七娃：常席府军监法检"：全国人大产生了全国人大常委会、国家主席、国务院（中央人民政府）、中央军委、国家监察委、最高人民法院、最高人民检察院。

---

[1]"民主党派"是指以下八个参政党：中国国民党革命委员会、中国民主同盟、中国民主建国会、中国民主促进会、中国农工民主党、中国致公党、九三学社、台湾民主自治同盟。

[2]"坚持四项基本原则"，是指坚持社会主义道路，坚持人民民主专政，坚持中国共产党的领导，坚持马克思列宁主义、毛泽东思想。

[3] 政协同人大的联系极为密切。例如，全国人大召开会议的时候，全国政协委员列席。从历史上看，先有全国政协后有全国人大，二者会期基本相同，政协会议略早于人大会议。从1959年全国政协三届一次会议起，全国政协委员开始列席全国人大会议。"文革"十年，政协工作停顿。1978年全国政协五届一次会议举行时，该届政协委员列席了当年第五届全国人大第一次会议。自此，这一传统做法恢复。政协委员听取政府工作报告或参加对某项问题的讨论；在必要的时候，全国人大常委会和全国政协常委会可以举行联席会议商讨有关事项。

2. "县级以上地方人大生五娃：常府监法检"：县级以上地方各级人大产生了本级人大常委会、本级人民政府、本级监察委、本级人民法院、本级人民检察院。

3. "乡级人大生一娃：乡级政府"：乡、民族乡、镇人大产生了乡、民族乡、镇人民政府。

（一）人民代表大会制度的性质

人民代表大会制度是我国的根本政治制度。人民代表大会是我国的政权组织形式，是我国实现社会主义民主的基本形式。资本主义国家的政权组织形式主要包括君主立宪制、总统制、议会共和制、委员会制和半总统半议会制等。社会主义国家的政权组织形式都是人民代表制。

（二）人民代表大会制度的内容

人民代表大会制度的主要内容有四：

1. "权力来自人民"：主权在民是人民代表大会制度的逻辑起点，人民主权构成了人民代表大会制度的核心原则。例如，《宪法》第2条第1、3款规定，中华人民共和国的一切权力属于人民。人民依照法律规定，通过各种途径和形式，管理国家事务，管理经济和文化事业，管理社会事务。

2. "人大代行权力"：全国人大和地方各级人大是人民掌握和行使国家权力的组织形式。例如，《宪法》第2条第2款规定，人民行使国家权力的机关是全国人民代表大会和地方各级人民代表大会。

3. "人民监督人大"：人大代表由人民选举，受人民监督。选民或者选举单位有权依法罢免自己选出的代表。例如，我国的《全国人民代表大会组织法》《地方各级人民代表大会和地方各级人民政府组织法》《选举法》《代表法》从不同侧面规定了人民选举并监督人大代表。

4. "人大监督其他"：各级人大是国家权力机关，其他国家机关都由人大产生，对其负责，受其监督。例如，《宪法》第3条第3款规定，国家行政机关、监察机关、审判机关、检察机关都由人民代表大会产生，对它负责，受它监督。

记忆口诀 人民代表大会制度的主要内容有四：权力来自人民，人大代行权力，人民监督人大，人大监督其他。

第2节 基本经济制度

经济制度，是指一国通过宪法和法律调整以生产资料所有制形式为核心的各种基本经济关系的规则、原则和政策的总称，包括生产资料的所有制形式、各种经济成分的相互关系及其宪法地位、国家发展经济的基本方针、基本原则等内容。通俗地说，经济制度要解决的是"分配资源"的问题，社会最基本的矛盾是资源的有限性与人们需要的无限性之间的矛盾，宪法则是人类解决这一矛盾的根本法律规范。

自德国《魏玛宪法》以来，经济制度便成为现代宪法的重要内容之一。一般来说，资本主义宪法通常只规定对作为私有制基础的私有财产权的保护，而社会主义宪法则较为全面、系统地规定了社会主义经济制度。

一、社会主义市场经济体制

（一）宪法规定

1993 年对《宪法》第 15 条的修正案明确规定"国家实行社会主义市场经济"，1999 年在《宪法》序言第七自然段的修正案中写入"发展社会主义市场经济"。

（二）基本内容

我国实行以公有制（全民所有制和集体所有制）为主体，非公有制（个体经济、私营经济、外资企业）为重要组成部分，多种所有制并存的经济制度。

1. 公有制

社会主义公有制是我国经济制度的基础。

（1）绝对全民所有：城市的土地；矿藏、水流。

> **记忆口诀** 城市的土地上摆满了矿泉水。

（2）既可全民所有又可集体所有：①"原则上全民所有，例外时集体所有"。矿藏、水流、森林、山岭、草原、荒地、滩涂等自然资源，都属于国家所有，即全民所有；由法律规定属于集体所有的森林和山岭、草原、荒地、滩涂除外。②"原则上集体所有，例外时全民所有"。农村和城市郊区的土地，除由法律规定属于国家所有的以外，属于集体所有。

（3）绝对集体所有：①宅基地、自留地、自留山；②农村集体经济组织的水塘和由农村集体经济组织修建管理的水库中的水，归各该组织使用。

2. 非公有制

非公有制经济是社会主义市场经济的重要组成部分。它包括：①劳动者个体经济和私营经济；②外商投资。

二、国家保护社会主义公共财产和公民合法私有财产

（一）公共财产

公共财产的主要组成部分包括国有企业和国有自然资源，重要组成部分包括国家机关、事业单位、部队等全民单位的财产。《宪法》第 12 条规定："社会主义的公共财产神圣不可侵犯。国家保护社会主义的公共财产。禁止任何组织或者个人用任何手段侵占或者破坏国家的和集体的财产。"《宪法》第 9 条第 2 款规定："国家保障自然资源的合理利用，保护珍贵的动物和植物。禁止任何组织或者个人用任何手段侵占或者破坏自然资源。"

> **记忆口诀** 公共财产的主要组成部分是国家"开公司（国有企业）挖矿（自然资源）"。

（二）私有财产

《宪法》第 13 条规定："公民的合法的私有财产不受侵犯。国家依照法律规定保护公民的私有财产权和继承权。国家为了公共利益的需要，可以依照法律规定对公民的私有财产实行征收或者征用并给予补偿。"2013 年《中共中央关于全面深化改革若干重大问题的决定》进一步强调："公有制经济财产权不可侵犯，非公有制经济财产权同样不可侵犯。"

基本文化制度 第3节

文化制度，是指一国通过宪法和法律调整以社会意识形态为核心的各种基本关系的规则、原则和政策的综合。任何一个国家都有自己的社会意识形态，它是政治追求、历史传统、民族特色的统一。通俗地说，文化制度要解决的是"国民教化"的问题。我国《宪法》明确规定，国家倡导社会主义核心价值观，培养"有理想、有道德、有文化、有纪律"的社会主义公民。

一、文化制度在各国宪法中的表现

（一）资产阶级宪法对文化的规定

1919年德国《魏玛宪法》不仅详尽地规定了公民的文化权利，而且还明确地规定了国家的基本文化政策。这部宪法第一次比较全面系统地规定了文化制度，为许多资本主义国家宪法所效仿。

（二）社会主义宪法对文化的规定

早期社会主义宪法一般都宣布社会主义文化是大众文化，并重视对公民受教育权和国家教育制度的规定。

二、我国宪法关于基本文化制度的规定

（一）教育事业

国家发展教育事业。例如，《宪法》第19条规定，国家发展社会主义的教育事业，提高全国人民的科学文化水平。国家举办各种学校，普及初等义务教育，发展中等教育、职业教育和高等教育，并且发展学前教育。国家发展各种教育设施，扫除文盲，对工人、农民、国家工作人员和其他劳动者进行政治、文化、科学、技术、业务的教育，鼓励自学成才。国家鼓励集体经济组织、国家企业事业组织和其他社会力量依照法律规定举办各种教育事业。国家推广全国通用的普通话。为此，国家颁布了《教育法》《义务教育法》《高等教育法》《教师法》等。

（二）科学事业

国家发展科学事业。例如，《宪法》第20条规定，国家发展自然科学和社会科学事业，普及科学和技术知识，奖励科学研究成果和技术发明创造。为此，国家先后颁布了《专利法》《著作权法》《科学技术进步法》等。

（三）文化事业

国家发展文学艺术及其他文化事业。例如，《宪法》第21条第2款规定，国家发展体育事业，开展群众性的体育活动，增强人民体质。《宪法》第22条规定，国家发展为人民服务、为社会主义服务的文学艺术事业、新闻广播电视事业、出版发行事业、图书馆博物馆文化馆和其他文化事业，开展群众性的文化活动。国家保护名胜古迹、珍贵文物和其他重要历史文化遗产。

（四）道德教育

国家倡导社会主义核心价值观，开展公民道德教育。例如，《宪法》第24条规定，国家通过普及理想教育、道德教育、文化教育、纪律和法制教育，通过在城乡不同范围的群众中制定和执行各种守则、公约，加强社会主义精神文明的建设。国家倡导社会主义核心价值观，提倡爱祖国、爱人民、爱劳动、爱科学、爱社会主义的公德，在人民中进行爱国主义、集体主义和国际主义、共产主义的教育，进行辩证唯物主义和历史唯物主义的教育，反对资本主义的、封建主义的和其他的腐朽思想。这一规定反映了我国人民为实现社会主义现代化、建设富强民主文明和谐美丽的社会主义现代化强国宏伟目标而奋斗的共同思想道德要求。

记忆口诀 我国基本文化制度的内容是"文科道教"：文化事业、科学事业、道德教育、教育事业。

第4节 基本社会制度

社会制度，是指一国通过宪法和法律调整以基本社会生活保障及社会秩序维护为核心的各种基本关系的规则、原则和政策的综合。通俗地说，社会制度要解决的是保障"人的尊严"的问题，如何保障社会成员基本的生活权利，营造公平、安全、有序的生活环境，是贯穿社会制度的一条红线。

一、宪法与社会的关系

近代资本主义宪法诞生之初，极少规定社会制度的内容。20世纪30年代世界资本主义经济危机以来，为缓和社会矛盾，资本主义国家开始吸收社会主义国家社会正义的某些原理原则，建设基本社会制度。

社会主义宪法自产生之日起就确立了重视社会建设、重视民生的基本理念。我国对此的认识不断深化，社会制度经历了一个从国家政策上升到宪法规定的发展过程。

二、我国宪法关于基本社会制度的规定

（一）社会保障制度

社会保障制度是基本社会制度的核心内容。

1. 基本原则：同经济发展水平相适应。例如，《宪法》第14条第4款规定："国家建立健全同经济发展水平相适应的社会保障制度。"

2. 对弱势群体和特殊群体予以保护。例如，《宪法》第45条规定："中华人民共和国公民在年老、疾病或者丧失劳动能力的情况下，有从国家和社会获得物质帮助的权利。国家发展为公民享受这些权利所需要的社会保险、社会救济和医疗卫生事业。国家和社会保障残废军人的生活，抚恤烈士家属，优待军人家属。国家和社会帮助安排盲、聋、哑和其他有残疾的公民的劳动、生活和教育。"《宪法》第48条规定："中华人民共和国妇女在政治的、经济的、文化的、社会的和家庭的生活等各方面享有同男子平等的权利。国家保护妇女的权利和利益，实行男女同工同酬，培养和选拔妇女干部。"《宪法》第49条第1款规定："婚姻、家庭、母亲和儿童受国家的保护。"

（二）劳动保障制度

劳动保障制度的目的在于鼓励、保障和促进公民参与社会劳动。例如，《宪法》第 42 条第 2~4 款规定："国家通过各种途径，创造劳动就业条件，加强劳动保护，改善劳动条件，并在发展生产的基础上，提高劳动报酬和福利待遇。……国家提倡社会主义劳动竞赛，奖励劳动模范和先进工作者。国家提倡公民从事义务劳动。国家对就业前的公民进行必要的劳动就业训练。"

（三）医疗卫生事业

我国宪法明确规定了医疗卫生制度。例如，《宪法》第 21 条第 1 款规定："国家发展医疗卫生事业，发展现代医药和我国传统医药，鼓励和支持农村集体经济组织、国家企业事业组织和街道组织举办各种医疗卫生设施，开展群众性的卫生活动，保护人民健康。"

（四）婚姻家庭制度

我国宪法明确规定了婚姻家庭制度，明确了家庭成员之间的相互义务。例如，《宪法》第 49 条规定："婚姻、家庭、母亲和儿童受国家的保护。……禁止破坏婚姻自由，禁止虐待老人、妇女和儿童。"为此，国家制定了《妇女权益保障法》《未成年人保护法》《老年人权益保障法》《反家庭暴力法》《母婴保健法》等法律。

（五）计划生育制度

我国通过计划生育制度引导公民的生育观。例如，《宪法》第 25 条规定："国家推行计划生育，使人口的增长同经济和社会发展计划相适应。"又如，2021 年 8 月，全国人大常委会修正了《人口与计划生育法》，取消了超生处罚，规定了"三孩"政策，完善了对积极生育的支持政策。

（六）人才培养制度

我国宪法通过人才培养制度保持社会活力和创新力。例如，《宪法》第 23 条规定："国家培养为社会主义服务的各种专业人才，扩大知识分子的队伍，创造条件，充分发挥他们在社会主义现代化建设中的作用。"

（七）维护社会秩序

我国的社会秩序及安全维护制度包括国家安全、国防建设等内容。例如，《宪法》第 28 条规定："国家维护社会秩序，镇压叛国和其他危害国家安全的犯罪活动，制裁危害社会治安、破坏社会主义经济和其他犯罪的活动，惩办和改造犯罪分子。"《宪法》第 29 条规定："中华人民共和国的武装力量属于人民。它的任务是巩固国防，抵抗侵略，保卫祖国，保卫人民的和平劳动，参加国家建设事业，努力为人民服务。国家加强武装力量的革命化、现代化、正规化的建设，增强国防力量。"

记忆口诀

1. 我国基本社会制度的内容就是普通人的一生：挣钱（社会保障、劳动保障）、结婚（婚姻家庭）、生娃（计划生育）、养娃（人才培养）、看病（医疗卫生）、一生平安（维护社会秩序）。

2. 我国基本社会制度的内容有七——"保护人家生劳病"：社会保障（保）、维护社会秩序（护）、人才培养（人）、婚姻家庭（家）、计划生育（生）、劳动保障（劳）、医疗卫生（病）。

第5节 国家结构形式

国家结构形式，是指特定国家的统治阶级根据一定原则采取的调整国家整体与部分、中央与地方相互关系的形式。通俗地说，国家结构形式要解决的是"央地关系"的问题。在中国历史上，诸侯、藩镇、督抚等现象的根本所在，就是"央地关系"的问题。

一个现代国家究竟采取单一制还是联邦制，必须充分考虑历史因素和民族因素。由此可见，我国实行单一制的必然性和正确性。

一、我国的国家结构形式：单一制

（一）具体表现

《宪法》序言第十一自然段规定："中华人民共和国是全国各族人民共同缔造的统一的多民族国家。……"这表明我国采取了单一制的国家结构形式。其具体表现有四：

1. "一宪"：我国只有一部国家层面的宪法，只有一套法律体系。[对照] 美国联邦有联邦宪法，各州有本州宪法，故美国有52部宪法，包括1部联邦宪法、50部州宪法、1部哥伦比亚特区宪法。

2. "一体系"：我国只有一套中央国家机关体系，它包括最高国家权力机关、最高国家行政机关、最高国家监察机关和最高国家司法机关。[对照] 美国在联邦层面上，中央国家机关"三权分立"，彼此分权。

3. "一籍"：中华人民共和国是一个统一的国际法主体，公民具有统一的中华人民共和国国籍，我国不允许多重国籍。[对照] 美国在联邦层面上，对双重国籍予以间接承认。

4. "央统地"：我国各种地方行政区域都是中央人民政府领导下的地方行政区域，不得脱离中央而独立；台湾是中华人民共和国不可分割的一部分。为了反对和遏制"台独"分裂势力分裂国家，全国人大通过了《反分裂国家法》。[对照] 美国宪法明确列举了联邦政府权力，而州政府享有除联邦政府权力范围之外的一切权力。

记忆口诀▶ 我国单一制的表现：一宪一体系，一籍央统地。

（二）主要特点

1. 我国通过建立民族区域自治制度解决单一制下的民族问题。
2. 我国通过建立特别行政区制度解决单一制下的历史遗留问题。

二、我国的行政区域划分

（一）我国行政区划的概念

1. 行政区域划分是一种有目的的国家活动，是国家主权的体现，属于国家内政，必须有宪法和法律以及有关法规的授权，其他任何机关无权进行行政区域划分。

2. 我国的行政区域划分为：全国分为省、自治区、直辖市，国家在必要时设立的特别行政区。省、自治区分为自治州、县、自治县、市；直辖市和较大的市分为区、县。自治州分为县、自治县、市；县、自治县分为乡、民族乡、镇。

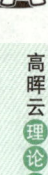

📌 **注意**：我国行政区域划分的类型有三：①普通行政区划；②民族自治地方区划；③特别行政区划。

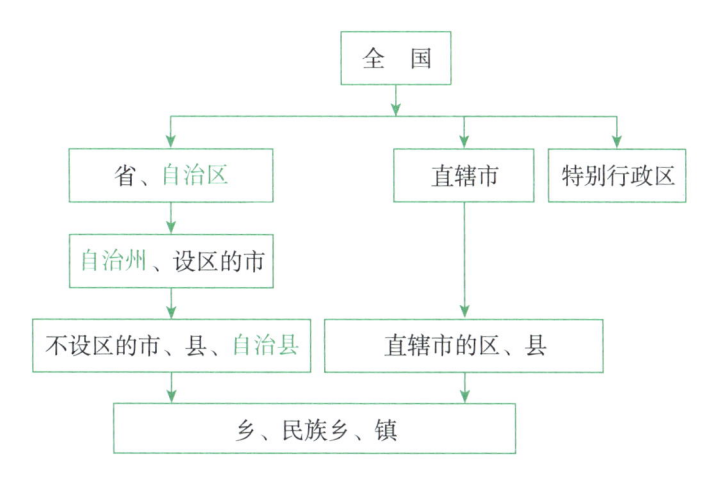

```
                    ┌─────────┐
                    │  全 国  │
                    └────┬────┘
         ┌───────────────┼───────────────┐
         ▼               ▼               ▼
   ┌──────────┐    ┌──────────┐    ┌──────────┐
   │ 省、自治区 │    │  直辖市  │    │ 特别行政区│
   └────┬─────┘    └────┬─────┘    └──────────┘
        ▼               │
   ┌──────────────┐     │
   │自治州、设区的市│    │
   └────┬─────────┘     │
        ▼               ▼
   ┌──────────────┐   ┌──────────────┐
   │不设区的市、县、│   │ 直辖市的区、县│
   │   自治县     │   └──────────────┘
   └────┬─────────┘
        ▼
   ┌──────────────┐
   │ 乡、民族乡、镇│
   └──────────────┘
```

我国行政区划示意图

（二）行政区域变更的法律程序

我国行政区划争议处理的主管部门是民政部和县级以上地方各级政府的民政部门。	
全国人大建省设特	全国人大批准省、自治区和直辖市的建置（设立、撤销、更名），特别行政区的设立（没有撤销）。
乡镇全找省级政府	省级政府根据国务院的授权审批县、市、市辖区的部分行政区域界线的变更。
	省级政府决定乡、民族乡、镇的建置和行政区域界线的变更。
改动县以上，要找国务院	国务院批准省、自治区、直辖市行政区域界线的变更，县、市行政区域界线的重大变更。
	国务院批准自治州、县、自治县、市的建置和行政区域划分。

第6节 国家标志

一、国家标志的内涵

国家标志又称国家象征，一般是指由宪法和法律规定的，代表国家的主权、独立和尊严的象征和标志，主要包括国旗、国歌、国徽和首都。

二、我国的国家标志

我国《宪法》第四章"国旗、国歌、国徽、首都"对国家标志作出了明确规定，《国旗法》《国歌法》《国徽法》等作出了具体规定。

（一）国旗

1. 我国国旗是五星红旗。
2. 升挂国旗的具体规定如下：

（1）应当每日升挂国旗的场所或者机构所在地：①北京天安门广场、新华门。②中共中央委员会，全国人大常委会，国务院，中央军委，中纪委，国家监察委，最高人民法院，最高人民检察院；中国人民政治协商会议全国委员会。③外交部。④出境入境的机场、港口、火车站和其他边境口岸，边防海防哨所。

（2）应当在工作日升挂国旗的机构所在地：①中共中央各部门和地方各级委员会；②国务院各部门；③地方各级人大常委会；④地方各级人民政府；⑤地方各级纪委、地方各级监察委；⑥地方各级人民法院和专门人民法院；⑦地方各级人民检察院和专门人民检察院；⑧中国人民政治协商会议地方各级委员会；⑨各民主党派、各人民团体；⑩国务院驻香港特别行政区有关机构、国务院驻澳门特别行政区有关机构。

（3）学校除寒假、暑假和休息日外，应当每日升挂国旗。有条件的幼儿园参照学校的规定升挂国旗。

（4）图书馆、博物馆、文化馆、美术馆、科技馆、纪念馆、展览馆、体育馆、青少年宫等公共文化体育设施应当在开放日升挂、悬挂国旗。

（5）国庆节、国际劳动节、元旦、春节和国家宪法日等重要节日、纪念日，各级国家机关、各人民团体以及大型广场、公园等公共活动场所应当升挂国旗；企业事业组织，村民委员会，居民委员会，居民院（楼、小区）有条件的应当升挂国旗。民族自治地方在民族自治地方成立纪念日和主要传统民族节日应当升挂国旗。

记忆口诀

（1）升挂国旗只有"应当"，没有"可以"，"可以升挂"的说法一律错误；

（2）升挂国旗的，不仅包括国家机关，而且包括党的机构。

3. 网络使用的国旗图案标准版本在中国人大网和中国政府网上发布。

（二）国歌

1. 我国国歌是《义勇军进行曲》。

2. 在下列场合，应当奏唱国歌：①全国人大会议和地方各级人大会议的开幕、闭幕；中国人民政治协商会议全国委员会会议和地方各级委员会会议的开幕、闭幕。②各政党、各人民团体的各级代表大会等。③宪法宣誓仪式。④升国旗仪式。⑤各级机关举行或者组织的重大庆典、表彰、纪念仪式等。⑥国家公祭仪式。⑦重大外交活动。⑧重大体育赛事。⑨其他应当奏唱国歌的场合。

记忆口诀 人大、政协，会议开闭；政党、团体，代表大会；宣誓、升旗，庆、表、纪；国家公祭，重大外、体。

3. 国家倡导公民和组织在适宜的场合奏唱国歌，表达爱国情感。奏唱国歌，应当按照《国歌法》附件所载国歌的歌词和曲谱，不得采取有损国歌尊严的奏唱形式。奏唱国歌时，在场人员应当肃立，举止庄重，不得有不尊重国歌的行为。

4. 国歌不得用于或者变相用于商标、商业广告，不得在私人丧事活动等不适宜的场合使用，不得作为公共场所的背景音乐等。

（三）国徽

1. 我国国徽，中间是五星照耀下的天安门，周围是谷穗和齿轮。

2. 应当悬挂国徽的机构包括：①各级人大常委会；②各级人民政府；③中央军委；④各

级监察委；⑤各级人民法院和专门人民法院；⑥各级人民检察院和专门人民检察院；⑦外交部；⑧国家驻外使馆、领馆和其他外交代表机构；⑨国务院驻香港特别行政区有关机构、国务院驻澳门特别行政区有关机构。

国徽应当悬挂在机关正门上方正中处。

3. 应当悬挂国徽的场所包括：天安门城楼、人民大会堂；县级以上各级人大及其常委会会议厅，乡级人大会场；各级法院和专门法院的审判庭；宪法宣誓场所；出境入境口岸的适当场所。

记忆口诀 悬挂国徽的，包括国家机关（楼、堂、会、庭、誓、口岸），不包括党的机构。

4. 国徽及其图案不得用于：①商标、授予专利权的外观设计、商业广告；②日常用品、日常生活的陈设布置；③私人庆吊活动；④国务院办公厅规定不得使用国徽及其图案的其他场合。

（四）首都

我国首都是北京。

第7节 人大代表选举制度

一、我国选举制度的基本原则

（一）选举权的普遍性原则

1. 在我国，只要满足以下条件，均享有选举权和被选举权：
(1) 具有中国国籍，是中华人民共和国公民；
(2) 年满18周岁；
(3) 依法享有政治权利。

2. 精神病患者不能行使选举权利的，经选举委员会确认，不列入选民名单。

3. 根据1983年《全国人民代表大会常务委员会关于县级以下人民代表大会代表直接选举的若干规定》第5条第1款的规定，下列人员准予行使选举权利：①被判处有期徒刑、拘役、管制而没有附加剥夺政治权利的；②被羁押，正在受侦查、起诉、审判，人民检察院或者人民法院没有决定停止行使选举权利的；③正在取保候审或者被监视居住的；④正在受拘留处罚的。

> 中国国籍，年满18；
> 既没发疯，也没被抓。
> 如果被抓，判前看检法，
> 判后看附加。

（二）选举权的平等性原则

选举权的平等性，是指每个选民在每次选举中只能在一个选区享有一个投票权，既不允许搞特权,也不允许非法限制或者歧视任何选民行使选举权。其主要表现如下:①除法律规定当选人应具有的条件外,选民平等地享有选举权和被选举权,在一次选举中选民平等地拥有相同的投票权;②每一代表所代表的选民人数相同,一切代表在代表机关具有平等的法律地位;③对在选举中处于弱者地位的选民给予特殊的保护性规定,也是选举权的平等性的表现。

我国选举权的平等性原则既重视机会平等,又重视实质平等。例如,我国现行《选举法》制定于1979年,经过数次对城乡代表名额分配比例的修改,于2010年修正后实现了"每一代表所代表的城乡人口数相同",消除了城乡差别。

(三)直接选举和间接选举并用原则

直接选举	不设区的市、市辖区、县、自治县、乡、民族乡、镇的人民代表大会的代表,由选民直接选举。
间接选举	全国人民代表大会的代表,省、自治区、直辖市、设区的市、自治州的人民代表大会的代表,由下一级人民代表大会选举。

(四)秘密投票原则

秘密投票又称无记名投票,是指选民不署自己姓名、亲自书写选票并投入密封票箱的一种投票方法。它与记名投票或公开投票(起立、欢呼、唱名、举手)相对。

我国《选举法》第40条规定,全国和地方各级人民代表大会代表的选举,一律采用无记名投票的方法。选举时应当设有秘密写票处。选民如果是文盲或者因残疾不能写选票的,可以委托信任的人代写。

二、选举的主持机构

(一)直接选举的主持机构

1. 直接选举由选举委员会主持。选举委员会由县级人大常委会任命、领导,受省级、市级人大常委会指导。例如,某乡人大代表的选举由该乡选举委员会主持,该乡选举委员会由县人大常委会任命。

2. 选举委员会的组成人员为代表候选人的,应当辞去选举委员会的职务。

3. 选举委员会的职责:①划分选区及分配代表名额。②进行选民登记,审查选民资格,公布选民名单;受理对于选民名单不同意见的申诉,并作出决定。③确定选举日期。④了解核实并组织介绍代表候选人的情况;根据较多数选民的意见,确定和公布正式代表候选人名单。⑤主持投票选举。⑥确定选举结果是否有效,公布当选代表名单。⑦法律规定的其他职责。

(二)间接选举的主持机构

1. 间接选举由本级人大常委会主持。例如,全国人大常委会主持全国人大代表的选举,四川省人大常委会主持四川省人大代表的选举,成都市人大常委会主持成都市人大代表的选举。

2. 特别行政区全国人大代表的选举由全国人大常委会主持。

(1)特别行政区全国人大代表的选举,首先是在特别行政区成立全国人大代表选举会议,其会议名单由全国人大常委会公布。全国人大常委会主持选举会议的第一次会议。会议上,选举会议成员组成主席团主持选举,代表候选人由选举会议成员10人以上提名。联名提名人数不得超过应选人数,且进行差额选举。

(2)参选人应当声明拥护《中华人民共和国宪法》和所在特别行政区基本法,拥护"一国两制"方针政策,效忠所在特别行政区;未直接或间接接受外国机构、组织、个人提供的与选举有关的任何形式的资助。

三、代表名额的分配

全国人大	不超过3000人。中国人民解放军和中国人民武装警察部队应选第十四届全国人大代表278名。	全国人大代表名额的具体分配、人民解放军应选全国人大代表的名额,由全国人大常委会决定。
省、自治区、直辖市人大	350(基数)~1000人。	(1)地方各级人大代表名额的分配办法,由省、自治区、直辖市人大常委会参照全国人大代表名额分配的办法,结合本地区的具体情况确定; (2)地方各级人大代表名额依法确定后,除因行政区划变动或重大工程建设等原因造成人口较大变动之外,不再变动; (3)各地驻军应选县级以上地方各级人大代表的名额,由该驻地各级人大常委会决定。
设区的市、自治州人大	240(基数)~650人。	
不设区的市、市辖区、县、自治县人大	140(基数)~450人;人口不足5万的,可以少于140人。	
乡、民族乡、镇人大	45(基数)~160人;人口不足2000的,可以少于45人。	
港、澳、台	十四届全国人大代表的应选名额中,香港特别行政区为36人,澳门特别行政区为12人,台湾省为13人。	(1)香港、澳门特别行政区应选全国人大代表的名额和代表产生办法,由全国人大决定; (2)台湾省应选全国人大代表名额的分配由全国人大决定,代表产生办法由全国人大常委会决定,代表人选由在各省、自治区、直辖市以及中国人民解放军和武警部队的台湾省籍同胞中选出。

四、选举程序

1. 选区划分和选民登记	直接选举	①仅直接选举有选区划分。②选民登记时,"一次登记,长期有效"。③精神病患者不能行使选举权利的,经选举委员会确认,不列入选民名单。④选民名单在选举日前20日公布。⑤对选民名单有不同意见的,在名单公布之日起5日内向选举委员会提出异议,选举委员会在3日内作出处理决定。申诉人如不服处理,可在选举日前5日起诉,法院在选举日前作出判决,判决为最后决定。
	间接选举	间接选举称选举单位,没有选区划分、选民登记。
2. 推荐候选人		①各政党、各人民团体,可以联合或者单独推荐代表候选人;选民或者代表10人以上联名,也可以推荐代表候选人。②所荐人数不得超过应选代表名额。③选举上一级人大代表时,候选人不限于本级人大代表。

续表

3. 公布候选人名单	直接选举	选举日前 15 日公布→如超过最高差额比例，则预选→正式候选人名单在选举日前 7 日公布。
	间接选举	提名、酝酿候选人的时间不少于 2 天→如超过最高差额比例，则预选。
4. 投票和当选	直接选举	"双过半"当选：选区全体选民的过半数参加投票，选举有效，不足半数则改期；候选人获得过半数的选票即可当选。
		选民委托投票的条件有五：①只能委托其他选民；②选举委员会同意；③书面委托；④不超 3 人；⑤按委托人意愿投票。
	间接选举	"全过半"当选：获得全体代表过半数的选票即可当选。
5. 代表资格审查		代表资格审查委员会审查当选（包括补选）代表是否符合宪法、法律规定的代表的基本条件，选举是否符合法律规定的程序，以及是否存在破坏选举和其他当选无效的违法行为→审查结果向本级人大常委会或者乡、民族乡、镇的人大主席团报告→县级以上人大常委会或者乡级人大主席团确认代表的资格（选上且当上）或者确定代表的当选无效（选上没当上），在每届人大第一次会议前公布代表名单。

五、代表的罢免、辞职和补选

（一）罢免

直接选举	（1）乡级原选区 30 名以上、县级原选区 50 名以上选民联名向县级人大常委会提出罢免要求，原选区选民过半数通过罢免； （2）罢免结果公告即可。
间接选举	（1）由选举他的人大主席团或者 1/10 以上代表联名提出罢免案，或由选举他的人大常委会主任会议或者常委会 1/5 以上成员联名提出罢免案，选举他的人大或人大常委会成员过半数通过罢免； （2）罢免结果公告且报备上一级人大常委会。

记忆口诀 罢免人大代表：谁产生我，谁罢免我。

（二）辞职

直接选举	（1）乡级人大代表向其所在的乡级人大提出辞职，县级人大代表向其所在的县级人大常委会提出辞职；接受辞职的单位的成员过半数通过辞职。 （2）辞职结果公告即可。
间接选举	（1）向选举他的人大常委会提出辞职；接受辞职的单位的成员过半数通过辞职。 （2）辞职结果公告且报备上一级人大常委会。

记忆口诀 人大代表的辞职：直选向本单位辞职，间选向来源地辞职。

（三）补选

一般程序	人大代表在任期内因故出缺，由原选区或原选举单位补选；补选可以差额选举，也可以等额选举。

续表

特殊情形	县级以上地方各级人大闭会期间，可由本级人大常委会补选上一级人大代表。	

六、选举的物质保障和法律保障

物质保障	各级人大的选举经费列入财政预算，由国库开支。	
法律保障	公民不得同时担任2个以上无隶属关系的行政区域的人大代表。	
	公民不得直接或间接接受境外机构、组织、个人提供的与选举有关的任何形式的资助。违反前述规定的，不列入代表候选人名单；已经列入代表候选人名单的，从名单中除名；已经当选的，其当选无效。	
	以下列违法行为当选人大代表的，其当选无效：①以金钱或者其他财物贿赂选民或者代表，妨害选民和代表自由行使选举权和被选举权的；②以暴力、威胁、欺骗或者其他非法手段妨害选民和代表自由行使选举权和被选举权的；③伪造选举文件、虚报选举票数或者有其他违法行为的；④对于控告、检举选举中违法行为的人，或者对于提出要求罢免代表的人进行压制、报复的。	左列行为违反治安管理规定的，依法给予治安管理处罚；构成犯罪的，依法追究刑事责任。国家工作人员有以上行为的，还应当由监察机关给予政务处分或者由所在机关、单位给予处分。

七、人大代表

（一）主要权利

1. 出席人大会议，参加审议各项议案、报告和其他议题，发表意见。在全国人大每次会议召开前1个月，全国人大常委会必须把开会日期和建议大会讨论的主要事项通知每位代表。

2. 提出质询案

（1）全国人大代表团、各级人大代表、各级人大常委会成员（均为"人的集合"而非机构）有权依法提出质询案。

（2）质询对象均为本级的"府（本级政府及其所属部门）、监（监察委）、法（法院）、检（检察院）"，唯独乡级不设"监、法、检"，仅政府可被质询。

（3）质询案由受质询的机关的负责人答复。如果系口头答复，负责人须到会答复；如果系书面答复，负责人须签署答复文件。（一把手亲自答复）

3. 提出罢免案。全国人大代表团、全国人大代表联名、地方各级人大代表联名，有权提出对本级人大产生的全体人员的罢免案。

4. 人身受特别保护权。县级以上各级人大代表非经本级人大主席团许可，闭会期间非经本级人大常委会许可，不受逮捕或刑事审判以及法律规定的其他限制人身自由的措施。如果因为是现行犯被拘留，执行拘留的机关应当立即向该级人大主席团或人大常委会报告。乡、民族乡、镇的人大代表如果被逮捕、受刑事审判或被采取法律规定的其他限制人身自由的措施，执行机关应当立即报告乡、民族乡、镇的人民代表大会。

5. 言论免责权。人大代表在人大各种会议上的发言和表决，不受法律追究。

6. 活动保障权。参加本级人大闭会期间统一组织的履职活动，并获得履职所需的信息资料和各项保障。

(二) 资格终止

代表有下列情形之一的，其代表资格终止：①地方各级人大代表迁出或者调离本行政区域的；②辞职或者责令辞职被接受的；③未经批准2次不出席本级人大会议的；④被罢免的；⑤丧失中华人民共和国国籍的；⑥依照法律被剥夺政治权利的；⑦丧失行为能力的；⑧去世的。

记忆口诀 迁离、辞职、两缺席，剥、罢、疯、逝、丧国籍。

第8节 民族区域自治制度

一、民族区域自治制度的概念

民族区域自治制度，是指在国家的统一领导下，以少数民族聚居区为基础，建立相应的自治地方，设立自治机关，行使自治权，使实行区域自治的民族的人民自主地管理本民族地方性事务的制度。

(一) 民族区域自治的性质

我国的民族区域自治是在单一制下的自治，民族区域自治只能是民族自治与区域自治的结合。

(二) 民族自治地方的自治机关

1. 民族自治地方包括自治区、自治州、自治县。民族乡不是民族自治地方。
2. 民族自治地方的自治机关是自治区、自治州、自治县的人大和人民政府。民族自治地方的人大常委会、监察委、法院、检察院等只是民族自治地方的国家机关而非自治机关。
3. 自治区主席、自治州州长、自治县县长由实行区域自治的民族的公民担任。民族自治地方的人大常委会中应当有实行区域自治的民族的公民担任主任或者副主任。监察委主任、法院院长、检察院检察长没有民族限制。民族乡的乡长由建立民族乡的少数民族公民担任。

二、民族自治地方的自治权

(一) 立法权

1. 自治立法。自治区、自治州、自治县的人大有权制定民族自治法规（自治条例和单行条例）。
2. 变通停止。上级国家机关的决议、决定、命令和指示，如有不适合民族自治地方实际情况的，自治机关可以报经该上级国家机关批准，变通执行或者停止执行；该上级国家机关应当在收到报告之日起60日内给予答复。

(二) 财政权

1. 民族自治地方的财政是一级财政，是国家财政的组成部分。民族自治地方的自治机关有管理地方财政的自治权。凡是依照国家财政体制属于民族自治地方的财政收入，都应当由民族自治地方的自治机关自主安排使用。
2. 民族自治地方通过财政转移支付制度，享受上级财政的照顾。民族自治地方的财政预算支出，按照国家规定，设机动资金，预备费在预算中所占比例高于一般地区。民族自治地方的自治机关在执行财政预算过程中，自行安排使用超收和支出的节余资金。

3. 自治州、自治县决定减税或者免税，须报省、自治区、直辖市人民政府批准。

（三）其他权限

1. 经国务院批准，民族自治地方可以开辟对外贸易口岸、开展边境贸易，民族自治地方的自治机关可以组织本地方维护社会治安的公安部队。

2. 自治区、自治州的自治机关依照国家规定，可以和国外进行教育、科学技术、文化艺术、卫生、体育等方面的交流。

3. 语言文字。民族自治地方的自治机关在执行职务的时候，使用当地通用的一种或者几种语言文字；必要时，可以以实行区域自治的民族的语言文字为主。

记忆口诀 立法变通财优惠，语言"三批""两交流"。

第9节 特别行政区制度

一、特别行政区概述

（一）特别行政区的概念

特别行政区，是指在我国版图内，根据宪法和基本法的规定而设立的，具有特殊的法律地位，实行特别的政治、经济制度的行政区域。

根据我国《宪法》第 31 条的规定，国家在必要时得设立特别行政区。在特别行政区内实行的制度按照具体情况由全国人民代表大会以法律规定。

（二）特别行政区的特点

1. 高度自治

（1）行政权。特别行政区行政机关依法自行处理特别行政区内的行政事务。

（2）立法权。立法会在特别行政区自治范围内依法定程序制定、修改和废除法律。

（3）独立的司法权和终审权。除原有法律制度和原则对审判权的限制继续保持外，特别行政区法院有所有案件的审判权；终审法院行使特别行政区终审权；特别行政区法院独立审判，不受任何干涉。

（4）对外权限。特别行政区根据国务院授权依法自行处理有关的对外事务。特别行政区可以"中国香港""中国澳门"的名义参加不以国家为单位的国际组织和国际会议；可在非政治领域以"中国香港""中国澳门"的名义，单独同世界各国、各地区及有关国际组织保持和发展关系，签订和履行有关协议。

2. "一国两制"

（1）特别行政区保持原有资本主义制度和生活方式 50 年不变。

（2）特别行政区行政机关和立法机关由该地区永久性居民依法组成。"永久性居民"，是指在特别行政区享有居留权和有资格依照特别行政区法律取得载明其居留权和永久性居民身份证的居民。

（3）特别行政区原有的法律基本不变。除属于殖民统治性质或带有殖民色彩，以及同基本法相抵触或经特别行政区立法机关作出修改者外，原有法律予以保留。

(三）中央与特别行政区的关系

特别行政区是我国享有高度自治权的地方行政区域，直辖于中央人民政府。

1. 全国人大决定特别行政区的设立（没有撤销）及其制度，制定、修改特别行政区基本法。

2. 全国人大常委会对特别行政区的权限主要有四：①增减基本法附件三的全国性法律。②解释基本法。全国人大常委会授权特别行政区法院对基本法中自治范围内的条款自行解释；案件审理中，法院对基本法关于中央人民政府管理的事务或中央和特别行政区关系的条款进行解释，而该条款的解释又影响到案件的判决，则由终审法院提请全国人大常委会予以解释。③决定特别行政区紧急状态。④监督立法会法律。

3. 国务院决定特别行政区相关的外交事务、防务，任免特别行政区政府行政长官、主要官员、澳门检察长，在特殊情况下发布命令在特别行政区实施全国性法律。

二、特别行政区政治体制

（一）特别行政区公职人员就职宣誓

宣誓系法定条件和必经程序。未进行合法有效宣誓或者拒绝宣誓，不得就任相应公职，不得行使相应职权和享受相应待遇。宣誓须在法定监誓人面前进行。监誓人对不符合规定的宣誓，应确定为无效宣誓，并不得重新安排宣誓。

香港	行政长官、主要官员、行政会议成员、立法会议员、各级法院法官和其他司法人员。	拥护所在特别行政区基本法，效忠所在特别行政区。
澳门	行政长官、主要官员、行政会委员、立法会议员、法官和检察官。	
	行政长官、主要官员、立法会主席、终审法院院长、检察长还须效忠中华人民共和国。	

（二）特别行政区行政长官

1. 行政长官既对国务院负责，又对特别行政区负责，还对立法会负责，是基本法实施的枢纽。行政长官经选举或协商产生，由中央人民政府任命，任期5年，可连任一次。

2. 香港特首须年满40周岁+连续居住满20年+特别行政区永久性居民中的中国公民+在外国无居留权。

澳门特首须年满40周岁+连续居住满20年+特别行政区永久性居民中的中国公民+任期内不得有外国居留权。

3. 选举程序

（1）香港特首候选人和立法会部分议员由香港特别行政区选举委员会负责提名、选举。香港特别行政区选举委员会由五大界别[1]共1500人组成。

（2）选举香港特首时，由选举委员会中188人提名，提名人须"五界齐全"且每界别不少于15人。

记忆口诀 选举香港特首时"要发发（188）就舞（五界齐全）一舞（每界不少于15人）"。

---

[1] 五大界别包括：①工商金融界；②专业界；③基层、劳工和宗教界；④立法会议员、地区组织代表界；⑤香港特别行政区全国人大代表、香港特别行政区全国政协委员和有关全国性团体香港成员的代表界。

（三）特别行政区行政机关

1. 香港特别行政区政府设司、局、处、署，澳门特别行政区政府设司、局、厅、处，其主要官员均由行政长官提名并报请国务院任免。

记忆口诀 司局处署厅，特首来提名，国务院任免。

2. 重要职权：①办理基本法规定的中央人民政府授权的对外事务。②编制并提出财政预算、决算。③拟定并提出法案、议案、附属法规。④委派官员列席立法会会议听取意见或者代表政府发言。⑤依法管理境内属于国家所有的土地和自然资源；负责维持社会治安；自行制定货币金融政策并依法管理金融市场；经中央人民政府授权管理民用航空运输；经中央人民政府授权在境内签发特别行政区护照和其他旅行证件；对出入境实行管制。

（四）立法机关：立法会

1. 香港立法会议员共 90 人，产生方式有三：①选举委员会选举；②功能团体选举；③分区直接选举。立法会议员一般由永久性居民担任。根据《香港特别行政区基本法》第 67 条的规定，非中国籍的和在外国有居留权的永久性居民在立法会的比例不得超过 20%。《澳门特别行政区基本法》无此规定。

记忆口诀 香港立法会，八成中国人。

2. 主要职权

（1）立法权：依法制定、修改和废除法律。立法会制定的法律须由行政长官签署、公布方有法律效力，并须报全国人大常委会备案，备案不影响该法律的生效。如果全国人大常委会不认可该法律，在征询基本法委员会的意见后，可将法律发回。法律一经发回，立即失效。该法律的失效，除特别行政区的法律另有规定外，无溯及力。

记忆口诀 对港澳立法不能撤销、不能改变，只能发回。

（2）财政权：立法会通过的财政预算案须由行政长官签署并由行政长官报送国务院备案。

记忆口诀 特别行政区"用钱报备国务院，不用批准"。

（3）监督权：听取施政报告，质询政府工作，辩论公共利益，弹劾行政长官（弹劾案报请中央人民政府决定）。

记忆口诀 立法会监督：听询辩劾。

（4）其他职权：接受当地居民的申诉并进行处理等。

（五）司法机关

1. 组织系统

（1）香港特别行政区的司法机关只有法院，其检察机关属于行政机关。香港特别行政区的司法组织系统包括终审法院、高等法院、区域法院、裁判署法庭和其他专门法庭。高等法院设上诉法庭和原讼法庭。

（2）澳门特别行政区的司法组织系统包括检察院和法院，法院包括终审法院、中级法院、初级法院组成的法院系统和行政法院（相当于基层法院）。

2. 人员任免

（1）特别行政区的法官均由当地法官和法律界及其他知名人士组成的独立委员会推荐，由行政长官任命。

（2）香港特别行政区终审法院法官和高等法院首席法官的任免，以及澳门特别行政区终

审法院法官的任免，都要报全国人大常委会备案。

（3）澳门特别行政区检察长由澳门特别行政区永久性居民中的中国公民担任，由行政长官提名，报中央政府任命。澳门特别行政区检察官经检察长提名，由行政长官任命。

三、特别行政区的法律制度

基本法	特别行政区基本法是根据我国宪法的规定，由全国人大制定的基本法律，其反映了包括香港同胞和澳门同胞在内的全国人民的意志和利益，体现了国家的方针政策，是社会主义性质的法律。
	基本法在我国社会主义法律体系中，地位仅低于宪法，但在特别行政区法律体系中，基本法处于最高的法律地位。
保留法	其指予以保留的原有法律。凡属殖民统治性质或者带有殖民主义色彩、有损我国主权的法律，都不予保留。
本地法	其指特别行政区制定的法。只要立法会制定的法律符合基本法，符合法定程序，就可以在特别行政区生效适用。
附件三	特别行政区基本法附件三所列举的法律不属于特别行政区自治范围内的法律[1]，它们并非一成不变，全国人大常委会依法可以对其予以增删。
	全国性法律一般不在特别行政区实施，但有两个例外：①经由特别行政区基本法附件三列举；②在特殊情况下，经由国务院发布命令在特别行政区实施。

四、特别行政区维护国家安全的宪制责任

（一）基本内容

1. 维护国家安全是保持香港长期繁荣稳定的必然要求，是包括香港同胞在内的全中国人民的共同义务，是国家和香港特别行政区的共同责任。

2. "一国两制"是有机统一体，"一国"是实行"两制"的前提和基础，"两制"从属和派生于"一国"并统一于"一国"之内。

3. 根据宪法和《香港特别行政区基本法》的有关规定，全国人大通过了《关于建立健全香港特别行政区维护国家安全的法律制度和执行机制的决定》，授权全国人大常委会制定《香港国安法》。

（二）《香港国安法》的主要内容

1. 本法已由全国人大常委会决定列入《香港特别行政区基本法》附件三。香港本地法律与本法冲突的，以本法优先。

2. 对于香港的国安事务，国务院负有根本责任，香港特别行政区负有宪制责任。

---

[1] 在香港特别行政区实施的全国性法律包括《关于中华人民共和国国都、纪年、国歌、国旗的决议》《关于中华人民共和国国庆日的决议》《国籍法》《国旗法》《国徽法》《国歌法》《中华人民共和国政府关于领海的声明》《专属经济区和大陆架法》《领海及毗连区法》《外交特权与豁免条例》《领事特权与豁免条例》《香港特别行政区驻军法》《外国中央银行财产司法强制措施豁免法》《香港国安法》。在澳门特别行政区实施的全国性法律，基本上与香港特别行政区实施的相同。其区别有二：①《特别行政区驻军法》的特别行政区名称不同；②《澳门特别行政区基本法》附件三没有列入《中华人民共和国政府关于领海的声明》。

3. 国务院在香港特别行政区设立维护国家安全公署，公署人员由国务院维护国家安全的有关机关联合派出。香港特别行政区设维护国家安全委员会，香港特首担任该委员会主席，接受国务院的监督和问责。该委员会设国家安全事务顾问，由国务院指派。香港特别行政区政府警务处和律政司作为主要执行部门，设立专门处理维护国家安全事务的部门。香港特首应当向国务院提交年度国安情况报告。

4. 本法的基本原则包括依照法律定罪处刑、无罪推定、一事不二审和保障犯罪嫌疑人诉讼权利等原则。本法明确规定香港特别行政区依法保护香港特别行政区居民根据《香港特别行政区基本法》《公民权利和政治权利国际公约》《经济、社会及文化权利国际公约》适用于香港的有关规定享有的包括言论、新闻、出版的自由，结社、集会、游行、示威在内的权利和自由。

5. 案件管辖：一条红线，两种管辖

（1）有下列情形之一的，由国务院驻香港特别行政区维护国安公署管辖：①案件涉及外国或者境外势力介入的复杂情况，香港特别行政区管辖确有困难的；②出现香港特别行政区政府无法有效执行本法的严重情况的；③出现国家安全面临重大现实威胁的情况的。

记忆口诀▶ 中央出手的三种情形：香港难以管辖，香港无效执法，现实威胁重大。

（2）除上述三种情形外，其他情形由香港特别行政区管辖。

记忆口诀▶ 除了中央出手管辖的三种情形之外，其余情形一概由香港管辖。

6. 不具有香港特别行政区全面执业资格的海外律师担任危害国安案件的辩护人，须取得香港特首发出的证明书。如果未取得证明书，则由香港特别行政区维护国家安全委员会作出相关判断和决定。

第10节 基层群众自治制度

一、基层群众自治组织的概念

1. 基层群众自治制度，是指依照宪法和法律的规定，由居民（村民）选举的成员组成居民（村民）委员会，实行自我管理、自我教育、自我服务、自我监督的制度，是全过程人民民主的重要标志和组成部分。

2. 宪法规定，居民委员会、村民委员会是基层群众性自治组织。居民委员会、村民委员会同基层政权的相互关系由法律规定。

3. 基层群众自治组织不是国家机关，也不是国家机关的下属或下级组织，也不从属于居住地范围内其他任何社会组织，具有自身组织上的独立性。基层自治事务一般只需要报基层人民政府备案而非批准。

记忆口诀▶ 基层群众自治组织的特点：组织独立、事务自决。

二、村民委员会

（一）村民委员会的设置

1. 村民委员会的设立、撤销、范围调整，由乡、民族乡、镇的人民政府提出，经村民会议讨论同意后，报县级人民政府批准。

记忆口诀▶"乡提县批，村民同意"。

2. 村民委员会成员由年满 18 周岁且未被剥夺政治权利的村民直接选举产生。村民委员会每届任期 5 年，其成员可以连选连任。

记忆口诀▶"本村村籍，年满 18，既没发疯，也没被抓，一任 5 年，任届不限"。

（二）村民委员会成员的选任与解职

1. 选任。"双过半选举"：选举村民委员会，有登记参加选举的村民过半数投票，选举有效；候选人获得参加投票的村民过半数的选票，始得当选。

2. 解职。①"双过半罢免"：本村 1/5 以上有选举权的村民或者 1/3 以上的村民代表联名，可以要求罢免村委会成员，罢免须有登记参加选举的村民过半数投票，并须经投票的村民过半数通过；②连续 2 次被评议不称职的村委会成员，其职务终止；③丧失行为能力或被判处刑罚的村委会成员，其职务自行终止。

3. 任何组织或者个人不得指定、委派或撤换村委会成员。

记忆口诀▶村委会成员的任免："自生自灭"。

4. 工作移交。村民选举委员会主持新旧村民委员会工作移交，应当自新村委会产生起 10 日内完成，受乡级政府监督。

（三）对村民委员会的监督

1. 村务公开。对一般事项每季度一公开，财务往来较多的，应当每月一公开，涉及村民利益的重大事项随时公开。

记忆口诀▶村务公开的规律是"事项越重大，公开越频繁"。

2. 全村公决。涉及全村村民利益的问题，经村民会议[1]讨论决定方可办理，村民会议也可以授权村民代表会议[2]讨论决定。

3. 经济审计。村民委员会成员实行任期和离任经济责任审计制。

4. 机构监督。村民会议对村民委员会的监督。村民会议审议村民委员会的年度工作报告，评议村民委员会成员的工作；有权撤销或者变更村民委员会不适当的决定；有权撤销或者变更村民代表会议不适当的决定。村民会议可以授权村民代表会议行使上述权力。村民会议或者村民代表会议有权补选村民委员会成员。

5. 违法纠正

（1）申请法院撤销。村民委员会或村民委员会成员作出的决定侵害村民合法权益的，受侵害的村民可以申请人民法院予以撤销，责任人依法承担法律责任。

（2）政府责令改正。村民委员会不依照法律、法规的规定履行法定义务的，由乡、民族乡、镇的人民政府责令改正。

记忆口诀▶村委会或村委会成员干坏事儿、有坏人怎么办？"三找两干掉"。"三找"是找机构纠

---

[1] 村民会议由本村 18 周岁以上的村民组成。召开村民会议，应当有本村 18 周岁以上村民的过半数参加，或者有本村 2/3 以上的户的代表参加。必要时可以邀请本村的企业、事业单位和群众团体派代表列席。

[2] 人数较多或者居住分散的村，可以设立村民代表会议，讨论决定村民会议授权的事项。村民代表会议由村民委员会成员和村民代表组成。村民代表的任期与村民委员会成员的任期相同，可以连选连任。村民代表应当向其推选户或者村民小组负责，接受村民监督。

正出错的事，"两干掉"是干掉出错的人。"三找"即找法院申请撤销、找政府责令改正、找村民会议撤销或变更；"两干掉"即对村委会成员连续 2 次民主评议不称职，终止该人职务，或者罢免不称职的村委会成员。

（四）规约备案

村民自治章程、村规民约由村民会议制定和修改，并报乡、民族乡、镇人民政府备案。其不得与宪法、法律、法规以及国家政策相抵触，否则由乡级人民政府责令改正。

三、居民委员会

（一）居民委员会的设置、组成和职责

1. 居民委员会的设立、撤销、规模调整，由不设区的市、市辖区的人民政府决定。
2. 居民委员会由主任、副主任和委员共 5~9 人组成。多民族居住地区，居民委员会中应当有人数较少的民族的成员。居民委员会每届任期为 5 年，其成员可以连选连任。
3. 凡是涉及全体居民利益的重大问题，居民委员会必须提请居民会议讨论决定。居民会议是由居住地范围内 18 周岁以上的居民组成的居民自治的民主决策机构。

（二）规约备案

居民公约由居民会议讨论制定，报不设区的市、市辖区的人民政府或者其派出机关备案。

第4章 公民的基本权利和义务

公民的基本权利和义务（一）
- 我国公民的基本权利
  - 平等权（一律平等，合理差别）
  - 政治权利（选举、被选举）和自由（言论、出版、集会、结社、游行、示威）
  - 宗教信仰自由
  - 人身自由
    - 生命权（未明文规定）
    - 人身自由（狭义）
    - 人格尊严不受侵犯（其具体内容如姓名、肖像、名誉、荣誉、隐私规定于《民法典》）
    - 住宅不受侵犯（非法侵入、非法搜查）
    - 通信自由和通信秘密
  - 社会经济权利
    - 财产权、继承权（消极受益权）
    - 劳动权
    - 劳动者的休息权
    - 获得物质帮助的权利
    - 社会保障权
  - 文化教育权利
    - 受教育的权利
    - 进行科学研究、文学艺术创作和其他文化活动的自由
  - 监督权与获得赔偿权
    - 监督权
      - 批评、建议权
      - 控告、检举权
      - 申诉权
    - 获得赔偿权
      - 行政赔偿
      - 司法赔偿

```
                          ┌─ 维护国家统一和民族团结
                          │
                          ├─ 遵守宪法和法律，保守国家秘密，爱护公共财产，遵守
                          │  劳动纪律，遵守公共秩序，尊重社会公德
 公民的基本权利  ── 我国公民的 │
 和义务（二）    ── 基本义务  ├─ 维护祖国的安全、荣誉和利益
                          │
                          ├─ 保卫祖国、依法服兵役和参加民兵组织
                          │
                          ├─ 依法纳税
                          │
                          └─ 其他基本义务（劳动、受教育、计划生育、父母抚养
                             教育未成年子女、成年子女赡养扶助父母）
```

第1节 我国公民的基本权利

基本权利是指由宪法规定的公民享有的必不可少的权利。基本权利具有母体性、稳定性、排他性。例如，宪法上的公民的人格尊严权派生出民法上的姓名权、肖像权、名誉权、荣誉权、隐私权，此即母体性。又如，根据我国宪法的规定，外国人并不享有我国公民的基本权利，其直接原因在于外国人未取得我国国籍，不具有我国公民资格，此即排他性。

一、我国宪法对公民基本权利的规定

是否明文	我国宪法明确规定了以下权利：财产权、继承权；法律面前一律平等；国家尊重和保障人权；选举权和被选举权；言论、出版、集会、结社、游行、示威的自由；宗教信仰自由；人身自由；人格尊严；住宅不受侵犯；通信自由和通信秘密；对国家机关及其工作人员提出批评、建议的权利；对于国家机关及其工作人员的违法失职行为，向有关国家机关提出申诉、控告或者检举的权利；劳动的权利；劳动者的休息权；退休制度；获得物质帮助的权利；受教育的权利；进行科学研究、文学艺术创作和其他文化活动的自由；男女平等；婚姻家庭制度；华侨、归侨的权益。
	我国宪法未明确规定生命权。
文本位置	私有财产权和继承权规定在《宪法》正文第一章"总纲"，其余基本权利均规定在《宪法》正文第二章"公民的基本权利和义务"。
权利主体	一般而言，基本权利的主体是公民。
	劳动权的主体是有劳动能力的公民；休息权的主体是劳动者；生活保障权的主体是企事业单位的职工和国家机关工作人员；物质帮助权的主体是年老、疾病或者丧失劳动能力的公民。
	总体而言，外国人和法人不是我国宪法基本权利的主体，我国现行《宪法》仅规定对于因为政治原因要求避难的外国人，可以给予受庇护的权利。
受益性质	积极受益权：社会经济、文化教育权利。对于这些权利，公民可以积极主动地向国家提出请求，国家也应积极予以保障。
	消极受益权：财产权和继承权。对于这些权利，公民不能主动地向国家提出请求，其更强调公民权利免于国家干涉。

二、平等权

（一）基本内容

1. 法律面前一律平等。我国《宪法》第33条第2款规定："中华人民共和国公民在法律面前一律平等。"

2. 禁止差别对待。在法律面前人人平等，社会身份、职业、出身等原因不应成为受到任何不平等待遇的理由。

3. 允许合理差别。宪法并不禁止一切差别，而是禁止不合理的差别。判断差别是否合理的标准：①是否符合人的尊严；②是否符合公共利益；③手段与目的之间是否存在合理的联系。

（二）特殊规定

1. 保障妇女的权利。我国妇女在政治的、经济的、文化的、社会的和家庭的生活等各方面享有同男子平等的权利。国家保护妇女的权利和利益，实行男女同工同酬，培养和选拔妇女干部。

2. 保护婚姻、家庭、母亲、儿童和老人。关怀青少年和儿童的成长，国家培养青年、少年、儿童在品德、智力、体质等方面全面发展。

3. 保障退休人员和军烈家属的权利。国家依照法律规定实行企业事业组织的职工和国家机关工作人员的退休制度。退休人员的生活受到国家和社会的保障。国家和社会保障残废军人的生活，抚恤烈士家属，优待军人家属。

4. 保护华侨、归侨和侨眷的正当权利。华侨是定居在外国的中国公民。归侨是已经回国定居的华侨。侨眷是华侨在国内的亲属。

记忆口诀 宪法不予特殊保护的对象是"没有退休、非军烈家属、出不了国的中年单身男人"：中年单身男人（对应"妇女""婚姻、家庭、母亲、儿童和老人"）、没退休非军烈家属（对应"退休人员和军烈家属"）、出不了国（对应"华侨、归侨和侨眷"）。

三、政治权利和自由

（一）政治权利：选举权和被选举权

选举权是指选民依法选举代议机关代表的权利，被选举权则指选民依法被选举为代议机关代表的权利。中华人民共和国年满18周岁的公民，不分民族、种族、性别、职业、家庭出身、宗教信仰、教育程度、财产状况、居住期限，都有选举权和被选举权；但是依照法律被剥夺政治权利的人除外。

（二）政治自由

1. 言论自由。①言论自由在公民的各项政治自由中居于首要地位；②言论自由的表现形式多样，既包括口头形式，又包括书面形式，还包括利用广播、电影、电视、互联网以及公共社交工具等传播媒介；③言论自由存在法定界限，受宪法和法律的合理限制，必须在法律范围内行使。

2. 出版自由。其指公民通过公开出版物表达自己的见解和看法的自由，是言论自由的延伸。我国对出版自由实行预防制和追惩制相结合的制度。

3. 结社自由。其是言论自由的延伸，属于集合性质的自由。我国社团不得从事以营利为目的的经营性活动，其成立实行核准登记制度，登记管理机关是民政部和县级以上地方各级人民政府民政部门。

4. 集会、游行、示威自由。其是言论自由的延伸，属于集合性质的自由，单个公民的行为通常不能形成法律意义上的集会、游行和示威。《集会游行示威法》《集会游行示威法实施条例》规定了集会、游行和示威的许可权限和程序。

四、宗教信仰自由

（一）基本内容

公民有信教或者不信教的自由，有信仰这种宗教或者那种宗教的自由，有信仰同宗教中的这个教派或者那个教派的自由，有过去不信教而现在信教或者过去信教现在不信教的自由。

（二）内涵与原则

1. 宗教≠邪教，信仰≠传播。根据特别行政区基本法的规定，我国香港、澳门居民有传播宗教的自由。

2. 宗教团体必须坚持自主、自办、自传的"三自"原则。

五、人身自由

广义的人身自由包括狭义的人身自由（公民的身体不受非法侵犯），生命权，人格尊严、住宅不受侵犯，通信自由和通信秘密等权利和自由。

（一）生命权

1. 我国宪法没有明确规定生命权条款。

2. 生命权的基本内容包括：防御权；享受生命的权利；生命保护请求权；生命权的不可处分性。

3. 生命权的主体只能是自然人（包括本国人、外国人和无国籍人）。生命权是人的权利，而不仅是公民的权利。

（二）人身自由

公民的身体不受非法侵犯，即不受非法限制、搜查、拘留和逮捕。但是，必要时，国家可以依法采取搜查、拘留、逮捕等措施，限制甚至剥夺特定公民的人身自由。

（三）人格尊严不受侵犯

我国现行《宪法》仅规定公民的人格尊严不受侵犯，并未列举人格尊严的具体内容。其具体表现是《民法典》中规定的公民的人格权，主要包括公民的姓名权、肖像权、名誉权、荣誉权、隐私权。

（四）住宅不受侵犯

1. "住宅"（隐私空间）不等于"房屋"（实为财产）。

2. 任何机关、团体的工作人员或者其他个人，未经法律许可或未经户主等居住者的同意，不得随意进入、搜查或查封、侵占、损毁公民的住宅。公安机关、检察机关为了收集犯罪证据、查获犯罪嫌疑人，需要对有关人员的身体、物品、住宅及其他地方进行搜查时，必须严格依照法律规定的程序进行。

（五）通信自由和通信秘密

1. 通信自由是指公民传递消息和信息的方式不受非法限制。通信秘密是指公民的通信内容不受隐匿、毁弃、拆阅或者窃听。

2. 任何危害宪法秩序与侵害他人权益的行为都不属于通信自由的范畴。

六、社会经济权利

（一）财产权

财产权是指公民对其合法财产享有的不受非法侵犯的所有权。继承权是财产权的延伸。财产权的存在并非绝对，宪法规定了对财产的征收（所有权的改变）和征用（使用权的改变）。

（二）劳动权

劳动权是指有劳动能力的公民有从事劳动并取得相应报酬的权利。劳动既是权利又是义务。

（三）劳动者的休息权

劳动者的休息权是指劳动者在享受劳动权的过程中，为保护身体健康、提高劳动效率，根据国家法律和制度的有关规定而享有的休息和休养权利。

（四）获得物质帮助的权利

获得物质帮助的权利是指公民因失去劳动能力或者暂时失去劳动能力而不能获得必要的物质生活资料时，有从国家和社会获得生活保障的权利，主要包括老年人、患疾病公民、丧失劳动能力的公民的物质帮助权等。

七、文化教育权利

（一）受教育的权利

1. 受教育既是权利也是义务。

2. 受教育权的基本内容：学龄前儿童有接受学前教育的机会；适龄儿童有接受初等教育的权利和义务；公民有接受中等教育、职业教育和高等教育的权利和机会；成年人有接受成人教育的权利；公民有从集体经济组织、国家企业事业组织和其他社会力量举办的教育机构接受教育的机会；就业前的公民有接受必要的劳动就业训练的权利和义务。

（二）其他文化教育权利

公民有进行科学研究、文学艺术创作和其他文化活动的自由。国家对于从事教育、科学、技术、文学、艺术和其他文化事业的公民的有益于人民的创造性工作，给予鼓励和帮助。

八、监督权与获得赔偿权

（一）监督权

1. 监督权即公民监督国家机关及其工作人员的活动的权利，其内容包括批评、建议权、控告、检举权和申诉权。

2. 我国公民对于任何国家机关和国家工作人员，有提出批评和建议的权利；对于任何国家机关和国家工作人员的违法失职行为，有向有关国家机关提出申诉、控告或者检举的权利，但是不得捏造或者歪曲事实进行诬告陷害。对于公民的申诉、控告或者检举，有关国家机关必须查清事实，负责处理。任何人不得压制和打击报复。

（二）获得赔偿权

1. 我国的国家赔偿分为行政赔偿和司法赔偿（或称"冤狱赔偿"）。

2. 全国人大常委会于2010年对《国家赔偿法》的修正改变了之前采用的严格的违法确认原则，并首次明确了致人精神损害，造成严重后果的，赔偿义务机关应当支付"精神损害抚慰金"。

第2节 我国公民的基本义务

根本义务	维护国家统一和民族团结。 国家统一和民族团结是我国社会主义革命和建设取得胜利的根本保证，也是推进改革开放、建设中国特色社会主义的根本前提。
基本义务	遵守宪法和法律，保守国家秘密，爱护公共财产，遵守劳动纪律，遵守公共秩序，尊重社会公德。
国安义务	维护祖国的安全、荣誉和利益。国家安全是公民生产生活、安居乐业的必要条件。
国防义务	保卫祖国，依法服兵役和参加民兵组织是公民的崇高职责。 依法服兵役义务的主体是我国公民，外国人不能成为服兵役义务的主体。我国实行义务兵与志愿兵相结合、民兵与预备役相结合的兵役制度。 有服兵役义务的公民有下列行为之一的，由县级人民政府责令限期改正；逾期不改正的，由县级人民政府强制其履行兵役义务，并处以罚款：①拒绝、逃避兵役登记的；②应征公民拒绝、逃避征集服现役的；③预备役人员拒绝、逃避参加军事训练、担负战备勤务、执行非战争军事行动任务和征召的。有前款第2项行为，拒不改正的，不得录用为公务员或者参照《公务员法》管理的工作人员，不得招录、聘用为国有企业和事业单位工作人员，2年内不准出境或者升学复学，纳入履行国防义务严重失信主体名单实施联合惩戒。
经济义务	依法纳税。纳税义务主体既包括自然人，又包括法人。外国人在我国拥有财产时，也应依法纳税。但是，依法应予免税的各国驻华使馆、领事馆的外交代表、领事官员和其他人员的所得可免纳个人所得税。 纳税义务具有双重性：一方面，纳税是国家财政的重要来源，具有形成国家财力的属性；另一方面，纳税义务法定具有防止国家权力侵犯公民财产权的属性。
其他义务	我国宪法还规定了劳动的义务、受教育的义务、夫妻双方计划生育的义务、父母抚养教育未成年子女的义务、成年子女赡养扶助父母的义务等。

第5章 国家机构

第1节 国家机构概述

一、我国的国家机构

（一）中央国家机构

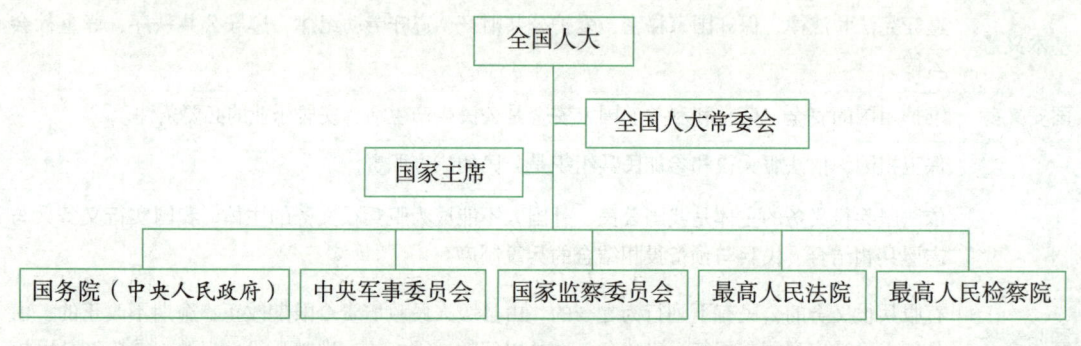

```
                        全国人大
                          │
                          ├──── 全国人大常委会
              国家主席 ────┤
         ┌────────┬────────┼────────┬────────┬────────┐
    国务院    中央军事   国家监察    最高人民   最高人民
  （中央人民   委员会    委员会      法院      检察院
    政府）
```

全国人民代表大会	最高国家权力机关，行使国家立法权的机关。
全国人民代表大会常务委员会	全国人大的常设机关、最高国家权力机关的组成部分，行使国家立法权的机关。
国家主席	代表中华人民共和国，进行国事活动，接受外国使节。
国务院（中央人民政府）	最高国家权力机关的执行机关、最高国家行政机关。
中央军事委员会	领导全国武装力量。
国家监察委员会	国家的监察机关。
最高人民法院	国家的审判机关。
最高人民检察院	国家的法律监督机关。

记忆口诀▶ 全国人大生七娃："常席府军监法检"。

（二）县级以上地方国家机构

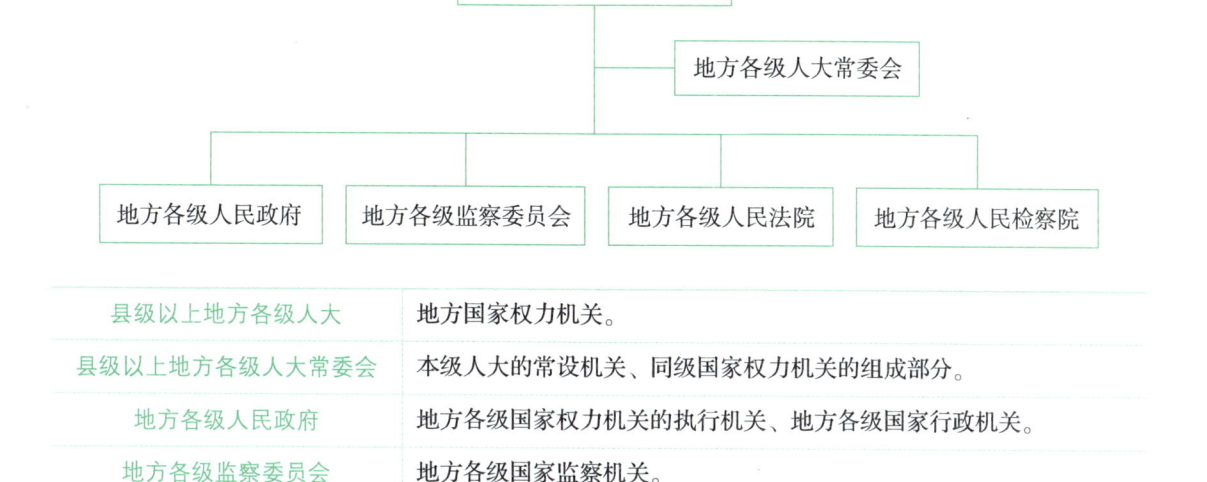

```
                    县级以上地方各级人大
                              │
                       地方各级人大常委会
                              │
    ┌──────────────┬──────────────┬──────────────┐
地方各级人民政府  地方各级监察委员会  地方各级人民法院  地方各级人民检察院
```

县级以上地方各级人大	地方国家权力机关。
县级以上地方各级人大常委会	本级人大的常设机关、同级国家权力机关的组成部分。
地方各级人民政府	地方各级国家权力机关的执行机关、地方各级国家行政机关。
地方各级监察委员会	地方各级国家监察机关。
地方各级人民法院	地方各级国家审判机关。
地方各级人民检察院	地方各级国家法律监督机关。

记忆口诀 县级以上地方人大生五娃："常府监法检"。

（三）乡、民族乡、镇国家机构

```
        （乡、民族乡、镇）人大
                │
        （乡、民族乡、镇）人民政府
```

| 乡、民族乡、镇人大 | 地方国家权力机关。乡级人大不设人大常委会，乡级不设监察委、法院、检察院。 |
| 乡、民族乡、镇人民政府 | 本级国家权力机关的执行机关、本级国家行政机关。 |

记忆口诀 乡级人大生一娃："乡级政府"。

二、我国国家机构的责任制原则

| 集体负责制 | 各级人大及其常委会、监察委、法院、检察院。 |
| 首长个人负责制 | 各级政府及其所属部门、军委。 |

第2节　全国人大和全国人大常委会

```
                    第十四届全国人大代表
                    共2977人

                    第十四届全国人大常委会委员长、
                    副委员长、秘书长、委员共175人

                    代表资格审查委员会

                    第十四届全国人大常委会
                    委员长会议共17人
```

①民族委员会
②宪法和法律委员会
③监察和司法委员会
④财政经济委员会
⑤教育科学文化卫生委员会
⑥外事委员会
⑦华侨委员会
⑧环境与资源保护委员会
⑨农业与农村委员会
⑩社会建设委员会

①办公厅
②法制工作委员会
③预算工作委员会
④香港特别行政区基本法委员会
⑤澳门特别行政区基本法委员会
⑥代表工作委员会

一、概述

（一）性质

1. 全国人大是最高国家权力机关、最高国家立法机关，代表人民的意志和利益统一行使国家最高权力。

2. 全国人大常委会是全国人大的常设机关，是最高国家权力机关的组成部分。⚠️注意：1954年《宪法》规定的行使国家立法权的机关只有全国人大。

（二）地位

1. 全国人大在我国国家机构体系中居于首要地位，其他任何国家机关都不能超越全国人大，也不能和它并列。

2. 全国人大常委会服从全国人大的领导和监督，向全国人大负责并报告工作。

（三）组成

1. 全国人大由省、自治区、直辖市、特别行政区和军队选出的代表组成，名额总数不超过3000名。全国人大代表绝大多数都是兼职。

2. 全国人大常委会由委员长、副委员长若干人、秘书长和委员若干人组成，其人选必须是全国人大代表，由每届全国人大第一次会议选举产生。法律没有具体规定全国人大常委会组成人员的名额，通常由每届全国人大第一次会议根据当次会议的选举和决定任免办法确定。例如，第十三届全国人大常委会共159人[1]，第十四届全国人大常委会共175人[2]。

全国人大常委会委员长、副委员长、秘书长组成委员长会议，处理全国人大常委会重要的日常工作[3]。例如，第十四届全国人大常委会委员长会议由委员长1人、副委员长14人、秘书长1人组成。委员长会议不能代替全国人大常委会行使职权。

全国人大常委会的成员不得兼任其他国家机关（如国家行政机关、监察机关、审判机关和检察机关）的职务；如兼任，则须向全国人大常委会辞去委员职务。

全国人大常委会设立代表资格审查委员会，其主任委员、副主任委员和委员的人选，由委员长会议在常务委员会组成人员中提名，全国人大常委会任免。

注意：代表资格审查委员会与代表工作委员会有何不同？

1. 代表资格审查委员会在1954《宪法》中由全国人大设立，自1982年《全国人民代表大会组织法》出台后，从1983年3月开始，改由全国人大常委会设立。它专门负责代表资格审查及其相关工作。

2. 代表工作委员会由第十四届全国人大常委会第三次会议于2023年6月28日设立。代表资格审查的有关工作（只有"有关工作"）只是其职责之一，除此之外，它还承担代表资格审查委员会的具体工作；负责全国人大代表名额分配、联络服务有关工作；承担代表集中视察、专题调研、联系群众有关制度制定和指导协调工作；负责全国人大代表议案建议工作的统筹管理；负责全国人大代表履职的监督管理；负责全国人大代表学习培训的统筹规划和管理；指导省级人大常委会代表工作；承办全国人大常委会交办的其他事项。

（四）任期

1. 全国人大每届任期5年。任期届满前2个月，全国人大常委会必须完成换届选举，如遇非常情况不能换届选举，由全国人大常委会以2/3以上的多数通过，推迟换届，延长本届全国人大任期；非常情况结束后1年内，全国人大常委会必须完成换届选举。

2. 全国人大常委会的任期与全国人大相同，即5年。考虑到新旧对接，全国人大常委会行使职权到下一届人大选出新的人大常委会为止。

全国人大常委会委员长、副委员长连选连任不得超过2届，但是秘书长和委员连选连任无此限制。

二、会议制度

（一）会议举行

1. 全国人大会议每年1次，于每年第一季度举行。一般而言，每一届全国人大在5年的任期内召开5次会议。例如，第十三届全国人大共召开5次会议，分别是第十三届全国人大

---

[1] 百度百科："第十三届全国人民代表大会常务委员会"。
[2] 百度百科："第十四届全国人民代表大会常务委员会"。
[3] 重要日常工作包括：①决定常务委员会每次会议的会期，拟订会议议程草案，必要时提出调整会议议程的建议；②对向常务委员会提出的议案和质询案，决定交由有关的专门委员会审议或者提请常务委员会全体会议审议；③决定是否将议案和决定草案、决议草案提请常务委员会全体会议表决，对暂不交付表决的，提出下一步处理意见；④通过常务委员会年度工作要点、立法工作计划、监督工作计划、代表工作计划、专项工作规划和工作规范性文件等；⑤指导和协调各专门委员会的日常工作；⑥处理常务委员会其他重要日常工作。

第一次会议（2018年3月5日）、第十三届全国人大第二次会议（2019年3月5日）、第十三届全国人大第三次会议（2020年5月22日）、第十三届全国人大第四次会议（2021年3月5日）、第十三届全国人大第五次会议（2022年3月5日）。全国人大常委会认为有必要或者1/5以上的全国人大代表提议，可以临时召集全国人大会议。

全国人大会议由全国人大常委会召集，由大会主席团主持。每届全国人大第一次会议，在本届全国人大代表选举完成后的2个月内，由上届全国人大常委会召集。

全国人大会议召开的日期由全国人大常委会决定并予以公布。例如，2018年1月30日，第十二届全国人民代表大会常务委员会第三十二次会议决定并公布：中华人民共和国第十三届全国人民代表大会第一次会议于2018年3月5日在北京召开。[1]

全国人大会议有2/3以上的代表出席，始得举行。例如，十三届全国人大一次会议应出席代表2980人，出席2970人，缺席10人，出席人数符合法定人数。[2]

全国人大会议一般公开举行。必要时，经主席团征求各代表团的意见后，由有各代表团团长参加的主席团会议决定，可以举行秘密会议。

2. 全国人大常委会会议一般每2个月举行一次，在双月的下旬召开，必要时可以加开会议；有特殊需要的时候，可以临时召集会议。

全国人大常委会会议由委员长召集并主持。委员长可以委托副委员长主持会议。

全国人大常委会会议召开的日期由委员长会议决定。

全国人大常委会会议有常务委员会全体组成人员的过半数出席，始得举行。遇有特殊情况，经委员长会议决定，常务委员会组成人员可以通过网络视频方式出席会议。

全国人大常委会会议一般公开举行。必要时，经委员长会议决定，可以暂不公开有关议程。

（二）会议形式

1. 全国人大的会议形式包括预备会议、主席团会议、大会全体会议、代表团全体会议和小组会议等形式。

（1）预备会议。预备会议通常在全国人大全体会议开幕前一天举行，由全国人大常委会主持，全国人大常委会委员长为主持人。每届全国人大一次会议的预备会议，由上届全国人大常委会主持。预备会议的主要任务是选举产生本次大会的主席团和秘书长（副秘书长的人选由主席团决定），讨论本次会议的议程以及其他准备事项。例如，十三届全国人大一次会议预备会议于2018年3月4日上午在人民大会堂举行，十二届全国人大常委会委员长张德江主持会议。会议选举产生了主席团共190人，秘书长1人，会议通过了全体会议议程共10项。[3]

（2）主席团会议。预备会议后，召开主席团会议，会议次数视具体情形而定。主席团第一次会议于大会全体会议之前召开，由全国人大常委会委员长召集并主持，会议推选主席团

---

[1] 中国人大网："第十二届全国人民代表大会常务委员会第三十二次会议"，http：//www.npc.gov.cn/zgrdw/npc/xinwen/2018-01/30/content_2037043.htm。

[2] 中国人大网："十三届全国人大一次会议在京开幕"，http：//www.npc.gov.cn/zgrdw/npc/fwyzhd/2018-03/06/content_2041920.htm。

[3] 新华网："十三届全国人大一次会议举行预备会议 选举产生大会主席团和秘书长 张德江主持会议"，http：//www.xinhuanet.com/politics/2018lh/2018-03/04/c_1122485206.htm。

常务主席后,由主席团常务主席主持。此后的主席团会议由常务主席召集并主持。例如,十三届全国人大一次会议主席团第一次会议于2018年3月4日上午在人民大会堂举行,会议在十二届全国人大常委会委员长张德江的主持下,推选主席团常务主席10人,随后,主席团会议在常务主席栗战书的主持下,表决通过十三届全国人大一次会议大会日程(3月5日上午开幕,3月20日上午闭幕,会期15天半),推选了大会全体会议的执行主席,决定了大会副秘书长5人、大会发言人1人,决定了表决议案的办法,决定了提出议案的截止时间为3月14日12时。[1] 主席团会议视具体需要举行。例如,十三届全国人大一次会议主席团共举行11次会议[2],十四届全国人大一次会议主席团共举行9次会议[3]。

主席团处理以下事项:①根据会议议程决定会议日程;②决定会议期间代表提出议案的截止时间;③听取和审议关于议案处理意见的报告,决定会议期间提出的议案是否列入会议议程;④听取和审议秘书处和有关专门委员会关于各项议案和报告审议、审查情况的报告,决定是否将议案和决定草案、决议草案提请会议表决;⑤听取主席团常务主席关于国家机构组成人员人选名单的说明,提名由会议选举的国家机构组成人员的人选,依照法定程序确定正式候选人名单;⑥提出会议选举和决定任命的办法草案;⑦组织由会议选举或者决定任命的国家机构组成人员的宪法宣誓;⑧其他应当由主席团处理的事项。

(3)大会全体会议。在主席团第一次会议后,召开大会第一次全体会议。大会全体会议次数视具体情形而定。例如,十三届全国人大一次会议(2018年3月5日至20日)共举行全体会议8次,第一次为开幕会,第八次为闭幕会。[4] 十四届全国人大一次会议(2023年3月5日至13日)共举行全体会议6次,第一次为开幕会,第六次为闭幕会。[5]

每次大会全体会议的执行主席由主席团推选主席团成员若干人分别担任,并指定其中一人担任全体会议主持人。

大会全体会议的主要任务是听取相关报告、说明,产生国家机关领导人员(每届全国人大第一次会议均有此项议程,即国家机关领导人员换届),对各项议案予以表决。

(4)代表团全体会议和小组会议。全国人大会议举行前,代表按照选举单位组成代表团。例如,近年来,全国人大代表按各选举单位组成35个代表团出席会议。代表团全体会议推选代表团团长、副团长,团长召集并主持代表团全体会议。代表团可以分设若干代表小组,代表小组会议推选小组召集人。

每次大会全体会议后,各代表团要召开代表团全体会议和小组会议,对提请大会审议的事项进行充分审议、讨论。例如,2018年3月5日上午9时,十三届全国人大一次会议全体会议听取政府工作报告;3月5日下午3时,代表团全体会议审议政府工作报告;3月6日上

---

[1] 新华网:"十三届全国人大一次会议主席团举行第一次会议",https://www.gov.cn/xinwen/2018-03/04/content_5270688.htm。

[2] 中国人大网:"十三届全国人大一次会议主席团举行第十一次会议",http://www.npc.gov.cn/zgrdw/npc/dbdhhy/13_1/2018-03/20/content_2051762.htm。

[3] 中国人大网:"十四届全国人大一次会议主席团举行第九次会议",http://www.npc.gov.cn/npc/c2/kgfb/202303/t20230312_424395.html。

[4] 中国人大网:"第十三届全国人民代表大会第一次会议日程",http://www.npc.gov.cn/zgrdw/npc/xinwen/2018-03/04/content_2041342.htm。

[5] 新华网:"第十四届全国人民代表大会第一次会议日程",http://www.news.cn/politics/2023lh/2023-03/04/c_1129413360.htm。

午9时，代表小组会议审议政府工作报告。[1]

2. 全国人大常委会举行会议时，召开全体会议和分组会议，根据需要召开联组会议。

全体会议、联组会议由委员长主持，委员长可以委托副委员长主持会议。分组会议由委员长会议确定若干名召集人，轮流主持会议。

全体会议的主要任务是听取相关议案的说明、汇报、报告和工作报告，对相关议案进行表决。

（三）会议列席

我国的人大会议和人大常委会会议实行列席制度。列席会议人员不是人大代表或人大常委会委员的，有发言权，没有表决权。

1. 列席全国人大会议的人员分为两类：

（1）法定列席：国务院的组成人员，中央军委的组成人员，国家监察委员会主任，最高人民法院院长和最高人民检察院检察长，列席全国人大会议。

记忆口诀 "府、军成员，监、法、检正职"，直接列席。

（2）酌定列席：经全国人大常委会决定，其他机关、团体负责人，可以列席全国人大会议。

记忆口诀 其他机关、团体负责人，全人常决定列席。

注意：全国政协列席全国人大会议，听取并讨论政府工作报告及其他有关报告。

2. 全国人大常委会举行会议的时候：①国务院、中央军委、国家监察委、最高法院、最高检察院的负责人列席会议；②不是常委会组成人员的全国人大专门委员会主任委员、副主任委员、委员，常委会副秘书长，工作委员会主任、副主任，香港特别行政区基本法委员会主任、副主任，澳门特别行政区基本法委员会主任、副主任，有关部门负责人，列席会议；③各省、自治区、直辖市的人大常委会主任或者副主任1人列席会议；④可以邀请有关的全国人大代表列席会议。遇有特殊情况，经委员长会议决定，可以调整列席人员的范围。

三、职权

（一）立法权

全国人大是国家最高立法机关，全国人大常委会是国家立法机关，它们行使相应的立法职权。

1. 全国人大：修改宪法，监督宪法的实施；制定和修改基本法律，授权全国人大常委会制定法律。

2. 全国人大常委会：解释宪法，监督宪法的实施；制定和修改非基本法律；解释法律。

注意："府、军、监、法、检、专、省常，有权提要求"：国务院、中央军委、国家监察委、最高人民法院、最高人民检察院、全国人大各专门委员会以及省级人大常委会，有权向全国人大常委会提出法律解释要求。

（二）经济权

审查和批准国民经济和社会发展计划，是宪法法律赋予各级人大的重要职权，也是人民当家作主、行使国家权力的重要体现。

1. 全国人大：审批全国国民经济和社会发展计划和计划执行情况的报告，审查和批准国

---

[1] 中国人大网："第十三届全国人民代表大会第一次会议日程"，http://www.npc.gov.cn/zgrdw/npc/xinwen/2018-03/04/content_2041342.htm。

家的预算和预算执行情况的报告。

2. 全国人大常委会：审批国民经济和社会发展计划、国家预算部分调整方案和国家决算，审议审计工作报告。

（三）人事权

1. 人员任免

（1）全国人大

全国人大根据国家主席的提名决定国务院总理的人选，根据国务院总理的提名决定国务院副总理、国务委员、各部部长、各委员会主任、审计长和秘书长的人选；根据中央军委主席的提名决定中央军委副主席和委员等其他组成人员的人选。全国人大选举产生全国人大常委会委员长、副委员长、秘书长和委员，国家主席、副主席，中央军委主席，国家监察委员会主任，最高人民法院院长，最高人民检察院检察长。

记忆口诀 除开军委主席的"两央"（国务院、中央军委）人员以决定方式产生，其他国家机关领导人员以选举方式产生。

上述人员的罢免，由全国人大主席团、3个以上的代表团、1/10以上的代表联名提出罢免案，经主席团提请大会审议，并经全体代表的过半数同意通过。

（2）全国人大常委会

在全国人大闭会期间，全国人大常委会：①根据国务院总理的提名，决定国务院其他组成人员的任免；②根据中央军委主席的提名，决定中央军委副主席和其他组成人员的人选；③根据国家监察委员会主任的提名，任免国家监察委员会副主任、委员；④根据最高人民法院院长的提名，任免最高人民法院副院长、其他成员和军事法院院长；⑤根据最高人民检察院检察长的提名，任免最高人民检察院副检察长、其他成员和军事检察院检察长，并且批准省级检察长的任免。

记忆口诀 在府、军、监、法、检中，任免除了正职之外的副职和其他成员，军事法、检正职，批准省级检察长的任免。

在全国人大闭会期间，全国人大常委会根据委员长会议、国务院总理的提请，撤销国务院其他个别成员的职务；根据中央军委主席的提请，撤销中央军委其他个别成员的职务。

记忆口诀 在国务院、中央军委中，除了总理、军委主席之外，对其他个别成员都有权撤职。

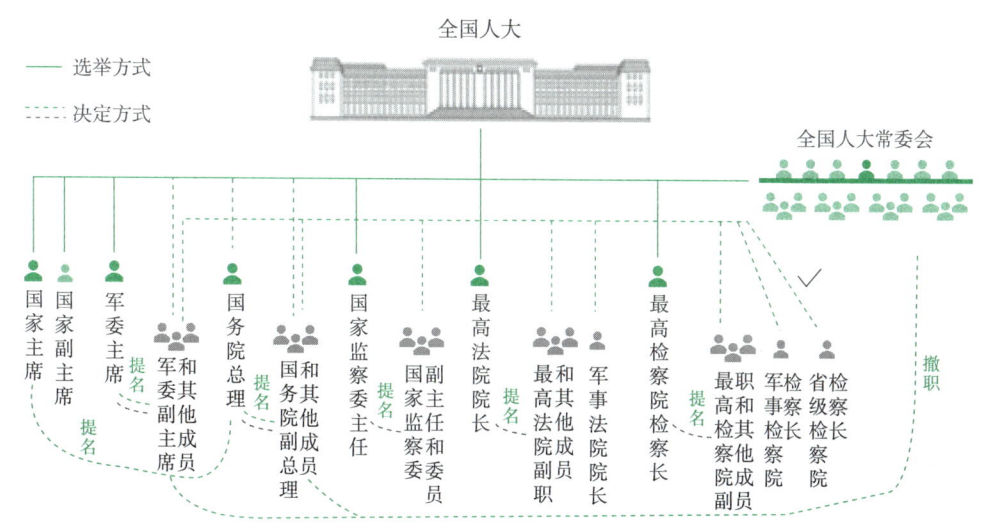

2. 公布

（1）在全国人大开会期间，国务院全体成员的任命、辞职、罢免，都以主席令方式公布。除此之外，其他国家机关领导人员的任命、辞职、罢免，均以全国人大公告方式公布，并及时在全国人大常委会公报和中国人大网上刊载。

（2）在全国人大闭会期间，全国人大常委会决定任免的国务院副职和其他成员，以主席令任免并予以公布。除此之外，全国人大常委会通过的其他人事决定，均以全国人大常委会公报方式公布，并及时在中国人大网上刊载。

记忆口诀 ▶ 国务院人事变动用主席令公布，其他人事变动都以全国人大公告或全国人大常委会公报公布。

（四）监督权

1. 全国人大

（1）"四报告"：全国人大常委会、中央政府、最高法院、最高检察院向全国人大负责并报告工作。

（2）"三例外"：①国家主席对全国人大不负行政责任，不报告工作；②国家监察委员会不对全国人大报告工作，只对全国人大常委会作专项工作报告；③中央军委主席对全国人大和全国人大常委会负责，但不报告工作。

记忆口诀 ▶ 全国人大："四报告""三例外（主席监军）"。

2. 全国人大常委会

全国人大常委会监督国务院、中央军委、国家监察委、最高人民法院、最高人民检察院的工作，主要包括：①开展对法律实施的检查；②质询和询问；③听取和审议"府、监、法、检"的专项工作报告。

记忆口诀 ▶ 全国人大常委会："施法、质问、专报"。

（五）重大事项决定权

1. 全国人大

（1）批准省、自治区和直辖市的建置；

（2）决定特别行政区设立及其制度；

（3）决定战争与和平问题；

（4）其他应当由全国人大行使的职权。

记忆口诀 ▶ 建省设特，战和其他。

2. 全国人大常委会

（1）决定批准或废除同外国缔结的条约和重要协定；

（2）决定驻外全权代表的任免；

（3）规定军人和外交人员的衔级制度和其他专门衔级制度；

（4）决定特赦[1]；

（5）规定和决定授予国家的勋章和荣誉称号；

---

[1] 特赦不同于大赦：大赦既赦刑也赦罪，特赦只赦刑不赦罪。我国1954年《宪法》曾规定大赦与特赦，但实践中未有大赦。1975年《宪法》没有规定赦免。1978年《宪法》和1982年《宪法》均只规定了特赦。2015年实行了第八次特赦。2019年由国家主席习近平签署发布特赦令，对九类服刑罪犯实行特赦，这是第九次特赦。

（6）如果遇到国家遭受武装侵犯或者必须履行国家间共同防止侵略的条约的情况，有权决定宣布战争状态；

（7）决定全国总动员和局部动员；

（8）决定全国或者个别省、自治区和直辖市进入紧急状态；

（9）决定法律在一定期限、部分地方的暂停调整、暂停适用。

第3节 地方各级人大和人大常委会

一、概述

（一）性质、地位

1. 地方各级人大是地方国家权力机关，在同级国家机关中处于支配和核心的地位。本级的地方国家行政机关、审判机关、检察机关都由人大选举产生，对它负责，受它监督。

地方各级人大与全国人大一起构成我国国家权力机关体系，但是，全国人大与地方各级人大之间、地方各级人大之间没有隶属关系，上级人大有权依照宪法和法律监督下级人大的工作。

记忆口诀 人大上下不隶属。

2. 县级以上地方各级人大设常委会作为常设机关。乡级人大不设常委会。

注意：乡级人大主席、副主席

乡、镇、民族乡人大不设常委会，那么，乡级人大闭会期间，人大系统的工作如何处理？根据《地方各级人民代表大会和地方各级人民政府组织法》第18条的规定，乡、民族乡、镇的人大设主席，并可以设副主席1~2人。主席、副主席由本级人大从代表中选出，任期同本级人大每届任期相同。乡级人大主席、副主席在本级人大闭会期间负责联系本级人大代表，根据主席团的安排组织代表开展活动，反映代表和群众对本级人民政府工作的建议、批评和意见，并负责处理主席团的日常工作。乡级人大主席、副主席不得担任国家行政机关的职务；如果担任国家行政机关的职务，必须向本级人大辞去主席、副主席的职务。

（二）组成、任期

1. 地方各级人大由相应的代表组成，每届任期均为5年。

[小知识] 地方各级人大代表的名额

（1）省、自治区、直辖市人大：350（基数）~1000人。

（2）设区的市、自治州人大：240（基数）~650人。

（3）不设区的市、市辖区、县、自治县人大：140（基数）~450人；总人口不足5万的，可以少于基数。

（4）乡、民族乡、镇人大：45（基数）~160人；总人口不足2000的，可以小于基数。

2. 地方各级人大常委会由主任、副主任若干人、秘书长（县级不设此职）、委员若干人组成，任期与本级人大任期相同，均为5年。县级以上的地方各级人大常委会每届任期同本级人大每届任期相同，其行使职权到下届本级人大选出新的常委会为止。

[小知识] 地方各级人大常委会组成人员的名额

（1）省、自治区、直辖市人大常委会：45~75人，人口超过8000万的省不超过95人；

（2）设区的市、自治州人大常委会：29～51人，人口超过800万的设区的市不超过61人；

（3）县、自治县、不设区的市、市辖区人大常委会：15～35人，人口超过100万的县、自治县、不设区的市、市辖区不超过45人。

人大常委会主任、副主任、秘书长（县级没有秘书长）组成主任会议，处理人大常委会的重要日常工作[1]。

人大常委会组成人员，乡级人大主席、副主席不得担任国家行政机关、监察机关、审判机关和检察机关的职务。

地方各级人大常委会设立代表资格审查委员会，代表资格审查委员会的主任委员、副主任委员和委员的人选，由常委会主任会议在常委会组成人员中提名，常委会任免。

地方各级人大常委会根据工作需要设立办事机构和其他工作机构。省、自治区的人大常委会可以在地区设立工作机构。市辖区、不设区的市的人大常委会可以在街道设立工作机构。

（三）会议制度

1. 会议举行

（1）地方各级人大会议每年至少举行1次。乡级的人大会议一般每年举行2次。会议召开的日期由本级人大常委会或者乡级人大主席团决定，并予以公布。

县级以上的地方各级人大常委会或者乡、民族乡、镇的人大主席团认为必要，或者经过1/5以上代表提议，可以临时召集本级人大会议。

县级以上的地方各级人大会议由本级人大常委会召集。乡级人大会议由上一次人大会议的主席团召集。

县级以上的地方各级人大每次会议举行预备会议，选举本次会议的主席团和秘书长，通过本次会议的议程和其他准备事项的决定。预备会议由本级人大常委会主持。每届人大第一次会议的预备会议，由上届本级人大常委会主持。副秘书长的人选由主席团决定。预备会议后，由主席团正式主持全体会议。乡级人大无预备会议，直接选举主席团主持会议，并负责召集下一次人大会议。乡级人大主席、副主席为主席团的成员。

各级人大会议须有2/3以上的代表出席，始得举行。

（2）地方各级人大常委会会议由常委会主任召集，至少每2个月举行一次。遇有特殊需要时，可以临时召集常委会会议，可以委托副职主持会议。

人大常委会会议须有常委会全体组成人员过半数出席，始得举行。

2. 会议列席

（1）人大会议

❶法定列席：县级以上的地方各级政府组成人员和监察委主任、法院院长、检察院检察长，乡级的政府领导人员，列席本级人大会议；

❷酌定列席：县级以上的其他有关机关、团体负责人，经本级人大常委会决定，可以列

---

[1] 重要日常工作包括：①决定常务委员会每次会议的会期，拟订会议议程草案，必要时提出调整会议议程的建议；②对向常务委员会提出的议案和质询案，决定交由有关的专门委员会审议或者提请常务委员会全体会议审议；③决定是否将议案和决定草案、决议草案提请常务委员会全体会议表决，对暂不交付表决的，提出下一步处理意见；④通过常务委员会年度工作计划等；⑤指导和协调专门委员会的日常工作；⑥其他重要日常工作。

席本级人大会议。

（2）人大常委会会议

县级以上的地方各级政府、监察委、法院、检察院的负责人，列席本级人大常委会会议。

二、主要职权

（一）立法权

1. 设区的市、自治州以上的地方人大及其人大常委会可以根据区域协调发展的需要，开展协同立法。

2. 乡级人大和地方各级政府无权协同立法。

（二）经济权

1. 县级以上地方各级人大审查和批准本行政区域内的国民经济和社会发展规划纲要、计划和预算及其执行情况的报告，审查监督政府债务，监督本级人民政府对国有资产的管理。

少数民族聚居的乡、民族乡、镇的人大与普通乡、镇人大略有区别，其可以依照法律的规定采取适合民族特点的具体措施。

2. 县级以上地方各级人大常委会审查和批准本行政区域内的国民经济和社会发展规划纲要、计划和本级预算的调整方案；监督本行政区域内的国民经济和社会发展规划纲要、计划和预算的执行，审查和批准本级决算，监督审计查出问题整改情况，审查监督政府债务；监督本级人民政府对国有资产的管理，听取和审议本级人民政府关于国有资产管理情况的报告。

（三）人事权

1. 地方人大

县级以上地方各级人大选举本级人大常委会成员，本级政府正、副职，本级监察委主任、法院院长，检察院检察长；乡级人大选举乡级人大正、副主席，以及政府正副职。

记忆口诀 地方人大产生人员时"有选举、无决定"。

人大常委会主任、秘书长，乡级人大主席，政府正职领导人员，监察委主任，法院院长，检察院检察长的候选人数可以多1人，进行差额选举；如果提名的候选人只有1人，也可以等额选举。其余领导人员（人大常委会副主任、委员，乡级人大副主席，政府副职领导）均应当差额选举。

记忆口诀 地方人大产生人员时"正职差等皆可，副职应当差额"。

对本级人大选举产生的全体人员，县级以上人大主席团、常委会，1/10以上代表联名提出罢免案，乡级人大主席团、1/5以上代表联名提出罢免案。罢免案由主席团提请大会审议，并经全体代表的过半数同意通过。

2. 地方人大常委会

（1）在本级人大闭会期间，县级以上地方各级人大常委会决定本级政府副职（如副省长、自治区副主席、副市长、副州长、副县长、副区长）的个别任免；根据政府正职的提名，决定本级政府组成人员（如秘书长、厅长、局长、委员会主任、科长）的任免，报上一级人民政府备案；任免监察委副职和其他成员、法院副职和其他成员、检察院副职和其他成员，批准下一级检察长的任免。

记忆口诀 任免本级政府个别副职和其他成员，任免"监、法、检"所有副职和其他成员，批准

下一级检察长的任免。

（2）在本级人民代表大会闭会期间，县级以上地方各级人大常委会在本级政府正职（如省长、自治区主席、市长、州长、县长、区长）、监察委主任、法院院长、检察院检察长因故不能担任职务的时候，从相应副职领导人员中决定代理的人选；决定代理检察长，须报上一级人民检察院和人大常委会备案。

记忆口诀 ▶ 决定"府、监、法、检"代理正职。

（3）在本级人民代表大会闭会期间，县级以上地方各级人大常委会决定撤销本级政府个别副职（如副省长、自治区副主席、副市长、副州长、副县长、副区长）和其他成员的职务，决定撤销其任命的监察委副职和其他成员、法院副职和其他成员、检察院副职和其他成员、中级法院院长、检察院分院检察长的职务。

（四）监督权

1. 地方人大

人大常委会、政府、法院、检察院向本级人大负责并报告工作。监察委员会不对人大报告工作，只对人大常委会作专项工作报告。

记忆口诀 ▶ 县级以上地方人大："四报告、一例外"。

乡级政府、乡级人大主席团向乡级人大报告工作。

2. 地方人大常委会

县级以上地方各级人大常委会监督本级政府、监察委、法院和检察院的工作，主要包括：①开展对法律法规实施情况的检查；②质询和询问；③听取和审议"府、监、法、检"的专项工作报告。

记忆口诀 ▶ 县级以上地方人大常委会：施法、质问、专报。

（五）重大事项决定权

1. 地方各级人大铸牢中华民族共同体意识（人大常委会没有这一职权），促进各民族广泛交往交流交融，保障少数民族的合法权利和利益。

2. 地方各级人大及其常委会讨论、决定本行政区域内的政治、经济、教育、科学、文化、卫生、生态环境保护、自然资源、城乡建设、民政、社会保障、民族等工作的重大事项和项目。

第4节 专门委员会和调查委员会

一、专门委员会：常设性委员会

（一）概述

1. 全国人大、县级以上地方各级人大设专门委员会。专门委员会是本级人大的辅助性的常设工作机构，受本级人大及其常委会的领导。专门委员会的决议必须经过人大或者人大常委会审议通过之后才具有效力。

2. 专门委员会由主任、副主任和委员若干人组成，不设秘书长。专门委员会组成人员的人选必须是本级人大代表，由人大主席团提名，大会表决通过。

全国人大闭会期间，全国人大常委会可以补充任命专门委员会副主任委员和委员，由委

员长会议提名，全国人大常委会通过。

县级以上地方各级人大闭会期间，本级人大常委会可以补充任命专门委员会个别的副主任委员和部分委员，由主任会议提名，本级人大常委会通过。

各专门委员会还可任命一定数量的非人大代表的专家顾问。

专门委员会成员的代表职务被罢免的，由主席团或人大常委会予以公告。其请辞被接受的，由人大常委会予以公告。

（二）职权

1. 共同任务：研究、审议、拟订有关议案，尤其是本级人大主席团和本级人大常委会交付的议案、质询案。

2. 专门任务

全国人大民族委员会还可以对加强民族团结问题进行调查研究，提出建议；审议自治区报请全国人大常委会批准的自治区的自治条例和单行条例，向全国人大常委会提出报告。

全国人大宪法和法律委员会承担推动宪法实施、开展宪法解释、推进合宪性审查、加强宪法监督、配合宪法宣传等工作职责；统一审议向全国人大或者全国人大常委会提出的法律草案和有关法律问题的决定草案；其他专门委员会就有关草案向宪法和法律委员会提出意见。

全国人大财政经济委员会对国务院提出的国民经济和社会发展计划草案、规划纲要草案、中央和地方预算草案、中央决算草案以及相关报告和调整方案进行审查，提出初步审查意见、审查结果报告；其他专门委员会可以就有关草案和报告向财政经济委员会提出意见。

二、调查委员会：临时性委员会

（一）概述

1. 调查委员会属于人大的临时工作机构，完成任务即予撤销，无任期。县级以上地方各级人大和人大常委会均可依法设立调查委员会，乡级人大无权设立调查委员会。

2. 调查委员会由主任委员、副主任委员和委员组成，不设秘书长。调查委员会成员必须是人大代表，其聘请的专家顾问不是成员。与调查的问题有利害关系的人大常委会组成人员和其他人员不得参加调查委员会。

（二）职权

1. 调查委员会进行调查时，有关国家机关、社会团体和公民个人有义务提供必要材料，提供材料的公民要求对材料来源保密的，调查委员会应当予以保密。

2. 调查委员会可以不公布调查的情况和材料，但是，应当向常委会提出调查报告，常委会可据此作出决议、决定。

第5节 国务院和地方各级人民政府

一、概述

（一）性质、地位

1. 中华人民共和国国务院，即中央人民政府，是最高国家权力机关的执行机关，是最高国家行政机关。

2. 地方各级人民政府是地方各级国家权力机关的执行机关，是地方各级国家行政机关。地方各级人民政府实行重大事项请示报告制度。

地方各级人民政府既向本级国家权力机关又向上一级人民政府负责并报告工作。全国地方各级人民政府都要接受国务院的领导。

（二）组成、任期

1. 国务院由总理、副总理若干人、国务委员若干人、各部部长、各委员会主任、中国人民银行行长、审计长、秘书长组成。

国务院的任期与全国人大的任期相同，总理、副总理、国务委员连续任职不得超过2届。

国务院全体会议由国务院全体成员组成，常务会议由总理、副总理、国务委员、秘书长组成。国务院总理召集和主持国务院常务会议和国务院全体会议。

国务院各部、各委员会的设立、撤销或者合并，经总理提出，由全国人大决定；在全国人大闭会期间，由全国人大常委会决定。

国家审计机关在国务院总理领导下，依法独立行使审计监督权，不受其他行政机关、社会团体和个人的干涉。

2. 县级以上地方各级政府由政府正职、副职若干人和各部门正职组成。乡级政府由乡级政府正职和副职若干人组成（乡级没有工作部门，只有工作人员）。地方各级政府每届任期与本级人大的任期相同。

县级以上地方各级政府的工作部门的设立、增加、减少或者合并，由本级人民政府报请上一级人民政府批准，并报本级人大常委会备案。

县级以上地方各级政府的派出机关：①省、自治区人民政府在必要的时候，经国务院批准，可以设立若干行政公署，作为它的派出机关；②县、自治县人民政府在必要的时候，经省、自治区、直辖市的人民政府批准，可以设立若干区公所，作为它的派出机关；③市辖区、不设区的市的人民政府，经上一级人民政府批准，可以设立若干街道办事处，作为它的派出机关。

县级以上人民政府设审计机关独立审计，对本级人民政府和上一级审计机关负责。

二、主要职权

（一）国务院

1. 立法权：行政法规的制定和发布权；行政措施的规定权。

2. 人事权：国务院副秘书长、各部副部长、各委员会副主任、中国人民银行副行长、副审计长由国务院任免。

3. 其他职权：如全国人大或全国人大常委会授权立法，依法决定省、自治区、直辖市的范围内部分地区进入紧急状态。

（二）地方各级人民政府

1. 立法权：县级以上的地方各级人民政府制定涉及个人、组织权利义务的规范性文件，应当依照法定权限和程序，进行评估论证、公开征求意见、合法性审查、集体讨论决定，并予以公布和备案。

2. 人事权：依照法律的规定任免、培训、考核和奖惩国家行政机关工作人员。

3. 保障各方面权利。

4. 其他职权：地方各级政府（和人大）铸牢中华民族共同体意识（人大常委会没有这一职权）。县级以上的地方各级人民政府可以共同建立跨行政区划的区域协同发展工作机制，加强区域合作。县级以上的地方各级人民政府根据应对重大突发事件的需要，可以建立跨部门指挥协调机制。

第6节 国家主席、中央军事委员会

一、中华人民共和国主席

（一）概述

1. 中华人民共和国主席是我国的国家机构，对内对外代表国家。根据1954年《宪法》的规定，国家主席与全国人大常委会共同行使国家元首的职权。1975年《宪法》、1978年《宪法》均未设置国家主席。1982年《宪法》恢复了国家主席的设置。

2. 国家主席、副主席当选的基本条件有二：①有选举权和被选举权的中华人民共和国公民；②年满45周岁。国家主席、副主席的任期同全国人大每届任期相同，均为5年，无任届限制。

（二）主要职权

1. 根据全国人大常委会的决定，发布特赦令、动员令，宣布进入紧急状态、战争状态。在全国人大或全国人大常委会正式通过法律后，以主席令形式予以颁布施行。

2. 根据全国人大或全国人大常委会的决定，宣布国务院总理、副总理、国务委员、各部部长、各委员会主任、审计长、秘书长的任职或免职。

3. 根据全国人大常委会的决定，派出和召回驻外大使，宣布批准或废除同外国缔结的条约和重要协定。

4. 根据全国人大常委会的决定，向国家勋章和国家荣誉称号获得者授予国家勋章、荣誉称号奖章，签发证书。

5. 代表国家进行国事活动，接受外国使节，国事活动中可以直接授予外国政要、国际友人等人士"友谊勋章"。

记忆口诀 ▶ 国家主席的职权：自行决定两件事，友谊勋章+国事活动。

二、中央军事委员会

（一）历史沿革

1. 1954年《宪法》规定，国家主席统率全国武装力量，担任国防委员会主席。

2. 1975年《宪法》和1978年《宪法》取消国家主席，改由中共中央委员会主席统率全国武装力量。

3. 1982年《宪法》设立中央军事委员会，作为独立的国家机关领导全国武装力量。

（二）组成及任期

1. 中央军委由主席、副主席若干人、委员若干人组成。
2. 中央军委每届任期与全国人大每届任期相同，现行《宪法》没有规定中央军委主席的任期限制。

第7节 监察委员会、人民法院和人民检察院

一、监察委员会

（一）概述

1. 监察委员会是专司监察职能的专责机关，其他任何机关、团体、个人都无权行使监察权。监察委员会依照法律监察所有行使公权力的公职人员。
2. 监察委员会由主任、副主任、委员若干人组成。国家监察委员会主任连续任职不得超过2届，地方各级监察委员会主任没有任届限制。

（二）组织体制

1. 国家监察委员会是最高监察机关，领导地方各级监察委员会的工作。上级监察委员会领导下级监察委员会的工作。地方各级监察委员会要对上一级监察委员会负责。
2. 监察委员会与审判机关、检察机关、执法部门互相配合，互相制约，各司其职，密切配合，依法办理职务违法犯罪案件；依法独立行使监察权是前提。
3. 对监察委的监督分为三类：

（1）权力机关监督。各级人大常委会听取和审议本级监察机关的专项工作报告，根据需要可以组织执法检查。县级以上各级人大代表和人大常委会成员可以就监察工作中的问题进行质询或询问。

（2）内设监督。被调查人及其近亲属有权向内设监督机构申诉。

（3）其他监督。监察委员会必须接受民主监督、社会监督、舆论监督。

二、人民法院、人民检察院

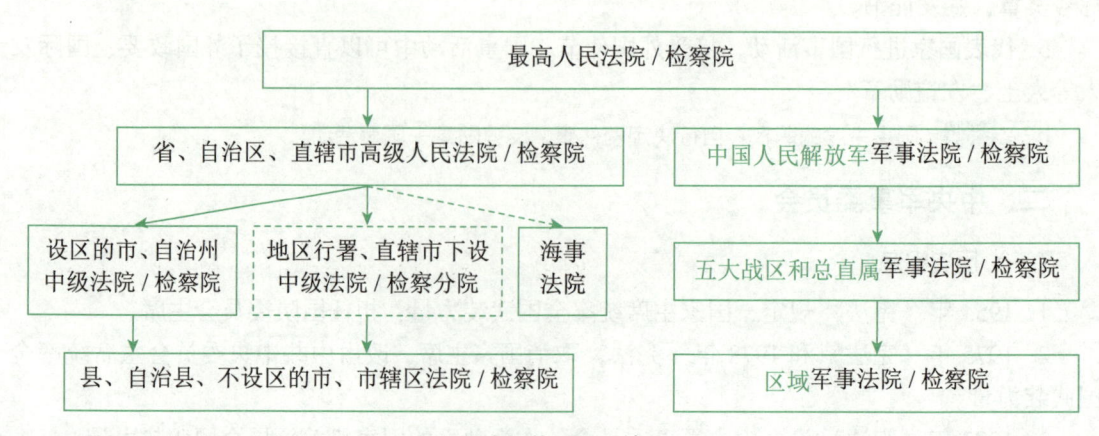

```
                    最高人民法院/检察院
          ┌──────────────┴──────────────┐
    省、自治区、直辖市高级人民法院/检察院      中国人民解放军军事法院/检察院
    ┌─────┬─────┐
设区的市、   地区行署、   海事
自治州    直辖市下设   法院      五大战区和总直属军事法院/检察院
中级法院/   中级法院/
检察院    检察分院
    │
县、自治县、不设区的市、市辖区法院/检察院     区域军事法院/检察院
```

司法机关组织系统

（一）机关性质

1. 人民法院是国家的审判机关。在我国，审判权必须由人民法院统一行使，其他任何机关、团体和个人都无权进行审判活动。

2. 人民检察院是国家的法律监督机关。

（二）组织体系

1. 最高人民法院监督地方各级人民法院和专门人民法院的审判工作，上级人民法院监督下级人民法院的审判工作。上下级人民法院之间的关系不是领导关系，而是监督关系。

2. 最高人民检察院领导地方各级人民检察院和专门人民检察院的工作，上级人民检察院领导下级人民检察院的工作。下级人民检察院必须接受上级人民检察院和最高人民检察院的领导，并对上级人民检察院负责。

第三编
中国法律史

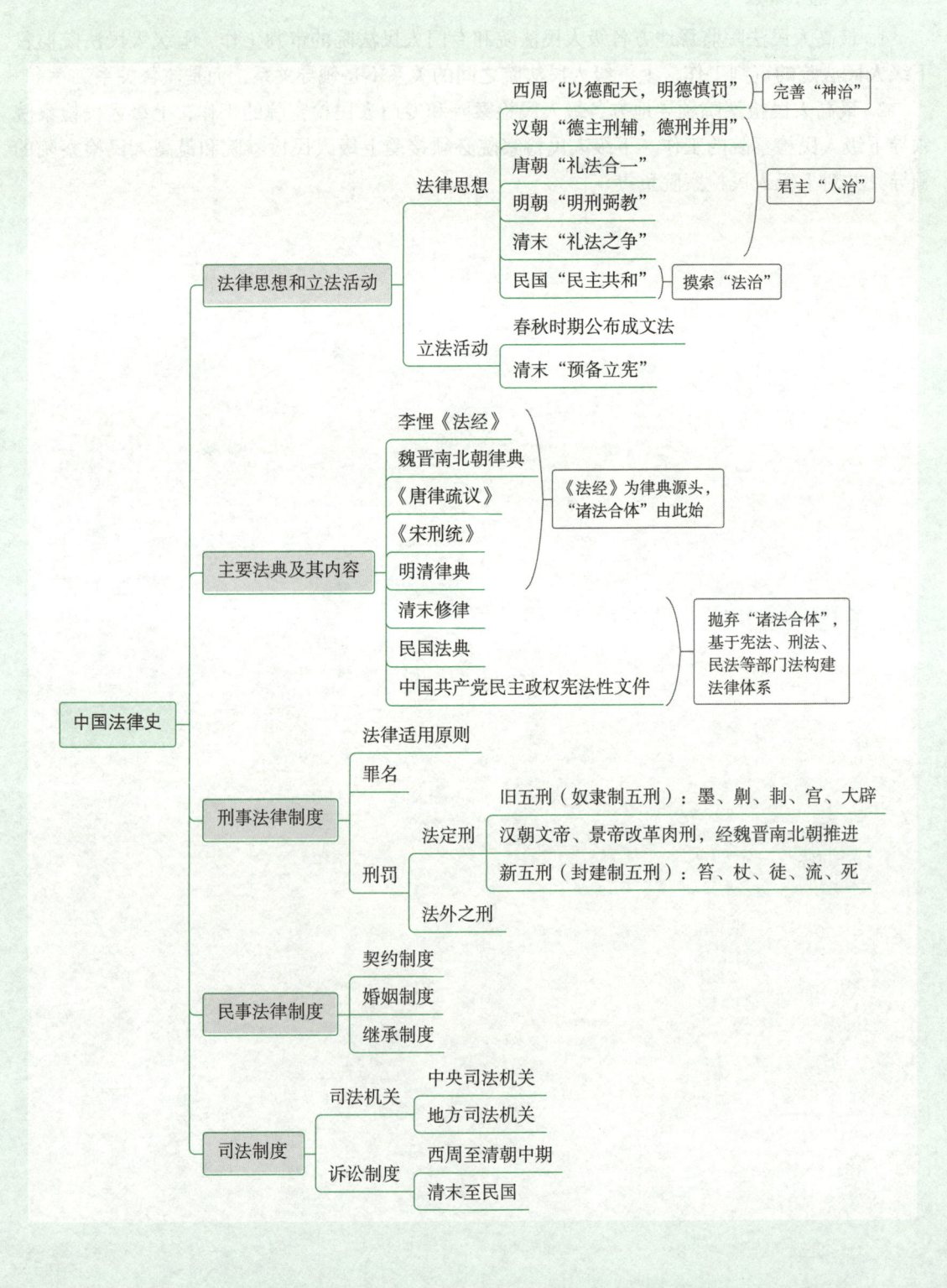

中国法律史
- 法律思想和立法活动
  - 法律思想
    - 西周"以德配天，明德慎罚" —— 完善"神治"
    - 汉朝"德主刑辅，德刑并用"
    - 唐朝"礼法合一"
    - 明朝"明刑弼教" —— 君主"人治"
    - 清末"礼法之争"
    - 民国"民主共和" —— 摸索"法治"
  - 立法活动
    - 春秋时期公布成文法
    - 清末"预备立宪"
- 主要法典及其内容
  - 李悝《法经》
  - 魏晋南北朝律典
  - 《唐律疏议》
  - 《宋刑统》
  - 明清律典
  - 《法经》为律典源头，"诸法合体"由此始
  - 清末修律
  - 民国法典
  - 中国共产党民主政权宪法性文件
  - 抛弃"诸法合体"，基于宪法、刑法、民法等部门法构建法律体系
- 刑事法律制度
  - 法律适用原则
  - 罪名
  - 刑罚
    - 法定刑
      - 旧五刑（奴隶制五刑）：墨、劓、剕、宫、大辟
      - 汉朝文帝、景帝改革肉刑，经魏晋南北朝推进
      - 新五刑（封建制五刑）：笞、杖、徒、流、死
    - 法外之刑
- 民事法律制度
  - 契约制度
  - 婚姻制度
  - 继承制度
- 司法制度
  - 司法机关
    - 中央司法机关
    - 地方司法机关
  - 诉讼制度
    - 西周至清朝中期
    - 清末至民国

法律思想和立法活动 第1章

每一部法典的背后，都有着强大的思想活动。自夏商周至中华民国，中国立法思想的变迁大致可以分为三段：夏商周时期、周秦之变到清朝中期、清末到民国。与之相适应，立法活动也呈现出不同的特点。

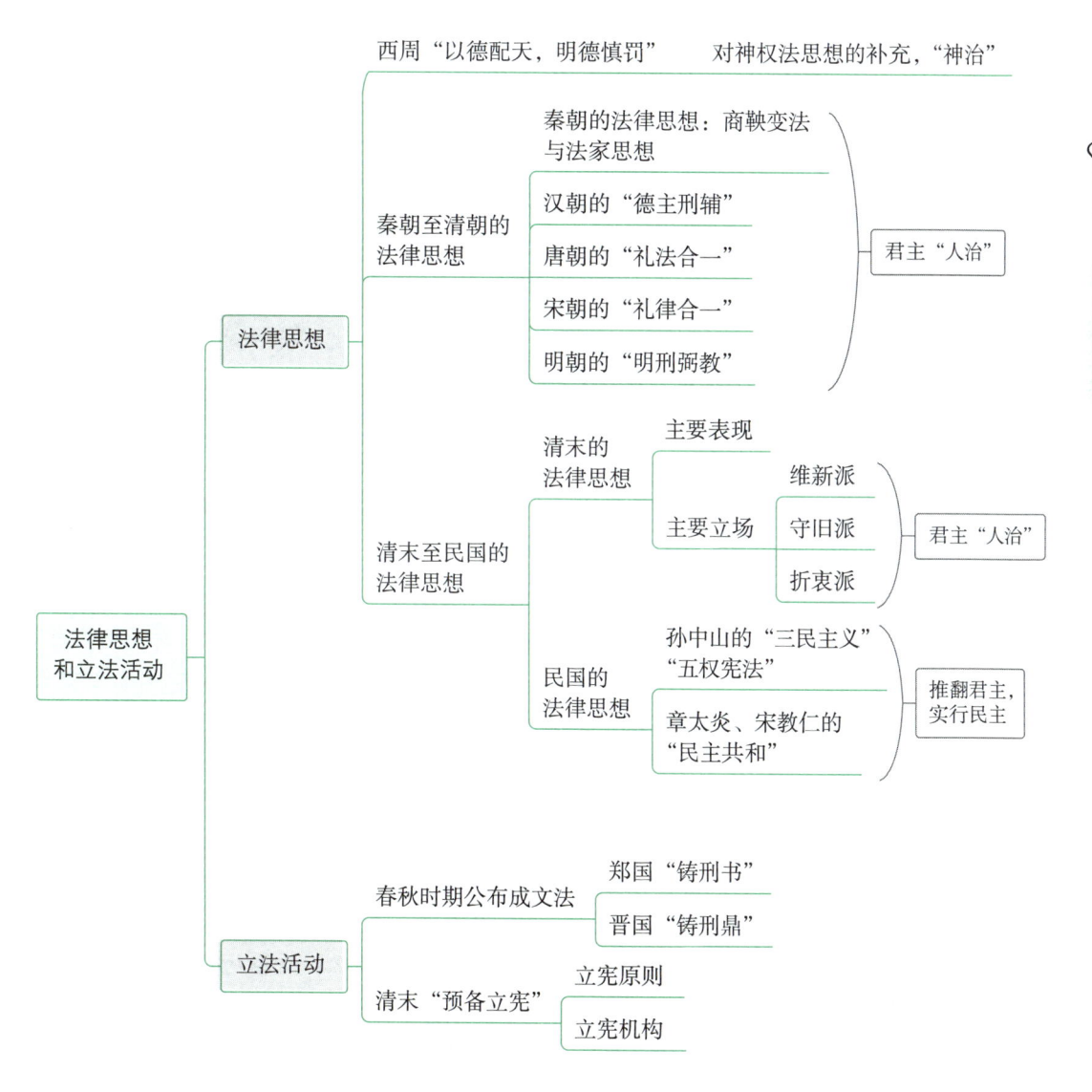

法律思想和立法活动
- 法律思想
  - 西周"以德配天，明德慎罚" —— 对神权法思想的补充，"神治"
  - 秦朝至清朝的法律思想 —— 君主"人治"
    - 秦朝的法律思想：商鞅变法与法家思想
    - 汉朝的"德主刑辅"
    - 唐朝的"礼法合一"
    - 宋朝的"礼律合一"
    - 明朝的"明刑弼教"
  - 清末至民国的法律思想
    - 清末的法律思想 —— 君主"人治"
      - 主要表现
      - 主要立场
        - 维新派
        - 守旧派
        - 折衷派
    - 民国的法律思想 —— 推翻君主，实行民主
      - 孙中山的"三民主义""五权宪法"
      - 章太炎、宋教仁的"民主共和"
- 立法活动
  - 春秋时期公布成文法
    - 郑国"铸刑书"
    - 晋国"铸刑鼎"
  - 清末"预备立宪"
    - 立宪原则
    - 立宪机构

第1节　法律思想

一、西周"以德配天，明德慎罚"

夏商周时期的法律思想整体上属于神权法思想。大致来说，神权法思想起于夏，盛于商，衰于周。神权法是指法律及其背后的国家权力都来自于神。传统中国的"天罚神判"是其典型表现。例如，夏朝的启讨伐有扈氏时就宣称，"今天用剿绝其命"——不是我要干掉有扈氏，而是老天要我剿灭、断绝他的性命。此即"天罚"。又如，出土的商朝甲骨文中有很多商王和史官（贞人）向上帝占卜如何定罪量刑的记载。此即"神判"。

[背景知识] 神权法思想的逻辑如下：大家长得一样，谁也没有三头六臂，凭什么我定规矩，你们得服从？究其原因，规矩不是我定的，是神定的！为什么神选择我来传达规矩，因为我家祖宗跟神发生了关系。例如，夏朝的大禹原本就是神，商朝的先王"契"（xiè）是其母吃了鸟蛋后怀上的（"天命玄鸟，降而生商"），周朝的先王"弃"是其母踩到巨人脚印后怀上的（"践巨人迹，感而生弃"）。

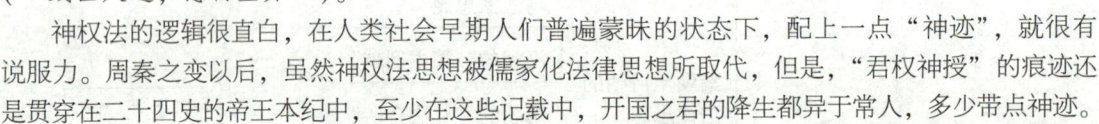

神权法的逻辑很直白，在人类社会早期人们普遍蒙昧的状态下，配上一点"神迹"，就很有说服力。周秦之变以后，虽然神权法思想被儒家化法律思想所取代，但是，"君权神授"的痕迹还是贯穿在二十四史的帝王本纪中，至少在这些记载中，开国之君的降生都异于常人，多少带点神迹。

（一）夏商时期的神权法思想

1. "夏人尊命"。例如，启讨伐有扈氏时以天命为口号，对有扈氏和对手下军队说："用命赏于祖，弗用命戮于社。"（服从天命、好好打仗的，在祖先面前受赏赐；不服从天命、不好好打仗的，在神社里被羞辱地杀死）

2. "殷人尊神"。例如，《礼记·表记》载："殷人尊神，率民以事神。"商王就是最大的祭司，在他的带领下，商朝包括用刑在内的所有国家事务，都要向上天、鬼神祈祷和请示。

（二）周朝对神权法思想的补充：明德慎罚与礼刑关系

1. 西周的"以德配天，明德慎罚"思想

（1）旧的缺陷：夏商以来的神权法思想存在致命缺陷。例如，既然夏王、商王都宣称自己与神有关系，是天选之子，为什么夏被商灭了，商被周灭了？按照这一规律，周必然被灭，那么，该如何宣传才能让人心服从？换句话说，夏商的说辞不能解释政权更替的原因，更谈不上长治久安了。

（2）新的补充：西周"以德配天，明德慎罚"的逻辑是："皇天无亲，惟德是辅"。也就是说，老天对人并没有远近亲疏的差别待遇，老天只会辅佐有德之人。例如，夏朝之所以建立，是因为夏禹有德；夏朝之所以灭亡，是因为夏桀失德。商朝之所以建立，是因为商汤有德；商朝之所以灭亡，是因为商纣失德。周朝之所以建立，是因为周文王姬昌、周武王姬发有德，只要继任者一直效仿夏禹、商汤、周文王、周武王，那么，周朝的江山就千秋万代。因此，统治者要重视"德"。

（3）主要内容。"德"主要包括三者：①敬天（天是根本所在）；②尊祖（祖宗都成为鬼神，与"天"的关系密切）；③保民（这是前两者的落脚点）。

（4）地位及其影响。"以德配天，明德慎罚"是对夏商神权法思想的补充。夏人尊命、殷人尊神，相对于命、神，夏王、商王只是被动的工具。例如，根据《史记》所记，对于周族的崛起、进攻和自己的落败，商纣的态度是"我生不有命在天乎"（我生死有命，全凭天定，胜败并不受周族影响）。与之相比，周人重德，以德配天，人是主动的主体。从这一角度来说，神权法思想起于夏，盛于商，衰于周。

"以德配天，明德慎罚"代表了周初的基本政治观和治国方针，形成了"礼刑结合"的宏观法制特色，对后世的政治法律思想和制度产生了深远影响，在汉代的法律儒家化进程中被阐发为"德主刑辅，礼刑并用"的基本策略，为以"礼律合一"为特征的中国传统法制奠定了理论基础。

2. "出礼入刑"的礼刑关系

周朝初年，周公（姬旦）制礼作乐，"德"的具体内容被归纳成"礼"，"德教"就是"礼治"，对于不服从"德教"的行为，则用刑罚加以规范。这就是"出礼入刑"，即逾越了礼的边界，就进了刑的地盘。

（1）礼的内涵。"周礼三千，有本有文"："本"即抽象的精神原则，主要包括亲亲（父为首）、尊尊（君为首）；"文"即具体的礼仪形式，主要包括"五礼"[1]"六礼""九礼"等。

（2）礼的性质。周礼已完全具有法的性质（规范性、国家意志性和国家强制性），并在当时起着实际的调整作用。

（3）礼、刑关系。礼、刑实为一体之两面，二者相互依存而非对立。换句话说，礼是斯文模样的法，刑是青面獠牙的法。 注意：西周的"礼""刑"都是法；我们现在所说的"礼"不是法，而是道德。

❶ "出礼则入刑"：逾越了礼，就要受刑。礼是正面、积极的规范，而刑则是对违礼的行为的处罚。

❷ "礼不下庶人，刑不上大夫"：强调礼、刑的适用要分等级、重差别，搞区别对待、不平等待遇。"礼不下庶人"不是说庶人就不守礼，只有大夫才守礼，而是说庶人有庶人的礼，大夫有大夫的礼，适用于庶人的礼并不适用于大夫，适用于大夫的礼也不适用于庶人。例如，《清会典》规定，红盖的"八抬大轿"仅供亲王、郡王乘坐，庶民只能乘坐黑顶的"二抬小轿"。同理，"刑不上大夫"不是说大夫犯罪就不受刑，只有庶人犯罪才受刑，而是说适用于庶人的刑不适用于大夫，反之亦然。例如，大夫以上贵族犯罪亦受刑，但受刑时享有某些特权，如不公开行刑、不受羞辱刑等。

> 西周慎罚德配天，
> 敬天敬祖保万民。
> 亲亲尊尊礼核心，
> 出礼入刑讲等级。

---

[1] 五礼即吉礼（祭祀之礼）、凶礼（丧葬之礼）、军礼（行军作战之礼）、宾礼（迎宾待客之礼）、嘉礼（冠婚之礼）。

二、秦朝至清朝的法律思想

自春秋战国以来,在"百家争鸣"的理论探索和诸侯侵伐的兼并实践中,法家思想、儒家思想展现出自身的价值,先后成为秦朝、汉朝的官方法律思想。

(一)秦朝的法律思想:商鞅变法与法家思想

秦朝的法律思想起自秦国时法家的商鞅。商鞅变法,奖励耕战,以法律为工具,以重刑为威慑,驱使秦人死不旋踵,把秦国改造成一架纯粹的种地、打仗的庞大机器,使得秦国扫灭六国、匡合天下,一跃为秦朝。因此,法家思想成为秦朝的官方正统思想。

自商鞅变法以来,法家主张得以全面贯彻,主要包括:

1. 以法治国。◎注意:与当代的"依法治国"有天壤之别,"以法治国"是拿法律当作工具的人治,"依法治国"是人人平等、没有特权的法治。

2. 以吏为师。废除传统的讲学和师生,以官吏为教师,禁绝别家学问,专门讲授秦律——"焚书坑儒"是其缩影。

3. 明法重刑,轻罪重刑。彰明法律规定,加重刑罚处置。法家思想认为,人的本性是趋利避害的,那么,对于轻罪处以重刑,就能有效地威慑人们,从而杜绝重罪的发生。

4. 不赦不宥。与重刑主张相适应,对于犯罪,不论何种情形,不免罪(不赦)、不从轻(不宥)。

5. 鼓励告奸。"奸"者,外奸;"宄"(guǐ)者,内奸。向官府告发潜入本国的外奸,其功劳等同于战场上杀敌斩首,官府予以奖励。

(二)汉朝的"德主刑辅"

1. 汉朝借鉴西周"以德配天,明德慎罚"的思想,将其改造为"德主刑辅,德刑并用"。汉朝法律思想大转变的原因在于,秦朝二世而斩,汉朝总结其教训,认为其弊端在于"专任法治",致使秦朝法网严密、严刑峻法,天下人稍有不慎,就变成了罪犯,"赭衣塞道"(路上挤满了穿囚服的人),因此,秦朝不可能长治久安。

2. 自汉朝起,传统中国的官方法律思想发生转变,从秦朝的法家思想转为以儒家为主的"德刑并用""礼律融合"的正统法律思想。

(三)唐朝的"礼法合一"

1. 唐朝"礼法合一"的法律思想是对前朝"礼法并用"的继承和发展。例如,《唐律》开篇就说,"德礼为政教之本,刑罚为政教之用",也就是说,推行国家统治的根本是德礼,刑罚只是其手段。又如,清末纪晓岚评说,"唐律一准乎礼而得古今之平",即唐律有一条最核心的准则,就是法律规定要合乎礼,因此唐律是古往今来最公平的法律。

2. 秉承这一思想,唐律"科条简要,宽简适中"(法律条文简明扼要,立法范围宽窄适度),立法技术完善,成为中国传统法典的楷模和中华法系形成的标志。

(四)宋朝的"礼律合一"

1. 宋朝法律思想在唐朝基础上发展为"礼律合一",其思想来源是宋朝的"理学"。宋朝理学的理论来源主要有三:

(1)汉学以前原始经典儒学。

[背景知识]传统中国的儒学大致可分为三段:第一段是秦朝以前的孔、孟之儒,即原始经

典儒学；第二段是汉朝以来董仲舒的"新儒学"，掺杂了法家、阴阳家的学问；第三段是宋明理学，即"二程"（程颢、程颐）、朱熹、王阳明所倡导的儒学派别。

（2）以华严宗和禅宗为主的佛学。宋明理学借鉴了佛学精微广大的思辨及其技巧。

（3）以太极和阴阳学说为主的道教。宋明理学借鉴了道教从最根本规律出发解释事物及其秩序的学问。例如，"道生一，一生二，二生三，三生万物"。

2. 宋朝"礼律合一"思想的主要表现有四：

（1）以法治吏，中央集权。例如，唐末藩镇自地方而祸乱中央，割据天下。宋朝皇权深以为忌，对于藩镇、节度使，从法律上"稍夺其权，制其钱谷，收其精兵"，把权力、财政、粮食、军队统统收归中央管辖。又如，宋朝重视修订法律、完善司法程序和体制，严格选拔司法官吏，以控制地方司法、强化中央集权。

（2）义利之辩，重视财政。宋朝重视以法律推动财政，从传统的"讳言财利"转向"利义均重，利义相辅"。例如，"永嘉"功利学派强调，"政事之先，理财为急"。又如，《名公书判清明集》强调，"县令于簿书，当如举子之治本经"，即基层官员对财政账本的重视，应当达到读书人对"四书五经"的熟悉程度。

（3）以"礼律之文"为根本。例如，朱熹明确地说，"正风俗防祸乱"必须以"礼律之文"为根本。

（4）法深无善治。即法律不宜繁杂，不能过于详细，否则就无"善治"可言。例如，南宋陈亮认为"法深无善治"，法律愈详尽而弊病愈极端，只有立法宽简、执法宽仁，才能保全民生，才可谓"善治"。

（五）明朝的"明刑弼教"

1. 明朝"明刑弼教"的法律思想改变了"德"与"刑"的传统关系模式。此前，"明德慎罚""德主刑辅""礼法合一""礼律合一"都强调"德"为主纲、"刑"为从辅，"刑"要受"德"的制约。然而，"明刑弼教"中，"刑"的地位与"德"平等。

2. 这一思想的提出者是宋朝的朱熹，落实者是明朝的朱元璋。例如，朱熹认为，礼、律二者对治国同等重要，"不可偏废"，刑罚不必拘泥于"先教后刑"（讲完道理再打），也可以"先刑后教"（打完再讲道理）。

3. 朱元璋基于"明刑弼教"思想，确立了"重典治国""从重从新"等法律原则。

4. 清朝继承了明朝的立法思想和法律原则。

三、清末至民国的法律思想

（一）清末的法律思想

1. 清末变局，数千年未有。清末法律思想观念的变化主要表现为三个方面：

（1）律学余绪。清末律学是传统律学的延续，代表作有薛允升《唐明律合编》、沈家本《历代刑法考》、程树德《九朝律考》。

（2）国体之争。在国体上选择君主专制还是君主立宪，相关论争十分激烈。例如，梁启超认为不一定非要君主专制，因为"主权或在君，或在民，或君民皆同有，以其国体之所属而生差别"，而达寿则坚决主张君主专制，因为"我国之为君主国体，数千年于兹矣"。

（3）朝贡式微。传统中国数千年来习惯了朝贡，即在上的中央王朝接受在下的夷邦、藩国进贡，这与基于平等关系的国际公法格格不入。晚清大变局中，有识之士都主张放弃朝贡。

例如，李鸿章、张之洞以中体西用的理念接受国际公法理论，丁韪良翻译《万国公法》等国际法著作推波助澜。

2. 清末代表人物的法律思想如下：

（1）维新派：①主张君主立宪的有康有为、梁启超、严复；②主张资产阶级法治、推进司法改革的有沈家本、伍廷芳。

（2）守旧派：张之洞、刘坤一、劳乃宣主张变法修律不能背离纲常名教这一"数千年相传之国粹"。

（3）折衷派：袁世凯主张立法不得朝令夕改，道德为体、法律为用，改定律例要随时势而变更。其宪政思想摇摆不定、前后矛盾。

3. "礼法之争"。围绕《大清新刑律》等新式法典的修订，"礼教派"（张之洞、刘坤一、劳乃宣等人）与"法理派"（沈家本等人）产生新旧两条路线的"礼法之争"。

（二）民国的法律思想

辛亥革命推翻了数千年的帝制，让"民主共和"的观念深入人心，代表人物的法律思想如下：

1. 孙中山的法律思想集中体现在"三民主义"和"五权宪法"中。

（1）三民主义，包括民族主义、民权主义与民生主义。其中，民权主义是三民主义的核心。三民主义是资产阶级革命派的政治纲领，也是孙中山政治法律思想的核心内容，分旧与新两个阶段。

民族主义	旧：驱除鞑虏，恢复中华。其局限于大汉族主义，没有明确反对帝国主义。
	新：①中国民族自求解放；②中国境内各民族一律平等。
民权主义	旧：只保护资产阶级的利益。
	新：各革命阶级的共同民主专政，主张主权在民。
民生主义	旧：平均地权，实行国家资本主义。
	新：平均地权，"耕者有其田"；以"节制资本"取代预防资本主义的主张。

（2）五权宪法，即宪法将国家权力分为行政权、立法权、司法权、考试权、监察权，相互制衡，与之相适应，国家机关实行五院制，即行政院、立法院、司法院、考试院、监察院。实际上就是西方"三权分立"+传统中国的考试和监察制度。

其理论基础是"权能分治"。孙中山认为，"政治"等于政（政权，即管理政府的力量）+治（治权，即政府自身的力量），其中，政权属于人民，治权属于政府。既然人民拥有了选举权、创制权、复决权、罢免权，那么，政府同样需要行政权、立法权、司法权、考试权、监察权。

2. 章太炎推崇民主共和，坚决反对君主专制与国家至上的观念。

3. 宋教仁主张民主立宪，国家权力由政党实际掌握，建立责任内阁制，并将地方行政主体划分为地方自治行政主体与地方官治行政主体，寻求中央集权制与地方分权制之间的折中与平衡。

立法活动 第2节

中国法律史上的立法活动频繁且丰富,赓续绵延数千年,但是,就其关节而言,首推春秋时期公布成文法、清末"预备立宪"二者。前者结束了夏商周以来近千年的"秘密法"传统,后者打破了自秦朝以来数千年的"诸法合体"传统。

一、春秋时期公布成文法

春秋时期成文法的公布,否定了"刑不可知,则威不可测"的旧传统,明确了"法律公开"的新原则,冲击了旧贵族垄断法律的特权,可谓新兴地主阶级的重大胜利。

当时,有远见的诸侯国纷纷变法图强,其典型有郑国"铸刑书"和晋国"铸刑鼎"。

(一)"铸刑书"

公元前536年,郑国执政子产铸刑书于鼎,是中国历史上第一次公布成文法的活动。对此,晋国大夫叔向批评说,"昔先王议事以制,不为刑辟"(过去的国君处理事务,从来都是依照老祖宗的规矩,不公布成文法)。

(二)"铸刑鼎"

公元前513年,晋国赵鞅铸刑书于鼎,是中国历史上第二次公布成文法的活动。对此,孔子批评说,"晋其亡乎,失其度矣"(晋国是要亡国的节奏啊,连老祖宗的法度都丢掉了——老祖宗的法度就是不公布成文法)。

记忆口诀 公布成文法的顺序:先书后鼎。

二、清末"预备立宪"

"预备立宪",六年破产。1905年,清政府提出"仿行宪政",派出以载泽为首的五大臣出洋,考察欧洲、日本等地宪政,并设立"宪政编查馆"准备立宪事宜。1911年,辛亥革命兴起,清廷虽然发布了《宪法重大信条十九条》,然而也无力回天。

(一)立宪原则

预备立宪的根本原则是"大权统于朝廷,庶政公诸舆论",即国家大权由中央朝廷统一掌握,无关紧要的事务则交给公众舆论去讨论。

(二)立宪机构

1. 资政院。资政院是清末预备立宪的中央咨询机构,是清朝皇帝直接控制的御用机关,一切决议须报请皇帝定夺,皇帝还有权谕令资政院停会或解散及指定钦选议员。
2. 谘议局。谘议局是清末预备立宪的地方咨询机构,是各省督抚严格控制下的附属品。

第2章 主要法典及其内容

中国法律史赓续数千年，就其关节而言，主要有三：①夏商周并无成文法，主要采取习惯法的形式，即由习惯转化而来、经过国家认可的、不成文的法；②春秋时期公布成文法，中国开始转向成文法的形式；③战国时期商鞅"改法为律"，此后中国历朝历代的主要法典均称作"律"而不称"法"，直到清末修律时，才改回"法"的称呼。

中国是传统的法典法或曰成文法国家，自战国时的《法经》起，直到清末修律以前，赓续"诸法合体"，以一部综合性的基本法典，收纳宪法、刑法、民法等各种法律规范，而以其他法典作为补充。这一传统，至清末修律而斩。

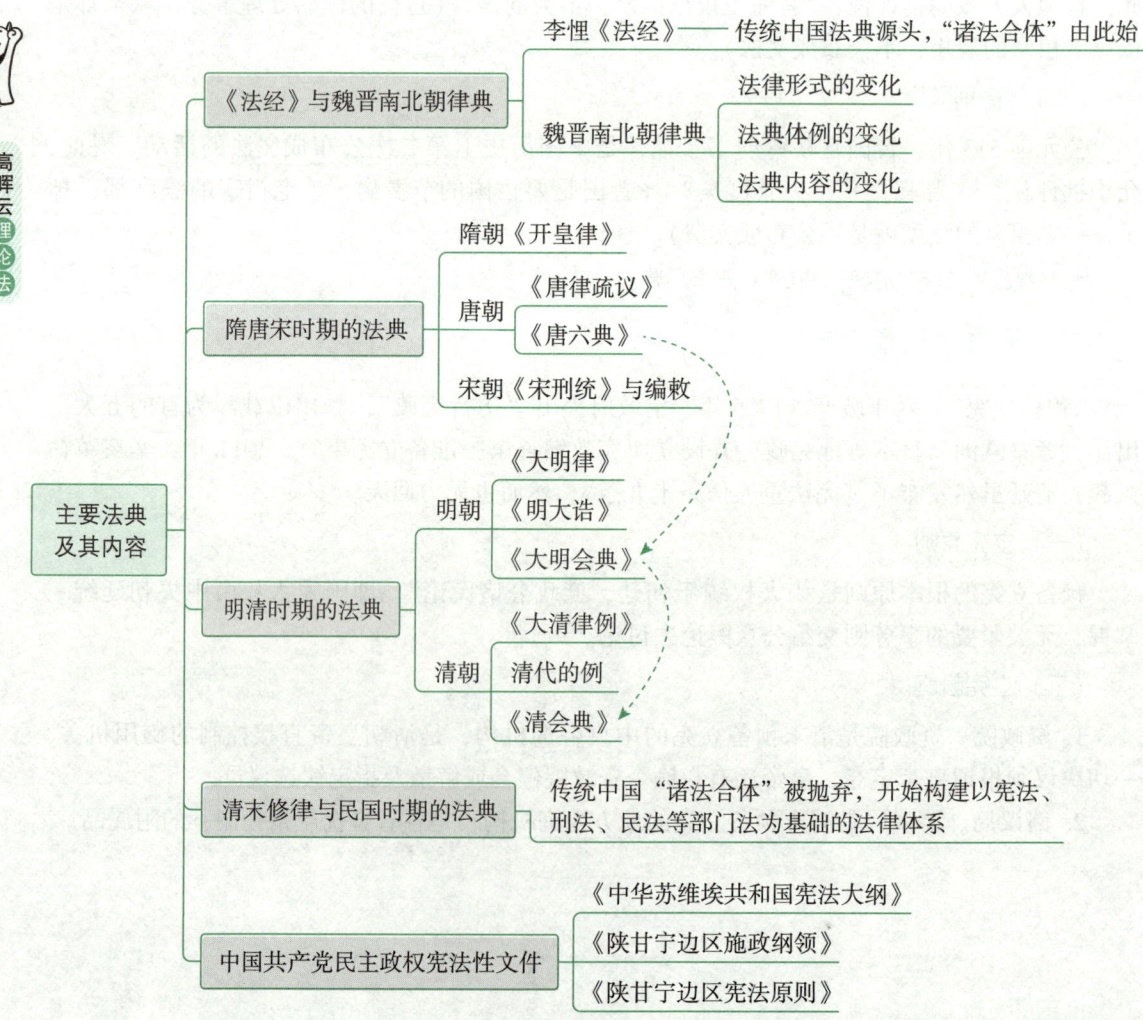

```
主要法典及其内容
├── 《法经》与魏晋南北朝律典
│   ├── 李悝《法经》——传统中国法典源头，"诸法合体"由此始
│   └── 魏晋南北朝律典
│       ├── 法律形式的变化
│       ├── 法典体例的变化
│       └── 法典内容的变化
├── 隋唐宋时期的法典
│   ├── 隋朝《开皇律》
│   ├── 唐朝
│   │   ├── 《唐律疏议》
│   │   └── 《唐六典》
│   └── 宋朝《宋刑统》与编敕
├── 明清时期的法典
│   ├── 明朝
│   │   ├── 《大明律》
│   │   ├── 《明大诰》
│   │   └── 《大明会典》
│   └── 清朝
│       ├── 《大清律例》
│       ├── 清代的例
│       └── 《清会典》
├── 清末修律与民国时期的法典——传统中国"诸法合体"被抛弃，开始构建以宪法、刑法、民法等部门法为基础的法律体系
└── 中国共产党民主政权宪法性文件
    ├── 《中华苏维埃共和国宪法大纲》
    ├── 《陕甘宁边区施政纲领》
    └── 《陕甘宁边区宪法原则》
```

《法经》与魏晋南北朝律典 第1节

一、李悝《法经》

战国时期,李悝出任魏文侯的国相,在总结春秋以来各国成文法的基础上制定了《法经》,它是中国历史上第一部比较系统的封建成文法典。

(一)《法经》的体例和内容

1. 六篇体例,先分后总。《法经》共六篇:《盗法》(侵犯财产)、《贼法》(侵犯人身)、《网法》(或称《囚法》)、《捕法》、《杂法》、《具法》。其中,《具法》相当于近代刑法典中的总则部分。

2. 主要内容。《法经》六篇之中,《盗法》《贼法》为首的原因是,李悝认为,"王者之政,莫急于盗贼"。《网法》《捕法》二篇多属于诉讼法的范围。《杂法》是关于"盗贼"之外的其他犯罪和刑罚的规定,主要内容是"六禁":淫禁、狡禁、城禁、嬉禁、徒禁、金禁。《具法》是关于定罪量刑中从轻、从重等法律原则的规定,起着"具其加减"的作用。

(二)《法经》的历史地位

《法经》是法家思想的产物,它维护封建专制政权,保护地主的私有财产和奴隶制残余,并且贯彻法家的"轻罪重刑"理论。

《法经》反映了新兴地主阶级的利益和意志,是战国时期封建立法的典型代表和全面总结,其体例和各篇的主要内容都为后世所继承。

记忆口诀　《法经》六篇的篇名:盗贼砸(杂)网拒(具)捕。

二、魏晋南北朝律典

(一)法律形式的变化

魏晋南北朝时期,律、令、科、比、格、式相互为用。律是以刑法规范为主要内容的基本法典。令是中央朝廷针对特定事项的法令。科用以补充与变通律、令。比是比附或类推,即比照典型判例或相近律文处理法无明文规定的同类案件。格用以补充律,属于刑事性质。式是公文程式,即官方文书的行文规范。

(二)法典体例的变化

1. 《魏律》:体例先总后分。《魏律》(《曹魏律》)共18篇,将《法经》六篇中的"具律"改为"刑名",将其从末篇改置于律首,自此,法典体例从"先分后总"改为"先总后分"。

2. 《晋律》:总则改为两篇。《晋律》(《泰始律》)共20篇,在魏律的"刑名律"后增加"法例律",形成两篇总则的体例。律学家张斐、杜预为之作注,经晋武帝批准,律、注合颁,故又称"张杜律"。

3. 《北齐律》:总则合二为一。《北齐律》共12篇,将"刑名律"与"法例律"两篇合为"名例律"一篇,同时将分则精简为11篇。自此,"一篇总则"的法典形式沿用至今,"12篇体例"(总则1篇+分则11篇)的法典形式沿用至唐宋时期。

《北齐律》承前启后，是魏晋南北朝时期最有水准的法典。

（三）法典内容的变化

1. 八议。《魏律》以《周礼》"八辟"为依据而定"八议"，对皇朝特权人物犯罪判处刑罚后，实行减免刑罚，包括议亲（皇帝亲戚）、议故（皇帝故旧）、议贤（有大德行）、议能（有大才能）、议功（有大功勋）、议贵（贵族官僚）、议勤（勤于国事）、议宾（前朝皇室宗亲）。该制度被后世沿用。

2. 官当。《北魏律》《陈律》正式规定了允许官吏以官职爵位折抵徒罪的特权制度。

3. 准五服以制罪。《晋律》《北齐律》确立了该制度。"五服"即标志着亲属之间血缘远近亲疏的五种丧服，包括斩衰（zhǎn cuī）、齐衰（zī cuī）、大功、小功、缌麻。在刑罚适用上，凡服制愈近，以尊犯卑，处罚愈轻；以卑犯尊，处罚愈重。凡服制愈远，以尊犯卑，处罚愈重；以卑犯尊，处罚愈轻。例如，"老子打儿子"对比"老子打远房大侄子"，对前者的处罚要轻于后者；反过来看，儿子打亲爹（子殴父）对比远房大侄子打这个"老子"（侄殴叔），对前者的处罚要重于后者。

4. "重罪十条"。《北齐律》中首次规定此十类重罪，包括反逆、大逆、叛、降、恶逆、不道、不敬、不孝、不义、内乱。

犯"重罪十条"者，"不在八议论赎之限"，也就是说，不允许以"八议"、赎刑（交钱抵刑）等方式减免刑罚。

隋唐之时，"重罪十条"被发展为"十恶"。

第 2 节　隋唐宋时期的法典

一、隋朝《开皇律》

在体例上，《开皇律》参酌南北朝各朝刑典，其体例 12 篇被唐律全部继承；在内容上，《开皇律》对后世影响深远。

（一）确立封建五刑（新五刑）

《开皇律》以笞、杖、徒、流、死为基本的刑罚手段，从法典律文上结束了肉刑。自此，除宋朝有变化之外，封建五刑一直作为常刑沿袭至清末刑罚改革。

（二）完善特权制度

《开皇律》继承并发展了前朝"议请减赎当免之法"，充分保护贵族官僚特权。

1. 承袭《曹魏律》的"八议"制度。
2. 规定"例减"制度，特权人物犯罪，如非"十恶"之罪，则例减一等。
3. 规定"赎刑"制度，使以钱财抵刑罚的做法被制度化、法律化。
4. 袭用"官当"制度，并增加区分公罪、私罪的官当标准。

（三）创设"十恶"之条

《开皇律》在《北齐律》"重罪十条"的基础上增删而成"十恶"条款，置于律之首篇"名例律"，后被《唐律》沿袭。

"十恶"的内容如下：

1. 谋反：谋害皇帝、危害国家。
2. 谋大逆：谋划毁坏皇室宗庙、皇陵及宫阙。
3. 谋叛：谋划背叛本朝，投奔敌国。
4. 恶逆：殴打或谋杀祖父母、父母等尊亲。
5. 不道：杀一家非死罪三人，肢解人，以及造畜蛊毒、厌魅。
6. 大不敬：盗皇家祭祀之物或皇帝御用物，盗或伪造皇帝印玺，调配御药误违原方，御膳误犯食禁，以及指斥皇帝、无人臣之礼。
7. 不孝：控告祖父母、父母，对他们供养有缺，未经他们同意分家析产，为他们服丧不如礼。
8. 不睦：谋杀或出卖五服以内亲属，殴打或控告丈夫、大功以上尊长。
9. 不义：杀本管上司、授业师，妇女居夫丧而违礼。
10. 内乱：奸小功以上亲等乱伦行为。

"十恶"所包含的犯罪大致可以分为两类：①侵犯皇权、特权的犯罪；②违反伦理纲常的犯罪。唐律规定，对于犯"十恶"者，不适用特权（如议、请、减、赎、官当等规定）予以减刑，而且不允许赦免，不适用自首。

记忆口诀 十恶包括"三谋恶逆，五不内乱"，犯十恶者"不特不赦不首"（不适用特权，不允许减免，不适用自首）。

二、唐律与中华法系

（一）《唐律疏议》

1. 唐高宗时，将《永徽律》与《律疏》合颁，称《永徽律疏》。《永徽律疏》以儒家经义为依据，逐条对律文进行解释，阐明律文之精义，继承了汉晋以来特别是晋代张斐、杜预注律的已有成果。因疏文皆以"议曰"二字起头，故元代以后又称其为《唐律疏议》。

2. 总体而言，《唐律疏议》"科条简要，宽简适中"，立法技术完善，是中华法系形成的标志。其历史意义如下：

（1）是中华法系的代表性法典，标志着中国古代立法达到了最高水平；
（2）全面体现了中国古代法律制度的水平、风格和基本特征；
（3）是中国历史上迄今为止保存下来的最早、最完整、最具社会影响力的封建成文法典，对朝鲜、日本、越南等亚洲诸国产生了重大影响。

（二）《唐六典》

《唐六典》是关于唐代官制的行政法典，是明清会典的源头，是我国现存的最早的行政法典。《唐六典》规定了唐代中央和地方国家机关的机构、编制、职责、人员、品位、待遇等，叙述了官制的历史沿革。

三、《宋刑统》与编敕

（一）《宋刑统》

1. 《宋刑统》于宋太祖建隆年间修订完成，是历史上第一部刊印颁行的法典。其在体例上取法于唐末《大中刑律统类》及五代《大周刑统》，名为"刑统"，却是一部具有统括性和

综合性的法典。

2.《宋刑统》的编纂以传统的刑律为主，同时将有关敕、令、格、式和朝廷禁令、州县常科等条文都分类编附于后。其特点有四：①篇目、内容大体同于《唐律疏议》；②篇下分门；③律令合编的法典结构；④删去历史渊源部分，亦有避讳改字。

（二）编敕

1. 宋代的敕是皇帝对特定的人或事所作的临时命令，其效力往往高于律，成为断案的依据。敕经过中书省"制论"和门下省"封驳"方为"编敕"，方能通行全国。

2. 宋太祖时有《建隆编敕》。宋仁宗之前，基本上律敕并行。宋神宗变法时设编敕所，敕的地位大幅提高，"凡律所不载者，一断以敕"，敕足以破律、代律。

第3节 明清时期的法典

一、明朝的立法

（一）《大明律》

《大明律》在体例上分为7篇，即1篇总则（名例）、6篇分则（吏、户、礼、兵、刑、工）。它与《北齐律》《唐律》《宋刑统》的12篇体例（1篇总则"名例"+11篇分则）截然不同。

（二）《明大诰》

1. 作为明初的一种特别刑事法规，"大诰"的名称来源于儒家经典《尚书·大诰》，它是"重典治世"思想的集中体现，由明太祖亲审案例的汇编加"训导"构成。

2.《明大诰》的特点有四：①处刑在明律的基础上加重；②超出法定的五刑（笞、杖、徒、流、死），滥用法外刑（如脑箍、夹棍、剥皮等）；③制定专门条文惩治贪官污吏，"重典治吏"；④在中国法制史上普及程度空前。

3. 朱元璋死后，大诰逐渐不再具有法律效力。

二、清朝的立法

（一）《大清律例》

1.《大清律例》的体例、形式、结构、篇目大致同于《大明律》，编修方式为"修例不修律"。

2.《大清律例》是中国历史上最后一部封建成文法典，系集大成者。它上承汉唐精神、制度，又有清代政治特色（如少数民族政策、满汉异制等）。

（二）清代的例

清代的例不是具体的案例，而是高度抽象化、条文化的法律规定，包括：

1. "条例"。其一般专指刑事单行法规，大部分编入《大清律例》。

2. "则例"。其指某一行政部门或某项专门事务方面的单行法规汇编。

3. "事例"。其指皇帝就某项事务发布的"上谕"或经皇帝批准的政府部门提出的建议，一般不自动具有永久的、普遍的效力，但可以作为处理该事务的指导原则。

4. "成例"（或曰"定例"）。其指经过整理编订的行政方面的单行法规。

（三）明清会典

《大明会典》的体例仿《唐六典》，以六部官制为纲，属于行政法典。《清会典》"以典为纲，以则例为目"，编修方式为"修例不修典"。

第4节 清末修律与民国时期的法典

清末之前，传统中国采"诸法合体"。清末修律，中国开始仿照西法，将法律分为宪法、刑法、民法、诉讼法等各个部门法，分别予以修订。

一、清末修律

（一）主要内容

1. 宪法性文件

（1）《钦定宪法大纲》。其由清廷宪政编查馆编订，是中国近代史上第一个宪法性文件，分正文"君上大权"（14条）和附录"臣民权利义务"（9条）两部分。其特点是皇帝专权，人民无权，以法律的形式确认君主的绝对权力。

（2）《宪法重大信条十九条》。其是在武昌起义爆发后，由资政院起草的宪法性文件。其在形式上被迫缩小了皇帝的权力，相对扩大了议会和总理的权力，但其仍然强调皇权至上，对于人民的权利只字未提。

2. 刑事立法

（1）《大清现行刑律》。其是在《大清律例》的基础上稍加修改而成的一部过渡性法典。其变化包括：①改律名为"刑律"；②取消了六律总目，将法典各条按性质分隶30门；③对纯属民事性质的条款不再科刑；④废除了一些残酷的刑罚手段，如凌迟；⑤增加了一些新罪名，如妨害国交罪。

（2）《大清新刑律》。其是中国历史上第一部近代意义上的专门刑法典，仍然维护专制制度和封建伦理，并未正式施行。其主要变化包括：①抛弃"诸法合体"，仅规定罪名和刑罚，将法典分为总则和分则；②确立了新刑罚制度，规定刑罚分主刑、从刑；③采用了一些西方刑法原则、制度（如罪刑法定原则、缓刑制度）。

3. 商事立法

第一阶段主要由商部负责，其修订的《商人通例》《公司律》最终定名为《钦定大清商律》，是清朝第一部商律。此外，还颁布了《公司注册试办章程》《商标注册试办章程》《破产律》等。

第二阶段主要由修订法律馆主持，起草了《大清商律草案》《改订大清商律草案》《交易行律草案》《保险规则草案》《破产律草案》等，亦公布了单行商事法规，如《银行则例》《银行注册章程》《大小轮船公司注册章程》等。

4. 《大清民律草案》

其特点为"中体西用"，前三编"总则、债权、物权"由松冈义正等人仿照德、日民法典拟成，后两编"亲属、继承"由修订法律馆会同礼学馆起草。

5. 诉讼法与编制法

其包括《大清刑事诉讼律草案》《大清民事诉讼律草案》（二者仿德国法），《大理院编制法》（单行法规），《各级审判厅试办章程》（过渡性质），《法院编制法》（仿日本法）。

（二）主要特点及其影响

1. 清末修律的主要特点

（1）在思想上，始终仿效西法形式、固守中国传统；

（2）在内容上，将专制的旧传统与西法的新成果进行奇怪地混合；

（3）在形式上，改变了"诸法合体"，形成了近代法律体系的雏形；

（4）在价值上，未反映人民的要求和愿望，不具有真正的民主因素。

2. 清末修律的主要影响。清末修律标志着中华法系开始解体，中华法系"依伦理而轻重其刑"的特点受到极大的冲击。与此同时，清末修律为中国法律的近代化奠定了基础，是中国历史上第一次全面系统地向国内介绍和传播西方法律学说和资本主义法律制度，在客观上有助于推动中国资本主义经济的发展和教育制度的近代化。

二、民国时期的法典

（一）宪法

1. 南京临时政府时期

（1）《修正中华民国临时政府组织大纲》。它是中华民国第一部全国性的临时宪法文件。受美国宪法影响，它基本上采用总统制共和政体、三权分立原则、一院制的议会政治体制。

（2）《中华民国临时约法》。它是中国历史上最初的资产阶级宪法性文件，具有临时宪法的性质。它的内容包括：为限制袁世凯而"因人立法"，改总统制为责任内阁制，扩大参议院的权力，规定特别修改程序。

2. 北京政府时期

（1）"天坛宪草"，即《中华民国宪法（草案）》（1913年）。它是北京政府时期的第一部宪法草案。它采用资产阶级三权分立的宪法原则，确认民主共和制度，试图限制袁世凯的权力，因而未及公布即胎死腹中。

（2）"袁记约法"，即北京政府时期的《中华民国约法》（1914年）。它与《中华民国临时约法》针锋相对：①彻底否定《中华民国临时约法》的民主共和制度，代之以个人独裁；②用总统独裁否定了责任内阁制；③用有名无实的立法院取消了国会制；④为限制、否定《中华民国临时约法》规定的人民基本权利提供了宪法根据。它是军阀专制全面确立的标志。

（3）"贿选宪法"，即北京政府时期的《中华民国宪法》（1923年）。它是中国近代史上首部正式颁行的宪法，特点有二：①以资产阶级共和国粉饰军阀独裁；②以资产阶级民主自由掩盖军阀独裁。

3. 南京国民政府时期

（1）主要包括《训政纲领》和《训政时期约法》、《中华民国宪法草案》（"五五宪草"）、《中华民国宪法》（1947年）。

（2）其特点在于两面性、矛盾性：①表面上"民有、民治、民享"，实际上个人独裁，人民无权，独夫集权；②政体非国会制、内阁制，也非总统制，实际上是个人专制；③比以往任何宪法性文件都更充分地罗列人民权利自由。

(二) 其他法令

1. 南京临时政府时期的其他立法。其包括保障民权（解除"贱民"身份、禁止买卖人口），提高女权（孙中山倡议参议院赋予女子以参政权），废特权除陋习（废"大人、老爷"等名称，立"先生、君"），禁烟禁赌，劝禁缠足，剪辫易服，整顿吏治、铨选人才等内容。

2. 北京政府时期的主要立法。其包括援用前清旧律（《徒刑改遣条例》《易笞条例》），严刑镇压内乱（《惩治盗匪法》《戒严法》《预戒条例》《治安警察条例》《违警罚法》等），维护地主、官僚买办利益（各种银行则例及《所得税条例》《不动产登记条例》《矿产条例》）等内容。

3. 南京国民政府时期的主要立法

（1）民法。其采用"民商合一"体制，没有独立的商法典，有商事单行法规，既有《中华民国民法》《著作权法》等单行法规，又有《票据法》《公司法》等特别法。其主要特点包括：①承认习惯和法理可作为判案依据；②保护传统婚姻家庭关系，结婚采用仪式制而非登记制，纳妾合法化；③确认父家长权；④废止旧法中的宗祧继承制度；⑤确认外国人在华权益，赋予外国法人与中国法人同样的权利能力。

（2）刑法。1928 年《中华民国刑法》是自商鞅"改法为律"以来历史上首部以"刑法"冠名的刑法典。1935 年《中华民国刑法》又称"新刑法"，援用"保安处分"，维护传统宗法家庭制度，如同居相隐。

（3）诉讼法与法院组织法。其基本上以北京政府的相应文本为蓝本而制定，与此同时，普遍结合具体形势制定特别法，如《非常时期刑事诉讼条例》（抗战爆发后颁布）、《特种刑事法庭组织条例》等。

第 5 节　中国共产党民主政权宪法性文件

一、《中华苏维埃共和国宪法大纲》

（一）制定经过

井冈山时期，毛泽东倡议党中央制定一个"整个民权革命的政纲"。1930 年，"中华工农兵苏维埃第一次全国代表大会中央准备委员会"草拟宪法。1931 年，第一次代表大会在瑞金通过《中华苏维埃共和国宪法大纲》。1934 年，第二次代表大会作部分修改，增加"同中农巩固的联合"条文。

（二）主要内容

1. 遵循"制宪七大原则"，规定苏维埃政权的性质、政治制度、公民权利义务、外交政策等内容，共 17 条。

2. 规定了工农民主专政的国家性质、工农兵苏维埃代表大会制度、公民广泛的权利和义务，宣布中华民族完全自由独立且不承认帝国主义特权和不平等条约。

（三）历史意义

《中华苏维埃共和国宪法大纲》是第一部由劳动人民制定的确保人民民主制度的根本大法，是共产党人领导人民反帝反封建的工农民主专政的伟大纲领。尽管受到"左"倾影响，但其仍然是划时代的宪法性文件。

二、《陕甘宁边区施政纲领》

（一）制定经过

《陕甘宁边区施政纲领》以 1937 年《抗日救国十大纲领》为准绳，在 1939 年《陕甘宁边区抗战时期施政纲领》的基础上，于 1941 年制定，增加"三三制"政权组织形式和保障人权等崭新内容。

（二）主要内容

其主要内容包括：健全民主（普选制、三三制，保障人权、财权和自由，控告公务人员非法行为，男女同权、保护妇女，民族反对歧视、平等自治，尊重信仰、风俗），促进团结（调节阶级关系，一致对外、共同抗日），保障抗战（严厉镇压汉奸及反共分子），发展经济（统筹统支、统一累进税、巩固边币、维护法币），普及文化（举办学校、免费义务教育、尊重知识分子）。

记忆口诀 《陕甘宁边区施政纲领》的主要内容：您刚（宁纲）组团扛经文（主、团、抗、经、文）。

（三）历史意义

《陕甘宁边区施政纲领》标志着新民主主义法制的形成和重大发展，全面系统反映了抗日民族统一战线的要求和抗战时期的宪政主张，是实践经验的科学概括与总结。

三、《陕甘宁边区宪法原则》

（一）制定经过

1946 年南京国民政府《关于宪草问题的协议》规定了制定省宪的原则，据此，陕甘宁边区第三届参议会于 1946 年通过了《陕甘宁边区宪法原则》。

（二）主要内容

1. 《陕甘宁边区宪法原则》分为"政权组织""经济""人民权利""司法""文化"五个部分，共二十余条。

记忆口诀 《陕甘宁边区宪法原则》的主要内容：宁愿（宁原）正经人斯文（政、经、人、司、文）。

2. 管理政权机关为边区、县、乡人民代表会议；政治权利自由受政府指导和物质帮助；人民一律平等；人民有权控告失职公务人员；司法独立不受干涉；耕者有其田，允许公营、合作、私营；普及文化，从速消灭文盲，减少疾病与死亡。

四、《华北人民政府施政方针》

（一）制定经过

1948 年由中共中央华北局提出，华北临时人民代表大会通过，规定了华北人民政府的基本任务及有关各项政策，是解放战争后期的宪法性文件代表。

（二）主要内容

1. 规定了华北人民政府的基本任务：争取全国胜利，恢复发展生产，建设民主政治，培养干部人才。

2. 规定了实现基本任务的方针政策：政治上健全人大制度、保障人民民主、破除迷信、保护守法外国人及文化宗教活动；经济上土地确权、农民合作、城乡交流、发展工商并贯彻公私兼顾、劳资两利方针；文化上建立正规教育制度、提高大众文化水平，建立文化统一战线、团结知识分子。

五、废除伪宪法伪法统

（一）制定经过

1949年1月14日，中共中央毛泽东主席发表《关于时局的声明》，针对当年元旦蒋介石在求和声明中提出保留伪宪法伪法统等无理要求，提出了和平谈判的八项条件。

（二）主要内容

1. 惩办战争罪犯。
2. 废除伪宪法。
3. 废除伪法统。
4. 依据民主原则改编一切反动军队。
5. 没收官僚资本。
6. 改革土地制度。
7. 废除卖国条约。
8. 召开没有反动分子参加的政治协商会议，成立民主联合政府，接收南京国民党反动政府及其所属各级政府的一切权力。

记忆口诀 三废两改两收惩。

第3章 刑事法律制度

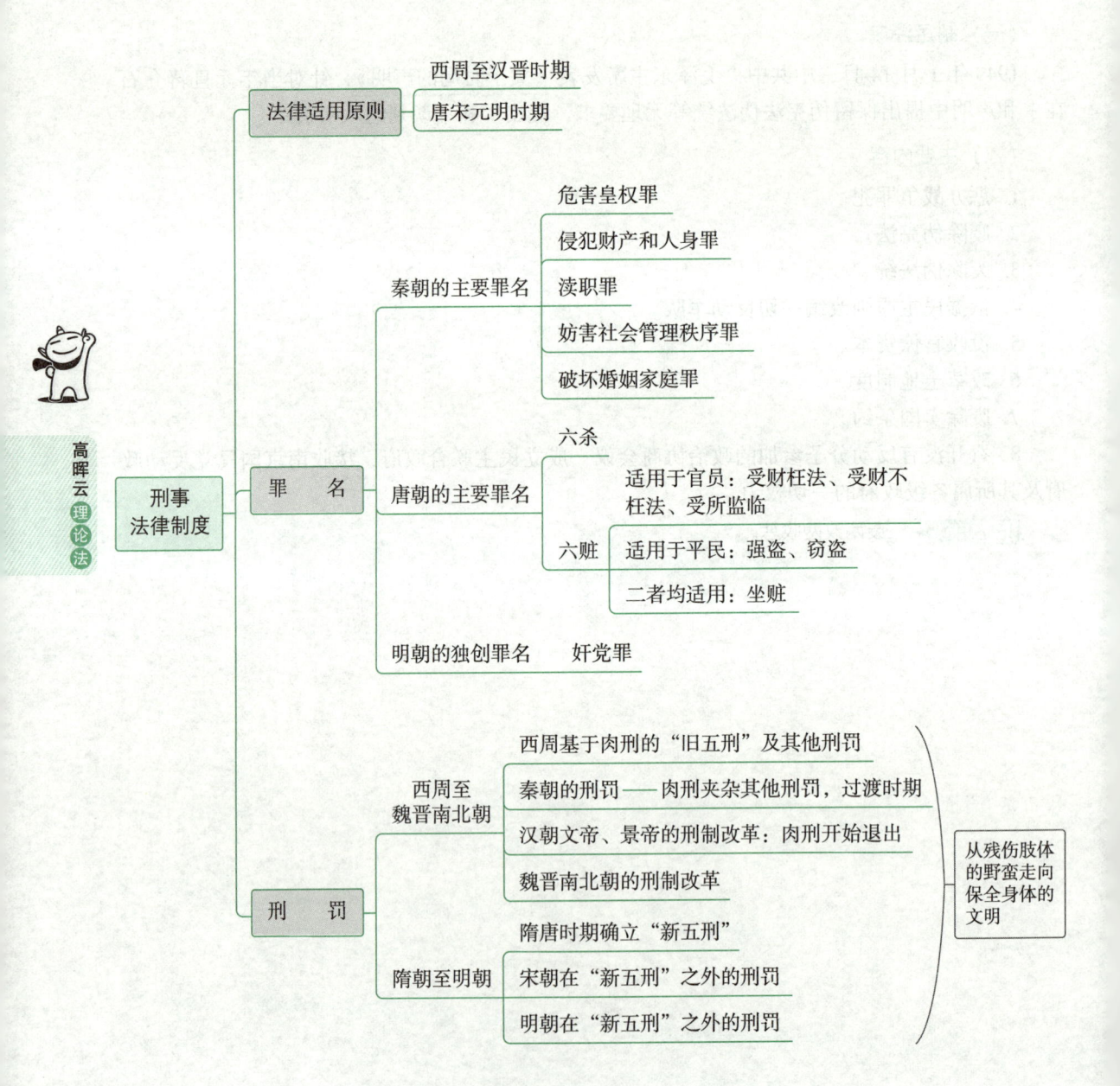

- 刑事法律制度
  - 法律适用原则
    - 西周至汉晋时期
    - 唐宋元明时期
  - 罪名
    - 秦朝的主要罪名
      - 危害皇权罪
      - 侵犯财产和人身罪
      - 渎职罪
      - 妨害社会管理秩序罪
      - 破坏婚姻家庭罪
    - 唐朝的主要罪名
      - 六杀
      - 六赃
        - 适用于官员：受财枉法、受财不枉法、受所监临
        - 适用于平民：强盗、窃盗
        - 二者均适用：坐赃
    - 明朝的独创罪名：奸党罪
  - 刑罚
    - 西周至魏晋南北朝
      - 西周基于肉刑的"旧五刑"及其他刑罚
      - 秦朝的刑罚——肉刑夹杂其他刑罚，过渡时期
      - 汉朝文帝、景帝的刑制改革：肉刑开始退出
      - 魏晋南北朝的刑制改革
    - 隋朝至明朝
      - 隋唐时期确立"新五刑"
      - 宋朝在"新五刑"之外的刑罚
      - 明朝在"新五刑"之外的刑罚
    - 从残伤肢体的野蛮走向保全身体的文明

第1节 法律适用原则

一、西周至汉晋时期

（一）西周

西周区分"眚"（过失）、"非眚"（故意），"惟终"（惯犯）、"非终"（偶犯）。

（二）秦朝

1. 主观方面区分故意（端）与过失（不端）。
2. "成年看身高"。刑事责任能力以身高（男女皆为六尺五寸）为标准。
3. 按赃定罪。盗窃按赃值分三等（110钱、220钱、660钱）定罪。
4. 加重情节：①共犯与集团犯罪（5人以上）加重处罚；②累犯加重处罚；③教唆犯罪加重处罚。
5. 自首减轻处罚：①携公物外逃而主动自首者，以逃亡而非盗窃论处；②隶臣妾逃亡后又自首者，只笞五十，补足期限；③犯罪后主动消除犯罪后果者，减免处罚。
6. 诬告反坐，即以被诬告人所受的处罚，反过来制裁诬告者。

（三）汉朝

1. 上请，即请示皇帝减免特权人物的刑罚。官僚贵族犯罪后从徒刑二年到死刑均可适用。
2. 恤刑，即矜老恤幼。年80岁以上的老人、8岁以下的幼童，以及怀孕未产的妇女、老师、侏儒等，监押期间不戴刑具。老人、幼童及连坐妇女，除犯大逆不道诏书指明追捕的罪之外，一律不予拘捕监禁。
3. 亲亲得相首匿。汉宣帝时期确立，源于儒家"父为子隐，子为父隐，直在其中"理论。
（1）卑幼隐瞒尊长的犯罪行为，一概不追究刑事责任。例如，子女隐瞒父母的罪行、孙子女隐瞒祖父母的罪行、妻子隐瞒丈夫的罪行的，均无罪。
（2）尊长隐瞒卑幼的犯罪行为，分情况处理：如果卑幼的犯罪不至于处死刑，则尊长不负责任；如果卑幼的犯罪应处死刑，则上请皇帝对尊长予以宽大处理。

（四）魏晋时期

魏晋时多有规定，行刑优待妇女。例如，魏明帝时规定，对妇人执行笞刑时改从鞭督之例，以罚金代之，以免因笞刑剥衣而裸露身体。又如，《晋律》规定，"女人当罚金杖罚者，皆令半之"；《梁律》沿用这一规定，且规定"女人当鞭罚者，皆半之"，"女子怀孕，勿得决罚"。再如，《北魏律》规定，"妇人当刑而孕，产后百日乃决"。

二、唐宋元明清时期

（一）唐朝

1. 区分公罪、私罪

公罪，即"缘公事致罪而无私曲者"。私罪者，一是"不缘公事私自犯者"，如盗窃、强奸等；二是"虽缘公事，意涉阿曲"，如受人嘱托、枉法裁判等。

公罪从轻，私罪从重。适用"官当"制度时也要区分公罪、私罪。

2. 自首

（1）区分自首（罪未发而自首）与自新（罪已发或逃亡后再投案）。

（2）"于人损伤，于物不可备偿"，十恶，"越渡关及奸，私习天文"，不得自首。

（3）自首免罪，但"正赃犹征如法"（赃物依法如数偿还）。

（4）"自首不实"（对犯罪性质交代不彻底）、"自首不尽"（对犯罪情节交代不彻底）者，各依不实不尽之罪罪之。至死者，听减一等。

（5）轻罪已发，能首重罪，免重罪；审问它罪能自首余罪，免其余罪。

3. 化外人相犯

"诸化外人，同类自相犯者，各依本俗法；异类相犯者，以法律论。"即具有同一国籍的外国公民在中国犯罪的，按其本国法律处断（属人主义原则）；具有不同国籍的外国公民在中国犯罪的，按中国法律处断（属地主义原则）。

4. 类推

"断罪而无正条（对律文无明文规定的同类案件），其应出罪者（凡应减轻处罚的），则举重以明轻（列举重罪处罚规定，比照以解决轻案）；其应入罪者（凡应加重处罚的），则举轻以明重（列举轻罪处罚规定，比照以解决重案）。"

（二）元朝

元朝法制中有"四等人"原则。元朝实行"蒙汉异制"，将民众分为蒙古人、色目人、汉人和南人，其地位从高到低。就其具体表现而言，在科举任官上，歧视汉人、南人；在定罪量刑上，实行同罪异罚。

（三）明朝

1. 刑罚从重从新原则。例如，《大明律·名例》规定："凡律自颁降日为始，若犯在已前者，并依新律拟断。"

2. "重其所重，轻其所轻"。这一原则是将明律与唐律对比后得出的。"重其所重"，是指对于贼盗及有关钱粮等事，唐律分情节，少牵连；而明律不分情节，一律重刑，扩大株连。"轻其所轻"，是指对于"典礼及风俗教化"等一般性犯罪，明律处罚轻于唐律。同时，明律对某些危害不大的"轻罪"从轻处罚是为了突出"重其所重"的原则。

清朝继承了这一原则。例如，清朝扩大和加重对"十恶"中"谋反""谋大逆"等侵犯皇权之罪的惩罚。凡"谋反""谋大逆"案中，只要参与共谋，即不分首从，一律凌迟处死；其父子、祖孙、兄弟及同居之人（不论同姓异姓）、伯叔父、兄弟之子（不限户籍之同异），年16岁以上者（不论笃疾、废疾）皆斩；15岁以下者及犯人之母女妻妾、姊妹及子之妻妾，"皆给付功臣之家为奴，财产入官"。又如，尽管清律中并未直接规定"文字狱"，但所有"文字狱"均按"谋反""谋大逆"定罪，以文获罪者罪名最重，多被处极刑并株连最广。

第2节 罪 名

一、秦朝的主要罪名

秦朝推行法家主张,"以法为教,以吏为师",实行严刑峻法。

危害皇权罪	谋反;泄露机密;偶语诗书、以古非今;诅咒、诽谤;妄言、妖言;非所宜言;投书;不行君令。
侵犯财产和人身罪	财产犯罪:盗、共盗(5人以上共同盗窃)、群盗(聚众反抗统治秩序,政治犯罪)。 人身犯罪:贼杀、伤人、斗伤、斗杀。
渎职罪	见知不举、不直(故意颠倒轻重)、纵囚(故意放纵)、失刑(因过失而量刑不当)。
妨害社会管理秩序罪	违令卖酒;逋(bū)事(逃避徭役不报到)、乏徭(抵达服役处又逃走)等逃避徭役罪;逃避赋税。
破坏婚姻家庭罪	夫殴妻、夫通奸、妻私逃;擅杀子、子不孝、子女控告父母、卑幼殴尊长、乱伦。

二、唐朝的主要罪名

六 杀	《唐律》将杀人罪区分为六种:①谋杀(预谋杀人);②故杀(事先虽无预谋,但情急杀人时已有杀人的意念);③斗杀(原无杀心,因相殴过于激愤而杀人);④误杀(斗殴中错杀旁人);⑤戏杀(相互嬉戏中因行为不当而致人死亡);⑥过失杀(耳目所不及,思虑所不到而置人于死者)。	
六 赃	适用于官员的赃罪	(1)受财枉法(官吏收受财物导致枉法裁判的行为)。 (2)受财不枉法(官吏收受财物,但无枉法裁判行为)。 (3)受所监临(官吏利用职权非法收受所辖范围内百姓或下属财物的行为)。《唐律》规定有"事后受财",即"诸有事先不许财,事过之后而受财者,事若枉,准枉法论;事不枉者,以受所监临财物论"。
	适用于平民的赃罪	(4)强盗(以暴力获取公私财物的行为)。 (5)窃盗(以隐蔽的手段将公私财物据为己有的行为)。
	两者皆适用的赃罪	(6)坐赃。明清律典中均配有《六赃图》。

记忆口诀▶ 六赃:官三受,民两盗,都坐赃。

三、明朝的独创罪名

明朝罪名多借鉴前朝,但是,"奸党"罪系明朝独创。该罪为朱元璋创设,无确定内容,为皇帝任意杀戮功臣宿将提供合法依据。

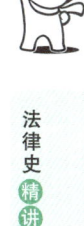

第3节　刑　罚

整体来看，夏商周时期的刑罚均属于残伤肢体的肉刑（如"旧五刑"：墨、劓、刖、宫、大辟）。自汉朝至魏晋南北朝，肉刑所占比例逐渐被削减。隋朝确立了"新五刑"（笞、杖、徒、流、死），后世均沿用其为主刑，但是，宋、明、清都在主刑之外设立其他刑罚。

一、西周至魏晋南北朝

（一）西周

西周有"（旧）五刑"，皆为残伤肢体的肉刑，主要包括：

1. 墨。脸上刺字，破坏肌肤的完整性。
2. 劓。割鼻，破坏五官的完整性。
3. 刖。刖，破坏下肢的完整性。
4. 宫。"男子去其势，女子幽闭"，破坏生殖系统的完整性。对男子，宫刑破坏外生殖系统的完整性，以刀割之；对女子，宫刑破坏内生殖系统的完整性，据载其行刑方式是以木棍击打女子后腰，造成永久不孕不育，使其繁衍生命的系统永久的（幽）堵塞（闭）。
5. 大辟。死刑的总称，以各种破坏身体完整性的方式剥夺生命，如磔（俗称大卸八块）、车裂（俗称五马分尸）、菹醢（zǔ hǎi，即剁成肉酱）、脯（即片成肉片）等。

此外，西周还有流、扑、鞭、赎等非常之刑及其他酷刑。

（二）秦朝

秦朝的刑罚种类繁多，但体系不完整，极为残酷，过渡时期的特征明显。

相当于现代的主刑	笞　刑	针对轻微犯罪而设，或作为减刑后的刑罚。
	徒　刑	①城旦舂（男犯筑城，女犯舂米）；②鬼薪（男犯为祭祀砍柴）、白粲（càn，女犯为祭祀择米）；③隶臣妾（罚为官奴，男称隶臣，女称隶妾）；④司寇（伺察寇盗）；⑤候（发往边地充当斥候，即侦察兵）。
	流放刑	迁刑和谪刑（适用于犯罪的官吏），都比后世的流刑要轻。
	肉　刑	黥（或墨）、劓、刖（或斩趾）、宫，多并处城旦舂等较重徒刑。
	死　刑	弃市、戮、磔、腰斩、车裂、枭首、族刑、具五刑。（《汉书·刑法志》载："当夷三族者，皆先黥、劓、斩左右趾，笞杀之，枭其首，菹其骨肉于市。其诽谤詈诅者，又先断舌。"）
相当于现代的附加刑	耻辱刑	髡（kūn）、耐；死刑中的"戮"刑也有羞辱之意。
	赀　刑	赀甲、赀盾（纯属罚金性质）；赀戍；赀徭。
	赎　刑	非独立刑种，适用广泛。
	株连刑	族刑、收（收孥、籍家）。

（三）汉朝的刑制改革

汉文帝时，民女淳于缇萦上书朝廷，愿代替父亲接受肉刑。汉文帝由此改革肉刑，但是，其措施将刑罚不恰当地由轻改重（劓改为笞三百、斩左趾改为笞五百、斩右趾改为弃市），因此被批评为"外有轻刑之名，内实杀人"。此后，汉景帝再度将肉刑改轻，以《箠令》规定笞杖尺寸、材质、刑制，以及行刑不得换人。"文景刑制改革"开启了肉刑退出、新刑制建立的历史。

（四）魏晋南北朝的刑制改革

1. 规定绞、斩等死刑。
2. 规定流刑。北周时流刑分为五等，并罚鞭刑。
3. 规定鞭刑与杖刑。北魏始，北齐、北周继。
4. 废除宫刑。其顺序大致是先北朝，后南朝。

二、隋朝至明朝

（一）隋唐时期

隋朝《开皇律》确立了封建五刑（或曰"新五刑"），即笞、杖、徒、流、死（绞死、斩死）。唐朝以降，继承了这一刑罚体系。

（二）宋朝

宋朝在"新五刑"体系之外，又有以下创制：

1. 折杖法。宋太祖于建隆四年始定，该法将笞、杖、徒、流刑折合成杖刑，使"流罪得免远徙，徒罪得免役年，笞杖得减决数"。折杖法对反逆、强盗等重罪不予适用。
2. 配役刑。渊源于隋唐的流配刑，其中最严酷者为刺配，系刺面、杖脊、配流之集合。刺配源于五代时后晋天福年间的刺面之法，系对罪行严重的流刑罪犯的处罚。宋初刺配非常设之刑，《宋刑统》亦无此规定。宋太祖偶用，仁宗后渐成常制。
3. 凌迟刑。始于五代时的辽，仁宗时首开，神宗熙宁以后成为常刑。至南宋，凌迟刑在《庆元条法事类》中正式作为法定死刑，与绞、斩两种死刑执行方式并列，却更为残酷。

（三）明朝

明朝在"新五刑"体系之外，又设以下刑罚：

1. 充军刑。强迫犯人到边远地区服苦役，并有本人终身充军与子孙永远充军的区分。
2. 廷杖之刑。廷杖系法外用刑，由锦衣卫施刑，司礼监监刑，在朝堂上对臣工施以重杖，受刑者轻则卧床，重则毙命。

第4章 民事法律制度

民事法律制度中的契约、婚姻、继承三者，大致在西周发端，于唐宋变化。就前者而言，西周时法律规定的官府对契约的管理，婚姻的原则和要件，继承中嫡长子在政治地位、家族地位上的优势，沿用至清末；就后者而言，契约中的典卖契约、婚姻中女性离婚的自主权和官府强制离婚、继承中女儿的继承权，都是在唐宋之际出现。

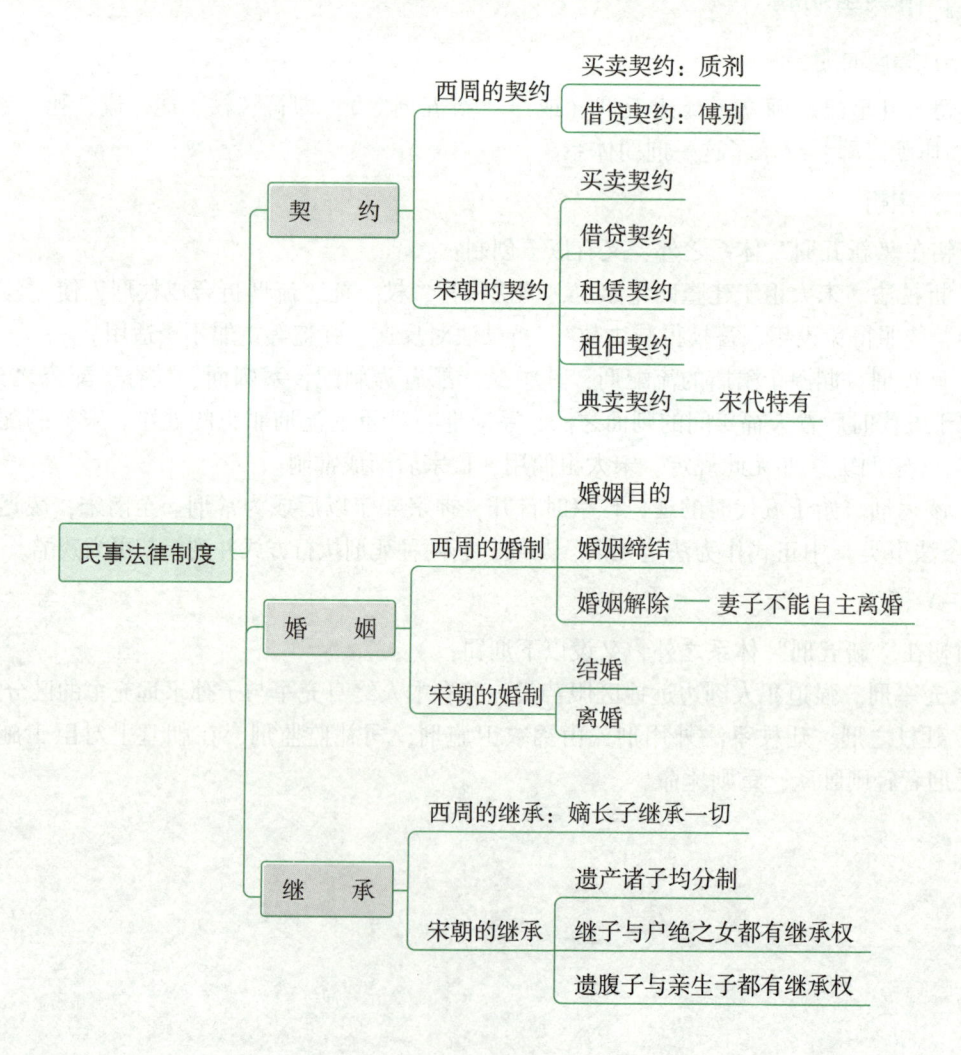

```
                          ┌─ 西周的契约 ┬─ 买卖契约：质剂
                          │            └─ 借贷契约：傅别
                  ┌─ 契约 ┤
                  │       │            ┌─ 买卖契约
                  │       │            ├─ 借贷契约
                  │       └─ 宋朝的契约 ┼─ 租赁契约
                  │                    ├─ 租佃契约
                  │                    └─ 典卖契约 ── 宋代特有
                  │
                  │       ┌─ 西周的婚制 ┬─ 婚姻目的
民事法律制度 ─────┤       │            ├─ 婚姻缔结
                  ├─ 婚姻 ┤            └─ 婚姻解除 ── 妻子不能自主离婚
                  │       │
                  │       └─ 宋朝的婚制 ┬─ 结婚
                  │                    └─ 离婚
                  │
                  │       ┌─ 西周的继承：嫡长子继承一切
                  └─ 继承 ┤
                          │            ┌─ 遗产诸子均分制
                          └─ 宋朝的继承 ┼─ 继子与户绝之女都有继承权
                                       └─ 遗腹子与亲生子都有继承权
```

契　约 第 1 节

一、西周的契约

（一）买卖契约

1. 西周的买卖契约称"质剂"。"大市为质，小市为剂"，即买卖奴隶、牛马等大物使用较长的契券"质"，买卖兵器、珍异之物等小物使用较短的契券"剂"。
2. "质""剂"由官府制作，并由"质人"专门管理。

（二）借贷契约

西周的借贷契约称"傅别"。"傅"，是把债的标的和双方的权利义务等写在契券上；"别"，是在简札中间写字，然后一分为二，双方各执一半，札上的字为半文。

二、宋朝的契约

宋制在契约之债的成立上强调双方的合意性，同时维护家长的财产支配权（或有孀妇立契，亦须隔帘亲闻商量）。其类型如下：

1. 买卖契约。分为绝卖（一般买卖）、活卖（典卖）和赊卖（类似预付方式）三种，皆由官府认定。
2. 借贷契约。宋律明确区分"借"（使用借贷）、"贷"（消费借贷）。不付息的使用借贷称为"负债"；付利息的消费借贷称为"出举"（或曰"出息"）（民间因而有俗语"没出息"），"出举者不得迴利为本"（禁止高利贷）。
3. 租赁契约。对房宅的租赁称为租、赁或者借，对人畜车马的租赁称为庸、雇。
4. 租佃契约。①租佃契约须明定纳税与纳租条款；②地主向国家缴纳田赋；③若佃户过期不交地租，地主借官府之力代为索取。
5. 典卖契约。典卖又称"活卖"，为宋代特有，即卖方通过让渡物的使用权收取部分利益而保留回赎权。

婚　姻 第 2 节

一、西周的婚制

（一）婚姻目的

"合二姓之好，上以事宗庙，下以利后嗣。"自西周以来，婚姻并非两个人的结合，而是两家人、两姓氏的联合，既要对得起列祖列宗，又要有利于子孙后代。

（二）婚姻缔结

1. 实质要件有三：
（1）一夫一妻制。媵（yìng）嫁之妾和婢与正妻不同。

(2) 同姓不婚。其原因有二：①"男女同姓，其生不蕃。"西周时姓氏相同则意味着有血缘关系，属于血亲婚姻，子孙后代会受其害。②"娶于异姓，附远厚别。"与异姓联姻，借以攀附高门大姓，凸显与别人的差别。

(3) 父母之命，媒妁之言。无此要件，则为"淫奔"。

2. 婚姻缔结形式（形式要件）称为"六礼"。

(1) 纳采，即男方请媒人向女方提亲；

(2) 问名，即女方应允议婚后男方请媒人问女子名字、生辰等，并于祖庙占卜吉凶；

(3) 纳吉，即卜得吉兆后订婚；

(4) 纳征（纳币），即男方送聘礼到女家；

(5) 请期，即男方携礼至女家商定婚期；

(6) 亲迎，即婚期之日男方亲自迎娶女方。

记忆口诀 蔡文姬，真气银。

(三) 婚姻解除

1. "七出/七去"。西周法律没有规定妻子有离婚权，仅规定了丈夫或公婆可以休弃妻子或儿媳的七种情形，是谓"七出"或"七去"，具体包括：不顺父母、无子、淫、妒、有恶疾、多言、窃盗。

2. "三不去"。西周法律规定了"七出"的三种例外情形，出现这三种情形则不允许休弃妻子或儿媳，是谓"三不去"，具体包括：有所娶无所归（女子出嫁后娘家败落，休之则无处可归）、前贫贱后富贵（夫家娶妻时贫贱，娶妻后富贵，休之则不合仁义）、与更三年丧（妻子陪丈夫居公婆丧，其间承担了家庭重担，休之则不合人道）。

二、宋朝的婚制

(一) 结婚

1. 宋承唐律，"男年十五，女年十三以上，并听婚嫁"，违犯婚龄规定的，不准婚嫁。

2. 禁止五服以内亲属结婚，不禁止姑舅两姨兄弟姐妹结婚。"诸州县官人在任之日，不得共部下百姓交婚，违者虽会赦仍离之。其州上佐以上及县令，于所统属官亦同。其定婚在前，任官居后，及三辅内官门阀相当情愿者，并不在禁限。"

(二) 离婚

1. 自西周起直到清末，包括唐宋在内，离婚的法律规定基本上沿用"七出"与"三不去"制度。但是，唐宋之时对离婚的规定有少许变通：

(1) 夫外出三年不归，六年不通问，准妻改嫁或离婚；但是"妻擅走者徒三年，因而改嫁者流三千里，妾各减一等"。

(2) 夫亡而妻"不守志"者，"若改适（嫁），其见在部曲、奴婢、田宅不得费用"，即允许寡妻改嫁，但是，改嫁的寡妻只能带走当初自己的嫁妆，而不能带走、转移夫家的家族财产。

2. 和离。顾名思义，和离即夫妻和气地离婚。唐宋之时的法律规定，夫妻不相安谐者，准"和离"。

3. 义绝。唐律首次对其予以规定，宋承唐制。义绝，是指官府审断强制离婚，而无论夫妻双方是否同意。

义绝适用于夫妻间，或夫妻双方亲属间，或夫妻一方，对他方亲属凡有殴、骂、杀、伤、奸等恩断义绝行为的情形。"义绝"构成的条件多偏袒夫家，妻方之前述行为多可被视为"义绝"。

第3节 继承

一、西周的继承

西周对于所有的继承事项均实行嫡长子继承制，包括政治身份、土地、财产的继承。

西周确定嫡长子的原则是"立嫡以长不以贤，立子以贵不以长"。在继承人均为嫡子的情形中，以年龄最长的嫡子为继承人，而不是以最贤之子为继承人；在继承人有嫡子也有庶子的情形中，以出身为贵的嫡子为继承人，而不以出身为贱的庶子为继承人，即使庶子的年龄大过嫡子。

二、宋朝的继承

与前朝相比，宋朝在继承方面的立法有三点特色：

1. 遗产兄弟均分制。宋朝之前，有遗产兄弟均分的做法，却没有这一制度，也就是说，宋朝之前的法律并没有规定遗产兄弟均分。

2. 继子与户绝之女均享有继承权，但只有在室女（未嫁女）的，在室女得3/4，继子得1/4；只有出嫁女（已婚女）的，出嫁女、继子、官府各得1/3。

宋朝法律规定，若"户绝"，则立继方式有二：①凡"夫亡而妻在"，立继从妻，称"立继"；②凡"夫妻俱亡"，立继从其尊长亲属，称"命继"。

3. 承认遗腹子与亲生子享有同样的继承权。

第 5 章 司法制度

夏商周时期，天子不干预诸侯国的司法事务，西周的司法制度因而聚焦于中央。自秦汉到魏晋南北朝，司法制度初具规模，"中央三法司"雏形始现，中央对地方司法的监督进一步完善。隋唐宋明清时期，司法制度粲然大备，尤其是"中央三法司"沿革、唐宋时期的审讯制度、明清时期的会审制度，堪称超卓。清末变局，改"中央三法司"，仿近代西方司法制度，其中，审检合署制、四级三审制、治外法权等，直接影响到民国。

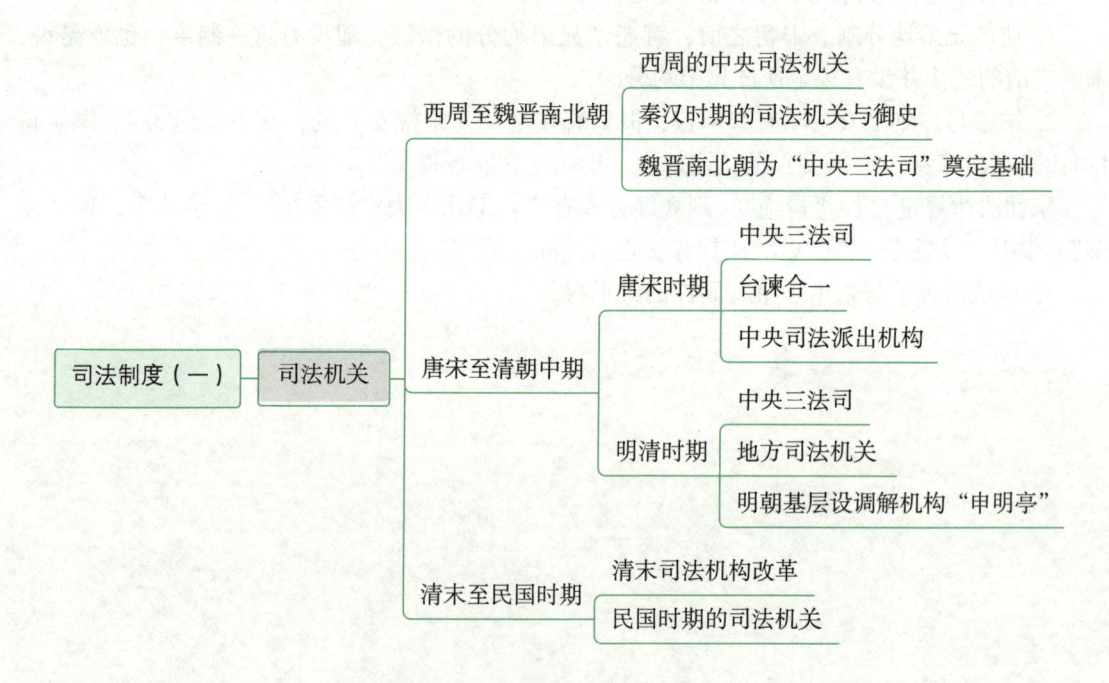

司法制度（一） — 司法机关
- 西周至魏晋南北朝
  - 西周的中央司法机关
  - 秦汉时期的司法机关与御史
  - 魏晋南北朝为"中央三法司"奠定基础
- 唐宋至清朝中期
  - 唐宋时期
    - 中央三法司
    - 台谏合一
    - 中央司法派出机构
  - 明清时期
    - 中央三法司
    - 地方司法机关
    - 明朝基层设调解机构"申明亭"
- 清末至民国时期
  - 清末司法机构改革
  - 民国时期的司法机关

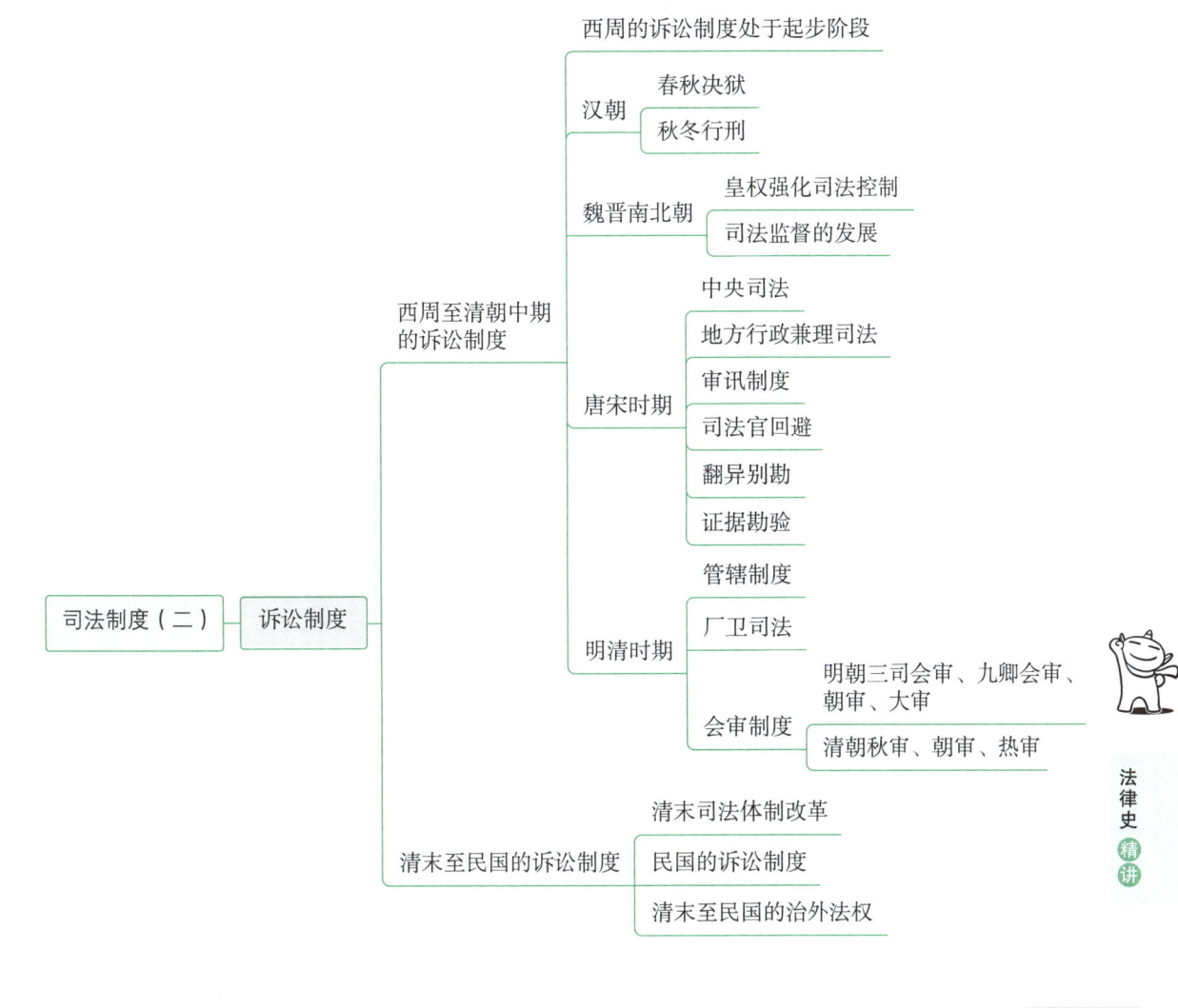

```
                                ┌─ 西周的诉讼制度处于起步阶段
                                │
                                ├─ 汉朝 ─┬─ 春秋决狱
                                │       └─ 秋冬行刑
                                │
                                ├─ 魏晋南北朝 ─┬─ 皇权强化司法控制
                                │             └─ 司法监督的发展
                                │
              ┌─ 西周至清朝中期 ─┼─ 唐宋时期 ─┬─ 中央司法
              │   的诉讼制度    │            ├─ 地方行政兼理司法
              │                 │            ├─ 审讯制度
              │                 │            ├─ 司法官回避
              │                 │            ├─ 翻异别勘
              │                 │            └─ 证据勘验
              │                 │
              │                 └─ 明清时期 ─┬─ 管辖制度
              │                              ├─ 厂卫司法
  司法制度 ─ 诉讼制度             │          └─ 会审制度 ─┬─ 明朝三司会审、九卿会审、朝审、大审
  （二）                                                  └─ 清朝秋审、朝审、热审
              │
              └─ 清末至民国的诉讼制度 ─┬─ 清末司法体制改革
                                      ├─ 民国的诉讼制度
                                      └─ 清末至民国的治外法权
```

第 1 节　司法机关

一、西周至魏晋南北朝

（一）西周至秦汉时期

1. 西周。西周时分封诸侯，天子不干预诸侯国之下的司法事务。在朝廷，周天子是最高裁判者；天子下设大司寇，负责实施法律法令，辅佐周王行使司法权；大司寇之下设小司寇，辅佐大司寇审理具体案件。

2. 秦汉时期。秦朝以来，废分封、置郡县，中央朝廷派遣官员至地方管理司法事务。为监察地方官员，自秦朝起，中央朝廷设置监察机关。

（1）中央司法机关。皇帝掌握最高审判权；廷尉是中央司法机关的长官，审理全国案件，其职责是审理皇帝交办的案件，即诏狱，同时也有权审理各地上报的重大疑难案件。

（2）地方司法机关。地方上，行政兼理司法，郡、县分设郡守、县令，基层设乡里组织，负责本地治安与调解工作。

(3) 御史。秦朝开监察制度之先河，设御史大夫、监察御史。汉朝设御史大夫（西汉）、御史中丞（东汉），负责法律监督；西汉武帝以后设司隶校尉，监督中央百官与京师地方的司法官吏；设刺史，专司各地的行政与法律监督之职。

（二）魏晋南北朝

魏晋南北朝是司法机关变化的分水岭，后世"中央三法司"（大理寺、刑部、御史台/都察院）的雏形在这一时期出现。

1. 大理寺出现。北齐时期正式设置大理寺为中央司法机关，为后世所继承。

2. 御史台出现。御史台自少府独立而出，成为皇帝直接掌握的独立监察机关。曹魏以降，取消地方监察机关，改由中央御史出巡。两晋则强化御史职权，以御史主监察，设治书御史纠举官吏。

除此之外，监察机关进一步发展。曹魏、西晋沿袭东汉的司隶校尉，与御史中丞分掌监察事务。东晋时，废司隶校尉，其行政权归扬州刺史，监察权则归御史台。

3. 尚书台掌刑狱。尚书台中的"三公曹"与"二千石曹"执掌司法审判和狱政，后来发展为隋唐时期的刑部尚书执掌案件审判复核。

二、唐宋至清朝中期

唐宋至清朝中期，司法机关体系日益成熟。在中央，以皇帝、"中央三法司"为主掌管司法。"三法司"中，唯唐宋时期的"御史台"在明清时期改称"都察院"，"三法司"的职权稍有对换。在地方，以行政长官兼理司法事务，同时以司法监察官员监督地方司法。

（一）唐宋时期

1. "中央三法司"

（1）大理寺。中央司法审判机构，审理中央百官犯罪及京师徒刑以上犯罪案件。另外，大理寺对刑部移送的地方死刑和疑难案件有重审权。大理寺对徒、流以上重罪的判决，须送刑部复核；死刑案件最终还须奏请皇帝批准。

（2）刑部。中央司法行政及复核机构，除负责司法行政事项外，还负责复核大理寺判决的流刑以下案件，以及州县判决的徒刑以上案件，并有权受理在押犯申诉的案件。刑部复核案件如有可疑，死刑以下案件可令原机关重审，死刑案件则移交大理寺重审。

（3）御史台。中央监察机构，负责监督大理寺、刑部，同时有权参与疑难案件的审判，并受理行政案件。御史台中分设台院、殿院和察院：①台院执掌纠弹中央百官，参与大理寺的审判和审理皇帝交办的重大案件；②殿院执掌纠察百官在宫殿中违反朝仪的失礼行为，并巡视京城以及其他朝会等；③察院负责监察地方官员。

宋袭唐制，但刑部职权略有变化：负责复核大理寺详断的全国死刑已决案件，以及官员叙复、昭雪等。宋神宗时，扩大刑部职权，刑部设左曹负责复核死刑案件，右曹负责审核官员犯罪案件。

2. "台谏合一"。宋朝御史台（监察官员）与谏院（规谏君主）合二为一。

[背景知识]究其原因，在于皇权膨胀。自夏商周至秦汉唐，大体上保持着皇帝、丞相之间的权力平衡，以防止天子专制，其做法是皇帝只管丞相（官员由丞相管），丞相选用谏官，谏官规劝皇帝。但是，宋朝皇权膨胀，将一个丞相的角色分解为十余名宰辅官员，又亲自选任谏官，

把谏官变成监督宰辅官员的利器。自此，在制度上，皇权专制日渐走向巅峰。

3. 宋朝地方司法的变化。宋太宗时，州县之上设提点刑狱司，作为在地方各路的中央司法派出机构。

（二）明清时期

1. "中央三法司"

（1）刑部。中央的主要审判机构。唐宋时期，刑部为中央司法行政及复核机构。明清时期，刑部的职责有五：①审理中央百官犯罪案件；②审核地方上报的重案（死刑应交大理寺复核）；③审理发生在京师的笞杖刑以上案件；④处理地方上诉案及负责秋审事宜；⑤主持司法行政与律例修订事宜。明清刑部均下设清吏司，分掌各省刑民案件。

（2）大理寺。中央司法复核机构。唐宋时期，大理寺为中央司法审判机关。明清时期，大理寺的主要职责是复核死刑案件、平反冤狱、参与会审；如发现刑部定罪量刑有误，可提出封驳。

（3）都察院。中央监察机构。唐宋时期，中央监察机关沿袭魏晋而称"御史台"。明清时期，都察院的职责仅限于会审及审理官吏犯罪案件，并无监督法律执行的职能。

2. 地方司法机关

（1）明朝设省、府（直隶州）、县三级地方司法机关。府县以行政兼理司法，有权审结笞杖刑案件。省级设提刑按察使司，有权判处徒刑及以下案件，流刑以上案件则报送中央刑部批准执行。

（2）清朝设督抚、省按察司、府、县四级地方司法机关。州县以行政兼理司法，有权审结笞杖刑案件，初审并上报徒刑以上命盗案件。府复审州县上报的案件，拟判再上报。省按察司复审徒刑以上案件，审理军流案件、死刑案件，视具体情形，或上报督抚，或驳回重审，或指定更审。督抚批复徒刑案件，复核军流案件（核准者咨报刑部），复审死刑案件并上报中央。

3. 基层调解机构

明朝基层设法定调解机构"申明亭"，由民间耆老主持调处当地民间纠纷，以申明教化。

三、清末至民国时期

（一）清末司法机构改革

清末改革司法机构，自唐朝到清朝中期实行千余年的"中央三法司"，至此不复存在。

1. 改刑部为法部，掌司法行政。

2. 改大理寺为大理院，为全国最高审判机关。

3. 以检审合署制实行官员监察，在大理院和各级审判厅内分别设总检察厅、高等检察厅、地方检察厅和初级检察厅。

（二）民国

1. 南京临时政府：中央设"临时中央审判所"（也称"裁判所"），地方审判机构暂时沿用清末体制，称"审判厅"，分省、府、县三级。审检合署，各级地方审判厅内设同级检察厅。

2. 北京政府：①普通法院系统包括大理院（最高审判机关）、高等审判厅、地方审判厅、初等审判厅；②在未设普通法院的各县，设兼理司法法院兼理司法；③特别法院，包括军事审判机关和地方特别审判机关（少数民族区域或特别区域设立）；④设"平政院"，主管行政诉讼，南京国民政府时期改称"行政法院"。

3. 南京国民政府：①司法院。最高司法机关，掌管司法审判以及公务员惩戒，解释宪法，统一解释法律及命令。②普通法院。其隶属于司法院，分地方、高等、最高法院三级。③实行审检合署制，各级检察机构设于法院之内。④特别法庭。有中央、高等特种刑事法庭二级，以及军法会审（军事审判组织）。国民党各级党部操纵司法审判权，军事机关、特务机关（中统、军统）参与司法审判。

四、新民主主义革命时期

（一）工农民主政权

1. 基本原则

（1）"政审合一"。否定了南京国民政府形式上三权分立的原则，实行各级司法机构受同级政府领导的体制。

（2）"审检合一"。检察机关内设于审判机关之内，独立行使检察权。

（3）"上合下分"。审判权和司法行政权在中央分立、在地方合一。

2. 司法机关

（1）中央设临时最高法庭（1934年改为最高法院），下设刑事法庭、民事法庭和军事法庭。地方设省、县、区三级裁判部（部长、裁判员、书记员），裁判部设刑庭和民庭。省县裁判部设裁判委员会。区裁判部审理不重要的案件，判处强迫劳动或监禁半年以内的案件，其他案件由省、县裁判部负责。

（2）审检合署，检察机关附设于同级审判机关内。最高法庭设检察长、副检察长、检察员，省、县裁判部设检察员，区裁判部无检察员。检察机关受同级审判机关负责人领导，负责预审、起诉。

（二）抗日民主政权

1. 法律依据。《陕甘宁边区高等法院组织条例》《陕甘宁边区军民诉讼暂行条例》《陕甘宁边区县司法处组织条例草案》《晋察冀边区陪审制暂行办法》《晋西北巡回审判办法》等。

2. 司法机关

（1）高等法院。陕甘宁边区最高司法机关，负责辖区审判及司法行政工作，下设民庭、刑庭（庭长、推事），必要时组织巡回法庭，设检察处、书记室、看守所、监狱。

（2）高等法院分庭。高等法院的派出机关，二审机关，1943年设置于各分区，以加强对县司法处的领导。受理不服各县司法处一审判决要求上诉的案件。其成员包括分庭庭长（专员兼任）、推事、书记员。

3. 县司法处。初期独任审判，1940年起裁判委员会（县委书记、县长、裁判员、保安科长、保安大队长）审判，1941年取消（因"三三制"）后重大案件交县政府委员会或政务会议决定。

4. 边区政府审判委员会。设置于1942~1944年，解释法令、受理第三审上诉案件。

5. 检察机关。因"审检合一"，高等检察处受高等法院院长领导，于1942年简政时撤销，

负责侦查、起诉、监督判决执行。

(三) 解放区政权

1. 除旧布新。摧毁国民党南京政府司法制度,建立各级人民法院和临时人民法庭。各解放区均设立了大行政区、省、县三级司法机关,一律改称人民法院,沿用抗战时各项司法制度。

2. 土地改革。为实施《中国土地法大纲》(1947年9月通过),设立负责审理与土地改革有关案件的人民法庭。该人民法庭不同于地方法院,是县以下基层农会以贫、雇农为骨干并有政府代表参加的,专门审理违抗、破坏土地法案件的群众性临时审判机关。

第2节 诉讼制度

一、西周至清朝中期的诉讼制度

(一) 西周

1. 区分"狱""讼"。民事案件称"讼",刑事案件称"狱";审理民案称"听讼",审理刑案称"断狱"。

2. "五听"断案。"五听",即辞听、色听、气听、耳听、目听,是审理案件时通过言辞、面色、气息、听力、眼神的变化判断当事人陈述真伪的五种方式。这是司法心理学在审判实践中的运用。

3. "三赦""三宥"。"三赦",即幼弱、老耄、蠢愚者(智障者)犯罪,从赦。"三宥",即主观上不识、过失、遗忘而犯罪者,减刑。

4. "三刺"。"三刺",即"讯群臣、讯群吏、讯万民",如果疑案不能决,则依次交给群臣、群吏、所有国人商议。这是"明德慎罚"思想在司法实践中的体现。

(二) 汉朝

1. 春秋决狱/经义决狱。依据儒家经典《春秋》等著作的精神原则审理案件,是法律儒家化在司法领域的反映。其对传统的司法和审判是一种积极的补充,但在某种程度上也为司法擅断提供了依据。

(1) 基本原则为"论心定罪","志善而违于法者免,志恶而合于法者诛"。若犯罪人主观动机符合儒家"忠""孝"精神,即减免刑罚;若违背儒家精神,即使没有严重危害,也要严惩。

(2) 具体适用:"本其事而原其志(主观意志)。志邪者不待成(区分了未遂、已遂),首恶者罪特重(区分了首犯、从犯),本直者其论轻(强调主观动机)。"也就是说,立足于案件事实,探究行为人的主观意志。如果主观意志邪恶,即使未遂也要予以追究;如果是为首作恶的首犯,就特别予以加重处罚;如果动机正直却触犯法律,就从轻论处。

2. 秋冬行刑。即俗话所说的"秋后问斩"的由来。其理论根据是"天人感应",汉朝法律规定,春、夏不得执行死刑,除谋反大逆等"决不待时"者外,一般死刑犯须在秋天霜降以后、冬至以前执行,即"顺天行诛"。唐律中的"立春后不决死刑"、明清律中的"秋审"制度皆溯源于此。

（三）魏晋南北朝

1. 皇权强化司法控制

（1）皇帝直接参与司法审判。沿用两汉"虑囚"之制，曹魏、刘宋、北周皆是。

（2）直诉制。直诉，即直接向中央司法机关提起诉讼，后世所谓"告御状"就属于直诉。直诉制形成于西晋，此后历代相承，北魏、南梁皆是。

（3）死刑复核制度。曹魏、西晋、北魏皆是。

（4）死刑复奏制度。北魏太武帝时，正式确立了奏请皇帝批准执行死刑判决的制度，其系唐代死刑三复奏、五复奏的基础，既强化了皇帝对司法审判权的控制，又体现了皇帝对民众的体恤，且与后世的会审制度并行不悖。

2. 司法监督的发展

（1）曹魏改汉朝上诉之制，简化程序；晋律允许上诉；北魏允许冤案再诉。

（2）加强自上而下的审判监督：①普遍施行特使察囚制度。②自曹魏起，县令审判重囚须由郡守派督邮案验；刘宋规定案卷及人犯一并送郡，郡不能决则送刺史，刺史不能决则送中央廷尉。

（四）唐宋时期

1. 中央司法

（1）三司推事。唐宋时期有"中央三法司"，与之相适应，也有"三司推事"之制，即大理寺卿、刑部侍郎、御史中丞组成临时最高法庭，审理中央或地方重大案件。

（2）"三司使"。对于不便解往中央的地方重案，则派出大理寺评事、刑部员外郎、监察御史前往审理。

（3）都堂集议。都堂是中央议事的会堂，皇帝下令"中书、门下四品以上及尚书九卿"，在都堂集体讨论重大死刑案件，以示慎刑。

2. 地方行政兼理司法。唐朝州县行政兼理司法，均设佐史协理。县以下的乡官、里正有责任纠举犯罪，调解处理轻微犯罪与民事案件，并将结果呈报上级。

3. 审讯制度

唐宋时期，允许刑讯。

（1）刑讯的法定程序是，"必先以情，审察辞理，反复参验，犹未能决，事须拷问者，立案同判，然后拷讯"。刑讯之刑具、时限、次数均由法定，若拷讯数满，被拷者仍不承认，应当反拷告状之人，以查明有无诬告等情形，同时规定了反拷的限制。

（2）"据状断之"。人赃俱获，经拷讯仍拒不认罪的，可"据状断之"，即根据案件事实的相关现象作出判决。

（3）"众证定罪"。禁止对特权人物和老幼废疾拷讯，只能"据众证定罪"，即只能依据3人以上的证人证言才能定罪。

4. 司法官回避。唐《狱官令》第一次规定了司法官的回避制度，"凡鞫狱官与被鞫人有亲属仇嫌者，皆听更之"。

5. "翻异别勘"。宋朝的慎刑制度，即犯人翻供，与此前供述不同，则适用特别程序予以勘断。具体来说，犯人否认其口供，且所翻情节实碍重罪时，案件则改由同级的另一法官审理（差官别推）或另一司法机关审理（移司别推）。

6. 证据勘验。宋朝的司法制度注重证据，原、被告均有举证责任。宋朝重视现场勘验，南宋地方司法机构制有专门的"检验格目"。南宋宋慈所作的《洗冤集录》系世界最早的法医学著作。

（五）明清时期

1. 管辖制度。交叉管辖时，明朝承唐制，"以轻就重，以少就多，以后就先"；实行被告原则，"若词讼原告、被论在两处州县者，听原告就被论官司告理归结"；实行军民分诉分辖制，若军案与民相关，则军、地衙门"一体约问"。

2. "厂卫司法"，即特务司法。其特点有二：①奉旨行事，厂卫作出的判决，三法司无权更改，有时还得执行；②非法逮捕、行刑，不受法律约束。

3. 会审制度。明清时期在会审制度方面颇有建树，而清承明制，又有改进。

（1）明朝会审制度

❶三司会审。刑部、大理寺、都察院会审重大疑难案件。唐宋明清皆有此制。

❷九卿会审（圆审）。六部尚书、大理寺卿、左都御史、通政使等九卿会审地方上报的二审不服判的重大疑难案件，并报奏皇帝裁决。

❸朝审。霜降之后，三法司会同公侯、伯爵，在吏部（或户部）尚书主持下会审在押重囚。朝审制度始于明英宗。

❹大审。司礼监（太监机构）主持，太监居中主审。大审制度始于明宪宗成化年间，每5年举行一次，标志着"九卿（外官）抑于太监（内官）之下"。

（2）清朝会审制度

❶秋审。复审全国各地上报的斩监候、绞监候案件，每年秋8月在天安门金水桥西进行，系"国家大典"，有专门制定的《秋审条款》。

❷朝审。复审刑部判决的重案和京师附近绞监候、斩监候案件，每年霜降后10日举行。

案件经过秋审或朝审后，有四种结果：a. 情实（罪情属实、罪名恰当者，奏请执行死刑）；b. 缓决（案情虽属实，但危害性不大者，可减为流三千里，或减发烟瘴极边充军，或再押监候）；c. 可矜（案情属实，但有可矜或可疑之处，对此类案件的犯人可免予死刑，一般减为徒、流刑罚）；d. 留养承祀（案情属实、罪名恰当，但被告人有亲老丁单情形，按留养案奏请皇帝裁决）。

❸热审。大理寺官员会同各道御史及刑部承办司重审发生在京师的笞杖刑案件，于暑热来临之前快速决放在监案犯。

二、清末至民国的诉讼制度

（一）清末

清末改革司法机构，与之相适应，司法制度也作改革。其主要内容如下：

1. 实行四级三审制，规定了刑事案件公诉制度、证据、保释制度。
2. 审判制度上实行公开、回避等制度。
3. 初步规定了法官及检察官考试任用制度。
4. 改良监狱及狱政管理制度。

（二）民国

1. 审级制度。自清末改制起，到南京临时政府、北京政府时期，均实行四级三审制，南京国民政府时期改为三级三审制（实践中往往是二审制、一审制）。

2. 法官制度。南京临时政府时期，法官独立审判；所有司法人员必须经法官考试合格后方能录用；法官在任中不得减俸或转职，非依法律受刑罚宣告，或应免职之惩戒处分，不得解职。

3. 审判制度

（1）南京临时政府时期，禁止刑讯、体罚；从前的不法刑具，悉令焚毁；中央司法部随时派员巡视各地，严惩、革除滥用刑讯体罚的"不肖官吏"。

（2）北京政府时期，以大理院的判例和解释例作为重要法律渊源；以军事审判取代普通审判，设高等军法会审、军法会审和临时军法会审，军阀把持审判权。

（3）南京国民政府时期，审判制度多借鉴英美法系。

❶"一告九不理"。管辖不合规定不受理；当事人不适格不受理；未经合法代理不受理；起诉不合程式不受理；不缴纳诉讼费不受理；一事不再理；不告不理；已经成立和解者不受理；非以违背法令为理由，第三审不受理。

❷自由心证。效仿资产阶级国家法律原则而确定。

❸不干涉主义。一切全凭当事人意思行事。

4. 律师制度

（1）南京临时政府时期，颁行《中央裁判所官职令草案》《律师法草案》，在实践中采用律师辩护制度、公审制度、陪审制度。

（2）北京政府时期，中国近代律师与公证制度始得建立。1920年，东三省特别区域法院沿用俄国旧例办理公证，这是中国公证制度的发源。

（3）南京国民政府时期，律师与公证制度继续发展。

❶公布施行《律师章程》《律师法》，律师资格的取得分为考试及格和检核及格。

❷公布施行公证法规；各省高等、地方法院分批设立公证处；公证事项分为公证法律行为和公证私权事实。地方法院聘请当地士绅担任公证劝道，并采取提留分成方式给予报酬。

（三）清末至民国的治外法权

1. 清末的治外法权

1864年，清廷与英、美、法三国驻上海领事协议在租界内设立"会审公廨"，或称"会审公堂"。凡涉及外国人之间、中国人与外国人之间，甚至租界内纯属中国人之间的诉讼，均由外国领事观审并操纵判决。

（1）领事裁判权。确立于1843年《中英五口通商章程及税则》《海关税则》《虎门条约》，其管辖依被告主义原则。

（2）观审权。一国领事官员有权观审该国人为原告的案件。其将领事裁判权扩充和延伸到外国人为原告的案件。

2. 民国时期，总的来看，南京临时政府、北京政府、南京国民政府均不同程度地承认治外法权。

三、新民主主义革命时期民主政权的诉讼制度

（一）基本原则

1. 工农民主政权

（1）权力专属。司法机关统一行使职权，其他机关无司法权。

（2）废止肉刑，重视证据，依靠群众审判反革命分子。

2. 抗日民主政权

（1）调查研究、实事求是。毛泽东等边区领导人以身作则，写入边区《民事诉讼法草案》。

（2）相信群众、依靠群众。据此创造了多种诉讼形式：①群众公审，主要适用于政治性案件和人命案；②就地巡回审判，携卷下乡、群众参与、舆法结合、就地判决，省钱省时，有利生产。

（3）法律面前人人平等。1941年陕甘宁边区第二届参议会宣布"保护各个抗日阶级的利益"，各根据地宪法性文件均规定凡造成抗日民主的地主、富农、资本家与工人、农民平等地受法律保护，禁止特权（"黄克功案"为典型），《陕甘宁边区施政纲领》规定党犯法从重治罪。

3. 解放区政权

实行人民民主法制原则。严禁乱打乱杀、使用肉刑；有反必肃、有错必纠；简化诉讼手续，执行群众路线；放宽上诉期限，严格案件复核，实施三审终审；规定各级法院受案范围。

（二）基本制度

1. 工农民主政权

（1）四级两审终审制，在特殊地区及紧急情况下，对反革命、豪绅、地主犯罪可一审终审；

（2）审判公开，涉及秘密的除外；

（3）人民陪审，无选举权者不得充任陪审员，陪审员不脱产、义务性、非专职；

（4）巡回审判，由各裁判部在案发地点就地调查、就地解决，适用于重大典型案件、群体刑事案件；

（5）死刑复核，死刑案件无论是否上诉，一律报请上级审判机关复核批准；

（6）合议制度和辩护制度。

2. 抗日民主政权

（1）审判制度：①上诉制度，民诉15天，刑诉10天。②审级制度，基本两审终审，也曾三审终审（1942年7月至1944年2月，边区政府审判委员会受理三审上诉）。③人民陪审制度。④审判公开和辩护制度。⑤复核和审判监督制度：少数死刑案件须高等法院核准方得宣判，宣判后再呈边区政府复核、经主席批准才能行刑，战时不在此限；审判监督分为上级对下级的监督（案件审核）和群众监督（司法机关向同级参议会报告工作）。

（2）马锡五审判方式：诞生于陕甘宁边区，是把群众路线的工作方法运用到审判工作中的司法民主的崭新形式。其特点是深入农村、调查研究，实事求是地了解案情；依靠群众、教育群众，尊重群众意见；方便群众诉讼，手续简便、不拘于形式。其思想基础是延安整风运动，产生的源泉是群众智慧，成长的基础是巡回审判。马锡五审判方式的出现和推广，培养了司法干部，解决了积年旧案，减少争讼、促进团结、利于生产、保证抗日，使新民主主义司法制度落到实处。

（3）人民调解制度。其系人民司法的一大特色和补充。其原则有三：①双方自愿，不得强迫；②遵守法律政策，照顾民间良俗；③并非必经程序，不得剥夺起诉（司法机关不得借口未经调解而拒绝受理诉讼）。调解范围包括民事纠纷、轻微刑事案件，社会危险性较大的

案件和法律另有规定的情形不适用调解。其形式有四：民间调解、群团调解、政府调解、司法调解（有强制力，必须执行）。调解处理方式一般有赔礼道歉、认错、赔偿损失或抚慰金以及其他善良习惯方式。调解后出具调解和解书。调解须遵守奉公守法、尊重人权等调解纪律。

3. 解放区政权

（1）中共中央委员会发布《中共中央关于废除国民党的六法全书与确定解放区的司法原则的指示》（1949 年 2 月 22 日），从政治上宣告伪宪法伪法统的灭亡：①指出国民党政府法律的反动实质；②宣布废除六法全书；③确定人民司法原则是"有正条（纲领、法律、命令、条例、决议规定等）依正条，无正条依政策（新民主主义的政策）"；④教育和改造司法干部，要求各司法机关人员学习和掌握马列主义、毛泽东思想的国家观法律观及新民主主义的政策、纲领等。此后，新华社答读者问《关于废除伪法统》系统揭示了伪法统的反动实质。

（2）华北人民政府发布《为废除国民党的六法全书及一切反动法律的训令》（1949 年 4 月 1 日），从法律上宣布终止国民党一切反动法律的效力。

（3）《共同纲领》第 17 条明确规定："废除国民党反动政府一切压迫人民的法律、法令和司法制度，制定保护人民的法律、法令，建立人民司法制度。"这既是新民主主义革命时期民主政权法制建设的经验总结，也是人民民主革命法统最终胜利的重要标志。

第四编 习近平法治思想

- 习近平法治思想
  - 习近平法治思想的形成发展及重大意义
    - 形成发展
    - 重大意义
  - 习近平法治思想的核心要义（"十一个坚持"）
    - 坚持党对全面依法治国的领导
    - 坚持以人民为中心
    - 坚持中国特色社会主义法治道路
    - 坚持依宪治国、依宪执政
    - 坚持在法治轨道上推进国家治理体系和治理能力现代化
    - 坚持建设中国特色社会主义法治体系
    - 坚持依法治国、依法执政、依法行政共同推进，法治国家、法治政府、法治社会一体建设
    - 坚持全面推进科学立法、严格执法、公正司法、全民守法
    - 坚持统筹推进国内法治和涉外法治
    - 坚持建设德才兼备的高素质法治工作队伍
    - 坚持抓住领导干部这个"关键少数"
  - 习近平法治思想的实践要求
    - 充分发挥法治对经济社会发展的保障作用（"五大保障"）
      - 以法治保障经济发展
      - 以法治保障政治稳定
      - 以法治保障文化繁荣
      - 以法治保障社会和谐
      - 以法治保障生态良好
    - 正确认识和处理全面依法治国一系列重大关系（"四对关系"）
      - 政治和法治
      - 改革和法治
      - 依法治国和以德治国
      - 依法治国和依规治党

第1章 习近平法治思想的形成发展及重大意义

习近平法治思想的形成发展及重大意义
- 形成发展
  - 形成的时代背景（两个大局）
    - 中华民族伟大复兴战略全局
      - 伟大飞跃
      - 经济转型
      - "新发展"格局
    - 当今世界百年未有之大变局
      - 全球新冠
      - 经济下行
      - 格局调整
    - → 应运而生：新形势新任务需要法治方式，法治方式需要习近平法治思想
  - 形成发展的逻辑（"三个逻辑"）
    - 历史逻辑
    - 理论逻辑
    - 实践逻辑
  - 形成发展的历史进程（"十大节点"）
    - 十八大
    - 十八届四中全会
    - 十九大
    - 十九届二中全会
    - 十九届三中全会
    - 十九届四中全会
    - 十九届五中全会
    - 十九届六中全会
    - 十九届中央政治局第三十五次集体学习
    - 二十大
    - → 与时俱进，更新发展
  - 鲜明特色（"五大特色"）
    - 原创性
    - 时代性
    - 人民性
    - 实践性
    - 系统性
    - → 体系完整、理论厚重、博大精深，都是涉及理论和实践的方向性、根本性、全局性的重大问题
- 重大意义
  - 最新成果
  - 科学总结
  - 根本遵循
  - 思想旗帜

第1节 习近平法治思想的形成发展

一、习近平法治思想形成的时代背景

(一) 指导地位

1. 习近平法治思想在全面依法治国工作中的指导地位由2020年11月中央全面依法治国工作会议明确，这是本次会议最重要的成果。

2. 这次工作会议是第一次以党中央工作会议形式部署全面依法治国工作的重要会议。

(二) 基本内涵

习近平法治思想是着眼于中华民族伟大复兴战略全局和当今世界百年未有之大变局，顺应实现中华民族伟大复兴时代要求应运而生的重大战略思想。习近平法治思想从历史和现实相贯通、国际和国内相关联、理论和实际相结合上，深刻回答了新时代为什么要实行全面依法治国、怎样实行全面依法治国等一系列重大问题，为深入推进全面依法治国、加快建设社会主义法治国家，运用制度威力应对风险挑战，实现党和国家长治久安，全面建设社会主义现代化国家、实现中华民族伟大复兴的中国梦，提供了科学指南。

1. 中华民族伟大复兴战略全局：我国正处在中华民族伟大复兴的关键时期，中华民族迎来了从站起来、富起来到强起来的伟大飞跃。我国经济正处在转变发展方式、优化经济结构、转换增长动力的攻关期，经济已由高速增长阶段转向高质量发展阶段，经济长期向好，市场空间广阔，发展韧性强大，正在形成以国内大循环为主体、国内国际双循环相互促进的新发展格局，改革发展稳定任务日益繁重。

2. 当今世界百年未有之大变局：新冠疫情全球大流行，经济全球化遭遇逆流，保护主义、单边主义上升，世界经济低迷，国际贸易和投资大幅萎缩，国际经济、科技、文化、安全、政治等格局都在发生深刻调整。

(三) 时代要求

1. 面对新形势新任务，着眼于统筹国内国际两个大局，科学认识和正确把握我国发展的重要战略机遇期，必须把全面依法治国摆在更加突出的全局性、战略性的重要地位。

2. 伟大时代孕育伟大理论，伟大思想引领伟大征程。习近平法治思想是马克思主义法治理论中国化的最新成果，是中国特色社会主义法治理论的重大创新发展，是习近平法治新时代中国特色社会主义思想的重要组成部分，是新时代推进全面依法治国必须长期坚持的指导思想。

二、习近平法治思想形成和发展逻辑

习近平法治思想是习近平新时代中国特色社会主义思想的重要组成部分。党的十八大以来，党中央把全面依法治国纳入"四个全面"（全面建设社会主义现代化国家、全面深化改革、全面依法治国、全面从严治党）战略布局，领导和推动我国社会主义法治建设取得了历史性成就。

（一）历史逻辑

习近平法治思想凝聚着中国共产党人在法治建设长期探索中形成的经验积累和智慧结晶，标志着党对共产党执政规律、社会主义建设规律、人类社会发展规律的认识达到了新高度，开辟了中国特色社会主义法治理论和实践的新境界。

（二）理论逻辑

四个理论来源：马克思主义法治理论的基本原则、立场、观点和方法；我们党关于法治建设的重要理论；中华优秀传统法律文化；新时代中国特色社会主义法治实践经验。

习近平法治思想是马克思主义法治理论与新时代中国特色社会主义法治实践相结合的产物，是马克思主义法治理论中国化的新发展新飞跃，反映了创新马克思主义法治理论的内在逻辑要求。

（三）实践逻辑

习近平法治思想是从统筹中华民族伟大复兴战略全局和世界百年未有之大变局、实现党和国家长治久安的战略高度，在推进伟大斗争、伟大工程、伟大事业、伟大梦想的实践之中完善形成的，并会随着实践的发展而进一步丰富。

三、习近平法治思想形成发展的历史进程

（一）十八大以来

1. 十八大（2012年）以来，习近平总书记高度重视法治建设，亲自谋划、亲自部署、亲自推动全面依法治国。

2. 十八届四中全会（2014年）专门研究全面依法治国，出台了《中共中央关于全面推进依法治国若干重大问题的决定》。

（二）十九大以来

1. 十九大（2017年）擘画新时代全面依法治国的宏伟蓝图：到2035年基本建成法治国家、法治政府、法治社会。

2. 十九届二中全会（2018年）专题研究宪法修改，推动宪法与时俱进完善发展。

3. 十九届三中全会（2018年）决定成立中央全面依法治国委员会，加强党对全面依法治国的集中统一领导。

4. 十九届四中全会（2019年）从推进国家治理体系和治理能力现代化的角度，对坚持和完善中国特色社会主义法治体系，提高党依法治国、依法执政能力作出全面部署。

5. 十九届五中全会（2020年）对立足新发展阶段、贯彻新发展理念、构建新发展格局的法治建设工作提出新要求。

[相关概念]

"新发展阶段"是指全面建设社会主义现代化国家、向第二个百年奋斗目标进军的阶段，这是我国经济社会发展中的一个新的历史方位，于十九届五中全会第二次全体会议（2020年）上提出。"第一个百年奋斗目标"是到中国共产党成立100年时全面建成小康社会，"第二个百年奋斗目标"是指到新中国成立100年时建成富强民主文明和谐美丽的社会主义现代化强国。

"新发展理念"是指创新、协调、绿色、开放、共享的发展理念，于党的十八届五中全

会（2015年）上提出，强调坚持新发展理念是关系我国发展全局的一场深刻变革。创新是引领发展的第一动力，协调是持续健康发展的内在要求，绿色是永续发展的必要条件和人民对美好生活追求的重要体现，开放是国家繁荣发展的必由之路，共享是中国特色社会主义的本质要求。创新发展注重的是解决发展动力问题，协调发展注重的是解决发展不平衡问题，绿色发展注重的是解决人与自然和谐问题，开放发展注重的是解决发展内外联动问题，共享发展注重的是解决社会公平正义问题。

"新发展格局"是指构建以国内大循环为主体、国内国际双循环相互促进的新发展格局，于中央财经委员会第七次会议（2020年）上提出。其关键在于实现经济循环流转和产业关联畅通，根本要求是提升供给体系的创新力和关联性，解决各类"卡脖子"和瓶颈问题，畅通国民经济循环。

（三）二十大以来

二十大（2022年）从全面建设社会主义现代化国家出发，对全面依法治国进行专章部署，明确要求坚持全面依法治国。

四、习近平法治思想的鲜明特色

习近平法治思想体系完整、理论厚重、博大精深，用"十一个坚持"对全面依法治国进行阐释、部署，都是涉及理论和实践的方向性、根本性、全局性的重大问题，具有五大鲜明特色。

（一）原创性

对人类社会发展规律创造性地揭示是马克思主义的原创。习近平总书记以马克思主义政治家、思想家、战略家的深刻洞察力、敏锐判断力和战略定力，在理论上不断拓展新视野、提出新命题、作出新论断、形成新概括，为发展马克思主义法治理论作出了重大原创性贡献。

（二）时代性

马克思主义的一个基本特性是时代性。习近平总书记立足中国特色社会主义进入新时代的历史方位，立时代之潮头、发思想之先声，科学回答了新时代我国法治建设向哪里走、走什么路、实现什么目标等根本性问题，在新时代治国理政实践中开启了法治中国新篇章。

（三）人民性

马克思主义最鲜明的品格是人民性。习近平总书记强调法治建设要为了人民、依靠人民、造福人民、保护人民，推动把体现人民利益、反映人民愿望、维护人民权益、增进人民福祉落实到全面依法治国各领域全过程，不断增强人民群众获得感、幸福感、安全感。

（四）实践性

马克思主义理论区别于其他理论的显著特征是实践性。习近平总书记明确提出全面依法治国并将其纳入"四个全面"战略布局，以破解法治实践难题为着力点，作出一系列重大决策部署，解决了许多长期想解决而没有解决的难题，办成了许多过去想办而没有办成的大事，社会主义法治国家建设发生历史性变革，取得历史性成就。

（五）系统性

马克思主义基本原理善于运用系统观点分析问题。习近平总书记强调全面依法治国是一个系统工程，注重用整体联系、统筹协调、辩证统一的科学方法谋划和推进法治中国建设。科学指出当前和今后一个时期推进全面依法治国十一个重要方面的要求，构成了系统完备、逻辑严密、内在统一的科学思想体系。

第2节 习近平法治思想的重大意义

一、习近平法治思想是马克思主义法治理论同中国法治建设具体实际相结合、同中华优秀传统法律文化相结合的最新成果

1. 中国共产党在一百年来的革命、建设、改革历程中，始终坚持把马克思主义基本原理同中国具体实际相结合、同中华优秀传统文化相结合，不断推进马克思主义中国化时代化。

2. 习近平法治思想是马克思主义法治理论中国化的最新成果。习近平法治思想坚持马克思主义立场观点方法，坚持科学社会主义基本原则，植根于中华优秀传统法律文化，借鉴人类法治文明有益成果，理论上有许多重大突破、重大创新、重大发展，同我们党长期形成的法治理论既一脉相承又与时俱进，为发展马克思主义法治理论作出了重大原创性、集成性贡献。

二、习近平法治思想是对党领导法治建设丰富实践和宝贵经验的科学总结

1. 法治是中国共产党和中国人民的不懈追求。我们党自成立之日起就高度重视法治建设。新民主主义革命时期，我们党制定了《中华苏维埃共和国宪法大纲》和大量法律法令，创造了"马锡五审判方式"。社会主义革命和建设时期，我们党领导人民制定了宪法和国家机构组织法、选举法、婚姻法等一系列重要法律法规，建立起社会主义法制框架体系，确立了社会主义司法制度。改革开放和社会主义现代化建设时期，我们党提出"有法可依、有法必依、执法必严、违法必究"的方针，确立依法治国基本方略，把建设社会主义法治国家确定为社会主义现代化的重要目标，逐步形成以宪法为核心的中国特色社会主义法律体系。党的十八大以来，党中央把全面依法治国纳入"四个全面"战略布局予以有力推进，对全面依法治国作出一系列重大决策部署，组建中央全面依法治国委员会，完善党领导立法、保证执法、支持司法、带头守法制度，基本形成全面依法治国总体格局。党的十八届四中全会明确提出全面推进依法治国的总目标是建设中国特色社会主义法治体系，建设社会主义法治国家。党的二十大从完善以宪法为核心的中国特色社会主义法律体系、扎实推进依法行政、严格公正司法、加快建设法治社会四个方面专章布局法治，明确"全面推进国家各方面工作法治化"。

2. 习近平法治思想以新的高度、新的视野、新的认识赋予中国特色社会主义法治建设事业以新的时代内涵，深刻回答了事关新时代我国社会主义法治建设的一系列重大问题，实现了中国特色社会主义法治理论的历史性飞跃；既是提炼升华党领导法治建设丰富实践和宝贵经验的重大理论创新成果，更是引领新时代全面依法治国不断从胜利走向新的胜利的光辉思想旗帜。

三、习近平法治思想是在法治轨道上全面建设社会主义现代化国家的根本遵循

1. 习近平法治思想贯穿经济、政治、文化、社会、生态文明建设的各个领域，涵盖改革发展稳定、内政外交国防、治党治国治军各个方面，为深刻认识全面依法治国在治国理政中的重要地位提供了科学指引，为推进国家治理体系和治理能力现代化、建设更高水平的法治中国提供了根本遵循。

2. 当前，我们已开启全面建设社会主义现代化国家新征程，要坚持以习近平法治思想为指导，及时把相关成果以法律形式固化下来，为夯实"中国之治"提供稳定的制度保障。

四、习近平法治思想是引领法治中国建设实现高质量发展的思想旗帜

1. 习近平法治思想从全面建设社会主义现代化国家的目标要求出发，立足新发展阶段、贯彻新发展理念、构建新发展格局的实际需要，提出了当前和今后一个时期全面依法治国的目标任务，为实现新时代法治中国建设高质量发展提供了强有力的思想武器。

[相关概念] "高质量发展"是全面建设社会主义现代化国家的首要任务，于党的十九大（2017年）首次提出。其主要内容包括构建高水平社会主义市场经济体制，建设现代化产业体系，全面推进乡村振兴，促进区域协调发展，推进高水平对外开放。

2. 要毫不动摇地坚持习近平法治思想在全面依法治国工作中的指导地位，把习近平法治思想贯彻落实到全面依法治国全过程和各方面，转化为做好全面依法治国各项工作的强大动力，转化为推进法治中国建设的思路举措，转化为建设社会主义法治国家的生动实践，不断开创法治中国建设新局面。

要认真贯彻"一规划、两纲要"，即党中央印发的《法治中国建设规划（2020~2025年）》和《法治社会建设实施纲要（2020~2025年）》、党中央和国务院印发的《法治政府建设实施纲要（2021~2025年）》。

第2章 习近平法治思想的核心要义
（"十一个坚持"）

习近平法治思想的核心要义（"十一个坚持"）
- 坚持党对全面依法治国的领导
- 坚持以人民为中心
- 坚持中国特色社会主义法治道路
- 坚持依宪治国、依宪执政
- 坚持在法治轨道上推进国家治理体系和治理能力现代化
- 坚持建设中国特色社会主义法治体系
- 坚持依法治国、依法执政、依法行政共同推进，法治国家、法治政府、法治社会一体建设
- 坚持全面推进科学立法、严格执法、公正司法、全民守法
- 坚持统筹推进国内法治和涉外法治
- 坚持建设德才兼备的高素质法治工作队伍
- 坚持抓住领导干部这个"关键少数"

党领人道两依宪，法轨两现体系建，三推三体四全面，统筹队伍抓关键。

坚持党对全面依法治国的领导 第1节

一、党的领导是中国特色社会主义法治之魂

1. 全面建设社会主义现代化国家、全面推进中华民族伟大复兴，关键在党。中国共产党是中国特色社会主义事业的坚强领导核心，是最高政治领导力量，各个领域、各个方面都必须坚定自觉坚持党的领导。
2. 党的领导是中国特色社会主义最本质的特征，是社会主义法治最根本的保证。坚持党的领导，是社会主义法治的根本要求，是党和国家的根本所在、命脉所在，是全国各族人民的利益所系、幸福所系，是全面推进依法治国的题中应有之义。
3. 党的领导和社会主义法治是一致的，社会主义法治必须坚持党的领导，党的领导必须依靠社会主义法治。

二、全面依法治国是要加强和改善党的领导

1. 加强和改善党对全面依法治国的领导，是由全面依法治国的性质和任务决定的。因为全面推进依法治国是一个系统工程，是国家治理领域一场广泛而深刻的革命，只有加强和改善党的领导，才能完成这一系统工程。
2. 加强和改善党对全面依法治国的领导，是由党的领导和社会主义法治的一致性决定的。我国正处于中华民族伟大复兴的关键时期，新时代坚持和发展中国特色社会主义更加需要依靠法治，更加需要加强党对全面依法治国的领导。

三、坚持党的领导、人民当家作主、依法治国有机统一

1. 坚持党的领导、人民当家作主、依法治国有机统一，是全面依法治国的核心。
2. 坚持党的领导、人民当家作主、依法治国有机统一，最根本的是坚持党的领导。
3. 人民代表大会制度是坚持党的领导、人民当家作主、依法治国有机统一的根本制度安排。2021年10月，党的历史上第一次召开中央人大工作会议，对坚持和完善人民代表大会制度、不断发展全过程人民民主、深入推进全面依法治国作出重大部署。

四、坚持党领导立法、保证执法、支持司法、带头守法

1. 推进全面依法治国，必须把党的领导贯彻落实到全面依法治国全过程和各方面。这是我国社会主义法治建设的一条基本经验。
2. 具体要求：做到"三个统一、四个善于"，即必须坚持党领导立法、保证执法、支持司法、带头守法，把依法治国基本方略同依法执政基本方式统一起来，把党总揽全局、协调各方同人大、政府、政协、监察机关、审判机关、检察机关依法依章程履行职能、开展工作统一起来，把党领导人民制定和实施宪法法律同党坚持在宪法法律范围内活动统一起来，善于使党的主张通过法定程序成为国家意志，善于使党组织推荐的人选通过法定程序成为国家政权机关的领导人员，善于通过国家政权机关实施党对国家和社会的领导，善于运用民主集中制原则维护中央权威、维护全党全国团结统一。

五、健全党领导全面依法治国的制度和工作机制

1. 加强党对全面依法治国的领导，必须健全党领导全面依法治国的制度和工作机制，迫切需要从党中央层面加强统筹协调。成立中央全面依法治国委员会，目的就是从体制机制上加强党对全面依法治国的集中统一领导，统筹推进全面依法治国工作。

2. 相关举措

（1）健全党领导全面依法治国的制度和体制机制，完善党制定全面依法治国方针政策的工作机制和程序，加强党对全面依法治国的集中统一领导；

（2）充分发挥党委的领导核心作用，法治建设与经济社会发展同部署、同推进、同督促、同考核、同奖惩；

（3）发挥政法委在全面依法治国工作中的带头作用和重要作用。

第2节 坚持以人民为中心

一、以人民为中心是中国特色社会主义法治的根本立场

1. "坚持人民至上"是党的十九届六中全会总结的百年经验之一。人民群众是我们党的力量源泉，人民立场是中国共产党的根本政治立场。以人民为中心是新时代坚持和发展中国特色社会主义的根本立场，是中国特色社会主义法治的本质要求。坚持以人民为中心，深刻回答了推进全面依法治国，建设社会主义法治国家为了谁、依靠谁的问题。

2. 全面依法治国最广泛、最深厚的基础是人民，推进全面依法治国的根本目的是依法保障人民权益。坚持以人民为中心是我国国家制度和国家治理体系的本质属性，也是国家制度和国家治理体系有效运行、充满活力的根本所在，更是我们的制度优势，也是中国特色社会主义法治区别于资本主义法治的根本所在。

二、坚持人民主体地位

1. 坚持人民主体地位，必须把以人民为中心的发展思想融入全面依法治国的伟大实践中。具体而言：一方面，要保证人民在党的领导下依照法律规定通过各种途径和形式管理国家事务，管理经济和文化事业，管理社会事务；另一方面，要保证人民依法享有广泛的权利和自由、承担应尽的义务，使全体人民都成为社会主义法治的忠实崇尚者、自觉遵守者、坚定捍卫者，使尊法、信法、守法、用法、护法成为全体人民的共同追求。

2. 坚持人民主体地位，要求用法治保障人民当家作主。具体而言：要坚持和完善中国共产党领导的多党合作和政治协商制度、民族区域自治制度、基层群众自治制度等基本政治制度，建立健全民主制度，丰富民主形式，拓宽民主渠道，依法实行民主选举、民主协商、民主决策、民主管理、民主监督，不断发展全过程人民民主。

三、牢牢把握社会公平正义的法治价值追求

1. 公平正义是法治的生命线，是中国特色社会主义法治的内在要求。

2. 要努力让人民群众在每一项法律制度、每一个执法决定、每一宗司法案件中都感受到

公平正义。加强人权法治保障,非因法定事由、非经法定程序不得限制、剥夺公民、法人和其他组织的权利。

3. 必须坚持法律面前人人平等。平等是社会主义法律的基本属性,是社会主义法治的基本要求。必须将坚持法律面前人人平等体现在立法、执法、司法、守法各个方面。要加快完善体现权利公平、机会公平、规则公平的法律制度,确保法律面前人人平等。

"四个决不允许":要重点解决好损害群众权益的突出问题,决不允许对群众的报警求助置之不理,决不允许让普通群众打不起官司,决不允许滥用权力侵犯群众合法权益,决不允许执法犯法造成冤假错案。

四、推进全面依法治国的根本目的是依法保障人民权益

1. 我们党全心全意为人民服务的根本宗旨,决定了必须始终把人民作为一切工作的中心。

2. 必须切实保障公民的人身权、财产权、人格权和基本政治权利,保证公民经济、文化、社会等各方面权利得到落实。应加大关系群众切身利益的重点领域执法、司法力度,让天更蓝、空气更清新、食品更安全、交通更顺畅、社会更和谐有序。必须着力解决人民群众最关切的公共安全、权益保障、公平正义问题,努力维护最广大人民的根本利益,保障人民群众对美好生活的向往和追求。

第3节 坚持中国特色社会主义法治道路

一、中国特色社会主义法治道路是建设中国特色社会主义法治体系、建设社会主义法治国家的唯一正确道路

1. "坚持中国道路"是党的十九届六中全会总结的百年经验之一,是党的二十大报告中全面建设社会主义现代化国家、全面依法治国的基本原则之一。

2. 中国特色社会主义法治道路是最适合中国国情的法治道路,是由我国的基本国情决定的唯一正确的道路。

3. 中国特色社会主义法治道路,根植于我国社会主义初级阶段的基本国情,生发于我国改革开放和社会主义现代化建设的具体实践,是被实践证明了的符合我国基本国情、符合人民群众愿望、符合实践发展要求的法治道路,具有显著优越性。

4. 全面依法治国必须从我国实际出发,突出中国特色、实践特色、时代特色,要同推进国家治理体系和治理能力现代化相适应,既不能罔顾国情、超越阶段,也不能因循守旧、墨守成规。坚持从实际出发不等于关起门来搞法治,法治的精髓和要旨对于各国国家治理和社会治理具有普遍意义,学习借鉴不等于是简单的拿来主义,基本的东西必须是我们自己的,我们只能走自己的路。必须坚持以我为主、为我所用,认真鉴别、合理吸收,不能搞"全盘西化",不能搞"全面移植",不能囫囵吞枣、照抄照搬,否则必然水土不服。在这个问题上,我们要有底气、有自信,要努力以中国智慧、中国实践为世界法治文明建设做出贡献。

二、中国特色社会主义法治道路的核心要义

中国特色社会主义法治道路的核心要义有三：坚持党的领导、坚持中国特色社会主义制度、贯彻中国特色社会主义法治理论。

1. 坚定不移走中国特色社会主义法治道路，最根本的是坚持中国共产党的领导。抓住了这个根本问题，就抓住了中国特色社会主义法治道路的本质。

2. 坚持中国特色社会主义制度。中国特色社会主义制度是中国特色社会主义法治体系的根本制度基础，是全面推进依法治国的根本制度保障。

3. 贯彻中国特色社会主义法治理论。中国特色社会主义法治理论是中国特色社会主义法治体系的理论指导和学理支撑，是全面推进依法治国的行动指南。中国特色社会主义法治理论，是中国特色社会主义理论体系的重要组成部分。

第4节 坚持依宪治国、依宪执政

一、坚持依法治国首先要坚持依宪治国，坚持依法执政首先要坚持依宪执政

1. 坚持依法治国首先要坚持依宪治国，坚持依法执政首先要坚持依宪执政，这是宪法的地位和作用决定的。

2. 坚持依宪治国，是推进全面依法治国、建设社会主义法治国家的基础性工作，科学回答了宪法如何更好促进全面建设社会主义现代化国家的关键性问题。

3. 坚持依宪执政，体现了中国共产党作为执政党的执政理念，体现了我们党对执政规律和执政方式的科学把握。坚持依宪执政，必须坚持以人民为中心。

二、宪法是国家的根本法，是治国理政的总章程

宪法是国家的根本法，是治国理政的总章程，是党和人民意志的集中体现，具有最高的法律地位、法律权威、法律效力。具体而言：

1. 宪法确认了中国共产党的执政地位，确认了党在国家政权结构中总揽全局、协调各方的领导核心地位，这是中国特色社会主义最本质的特征，也是我国宪法制度的最显著特征和最大优势。

2. 宪法集中体现了党和人民的统一意志和共同愿望，是国家意志的最高表现形式，具有根本性、全局性、稳定性、长期性，宪法规定的内容具有总括性、原则性、纲领性、方向性。

3. 宪法在中国特色社会主义法律体系中居于核心地位，是国家政治和社会生活的最高法律规范，是国家一切法律法规的总依据、总源头，具有最高的法律地位、法律权威、法律效力，是国家统一、法制统一、政令统一的保证。

4. 我国宪法是符合国情、符合实际、符合时代发展要求的好宪法，是我们国家和人民经受住各种困难和风险考验，始终沿着中国特色社会主义道路前进的根本法保障。

三、全面贯彻实施宪法

全面贯彻实施宪法，是建设社会主义法治国家的首要任务和基础性工作。党的十八大以来，宪法实施得到高度重视，具体而言：

1. 2014 年，全国人大常委会通过了《关于设立国家宪法日的决定》，将 12 月 4 日设立为国家宪法日。

2. 2015 年，全国人大常委会作出《关于实行宪法宣誓制度的决定》，并于 2018 年对其进行了修订。

3. 2018 年，全国人大法律委员会更名为全国人大宪法和法律委员会，增加推动宪法实施、开展宪法解释、推进合宪性审查、加强宪法监督、配合宪法宣传等工作职责。

4. 《法治中国建设规划（2020~2025 年）》明确提出"把全面贯彻实施宪法作为首要任务"。

5. 党的二十大报告要求："加强宪法实施和监督，健全保证宪法全面实施的制度体系，更好发挥宪法在治国理政中的重要作用，维护宪法权威。"

四、推进合宪性审查工作

1. 落实主体职责。监督宪法的实施，是宪法赋予全国人大及其常委会的重要职责。凡涉及宪法相关规定如何理解、如何适用的，都应当事先经过全国人大常委会合宪性审查，确保同宪法规定、宪法精神相符合。

2. 明确远景规划。《中华人民共和国国民经济和社会发展第十四个五年规划和 2035 年远景目标纲要》明确规定，要健全保障宪法全面实施的体制机制，加强宪法实施和监督，落实宪法解释程序机制，推进合宪性审查。

3. 强化宪法解释。推进合宪性审查工作必须加强宪法解释工作，健全宪法解释程序机制。2017 年党中央转发了《中共全国人大常委会党组关于健全宪法解释工作程序的意见》，指出要使所有的法规规章、司法解释和各类规范性文件纳入备案审查范围，其他国家机关发现规范性文件可能存在合宪性问题的，要及时报告、提请全国人大常委会审查。地方各级人大及其常委会要保证宪法在本行政区域内得到遵守和执行。

五、深入开展宪法教育

深入开展宪法教育，要使全体人民成为宪法的忠实崇尚者、自觉遵守者、坚定捍卫者。具体而言：

1. 宪法的根基在于人民发自内心的拥护，宪法的伟力在于人民出自真诚的信仰。要深刻认识宪法的内在逻辑（历史逻辑、理论逻辑、实践逻辑）和本质属性（意志属性、权利属性、利益属性），以坚定宪法自信、增强宪法自觉。

2. 要使宪法真正走入日常生活、走入人民群众，让宪法内化于心、外化于行。把宪法法律教育纳入国民教育体系，引导青少年从小尊法、学法、守法、用法。

3. 要抓住领导干部这个"关键少数"。《法治社会建设实施纲要（2020~2025 年）》指出，切实加强对国家工作人员特别是各级领导干部的宪法教育，组织推动国家工作人员原原本本学习宪法文本。把宪法教育作为党员干部教育的重要内容，完善国家工作人员学习宪法法律的制度。

第5节 坚持在法治轨道上推进国家治理体系和治理能力现代化

一、全面依法治国是国家治理的一场深刻革命

1. 我国社会主义法治是制度之治最基本最稳定最可靠的保障。坚持全面依法治国是中国特色社会主义国家制度和国家治理体系的显著优势。

党的十八届三中全会专题研究全面深化改革问题，明确提出全面深化改革的总目标，即完善和发展中国特色社会主义制度，推进国家治理体系和治理能力现代化。

党的十八届四中全会进一步强调要推进国家治理体系和治理能力现代化，指出全面推进依法治国是一个系统工程，是国家治理领域一场广泛而深刻的革命。

党的十九大报告提出，新时代坚持和发展中国特色社会主义的基本方略之一，就是要坚持和完善中国特色社会主义制度，不断推进国家治理体系和治理能力现代化。

党的十九届四中全会对坚持和完善中国特色社会主义制度，推进国家治理体系和治理能力现代化作出全面部署。

党的十九届五中全会提出，到2035年基本实现国家治理体系和治理能力现代化。

党的二十大报告指出，我们以巨大的政治勇气全面深化改革……中国特色社会主义制度更加成熟更加定型，国家治理体系和治理能力现代化水平明显提高。

2. 在法治轨道上推进国家治理体系和治理能力现代化，要提高党依法治国、依法执政能力，推进党的领导制度化、法治化、规范化。要用法治保障人民当家作主，健全社会公平正义法治保障制度，使法律及其实施有效体现人民意志、保障人民权益、激发人民创造力。要健全完善中国特色社会主义法治体系，不断满足国家治理需求和人民日益增长的美好生活需要。要坚持依法治国、依法执政、依法行政共同推进，坚持法治国家、法治政府、法治社会一体建设，更加注重系统性、整体性、协同性。要更好发挥法治对改革发展稳定的引领、规范、保障作用，以深化依法治国实践检验法治建设成效，推动各方面制度更加成熟、更加定型，逐步实现国家治理制度化、程序化、规范化、法治化。

二、法治是国家治理体系和治理能力的重要依托

1. 法治是治国理政的基本方式，是社会文明进步的显著标志。坚持和完善中国特色社会主义制度，推进国家治理体系和治理能力现代化，就是要适应时代变革，不断健全我国国家治理的体制机制，不断完善中国特色社会主义法治体系，实现党和国家事务治理制度化、规范化、程序化，提高运用制度和法律治理国家的能力，提高党科学执政、民主执政、依法执政水平。

2. 国家治理体系是在党领导下管理国家的制度体系，包括经济、政治、文化、社会、生态文明和党的建设等各领域的体制机制、法律法规安排，是一整套紧密相连、相互协调的制度构成的体系。

3. 国家治理能力是运用国家制度管理社会各方面事务的能力，是改革发展稳定、内政外交国防、治党治国治军等各个方面国家制度执行能力的集中体现。国家治理能力是影响我国社会主义制度优势充分发挥、党和国家事业顺利发展的重要因素。

三、更好发挥法治固根本、稳预期、利长远的保障作用

1. 全面推进依法治国是着眼于实现中华民族伟大复兴中国梦，实现党和国家长治久安的长远考虑。要充分发挥法治的引领、规范和保障作用，着力固根基、扬优势、补短板、强弱项，逐步实现国家治理制度化、程序化、规范化、法治化。

2. 坚持依法应对重大挑战、抵御重大风险、克服重大阻力、解决重大矛盾。要打赢防范化解重大风险攻坚战，必须坚持和完善中国特色社会主义制度，推进国家治理体系和治理能力现代化，运用制度威力应对风险挑战的冲击。

四、坚持依法治军、从严治军

1. 依法治军从严治军是我们党建军治军的基本方略，深入推进依法治军、从严治军是全面依法治国总体部署的重要组成部分，是实现强军目标的必然要求。一个现代化国家必然是法治国家，一支现代化军队必然是法治军队。

2. 贯彻依法治军战略是系统工程，要统筹全局、突出重点，以重点突破带动整体推进。坚持党对军队的绝对领导，是依法治军的核心和根本要求，是中国特色军事法治的最大优势。坚持构建完善中国特色军事法治体系（军事法规制度体系、军事法治实施体系、军事法治监督体系、军事法治保障体系），抓好军事法治建设重点任务落实。在全军真正形成党委依法决策、机关依法指导、部队依法行动、官兵依法履职的良好局面。坚持从严治军铁律，把依法从严贯穿国防和军队法治建设各领域全过程。

3. 要把军事治理同改革和法治有机结合起来，更好推动军事治理各项工作。

五、坚持依法保障"一国两制"实践与推进祖国统一

1. "一国两制"是党领导人民实现祖国和平统一的一项重要制度，是中国特色社会主义的一个伟大创举。必须依法保障一国两制实践，牢牢掌握宪法和基本法赋予的中央对特别行政区全面管治权。巩固和深化两岸关系和平发展，坚定不移维护国家主权、安全、发展利益。

2. 特别行政区的宪制基础由宪法和特别行政区基本法共同构成。贯彻"一国两制""港人治港""澳人治澳""高度自治"的方针，必须坚持"一国"是实行"两制"的前提和基础，"两制"从属和派生于"一国"并统一于"一国"之内，绝不容忍任何挑战"一国两制"底线的行为。

3. 面对"台独"势力分裂活动和外部势力干涉台湾事务的严重挑衅，我们坚决开展反分裂、反干涉重大斗争。解决台湾问题、实现祖国完全统一，是党矢志不渝的历史任务，是全体中华儿女的共同愿望，是实现中华民族伟大复兴的必然要求。"和平统一、一国两制"是实现国家统一的最佳方式。运用法治方式巩固和深化两岸关系和平发展。运用法律手段捍卫"一个中国"原则，反对"台独"。推动两岸就和平发展达成制度性安排。

六、坚持依法治网

网络空间不是法外之地，同样要讲法治。网络空间是虚拟的，但运用网络空间的主体是现实的。要把依法治网作为基础性手段，推动依法管网、依法办网、依法上网。具体而言：

1. 制定完善互联网法律法规。加强信息技术领域立法，及时跟进研究数字经济、互联网

金融、人工智能、大数据、云计算等相关法律制度。

2. 依法加强数据安全管理。加大个人信息保护力度，规范对个人信息的采集使用，特别是做好数据跨境流动的安全评估和监管。

3. 加强关键信息基础设施安全保护。强化国家关键数据资源保护能力，增强数据安全预警和溯源能力。加强国际数据治理政策储备和治理规则，研究提出中国方案。

4. 依法严厉打击网络犯罪行为。制止和打击利用网络鼓吹推翻国家政权、煽动宗教极端主义、宣扬民族分裂思想、教唆暴力恐怖活动、进行欺诈活动、散布色情材料、进行人身攻击、兜售非法物品、网络黑客、电信网络诈骗、侵犯公民个人隐私等违法犯罪行为。

5. 共同维护网络空间和平安全。倡导尊重网络主权，加强对话交流，有效管控分歧。同各国一道推动打击网络犯罪司法协助机制。

第6节 坚持建设中国特色社会主义法治体系

一、建设中国特色社会主义法治体系是推进全面依法治国的总目标和总抓手

1. 建设中国特色社会主义法治体系，是我们党提出的具有原创性、时代性的概念和理论。全面推进依法治国的总目标是建设中国特色社会主义法治体系，建设社会主义法治国家。中国特色社会主义法治体系本质上是中国特色社会主义制度的法律表现形式，是国家治理体系的骨干工程。

2. 建设中国特色社会主义法治体系，就是在中国共产党领导下，坚持中国特色社会主义制度，贯彻中国特色社会主义法治理论，形成完备的法律规范体系、高效的法治实施体系、严密的法治监督体系、有力的法治保障体系，形成完善的党内法规体系。

党的二十大报告指出，中国特色社会主义法治体系更加完善，是未来5年全面建设社会主义现代化国家的主要目标任务之一。

二、"五个子体系"

（一）建设完备的法律规范体系

1. 中国特色社会主义法律体系已经形成，国家和社会生活各方面总体上实现了有法可依。

2. 建设方向：①要不断完善以宪法为核心的中国特色社会主义法律体系，坚持立法先行，坚持立改废释并举；②要深入推进科学立法、民主立法、依法立法，提高立法质量和效率，以良法善治、促发展；③要加强重要领域立法，如国家安全、科技创新、公共卫生、生物安全、生态文明、防范风险等；④要加强民生领域立法，聚焦人民急盼，对电信网络诈骗、新型毒品犯罪、"邪教式"追星、"饭圈"乱象、"阴阳合同"等娱乐圈突出问题，资本无序扩张、平台经济、数字经济野蛮生长问题予以规制；⑤要加快我国法域外适用的法律体系建设，更好维护国家主权、安全、发展利益。

（二）建设高效的法治实施体系

1. 法治实施体系是执法、司法、守法等宪法法律实施的工作体制机制。推进法治实施体

系建设的重点和难点在于通过严格执法、公正司法、全民守法，推进法律正确实施，把"纸上的法律"变为"行动中的法律"。

2. 建设方向：①深入推进执法体制改革，完善执法程序，推进综合执法，严格执法责任，建立权责统一权威高效的行政执法体系；②深化司法体制改革，完善司法管理体制和司法权力运行机制，规范司法行为，加强对司法活动的监督，切实做到公正司法；③坚持把全民普法和守法作为全面依法治国的长期基础性工作，采取有力措施，加强法治宣传教育，不断增强全民法治观念。

（三）建设严密的法治监督体系

1. 全面依法治国，必须规范立法、执法、司法机关权力行使，构建党统一领导、全面覆盖、权威高效的法治监督体系，以党内监督为主导，促进各类监督贯通协调。

2. 建设方向：①加强党的集中统一领导，把法治监督作为党和国家监督体系的重要内容；②加强国家机关监督、民主监督、群众监督和舆论监督，形成法治监督合力，发挥整体监督效能；③加强执纪执法监督，坚持把纪律规矩挺在前面，推进执纪执法贯通，建立有效衔接机制；④建立健全与执法司法权运行机制相适应的制约监督体系，构建权责清晰的执法司法责任体系，建设省市县乡四级全覆盖的行政执法协调监督工作体系；⑤拓宽人民监督权力的渠道，公民依法对国家机关和国家工作人员提出批评、建议、申诉、检举、控告。

（四）建设有力的法治保障体系

1. 建设法治中国，必须加强政治、组织、队伍、人才、科技、信息等方面的保障。

2. 建设方向：①坚持党的领导。各级党委发挥领导作用，党的组织部门发挥职能作用，各级立法、执法、司法机关党组（党委）要加强领导、履职尽责，机关基层党组织和党员要发挥战斗堡垒和先锋模范作用。②建设法治队伍。牢牢把握忠于党、忠于国家、忠于人民、忠于法律的总要求，大力提高法治工作队伍思想政治素质、业务工作能力、职业道德水准。③强化科技运用。充分运用大数据、云计算、人工智能等现代科技手段，全面建设"智慧法治"，推动法治中国建设的数据化、网络化、智能化。

（五）建设完善的党内法规体系

1. 党内法规既是管党治党的重要依据，也是建设社会主义法治国家的有力保障。加强党内法规制度建设是全面从严治党的长远之策、根本之策，必须坚持依法治国与制度治党、依规治党统筹推进、一体建设。

2. 2021年7月1日，在庆祝中国共产党成立100周年大会上宣布，我们党已经"形成比较完善的党内法规体系"。

3. 建设方向：①完善党内法规制定体制机制，完善党的组织法规制度、党的领导法规制度、党的自身建设法规制度、党的监督保障法规制度；②加大党内法规备案审查和解释力度，注重党内法规同国家法律的衔接和协调；③要发挥党内法规对党和国家事业发展的政治保障作用，形成国家法律和党内法规相辅相成的格局。

第7节 坚持依法治国、依法执政、依法行政共同推进，法治国家、法治政府、法治社会一体建设

一、全面依法治国是一个系统工程

1. 推进全面依法治国是一项庞大的系统工程，必须在共同推进上着力，在一体建设上用劲。系统观念是基础性的思想和工作方法。

2. 坚持依法治国、依法执政、依法行政共同推进，法治国家、法治政府、法治社会一体建设是全面依法治国的工作布局。把握这一工作布局，必须注意：

（1）依法治国、依法执政、依法行政是一个有机整体，关键在于党要坚持依法执政、政府要坚持依法行政；

（2）法治国家、法治政府、法治社会三者各有侧重、相辅相成：法治国家是法治建设的目标，法治政府是建设法治国家的主体，法治社会是构筑法治国家的基础。

3. "一规划、两纲要"的时间表、路线图

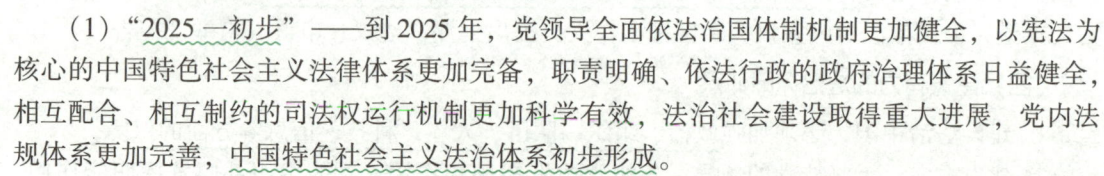

（1）"2025 一初步"——到 2025 年，党领导全面依法治国体制机制更加健全，以宪法为核心的中国特色社会主义法律体系更加完备，职责明确、依法行政的政府治理体系日益健全，相互配合、相互制约的司法权运行机制更加科学有效，法治社会建设取得重大进展，党内法规体系更加完善，中国特色社会主义法治体系初步形成。

（2）"2035 三基本"——到 2035 年，法治国家、法治政府、法治社会基本建成，中国特色社会主义法治体系基本形成，人民平等参与、平等发展权利得到充分保障，国家治理体系和治理能力现代化基本实现。

4. 全面建成社会主义现代化强国的总的战略安排分"两步走"：从 2020 年到 2035 年基本实现社会主义现代化，从 2035 年到本世纪中叶把我国建成富强民主文明和谐美丽的社会主义现代化强国。党的二十大之后的未来 5 年，即到 2025 年，是全面建设社会主义现代化国家开局起步的关键时期，主要目标任务之一是"全过程人民民主制度化、规范化、程序化水平进一步提高，中国特色社会主义法治体系更加完善"。

二、法治国家是法治建设的目标

1. 建设社会主义法治国家，是我们党确定的建设社会主义现代化国家的重要目标。

2. 党执政 70 多年来虽历经坎坷，但对法治矢志不渝：从"五四宪法"到 2018 年《宪法修正案》，从"社会主义法制"到"社会主义法治"，从"有法可依、有法必依、执法必严、违法必究"到"科学立法、严格执法、公正司法、全民守法"，党的十五大把建设社会主义法治国家作为建设社会主义现代化国家的重要目标，党的十八届四中全会明确提出全面推进依法治国总目标是建设中国特色社会主义法治体系，建设社会主义法治国家。

三、法治政府是建设法治国家的主体

1. 法治政府建设是重点任务和主体工程，对法治国家、法治社会建设具有示范带动作用。各级政府必须坚持在党的领导下、在法治轨道上开展工作，创新执法体制，完善执法程

序，推进综合执法，严格执法责任，建立权责统一、权威高效的依法行政体制，坚持科学决策、民主决策、依法决策，全面落实重大决策程序制度，加快建设职能科学、权责法定、执法严明、公开公正、智能高效、廉洁诚信、人民满意的法治政府。

2. "六项重点工作"

权力必须关进制度的笼子，要用法治给行政权力定规矩、划界限。

"六项重点工作"包括：①完善行政组织和行政程序法律制度，推进各级政府事权规范化、法律化；②市场经济是法治经济，要用法治来规范政府和市场的边界；③要立足新发展阶段，推动高质量发展、构建新发展格局，加快转变政府职能，加快打造市场化、法治化、国际化营商环境，打破行业垄断和地方保护，打通经济循环堵点，逐渐推动形成全国统一、公平竞争、规范有序的市场体系；④加强对政府内部权力的制约，要对权力集中的部门和岗位实行分事行权、分岗设权、分级授权、定期轮岗；⑤全面推进政务公开；⑥研究建立健全行政纠纷解决体系，发挥行政机关化解矛盾纠纷的"分流阀"作用。

四、法治社会是构筑法治国家的基础

1. 全面依法治国需要全社会共同参与，需要增强全社会法治观念，必须在全社会弘扬社会主义法治精神。法律要发挥功能，需要在全社会信仰法律。要在全社会树立法律权威，使人民认识到法律既是保障自身权利的有力武器，也是必须遵守的行为规范。广泛开展依法治理活动，培育社会成员办事依法、遇事找法、解决问题用法、化解矛盾靠法的良好环境。

2. 法治建设既要抓末端、治已病，更要抓前端、治未病。我国国情决定了我们不能成为"诉讼大国"。要向引导和疏导端用力，完善预防性法律制度，构建多元纠纷解决机制。党的二十大报告强调"健全共建共治共享的社会治理制度"，在社会基层坚持和发展新时代"枫桥经验"。

[背景知识] 新时代"枫桥经验"

新时代"枫桥经验"的主要内容是在开展社会治理中实行"五个坚持"，即坚持党建引领，坚持人民主体，坚持"三治融合"，坚持"四防并举"，坚持共建共享。人民主体是新时代"枫桥经验"的核心价值，实现人民的利益是新时代"枫桥经验"的价值导向。党建引领是新时代"枫桥经验"的政治灵魂，反映了新时代"枫桥经验"的本质特征。路径创新是新时代"枫桥经验"的实践特质。坚持自治、法治、德治"三治融合"是新时代"枫桥经验"的主要路径。人防、物防、技防、心防"四防并举"是新时代"枫桥经验"的重要手段。共建共享是新时代"枫桥经验"的工作格局。

新时代"枫桥经验"是"枫桥经验"的发展。"枫桥经验"是指 1960 年代初浙江省诸暨县（现诸暨市）枫桥镇干部群众创造的"发动和依靠群众，坚持矛盾不上交，就地解决，实现捕人少，治安好"的经验，其典型做法之一就是"小事不出村，大事不出镇，矛盾不上交，就地化解。" 1963 年，毛泽东同志就曾亲笔批示"要各地仿效，经过试点，推广去做"。

2003 年，时任浙江省委书记的习近平同志在浙江纪念毛泽东同志批示"枫桥经验"40 周年大会上明确提出，充分珍惜、大力推广、不断创新"枫桥经验"。2013 年 10 月，中共中央总书记、国家主席、中央军委主席习近平就坚持和发展"枫桥经验"作出重要指示强调，各级党委和政府要充分认识"枫桥经验"的重大意义，发扬优良作风，适应时代要求，创新群众工作方法，善于运用法治思维和法治方式解决涉及群众切身利益的矛盾和问题，把"枫桥经验"坚持好、发展好，把党的群众路线坚持好、贯彻好。

3. 加强法治乡村建设是实施乡村振兴战略、推进全面依法治国的基础性工作，要把政府各项涉农工作纳入法治化轨道，完善农村法律服务，积极推进法治乡村建设。加强农村法治宣传教育，健全自治、法治、德治相结合的乡村治理体系，要深入推进平安乡村建设，加快完善农村治安防控体系。

第8节 坚持全面推进科学立法、严格执法、公正司法、全民守法

一、科学立法、严格执法、公正司法、全民守法是推进全面依法治国的重要环节

1. 社会主义法制建设的"十六字方针"，即"有法可依、有法必依、执法必严、违法必究"，于1978年党的十一届三中全会确立。

2. 新时代法治中国建设的"新十六字方针"，即"科学立法、严格执法、公正司法、全民守法"。党的十八大明确提出法治是治国理政的基本方式，要推进科学立法、严格执法、公正司法、全民守法。党的十九大报告指出，全面依法治国是国家治理的一场深刻革命，必须坚持厉行法治，推进科学立法、严格执法、公正司法、全民守法。

二、推进科学立法

1. 法律是治国之重器，良法是善治之前提。科学立法是指立法的过程和结果、形式和实质都尊重和体现客观规律。

[相关法条]《立法法》第7条 立法应当从实际出发，适应经济社会发展和全面深化改革的要求，科学合理地规定公民、法人和其他组织的权利与义务、国家机关的权力与责任。

法律规范应当明确、具体，具有针对性和可执行性。

2. 要完善以宪法为核心的中国特色社会主义法律体系。具体而言：①坚持立法先行，深入推进科学立法、民主立法、依法立法，提高立法质量和效率。推进科学立法、民主立法，是提高立法质量的根本途径，科学立法的核心在于尊重和体现客观规律，民主立法的核心在于为了人民、依靠人民。②立法内容上，要注意加强重点领域、新兴领域、涉外领域立法，注重将社会主义核心价值观融入立法，注重健全国家治理急需、满足人民日益增长的美好生活需要必备的法律制度。③立法程序上，要优化司法职权配置，发挥人大及其常委会在立法工作中的主导作用，要扩大公众有序参与，创新公众参与立法方式，要明确立法权力边界，从体制机制和工作程序上有效防止部门利益和地方保护主义法律化。

三、推进严格执法

1. 执法是行政机关履行政府职能、管理经济社会事务的主要方式。严格执法就是要严格规范公正文明执法。

2. 要严禁过度执法、逐利执法、粗暴执法，坚决排除对执法活动的非法干预，坚决防止和克服地方保护主义和部门保护主义，深化行政执法体制改革。具体而言：①严格执法资质，严格实行行政执法人员持证上岗和资格管理制度；②进一步整合行政执法队伍，推动执法重心下移，提高行政执法能力水平；③继续探索实行跨领域、跨部门综合执法，建立执法队伍

· 204 ·

主管部门和相关行业管理部门相互支持、密切配合、信息共享的联动机制;④加强行政执法与刑事司法有机衔接,坚决克服有案不移、有案难移、以罚代刑等现象;⑤健全行政纠纷解决体系,推动构建行政调解、行政裁决、行政复议、行政诉讼有机衔接的纠纷解决机制。

四、推进公正司法

1. 公正司法就是受到侵害的权利一定会得到保护和救济,违法犯罪活动一定要受到制裁和惩罚。公正司法事关人民切身利益,事关社会公正正义,事关全面依法治国。司法是社会公平正义的最后一道防线,各级司法机关要紧紧围绕努力让人民群众在每一个司法案件中都感受到公平正义这个要求和目标改进工作。

2. 要深化司法体制综合配套改革,全面准确落实司法责任制,加快建设公正高效权威的社会主义司法制度,强化对司法活动的制约监督,加强检察机关法律监督工作。具体而言:①规范司法权力运行,健全公安机关、检察机关、审判机关、司法行政机关各司其职,侦查权、检察权、审判权、执行权相互配合、相互制约的体制机制;②拓展公益诉讼案件范围,完善公益诉讼法律制度,探索建立民事公益诉讼惩罚性赔偿制度;③强化诉讼过程中当事人和其他诉讼参与人各种权利的制度保障,完善人民监督员制度,依法规范司法人员与当事人、律师、特殊关系人、中介组织的接触、交往行为;④改进司法工作作风,通过热情服务切实解决好老百姓打官司过程中遇到的各种难题,特别是要加大法律援助和司法公开力度;⑤加大司法公开力度,以回应人民群众对司法公正公开的关注和期待。

注意: 2021年《中共中央关于加强新时代检察机关法律监督工作的意见》是中共中央首次专门就加强检察机关法律监督工作印发意见。

五、推进全民守法

1. 全民守法,就是任何组织和个人都必须在宪法和法律范围内活动,任何公民、社会组织和国家机关都要以宪法和法律为行为准则,依照宪法和法律行使权利或权力、履行义务或职责。

2. 法律要发生作用,全社会首先要信仰法律,要引导全体人民做社会主义法治的忠实崇尚者、自觉遵守者、坚定捍卫者。具体而言:①要推进全民守法,落实"谁执法,谁普法"的普法责任制;②要突出普法重点内容,努力在普法的针对性和实效性上下功夫,不断提升全体公民法治意识和法治素养;③要坚持法治教育与法治实践相结合,提高社会治理法治化水平。

第9节 坚持统筹推进国内法治和涉外法治

一、统筹推进国内法治和涉外法治是全面依法治国的迫切任务

1. 涉外法律制度是国家法制的重要组成部分,是涉外法治的基础,发挥着固根本、稳预期、利长远的重要作用。要从更好统筹国内国际两个大局、更好统筹发展和安全的高度,建设同高质量发展、高水平开放要求相适应的涉外法治体系和能力,为中国式现代化行稳致远营造有利法治条件和外部环境。

2. 这就要求在全面依法治国进程中，统筹运用国内法和国际法，为推动全球治理体系改革、推动构建人类命运共同体规则体系提供中国方案。

二、加快涉外法治工作战略布局

1. 统筹国内国际两个大局是我们党治国理政的重要理念和基本经验，统筹推进国内法治和涉外法治，加快涉外法治工作战略布局即是这一理念和经验在法治领域的具体体现。

2. 要统筹国内和国际，统筹发展和安全，一体化推进涉外立法、执法、司法、守法和法律服务，形成涉外法治工作大协同格局。具体而言：①要形成系统完备的涉外法律法规体系，法治是最好的营商环境，要营造市场化、法治化、国际化一流营商环境；②要主动对接、积极吸纳高标准国际经贸规则，建设更高水平开放型经济新体制；③要对标国际先进水平，把自贸区等经验及时上升为法律，打造对外开放新高地；④要完善外国人在华生活便利服务措施和相关法律法规；⑤要建设协同高效的涉外法治实施体系，提升涉外执法司法效能；⑥要积极发展涉外法律服务，培育一批国际一流的仲裁机构、律师事务所；⑦要强化合规意识，引导企业、公民在"走出去"过程中更加自觉遵守当地法律法规和风俗习惯，运用法治和规则维护自身合法权益；⑧完善以实践为导向的培养机制，培养政治立场坚定、专业素质过硬、通晓国际规则、精通涉外法律实务的涉外法治人才；⑨健全人才机制，做好高端涉外法治人才培养储备。

三、加强对外法治交流合作

1. 要坚定法治自信，积极阐释中国特色涉外法治理念、主张和成功实践，讲好新时代中国法治故事。加强涉外法治研究，构建中国特色、融通中外的涉外法治理论体系和话语体系，彰显我国法治大国、文明大国形象。全面提升对外法治宣传效能，扩大中国法治的影响力和感召力，增进国际认同。

2. 要深化执法司法国际合作，加强领事保护与协助，建强保护我国海外利益的法治安全链。积极参与执法安全国际合作，共同打击暴力恐怖势力、民族分裂势力、宗教极端势力和贩毒走私、跨国有组织犯罪。坚持深化司法领域国际合作，完善我国司法协助体制，扩大国际司法协助覆盖面。加强反腐败国际合作，加大海外追赃追逃、遣返引渡力度。

四、为构建人类命运共同体提供法治保障

1. 党的二十大报告指出，构建人类命运共同体是世界各国人民前途所在。这就需要有与之相适应的国际关系法则。推进涉外法治工作，根本目的是用法治方式更好维护国家和人民利益，促进国际法治进步，推动构建人类命运共同体。

2. 推动人类命运共同体从理想变为现实。具体而言：①要坚定维护联合国宪章宗旨和原则，维护以联合国为核心的国际体系，维护以国际法为基础的国际秩序；②要继续做国际和平事业的捍卫者，按照事情本身的是非曲直处理问题，释放正能量；③要积极参与国际规则制定，做全球治理变革进程的参与者、推动者、引领者；④要为运用法治思维和法治方式推动人类命运共同体贡献中国智慧和中国方案。

坚持建设德才兼备的高素质法治工作队伍

第10节

一、建设一支德才兼备的高素质法治工作队伍至关重要

1. 党的十八届四中全会首次明确提出"法治工作队伍"概念。法治工作队伍是国家治理队伍的一支重要力量，处于法治实践的最前沿，他们的素质如何直接影响和制约着国家治理法治化的进程。

2. 要提高法治工作队伍思想政治素质、业务工作能力、职业道德水准，着力建设一支忠于党、忠于国家、忠于人民、忠于法律的社会主义法治工作队伍，大力推进法治专门队伍革命化、正规化、专业化、职业化，培养造就一大批高素质法治人才及后备力量。

二、加强法治专门队伍建设

1. 法治专门队伍的组成人员主要包括在人大和政府从事立法工作的人员、在行政机关从事执法工作的人员、在司法机关从事司法工作的人员。

2. 全面推进依法治国，首先必须把法治专门队伍建设好。具体而言：①坚持把政治标准放在首位，坚持用习近平新时代中国特色社会主义思想特别是习近平法治思想武装头脑。"法治工作是政治性很强的业务工作，也是业务性极强的政治工作。"②要把强化公正廉洁的职业道德作为必修课，杜绝办"金钱案""权力案""人情案"。③完善法律职业准入、资格管理制度，建立法律职业人员统一职前培训制度和在职法官、检察官、警官、律师同堂培训制度。④完善从符合条件的律师、法学专家中招录立法工作者、法官、检察官、行政复议人员制度。⑤加强立法工作队伍建设，建立健全立法、执法、司法部门干部和人才常态化交流机制，加大法治专门队伍与其他部门具备条件的干部和人才交流力度。⑥加强边疆地区、民族地区和基层法治专门队伍建设。⑦健全法官、检察官员额管理制度，规范遴选标准、程序。加强执法司法辅助人员队伍建设。⑧建立健全符合职业特点的法治工作人员管理制度，完善职业保障体系。健全执法司法人员依法履职免责、履行职务受侵害保障救济、不实举报澄清等制度。

三、加强法律服务队伍建设

1. 法律服务队伍是全国依法治国的重要力量，由律师、公证员、司法鉴定人、仲裁员、人民调解员、基层法律服务工作者、法律服务志愿者等构成。

2. 要加强法律服务队伍建设，具体而言：①要把拥护中国共产党领导、拥护社会主义法治作为法律服务人员从业的基本要求；②要充分发挥律师的重要作用，加强律师队伍思想政治建设，完善律师执业保障机制，增强广大律师走中国特色社会主义法治道路的自觉性和坚定性；③要落实党政机关、人民团体、国有企业事业单位普遍建立法律顾问制度和公职律师、公司律师制度，构建社会律师、公职律师、公司律师等优势互补、结构合理的律师队伍；④加快发展公证员、司法鉴定人等其他法律服务队伍；⑤建立激励法律服务人才跨区域流动机制，逐步解决基层和欠发达地区法律服务资金不足和人才匮乏问题。

四、加强法治人才培养

1. 办好法学教育，必须坚持走中国特色社会主义法治道路，坚持以马克思主义法学思想和中国特色社会主义法治理论为指导。

2. 办好法学教育，要把高校作为法治人才培养的第一阵地，为完善中国特色社会主义法治体系、建设社会主义法治国家提供理论支撑。培养学生要坚持立德树人，德法兼修。

3. 办好法学教育，具体而言：①要加强法学教师队伍建设，打造一支政治立场坚定、法学功底深厚、熟悉中国国情、通晓国际规则的高水平专兼职教师队伍，法学教师要做习近平法治思想的坚定信仰者、积极传播者、模范实践者；②要大力加强法学学科体系建设，解决好为谁教、教什么、教给谁、怎样教的问题；③要强化法学教育实践环节，将立法、执法、司法实务工作的优质法治实践资源引入高校课堂，加强法学教育、法学研究工作者和法治实务工作者之间的交流。

注意：要坚决反对和抵制西方"宪政""三权鼎立""司法独立"等错误观点。

第11节 坚持抓住领导干部这个"关键少数"

一、领导干部是全面依法治国的关键

1. 领导干部是全面推进依法治国的重要组织者、推动者、实践者，是全面依法治国的关键。

2. 高级干部做尊法学法守法用法的模范，是实现全面推进依法治国目标和任务的关键所在。

3. 领导干部对法治建设既可以起到关键推动作用，也可能起到致命破坏作用。

二、领导干部要做尊法学法守法用法的模范

1. 尊崇法治、敬畏法律，是领导干部必须具备的基本素质。

2. 领导干部率先垂范，要靠自觉，也要靠制度保证。党对此作出了一系列制度安排：党政部门依法决策机制，行政机关内部重大决策合法性审查机制，重大决策终身责任追究制及责任倒查机制，领导干部干预司法活动、插手具体案件处理的记录通报和责任追究制，法制建设成效考核制度，等等。

三、领导干部要提高法治思维和依法办事能力

1. 法治思维是基于法治的固有特性和对法治的信念来认识事物、判断是非、解决问题的思维方式。法治方式是运用法治思维处理和解决问题的行为模式。

2. 提高领导干部的法治思维和依法办事能力，具体而言：①领导干部要守法律、重程序、讲规矩，带头营造办事依法、遇事找法、解决问题用法、化解矛盾靠法的法治环境，善于用法治思维谋划工作，用法治方式处理问题；②要牢记职权法定，牢记权力来自哪里、界线划在哪里，做到法定职责必须为、法无授权不可为；③要坚持以人民为中心，牢记法治的真谛是保障人民权益，权力行使的目的是维护人民权益；④要加强对权力运行的制约监督，

依法设定权力、规范权力、制约权力、监督权力，把权力关进制度的笼子里；⑤要把法治素养和依法履职情况纳入考核评价干部的重要内容，让尊法学法守法用法成为领导干部自觉行为和必备素质。

四、党政主要负责人要履行推进法治建设第一责任人职责

1. 党政主要负责人是法治建设第一责任人，对法治建设重要工作亲自部署、重大问题亲自过问、重点环节亲自协调、重要任务亲自督办，把本地区各项工作纳入法治化轨道。

2. 党委主要负责人应当充分发挥党委的领导核心作用，定期听取有关工作汇报，及时研究解决有关重大问题，将法治建设纳入地区发展总体规划和年度工作计划。

3. 党政主要负责人应当履行推进法治建设第一责任人职责的约束机制。党政主要负责人不履行或者不正确履行推进法治建设第一责任人职责的，应当依照《中国共产党问责条例》等有关党内法规和国家法律法规予以问责。

第 3 章 习近平法治思想的实践要求

习近平法治思想的实践要求
- 充分发挥法治对经济社会发展的保障作用（"五大保障"）
  - 以法治保障经济发展 ┐
  - 以法治保障政治稳定 │
  - 以法治保障文化繁荣 ├ 理解其理论逻辑，了解其基本措施
  - 以法治保障社会和谐 │
  - 以法治保障生态良好 ┘
- 正确认识和处理全面依法治国一系列重大关系（"四对关系"）
  - 政治和法治
    - 政治相对于法律占主导地位
    - 党的领导和依法治国是统一的
    - 党的政策和国家法律是一致的
  - 改革和法治
    - 二者如同一体两翼
    - 保持二者良性互动
    - 围绕"新发展"推进
  - 依法治国和以德治国
    - 二者并用，双管齐下
    - 以法治促进道德
    - 以道德支撑法治
  - 依法治国和依规治党
    - 依规治党是依法治国的前提
    - 确保二者的衔接与协调

充分发挥法治对经济社会发展的保障作用　第 1 节

一、以法治保障经济发展

1. 厉行法治是发展社会主义市场经济的内在要求，也是社会主义市场经济良性运行的根本保障。
2. "法治是最好的营商环境"，具体而言：①要不断完善社会主义市场经济法律制度，加快建立和完善现代产权制度，推进产权保护法治化，加大知识产权保护力度；②要积极营造公平有序的经济发展的法治环境，依法平等保护各类市场主体合法权益，营造各种所有制主体依法平等使用资源要素、公开公平公正参与竞争、同等受到法律保护的市场环境；③各类企业都要把守法诚信作为安身立命之本，依法经营、依法治企、依法维权。

二、以法治保障政治稳定

1. 保障政治安全、政治稳定是法律的重要功能。在我国政治生活中，党是居于领导地位的，加强党的集中统一领导，支持人大、政府、政协和监察机关、法院、检察院依法依章程履行职能、开展工作、发挥作用，两方面是统一的。
2. "要运用法治思维和法治手段巩固党的执政地位"，具体而言：①要加强和改善党的领导，健全党领导全面依法治国的制度和工作机制；②推进党的领导制度化、法治化，通过法治保障党的路线方针政策有效实施；③以法治方式巩固党的执政地位，以党的领导维护和促进政治稳定和国家长治久安。

三、以法治保障文化繁荣

1. 文化是民族血脉和人民的精神家园，是一个国家的灵魂。党的十八大以来，全国人大常委会决定设立烈士纪念日、中国人民抗日战争胜利纪念日、南京大屠杀死难者国家公祭日，大力弘扬以爱国主义为核心的伟大民族精神。
2. 以法治保障文化繁荣，具体而言：①围绕建立健全文化法律制度，深化文化体制改革，依法保障社会主义文化事业建设，促进社会主义文化大发展、大繁荣；②要坚持用社会主义核心价值观引领文化立法，完善社会主义先进文化的法治保障机制，依法规范和保障社会主义先进文化发展方向，进一步完善中国特色社会主义文化法律制度体系；③要深入推进社会主义文化强国建设，加快公共文化服务体系建设，运用法治方式保障人民文化权益，满足人民群众的基本文化需求。

四、以法治保障社会和谐

1. 社会和谐稳定是人民群众的共同心愿，是改革发展的重要前提。妥善处理好民生和社会治理的矛盾和问题，处理好各方面利益关系，充分调动各方面积极性，从根本上还是要靠法律、靠制度。
2. "社会保障体系是人民生活的安全网和社会运行的稳定器"，具体而言：①要充分发挥法治作为保障和改善民生制度基石的作用，加强民生法治保障，破解民生难题；②要更加注重社会建设，满足人民日益增长的美好生活需要；③要坚持和完善共建共治共享的社会治理制度，完善党委领导、政府负责、社会协同、公众参与、法治保障的社会治理体制，畅通公众参与重大公共决策的渠道。

五、以法治保障生态良好

1. 生态环境是关系党的使命宗旨的重大政治问题，也是关系民生的重大社会问题。党的十八大描绘了生态文明建设的宏伟蓝图，勾勒出"美丽中国"的美好愿景。党的十八届三中全会提出要建设生态文明，必须建立系统完整的生态文明制度体系。党的十八届四中全会要求用严格的法律制度保护生态环境，强化绿色发展的法律和政策保障。

2. 以法治保障生态文明，具体而言：①要把生态文明建设纳入法治轨道，以最严格的制度、最严密的法治，对生态环境予以最严格的保护，对破坏生态环境的行为予以最严厉的制裁；②要加大生态环境保护执法司法力度，大幅度提高破坏环境违法犯罪的成本，强化各类环境保护责任主体的法律责任，强化绿色发展法律和政策保障，用严格的法律制度保护生态环境；③要建立健全自然资源产权法律制度，完善国土空间开发保护法律制度，完善生态环境保护管理法律制度，加快构建有效约束开发行为和促进绿色发展、循环发展、低碳发展的生态文明法治体系。

第2节 正确认识和处理全面依法治国一系列重大关系

一、政治和法治

1. 正确处理政治和法治的关系，是法治建设的一个根本问题。有什么样的政治就有什么样的法治，政治制度和政治模式必然反映在以宪法为统领的法律制度体系上，体现在立法、执法、司法、守法等法治实践之中。习近平总书记指出："法治当中有政治，没有脱离政治的法治。每一种法治形态背后都有一套政治理论，每一种法治模式当中都有一种政治逻辑，每一条法治道路底下都有一种政治立场。"

2. 党和法的关系是政治和法治关系的集中反映。党的领导和依法治国不是对立的，而是统一的。"党大还是法大"是一个政治陷阱，是一个伪命题。"权大还是法大"则是一个真命题。

3. 党的政策和国家法律在本质上是一致的。党的政策是国家法律的先导和指引，是立法的依据和执法司法的重要指导。要善于通过法定程序使党的政策成为国家意志、形成法律，并通过法律保障党的政策有效实施，从而确保党发挥总揽全局、协调各方的领导核心作用。

二、改革和法治

1. 法治和改革有着内在的必然联系，二者相辅相成、相伴而生，如鸟之两翼、车之两轮。必须在法治下推进改革，在改革中完善法治。

2. 要坚持改革决策和立法决策相统一、相衔接，确保改革和法治实现良性互动。立法主动适应改革需要，积极发挥引导、推动、规范、保障改革的作用，做到重大改革于法有据，改革和法治同步推进，增强改革的穿透力。 ◎注意：对实践证明已经比较成熟的改革经验和行之

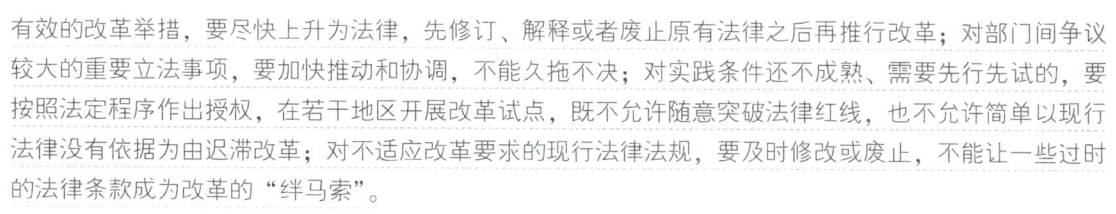

有效的改革举措，要尽快上升为法律，先修订、解释或者废止原有法律之后再推行改革；对部门间争议较大的重要立法事项，要加快推动和协调，不能久拖不决；对实践条件还不成熟、需要先行先试的，要按照法定程序作出授权，在若干地区开展改革试点，既不允许随意突破法律红线，也不允许简单以现行法律没有依据为由迟滞改革；对不适应改革要求的现行法律法规，要及时修改或废止，不能让一些过时的法律条款成为改革的"绊马索"。

3. 善于通过改革和法治推动贯彻落实新发展理念，法治领域也必须深化改革。注意：立足新发展阶段，必须坚持以法治为引领，坚决纠正"发展要上，法治要让"的认识误区，杜绝立法上"放水"、执法上"放弃"的乱象，用法治更好地促进发展，实现经济高质量发展。要把法治改革纳入全面深化改革的总体部署；要发挥法治对改革的引领和推动作用，确保重大改革于法有据；要有序推进改革，该得到法律授权的不要超前推进。必须把握原则、坚守底线，绝不能把改革变成"对标"西方法治体系，"追捧"西方法治实践。

三、依法治国和以德治国

1. 法律和道德都具有规范社会行为、调节社会关系、维护社会秩序的作用，在国家治理中都有其不同的地位和功能。法律是成文的道德，道德是内心的法律。中国特色社会主义法治道路的一个鲜明特点，就是坚持依法治国与以德治国相结合，这是历史经验的总结，也是对治国理政规律的深刻把握。党的二十大报告指出，坚持依法治国和以德治国相结合，把社会主义核心价值观融入法治建设、融入社会发展、融入日常生活。

2. 要强化法治对道德建设的促进作用。树立鲜明道德导向，把实践中广泛认同、较为成熟、操作性强的道德要求及时上升为法律规范；坚持严格执法，弘扬真善美，打击假恶丑；坚持公正司法，发挥司法断案惩恶扬善功能；运用法治手段解决道德领域突出问题，加强对失德行为的惩戒措施，依法整治群众反映强烈的失德行为和诚信缺失问题，对见利忘义、制假售假的违法行为加大执法力度。

3. 要强化道德对法治的支撑作用。要在道德体系中体现法治要求，发挥道德对法治的滋养作用。要在道德教育中突出法治内涵，注重培育人们的法律信仰、法治观念、规则意识，营造全社会都讲法治、守法治的文化环境。

四、依法治国和依规治党

1. 依法治国、依法执政，既要求党依据宪法法律治国理政，也要求党依据党内法规管党治党。依规管党治党是依法治国的重要前提和政治保障。正确处理依法治国和依规治党的关系，是中国特色社会主义法治建设的鲜明特色。党的十九大提出要坚持依法治国和依规治党有机统一，并将其纳入新时代中国特色社会主义基本方略。

2. 要完善党内法规体系。党内法规体系是中国特色社会主义法治体系的重要组成部分。①党内法规是党的中央组织、中央纪律检查委员会以及党中央工作机关和省、自治区、直辖市党委制定的体现党的统一意志、规范党的领导和党的建设活动、依靠党的纪律保证实施的专门规章制度；②党内法规体系是以党章为根本，以民主集中制为核心，以准则、条例等中央党内法规为主干，由各领域各层级党内法规制度组成的有机统一整体。要确保党内法规与国家法律的衔接与协调。

3. 坚持依规治党带动依法治国。只有把党建设好，国家才能治理好。

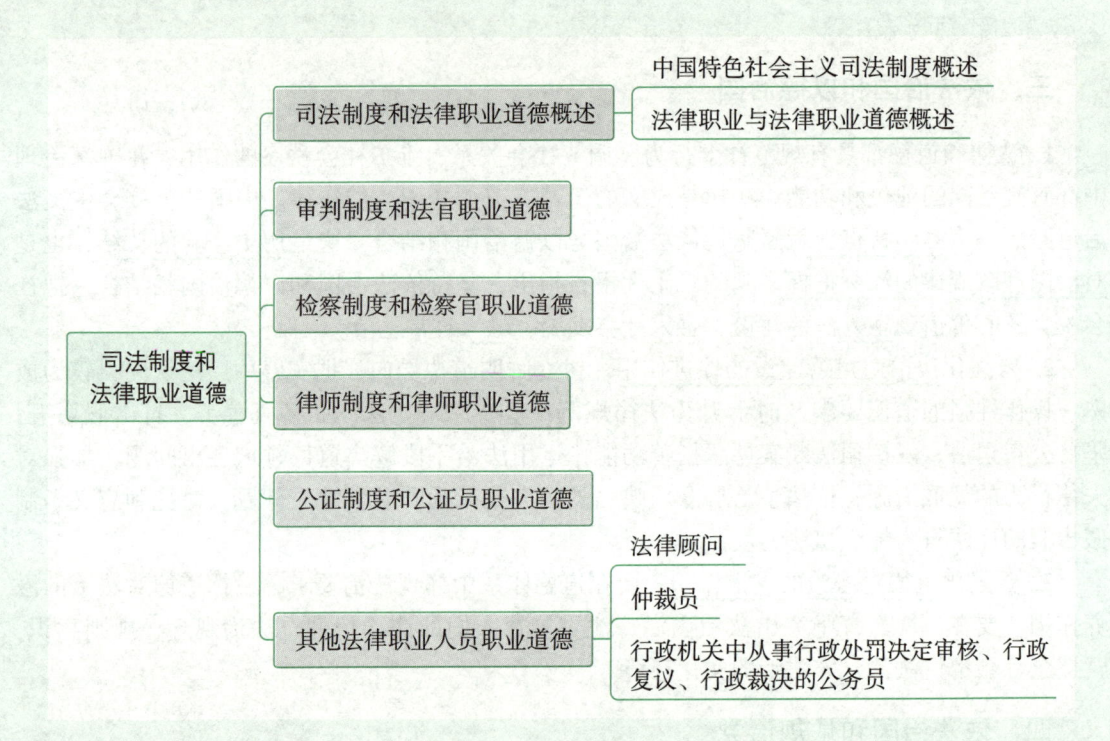

第五编
司法制度和法律职业道德

- 司法制度和法律职业道德
  - 司法制度和法律职业道德概述
    - 中国特色社会主义司法制度概述
    - 法律职业与法律职业道德概述
  - 审判制度和法官职业道德
  - 检察制度和检察官职业道德
  - 律师制度和律师职业道德
  - 公证制度和公证员职业道德
  - 其他法律职业人员职业道德
    - 法律顾问
    - 仲裁员
    - 行政机关中从事行政处罚决定审核、行政复议、行政裁决的公务员

司法制度和法律职业道德概述 第1章

- 司法制度和法律职业道德概述
  - 中国特色社会主义司法制度概述
    - 司法的概念和特征
    - 司法功能
      - 应然功能与实然功能
      - 直接功能与间接功能
    - 中国特色社会主义司法制度
      - 内涵：审判制度、检察制度、律师制度、法律援助制度、公证制度
      - 内容
        - 司法规范体系
        - 司法组织体系
        - 司法制度体系
        - 司法人员管理体系
    - 司法公正
      - 司法人员的中立性
      - 司法程序的参与性
      - 司法活动的公开性
      - 当事人地位平等性 —— 中参公平合正廉
      - 司法活动的合法性
      - 司法结果的正确性
      - 司法人员的廉洁性
    - 审判权和检察权独立行使
      - 权力仅归专门机关
      - 机关不受任何干涉
      - 机关正确适用法律
  - 法律职业与法律职业道德概述
    - 法律职业：法官，检察官，律师，公证员，法律顾问，仲裁员（法律类）及政府部门中从事行政处罚决定审核、行政复议、行政裁决的人员，还包括从事法律法规起草的立法工作者、其他行政执法人员、法学教育研究工作者等
    - 法律职业道德
      - 概念和特征
      - 基本原则

职业道德 精讲

第1节 中国特色社会主义司法制度概述

一、司法的概念和特征

概念	司法通常是指国家司法机关根据法定职权和法定程序，具体应用法律处理案件的专门活动。
	在西方，孟德斯鸠提出分权制衡，将独立的司法权与立法权、行政权并列，近代资产阶级国家的建立使分权学说由学术层面进入现实政治实践。在中国，古代行政与司法不分，行政兼理司法，中华民国以降才有"三权分立"。
特征	与行政（实现国家目的的直接活动）相比，司法（实现国家目的的间接活动）有以下六大特点： (1) 独立性。司法只服从于法律，不受上级机关和行政机关的干涉。 (2) 法定性。司法依照法定程序，运用法律手段进行活动。 (3) 交涉性。司法整个过程离不开多方利益主体的诉讼参与，与执法的单方面性相对比。 (4) 程序性。司法机关处理案件必须依据相应的程序法规定。 (5) 普遍性。司法解纠意味着个别性事件获得普遍性，普遍性在个别事件中得以实现。司法同时具有形式上和实质上的普遍性（司法可以解决其他机关所不能解决的一切纠纷）。现代社会，司法是最具普适性的解纠方式，法院已成为最主要的解纠主体。 (6) 终极性。司法是"最后一道防线"，具有终局性、最终性。

二、司法功能

应然功能	即人们对司法功能的应然期待和理想要求，如定分止争、惩奸除恶、止恶扬善、实现公平正义、"最后一道防线"以及亚里士多德的"校正正义"等。
实然功能	即司法实际上能够发挥什么样的功能。法律文化传统、司法体制、政治制度、经济发展水平差异都能造成实然功能的差距。在中国的现实生活中，由于受到体制、机制、文化、经济社会条件、法官素质、职业伦理等多种内外部条件和因素的影响制约，司法的实然功能是比较有限的。
直接功能	即解决纠纷。解决纠纷是司法制度的普遍特征，构成司法制度产生的基础、运作的主要内容和直接任务，亦是其他功能得以发挥的先决条件。与解决纠纷相联系，司法还有惩罚功能。
间接功能	包括人权保障、调整社会关系、解释和补充法律、形成公共政策、秩序维持、文化支持等。

三、中国特色社会主义司法制度

内涵	在大多数西方国家，司法制度仅指审判制度。从我国法律实践具体考量，司法制度包括审判制度、检察制度、律师制度、法律援助制度、公证制度等。

续表

中国特色社会主义司法制度	中国特色社会主义司法制度是中国共产党领导广大人民群众，以马克思主义法律思想为指导，立足中国国情，在认真总结中国特色社会主义法治国家建设经验的基础上建立和发展起来的司法制度。其根本特色是坚持党的领导、人民当家作主、依法治国有机统一，这是由我国的社会主义性质特别是中国共产党的领导和人民代表大会制度所决定的，是与我国基本国情和政治制度相适应的。目前，中国特色社会主义司法制度已经建成。它包括以下四个方面： (1) 司法规范体系。其包括建构中国特色社会主义司法制度、司法组织以及规范司法活动的各种法律规范。 (2) 司法组织体系。其主要指审判组织体系和检察组织体系。 (3) 司法制度体系。六大制度（侦查制度、检察制度、审判制度、监狱制度、律师制度和公证制度）以及人民调解制度、人民陪审员制度、死刑复核制度、审判监督制度、司法解释制度以及案例指导制度等，都是独具中国特色的司法制度。 (4) 司法人员管理体系。司法人员包括有侦查、检察、审判、监管职责的工作人员及辅助人员。

四、司法公正

正义包括实体正义和程序正义，因此司法公正相应地包括实体公正和程序公正。

司法人员的中立性	中立性原则是现代程序的基本原则，是"程序的基础"。法官的中立表明：法官与当事人的司法距离保持等同，对案件的态度超然、客观；法官同争议的事实和利益没有关联，不对任何当事人存有歧视或偏爱；法官情感自控、避免前见。
司法程序的参与性	又称"获得法庭审判机会"，当事人应当有充分的机会富有意义地参与司法程序，提出自己的主张和有利于自己的证据，并反驳对方的证据、进行交叉询问和辩论，以此促成有利于自己的判决结果。
司法活动的公开性	司法程序的每一阶段和步骤都应当以当事人和社会公众看得见的方式进行。例如： (1)《中共中央关于全面推进依法治国若干重大问题的决定》对司法公开提出明确要求。 (2)《最高人民法院关于推进司法公开三大平台建设的若干意见》要求全面推进审判流程公开、裁判文书公开、执行信息公开三大平台建设。根据《最高人民法院关于人民法院在互联网公布裁判文书的规定》第3、4条的规定，人民法院作出的生效裁判文书应当在互联网公布，但以下情形除外：①涉及国家秘密的；②未成年人犯罪的；③离婚诉讼或者涉及未成年子女抚养、监护的；④以调解方式结案或者确认人民调解协议效力的，但为保护国家利益、社会公共利益、他人合法权益确有必要公开的除外；⑤人民法院认为不宜在互联网公布的其他情形。 (3)《人民检察院案件信息公开工作规定》第3条第1款规定，人民检察院应当通过互联网、电话、邮件、检察服务窗口等方式，向相关人员提供案件信息查询服务，向社会主动发布案件信息、公开法律文书，以及办理其他案件信息公开工作。
当事人地位平等性	主要包括：①当事人享有平等的诉讼权利；②法院平等地保护当事人诉讼权利的行使。例如，必须反对特权观念和特权行为，反对违法干预案件，反对人情案、关系案，坚持诉讼地位平等、条件平等。
司法活动的合法性	合法性是指司法机关要严格依法办事。依法既包括依据实体法，也包括依据程序法。审理案件的每一具体环节和步骤都要按照规定的权限和程序进行。

续表

司法结果的正确性	事实要调查清楚，证据要确凿可靠，经得起历史的检验。这是正确适用法律的前提和基础。对案件的定性要准确，处理要适当，宽严轻重适度，合法合情合理。
司法人员的廉洁性	恪守司法廉洁，是司法公正与司法公信的基石和防线。当前确保司法公正的重点之一是严禁司法掮客和利益输送。例如，严禁司法人员〔1〕与当事人、律师、特殊关系人〔2〕、中介组织〔3〕有下列接触交往行为：①泄露司法机关办案工作秘密或者其他依法依规不得泄露的情况；②为当事人推荐、介绍诉讼代理人、辩护人，或者为律师、中介组织介绍案件，要求、建议或者暗示当事人更换符合代理条件的律师；③接受当事人、律师、特殊关系人、中介组织请客送礼或者其他利益；④向当事人、律师、特殊关系人、中介组织借款、租借房屋，借用交通工具、通讯工具或者其他物品；⑤在委托评估、拍卖等活动中徇私舞弊，与相关中介组织和人员恶意串通、弄虚作假、违规操作等行为；⑥司法人员与当事人、律师、特殊关系人、中介组织的其他不正当接触交往行为。

五、审判权和检察权独立行使

独立不等于个人擅断	审判独立与检察独立是现代法治国家普遍承认的一项基本法律准则。
	在我国，人民法院、人民检察院依法独立公正行使审判权、检察权不意味着法官、检察官可以根据个人主张作决定，而是表明他们可以依法裁决。
基本内容	（1）权力仅归专门机关。国家的审判权和检察权只能分别由人民法院和人民检察院依法统一行使，其他机关、团体或个人无权行使这项权力。司法权归属于且仅归属于司法机关，司法权不得分割行使，排除其他机关行使具有司法性质的权力，也不允许在司法机关之外另设特别法庭。 （2）机关不受任何干涉。司法机关依照法律独立行使职权，不受行政机关、社会团体和个人的干涉。行政机关等不得使用任何权力干涉司法程序。 （3）机关正确适用法律。司法机关在司法活动中必须依照法律规定，正确地适用法律。

第2节 法律职业与法律职业道德概述

一、法律职业

概　念	我国的法律职业从业人员主要是指担任法官、检察官、律师、公证员、法律顾问、仲裁员（法律类）及政府部门中从事行政处罚决定审核、行政复议、行政裁决的人员，还包括从事法律

---

〔1〕"司法人员"，是指在法院、检察院、公安机关、国家安全机关、司法行政机关依法履行审判、执行、检察、侦查、监管职责的人员。

〔2〕"特殊关系人"，是指当事人的父母、配偶、子女、同胞兄弟姊妹和与案件有利害关系或可能影响案件公正处理的其他人。

〔3〕"中介组织"，是指依法通过专业知识和技术服务，向委托人提供代理性、信息技术服务性等中介服务的机构，主要包括受案件当事人委托从事审计、评估、拍卖、变卖、检验或者破产管理等服务的中介机构。公证机构、司法鉴定机构参照"中介组织"。

续表

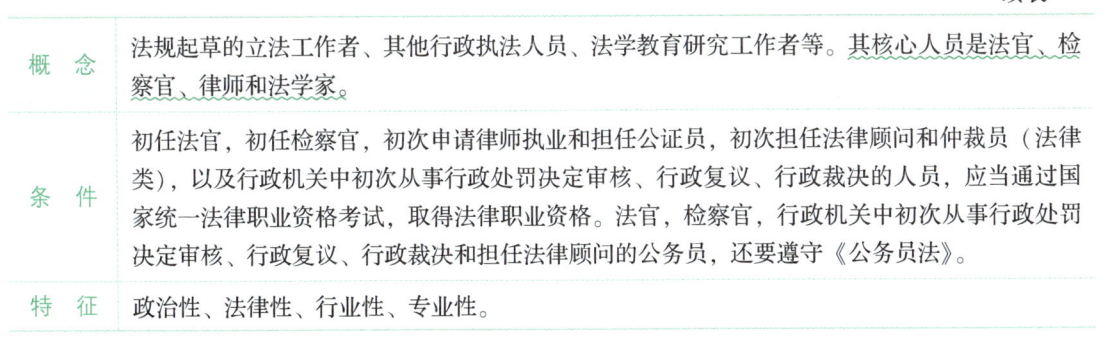

概　念	法规起草的立法工作者、其他行政执法人员、法学教育研究工作者等。其核心人员是法官、检察官、律师和法学家。
条　件	初任法官，初任检察官，初次申请律师执业和担任公证员，初次担任法律顾问和仲裁员（法律类），以及行政机关中初次从事行政处罚决定审核、行政复议、行政裁决的人员，应当通过国家统一法律职业资格考试，取得法律职业资格。法官，检察官，行政机关中初次从事行政处罚决定审核、行政复议、行政裁决和担任法律顾问的公务员，还要遵守《公务员法》。
特　征	政治性、法律性、行业性、专业性。

二、法律职业道德

（一）法律职业道德的概念和特征

概　念	法律职业人员在进行法律职业活动过程中，所应遵循的符合法律职业要求的心理意识、行为准则和行为规范的总和。
特　征	（1）政治性。首要的职业道德：必须高举旗帜、听党指挥、忠诚使命，坚持党的事业至上、人民利益至上、宪法法律至上，确保忠于党、忠于国家、忠于人民、忠于法律。 （2）职业性。法律职业道德规范着法律职业从业人员的职业行为，在特定的职业范围内发挥作用。 （3）实践性。只有在法律实践过程中，才能体现出法律职业道德的水准。 （4）正式性。表现形式较正式，除了一般的规章制度、工作守则、行为须知之外，还通过法律、法规等规范性文件的形式表现出来。 （5）更高性。要求法律职业人员具有更高的道德水准，要求较为明确，约束力和强制力也更为明显。

（二）法律职业道德的基本原则

政　治	忠于党、忠于国家、忠于人民、忠于法律。这是首要原则。
正　确	以事实为根据，以法律为准绳。这是当代中国法律适用的基本原则，也是我国司法工作实践的科学总结，是辩证唯物主义在我国法治建设中的具体体现和运用。
保　密	严明纪律，保守秘密。法律职业人员在司法活动中应当遵守纪律，保守国家秘密和司法工作秘密。
配　合	互相尊重，相互配合。司法机关依法独立行使职权，但同时应处理好司法机关与权力机关、上级部门的关系，处理好公、检、法三机关分工负责、互相配合、互相制约的关系，处理好与律师的关系，坚持互相尊重，相互配合。例如，依法执业，不得超越职权擅自干预和妨碍其他法律职业人员的正常办案；法官、检察官、律师的共同目标是追求司法公正；法律职业人员在人格和依法履行职责上是平等的，除非因维护法庭秩序和庭审的需要，开庭时法官不得随意打断或者制止当事人和其他诉讼参与人的发言；使用规范、准确、文明的语言，不得对当事人或其他诉讼参与人有任何不公的训诫和不恰当的言辞。
尽　职	恪尽职守，勤勉尽责。这是对法律职业人员业务素质的基本要求。
清　廉	清正廉洁，遵纪守法。

第2章 审判制度和法官职业道德

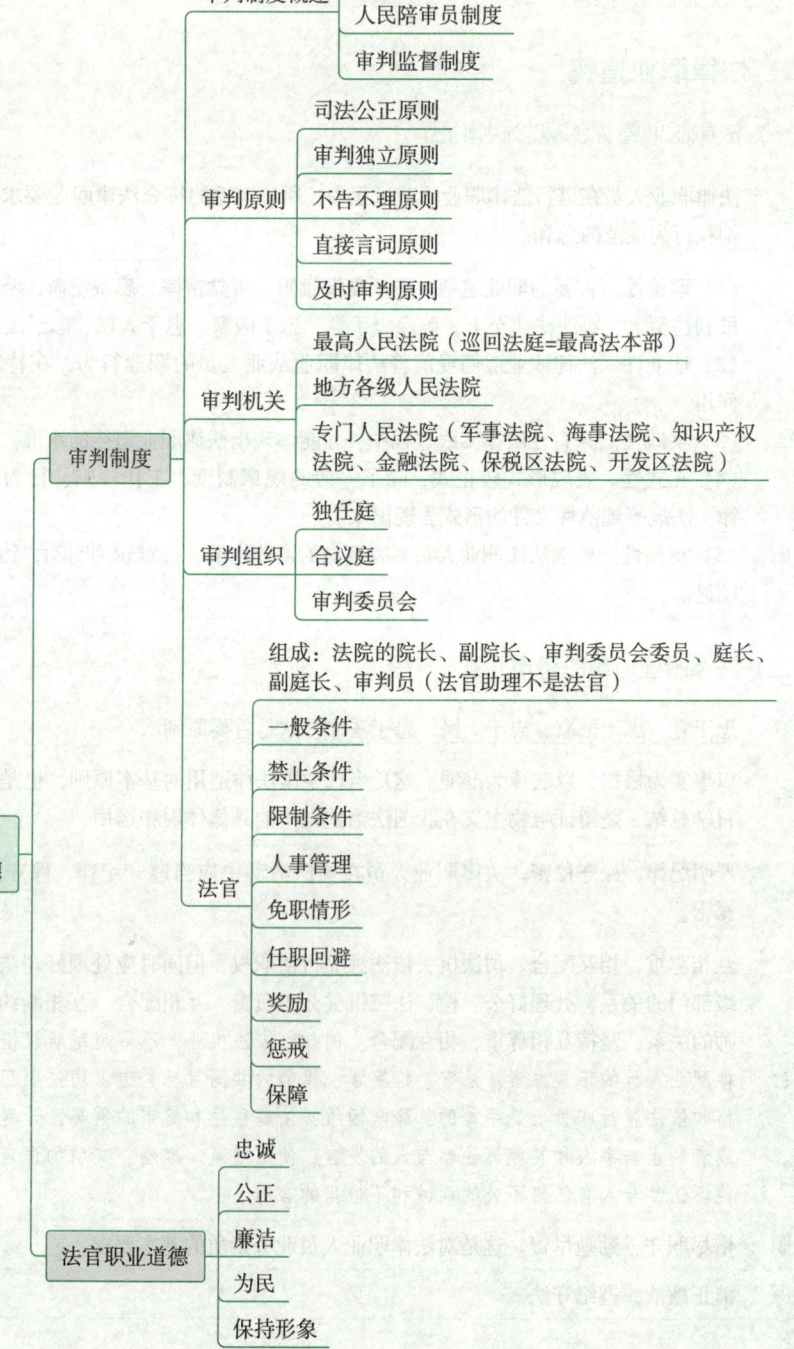

- 审判制度和法官职业道德
  - 审判制度
    - 审判制度概述
      - 两审终审制度
      - 审判公开制度
      - 人民陪审员制度
      - 审判监督制度
    - 审判原则
      - 司法公正原则
      - 审判独立原则
      - 不告不理原则
      - 直接言词原则
      - 及时审判原则
    - 审判机关
      - 最高人民法院（巡回法庭=最高法本部）
      - 地方各级人民法院
      - 专门人民法院（军事法院、海事法院、知识产权法院、金融法院、保税区法院、开发区法院）
    - 审判组织
      - 独任庭
      - 合议庭
      - 审判委员会
    - 法官
      - 组成：法院的院长、副院长、审判委员会委员、庭长、副庭长、审判员（法官助理不是法官）
      - 一般条件
      - 禁止条件
      - 限制条件
      - 人事管理
      - 免职情形
      - 任职回避
      - 奖励
      - 惩戒
      - 保障
  - 法官职业道德
    - 忠诚
    - 公正
    - 廉洁
    - 为民
    - 保持形象

第1节 审判制度概述

一、审判制度及其基本原则

我国的主要审判制度包括两审终审制度、审判公开制度、人民陪审员制度、审判监督制度。其基本原则如下：

司法公正原则	以事实为依据，以法律为准绳。
审判独立原则	人民法院依照法律规定独立行使审判权，不受行政机关、社会团体和个人的干涉。
不告不理原则	未经控诉一方提起控诉，法院不得自行主动对案件进行裁判；法院审理案件的范围（诉讼内容与标的）由当事人确定，法院无权变更、撤销当事人的诉讼请求；案件在审理中，法院只能按照当事人提出的诉讼事实和主张进行审理，对超过当事人诉讼主张的部分不得主动审理。
直接言词原则	以发现真实为主要目的。①直接原则（直接审理原则），要求参加审判的法官必须亲自参加证据审查、亲自聆听法庭辩论；②言词原则（言词审理原则），要求当事人等在法庭上须用言词形式开展质证辩论。
及时审判原则	应在法律规定的期限内进行，尽量做到快速结案。

记忆口诀 公鸡独立，直接不理。

二、审判机关和审判组织

审判机关	最高人民法院（巡回法庭=最高人民法院本部）；地方各级人民法院；专门人民法院（军事法院、海事法院、知识产权法院、金融法院、保税区法院、开发区法院）。
审判组织	独任庭：审判员1人独任审判。
	合议庭：由"法官+法官"或者"法官+陪审员"审判；3人以上单数，院长或者庭长参加审判案件时，自己担任审判长；成员临时组成，不固定；少数服从多数，少数人的意见应当记入评议笔录，由合议庭成员签名。
	审判委员会：法院内部最高审判组织，由院长、副院长和若干资深法官组成，成员为单数，分为全体会议和专业委员会会议。

三、法官

组 成	人民法院的院长、副院长、审判委员会委员、庭长、副庭长、审判员。**注意**：法官助理不是法官。
一般条件	①具有中国国籍；②拥护宪法，拥护中国共产党领导和社会主义制度；③具有良好的政治、业务素质和道德品行；④具有正常履行职责的身体条件；⑤具备相应学历学位；⑥满足从业年限（全日制法本5年，全日制法科硕士4年，全日制法科博士3年）；⑦取得法律职业资格。

续表

禁止条件	下列人员不得担任法官：①因犯罪受过刑事处罚的；②被开除公职的；③被吊销律师、公证员执业证书或者被仲裁委员会除名的；④有法律规定的其他情形的。
限制条件	法官不得兼任人大常委会的组成人员，不得兼任行政机关、监察机关、检察机关以及企业或者其他营利性组织、事业单位的职务，不得兼任律师、仲裁员和公证员。法官可以当人大代表（人大代表不是全职而是兼职工作）。
人事管理	员额制管理。法院院长应当具有法学专业知识和法律职业经历。副院长、审判委员会委员应当从法官、检察官或者其他具备法官条件的人员中产生。
免职情形	①调出所任职人民法院的；②丧失中华人民共和国国籍的；③职务变动不需要保留法官职务的，或者本人申请免除法官职务经批准的；④经考核不能胜任法官职务的；⑤因健康原因长期不能履行职务的；⑥退休的；⑦辞职或者依法应当予以辞退的；⑧因违纪违法不宜继续任职的。 **记忆口诀**▶ 出、丧、请免、职被调，考核不过、长吃药，退休辞职被拿掉。 违法任命法官的，任命机关应当撤销该项任命；上级人民法院发现下级人民法院法官的任命违法的，应当建议下级人民法院依法提请任命机关撤销该项任命。（《检察官法》对此的表述是"要求"而非"建议"）。
任职回避	法官之间有夫妻关系、直系血亲关系、三代以内旁系血亲以及近姻亲关系的，不得同时担任下列职务：①同一人民法院的院长、副院长、审判委员会委员、庭长、副庭长；②同一人民法院的院长、副院长和审判员；③同一审判庭的庭长、副庭长、审判员；④上下相邻两级人民法院的院长、副院长。 [规律] 同一法院不同法庭之间，允许同时任职的情形仅有：①庭长、副庭长和审判员；②审判员和审判员。不同法院之间，只禁止同时任职相邻两级的正副职领导。 法官的配偶、父母、子女有下列情形之一的，法官应当实行任职回避：①担任该法官所任职人民法院辖区内律师事务所的合伙人或者设立人的；②在该法官所任职人民法院辖区内以律师身份担任诉讼代理人、辩护人，或者为诉讼案件当事人提供其他有偿法律服务的。
奖 励	①公正司法，成绩显著的；②总结审判实践经验成果突出，对审判工作有指导作用的；③在办理重大案件、处理突发事件和承担专项重要工作中，做出显著成绩和贡献的；④对审判工作提出改革建议被采纳，效果显著的；⑤提出司法建议被采纳或者开展法治宣传、指导调解组织调解各类纠纷，效果显著的；⑥有其他功绩的。
惩 戒	"省级以下无"：最高人民法院和省、自治区、直辖市设立法官惩戒委员会。 从专业角度审查认定法官是否存在以下违反审判职责的行为：①故意违反法律法规办理案件的；②因重大过失导致裁判结果错误并造成严重后果的。 "惩戒委张口，原单位动手"：惩戒委审查后提出构成故意违反职责、存在重大过失、存在一般过失或者没有违反职责等审查意见。人民法院根据惩戒委的意见，依照有关规定作出是否予以惩戒的决定，并给予相应处理。

续表

惩戒	法官惩戒委员会由法官代表、其他从事法律职业的人员（法学专家、律师代表）和有关方面代表（人大代表、政协委员）组成，其中法官代表不少于半数。 当事法官对审查意见有异议的，可以向惩戒委员会提出，惩戒委员会应当对异议及其理由进行审查，作出决定。
保障	主要包括职业保障、工资保险福利保障、人身和财产保障等，由权益保障委员会负责相关具体工作。

第2节 法官职业道德

一、法官职业道德的特征

主体特定	（1）法官职业道德的主体是法官和法院内的相关工作人员； （2）法官职业道德调整法官职业内部法官之间的关系以及法官与社会各方面的关系； （3）法官职业道德特别强调法官独立、中立地位和审判职责要求的特殊方面。
内容全面	法官职业道德的内容包括忠诚司法事业、保证司法公正、确保司法廉洁、坚持司法为民、维护司法形象。其内容全面，涉及观念、意识、规范等。
约束广泛	（1）法官职业道德的要求比其他职业道德更高、更严格； （2）法官职业道德既规范职业内活动，也规范职业外活动。

二、法官职业道德的内容

忠诚	忠诚司法事业，不从事或参与有损国家利益和司法权威的活动，不发表有损国家利益和司法权威的言论。
公正	（1）维护审判独立：①外部独立（与司法体系以外的其他国家权力、其他影响相独立）；②内部独立（法官应当尊重其他法官对于审判职权的独立行使，排除法院系统内部力量对于审判独立的干涉和影响）；③法官内心独立（具有独立意识，排除不当影响，坚持自己认为正确的观点）。 （2）确保案件裁判结果公平公正；坚持实体公正与程序公正并重。 （3）提高司法效率：①严格遵守审限；②职权活动应当充分考虑效率因素；③监督当事人及时完成诉讼活动。 （4）依法公开审判。尊重群众的知情权，同时避免司法审判受到外界的不当影响。 （5）遵守回避规定，保持中立地位。例如：①禁止单方面接触。法院工作人员不得私下接触本人审理案件的案件当事人及其亲属、代理人、辩护人或者其他关系人。②法官不得以言语和行动表现出任何歧视，并有义务制止和纠正诉讼参与人和其他人员的任何歧视性言行。

续表

廉洁	（1）不得接受诉讼当事人的钱物和其他利益。不论利益大小，均应拒绝。 （2）不得从事或者参与营利性的经营活动，不在企业及其他营利性组织中兼任法律顾问等职务，不就未决案件或者再审案件给当事人及其他诉讼参与人提供咨询意见。⚠️注意：此处的咨询意见是指实体内容，不包括形式性、技术性的看法。 （3）不得以其身份谋取特殊利益。例如，法官应当妥善处理个人和家庭事务，不利用法官身份寻求特殊利益。按规定如实报告个人有关事项，教育督促家庭成员不利用法官的职权、地位谋取不正当利益。
为民	（1）以人为本，能动司法，司法便民。 （2）尊重当事人和其他诉讼参与人。例如，认真、耐心听取当事人和其他诉讼参与人发表意见；除因维护法庭秩序和庭审的需要，不得随意打断或者制止当事人和其他诉讼参与人的发言。
保持形象	（1）坚持学习，精研业务；坚持文明司法，遵守司法礼仪。 （2）约束业外活动。例如：①杜绝与法官职业形象不相称、与法官职业道德相违背的不良嗜好和行为；②严禁乘警车、穿制服出入营业性娱乐场所；③不得参加营利性社团组织或者可能借法官影响力营利的社团组织；④发表文章或者接受媒体采访时，应当保持谨慎的态度，不得针对具体案件和当事人进行不适当的评论；⑤法官在职务外活动中，不得披露或者使用非公开的审判信息和在审判过程中获得的商业秘密、个人隐私以及其他非公开的信息；⑥法官可以参加有助于法制建设和司法改革的学术研究和其他社会活动。 （3）退休法官谨慎行为。继续保持自身的良好形象，不利用自己的原有身份和便利条件过问、干预执法办案。例如，法院工作人员在离职或者退休后的规定年限内，不得具有下列行为：①接受与本人原所办案件和其他业务相关的企业、律师事务所、中介机构的聘任；②担任原任职法院所办案件的诉讼代理人或者辩护人；③以律师身份担任诉讼代理人、辩护人。

[经典问题] **法官能否炒股？**

人民法院工作人员不得利用职权和职务上的影响，买卖股票或者认股权证；不得利用在办案工作中获取的内幕信息，直接或者间接买卖股票和证券投资基金，或者向他人提出买卖股票和证券投资基金的建议。人民法院工作人员在审理相关案件时，以本人或者他人名义持有与所审理案件相关的上市公司股票的，应主动申请回避。

[新增考点] 最高人民法院、最高人民检察院、司法部《关于建立健全禁止法官、检察官与律师不正当接触交往制度机制的意见》（2021年9月30日）规定，严禁法官、检察官与律师有下列接触交往行为：

（1）在案件办理过程中，非因办案需要且未经批准在非工作场所、非工作时间与辩护、代理律师接触。

（2）接受律师或者律师事务所请托，过问、干预或者插手其他法官、检察官正在办理的案件，为律师或者律师事务所请托说情、打探案情、通风报信；为案件承办法官、检察官私下会见案件辩护、代理律师牵线搭桥；非因工作需要，为律师或者律师事务所转递涉案材料；向律师泄露案情、办案工作秘密或者其他依法依规不得泄露的情况；违规为律师或律师事务所出具与案件有关的各类专家意见。

（3）为律师介绍案件；为当事人推荐、介绍律师作为诉讼代理人、辩护人；要求、建议或者暗示当事人更换符合代理条件的律师；索取或者收受案件代理费用或者其他利益。

（4）向律师或者其当事人索贿，接受律师或者其当事人行贿；索取或者收受律师借礼尚往来、婚丧嫁娶等赠送的礼金、礼品、消费卡和有价证券、股权、其他金融产品等财物；向律师借款、租借房屋、借用交通工具、通讯工具或者其他物品；接受律师吃请、娱乐等可能影响公正履行职务的安排。

（5）非因工作需要且未经批准，擅自参加律师事务所或者律师举办的讲座、座谈、研讨、培训、论坛、学术交流、开业庆典等活动；以提供法律咨询、法律服务等名义接受律师事务所或者律师输送的相关利益。

（6）与律师以合作、合资、代持等方式经商办企业或者从事其他营利性活动；本人配偶、子女及其配偶在律师事务所担任"隐名合伙人"；本人配偶、子女及其配偶显名或者隐名与律师"合作"开办企业或者"合作"投资；默许、纵容、包庇配偶、子女及其配偶或者其他特定关系人在律师事务所违规取酬；向律师或律师事务所放贷收取高额利息。

（7）其他可能影响司法公正和司法权威的不正当接触交往行为。

第3章 检察制度和检察官职业道德

- 检察制度和检察官职业道德
  - 检察制度
    - 检察制度概述
      - 检务公开制度
      - 人民监督员制度
      - 立案监督制度
      - 侦查监督制度
      - 刑事审判监督制度
      - 刑罚执行与刑事执行监督制度
      - 民事行政检察制度
    - 检察原则
      - 检察权统一行使/检察一体化
      - 检察独立
      - 依法设置
      - 公益原则
      - 一律平等
      - 司法公正
      - 司法责任
      - 接受监督
    - 检察机关
      - 最高人民检察院
      - 地方各级人民检察院
      - 专门人民检察院（军事检察院）
    - 检察组织
      - 独任检察官
      - 检察官办案组
      - 检察委员会
    - 检察官
      - 组成：检察院的检察长、副检察长、检察委员会委员和检察员（检察官助理不是检察官）
      - 其他规定与法官的相关规定表述基本相同
  - 检察官职业道德
    - 忠诚
    - 公正
    - 廉洁
    - 为民
    - 担当

检察制度概述 第1节

一、检察制度及其基本原则

我国的主要检察制度包括检务公开制度、人民监督员制度、立案监督制度、侦查监督制度、刑事审判监督制度、刑罚执行与刑事执行监督制度、民事行政检察制度。其基本原则如下：

检察权统一行使/检察一体化	检察长统一领导检察院的工作（检察工作、行政事务），检察官在检察长领导下开展工作，重大办案事项由检察长决定。检察长或者检察长委托的副检察长主持检察委员会会议。
	地方各级人民检察院的检察长不同意本院检察委员会多数人的意见，属于办理案件的，可报请上一级人民检察院决定；属于重大事项的，可报请上一级人民检察院或者本级人大常委会决定。
	上级检察院与下级检察院之间是领导与被领导的关系；检察长和检察委员会之间不是领导与被领导的关系。
	各级检察机关、检察官依法构成统一整体：①在上下级检察机关和检察官之间存在着上命下从的领导关系；②各地和各级检察机关之间有职能协助义务；③检察官之间和检察院之间在职务上可以发生相互承继、移转和代理的关系。
检察独立	检察权独立行使。这一原则要受到检察一体化原则的制约。
依法设置	依照宪法、法律和全国人大常委会的规定设置检察机关。
公益原则	维护国家安全和秩序、个人和组织的合法权益、国家和社会的利益。
一律平等	适用法律上一律平等，不允许任何特权，禁止任何形式的歧视。
司法公正	以事实为依据，以法律为准绳。
司法责任	实行司法责任制，建立健全权责统一的司法权力运行机制。
接受监督	包括接受其他国家机关和人民群众的监督。

二、检察机关和检察组织

检察机关	最高人民检察院、地方各级人民检察院、专门人民检察院（军事检察院）。
	人民检察院可以根据工作需要，在监狱、看守所等场所设立检察室行使部分检察权，也可以对上述场所进行巡回检察。
检察组织	包括独任检察官、检察官办案组、检察委员会。由检察官办案组办理的，检察长应当指定1名检察官为主办检察官，组织、指挥办案组办理案件。

三、检察官

组 成	人民检察院的检察长、副检察长、检察委员会委员和检察员。注意：检察官助理不是检察官。

续表

规定	《检察官法》对检察官的一般条件、禁止条件、限制条件、人事管理、免职情形、任职回避、奖励、惩戒、保障等各项规定，与《法官法》对法官的各项规定的原理相通，表述基本相同。二者的最大区别在于：上级人民法院发现下级人民法院法官的任命违法的，应当建议下级人民法院依法提请任命机关撤销该项任命；《检察官法》对此的规定是"要求"而非"建议"，即上级人民检察院发现下级人民检察院检察官的任命违法的，应当要求下级人民检察院依法提请任命机关撤销该项任命。

第2节 检察官职业道德

一、检察官职业道德的特征

主体特定	（1）检察官职业道德的主体是检察官和检察院内的相关工作人员； （2）检察官职业道德调整检察官职业内部检察官之间的关系以及检察官与社会各方面的关系。
内容全面	（1）坚持忠诚品格，永葆政治本色； （2）坚持为民宗旨，保障人民权益； （3）坚持担当精神，强化法律监督； （4）坚持公正理念，维护法制统一； （5）坚持廉洁操守，自觉接受监督。
约束广泛	（1）检察官职业道德的要求比其他职业道德更高、更严格； （2）检察官职业道德既规范职业内活动，也规范职业外活动。

二、检察官职业道德基本内容

忠诚	忠于党、忠于国家；忠于人民；忠于宪法和法律；忠于检察事业。例如，检察官应当严守国家秘密和检察工作秘密；不参加危害国家安全，带有封建迷信、邪教性质等非法组织及其活动；应当加强政治理论学习，提高对政策的理解、把握和运用能力，提高从政治上、全局上观察问题、分析问题、解决问题的能力；不因个人事务及其他非公事由而影响职责的正常履行。
公正	独立履职，理性履职。恰当处理好内部工作关系，既独立办案，又相互支持；履行职务时不主观意气办事，避免滥用职权的行为发生。 履职回避（任职回避、诉讼回避）：对法定回避事由以外可能引起公众对办案公正产生合理怀疑的，应当主动请求回避。 （1）检察官之间有夫妻关系、直系血亲关系、三代以内旁系血亲以及近姻亲关系的，不得同时担任下列职务：①同一人民检察院的检察长、副检察长、检察委员会委员；②同一人民检察院的检察长、副检察长和检察员；③同一业务部门的检察员；④上下相邻两级人民检察院的检察长、副检察长。[规律] 前三项中，允许同时担任的情形仅有同一检察院不同业务部

续表

公 正	门的检察员和检察员；第4项只禁止同时担任相邻两级的正副职领导。 （2）检察官的配偶、父母、子女有下列情形之一的，检察官应当实行任职回避：①担任该检察官所任职人民检察院辖区内律师事务所的合伙人或者设立人的；②在该检察官所任职人民检察院辖区内以律师身份担任诉讼代理人、辩护人，或者为诉讼案件当事人提供其他有偿法律服务的。 **重视证据，遵循程序，保障人权**。例如，检察官应当依法客观全面地收集、审查证据，排除非法证据。 **尊重律师和法官**。例如，检察官应当尊重并支持律师履行法定职责，依法保障和维护律师参与诉讼活动的权利；尊重庭审法官，遵守法庭规则。 **遵守纪律**：①不违反规定过问、干预其他检察官、其他人民检察院或者其他司法机关正在办理的案件；②不私自探询其他检察官、其他人民检察院或者其他司法机关正在办理的案件情况和有关信息；③不泄露案件的办理情况及案件承办人的有关信息；④不违反规定会见案件当事人、诉讼代理人、辩护人及其他与案件有利害关系的人员。 **提高效率**。例如：①严守法定办案时限，提高办案效率，节约司法资源；②在确保准确办案的前提下，尽快办结案件，禁止拖延办案；③对于执法过错行为，要敢于及时纠正，勇于承担责任。
廉 洁	（1）**坚持廉洁操守**。例如：①不以权谋私、以案谋利、借办案插手经济纠纷；②不利用职务便利或者检察官的身份、声誉及影响，为自己、家人或者他人谋取不正当利益；③不从事、参与经商办企业、违法违规营利活动，以及其他可能有损检察官廉洁形象的商业、经营活动；④不参加营利性或者可能借检察官影响力营利的社团组织；⑤不收受案件当事人及其亲友、案件利害关系人或者单位及其所委托的人以任何名义馈赠的礼品礼金、有价证券、购物凭证以及干股等；⑥不参加前述人员安排的宴请、娱乐休闲、旅游度假等可能影响公正办案的活动；⑦不接受前述人员提供的各种费用报销、出借的钱款、交通通讯工具、贵重物品及其他利益。 （2）**避免不当影响**。例如：①不兼任律师、法律顾问等职务，不私下为所办案件的当事人介绍辩护人或者诉讼代理人；②退休检察官应当继续保持良好操守，不再延用检察官身份、职务，不利用原地位、身份形成的影响和便利条件，过问、干预执法办案活动，为承揽律师业务或者其他请托事宜打招呼、行便利，避免因不当言行给检察机关带来不良影响。 （3）**妥善处理个人事务**。例如：①慎微慎独，妥善处理个人事务，按照有关规定报告个人有关事项，如实申报收入；②保持与合法收入、财产相当的生活水平和健康的生活情趣。
为 民	坚持以人民为中心的理念；坚持严格、规范、公正、文明执法；坚持融入群众、倾听群众呼声、解决群众诉求、接受群众监督。应当深入查找并认真解决检察官在执法办案中存在的执法不严格、不规范的具体问题。
担 当	敢于担当，坚决打击犯罪；敢于担当，坚守良知，公正司法，司法公开；敢于担当，直面矛盾，正视问题。例如，检察官应当自觉接受人民群众和社会的监督，以公开促公正；善于运用法治思维和法治方式，将不公平、不公正现象纳入法治轨道来解决；要善于发现、勇于承认工作中存在的问题，对工作中出现的失误和错误主动承担；坚持从严治检，对违法违纪人员要以零容忍的态度严肃查处。

第4章 律师制度和律师职业道德

- 律师制度和律师职业道德
  - 律师制度
    - 律师制度概述
      - 定义
      - 分类：社会律师、公司律师、公职律师、军队律师
      - 特征
      - 任职条件
      - 禁止情形
      - 限制条件
      - 管理体制：司法局和律协"两结合"
    - 律师的权利与义务
    - 律师事务所
      - 分类
      - 设立条件
      - 管理制度
  - 律师职业道德
    - 主要内容
      - 基本行为规范：忠诚、为民、法治、正义、诚信、敬业
      - 执业职责
    - 执业行为规范
      - 业务推广行为规范：不准吹牛
      - 与委托人或当事人的关系规范
      - 与其他律师的关系规范：尊重与合作，禁止不正当竞争
  - 法律援助制度
    - 法律援助制度的概念和特征
      - 免费无偿
      - 主体特定
      - 统一组织
      - 形式丰富
    - 法律援助的范围
      - 刑事案件
      - 民事行政案件
      - 其他情形
    - 法律援助的程序和实施
      - 申请
      - 审查
      - 终止
      - 监督

律师制度 第1节

一、律师制度概述

定　义	律师，是指依法取得律师执业证书，接受委托或指定，为当事人提供法律服务的执业人员。 注意：律师执业证书遗失的，应当在省级以上报刊或者发证机关指定网站上刊登遗失声明。
分　类	律师包括社会律师、公司律师、公职律师、军队律师；又可分为专职律师和兼职律师。
特　征	服务性、专业性、受托性（律师不属于国家公职人员，不享有国家赋予的公共权力）。
任职条件	一般条件：拥护宪法；通过法考；实习1年；品行良好。 公职律师和公司律师的任职条件：①拥护中华人民共和国宪法；②依法取得法律职业资格或者律师资格；③具有党政机关、人民团体公职人员身份，或者与国有企业依法订立劳动合同；④从事法律事务工作2年以上，或者曾经担任法官、检察官、律师1年以上；⑤品行良好；⑥所在单位同意其担任公职律师或者公司律师。
禁止情形	①无民事行为能力或限制民事行为能力；②受过刑事处罚，但过失犯罪的除外；③被开除公职或被吊销律师、公证员执业证书。
限制条件	公务员不得兼任执业律师。律师担任各级人大常委会组成人员的，任职期间不得从事诉讼代理或者辩护业务。律师可以兼任人大代表。
"两结合"管理体制	司法行政机关行政管理和律师协会行业管理相结合。律师受到停止执业处罚期间或者受到投诉正在调查处理的，不得申请变更执业机构。律师正在接受司法机关、司法行政机关、律师协会立案调查期间，不得申请注销执业证书。 设区的市、直辖市的区（县）的司法行政机关依法定职权对律师进行表彰，对律师的违法行为实施行政处罚。县级司法行政机关没有对律师给予行政处罚的职权，而只能向上一级司法行政机关提出处罚建议；认为需要给予行业惩戒的，移送律师协会处理。

二、律师的权利与义务

权　利	①接受辩护委托权、代理委托权；②同犯罪嫌疑人、被告人会见权；③查阅案卷权；④调查取证权；⑤依法执行职务受法律保障的权利；⑥拒绝辩护或代理权；⑦要求回避、申请复议权；⑧得到人民法院开庭通知权；⑨在法庭审理阶段的权利；⑩代为上诉的权利；⑪代理申诉或控告权；⑫获取本案诉讼文书副本的权利；⑬为犯罪嫌疑人、被告人申请变更和要求解除强制措施的权利。以上权利，有关国家机关应当予以保障。
义　务	①只能在一个律师事务所执业；②加入所在地的地方律师协会，并履行律师协会章程规定的义务；③不得私自接受委托、收取费用；④不得利用提供法律服务的便利牟取当事人争议的权益，或者接受对方当事人的财物；⑤不得在同一案件中，为双方当事人担任代理人；⑥律师接受委托后，无正当理由的，不得拒绝辩护或代理；⑦不得违反规定会见法官、检察官、仲裁员以及其他有关工作人员；⑧不得向法官、检察官、仲裁员以及其他有关工作人员行贿、介绍贿赂或者指使、诱导当事人行贿；⑨不得提供虚假证据，隐瞒事实或者威胁、利诱他人

续表

义务	提供虚假证据，隐瞒事实以及妨碍对方当事人合法取得证据；⑩不得以不正当方式影响依法办理案件；⑪不得扰乱法庭、仲裁庭秩序，干扰诉讼、仲裁活动的正常进行；⑫不得煽动、教唆当事人采取扰乱公共秩序、危害公共安全等非法手段解决争议；⑬不得发表危害国家安全、恶意诽谤他人、严重扰乱法庭秩序的言论；⑭应当保守在执业活动中知悉的国家秘密和当事人的商业秘密，不得泄露当事人的隐私；⑮曾担任法官、检察官的律师，从法院、检察院离任后2年内，不得担任诉讼代理人或辩护人；⑯按照国家规定承担法律援助义务；⑰依法纳税。

[新增考点] 最高人民法院、最高人民检察院、司法部《关于进一步规范法院、检察院离任人员从事律师职业的意见》（2021年9月30日）规定，各级人民法院、人民检察院离任人员在离任后2年内，不得以律师身份担任诉讼代理人或者辩护人。各级人民法院、人民检察院离任人员终身不得担任原任职人民法院、人民检察院办理案件的诉讼代理人或者辩护人，但是作为当事人的监护人或者近亲属代理诉讼或者进行辩护的除外。

此外，被人民法院、人民检察院开除人员和从人民法院、人民检察院辞去公职、退休的人员除符合前述规定外，还应当符合下列规定：

（1）被开除公职的人民法院、人民检察院工作人员不得在律师事务所从事任何工作；

（2）辞去公职或者退休的人民法院、人民检察院领导班子成员，四级高级及以上法官、检察官，四级高级法官助理、检察官助理以上及相当职级层次的审判、检察辅助人员在离职3年内，其他辞去公职或退休的人民法院、人民检察院工作人员在离职2年内，不得到原任职人民法院、人民检察院管辖地区内的律师事务所从事律师职业或者担任"法律顾问"、行政人员等，不得以律师身份从事与原任职人民法院、人民检察院相关的有偿法律服务活动；

（3）人民法院、人民检察院退休人员在不违反前项从业限制规定的情况下，确因工作需要从事律师职业或者担任律师事务所"法律顾问"、行政人员的，应当严格执行中共中央组织部《关于进一步规范党政领导干部在企业兼职（任职）问题的意见》（中组发〔2013〕18号）规定和审批程序，并及时将行政、工资等关系转出人民法院、人民检察院，不再保留机关的各种待遇。

此外，该意见要求，人民法院、人民检察院工作人员拟在离任后从事律师职业或者担任律师事务所"法律顾问"、行政人员的，应当在离任时向所在人民法院、人民检察院如实报告从业去向，签署承诺书，对遵守从业限制规定、在从业限制期内主动报告从业变动情况等作出承诺。人民法院、人民检察院离任人员向律师协会申请律师实习登记时，应当主动报告曾在人民法院、人民检察院工作的情况，并作出遵守从业限制的承诺。

三、律师事务所

分类	我国的律师事务所分为合伙律师事务所、个人律师事务所、国资律师事务所。
设立条件	"名、住、章、人（律师）和钱（资产），未停业、满3年"：①有自己的名称、住所和章程；②有符合《律师法》和《律师事务所管理办法》规定的律师；③设立人应当是具有一定的执业经历，且3年内未受过停止执业处罚的专职律师；④有符合国务院司法行政部门规定数额的资产。律师事务所只能选择、使用一个名称，且符合司法部关于律师事务所名称管理的规定，并在申请设立许可前办理名称检索。

· 232 ·

续表

管理制度	（1）保障本所律师和辅助人员享有权利、监督其履行义务；可以辞退律师或者经合伙人会议通过除名律师，有关处理结果报所在地县级司法行政机关和律师协会备案。 （2）严禁投资入股兴办企业；不得从事与法律服务无关的其他经营性活动；严禁以不正当手段承揽业务；不得放任、纵容本所律师违反《律师执业管理办法》。 （3）统一接受委托制度；依法纳税；依法履行法律援助义务；重大疑难案件请示报告、集体研究和检查督导；依法办理社会保险，建立保障基金。 （4）律师违法执业或者因过错给当事人造成损失的，由其所在的律师事务所承担赔偿责任。律师事务所赔偿后，可以向有故意或者重大过失行为的律师追偿。

第2节 律师职业道德

一、律师职业道德的主要内容

基本行为规范	忠诚、为民、法治、正义、诚信、敬业。
执业职责	律师在执业期间不得以非律师身份从事法律服务。律师只能在一个律师事务所执业。律师不得在受到停止执业处罚期间继续执业，或者在律师事务所被停业整顿期间、注销后继续以原所名义执业。
	律师不得在同一案件中为双方当事人担任代理人，不得代理与本人或者其近亲属有利益冲突的法律事务。
	律师担任各级人民代表大会常务委员会组成人员的，任职期间不得从事诉讼代理或者辩护业务。
	律师不得有以下行为：①产生不良社会影响，有损律师行业声誉的行为；②妨碍国家司法、行政机关依法行使职权的行为；③参加法律所禁止的机构、组织或者社会团体；④其他违反法律、法规、律师协会行业规范及职业道德的行为；⑤其他违反社会公德，严重损害律师职业形象的行为。

二、律师执业行为规范

业务推广行为规范	"不准吹牛"：不得为不正当竞争行为，不得以商业广告的艺术夸张手段制作广告，不得进行使公众产生不合理期望的宣传，不得自我声明或暗示自己是权威或专家。
与委托人或当事人的关系规范	①应当依法建立委托代理关系并谨慎、诚实、客观地告知委托人拟委托事项可能出现的法律风险；②禁止虚假承诺（辩护、代理意见未被采纳的，不属于虚假承诺）；③禁止非法牟取委托人利益；④接受委托前作利益冲突审查并作出是否接受委托的决定；⑤妥善保管委托人财产（委托人财产、律所财产、律师个人财产应当严格分离）；⑥未经委托人同意不得转委托（除非"情况紧急+为维护委托人利益+及时告知"）；⑦无正当理由不得拒绝辩护或者代理。

续表

与其他律师的关系规范	尊重与合作。例如：①在庭审或者谈判过程中各方律师应当互相尊重，不得使用挖苦、讽刺或者侮辱性的语言。②律师或律师事务所不得在公众场合及媒体上发表恶意贬低、诋毁、损害同行声誉的言论。③律师变更执业机构时应当维护委托人及原律师事务所的利益；律师事务所在接受转入律师时，不得损害原律师事务所的利益。④律师与委托人发生纠纷的，律师事务所的解决方案应当充分尊重律师本人的意见，律师应当服从律师事务所解决纠纷的决议。
	禁止不正当竞争。例如：①诋毁、诽谤其他律师或者律师事务所信誉、声誉；②无正当理由，以低于同地区同行业收费标准为条件争揽业务，或者采用承诺给予客户、中介人、推荐人回扣、馈赠金钱、财物或者其他利益等方式争揽业务；③故意在委托人与其代理律师之间制造纠纷；④向委托人明示或者暗示自己或者其所属的律师事务所与司法机关、政府机关、社会团体及其工作人员具有特殊关系；⑤就法律服务结果或者诉讼结果作出虚假承诺；⑥明示或者暗示可以帮助委托人达到不正当目的，或者以不正当的方式、手段达到委托人的目的。

第3节 法律援助制度

一、法律援助制度的概念和特征

免费无偿	为经济困难公民和符合法定条件的其他当事人无偿提供。
	县级以上人民政府应当将法律援助工作纳入国民经济和社会发展规划、基本公共服务体系，将法律援助相关经费列入本级政府预算。
	国家鼓励和支持群团组织、事业单位、社会组织依法提供法律援助。国家鼓励和支持企业事业单位、社会组织和个人依法捐赠法律援助事业；对符合条件的，给予税收优惠。
主体特定	律师事务所、基层法律服务所、律师、基层法律服务工作者负有依法提供法律援助的义务。
	国家鼓励和规范法律援助志愿服务；支持符合条件的个人作为法律援助志愿者，依法提供法律援助。
	高等院校、科研机构可以组织从事法学教育、研究工作的人员和法学专业学生作为法律援助志愿者，在司法行政部门指导下，为当事人提供法律咨询、代拟法律文书等法律援助。
	工会、共产主义青年团、妇女联合会、残疾人联合会等群团组织依法开展法律援助工作。
统一组织	县级以上司法行政机关有权指导、监督本行政区域内的法律援助工作，其下设法律援助机构负责组织实施。
形式丰富	（1）法律咨询。无需审查经济条件；法律援助机构应当通过服务窗口、电话、网络等多种方式提供法律咨询服务。 （2）诉讼代理。包括刑事代理，民事案件、行政案件、国家赔偿案件的诉讼代理及非诉讼代理，劳动争议调解与仲裁代理。 （3）刑事辩护。必须是律师担任辩护人，而不能是非律师（如实习律师、律师助理等）。 （4）其他服务。代拟法律文书；值班律师法律帮助；法律、法规、规章规定的其他形式。

二、法律援助的范围

刑事案件	刑事案件的犯罪嫌疑人、被告人因经济困难或者其他原因没有委托辩护人的，本人及其近亲属可以向法律援助机构申请法律援助。
	"盲聋哑、半疯傻，无期、死刑、未长大、核死、缺席和其他"：刑事案件的犯罪嫌疑人、被告人属于下列人员之一，没有委托辩护人的，人民法院、人民检察院、公安机关应当通知法律援助机构指派律师担任辩护人：①未成年人；②视力、听力、言语残疾人；③不能完全辨认自己行为的成年人；④可能被判处无期徒刑、死刑的人；⑤申请法律援助的死刑复核案件被告人；⑥缺席审判案件的被告人；⑦法律法规规定的其他人员。
	其他适用普通程序审理的刑事案件，被告人没有委托辩护人的，人民法院可以通知法律援助机构指派律师担任辩护人；对可能被判处无期徒刑、死刑的人，以及死刑复核案件的被告人，法律援助机构应当指派具有3年以上相关执业经历的律师担任辩护人。
	强制医疗案件的被申请人或者被告人没有委托诉讼代理人的，人民法院应当通知法律援助机构指派律师为其提供法律援助。
	刑事公诉案件的被害人及其法定代理人或者近亲属，刑事自诉案件的自诉人及其法定代理人，刑事附带民事诉讼案件的原告人及其法定代理人，因经济困难没有委托诉讼代理人的，可以向法律援助机构申请法律援助。
民事行政案件	"两金、三养、两保，国赔勇为劳报，无能人身损害，其他、环境、生态"。下列事项的当事人，因经济困难没有委托代理人的，可以向法律援助机构申请法律援助：①依法请求国家赔偿；②请求给予社会保险待遇或者最低生活保障待遇、社会救助；③请求发给抚恤金、救济金；④请求给付赡养费、抚养费、扶养费；⑤请求确认劳动关系或者支付劳动报酬；⑥主张因见义勇为行为产生的民事权益；⑦请求认定公民无民事行为能力或者限制民事行为能力；⑧请求工伤事故、交通事故、食品药品安全事故、医疗事故人身损害赔偿；⑨请求环境污染、生态破坏损害赔偿；⑩法律、法规、规章规定的其他情形。
	"英烈、再审、见义，虐待、家暴、遗弃"。有下列情形之一的，申请法律援助不受经济困难条件的限制：①英雄烈士近亲属为维护英雄烈士的人格权益；②因见义勇为行为主张相关民事权益；③再审改判无罪请求国家赔偿；④遭受虐待、遗弃或者家庭暴力的受害人主张相关权益；⑤法律、法规、规章规定的其他情形。
其他情形	当事人不服司法机关生效裁判或者决定提出申诉或者申请再审，人民法院决定、裁定再审或者人民检察院提出抗诉，因经济困难没有委托辩护人或者诉讼代理人的，本人及其近亲属可以向法律援助机构申请法律援助。
标准调整	经济困难的标准，由省、自治区、直辖市人民政府根据本行政区域经济发展状况和法律援助工作需要确定，并实行动态调整。

三、法律援助的程序和实施

申 请	诉讼事项向办案机关所在地的法律援助机构申请；非诉讼事项向争议处理机关所在地或者事由发生地的法律援助机构申请。

续表

申请	被羁押的犯罪嫌疑人、被告人、服刑人员,以及强制隔离戒毒人员等提出法律援助申请的,办案机关、监管场所应当在24小时内将申请转交法律援助机构。犯罪嫌疑人、被告人通过值班律师提出代理、刑事辩护等法律援助申请的,值班律师应当在24小时内将申请转交法律援助机构。	
审查	法律援助机构应当自收到法律援助申请之日起7日内进行审查,作出是否给予法律援助的决定。决定给予法律援助的,应当自作出决定之日起3日内指派法律援助人员为受援人提供法律援助;决定不给予法律援助的,应当书面告知申请人,并说明理由。	
	申请人提交的申请材料不齐全的,法律援助机构应当一次性告知申请人需要补充的材料或者要求申请人作出说明。申请人未按要求补充材料或者作出说明的,视为撤回申请。	
终止	有下列情形之一的,法律援助机构应当作出终止法律援助的决定:①受援人以欺骗或者其他不正当手段获得法律援助;②受援人故意隐瞒与案件有关的重要事实或者提供虚假证据;③受援人利用法律援助从事违法活动;④受援人的经济状况发生变化,不再符合法律援助条件;⑤案件终止审理或者已经被撤销;⑥受援人自行委托律师或者其他代理人;⑦受援人有正当理由要求终止法律援助;⑧法律法规规定的其他情形。法律援助人员发现有前述情形的,应当及时向法律援助机构报告。	
监督	对法律援助有异议、投诉的,向司法行政部门提出。对法律援助提出纠正、申诉、控告的,向检察院提出。	
	法律援助机构、法律援助人员未依法履行职责的,受援人可以向司法行政部门投诉,并可以请求法律援助机构更换法律援助人员。	

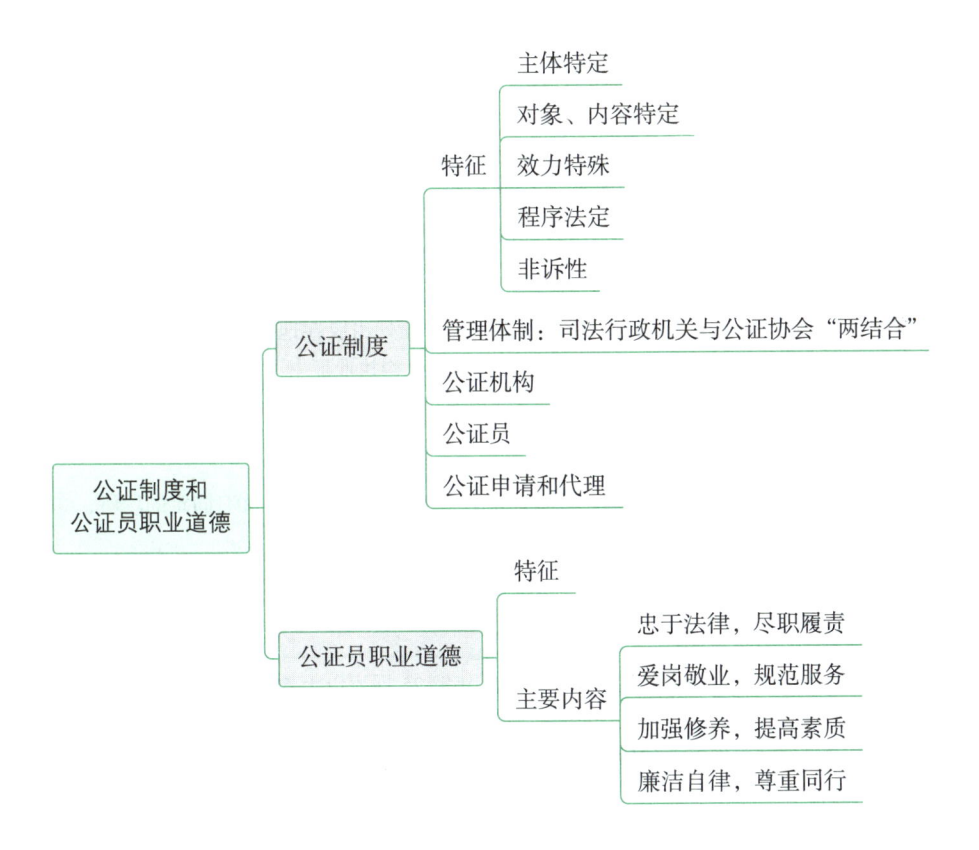

公证制度和公证员职业道德 第5章

```
公证制度和           ┌─ 特征 ──┬─ 主体特定
公证员职业道德        │         ├─ 对象、内容特定
    │                │         ├─ 效力特殊
    ├─ 公证制度 ─────┤         ├─ 程序法定
    │                │         └─ 非诉性
    │                ├─ 管理体制：司法行政机关与公证协会"两结合"
    │                ├─ 公证机构
    │                ├─ 公证员
    │                └─ 公证申请和代理
    │
    └─ 公证员职业道德 ┬─ 特征
                     └─ 主要内容 ┬─ 忠于法律，尽职履责
                                 ├─ 爱岗敬业，规范服务
                                 ├─ 加强修养，提高素质
                                 └─ 廉洁自律，尊重同行
```

第1节 公证制度

一、公证制度概述

特 征	(1) 公证主体的特定性。公证职能只能由依法设立的公证机构统一行使。 (2) 公证对象和内容的特定性。公证对象是没有争议的民事法律行为、有法律意义的事实和文书；公证的内容是证明公证对象的真实性与合法性。 (3) 公证效力的特殊性。公证文书具有证据效力、强制执行效力、法律行为成立的形式要件效力，这是其他证明所不具备的。 (4) 公证程序的法定性。公证机构、公证员和公证当事人应当严格依法定程序进行公证的证明活动。

续表

特 征	(5) 非诉性。公证是一种非诉讼司法活动，是一种事前的预防，在法律依据、程序、效力等方面与诉讼活动存在不同。
管理体制	"两结合"：我国实行司法行政机关行政管理与公证协会行业管理相结合的公证管理体制。

二、公证机构与公证员

（一）公证机构

性 质	公证机构是依法设立，不以营利为目的，依法独立行使公证职能、承担民事责任的证明机构。①不以营利为目的=不以获取利润为目的≠提供服务不收取任何费用。②公证机构既独立于司法机关又独立于行政机关，公证员只对自己的执业行为负责，对法律负责。主办公证员依法独立办证，不受公证机构内部其他公证员的干涉。③公证机构及其公证员因过错给当事人、公证事项的利害关系人造成损失的，由公证机构承担相应的赔偿责任；公证机构赔偿后，可以向有故意或者重大过失的公证员追偿。
设 立	原则是统筹规划、合理布局，实行总量控制。公证处由所在地司法行政机关组建，逐级报省、自治区、直辖市司法行政机关审批后，颁发公证机构执业证书。公证机构可以在县、不设区的市、设区的市、直辖市或者市辖区设立；在设区的市、直辖市可以设立一个或者若干个公证机构。
	"名、人、场、钱"：公证处的设立条件包括：①有自己的名称；②有固定的场所；③有2名以上公证员；④有开展公证业务所必需的资金。

（二）公证员

条 件	一般条件：①具有中华人民共和国国籍；②年龄25周岁以上65周岁以下；③公道正派，遵纪守法，品行良好；④通过国家统一法律职业资格考试取得法律职业资格；⑤在公证机构实习2年以上或者具有3年以上其他法律职业经历并在公证机构实习1年以上，经考核合格。
	特殊条件：从事法学教学、研究工作，具有高级职称的人员，或者具有本科以上学历，从事审判、检察、法制工作、法律服务满10年的公务员、律师，已经离开原工作岗位，经考核合格的，也可以担任公证员。
	禁止条件：有下列情形之一的，不得担任公证员：①无民事行为能力或者限制民事行为能力的；②因故意犯罪或者职务过失犯罪受过刑事处罚的；③被开除公职的；④被吊销公证员、律师执业证书的。
任 命	担任公证员，应当由符合公证员条件的人员提出申请，经公证机构推荐，由所在地的司法行政部门报省、自治区、直辖市人民政府司法行政部门审核同意后，报请国务院司法行政部门任命，并由省、自治区、直辖市人民政府司法行政部门颁发公证员执业证书。
免 职	公证员有下列情形之一的，由所在地的司法行政部门报省、自治区、直辖市人民政府司法行政部门提请国务院司法行政部门予以免职：①丧失中华人民共和国国籍的；②年满65周岁或者因健康原因不能继续履行职务的；③自愿辞去公证员职务的；④被吊销公证员执业证书的。

三、公证申请和代理

申 请	申请可以向当事人住所地、经常居住地、行为地或者事实发生地的公证机构提出。申请办理涉及不动产的公证事项，向不动产所在地的公证机构提出；申请办理涉及不动产的委托、声明、赠与、遗嘱的公证，可以向当事人住所地、经常居住地、行为地或事实发生地的公证机构提出。
	2个以上当事人共同申办同一公证事项的，可以共同到行为地、事实发生地或者其中一名当事人住所地、经常居住地的公证机构申办。
	当事人向2个以上可以受理该公证事项的公证机构提出申请的，由最先受理申请的公证机构办理。
代 理	当事人申请办理公证的，可以委托他人代理，但申请办理遗嘱、生存、收养关系等应当由本人申办的公证事项，不得委托他人代理。
	居住在香港、澳门、台湾地区的当事人，委托他人代理申办涉及继承、财产权益处分、人身关系变更等重要公证事项的，其授权委托书应当经其居住地的公证人（机构）公证，或者经司法部指定的机构、人员证明。居住在国外的当事人，委托他人代理申办前述重要公证事项的，其授权委托书应当经其居住地的公证人（机构）、我国驻外使（领）馆公证。

第2节 公证员职业道德

一、公证员职业道德的特征

层次丰富	公证员职业道德包括职业道德意识、职业道德行为、职业道德规范三个层次。
公信为首	公证的最大特点是公信力，公证员职业道德不仅适用于执业公证员，也适用于办理公证的辅助人员和其他工作人员。

二、公证员职业道德的主要内容

忠于法律，尽职履责	（1）自觉遵守法定回避制度，不得为本人及近亲属办理公证或者办理与本人及近亲属有利害关系的公证； （2）自觉履行执业保密义务，不得泄露在执业中知悉的国家秘密、商业秘密或个人隐私，更不得利用知悉的秘密为自己或他人谋取利益。
爱岗敬业，规范服务	（1）履行告知义务。告知当事人、代理人和参与人的权利和义务，并就权利和义务的真实意思和可能产生的法律后果作出明确解释，避免形式上的简单告知。 （2）如果发现已生效的公证文书存在问题或其他公证员有违法、违规行为，应当及时向有关部门反映。 （3）不得利用媒体或采用其他方式，对正在办理或已办结的公证事项发表不当评论。
加强修养，提高素质	①遵守社会公德；②具有良好的个人修养和品行；③忠于职守；④热爱集体，团结协作；⑤不断提高自身的业务能力和职业素养；⑥终身学习，勤勉进取。

续表

廉洁自律，尊重同行	（1）不得从事有报酬的其他职业和与公证员职务、身份不相符的活动。 （2）不得利用公证员的身份和职务为自己、亲属或他人谋取利益。 （3）不得索取或接受当事人及其代理人、利害关系人的答谢款待、馈赠财物或其他利益。 （4）不得以不正当方式或途径对其他公证员正在办理的公证事项进行干预或施加影响。 （5）不得从事不正当竞争行为：①不得利用媒体或其他手段炫耀自己，贬损他人，排斥同行，为自己招揽业务；②不得以支付介绍费、给予回扣、许诺提供利益等方式承揽业务；③不得利用与行政机关、社会团体的特殊关系进行业务垄断；④不得从事其他不正当竞争行为。

其他法律职业人员职业道德 第6章

```
                        ┌─ 法律顾问：法治守护者
              ┌─ 其他法律 ─┼─ 仲裁员（法律类）
              │  职业人员  └─ "三类公务员"：行政机关中从事行政处罚决定审核、
              │                            行政复议、行政裁决的公务员
              │
其他法律       │                        ┌─ 忠诚法律
职业人员职业道德 ┤              ┌─ 法律顾问 ┼─ 保持独立
              │              │          └─ 保守秘密
              │              │
              └─ 其他法律 ────┼─ 仲裁员 ──┬─ 独立公正
                 职业人员     │          └─ 诚实信用，勤勉高效，保守秘密，尊重同行
                 职业道德     │
                             │                ┌─ 基本要求：来自《公务员法》
                             └─"三类公务员"─┤           ┌─ 合法原则
                                            │           ├─ 公正原则
                                            └─ 特定要求 ┤
                                                        ├─ 透明原则
                                                        └─ 高效原则
```

第1节　其他法律职业人员概述

法律顾问	狭义上的法律顾问仅指律师；广义上的法律顾问包括律师和其他法律服务专业人员，其他法律服务专业人员主要包括政府法律顾问、人民团体法律顾问、国有企事业单位法律顾问。
	角色转换——从"法律咨询者"变为"<u>法治守护者</u>"。
仲裁员	其指有权接受当事人的选定或者仲裁机构的指定，具体审理、裁决案件的人员，包括法律类仲裁员、劳动争议仲裁员、农村土地承包仲裁员。<u>此处指法律类仲裁员</u>。
	其选定方式有二：当事人选定、仲裁机构指定。
	仲裁委员会应当从公道正派的人员中聘任仲裁员。

续表

仲裁员	特点：①当事人自愿选择仲裁；②解决争议的第三人由当事人选择；③裁决对双方当事人具有拘束力。
"三类公务员"	即行政机关中从事行政处罚决定审核、行政复议、行政裁决的公务员。 "两重主体资格"：依法管理社会公共事务并具有行政执法权的部门的工作人员。行政执法机关中的借调人员、实习人员、临时聘用人员、超编人员等，都不是行政执法人员。

第2节 其他法律职业人员职业道德

一、法律顾问职业道德

专职法律顾问和兼职法律顾问都要遵守法律顾问职业道德。

忠诚法律	(1) 凡聘方的合法权益，须尽心尽责为之提供法律服务；遇聘方涉嫌违法，须及时提出法律意见，不能罔顾原则提供服务。 (2) 不得为维护聘方利益而采取非法手段损害国家、集体或他人的利益，也不得损害聘方合法权益。 (3) 不得以法律顾问的身份从事商业活动以及与法律顾问职责无关的活动。
保持独立	(1) 法律顾问的根本价值在于推动聘方依法行事。 (2) 法律顾问不得接受其他当事人委托，办理与聘方有利益冲突的法律事务；法律顾问与所承办的业务有利害关系、可能影响公正履职的，应当回避。
保守秘密	不得泄露党和国家的秘密、工作秘密、商业秘密以及其他不应公开的信息，不得擅自对外透露所承担的工作内容。

二、仲裁员职业道德

职业道德	(1) 独立公正。保持廉洁，保持独立，主动披露（仲裁员主动披露其与当事人或代理人之间的某种关系，以便于当事人和仲裁机构考虑该关系是否影响该仲裁员的独立性和公正性）。 (2) 诚实信用，勤勉高效，保守秘密，尊重同行。
职业责任	仲裁员的职业责任主要是违纪责任、刑事责任，目前法律尚未规定民事责任。

三、行政机关中从事行政处罚决定审核、行政复议、行政裁决的公务员职业道德

基本要求	均来自《公务员法》的规定，包括坚定信念、忠于宪法、忠于国家、忠于人民、忠于职守、保守秘密、清正廉洁。

· 242 ·

续表

特定要求	合法原则：主体合法、依据合法、程序合法。
	公正原则：合法行政兼顾合理行政。
	透明原则：除了涉及国家秘密、商业秘密和个人隐私外，整个过程应当向相对人和社会依法公开，包括执法依据事先公开、过程公开、结果公开。
	高效原则：在法定期限内考虑效率、节约、迅速取得成果。

第二部分
PART 2

金题配套练习

第一编　法理学

第一章　法的本体

1. 关于实证主义法学和非实证主义法学，下列说法不正确的是：(2013/1/88-任)
   A. 实证主义法学认为，在"实际上是怎样的法"与"应该是怎样的法"之间不存在概念上的必然联系
   B. 非实证主义法学在定义法的概念时并不必然排除社会实效性要素和权威性制定要素
   C. 所有的非实证主义法学都可以被看作是古典自然法学
   D. 仅根据社会实效性要素，并不能将实证主义法学派、非实证主义法学派和其他法学派（比如社会法学派）在法定义上的观点区别开来

2. "法学作为科学无力回答正义的标准问题，因而是不是法与是不是正义的法是两个必须分离的问题，道德上的善或正义不是法律存在并有效力的标准，法律规则不会因违反道德而丧失法的性质和效力，即使那些同道德严重对抗的法也依然是法。"关于这段话，下列说法正确的是：(2015/1/90-任)
   A. 这段话既反映了实证主义法学派的观点，也反映了自然法学派的基本立场
   B. 根据社会法学派的看法，法的实施可以不考虑法律的社会实效
   C. 根据分析实证主义法学派的观点，内容正确性并非法的概念的定义要素
   D. 所有的法学学派均认为，法律与道德、正义等在内容上没有任何联系

3. 在小说《悲惨世界》中，心地善良的冉阿让因偷一块面包被判刑，他认为法律不公并屡次越狱，最终被加刑至19年。他出狱后逃离指定居住地，虽隐姓埋名却仍遭警探沙威穷追不舍。沙威冷酷无情，笃信法律就是法律，对冉阿让舍己救人、扶危济困的善举视而不见，直到被冉阿让冒死相救，才因法律信仰崩溃而投河自尽。对此，下列说法正确的是：(2017/1/88-任)
   A. 如果认为不公正的法律不是法律，则可能得出冉阿让并未犯罪的结论
   B. 沙威"笃信法律就是法律"表达了非实证主义的法律观
   C. 冉阿让强调法律的正义价值，沙威强调法律的秩序价值
   D. 法律的权威源自人们的拥护和信仰，缺乏道德支撑的法律无法得到人们自觉地遵守

4. 公元前399年，在古雅典城内，来自社会各阶层的501人组成的法庭审理了一起特别案件。被告人是著名哲学家苏格拉底，其因在公共场所喜好与人辩论、传授哲学而被以"不敬神"和"败坏青年"的罪名判处死刑。在监禁期间，探视友人欲帮其逃亡，但被拒绝。苏格拉底说，虽然判决不公正，但逃亡是毁坏法律，不能以错还错。最后，他服从判决，喝下毒药而亡。对此，下列哪些说法是正确的？(2013/1/52-多)
   A. 人的良知、道德感与法律之间有时可能发生抵牾
   B. 苏格拉底服从判决的决定表明，一个人可以被不公正地处罚，但不应放弃探究真理的权利

C. 就本案的事实看，苏格拉底承认判决是不公正的，但并未从哲学上明确得出"恶法非法"这一结论

D. 从本案的法官、苏格拉底和他的朋友各自的行为看，不同的人对于"正义"概念可能会有不同的理解

5. 一外国电影故事描写道：五名探险者受困山洞，水尽粮绝，五人中的摩尔提议抽签吃掉一人，救活他人，大家同意。在抽签前摩尔反悔，但其他四人仍执意抽签，恰好抽中摩尔并将其吃掉。获救后，四人被以杀人罪起诉并被判处绞刑。关于上述故事情节，下列哪些说法是不正确的？（2013/1/53-多）

    A. 其他四人侵犯了摩尔的生命权
    B. 按照功利主义"最大多数人之福祉"的思想，"一命换多命"是符合法理的
    C. 五人之间不存在利益上的冲突
    D. 从不同法学派的立场看，此案的判决存在"唯一正确的答案"

6. 袁隆平院士去世后，有人在网络上散播谣言，予以污蔑。之后，相关责任人被公安机关追究法律责任。对此，下列哪些说法是正确的？（2023-回忆版-多）

    A. 公民享有自由，但其自由和权利是有限度的，不能违背社会公序良俗
    B. 公安机关在处理该案的过程中，应坚持行政公开，及时向媒体和公众通报全部相关资料和信息
    C. 该案说明，法律和道德相互补充、相互促进，对于任何违反道德的行为，法律都必须予以惩罚
    D. 在案件处理过程中，有关部门可以以此案为例，对公众开展相关法律知识的普及，引导公众形成正确的法律意识

7. 关于法的概念与本质，下列哪一说法是正确的？（2022-回忆版-单）

    A. 是否承认"法律是最低限度的道德"，是区分实证主义与非实证主义的主要标准
    B. "法律的生命不在于逻辑，而在于经验"，这种观点应属于社会法学派的基本观点
    C. 按照马克思主义法学派的观点，法律是社会共同体意志的体现
    D. 是否承认社会实效是法的构成要素，是区分分析法学派与社会法学派的主要标准

8. 卡尔·马克思说："在民主的国家里，法律就是国王；在专制的国家里，国王就是法律。"关于马克思这段话的理解，下列哪一选项是错误的？（2012/1/9-单）

    A. 从性质上看，有民主的法律，也有专制的法律
    B. 在实行民主的国家，君主或者国王不可以参与立法
    C. 在实行专制的国家，国王的意志可以上升为法律
    D. 实行民主的国家，也是实行法律至上原则的国家

9. 下列有关"国法"的理解，哪些是不正确的？（2012/1/54-多）

    A. "国法"是国家法的另一种说法
    B. "国法"仅指国家立法机关创制的法律
    C. 只有"国法"才有强制性
    D. 无论自然法学派，还是实证主义法学派，都可能把"国法"看作实在法

10. 法是以国家强制力为后盾，通过法律程序保证实现的社会规范。关于法的这一特征，下

列哪些说法是正确的？（2013/1/55-多）

A. 法律具有保证自己得以实现的力量

B. 法律具有程序性，这是区别于其他社会规范的重要特征

C. 按照马克思主义法学的观点，法律主要依靠国家暴力作为外在强制的力量

D. 自然力本质上属于法的强制力之组成部分

11. 法律谚语："平等者之间不存在支配权。"关于这句话，下列哪一选项是正确的？（2013/1/9-单）

   A. 平等的社会只存在平等主体的权利，不存在义务；不平等的社会只存在不平等的义务，不存在权利

   B. 在古代法律中，支配权仅指财产上的权利

   C. 平等的社会不承认绝对的人身依附关系，法律禁止一个人对另一个人的奴役

   D. 从法理上讲，平等的主体之间不存在相互的支配，他们的自由也不受法律限制

12. 法律格言说："法律不能使人人平等，但在法律面前人人是平等的。"关于该法律格言，下列哪一说法是正确的？（2014/1/9-单）

   A. 每个人在法律面前事实上是平等的

   B. 在任何时代和社会，法律面前人人平等都是一项基本法律原则

   C. 法律可以解决现实中的一切不平等问题

   D. 法律面前人人平等原则并不禁止在立法上作出合理区别的规定

13. 关于法的规范作用，下列哪一说法是正确的？（2014/1/10-单）

   A. 陈法官依据诉讼法规定主动申请回避，体现了法的教育作用

   B. 法院判决王某行为构成盗窃罪，体现了法的指引作用

   C. 林某参加法律培训后开始重视所经营企业的法律风险防控，反映了法的保护自由价值的作用

   D. 王某因散布谣言被罚款300元，体现了法的强制作用

14. 王某参加战友金某婚礼期间，自愿帮忙接待客人。婚礼后王某返程途中遭遇车祸，住院治疗花去费用1万元。王某认为，参加婚礼并帮忙接待客人属帮工行为，遂将金某诉至法院要求赔偿损失。法院认为，王某行为属由道德规范的情谊行为，不在法律调整范围内。关于该案，下列哪一说法是正确的？（2016/1/14-单）

   A. 在法治社会中，法律可以调整所有社会关系

   B. 法官审案应区分法与道德问题，但可进行价值判断

   C. 道德规范在任何情况下均不能作为司法裁判的理由

   D. 一般而言，道德规范具有国家强制性

15. 甲、乙婚后买房时，向女方乙的父亲张某借了8万元并开具借条，借条注明"今收到张某购房款捌万圆整"和"以此为据"的字样。8年后，甲、乙起诉离婚，法院一审判决准予离婚。张某担心自己当初出借的8万元打水漂，便向法院提起诉讼，请法院判令甲、乙归还这笔借款。法院审理后，认为没有证据证明这8万元的性质为借款，因此驳回了张某的诉讼请求。关于法的局限性的表述，下列选项错误的是：（2020-回忆版-任）

   A. 法律的适用难免受到语言表达能力的局限

B. 法律规制和调整社会关系的范围和深度是有限的
C. 在法律发生作用时，无法做到处处实现个人正义
D. 对民事法律关系的调整，在没有法律规定的情形下，应当按照起诉意见及时处理

16. "法律只是在自由的无意识的自然规律变成有意识的国家法律时，才成为真正的法律。哪里法律成为实际的法律，即成为自由的存在，哪里法律就成为人的实际的自由存在。"关于该段话，下列说法正确的是：（2016/1/88-任）
   A. 从自由与必然的关系上讲，规律是自由的，但却是无意识的，法律永远是不自由的，但却是有意识的
   B. 法律是"人的实际的自由存在"的条件
   C. 国家法律须尊重自然规律
   D. 自由是评价法律进步与否的标准

17. 2012年，潘桂花、李大响老夫妇处置房产时，发现房产证产权人由潘桂花变成其子李能。原来，早在7年前李能就利用其母不识字骗其母签订合同，将房屋作价过户到自己名下。二老怒将李能诉至法院。法院查明，潘桂花因精神障碍，被鉴定为限制民事行为能力人。据此，法院认定该合同无效。对此，下列哪一说法是不正确的？（2013/1/14-单）
   A. 李能的行为违反了物权的取得应当遵守法律、尊重公德、不损害他人合法权益的法律规定
   B. 从法理上看，法院主要根据"法律家长主义"原则（即，法律对于当事人"不真实反映其意志的危险选择"应进行限制，使之免于自我伤害）对李能的意志行为进行判断，从而否定了他的做法
   C. 潘桂花被鉴定为限制民事行为能力人是对法律关系主体构成资格的一种认定
   D. 从诉讼"争点"理论看，本案争执的焦点不在李能是否利用其母不识字骗其母签订合同，而在于合同转让的效力如何认定

18. 关于人权的说法，下列哪一选项是错误的？（2018-回忆版-单）
   A. 人权与法律权利在内容上是一样的
   B. 人权的存在和发展是社会经济、文化发展的结果
   C. 人权的主体要比公民权的主体宽泛，其不仅包括个体人权，还包括集体人权
   D. 为了更好地保护人权，人权应当尽可能地被法律化

19. 关于法与人权的关系，下列哪一说法是错误的？（2014/1/15-单）
   A. 人权不能同时作为道德权利和法律权利而存在
   B. 按照马克思主义法学的观点，人权不是天赋的，也不是理性的产物
   C. 人权指出了立法和执法所应坚持的最低的人道主义标准和要求
   D. 人权被法律化的程度会受到一国民族传统、经济和文化发展水平等因素的影响

20. 在莎士比亚喜剧《威尼斯商人》中，安东尼与夏洛克订立契约，约定由夏洛克借款给安东尼，如不能按时还款，则夏洛克将在安东尼的胸口割取一磅肉。期限届至，安东尼无力还款，夏洛克遂要求严格履行契约。安东尼的未婚妻鲍西娅针锋相对地向夏洛克提出：可以割肉，但仅限一磅，不许相差分毫，也不许流一滴血，惟其如此方符合契约。关于该故事，下列说法正确的是：（2016/1/90-任）
   A. 夏洛克主张有约必践，体现了强烈的权利意识和契约精神

B. 夏洛克有约必践（即使契约是不合理的）的主张本质上可以看作是"恶法亦法"的观点

C. 鲍西娅对契约的解释运用了历史解释方法

D. 安东尼与夏洛克的约定遵循了人权原则而违背了平等原则

21. 我国《民法典》第366条规定，居住权人有权按照合同约定，对他人的住宅享有占有、使用的用益物权，以满足生活居住的需要。对此，下列哪些选项是正确的？（2020-回忆版-多）

A. 居住权属于我国公民的基本权利

B. 居住权作为人权的内容之一，其产生早于现行《民法典》的规定

C. 对于类似居住权之类的公民的需求，国家都应该制定基本法律予以规定

D. 目前居住权已成为我国公民的法定权利

22. 关于法与人权的关系，下列哪一选项是错误的？（2020-回忆版-单）

A. 人权必须被法律化，因此，实际上所有的人权都已被法律化

B. 在法治社会，人权只有以法律权利的形式存在才有实际意义

C. 借助人权可以诊断现实生活中法律侵权的症结，从而提出相应的法律救济标准或途径

D. 按照马克思主义法学的观点，人权在本质上具有历史性

23. 秦某以虚构言论、合成图片的手段在网上传播多条"警察打人"的信息，造成恶劣影响，县公安局对其处以行政拘留8日的处罚。秦某认为自己是在行使言论自由权，遂诉至法院。法院认为，原告捏造、散布虚假事实的行为不属于言论自由，为法律所明文禁止，应承担法律责任。对此，下列哪一说法是正确的？（2017/1/8 改编-单）

A. 相对于自由价值，秩序价值处于法的价值的顶端

B. 法官在该案中运用了个案中的比例原则解决法的价值冲突

C. "原告捏造、散布虚假事实的行为不属于言论自由"仅是对案件客观事实的陈述

D. 言论自由作为人权，既是道德权利又是法律权利

24. 临产孕妇黄某由于胎盘早剥被送往医院抢救，若不尽快进行剖宫产手术将危及母子生命。当时黄某处于昏迷状态，其家属不在身边，且联系不上。经医院院长批准，医生立即实施了剖宫产手术，挽救了母子生命。该医院的做法体现了法的价值冲突的哪一解决原则？（2015/1/9 改编-单）

A. 价值位阶原则　　　　　　　　B. 自由裁量原则

C. 个案中的比例原则　　　　　　D. 功利主义原则

25. 关于法的价值冲突及其解决方法的说法，下列哪些选项是正确的？（2020-回忆版-多）

A. 法的价值冲突仅仅是个体之间的冲突，而不可能是其他主体之间的冲突

B. 在特定条件下，法的价值冲突往往无法避免

C. 甲主张的法律自由与乙主张的法律自由发生冲突，则适用价值位阶原则予以解决

D. 甲主张的法律秩序与乙主张的法律自由发生冲突，则适用价值位阶原则予以解决

26. 法谚云："语言是法律精神的体现。"对此，下列哪一说法是正确的？（2021-回忆版-单）

A. 若语言有歧义，则法律无效力

B. 若语言可翻译，则法律必然被移植

C. 以语言表述法理，则法理的表现必然受到语言的制约

D. 若语言没有逻辑，则语言无法对法律的精神予以表现

27. 关于法律规则、法律原则和法律条文的说法，下列选项错误的是：（2018-回忆版-任）

A. 法律规则在逻辑上由假定条件、行为模式和法律后果三部分组成，上述任何一个部分在具体条文的表述中，均可能被省略

B. 法律条文既可以表达法律规则，也可以表达法律原则，还可以表达规则或原则以外的内容，而规范性条文就是直接表达法律规则的条文

C. 《民事诉讼法》第44条（现为第47条）第1款第2项规定，与本案有利害关系的审判人员，应当自行回避。这是一个法律原则，其行为模式为应为模式

D. 法律规则与法律条文的关系为内容与形式的关系，因此，法律规则既可以通过法律条文来表达，也可以通过法律条文以外的形式来表达，典型如判例和习惯

28. 《老年人权益保障法》第18条第1款规定："家庭成员应当关心老年人的精神需求，不得忽视、冷落老年人。"关于该条款，下列哪些说法是正确的？（2013/1/54-多）

A. 规定的是确定性规则，也是义务性规则

B. 是用"规范语句"表述的

C. 规定了否定式的法律后果

D. 规定了家庭成员对待老年人之行为的"应为模式"和"勿为模式"

29. 尹老汉因女儿很少前来看望，诉至法院要求判决女儿每周前来看望1次。法院认为，根据《老年人权益保障法》第18条的规定，家庭成员应当关心老年人的精神需求，不得忽视、冷落老年人；与老年人分开居住的家庭成员，应当经常看望或问候老年人。而且，关爱老人也是中华传统美德。法院遂判决被告每月看望老人1次。关于此案，下列哪一说法是错误的？（2014/1/11-单）

A. 被告看望老人次数因法律没有明确规定，由法官自由裁量

B. 《老年人权益保障法》第18条中没有规定法律后果

C. 法院判决所依据的法条中规定了积极义务和消极义务

D. 法院判决主要是依据道德作出的

30. 《刑事诉讼法》第54条（现为第56条）规定："采用刑讯逼供等非法方法收集的犯罪嫌疑人、被告人供述和采用暴力、威胁等非法方法收集的证人证言、被害人陈述，应当予以排除。"对此条文，下列哪一理解是正确的？（2015/1/10-单）

A. 运用了规范语句来表达法律规则

B. 表达的是一个任意性规则

C. 表达的是一个委任性规则

D. 表达了法律规则中的假定条件、行为模式和法律后果

31. 1995年颁布的《保险法》第90条规定："保险公司的设立、变更、解散和清算事项，本法未作规定的，适用公司法和其他有关法律、行政法规的规定。"2009年修订的《保险法》第94条规定："保险公司，除本法另有规定外，适用《中华人民共和国公司法》的规定。"关于二条文规定的内容，下列理解正确的是：（2012/1/87-任）

A. 均属委任性规则　　　　　　　　B. 均属任意性规则

C. 均属准用性规则　　　　　　　　D. 均属禁止性规则

32. 《民法典》第1065条第1款规定:"男女双方可以约定婚姻关系存续期间所得的财产以及婚前财产归各自所有、共同所有或者部分各自所有、部分共同所有。约定应当采用书面形式。没有约定或者约定不明确的,适用本法第1062条、第1063条的规定。"关于该条款规定的规则(或原则),下列哪些选项是正确的?(2013/1/10 改编-多)

   A. 任意性规则
   B. 法律原则
   C. 准用性规则
   D. 禁止性规则

33. 《治安管理处罚法》第115条规定:"公安机关依法实施罚款处罚,应当依照有关法律、行政法规的规定,实行罚款决定与罚款收缴分离;收缴的罚款应当全部上缴国库。"关于该条文,下列哪一说法是正确的?(2016/1/8-单)

   A. 表达的是禁止性规则
   B. 表达的是强行性规则
   C. 表达的是程序性原则
   D. 表达了法律规则中的法律后果

34. 我国《合同法》[1]第155条规定:"出卖人交付的标的物不符合质量要求的,买受人可以依照本法第111条的规定要求承担违约责任。"下列哪一选项符合这一规定的表述?(2018-回忆版-单)

   A. 授权性规则和委任性规则
   B. 命令性规则和准用性规则
   C. 授权性规则和准用性规则
   D. 任意性规则和委任性规则

35. 我国《民法典》第617条规定:"出卖人交付的标的物不符合质量要求的,买受人可以依据本法第582条至第584条的规定请求承担违约责任。"关于该条文,下列哪一表述是正确的?(2023-回忆版-单)

   A. 表达的是授权性规则和委任性规则
   B. 表达的是授权性规则和准用性规则
   C. 表达的是命令性规则和准用性规则
   D. 表达的是任意性规则和委任性规则

36. 法谚云:"一切规则皆有例外,例外也明示原则。"针对这一说法,下列哪一选项是正确的?(2021-回忆版-单)

   A. 规则为原则之例外
   B. 规则有漏洞,原则无歧义
   C. 规则乃共通原则,原则系特别规则
   D. 规则是原则的具化,原则是规则的本源

37. 2011年,李某购买了刘某一套房屋,准备入住前从他处得知该房内2年前曾发生一起凶杀案。李某诉至法院要求撤销合同。法官认为,根据我国民俗习惯,多数人对发生凶杀案的房屋比较忌讳,被告故意隐瞒相关信息,违背了诚实信用原则,已构成欺诈,遂判决撤销合同。关于此案,下列哪些说法是正确的?(2015/1/56-多)

   A. 不违背法律的民俗习惯可以作为裁判依据
   B. 只有在民事案件中才可适用诚实信用原则
   C. 在司法判决中,诚实信用原则以全有或全无的方式加以适用
   D. 诚实信用原则可以为相关的法律规则提供正当化基础

38. 全兆公司利用提供互联网接入服务的便利,在搜索引擎讯集公司网站的搜索结果页面上

---

[1]《合同法》《婚姻法》《民法通则》等法规虽已失效,但不影响法理部分的考查。

强行增加广告，被讯集公司诉至法院。法院认为，全兆公司行为违反诚实信用原则和公认的商业道德，构成不正当竞争。关于该案，下列哪一说法是正确的？（2016/1/9-单）

A. 诚实信用原则一般不通过"法律语句"的语句形式表达出来
B. 与法律规则相比，法律原则能最大限度实现法的确定性和可预测性
C. 法律原则的着眼点不仅限于行为及条件的共性，而且关注它们的个别性和特殊性
D. 法律原则是以"全有或全无"的方式适用于个案当中

39. 关于法律规则和法律原则的区别，下列哪些表述是正确的？（2018-回忆版-多）

A. 对一般情形之个案，两个冲突规则，一个有效，另一个就无效
B. 对一般情形之个案，两个竞争原则，一个有分量，另一个就无分量
C. 对一般情形之个案，需穷尽规则，方可适用原则
D. 对一般情形之个案，可以先适用原则再适用规则

40. 王大、王二兄弟二人各自成婚，王大与其妻共同共有房屋一套。王大与其弟王二之妻有染，并与王二之妻签订了遗赠协议，协议约定王二之妻给王大送终，王大则将其名下的共有房产赠与王二之妻。3年后，王大去世，王二之妻手持协议索要王大名下房产遭拒，遂与王大家人对簿公堂。法官在审理中认为，《民法典》规定民事活动应当尊重社会公德，而该协议显然违背公序良俗原则。关于本案，下列哪一说法是不正确的？（2019-回忆版-单）

A. 在缺乏可供适用的法律规则时，法官可依法律原则作出判决
B. 法官依据具体规则作出的判决不得与公序良俗原则相抵触
C. 民法中的原则只能适用于民事案件的裁判
D. 依据法律原则裁判时，法官应当提供裁判理由

41. 《民法总则》（现为《民法典》）第187条规定："民事主体因同一行为应当承担民事责任、行政责任和刑事责任的，承担行政责任或者刑事责任不影响承担民事责任；民事主体的财产不足以支付的，优先用于承担民事责任。"关于该条文，下列哪一说法是正确的？（2017/1/9-单）

A. 表达的是委任性规则
B. 表达的是程序性原则
C. 表达的是强行性规则
D. 表达的是法律责任的竞合

42. 苏某和熊某毗邻而居。熊某在其居住楼顶为50只鸽子搭建了一座鸽舍。苏某以养鸽行为严重影响居住环境为由，将熊某诉至法院，要求熊某拆除鸽棚，赔礼道歉。法院判定原告诉求不成立。关于本案，下列哪一判断是错误的？（2012/1/15-单）

A. 本案涉及的是安居权与养鸽权之间的冲突
B. 从案情看，苏某的安居权属于宪法所规定的文化生活权利
C. 从判决看，解决权利冲突首先看一个人在行使权利的同时是否造成对他人权利的实际侵害
D. 本案表明，权利的行使与义务的承担相关联

43. 王甲经法定程序将名字改为与知名作家相同的"王乙"，并在其创作的小说上署名"王乙"以增加销量。作家王乙将王甲诉至法院。法院认为，公民虽享有姓名权，但被告署名的方式误导了读者，侵害了原告的合法权益，违背诚实信用原则。关于该案，下列哪一选项是正确的？（2017/1/10-单）

A. 姓名权属于应然权利，而非法定权利
B. 诚实信用原则可以填补规则漏洞
C. 姓名权是相对权
D. 若法院判决王甲承担赔偿责任，则体现了确定法与道德界限的"冒犯原则"

44. 张某的父母反对张某与李某结婚，并因此拒绝提供户口簿给张某办理登记。张某与父母多次协商无果后，以"侵犯婚姻自主权"为由，把父母告上法庭。法官认为，宪法明文规定"禁止破坏婚姻自由"，张某父母拒绝提供居民户口簿（原件），侵犯了张某的婚姻自由，因此判决张某父母向张某提供居民户口簿（原件）。关于本案，下列哪一说法是错误的？（2019-回忆版-单）
A. 张某主张的婚姻自由权属于绝对权利
B. 张某的婚姻自由不受任何限制
C. 本案法官运用了合宪性解释的方法
D. 张某主张的婚姻自由属于基本权利

45. 许某与妻子林某协议离婚，约定8岁的儿子小虎由许某抚养，林某可随时行使对儿子的探望权，许某有协助的义务。离婚后2年间林某从未探望过儿子，小虎诉至法院，要求判令林某每月探视自己不少于4天。对此，下列说法正确的是：（2017/1/89-任）
A. 依情理林某应探望儿子，故从法理上看，法院可判决强制其行使探望权
B. 从理论上讲，权利的行使与义务的履行均具有其界限
C. 林某的探望权是林某必须履行一定作为或不作为的法律约束
D. 许某的协助义务同时包括积极义务和消极义务

46. 公元3世纪，古罗马法学家庞波涅斯的法律格言说"损人而利己乃违反衡平"，后来，这一格言演化为"任何人都不得从自己的错误行为中获利"的基本原则，并成为不当得利制度的理论基石。对于"任何人都不得从自己的错误行为中获利"的理解，下列哪一选项是正确的？（2019-回忆版-单）
A. 任何错误的行为都是法律禁止的行为
B. 利益是法律权利的基础，错误是法律义务的来源
C. 法律禁止一切有损于他人而取得利益的行为
D. 法院可以基于家长主义原则对人们基于自己的错误行为而获得的利益予以限制

47. 关于法律概念的说法，下列哪些选项是正确的？（2019-回忆版-多）
A. 在逻辑上，任何命题都是由概念或术语组成的
B. "法人""债权"属于专门法律意义的概念
C. 法律适用中"贵重物品"的概念存在逻辑上的真假之分
D. 法律概念的意义完全取决于法律规范

48. 关于法律概念的说法，下列哪些选项是正确的？（2020-回忆版-多）
A. 所有具有法律意义的概念均可称为法律概念
B. 所有法律条文均由法律概念组成，具有行为约束力
C. "严重""明显"属于评价性概念，不属于描述性概念
D. "淫秽物品"属于论断性概念

49. 下列哪一法律不属于基本法律？（2020-回忆版-单）
A.《人民法院组织法》　　　　　B.《人民检察院组织法》

C.《刑法》 D.《国家赔偿法》

50. 在我国，制定基本法律的职权属于：（2023-回忆版-任）
   A. 全国人大
   B. 全国人大常委会
   C. 全国人大及其常委会
   D. 全国人大宪法和法律委员会

51. 为促进中国上海自由贸易示范区的发展，有关部门决定在上海市暂时停止实施《国际海运条例》的部分规定。该决定应由下列哪一机关作出？（2021-回忆版-单）
   A. 上海市人民代表大会
   B. 国务院
   C. 上海市人民政府
   D. 全国人大常委会

52. 后西村村民委员会在开展"争创精神文明户"活动中，将子女是否孝敬老人作为一项重要指标。张老汉的儿子张三书面承诺每月至少给父亲 500 元的赡养费，之后张三家被评为"精神文明户"。但是，张三始终没有履行过承诺，村民委员会于是撤销了张三家"精神文明户"的称号，并支持张老汉向法院起诉。法院审理后，判决张三每月向张老汉支付赡养费 500 元，并支付张老汉看病的费用。几个月后，张老汉再次找到原审法院，请求撤销原判决，理由是判决生效后，虽然张三履行了判决，但是他的孙子和孙女从此再也不喊他"爷爷"了，他为此非常伤心。对此事件，下列哪些说法是正确的？（2022-回忆版-多）
   A. 在农村地区应当优先适用风俗习惯
   B. 风俗习惯与国家法律之间存在紧张关系
   C. 建设法治国家必须综合运用法律、道德等手段
   D. 该案法官应当按照张老汉的要求撤销原判决

53. 1995 年颁布的《保险法》第 90 条规定："保险公司的设立、变更、解散和清算事项，本法未作规定的，适用公司法和其他有关法律、行政法规的规定。" 2009 年修订的《保险法》第 94 条规定："保险公司，除本法另有规定外，适用《中华人民共和国公司法》的规定。"根据法的渊源的知识，关于《保险法》上述二条规定之间的关系，下列理解正确的是：（2012/1/86-任）
   A. "前法"与"后法"之间的关系
   B. "一般法"与"特别法"之间的关系
   C. "上位法"与"下位法"之间的关系
   D. 法的正式渊源与法的非正式渊源之间的关系

54. 1995 年颁布的《保险法》第 90 条规定："保险公司的设立、变更、解散和清算事项，本法未作规定的，适用公司法和其他有关法律、行政法规的规定。" 2009 年修订的《保险法》第 94 条规定："保险公司，除本法另有规定外，适用《中华人民共和国公司法》的规定。"根据法的渊源及其效力原则，下列理解正确的是：（2012/1/88-任）
   A. 相对于《公司法》规定而言，《保险法》对保险公司所作规定属于"特别法"
   B. 《保险法》对保险公司的规定不同于《公司法》的，优先适用《保险法》
   C. 《保险法》对保险公司没有规定的，适用《公司法》
   D. 根据 2009 年修订的《保险法》第 94 条规定，对于保险公司的设立、变更、解散和清算事项，《保险法》没有规定的，可以优先适用其他有关法律、行政法规的规定

55. 林某与所就职的鹏翔航空公司发生劳动争议，解决争议中曾言语威胁将来乘坐鹏翔公司航班时采取报复措施。林某离职后在选乘鹏翔公司航班时被拒载，遂诉至法院。法院认为，航空公司依《合同法》（现为《民法典》合同编）负有强制缔约义务，依《民用航空法》有保障飞行安全义务。尽管相关国际条约和我国法律对此类拒载无明确规定，但依航空业惯例航空公司有权基于飞行安全事由拒载乘客。关于该案，下列哪些说法是正确的？（2016/1/56-多）

    A. 反映了法的自由价值和秩序价值之间的冲突

    B. 若法无明文规定，则法官自由裁量不受任何限制

    C. 我国缔结或参加的国际条约是正式的法的渊源

    D. 不违反法律的行业惯例可作为裁判依据

56. 耀亚公司未经依法批准经营危险化学品，2003年7月14日被区工商分局依据《危险化学品安全管理条例》罚款40万元。耀亚公司以处罚违法为由诉至法院。法院查明，《安全生产法》规定对该种行为的罚款不得超过10万元。关于该案，下列哪些说法是正确的？（2016/1/57-多）

    A.《危险化学品安全管理条例》与《安全生产法》的效力位阶相同

    B.《安全生产法》中有关行政处罚的法律规范属于公法

    C. 应适用《安全生产法》判断行政处罚的合法性

    D. 法院可在判决中撤销《危险化学品安全管理条例》中与上位法相抵触的条款

57. 特别法优先原则是解决同位阶的法的渊源冲突时所依凭的一项原则。关于该原则，下列哪些选项是正确的？（2016/1/58-多）

    A. 同一机关制定的特别规定相对于同时施行或在前施行的一般规定优先适用

    B. 同一法律内部的规则规定相对于原则规定优先适用

    C. 同一法律内部的分则规定相对于总则规定优先适用

    D. 同一法律内部的具体规定相对于一般规定优先适用

58. 某区质监局以甲公司未依《食品安全法》取得许可从事食品生产为由，对其处以行政处罚。甲公司认为，依特别法优先于一般法原则，应适用国务院《工业产品生产许可证管理条例》（以下简称《条例》）而非《食品安全法》，遂提起行政诉讼。对此，下列哪些说法是正确的？（2017/1/56-多）

    A.《条例》不是《食品安全法》的特别法，甲公司说法不成立

    B.《食品安全法》中规定食品生产经营许可的法律规范属于公法

    C. 若《条例》与《食品安全法》抵触，法院有权直接撤销

    D.《条例》与《食品安全法》都属于当代中国法的正式渊源中的"法律"

59. 根据我国现行《立法法》的规定和正式的法的渊源的效力原则，下列哪一选项是错误的？（2020-回忆版-单）

    A. 宪法具有最高的法律效力，一切法律、行政法规、地方性法规、自治条例和单行条例、规章都不得同宪法相抵触

    B. 某省人大制定的地方性法规的效力高于本级和下级地方政府规章

    C. 某省人大先后制定了两部地方性法规，新的规定与旧的规定不一致的，应当适用新的规定

    D. 某省人大常委会制定的新的一般规定与旧的特别规定不一致时，由该省人大裁决

60. 《中华人民共和国刑法》第 8 条规定："外国人在中华人民共和国领域外对中华人民共和国国家或者公民犯罪，而按本法规定的最低刑为 3 年以上有期徒刑的，可以适用本法，但是按照犯罪地的法律不受处罚的除外。"关于该条文，下列哪些判断是正确的？（2012/1/52-多）

    A. 规定的是法的溯及力
    B. 规定的是法对人的效力
    C. 体现的是保护主义原则
    D. 体现的是属人主义原则

61. 赵某因涉嫌走私国家禁止出口的文物被立案侦查，在此期间逃往 A 国并一直滞留于该国。对此，下列哪一说法是正确的？（2015/1/13-单）

    A. 该案涉及法对人的效力和空间效力问题
    B. 根据我国法律的相关原则，赵某不在中国，故不能适用中国法律
    C. 该案的处理与法的溯及力相关
    D. 如果赵某长期滞留在 A 国，应当适用时效免责

62. 有法谚云："法律为未来作规定，法官为过去作判决。"关于该法谚，下列哪一说法是正确的？（2016/1/11-单）

    A. 法律的内容规定总是超前的，法官的判决根据总是滞后的
    B. 法官只考虑已经发生的事实，故判案时一律选择适用旧法
    C. 法律绝对禁止溯及既往
    D. 即使案件事实发生在过去，但"为未来作规定"的法律仍然可以作为其认定的根据

63. 关于法的效力的说法，下列哪些选项是正确的？（2019-回忆版-多）

    A. 全国人民代表大会表决通过的宪法修正案具有法律效力
    B. 全国人民代表大会常务委员会制定的《体育法》草案具有法律效力
    C. 法院审判信息网上公开的判决书是法律适用的结果，不具有法律效力
    D. 法院作出的支付令不具有普遍的法的效力

64. 《最高人民法院关于适用〈中华人民共和国民法典〉时间效力的若干规定》第 2 条规定："民法典施行前的法律事实引起的民事纠纷案件，当时的法律、司法解释有规定，适用当时的法律、司法解释的规定，但是适用民法典的规定更有利于保护民事主体合法权益，更有利于维护社会和经济秩序，更有利于弘扬社会主义核心价值观的除外。"关于该规定，下列哪一说法是正确的？（2023-回忆版-单）

    A. 该规定由最高人民法院向全国人大常委会备案
    B. 《民法典》不涉及法不溯及既往原则
    C. 和《民法典》的效力相同
    D. 该规定第 2 条中的但书体现了新法优于旧法

65. 王某恋爱期间承担了男友刘某的开销计 20 万元。后刘某提出分手，王某要求刘某返还开销费用。经过协商，刘某自愿将该费用转为借款并出具了借条，不久刘某反悔，以不存在真实有效借款关系为由拒绝还款，王某诉至法院。法院认为，"刘某出具该借条系本人自愿，且并未违反法律强制性规定"，遂判决刘某还款。对此，下列哪些说法是正确的？（2014/1/53-多）

    A. "刘某出具该借条系本人自愿，且并未违反法律强制性规定"是对案件事实的认定

B. 出具借条是导致王某与刘某产生借款合同法律关系的法律事实之一

C. 因王某起诉产生的民事诉讼法律关系是第二性法律关系

D. 本案的裁判是以法律事件的发生为根据作出的

66. 张某到某市公交公司办理公交卡退卡手续时，被告知：根据本公司公布施行的《某市公交卡使用须知》，退卡时应将卡内 200 元余额用完，否则不能退卡，张某遂提起诉讼。法院认为，公交公司依据《某市公交卡使用须知》拒绝张某要求，侵犯了张某自主选择服务方式的权利，该条款应属无效，遂判决公交公司退还卡中余额。关于此案，下列哪一说法是正确的？（2015/1/12-单）

A. 张某、公交公司之间的服务合同法律关系属于纵向法律关系

B. 该案中的诉讼法律关系是主法律关系

C. 公交公司的权利能力和行为能力是同时产生和同时消灭的

D. 《某市公交卡使用须知》属于地方规章

67. 张某因其妻王某私自堕胎，遂以侵犯生育权为由诉至法院请求损害赔偿，但未获支持。张某又请求离婚，法官调解无效后依照《婚姻法》（现为《民法典》婚姻家庭编）中"其他导致夫妻感情破裂的情形"的规定判决准予离婚。对此，下列选项中正确的是：（2015/1/88-任）

A. 王某与张某婚姻关系的消灭是由法律事件引起的

B. 张某主张的生育权属于相对权

C. 法院未支持张某的损害赔偿诉求，违反了"有侵害则有救济"的法律原则

D. "其他导致夫妻感情破裂的情形"属于概括性立法，有利于提高法律的适应性

68. 甲和乙系夫妻，因外出打工将女儿小琳交由甲母照顾 2 年，但从未支付过抚养费。后甲与乙闹离婚且均不愿抚养小琳。甲母将甲和乙告上法庭，要求支付抚养费 2 万元。法院认为，甲母对孙女无法定或约定的抚养义务，判决甲和乙支付甲母抚养费。关于该案，下列哪一选项是正确的？（2016/1/10-单）

A. 判决是规范性法律文件

B. 甲和乙对小琳的抚养义务是相对义务

C. 判决在原被告间不形成法律权利和义务关系

D. 小琳是民事诉讼法律关系的主体之一

69. 某人工智能公司研制出"小 K"系统，自动生成某著作，罗某未经许可将该著作署名并发表，法院判决罗某侵犯了该公司的知识产权。关于现代科学技术的影响，下列哪一说法是错误的？（2021-回忆版-单）

A. "小 K"可以成为法律关系的主体

B. 扩大了法律关系主体的权利能力

C. 丰富了法律关系客体的表现形式

D. 扩大了法律调整的社会法律关系的范围

70. 李某向王某借款 200 万元，由赵某担保。后李某因涉嫌非法吸收公众存款罪被立案。王某将李某和赵某诉至法院，要求偿还借款。赵某认为，若李某罪名成立，则借款合同因违反法律的强制性规定而无效，赵某无需承担担保责任。法院认为，借款合同并不因李

某犯罪而无效，判决李某和赵某承担还款和担保责任。关于该案，下列哪些说法是正确的？（2016/1/59-多）

A. 若李某罪名成立，则出现民事责任和刑事责任的竞合
B. 李某与王某间的借款合同法律关系属于调整性法律关系
C. 王某的起诉是引起民事诉讼法律关系产生的唯一法律事实
D. 王某可以免除李某的部分民事责任

71. 某家具厂老板张某与其员工李某发生口角后，张某威胁不给李某发工资，李某气愤之下拿了一个杯子砸向张某但没有砸到，张某找人把李某打成重伤。李某报案后，公安局逮捕了张某，检察机关提起公诉，李某也提起刑事附带民事诉讼，法院依法进行了裁判。之前，检察院和张某签订了一份家具买卖合同。对此，下列说法错误的是：（2018-回忆版-任）

A. 张某和李某之间既有调整性法律关系又有保护性法律关系
B. 张某和检察院之间的买卖合同属于横向法律关系
C. 张某与法院之间是纵向法律关系
D. 张某和公安机关之间是调整性法律关系

72. 张某将一尊祖传玉雕委托德龙拍卖公司予以拍卖，最终被一家文化公司以140万元的价格买下。对此，下列表述错误的是：（2020-回忆版-任）

A. 本案例中只有一个法律关系
B. 拍卖公司和竞拍者的法律关系属于隶属型的法律关系
C. 在本案例涉及的法律关系中，法律关系的主体既有自然人也有法人
D. 在本案例中，促成拍卖成交的客观情况是法律事件

73. 甲京剧团与乙剧院签订合同演出某传统剧目一场，合同约定京剧团主要演员曾某、廖某、潘某出演剧中主要角色，剧院支付人民币1万元。演出当日，曾某在异地演出未能及时赶回，潘某生病在家，没有参加当天的演出，致使大部分观众退票，剧院实际损失1.5万元。后剧院向法院起诉京剧团，要求赔偿损失。下列哪些选项是不正确的？（2023-回忆版-多）

A. 在这一事例中，法律关系主体仅为甲京剧团与乙剧院
B. 剧团与剧院的法律关系为保护性法律关系
C. 剧团与剧院的法律权利和法律义务都不是绝对的
D. 在这一事例中，法律权利和法律义务针对的主体是不特定的

74. 张老太介绍其孙与马先生之女相识，经张老太之手曾给付女方"认大小"钱10 100元，后双方分手。张老太作为媒人，去马家商量退还"认大小"钱时发生争执。因张老太犯病，马先生将其送医，并垫付医疗费1251.43元。后张老太以马家未返还"认大小"钱为由，拒绝偿付医药费。马先生以不当得利为由诉至法院。法院考虑此次纠纷起因及张老太疾病的诱因，判决张老太返还马先生医疗费1000元。关于本案，下列哪一理解是正确的？（2012/1/13-单）

A. 我国男女双方订婚前由男方付"认大小"钱是通行的习惯法
B. 张老太犯病直接构成与马先生之医药费返还法律关系的法律事实

C. 法院判决时将保护当事人的自由和效益原则作为主要的判断标准
D. 本案的争议焦点不在于事实确认而在于法律认定

75. 赵某在行驶中的地铁车厢内站立，因只顾看手机而未抓扶手，在地铁紧急制动时摔倒受伤，遂诉至法院要求赔偿。法院认为，《侵权责任法》（现为《民法典》侵权责任编）规定，被侵权人对损害的发生有过失的，可以减轻经营者的责任。地铁公司在车厢内循环播放"站稳扶好"来提醒乘客，而赵某因看手机未抓扶手，故存在重大过失，应承担主要责任。综合各种因素，判决地铁公司按40%的比例承担赔偿责任。对此，下列哪些说法是正确的？（2017/1/57-多）
    A. 该案中赵某是否违反注意义务，是衡量法律责任轻重的重要标准
    B. 该案的民事诉讼法律关系属第二性的法律关系
    C. 若经法院调解后赵某放弃索赔，则构成协议免责
    D. 法官对责任分摊比例的自由裁量不受任何限制

76. 下列构成法律责任竞合的情形是：（2014/1/91-任）
    A. 方某因无医师资格开设诊所被卫生局没收非法所得，并被法院以非法行医罪判处3年有期徒刑
    B. 王某通话时，其手机爆炸导致右耳失聪，可选择以侵权或违约为由追究手机制造商法律责任
    C. 林某因故意伤害罪被追究刑事责任和民事责任
    D. 戴某用10万元假币购买一块劳力士手表，其行为同时触犯诈骗罪与使用假币罪

77. 唐某因琐事被王某殴伤后，双方在人民调解委员会主持下自愿达成调解协议，内容为王某赔偿唐某经济损失12 000元，分两次偿还，每次支付6000元。王某支付6600元之后，拒不支付余款5400元。唐某遂将王某诉至法院。法官认为，调解协议经人民调解委员会调解达成，有民事权利义务内容，有双方当事人签字或者盖章，具有民事合同性质，合法有效，王某应当按照约定履行自己的义务，不得擅自变更或者解除调解协议。据此，法院判决王某支付余款5400元。关于本案，下列哪些说法是正确的？（2019-回忆版-多）
    A. 王某的赔偿责任属于违约行为引起的过错责任
    B. 王某赔偿的6600元是国家强制力实施的结果
    C. 王某殴伤唐某引起的法律责任的免除属于自愿协议免责
    D. 本案先调解、后诉讼的做法体现了效益原则

第二章　法的运行

78. 根据《宪法》和法律的规定，关于立法权权限和立法程序，下列选项正确的是：（2013/1/89-任）
    A. 全国人大常委会在人大闭会期间，可以对全国人大制定的法律进行部分补充和修改，但不得同该法律的基本原则相抵触
    B. 全国人大通过的法律由全国人民代表大会主席团予以公布
    C. 全国人大法律委员会审议法律案时，应邀请有关专门委员会的成员列席会议，发表意见
    D. 列入全国人大常委会会议议程的法律案，除特殊情况外，应当在举行会议7日前将草案发

给常委会组成人员

79. 根据《宪法》和《立法法》规定，关于法律案的审议，下列哪些选项是正确的？（2017/1/63-多）

A. 列入全国人大会议议程的法律案，由法律委员会根据各代表团和有关专门委员会的审议意见，对法律案进行统一审议，向主席团提出审议结果报告和法律草案修改稿

B. 列入全国人大会议议程的法律案，在交付表决前，提案人要求撤回的，应说明理由，经主席团同意并向大会报告，对法律案的审议即行终止

C. 列入全国人大常委会会议议程的法律案，因调整事项较为单一，各方面意见比较一致的，也可经一次常委会会议审议即交付表决

D. 列入全国人大常委会会议议程的法律案，因暂不付表决经过2年没有再次列入常委会会议议程审议的，由委员长会议向常委会报告，该法律案终止审议

80. 2018年2月7日，国务院第198次常务会议通过了《快递暂行条例》，经国务院总理签署，于2018年3月2日公布。该条例应当在下列哪些载体上刊载？（2018-回忆版-多）

A. 国务院公报
B. 中国政府法制信息网
C. 全国范围的报纸
D. 全国人大常委会公报

81. 关于我国立法和法的渊源的表述，下列选项不正确的是：（2013/1/87-任）

A. 从法的正式渊源上看，"法律"仅指全国人大及其常委会制定的规范性文件
B. 公布后的所有法律、法规均以在《国务院公报》上刊登的文本为标准文本
C. 行政法规和地方性法规均可采取"条例""规定""办法"等名称
D. 所有法律议案（法律案）都须交由全国人大常委会审议、表决和通过

82. 律师潘某认为《母婴保健法》与《婚姻登记条例》关于婚前检查的规定存在冲突，遂向全国人大常委会书面提出了进行审查的建议。对此，下列哪一说法是错误的？（2015/1/11-单）

A. 《母婴保健法》的法律效力高于《婚姻登记条例》
B. 如全国人大常委会审查后认定存在冲突，则有权改变或撤销《婚姻登记条例》
C. 全国人大相关专门委员会和常务委员会工作机构需向潘某反馈审查研究情况
D. 潘某提出审查建议的行为属于社会监督

83. 卡尔·马克思说："法官是法律世界的国王，法官除了法律没有别的上司。"对于这句话，下列哪一理解是正确的？（2015/1/14-单）

A. 法官的法律世界与其他社会领域（政治、经济、文化等）没有关系
B. 法官的裁判权不受制约
C. 法官是法律世界的国王，但必须是法律的奴仆
D. 在法律世界中（包括在立法领域），法官永远是其他一切法律主体（或机构）的上司

84. 王某向市环保局提出信息公开申请，但未在法定期限内获得答复，遂诉至法院，法院判决环保局败诉。关于该案，下列哪些说法是正确的？（2016/1/60-多）

A. 王某申请信息公开属于守法行为
B. 判决环保局败诉体现了法的强制作用
C. 王某起诉环保局的行为属于社会监督

D. 王某的诉权属于绝对权利

85. "法律人适用法律的最直接目标就是要获得一个合理的决定。在法治社会，所谓合理的法律决定就是指法律决定具有可预测性和正当性。"对于这一段话，下列说法正确的是：（2014/1/92-任）

   A. 正当性是实质法治的要求
   B. 可预测性要求法律人必须将法律决定建立在既存的一般性的法律规范的基础上
   C. 在历史上，法律人通常借助法律解释方法缓解可预测性与正当性之间的紧张关系
   D. 在法治国家，法律决定的可预测性是理当崇尚的一个价值目标

86. 中学生小张课间打篮球时被同学小黄撞断锁骨，小张诉请中学和小黄赔偿1.4万余元。法院审理后认为，虽然二被告对原告受伤均没有过错，不应承担赔偿责任，但原告毕竟为小黄所撞伤，该校的不当行为也是伤害事故发生的诱因，且原告花费1.3万余元治疗后尚未完全康复，依据公平原则，法院酌定被告各补偿3000元。关于本案，下列哪一判断是正确的？（2012/1/12-单）

   A. 法院对被告实施了法律制裁
   B. 法院对被告采取了不诉免责和协议免责的措施
   C. 法院做出对被告有利的判决，在于对案件事实与规范间关系进行了证成
   D. 被告承担法律责任主要不是因为行为与损害间存在因果关系

87. 关于内部证成和外部证成的表述，下列哪些选项是正确的？（2022-回忆版-多）

   A. 内部证成和外部证成共同保证了法律决定的合理性
   B. 内部证成采用演绎推理的方法因而可以保证法律决定的合法性，外部证成采用归纳推理的方法因而可以保证法律决定的合理性
   C. 外部证成是法官在审判中根据法条直接推导出判决结论的过程
   D. 外部证成的过程必然涉及内部证成，对法律决定所依赖的前提的证成本身也是一个推理过程

88. 张某与王某于2000年3月登记结婚，次年生一女小丽。2004年12月张某去世，小丽随王某生活。王某不允许小丽与祖父母见面，小丽祖父母向法院起诉，要求行使探望权。法官在审理中认为，我国《婚姻法》（现为《民法典》婚姻家庭编）虽没有直接规定隔代亲属的探望权利，但正确行使隔代探望权有利于儿童健康成长，故依据《民法通则》第7条（现为《民法典》第8条）有关"民事活动应当尊重社会公德"的规定，判决小丽祖父母可以行使隔代探望权。关于此案，下列哪些说法是正确的？（2012/1/53-多）

   A. 我国《婚姻法》和《民法通则》均属同一法律部门的规范性文件，均是"基本法律"
   B. "民事活动应当尊重社会公德"的规定属于命令性规则
   C. 法官对判决理由的证成是一种外部证成
   D. 法官的判决考虑到法的安定性和合目的性要求

89. 赵某与陈女订婚，付其5000元彩礼，赵母另付其1000元"见面礼"。双方后因性格不合解除婚约，赵某诉请陈女返还该6000元费用。法官根据《婚姻法》（现为《民法典》婚姻家庭编）和最高人民法院《关于适用〈中华人民共和国婚姻法〉若干问题的解释（二）》（现已失效）的相关规定，认定该现金属彩礼范畴，按照习俗要求返还不违反法

律规定，遂判决陈女返还。对此，下列哪一说法是正确的？（2013/1/12－单）

A. 法官所提及的"习俗"在我国可作为法的正式渊源

B. 在本案中，法官主要运用了归纳推理技术

C. 从法理上看，该判决不符合《婚姻法》第19条（现为《民法典》第1065条）"夫妻可以约定婚姻关系存续期间所得的财产"之规定

D.《婚姻法》和《关于适用〈中华人民共和国婚姻法〉若干问题的解释（二）》均属于规范性法律文件

90. 关于适用法律过程中的内部证成，下列选项正确的是：（2013/1/86－任）

A. 内部证成是给一个法律决定提供充足理由的活动

B. 内部证成是按照一定的推理规则从相关前提中逻辑地推导出法律决定的过程

C. 内部证成是对法律决定所依赖的前提的证成

D. 内部证成和外部证成相互关联

91. 关于法律证成的说法，下列哪些选项是正确的？（2020－回忆版－多）

A. 法的证成就是法律人获得法律决定或判断的事实过程

B. 庭审中当事人及律师对于案件事实的争论，属于外部证成

C. 法官对证据证明能力的认定过程，是纯粹的事实判断过程

D. 内部证成的过程既涉及事实判断，也涉及价值判断

92. 原告与被告系亲兄弟，父母退休后与被告共同居住并由其赡养。父亲去世时被告独自料理后事，未通知原告参加。原告以被告侵犯其悼念权为由诉至法院。法院认为，按照我国民间习惯，原告有权对死者进行悼念，但现行法律对此没有规定，该诉讼请求于法无据，判决原告败诉。关于此案，下列哪一说法是错误的？（2014/1/12－单）

A. 本案中的被告侵犯了原告的经济、社会、文化权利

B. 习惯在我国是一种非正式的法的渊源

C. 法院之所以未支持原告诉讼请求，理由在于被告侵犯的权利并非法定权利

D. 在本案中法官对判决进行了法律证成

93. 甲公司派员工伪装成客户，设法取得乙公司盗版销售其所开发软件的证据并诉至法院。审理中，被告认为原告的"陷阱取证"方式违法。法院认为，虽然非法取得的证据不能采信，但法律未对非法取证行为穷尽式列举，特殊情形仍需依据法律原则具体判断。原告取证目的并无不当，也未损害社会公共利益和他人合法权益，且该取证方式有利于遏制侵权行为，应认定合法。对此，下列哪些说法是正确的？（2017/1/58－多）

A. 采用穷尽式列举有助于提高法的可预测性

B. 法官判断原告取证是否违法时作了利益衡量

C. 违法取得的证据不得采信，这说明法官认定的裁判事实可能同客观事实不一致

D. 与法律规则相比，法律原则应优先适用

94. 法律格言云："不确定性在法律中受到非难，但极度的确定性反而有损确定性。"对此，下列哪些说法是正确的？（2017/1/59－多）

A. 在法律中允许有内容本身不确定，而是可以援引其他相关内容规定的规范

B. 借助法律推理和法律解释，可提高法律的确定性

C. 通过法律原则、概括条款，可增强法律的适应性

D. 凡规定义务的，即属于极度确定的；凡规定权利的，即属于不确定的

95. 据《二刻拍案惊奇》，大儒朱熹做知县时专好锄强扶弱。一日有百姓诉称："有乡绅夺去祖先坟茔作了自家坟地。"朱熹知当地颇重风水，常有乡绅强占百姓风水吉地之事，遂亲往踏勘。但见坟地山环水绕，确是宝地，遂问之，但乡绅矢口否认。朱熹大怒，令掘坟取证，见青石一块，其上多有百姓祖先名字。朱熹遂将坟地断给百姓，并治乡绅强占田土之罪。殊不知青石是那百姓暗中埋下的，朱熹一片好心办了错案。对此，下列说法正确的是：（2017/1/90-任）

   A. 青石上有百姓祖先名字的生活事实只能被建构为乡绅夺去百姓祖先坟茔的案件事实
   B. "有乡绅夺去祖先坟茔作了自家坟地"是一个规范语句
   C. 勘查现场是确定案件事实的必要条件，但并非充分条件
   D. 裁判者自身的价值判断可能干扰其对案件事实的认定

96. 李某驾驶摩托车与高某驾驶的出租车相撞，李某死亡。交警部门认定高某、李某承担事故的同等责任。在交警部门主持下，高某与死者李某之妻达成调解协议，由高某赔偿李某家属各项费用12.2万元，双方永无纠葛。不久，李某之妻发现自己已有身孕，并在7个月后生下女儿小鑫。李某之妻依据全国人大制定的《民法通则》第119条将受偿主体确定为死者生前"扶养"的人的规定，向高某索要女儿的抚养费。高某根据国务院制定的《道路交通事故处理办法》（现已失效）第37条的规定，以受偿主体为死者生前"实际扶养"的人为由，拒绝做出赔偿。下列说法错误的是：（2018-回忆版-任）

   A. 根据特别法优于一般法的原则，本案应当优先适用《道路交通事故处理办法》
   B. 双方当事人及律师关于本案法律适用问题的辩论，属于外部证成
   C. 法官对本案案件事实的确定过程，是一个纯粹的事实判断过程
   D. 李某之妻和高某的举动，均显现了法律的指引作用

97. 春秋时宋国有一辩士持"白马非马"之说。一日，辩士乘白马出城，守城门的卫兵说，依据法律规定，马过城门须有出城的通关文牒。辩士称"白马非马"，故无需通关文牒也可以出城。守门卫兵不为所动，坚称没有文牒则马匹不得通关。最终辩士只能按照卫兵的要求，拿到通关文牒之后乘马出城。就本案而言，下列哪一说法是正确的？（2019-回忆版-单）

   A. 辩士与卫兵讨论的问题只涉及法律问题而不涉及事实问题
   B. 卫兵所执行的法律的强制性来源于国家权力的保障
   C. "马过城门须出示通关文牒"可以直接适用而不需要解释
   D. 辩士与卫兵在法律规范上的唯一分歧是白马究竟是不是马

98. 范某参加单位委托某拓展训练中心组织的拔河赛时，由于比赛用绳断裂导致范某骨折致残。范某起诉该中心，认为事故主要是该中心未尽到注意义务引起，要求赔偿10万余元。法院认定，拔河人数过多导致事故的发生，范某本人也有过错，判决该中心按40%的比例承担责任，赔偿4万元。关于该案，下列哪一说法是正确的？（2013/1/15-单）

   A. 范某对案件仅做了事实描述，未进行法律判断
   B. "拔河人数过多导致了事故的发生"这一语句所表达的是一种裁判事实，可作为演绎推理

的大前提

C. "该中心按40%的比例承担责任,赔偿4万元"是从逻辑前提中推导而来的

D. 法院主要根据法律责任的效益原则作出判决

99. 罗马法谚说:"法律上的所有定义都是冒险的。"对此,奥地利法学家埃利希指出,法律定义的困难就在于相对于实践的发展变化而言,法律规范具有相对滞后性,与此同时,"法之所以始终处于变动不居的状态,是因为人类不断地向法提出新的任务"。据此,就法律解释而言,下列哪一选项的说法是正确的?(2019-回忆版-单)

A. 为了保证法的可预测性、安定性,法院和法官不可对法律作出解释

B. 法的发展变化的根本原因在于人类不断地向法提出新的任务

C. 法始终处于变动不居的状态,在这个意义上,全部的法律文字在原则上都需要解释

D. 法律规范相对滞后于社会发展,导致法律无法及时解决社会问题

100. "当法律人在选择法律规范时,他必须以该国的整个法律体系为基础,也就是说,他必须对该国的法律有一个整体的理解和掌握,更为重要的是他要选择一个与他确定的案件事实相切合的法律规范,他不仅要理解和掌握法律的字面含义,还要了解和掌握法律背后的意义。"关于该表述,下列哪一理解是错误的?(2017/1/12-单)

A. 适用法律必须面对规范与事实问题

B. 当法律的字面含义不清晰时,可透过法律体系理解其含义

C. 法律体系由一国现行法和历史上曾经有效的法构成

D. 法律的字面含义有时与法律背后的意义不一致

101. 古罗马法学家西塞罗说:"因为法律统治执政官,所以执政官统治人民,并且我们真正可以说,执政官乃是会说话的法律,而法律乃是不会说话的执政官。"对于这一段话,下列哪些表述是正确的?(2020-回忆版-多)

A. 只要是执政官所说的话都是法律
B. 执政官是法律的产物,必须服从法律
C. 执政官的统治实际上是法律的统治
D. 执政官对法律的解释具有法的效力

102. 某村村民小组组长李某利用受委托管理征地补偿款的便利,将152万元征地补偿款由活期转成定期,获取高额利息差7万元且隐瞒不报,据为己有。对于这一行为,张法官认为根据《全国人民代表大会常务委员会关于〈中华人民共和国刑法〉第九十三条第二款的解释》的规定,李某的行为属于挪用公款行为;而李法官认为,根据《最高人民法院关于村民小组组长利用职务便利非法占有公共财物行为如何定性问题的批复》的规定,李某的行为属于职务侵占行为。对此,下列哪些说法是正确的?(2019-回忆版-多)

A. 张法官和李法官的解释属于正式解释
B. 全国人大常委会的解释与最高人民法院的解释都具有法律效力
C. 一般而言,对于李某行为的认定,应当首先适用客观目的解释的方法
D. 最高人民法院的解释需要报全国人大常委会备案

103. 关于我国司法解释,下列哪些说法是错误的?(2014/1/54-多)

A. 林某认为某司法解释违背相关法律,遂向全国人大常委会提出审查建议,这属于社会监督的一种形式

B. 司法解释的对象是法律、行政法规和地方性法规

C. 司法解释仅指最高法院对审判工作中具体应用法律、法令问题的解释

D. 全国人大法律委员会和有关专门委员会经审查认为司法解释同法律规定相抵触的，可以直接撤销

104. 《全国人民代表大会常务委员会关于〈中华人民共和国民法通则〉第九十九条第一款、〈中华人民共和国婚姻法〉第二十二条的解释》（现已失效）规定："公民依法享有姓名权。公民行使姓名权，还应当尊重社会公德，不得损害社会公共利益。"关于该解释，下列哪些选项是正确的？（2017/1/64-多）

A. 我国宪法明确规定了姓名权，故该解释属于宪法解释

B. 与《民法通则》（现为《民法典》）和《婚姻法》（现为《民法典》婚姻家庭编）具有同等效力

C. 由全国人大常委会发布公告予以公布

D. 法院可在具体审判过程中针对个案对该解释进行解释

105. 2003年7月，年过七旬的王某过世，之前立下一份"打油诗"遗嘱："本人已年过七旬，一旦病危莫抢救；人老病死本常事，古今无人寿长久；老伴子女莫悲愁，安乐停药助我休；不搞哀悼不奏乐，免得干扰邻和友；遗体器官若能用，解剖赠送我原求；病体器官无处要，育树肥花环境秀；我的一半财产权，交由老伴可拥有；上述遗愿能实现，我在地下乐悠悠。"对于王某遗嘱中"我的一半财产权"所涉及的住房，指的是"整个房子的一半"，还是"属于父亲份额的一半"，家人之间有不同的理解。儿子认为，父亲所述应理解为母亲应该继承属于父亲那部分房产的一半，而不是整个房产的一半。王某老伴坚持认为，这套房子是其与丈夫的共同财产，自己应拥有整个房产（包括属于丈夫的另一半房产）。关于该案，下列哪一说法是正确的？（2012/1/11-单）

A. 王某老伴与子女间的争议在于他们均享有正式的法律解释权

B. 王某老伴与子女对遗嘱的理解属于主观目的解释

C. 王某遗嘱符合意思表示真实、合法的要求

D. 遗嘱中的"我的一半财产权"首先应当进行历史解释

106. 《最高人民法院关于适用〈中华人民共和国民法典〉合同编通则若干问题的解释》第42条规定："对于民法典第539条规定的'明显不合理'的低价或者高价，人民法院应当按照交易当地一般经营者的判断，并参考交易时交易地的市场交易价或者物价部门指导价予以认定。"关于该解释，下列哪些说法是正确的？（2015/1/60改编-多）

A. 并非由某个个案裁判而引起

B. 仅关注语言问题而未涉及解释结果是否公正的问题

C. 具有法律约束力

D. 不需报全国人大常委会备案

107. 某商场促销活动时宣称："凡购买100元商品均送80元购物券。对因促销活动产生的纠纷，本商场有最终解释权。"刘女士在该商场购买了1000元商品，返回800元购物券。刘女士持券买鞋时，被告知鞋类商品2天前已退出促销活动，必须现金购买。刘女士遂找商场理论，协商未果便将商场告上法庭。关于本案，下列哪一认识是正确的？（2012/1/14-单）

A. 从法律的角度看，"本商场有最终解释权"是一种学理解释权的宣称
B. 本案的争议表明，需要以公平正义去解释合同填补漏洞
C. 当事人对合同进行解释，等同于对合同享有法定的解释权
D. 商场的做法符合"权利和义务相一致"的原则

108. 杨某与刘某存有积怨，后刘某服毒自杀。杨某因患风湿病全身疼痛，怀疑是刘某阴魂纠缠，遂先后3次到刘某墓地掘坟撬棺，挑出刘某头骨，并将头骨和棺材板移埋于自家责任田。事发后，检察院对杨某提起公诉。一审法院根据《中华人民共和国刑法》第302条的规定，认定杨某的行为构成侮辱尸体罪。杨某不服，认为坟内刘某已成白骨并非尸体，随后上诉。杨某对"尸体"的解释，属于下列哪些解释？（2012/1/55-多）
 A. 任意解释
 B. 比较解释
 C. 文义解释
 D. 法定解释

109. 关于法律解释相关的分析，下列选项正确的有：（2018-回忆版-任）
 A. 李某将其仇人坟墓掘开并将骨头扔掉，其认为白骨不属于尸体，否认其构成侮辱尸体罪。他对白骨的解释属于无权解释、主观目的解释
 B. 法官任某在审理案件中认为刑法中"伪造货币罪"中的货币不包括生肖纪念币。该解释为有权解释、文义解释
 C. 最高人民法院某副院长在接受媒体采访时表示，《刑法修正案（八）》中规定的"醉驾入刑"应结合《刑法》总则中的"情节显著轻微危害不大的，不认为是犯罪"的规定来理解，因此并非只要醉驾就一定入刑。这属于体系解释方法的运用
 D. 李某认为组织他人卖淫罪中"他人"不仅包括女性，而且包括男性。其理由是目前组织男性卖淫的现象很普遍，危害性很大，要发挥法律的社会功能，应包含男性。其对相关条文的解释为客观目的解释

110. 韩某与刘某婚后购买住房一套，并签订协议："刘某应忠诚于韩某，如因其婚外情离婚，该住房归韩某所有。"后韩某以刘某与第三者的QQ聊天记录为证据，诉其违反忠诚协议。法官认为，该协议系双方自愿签订，不违反法律禁止性规定，故合法有效。经调解，两人离婚，住房归韩某。关于此案，下列哪一说法是不正确的？（2013/1/11-单）
 A. 该协议仅具有道德上的约束力
 B. 当事人的意思表示不能仅被看作是一种内心活动，而应首先被视为可能在法律上产生后果的行为
 C. 法律禁止的行为或不禁止的行为，均可导致法律关系的产生
 D. 法官对协议的解释符合"法伦理性的原则"

111. 李某在某餐馆就餐时，被邻桌互殴的陌生人误伤。李某认为，依据《消费者权益保护法》第7条第1款中"消费者在购买、使用商品和接受服务时享有人身、财产安全不受损害的权利"的规定，餐馆应负赔偿责任，据此起诉。法官结合该法第7条第2款中"消费者有权要求经营者提供的商品和服务，符合保障人身、财产安全的要求"的规定来解释第7条第1款，认为餐馆对商品和服务之外的因素导致伤害不应承担责任，遂判决李某败诉。对此，下列哪一说法是不正确的？（2013/1/13-单）
 A. 李某的解释为非正式解释
 B. 李某运用的是文义解释方法

C. 法官运用的是体系解释方法
D. 就不同解释方法之间的优先性而言，存在固定的位阶关系

112. 张林遗嘱中载明：我去世后，家中三间平房归我妻王珍所有，如我妻今后嫁人，则归我侄子张超所有。张林去世后王珍再婚，张超诉至法院主张平房所有权。法院审理后认为，婚姻自由是宪法基本权利，该遗嘱所附条件侵犯了王珍的婚姻自由，违反《婚姻法》（现为《民法典》婚姻家庭编）规定，因此无效，判决张超败诉。对于此案，下列哪一说法是错误的？（2014/1/13-单）

    A. 婚姻自由作为基本权利，其行使不受任何法律限制
    B. 本案反映了遗嘱自由与婚姻自由之间的冲突
    C. 法官运用了合宪性解释方法
    D. 张林遗嘱处分的是其财产权利而非其妻的婚姻自由权利

113. 《最高人民法院、最高人民检察院关于办理赌博刑事案件具体应用法律若干问题的解释》第 2 条规定："以营利为目的，在计算机网络上建立赌博网站，或者为赌博网站担任代理，接受投注的，属于刑法第 303 条规定的'开设赌场'。"关于该解释，下列哪一说法是不正确的？（2014/1/14-单）

    A. 属于法定解释
    B. 对刑法条文作了扩大解释
    C. 应当自公布之日起 30 日内报全国人大常委会备案
    D. 运用了历史解释方法

114. 《民法典》第 1254 条规定："禁止从建筑物中抛掷物品。从建筑物中抛掷物品或者从建筑物上坠落的物品造成他人损害的，由侵权人依法承担侵权责任；经调查难以确定具体侵权人的，除能够证明自己不是侵权人的外，由可能加害的建筑物使用人给予补偿。可能加害的建筑物使用人补偿后，有权向侵权人追偿。"关于该条文，下列哪些说法是正确的？（2014/1/51 改编-多）

    A. 规定的是责任自负原则的例外情形
    B. 是关于法律解释方法位阶的规定
    C. 规定的是确定性规则
    D. 是体现司法公正原则的规定

115. 甲骑车经过乙公司在小区内的某施工场地时，由于施工场地湿滑摔倒致骨折，遂诉至法院请求赔偿。由于《民法典》对"公共场所"没有界定，审理过程中双方对施工场地是否属于《民法典》中的"公共场所"产生争议。法官参考《刑法》《集会游行示威法》等法律和多个地方性法规对"公共场所"的规定后，对"公共场所"作出解释，并据此判定乙公司承担赔偿责任。关于此案，下列哪些选项是正确的？（2014/1/55 改编-多）

    A. 法官对"公共场所"的具体含义的证成属于外部证成
    B. 法官运用了历史解释方法
    C. 法官运用了体系解释方法
    D. 该案表明，同一个术语在所有法律条文中的含义均应作相同解释

116. 某法院在一起疑难案件的判决书中援引了法学教授叶某的学说予以说理。对此，下列哪些说法是正确的？（2015/1/57-多）

A. 法学学说在当代中国属于法律原则的一种

B. 在我国，法学学说中对法律条文的解释属于非正式解释

C. 一般而言，只能在民事案件中援引法学学说

D. 参考法学学说有助于对法律条文作出正确理解

117. 张某出差途中突发疾病死亡，被市社会保障局认定为工伤。但张某所在单位认为依据《工伤保险条例》，只有"在工作时间和工作岗位，突发疾病死亡"才属于工伤，遂诉至法院。法官认为，张某为完成单位分配任务，须经历从工作单位到达出差目的地这一过程，出差途中应视为工作时间和工作岗位，故构成工伤。关于此案，下列哪些说法是正确的？（2015/1/59-多）

A. 解释法律时应首先运用文义解释方法

B. 法官对条文作了扩张解释

C. 对条文文义的扩张解释不应违背立法目的

D. 一般而言，只有在法律出现漏洞时才需要进行法律解释

118. 《全国人民代表大会常务委员会关于〈中华人民共和国刑法〉第一百五十八条、第一百五十九条的解释》中规定："刑法第158条、第159条的规定，只适用于依法实行注册资本实缴登记制的公司。"关于该解释，下列哪一说法是正确的？（2016/1/13-单）

A. 效力低于《刑法》

B. 全国人大常委会只能就《刑法》作法律解释

C. 对法律条文进行了限制解释

D. 是学理解释

119. 王某在未依法取得许可的情况下购买氰化钠并存储于车间内，被以非法买卖、存储危险物质罪提起公诉。法院认为，氰化钠对人体和环境具有极大毒害性，属于《刑法》第125条第2款规定的毒害性物质，王某未经许可购买氰化钠，虽只有购买行为，但刑法条文中的"非法买卖"并不要求兼有买进和卖出的行为，王某罪名成立。关于该案，下列说法正确的是：（2016/1/89-任）

A. 法官对"非法买卖"进行了目的解释

B. 查明和确认"王某非法买卖毒害性物质"的过程是一个与法律适用无关的过程

C. 对"非法买卖"的解释属于外部证成

D. 内部证成关涉的是从前提到结论之间的推论是否有效

120. 依《刑法》第180条第4款之规定，证券从业人员利用未公开信息从事相关交易活动，情节严重的，依照第1款的规定处罚；该条第1款规定了"情节严重"和"情节特别严重"两个量刑档次。在审理史某利用未公开信息交易一案时，法院认为，尽管第4款中只有"情节严重"的表述，但仍应将其理解为包含"情节严重"和"情节特别严重"两个量刑档次，并认为史某的行为属"情节特别严重"。其理由是《刑法》其他条款中仅有"情节严重"的规定时，相关司法解释仍规定按照"情节严重""情节特别严重"两档量刑。对此，下列哪些说法是正确的？（2017/1/60-多）

A. 第4款中表达的是准用性规则

B. 法院运用了体系解释方法

C. 第4款的规定可以避免法条重复表述

D. 法院的解释将焦点集中在语言上，并未考虑解释的结果是否公正

121. 甲给自己的车辆投保险，约定发生火灾时保险公司赔付。某日甲的车发生自燃，遂诉至法院请求保险公司赔偿。法院经审理认为，按照日常理解，"自燃"属于火灾的一种形式，但根据订立保险合同时的约定，自燃不是火灾，通过分析，法院判定自燃不是火灾，于是判决甲败诉。下列哪些选项是正确的？（2021-回忆版-多）

A. 法院运用了体系解释
B. 法院运用了比较解释
C. 法院运用了文义解释
D. 法院运用了解释的冲突模式

122. 新郎经过紧张筹备准备迎娶新娘。婚礼当天迎亲车队到达时，新娘却已飞往国外，由其家人转告将另嫁他人，离婚手续随后办理。此事对新郎造成严重伤害。法院认为，新娘违背诚实信用和公序良俗原则，侮辱了新郎人格尊严，判决新娘赔偿新郎财产损失和精神抚慰金。关于本案，下列哪些说法可以成立？（2014/1/52-多）

A. 由于缺乏可供适用的法律规则，法官可依民法基本原则裁判案件
B. 本案法官运用了演绎推理
C. 确认案件事实是法官进行推理的前提条件
D. 只有依据法律原则裁判的情形，法官才需提供裁判理由

123. 甲男与乙女经介绍结婚，甲男向乙女的母亲吕某支付了彩礼，后甲、乙感情不和离婚，甲男未要求返还彩礼，乙女诉请法院要求吕某返还彩礼。法院审理认为，根据当地风俗，彩礼不是对女方的赠与，同时，法律规定，支付彩礼的一方在离婚时，有权请求接受彩礼一方返还彩礼，因此，驳回了乙女的诉讼请求。下列哪些选项是正确的？（2021-回忆版-多）

A. 法院运用了反向推理
B. 法院得出判决的过程是法律发现的过程
C. 法院对彩礼的认定，使用的大前提是公序良俗
D. 法院整体判决运用了涵摄的方法

124. 关于法的适用，下列哪一说法是正确的？（2015/1/15-单）

A. 在法治社会，获得具有可预测性的法律决定是法的适用的唯一目标
B. 法律人查明和确认案件事实的过程是一个与规范认定无关的过程
C. 法的适用过程是一个为法律决定提供充足理由的法律证成过程
D. 法的适用过程仅仅是运用演绎推理的过程

125. 徐某被何某侮辱后一直寻机报复，某日携带尖刀到何某住所将其刺成重伤。经司法鉴定，徐某作案时辨认和控制能力存在，有完全的刑事责任能力。法院审理后以故意伤害罪判处徐某有期徒刑10年。关于该案，下列哪些说法是正确的？（2015/1/58-多）

A. "徐某作案时辨认和控制能力存在，有完全的刑事责任能力"这句话包含对事实的法律认定
B. 法院判决体现了法的强制作用，但未体现评价作用
C. 该案中法官运用了演绎推理
D. "徐某被何某侮辱后一直寻机报复，某日携带尖刀到何某住所将其刺成重伤"是该案法

官推理中的大前提

126. 李某因热水器漏电受伤，经鉴定为重伤，遂诉至法院要求厂家赔偿损失，其中包括精神损害赔偿。庭审时被告代理律师辩称，1年前该法院在审理一起类似案件时并未判决给予精神损害赔偿，本案也应作相同处理。但法院援引最新颁布的司法解释，支持了李某的诉讼请求。关于此案，下列认识正确的是：（2015/1/89-任）
   A. "经鉴定为重伤"是价值判断而非事实判断
   B. 此案表明判例不是我国正式的法的渊源
   C. 被告律师运用了类比推理
   D. 法院生效的判决具有普遍约束力

127. 在宋代话本小说《错斩崔宁》中，刘贵之妾陈二姐因轻信刘贵欲将她休弃的戏言连夜回娘家，路遇年轻后生崔宁并与之结伴同行。当夜盗贼自刘贵家盗走15贯钱并杀死刘贵，邻居追赶盗贼遇到陈、崔二人，因见崔宁刚好携带15贯钱，遂将二人作为凶手捉拿送官。官府当庭拷讯二人，陈、崔屈打成招，后被处斩。关于该案，下列哪一说法是正确的？（2016/1/12-单）
   A. 话本小说《错斩崔宁》可视为一种法的非正式渊源
   B. 邻居运用设证推理方法断定崔宁为凶手
   C. "盗贼自刘贵家盗走15贯钱并杀死刘贵"所表述的是法律规则中的假定条件
   D. 从生活事实向法律事实转化需要一个证成过程，从法治的角度看，官府的行为符合证成标准

128. 某法院在审理一起合同纠纷案时，参照最高法院发布的第15号指导性案例所确定的"法人人格混同"标准作出了判决。对此，下列哪一说法是正确的？（2017/1/11-单）
   A. 在我国，指导性案例是正式的法的渊源
   B. 判决是规范性法律文件
   C. 法官在该案中运用了类比推理
   D. 在我国，最高法院和各级法院均可发布指导性案例

129. 关于法适用的一般原理和法律推理的说法，下列哪些选项是正确的？（2019-回忆版-多）
   A. 法的适用过程首先是一个内部证成的过程
   B. 内部证成关注的是从规范、案情到法律决定之间的推论是否有效
   C. "以偏概全"属于错误运用完全归纳推理的情形
   D. "例外条款不得任意扩张"符合反向推理的基本要求

130. 张男与赵女订婚，按照当地习俗，张男给赵女现金5万元，其中包括"三金"2万元、改口费2万元。后双方因价值观分歧，解除婚约，因此二人未举办婚礼，也未办理结婚登记。张男要求赵女返还这5万元遭拒，因之成讼。法官根据《婚姻法》（现为《民法典》婚姻家庭编）和《最高人民法院关于适用〈中华人民共和国婚姻法〉若干问题的解释（二）》（现已失效）的相关规定，认定这5万元属彩礼范畴，按照习俗要求返还不违反法律规定，遂判决赵女返还。下列哪一说法是正确的？（2019-回忆版-单）
   A.《婚姻法》效力高于《民法总则》（现为《民法典》总则编）
   B. 本案中法官对5万元属于"彩礼"的认定是基于法律层面而非习俗层面的

C. 本案中法官作出判决主要运用了当然推理

D. 《婚姻法》和《最高人民法院关于适用〈中华人民共和国婚姻法〉若干问题的解释（二）》均属于基本法律

131. 周某半夜驾车出游时发生交通事故致行人鲁某重伤残疾，检察院以交通肇事罪起诉周某。在法庭上，公诉人和辩护人就案件事实和证据进行质证，就法律适用展开辩论。法院经过庭审查实，认定交通事故致鲁某重伤残疾并非周某行为引起，宣判其无罪释放。依据法学原理，下列哪些选项是正确的？（2020-回忆版-多）

   A. 法院审理案件的目的在于获得正确的法律判决，该判决既要在形式上符合法律规定，具有可预测性，又要在内容上符合法的精神和价值，具有正当性

   B. 在本案中，检察院运用了归纳推理的方法

   C. 法院在庭审中认定交通事故致鲁某重伤残疾并非因周某行为引起，主要解决的是事实问题

   D. 从法律推理的角度而言，法庭主持的调查和辩论，是在为演绎推理确定大小前提

132. 关于法律漏洞的说法，下列哪些选项是正确的？（2019-回忆版-多）

   A. 友谊之类的社会关系或领域不在法律调整的范围之内，因此其不属于法律漏洞

   B. "法内空间"和"法外空间"之间的界限往往并不确定，因此法律漏洞无法解决

   C. 立法者出于法政策上的考虑，在立法时有意不作规定而形成的法律漏洞是明显漏洞

   D. 目的论扩张要解决的是立法"词不达意""言不尽意"的问题

133. 关于法律漏洞和法律解释的说法，下列哪一选项是正确的？（2020-回忆版-单）

   A. 法律出现缺失即可称之为法律漏洞

   B. 对于"辞不尽意"的法律漏洞可采用目的论限缩的方法予以弥补

   C. 法律漏洞是法律中的客观存在，其有无不需要法官进行价值判断

   D. 目的论限缩的解释与缩小解释的差别之一在于有无改变法律规范的适用范围

134. 沈某因继承爷爷留下来的遗产一座房屋的所有权，起诉至法院要求继祖母李某搬离房子。法院认为，此住房是李某唯一住房，且李某年事已高，无其他生活来源，如让其搬离，会违背社会公序良俗。虽然此房屋并未登记设立居住权，但根据《民法典》规定居住权的立法目的，应当承认李某的居住权利。故法院判沈某败诉。下列哪一说法是错误的？（2021-回忆版-单）

   A. 法院对《民法典》关于居住权立法目的的解释属于外部证成

   B. 为了证成李某的权利，法院作了目的论扩张

   C. 沈某的所有权是普通权利，受到居住权这一基本权利的限制

   D. 为了确保判决合目的性，法院对公序良俗作出了相应考量

第三章　法的演进

135. "社会的发展是法产生的社会根源。社会的发展，文明的进步，需要新的社会规范来解决社会资源有限与人的欲求无限之间的矛盾，解决社会冲突，分配社会资源，维持社会秩序。适应这种社会结构和社会需要，国家和法这一新的社会组织和社会规范就出现了。"关于这段话的理解，下列哪些选项是正确的？（2012/1/51-多）

A. 社会不是以法律为基础，相反，法律应以社会为基础

B. 法律的起源与社会发展的进程相一致

C. 马克思主义的法律观认为，法律产生的根本原因在于社会资源有限与人的欲求无限之间的矛盾

D. 解决社会冲突，分配社会资源，维持社会秩序属于法的规范作用

136. 有学者这样解释法的产生：最初的纠纷解决方式可能是双方找到一位共同信赖的长者，向他讲述事情的原委并由他作出裁决；但是当纠纷多到需要占用一百位长者的全部时间时，一种制度化的纠纷解决机制就成为必要了，这就是最初的法律。对此，下列哪一说法是正确的？（2017/1/13-单）

A. 反映了社会调整从个别调整到规范性调整的规律

B. 说明法律始终是社会调整的首要工具

C. 看到了经济因素和政治因素在法产生过程中的作用

D. 强调了法律与其他社会规范的区别

137. 孟子的弟子问孟子，舜为天子时，若舜的父亲犯法，舜该如何处理？孟子认为，舜既不能以天子之权要求有司枉法，也不能罔顾亲情坐视父亲受刑，正确的处理方式应是放弃天子之位，与父亲一起隐居到偏远之地。对此，下列说法正确的是：（2017/1/86-任）

A. 情与法的冲突总能找到两全其美的解决方案

B. 中华传统文化重视伦理和亲情，对当代法治建设具有借鉴意义

C. 孟子的方案虽然保全了亲情，但完全未顾及法律

D. 不同法律传统对情与法的矛盾可能有不同的处理方式

138. 商鞅在《商君书·定分》中提到："一兔走，百人逐之，非以兔可分以为百也，由名分之未定。夫卖兔者满市，而盗不敢取，由名分已定也。故名分未定，尧、舜、禹、汤且皆如鹜焉而逐之；名分已定，贪盗不取。"据此，下列哪些说法是正确的？（2023-回忆版-多）

A. 古代名贤之士道德高尚

B. 文中"名分"与现代所有权是相同意思

C. 该示例体现了"名分未定，纷争不止，先定分才能止争"的思想

D. 法家和儒家不同，法家强调法律"定分止争"的功能

139. 关于法的移植与法的继承，下列说法正确的是：（2018-回忆版-任）

A. 法的移植的对象是外国的法律，国际法律和惯例不属于移植对象

B. 与法律继承不同，法律移植的主要原因在社会发展和法的发展的不平衡性

C. 当前我国对美国诉讼法的吸收不属于法律移植

D. 法律继承的对象，必须局限于本民族的古代的法律

140. 关于两大法系，下列表述错误的是：（2018-回忆版-任）

A. 普通法法系又称英美法系、英国法系、海洋法系或判例法系

B. 民法法系内部有法国法系和德国法系两大分支，前者凸显个人本位，后者强调社会利益

C. 大陆法系的基本法律分类是公法与私法，海洋法系的基本法律分类是普通法与衡平法

D. 罗马法系的正式法律渊源为制定法，英美法系的正式法律渊源是普通法与衡平法

141. 关于法的发展、法的传统与法的现代化，下列说法正确的是：(2014/1/93-任)
   A. 中国的法的现代化是自发的、自下而上的、渐进变革的过程
   B. 法律意识是一国法律传统中相对比较稳定的部分
   C. 外源型法的现代化进程带有明显的工具色彩，一般被要求服务于政治、经济变革
   D. 清末修律标志着中国法的现代化在制度层面上的正式启动

142. 关于法的现代化，下列哪一说法是正确的？(2017/1/14-单)
   A. 内发型法的现代化具有依附性，带有明显的工具色彩
   B. 外源型法的现代化是在西方文明的特定历史背景中孕育、发展起来的
   C. 外源型法的现代化具有被动性，外来因素是最初的推动力
   D. 中国法的现代化的启动形式是司法主导型

第四章　法与社会

143. 程某利用私家车从事网约车服务，遭客管中心查处。执法人员认为程某的行为属于以"黑车"非法营运，遂依该省《道路运输条例》对其处以2万元罚款。对此，下列哪些说法是正确的？(2017/1/55-多)
   A. 当新经营模式出现时，不应一概将其排斥在市场之外
   B. 程某受到处罚，体现了"法无授权不可为"的法治原则
   C. 科学技术的进步对治理体系和治理能力提出了更高要求
   D. 对新事物以禁代管、以罚代管，这是缺乏法治思维的表现

144. 近期，无人驾驶汽车在公共交通道路行驶，公众围绕其是否违法、事故后是否担责、如何加强立法规制等问题展开讨论。据此，下列说法正确的是：(2018-回忆版-任)
   A. 若无人驾驶汽车上路行驶引发民事纠纷被诉至法院，因法无明文规定，法院不得裁判
   B. 科技发展引发的问题只能通过法律解决
   C. 现行交通法规对无人驾驶汽车上路行驶尚无规定，这反映了法律的局限性
   D. 只有当科技发展造成了实际危害后果时，才能动用法律手段干预

145. 贾某和丈夫王某非法代孕，生下小雨。此后，王某因病去世，小雨的祖父母诉至法院，要求成为孩子的监护人，理由是王某为孩子生父，而贾某和孩子并无血缘关系，法庭经审理认为，联合国《儿童权利公约》第3条确立了儿童最大利益原则，作为缔约国，我国应在司法中体现该原则。在确定子女监护权归属时，应从双方的监护能力、孩子对情感的需求、家庭结构完整性等方面最大限度保护子女利益，因此，法院将监护权判归贾某。对此，下列哪一说法是正确的？(2020-回忆版-单)
   A. 《儿童权利公约》是国际惯例，属于我国法的正式渊源
   B. 小雨是本案中民事诉讼法律关系的主体之一
   C. "作为缔约国，我国应在司法中体现该原则"，是确定法律推理的小前提
   D. 非法代孕子女监护权归属的法律问题，体现了"法的本质最终反映为法的物质制约性"

146. 甲在下班期间仍通过办公软件进行线上办公，后因过度劳累在工作过程中不幸猝死，其家属诉至法院。公司辩称甲的死亡并非在工作时间，《工伤保险条例》规定，只有"在工作时间和工作岗位，突发疾病死亡"才属于工伤。法官认为，随着科技的发展，利用

网络进行线上办公已成为普遍现象，加之线上办公也是为了完成工作任务，所以居家线上办公也可以评价为"在工作时间和工作岗位"，甲的死亡构成工伤并判决公司承担赔偿责任。据此，下列哪些说法是正确的？（2023-回忆版-多）

　　A. 法官通过解释把甲死亡的事实从法外空间变到了法内空间
　　B. 科技发展使本案中死亡这一法律概念有了新含义
　　C. 法律往往滞后于科技改革
　　D. 法官的解释缓和了法律和现实社会之间的矛盾

147. 《中华人民共和国民法通则》第6条（现为《民法典》第10条）规定："民事活动必须遵守法律，法律没有规定的，应当遵守国家政策。"从法官裁判的角度看，下列哪一说法符合条文规定的内容？（2012/1/10-单）

　　A. 条文涉及法的渊源　　　　　　　　B. 条文规定了法与政策的一般关系
　　C. 条文直接规定了裁判规则　　　　　D. 条文规定了法律关系

148. "近现代法治的实质和精义在于控权，即对权力在形式和实质上的合法性的强调，包括权力制约权力、权利制约权力和法律的制约。法律的制约是一种权限、程序和责任的制约。"关于这段话的理解，下列哪些选项是正确的？（2013/1/51-多）

　　A. 法律既可以强化权力，也可以弱化权力
　　B. 近现代法治只控制公权，而不限制私权
　　C. 在法治国家，权力若不加限制，将失去在形式和实质上的合法性
　　D. 从法理学角度看，权力制约权力、权利制约权力实际上也应当是在法律范围内的制约和法律程序上的制约

149. 习近平总书记说，国家之权乃是"神器"，是神圣的。公权力姓公，也必须为公。下列哪一选项是正确的？（2023-回忆版-单）

　　A. 公权力是神圣的、超越政治的　　　B. 公职人员在公职外不可以有个人利益
　　C. 公权力必须得到制约和监督　　　　D. 公权力行使的依据仅限于"国法"

答案及解析
Answers & Explanations

1. [答案] C

[解析] 实证主义认为，在法与道德之间，在"法律命令什么"与"正义要求什么"之间，在"实际上是怎样的法"与"应该是怎样的法"之间，不存在概念上的必然联系。因此，A项正确，不当选。

　　非实证主义立场中的"第三条道路"就像斑马，既吸收了自然法思想的内容正确性（道德）要素，也吸收了实证主义立场的权威性制定和社会实效要素。因此，B项正确，

不当选。

非实证主义立场中既有白马（自然法思想），也有斑马（"第三条道路"），不能以偏概全。因此，C 项错误，当选。

非实证主义立场中的"第三条道路"就像斑马，既吸收了道德要素（白色条纹），又吸收了权威性制定、社会实效两个要素（黑色条纹）。所以，不能仅凭社会实效性要素（黑色条纹），就把实证主义法学派（两匹黑马）、非实证主义法学派（一匹白马和一匹斑马）区分开来。因此，D 项正确，不当选。

> 对应章节 » 第一章第一节 "法的概念"

2. [答案] C

[解析] 题干中"同道德严重对抗的法也依然是法"表明"恶法亦法"，这是实证主义法学的观点（黑马）。与之相反，自然法学的基本立场是"恶法非法"（白马）。如果一匹马是黑马，它就不可能是白马。因此，A 项错误。

法社会学以社会实效为法的概念的首要定义要素，其观点恰恰是法的实施必须考虑法律的社会实效。因此，B 项错误。

以分析实证主义法学派为代表，否定法与道德（内容正确性）存在本质上的必然联系，认为不存在适用于一切时代、民族的永恒不变的正义或道德准则。因此，C 项正确。

D 项错在"所有的"法学学派均认为。实际上，自然法学派就认为法律与道德、正义等在内容上存在联系。

> 对应章节 » 第一章第一节 "法的概念"

3. [答案] ACD

[解析] "不公正的法律不是法律"也就是"恶法非法"，如此一来，违背"恶法"的行为就不是犯罪。因此，A 项正确。

沙威"笃信法律就是法律"，却对冉阿让舍己救人、扶危济困的善举视而不见，说明沙威对法律的定义并未考虑道德要素，这是典型的实证主义立场。因此，B 项错误。

沙威对冉阿让的越狱穷追不舍，这说明他强调法律的秩序价值；冉阿让屡次越狱，出狱后又逃离指定居住地，是因为他认为法律不公，这说明他强调法律的正义价值。因此，C 项正确。

沙威的穷追不舍并未折服冉阿让，反而使得冉阿让的抗争不休不止，这充分说明法律的权威源自人们的拥护和信仰，缺乏道德支撑的法律无法得到人们自觉地遵守。因此，D 项正确。

> 对应章节 » 第一章第一节 "法的概念"

4. [答案] ABCD

[解析] 人的良知、道德感来自于道德，而道德作为不同于法律的社会规范，往往与法律规范之间存在着紧张关系。因此，A 项正确。

苏格拉底既认定判决不公正，又服从判决，这充分说明他在探求真理。因此，B 项正确。

题干从头至尾都没有提到苏格拉底从哲学上明确得出"恶法非法"这一结论。因此，C 项正确。

法官认为苏格拉底构成犯罪，苏格拉底及其朋友却认为判决并不正确，这正好说明了不同的人对于法的"正义"的概念存在着不同的理解。因此，D 项正确。

▶ 对应章节 ▶ 第一章第一节"法的概念"

5. [答案] CD

[解析] 其他四人杀死并吃掉摩尔，当然侵犯了摩尔的生命权。因此，A 项正确，不当选。

按照功利主义"最大多数人之福祉"的思想，实现"最大多数人的最大幸福"是首要原则，为此，即使牺牲个别人的利益也是允许的，因此，"一命换多命"当然符合这一思想内在的逻辑。因此，B 项正确，不当选。

在谁被吃、谁能活的问题上，五名探险者之间当然有利益上的冲突。因此，C 项错误，当选。

在法理学中出现"唯一正确的答案"之类的绝对说法，基本上都是错的。因此，D 项错误，当选。

▶ 对应章节 ▶ 第一章第一节"法的概念"

6. [答案] AD

[解析] 公民行使自由不能违背社会公序良俗等道德要求，这是法律限制自由的基本原则之一，称为道德主义原则。因此，A 项正确。

行政公开不等于通报"全部"相关资料和信息，"全部"的说法过于绝对。因此，B 项错误。

"对于任何违反道德的行为都必须予以法律惩罚"的说法过于绝对。因此，C 项错误。

有关部门以案普法符合"谁执法，谁普法"的要求。因此，D 项正确。

▶ 对应章节 ▶ 第一章第一节"法的概念"

7. [答案] B

[解析] 区分实证主义与非实证主义的主要标准为是否承认"法与道德之间存在本质、必然的联系"，而非是否承认"法律是最低限度的道德"。因此，A 项错误。

"法律的生命不在于逻辑，而在于经验"出自美国法学家霍姆斯，他是社会法学派的代表人物，这一观点属于社会法学派的基本观点。因此，B 项正确。

按照马克思主义法学派的观点，法律是统治阶级意志而非社会共同体意志的体现。因此，C 项错误。

D 项漏掉了"首要"二字，正确的说法是，区分分析法学派与社会法学派的主要标准在于是否承认社会实效是法的首要构成要素。因此，D 项错误。

▶ 对应章节 ▶ 第一章第一节"法的概念"

8. [答案] B

[解析] A 项所述是历史事实，它与马克思原话都揭示了法律有民主和专制的区别。因此，A 项正确，不当选。

从历史事实来看，君主与民主可以共存，如英国、日本，在这样的状态下，君主可以作为参与者而非掌权者参与立法。因此，B 项错误，当选。

马克思说"在专制的国家里，国王就是法律"，说的就是这种情况。因此，C 项正确，不当选。

"在民主的国家里，法律就是国王"说明马克思认为在民主国家，法律至上。因此，D项正确，不当选。

> 对应章节 » 第一章第一节"法的概念"

9. [答案] ABC

[解析] 笼统地讲，"国法"（国家的法律）是指特定国家现行有效的法。其外延包括：①国家专门机关（立法机关）制定的"法"（成文法）；②法院或法官在判决中创制的"法"（判例法）；③国家通过一定方式认可的习惯法（习惯法）；④其他执行国法职能的法（如教会法）。据此可知：

"国家法"既包括"国家现行有效的法"，也包括"国家现行终止生效的法"，而唯有"国家现行有效的法"才是"国法"。因此，A项错误，当选。

"国法"包括成文法、判例法、习惯法和其他执行国法职能的法，国家立法机关创制的法律只是其中一种，"仅指"一词错误。因此，B项错误，当选。

作为规范的"法"都有强制性，国法强制国民，教法强制教众，家法强制家人。因此，C项错误，当选。"只有……才有"这一类的绝对说法，往往都是错的。

自然法学派与实证主义法学派都认为，实在法就是实打实存在的法律，"国法"是特定国家现行有效的法，当然属于实在法。因此，D项正确，不当选。

> 对应章节 » 第一章第一节"法的概念"

10. [答案] ABC

[解析] 规范都具有保证自己实现的力量，法这种社会规范也不例外。因此，A项正确。

程序即步骤，程序性说的是必须严格按照步骤一步步地来。与道德、宗教等其他社会规范相比，法律尤其重视程序性。因此，B项正确。

凡规范都有强制力，只有法律规范才拥有国家暴力这种强制力。因此，C项正确。

法的强制力属于社会力，这与自然法则依靠的自然力迥然不同。因此，D项错误。

> 对应章节 » 第一章第一节"法的概念"

11. [答案] C

[解析] 权利与义务相互依存，"没有无权利的义务，也没有无义务的权利"，A项说法割裂了这种相互依存。因此，A项错误。

在古代法律中，支配权不仅是财产上的权利，也是人身上的权利，甚至在特定条件下，还是精神上的权利。比如，在传统中国，一家之长不仅可以支配其家庭的财产，也可以支配其家庭子女的人身——子女的婚姻缔结须遵循"父母之命"；在祭祀的场合，家长往往是精神领袖，带领家庭成员完成仪式。因此，B项错误。

法律上的"平等"首先是指"在待遇上与他人等同"，既然是"待遇等同"，自然就不存在依附、奴役的可能性。因此，C项正确。

D项的陷阱在于"他们的自由也不受法律限制"这句话。实际上，法理上的"自由"一定会受到法律的限制，就看限制到什么程度。因此，D项错误。

> 对应章节 » 第一章第一节"法的概念"

12. 答案 D

解析 事实上，人与人在法律面前就是不平等的。比如，怀孕的妇女不适用死刑，试问男人有此待遇么？因此，A 项错误。

做题时见到"任何"之类的绝对说法要小心，B 项的说法错在"在任何时代和社会"一语。实际上，近现代法治社会出现以前，人与人之间的不平等是天经地义的事情。

做题时见到"一切"之类的绝对说法要小心，实际上，法律解决不了一切不平等问题，比如人与人之间"生而不平等"的问题。因此，C 项错误。

法律面前人人平等并不等于禁止一切差别，法禁止的是不合理的差别。因此，D 项正确。

对应章节 » 第一章第一节"法的概念"

13. 答案 D

解析 A 项中主动依法申请回避的是"陈法官"，陈法官是特定的人，诉讼法对"陈法官"的作用只能是指引作用。因此，A 项错误。

但凡"判决"都是评判，法院拿着法律作为标准来评价王某的行为合法与否，体现的是评价作用而非指引作用。因此，B 项错误。

"法的保护自由价值的作用"是无中生有的干扰项，法的规范作用只有五个（指引作用、评价作用、教育作用、预测作用、强制作用），并没有所谓的"保护自由价值的作用"。因此，C 项错误。

罚款就是强制性的缴款，当然体现了强制作用。因此，D 项正确。

对应章节 » 第一章第一节"法的概念"

14. 答案 B

解析 "所有"之类的绝对说法要小心。法律不是万能的，在法治社会中，法律并不能调整所有社会关系。因此，A 项错误。

法官审案当然要区分案件中的法与道德问题，并作出好坏、对错、合法不合法之类的价值判断。因此，B 项正确。

看到"任何情况下均不能"这种绝对的表述，先打个问号。道德规范在某些情况下能够作为司法裁判的理由。因此，C 项错误。

一般而言，道德规范并不具有国家强制性。因此，D 项错误。

对应章节 » 第一章第一节"法的概念"

15. 答案 D

解析 "法的局限性"的意思是法律不是万能的，主要表现在以下几个方面：①法的作用范围不可能是无限的，法律规制和调整社会关系的范围和深度是有限的（B 项正确，不当选）；②法律受到其他社会规范以及社会条件和环境的制约；③法律与事实之间的对应难题也非法律自身能够完全解决；④法律自身条件的制约，如语言表达能力的局限性，"辞不尽意"（A 项正确，不当选）。

法要实现的正义首先是社会正义，它不可能做到处处实现个人正义。因此，C 项正确，不当选。

处理民事纠纷，应当依照法律；法律没有规定的，可以适用习惯。无论是哪一种情形，都不应当按照个人的起诉意见处理。因此，D 项错误，当选。

> 对应章节 » 第一章第一节"法的概念"

16. [答 案] BCD

[解 析] 本题用语晦涩，但不影响得分。"永远"之类的绝对说法一般都是错的。因此，A 项错误。

以常识而言，人在实际生活中享有自由，就是离不开法律的保障，翻译成术语就是，法律是"人的实际的自由存在"的条件。因此，B 项正确。

C 项所说是常识。因此，C 项正确。

自由是评价法律进步与否的标准，这是基础知识。因此，D 项正确。

> 对应章节 » 第一章第二节"法的价值"

17. [答 案] B

[解 析] 题干中李能"骗其母签订合同"，"骗"字说明李能的行为违反了物权的取得应当遵守法律、尊重公德、不损害他人合法权益的法律规定。因此，A 项正确，不当选。

法院并未对李能的意志行为适用"法律家长主义"原则，因为这一原则的出发点是出于爱护而限制其行为，法院爱护李能么？并不。因此，B 项错误，当选。

围绕行为能力进行的鉴定，当然是对法律关系主体构成资格的认定。因此，C 项正确，不当选。

李能利用其母不识字骗其母签订合同，这是一个客观事实，并非争点。法院的判决认定合同无效，对应的争点正是"合同转让的效力如何认定"。因此，D 项正确，不当选。

> 对应章节 » 第一章第二节"法的价值"

18. [答 案] A

[解 析] "人权"的内容一般来说要大于"法律权利"，只有被法律保护的那一部分人权才能成为法律权利。因此，A 项错误，当选。

人权是一种社会现象，它受制于社会经济、文化的发展。因此，B 项正确，不当选。

只要是"人"，即有"人权"，无论是个体的人还是集体的人，都享有人权。因此，C 项正确，不当选。

相对于道德等其他方式，用法律保护人权当然更靠谱，所以人权应当尽可能被法律化。因此，D 项正确，不当选。

> 对应章节 » 第一章第二节"法的价值"

19. [答 案] A

[解 析] 书上说得很清楚，人权既是道德权利也是法律权利，记住就好。因此，A 项错误，当选。

"人权是天赋的""人权是理性的产物"都是资产阶级革命时的口号，马克思主义法学否认这些说法，并指出人权是特定历史条件的产物，简称人权具有历史性。因此，B 项正确，不当选。

C、D 项说法与官方辅导用书的说法一致。因此，C、D 项正确，不当选。

对应章节 » 第一章第二节"法的价值"

20. [答 案] AB

[解 析] 夏洛克"要求严格履行契约",当然是主张有约必践,体现了契约精神,不要以为夏洛克这种缺德的人就没有权利意识和契约精神,"有约必践"跟人品好坏是两码事。因此,A项正确。

夏洛克主张有约必践,要割安东尼的肉,明知缺德还要干,这当然属于"恶法亦法"的观点。因此,B项正确。

鲍西娅的主张是只能割"肉"不能流"血",这种"血""肉"分离的解释当然是抠字眼的文义解释。因此,C项错误。

D项把"人权原则"与"平等原则"说反了,这一约定恰恰是只讲平等,不讲人权。因此,D项错误。

对应章节 » 第一章第一节"法的概念"、第二节"法的价值"

21. [答 案] BD

[解 析] 基本权利是指由宪法加以规定的权利,而居住权只是《民法典》规定的普通权利。因此,A项错误。

对居住权的认识,人权早于法律权利。杜甫在唐朝就说"安得广厦千万间",2020年《民法典》才规定居住权。因此,B项正确。

"都应该"这种绝对说法要小心。并不是所有公民的需求都必须以基本法律加以规定,"基本法律"是个专有名词,专门指全国人大制定的法律,其他主体制定的法律文件都不够资格叫"基本法律"。公民的需求都采用"基本法律"形式来满足,显然不合适。因此,C项错误。

题干明说了居住权是我国现行《民法典》明文规定的法定权利。因此,D项正确。

对应章节 » 第一章第二节"法的价值"

22. [答 案] A

[解 析] "所有的"这种绝对说法要小心。"人权必须被法律化"并不等于"所有的人权都已被法律化"。因此,A项错误,当选。

注意"在法治社会"这个前提,有了这个前提,后面的话都是对的。因此,B项正确,不当选。

人权是法律进步与否的判断标准,借助人权当然可以对法律侵权提出相应的法律救济标准或途径。因此,C项正确,不当选。

马克思主义法学认为人权在本质上具有历史性,也就是说,人权的具体内容会随着历史的发展变化而变化,它并非一成不变的僵化的范畴。因此,D项正确,不当选。

对应章节 » 第一章第二节"法的价值"

23. [答 案] D

[解 析] 相对于自由,秩序处在基础位置。因此,A项错误。

本案中,秦某主张的"言论自由"与法院保护的"社会秩序"发生了冲突,二者属于不同位阶的价值,法官的判决运用的是价值位阶原则而不是个案中的比例原则。因此,

B 项错误。

"原告捏造、散布虚假事实的行为不属于言论自由"既包括事实认定，又包括法律适用。因此，C 项错误。

包括言论自由在内的一切人权，既是道德权利，又是法律权利。因此，D 项正确。

> 对应章节 » 第一章第二节"法的价值"

24. [答案] A

    [解析] "母子生命"属于人权类价值，"家属知情"属于正义类价值，二者之间的冲突属于不同位阶或曰不同种类的价值冲突，只能适用价值位阶原则。因此，A 项当选，B、C、D 项不当选。其中，B、D 项是明显的干扰项，纯属鱼目混珠。

    > 对应章节 » 第一章第二节"法的价值"

25. [答案] BD

    [解析] 法的价值冲突可能发生在个体之间、个体与集体之间、集体与集体之间。因此，A 项错误。

    特定条件下的法的价值不可能被同等实现，这也是法的价值冲突无法避免的原因。因此，B 项正确。

    甲、乙所主张的皆为自由，二者属于同一位阶的法的价值，应该适用个案中的比例原则加以解决。因此，C 项错误。

    甲主张的法律秩序与乙主张的法律自由并不属于同一位阶，而是不同位阶，应该适用价值位阶原则加以解决。因此，D 项正确。

    > 对应章节 » 第一章第二节"法的价值"

26. [答案] C

    [解析] "若……则/必然"之类的说法要小心，很可能"若……"有坑，或者"若……"这个前提跟后面的话驴唇不对马嘴。

    语言存在歧义与法律有无效力没什么关系，有效力的法律往往存在着语言上的歧义。法律产生效力的条件通常是"公布于众"而不是没有歧义。因此，A 项错误。

    法律是否被移植并不取决于语言能否被翻译，而是取决于供体与受体的具体条件。因此，B 项错误。

    "辞不尽意""言尽悖"等现象就证明了，法的局限性之一就是法律、法理的表述必然受到语言表达能力的制约。因此，C 项正确。

    没有逻辑的语言仍然可以表现法律的精神，无非是表述得不够专业、不上档次而已。因此，D 项错误。

    > 对应章节 » 第一章第三节"法的要素"

27. [答案] BC

    [解析] 完整表述法律规则的逻辑三要素只是理想情形，在实践中，具体条文并不见得要达到这种理想。因此，A 项正确，不当选。

    "规范性条文就是直接表达法律规则的条文"有坑，规范性条文表达"法律规范"。因此，B 项错误，当选。

C项中条文规定的是法律规则而非法律原则，法律规则是对权利义务的具体规定，法律原则是对权利义务的笼统、抽象规定，尽管法律原则可以成为法律规则的来源或基础，但是二者存在明显差别。因此，C项错误，当选。

抽象的法律规则可以运用不同的表现形式来表达。除了可以用习惯等表达形式之外，在成文法系国家，法律规则一般用法律条文的形式表达，而在判例法国家，法律规则一般用判例形式表达。因此，D项正确，不当选。

▶ 对应章节 ▶ 第一章第三节"法的要素"

28. [答案] ABD

[解析] 本条文所表述的法律规则既没指向其他机构，也没指向其他规则，所以它是确定性规则；本条文使用了"应当""不得"两个道义助动词，所以它是义务性规则。因此，A项正确。

本条文使用了道义助动词，所以它属于"规范语句"，使用了道义助动词的条文语句都是规范语句。因此，B项正确。

本条文并未规定法律后果，它只是要求家庭成员关心老年人的精神需求，不得忽视、冷落老年人，至于家庭成员违背这一规定会承担何种后果，本条文并未提及。因此，C项错误。

本条文使用了"应当"一词，说明它规定了"应为模式"；本条文同时使用了"不得"一词，说明它同时规定了"勿为模式"。因此，D项正确。

▶ 对应章节 ▶ 第一章第三节"法的要素"

29. [答案] D

[解析]《老年人权益保障法》只是粗略规定了家庭成员应当"经常"看望或问候老年人，法官则对"经常"判定为"每月1次"，这是自由裁量。因此，A项正确，不当选。

该条文没有规定法律后果，只规定了假定条件（家庭成员，以及与老年人分开居住的家庭成员）和行为模式（应当关心老年人的精神需求，不得忽视、冷落老年人；应当经常看望或问候老年人）。因此，B项正确，不当选。

该条文中既有"应当"，也有"不得"，所以其同时规定了积极义务和消极义务。因此，C项正确，不当选。

法院判决不是依据道德作出的，而是依据法律作出的。因此，D项错误，当选。

▶ 对应章节 ▶ 第一章第三节"法的要素"

30. [答案] A

[解析] 该法条使用了"应当"这一道义助动词，表明它是规范语句、强行性规则。因此，A项正确，B项错误。

该法条是一个确定性规则，而非委任性规则。因此，C项错误。

该法条表达了法律规则中的假定条件、行为模式，但并没有表达法律后果。因此，D项错误。

▶ 对应章节 ▶ 第一章第三节"法的要素"

31. [答案] C

解析 1995年《保险法》第90条和2009年《保险法》第94条均有"适用……的规定"的字眼，说明它们都是准用性规则，而不是"指向其他机构"的委任性规则。因此，A项错误，C项正确。

二条文规定的内容并不属于任意性规则。任意性规则通常用"可以"之类的允许句来表达。因此，B项错误。

从二条文的表述上来看，它们并未使用"禁止""不得"之类的词语作出禁止性规定，故二条文规定的内容并不属于禁止性规则。因此，D项错误。

对应章节 » 第一章第三节"法的要素"

32. 答案 AC
解析 "可以约定"说明该规则属于任意性规则。因此，A项正确。

一个条文表述的规范是法律规则，那么，它就不可能同时是法律原则，如同"人不可能同时是男性和非男性"。因此，B项错误。

"适用本法第1062条、第1063条的规定"说明该规则属于准用性规则。因此，C项正确。

该法条通篇没有禁止性规则的语言标志"禁止""不得"之类的词出现，它不是禁止性规则。因此，D项错误。

对应章节 » 第一章第三节"法的要素"

33. 答案 B
解析 该法条使用了"应当"一词，故其是命令性规则而非禁止性规则，是强行性规则而非任意性规则。因此，A项错误，B项正确。

该法条的规定明确而具体，故其是法律规则而非法律原则。如果实在看不出来具体还是笼统，你看法条序号——都写到第115条了，铁定是具体的法律规则。因此，C项错误。

该法条并没有规定法律后果——没说不罚缴分离、不上缴国库的话会有什么后果。因此，D项错误。

对应章节 » 第一章第三节"法的要素"

34. 答案 C
解析 题干中"可以"一词表明该法条表述了授权性规则、任意性规则而非命令性规则，"依照本法第111条的规定"表明该法条表述了准用性规则而非委任性规则。因此，选项中有委任性规则、命令性规则的都是错误选项，只有C项当选。

对应章节 » 第一章第三节"法的要素"

35. 答案 B
解析 "可以"一词表明该法条表述了授权性规则、任意性规则，"依据本法第582条至第584条的规定"表明该法条表述了准用性规则。综合来看，B项正确，A项错在"委任性规则"，C项错在"命令性规则"，D项错在"委任性规则"。

对应章节 » 第一章第三节"法的要素"

36. 答案 D

[解析] A项错在与题干的法谚反拧着说，法谚的意思是一切规则都有例外，而原则却给这些例外兜住了底，结果A项却说"规则是原则之例外"。

B项错在"原则无歧义"，法律原则也是法，但凡是个法，都有法的局限性，也就难免会产生歧义。

C项从头到尾都错，"共通原则"仍然是原则而不可能是规则，"特别规则"仍然是规则而不可能是原则，并不是加个定语，就能胡扯一通，模糊规则与原则的区别。

D项正确，它准确地表述了规则与原则之间的联系。

对应章节 » 第一章第三节"法的要素"

37. [答案] AD

[解析] 本案中，相关民俗习惯被法院的判决予以认可，它当然能够作为裁判依据。记住，被司法认可的其他规范可以作为判决依据。因此，A项正确。

"只有"这一类狭隘的说法要小心，实际上除了民事案件，其他案件也可适用诚实信用原则。因此，B项错误。

以"全有或全无的方式"适用的是法律规则而不是法律原则。因此，C项错误。

法律原则是法律规则的基础或本源。因此，D项正确。

对应章节 » 第一章第三节"法的要素"

38. [答案] C

[解析] 法律规则和法律原则都必须以"法律语句"来表达。因此，A项错误。

B项说反了，与法律原则相比，法律规则能最大限度实现法的确定性和可预测性。因此，B项错误。

法律原则既关注共性（普遍性、共同性），也关注个性（个别性、特殊性）。与之相比，法律规则只关注个性而不关注共性。因此，C项正确。

以"全有或全无"的方式适用的是法律规则而不是法律原则。因此，D项错误。

对应章节 » 第一章第三节"法的要素"

39. [答案] AC

[解析] 法律规则的适用具有排他性，在彼此冲突的两个规则中，适用此规则就不能同时适用彼规则。因此，A项正确。

法律原则的适用并不具有排他性，在彼此冲突的两个原则中，此原则有分量并不意味着彼原则就没有分量。因此，B项错误。

一般情形下，"穷尽规则方得适用原则"是基本要求。除非在特殊情形之中，为了个案正义，才可以跳过规则而直接适用原则。因此，C项正确，D项错误。

对应章节 » 第一章第三节"法的要素"

40. [答案] C

[解析] 缺乏法律规则时当然可以适用法律原则。法律规则具体、细致，但是有可能覆盖不到千变万化的具体案件，所以，还需要笼统、弹性的法律原则兜底。因此，A项正确，不当选。

法律规则的适用不得抵触法律原则，因为法律原则是法律规则的基础或本源。因此，

B项正确，不当选。

　　法律原则往往通用于多类法律行为、多个法律部门，甚至是整个法律体系。比如，诚实信用原则不仅适用于民事案件，也适用于刑事案件和行政案件，刑法设立诈骗罪和行政法设立信赖利益保护都是对诚实信用原则的不同表达。因此，C项错误，当选。

　　无论是拿法律原则判案，还是拿法律规则判案，都要讲道理，就是阐明裁判理由，判决的过程就是一个为判决寻找理由、论证理由成立的过程。因此，D项正确，不当选。

> **对应章节** » 第一章第三节"法的要素"

41. [答案] C

[解析] 题干中的法条并不是委任性规则或准用性规则，而是确定性规则。因此，A项错误。

　　题干中的法条是实体法规则，并不是程序性原则。因此，B项错误。

　　题干中的法条中有"应当"一词，由此可见，它是一个强行性规则。因此，C项正确。

　　题干中的法条中的民事责任、行政责任、刑事责任彼此不冲突，法条规定"承担行政责任或者刑事责任不影响承担民事责任"，"不影响"一词说明行政责任、刑事责任与民事责任是共存的而不是彼此冲突的，因而并不存在竞合的情形。因此，D项错误。

> **对应章节** » 第一章第三节"法的要素"

42. [答案] B

[解析] 权利即资格，公民有安居、养鸽的资格，所以本案涉及的当然是安居权与养鸽权之间的冲突。因此，A项正确，不当选。

　　现行《宪法》并未规定安居权属于文化生活权利。因此，B项错误，当选。

　　行使权利时没有侵害他人的话，就不会有本案发生，判决就是为了解决侵害问题。因此，C项正确，不当选。

　　"没有无义务的权利，也没有无权利的义务"，权利的行使当然与义务的承担相关联。因此，D项正确，不当选。

> **对应章节** » 第一章第三节"法的要素"

43. [答案] B

[解析] 姓名权既是应然权利（应当享有的权利），也是法定权利（法律规定的权利）。因此，A项错误。姓名权在现行《民法典》《户口登记条例》中均有明确规定，它是法定权利。

　　法律规则具体、细致，但是有可能覆盖不到千变万化的具体案件，也就是出现法律漏洞，所以，还需要笼统、弹性的法律原则兜底来填补。因此，B项正确。

　　姓名权是一种绝对权（可以向任何人主张的权利），而非相对权（只能向特定人主张的权利）。因此，C项错误。

　　法院认为王甲的行为"违背诚实信用原则"，而非"冒犯原则"。因此，D项错误。

　　注意：2023年以来的司法部官方辅导用书删去了"冒犯原则"这一考点，限制自由的原则只剩下三个：伤害原则、道德主义原则、家长主义原则。实际上，"冒犯原则"是道德主义原则的具体表现之一，它对应着冒犯行为，即常见的侵害社会公德的放肆行为或淫荡行为。例如，老六与其女友在地铁等末班车时，见整个站台无人，于是二人发生性行为，这种行为就属于冒犯行为，法律可以基于道德主义原则而限制这种冒犯行为。

> 对应章节 » 第一章第三节"法的要素"

44. [答案] B

[解析] 婚姻自由的权利属于绝对权利。绝对权利是指可以向任何人主张的权利，或者说不受任何人侵犯的权利，如婚姻自由、人格尊严等。因此，A项正确，不当选。

没有什么权利和自由是不受法律限制的，婚姻自由也在法律限制之内。因此，B项错误，当选。

"法官认为，宪法明文规定'禁止破坏婚姻自由'"，表明法官采用了合宪性解释的方法。所谓合宪性解释，是指对普通法律的解释必须符合或者不得抵触宪法的原则和精神。因此，C项正确，不当选。

婚姻自由是基于宪法规定的基本权利。法律权利可以分为基本权利和普通权利，基于宪法规定而形成的权利是基本权利，基于普通法律规定形成的权利是普通权利。因此，D项正确，不当选。

> 对应章节 » 第一章第三节"法的要素"

45. [答案] BD

[解析] 探望权是一种权利，而权利不能被强制行使。因此，A项错误。

权利的行使与义务的履行均具有其界限，法律权利与义务的边界由法律予以规定，不得随意逾越。因此，B项正确。

权利不是"法律上的约束"，而恰恰是法律上的许可或保障，义务才是法律上的约束。因此，C项错误。

许某的积极义务是他应该配合林某行使探望权，许某的消极义务是他不得阻挠林某行使探望权。因此，D项正确。"积极义务"，又称"作为义务"，是指义务人必须根据权利的内容作出一定的行为。"消极义务"，又称"不作为义务"，是指义务人不得作出一定行为的义务。

> 对应章节 » 第一章第三节"法的要素"

46. [答案] D

[解析] "任何"这类绝对的说法往往有陷阱。并非所有错误的行为都是法律禁止的行为，比如，缺德而不违法的行为虽然错误，但法律不予调整。因此，A项错误。

法律义务来源于法律规定，错误只是引起义务强制履行的原因之一。因此，B项错误。

"一切"这类绝对的说法往往有陷阱。法律并不禁止一切损人利己的行为，比如正当防卫、紧急避险等行为。因此，C项错误。

家长主义原则是通行的三大限制自由的原则之一（还有伤害原则、道德主义原则），法院当然可以基于家长主义原则限制不当得利。因此，D项正确。

> 对应章节 » 第一章第三节"法的要素"

47. [答案] AB

[解析] "在逻辑上，任何命题都是由概念或术语组成的"，这是逻辑学的常识。因此，A 项正确。

"法人""债权"属于专门意义上的法律概念（专业人才会用）。与之相对应，"故意""自然人"等属于日常意义上的法律概念（普通人都会用）。因此，B 项正确。

"贵重物品"属于评价性概念，它在本质上是价值判断而非事实判断，所以没有逻辑上的真假之分。因此，C 项错误。

"完全"之类的绝对说法要小心。法律概念的意义受到法律规范的影响，但并不完全取决于法律规范。因此，D 项错误。

对应章节 » 第一章第三节"法的要素"

48. [答案] AC
[解析] 所有具有法律意义的概念均可称为法律概念，无论这一概念所具备的是日常的法律意义还是专门的法律意义。因此，A 项正确。

把 B 项简化一下能看出问题所在，"所有法律条文……具有行为约束力"，有的法律条文没有行为约束力，比如非规范性条文。因此，B 项错误。

"严重""明显"属于评价性概念，即包含价值判断、没有真假之分的法律概念，而描述性概念有真假之分。因此，C 项正确。

"淫秽物品"属于评价性概念而非论断性概念。因此，D 项错误。

对应章节 » 第一章第三节"法的要素"

49. [答案] D
[解析] "基本法律"特指由全国人大制定的法律，"非基本法律"特指由全国人大常委会制定的法律，D 项由全国人大常委会制定，它不属于基本法律，当选；A、B、C 项均由全国人大制定，均属于基本法律，不当选。

【解题技巧】"基本法律"与"法律保留"中的绝对保留基本相同，所以，请记住绝对保留的口诀：献身（限制人身自由）政治（政治权利），司法（司法制度）最行（犯罪和刑罚）。本题中，法院组织法和检察院组织法属于"司法"，刑法属于"最行"，而国家赔偿法不属于口诀中任何一类，所以就选它。

对应章节 » 第一章第四节"法的渊源"

50. [答案] A
[解析] 我国《立法法》第 10 条第 2、3 款规定，全国人民代表大会制定和修改刑事、民事、国家机构的和其他的基本法律。全国人民代表大会常务委员会制定和修改除应当由全国人民代表大会制定的法律以外的其他法律；在全国人民代表大会闭会期间，对全国人民代表大会制定的法律进行部分补充和修改，但是不得同该法律的基本原则相抵触。因此，A 项当选，B、C、D 项不当选。

对应章节 » 第一章第四节"法的渊源"

51. [答案] B
[解析] 要言之，谁定的规矩，就由谁来决定该规矩的暂时停止实施。《国际海运条例》属于行政法规，当然由国务院决定暂时停止实施。故 B 项当选，A、C、D 项不当选。

> 对应章节 » 第一章第四节 "法的渊源"

52. [答案] BC

[解析] 在一国主权范围内应当优先适用正式的法的渊源，而非风俗习惯等非正式的法的渊源。因此，A项错误。

国家法律等正式的法的渊源与风俗习惯等非正式的法的渊源存在紧张关系。因此，B项正确。

法律不是唯一的社会调控手段，建设法治国家必须综合运用法律、道德等手段取得全方位和谐。因此，C项正确。

撤销原判决须有法定事由和程序，不得仅凭个人意志而任意撤销。因此，D项错误。

> 对应章节 » 第一章第四节 "法的渊源"

53. [答案] A

[解析] "前法"与"后法"的判定标准就是生效时间，题目中的《保险法》第90条系1995年颁布，《保险法》第94条系2009年修订，二者关系属于前法与后法的关系。因此，A项正确。

"一般法"与"特别法"相对，特别法是指不同于一般法的，适用于特别主体、特别事项、特别时间、特别地区的法律。题干所给的两个法条来自同一部法，不存在特别法与一般法的关系。因此，B项错误。

"上位法"与"下位法"相对，区别在于制定主体的位阶高低不同，题干所给的两个法条均属于《保险法》，其制定主体相同。因此，C项错误。

法的正式渊源与法的非正式渊源的区别在于能否直接适用、有无法律效力，题干所给的两个法条均属于《保险法》，均属于法的正式渊源。因此，D项错误。

> 对应章节 » 第一章第四节 "法的渊源"

54. [答案] ABC

[解析] 《保险法》对保险公司这一法律关系主体所作规定，相对于《公司法》规定而言属于特别法。因此，A项正确。

两相对比，《保险法》是特别法，《公司法》是一般法，特别法优于一般法。因此，B项正确。

2009年修订的《保险法》第94条规定："保险公司，除本法另有规定外，适用《中华人民共和国公司法》的规定"。由此可知，《保险法》对保险公司没有规定的，适用《公司法》的规定。因此，C项正确。

根据题干以及对C项的分析可知，这种情况应当优先适用《公司法》的相关规定。因此，D项错误。

> 对应章节 » 第一章第四节 "法的渊源"

55. [答案] ACD

[解析] 林某在离职后有选乘鹏翔公司航班的自由，而航空公司依《民用航空法》须保障飞行安全的秩序，故本案反映了法的自由价值和秩序价值之间的冲突。因此，A项正确。

"任何"之类的绝对说法要小心。法官的自由裁量须受到合理限制，不是"不受任何限制"。因此，B项错误。

我国的法的正式渊源包括我国缔结或参加的国际条约。因此，C项正确。

本案中的行业惯例被法院所认可，属于司法认可的情形，所以它可以作为裁判依据。因此，D项正确。

> 对应章节 » 第一章第四节"法的渊源"

56. [答案] BC

[解析]《危险化学品安全管理条例》是国务院制定的行政法规，《安全生产法》是法律，二者位阶不同，后者高于前者。因此，A项错误。

公法与私法的划分，是大陆法系国家的一项基本分类。现在公认的公法部门包括宪法和行政法等，所以行政处罚属于公法范畴。因此，B项正确。

《安全生产法》的位阶高于《危险化学品安全管理条例》，根据"上位法优于下位法"的效力位阶原则，当然应当适用《安全生产法》判断行政处罚的合法性。因此，C项正确。

《危险化学品安全管理条例》是国务院制定的行政法规，因此，全国人大常委会作为国家立法机关有权撤销它，法院作为审判机关无权撤销它。因此，D项错误。

> 对应章节 » 第一章第四节"法的渊源"

57. [答案] ABCD

[解析] A项是特别法优于一般法的基本表述，因此，A项正确。

法律规则相对于法律原则应当优先适用，这是法理学的常识，因此，B项正确。

法律原则一般表现为总则规定、一般规定，法律规则一般表现为分则规定、具体规定，法律规则优先于法律原则适用，因此，C、D项均正确。

> 对应章节 » 第一章第四节"法的渊源"

58. [答案] AB

[解析]《食品安全法》是法律，《条例》是行政法规，二者之间是上位法与下位法的关系。因此，A项正确，D项错误。

《食品安全法》解决国家与公民之间的关系问题，当然是公法。因此，B项正确。

法院作为审判机关没有法定的撤销权。因此，C项错误。

> 对应章节 » 第一章第四节"法的渊源"

59. [答案] D

[解析] A项是正式的法的渊源的效力原则中的首要原则，也是《立法法》的明确规定。因此，A项正确，不当选。

地方性法规的效力高于本级和下级地方政府规章，是《立法法》的明确规定。因此，B项正确，不当选。

同一机关制定的新的规定与旧的规定不一致时，应当遵循"新法优于旧法"原则，适用新的规定。因此，C项正确，不当选。

出现D项情形应由制定机关裁决，即由该省人大常委会裁决。因此，D项错误，当选。

对应章节 » 第一章第四节"法的渊源"

60. [答案] BC

[解析] 法的溯及力,是指法对于其生效以前的行为有无约束力,若有,则法有溯及力;若无,则法无溯及力。题干所言显然与此无关。因此,A项错误。

法条针对的是"外国人",所以它规定的是法对人的效力。因此,B项正确。

保护主义意味着任何侵害了本国利益的人,不论其国籍和所在地域,都要受该国法律的追究。《刑法》第8条所规定的"外国人在中华人民共和国领域外",显然符合保护主义"不论其国籍和所在地域"都要予以追究的主旨。因此,C项正确。

属人主义意味着法律只适用于本国公民,而《刑法》第8条所规定的是"在中华人民共和国领域外"的外国人。因此,D项错误。

对应章节 » 第一章第五节"法的效力"

61. [答案] A

[解析] 题干表明,赵某是适格的中国公民,该案也涉及我国和A国的地域,故该案涉及法对人的效力和空间效力。因此,A项正确。

我国采用的是以属地主义为主,与属人主义、保护主义相结合的对人效力的原则,也就是说,只要人、地、事任何一项与中国沾边,中国就能管辖,即使赵某不在中国也可以适用中国法律。因此,B项错误。

该案的处理与法的溯及力无关。因此,C项错误。

赵某被立案侦查期间不得适用时效免责。因此,D项错误。

对应章节 » 第一章第五节"法的效力"

62. [答案] D

[解析] "总是"这类绝对的说法要小心。"为未来作规定"的意思是着眼于未来,说的是立法的前瞻性,并不等于"法律的内容规定总是超前的"。"为过去作判决"的意思是法官的判决只能针对已经发生的案件,说的是司法的被动性,并不等于"判决根据总是滞后的"。因此,A项错误。

"一律"这类绝对的说法要小心。"判案时一律选择适用旧法"的说法不正确,"从旧兼从轻"原则一般适用于刑事案件,不得将其绝对化,适用到所有案件。因此,B项错误。

"绝对"之类的说法要小心。法律不溯及既往并非绝对,比如,新法不认为是犯罪或者处刑较轻的,适用新法。此外,在某些有关民事权利的法律中,法律有溯及力。因此,C项错误。

D项说法与题干所列法谚相合,也与经验事实相合。因此,D项正确。

对应章节 » 第一章第五节"法的效力"

63. [答案] AD

[解析] 依法表决通过的宪法修正案与其他宪法条文一样具有最高的法律效力。因此,A项正确。

未通过的法律草案不是正式的规范性法律文件,因而不具有法的效力。法的效力是正在生效期间的法律文件所具有的强制力。因此，B 项错误。

生效的判决书既是法律适用的结果，也具有非规范性法律文件的效力。因此，C 项错误。

支付令属于非规范性法律文件，当然不具备普遍的法的效力，也就是说，支付令不能反复适用于不特定对象。因此，D 项正确。

> 对应章节 » 第一章第五节"法的效力"

64. [答案] A

[解析] 司法解释在公布之日起 30 日内向全国人大常委会备案，该规定属于司法解释，A 项表述符合法律规定，因此，A 项正确。

题干中"适用民法典的规定更有利于……的除外"的表述，是法的溯及既往中"有利追溯"的具体体现，因此，B 项错误。

该规定属于司法解释，《民法典》属于法律，二者的效力并不相同，因此，C 项错误。

新法优于旧法体现的是时间上的先后关系，该规定第 2 条的但书并未体现这一先后关系，因此，D 项错误。

> 对应章节 » 第一章第五节"法的效力"

65. [答案] ABC

[解析] "刘某出具该借条系本人自愿，且并未违反法律强制性规定"是客观存在的情况，对这种客观情况的认定，当然是对案件事实的认定。因此，A 项正确。

出具借条是法律行为，它是法律事实中的一种。因此，B 项正确。

本案中，没有借款合同法律关系哪来的民事诉讼法律关系？所以，借款合同法律关系是第一性法律关系，民事诉讼法律关系是第二性法律关系。因此，C 项正确。

D 项的错误之处在于"法律事件的发生"。由题干可知，本案中并无什么法律事件，而只有刘某不愿意还钱的法律行为。

> 对应章节 » 第一章第七节"法律关系"

66. [答案] C

[解析] 张某、公交公司之间的服务合同法律关系属于横向法律关系，因为二者属于平等主体。因此，A 项错误。

该案中的诉讼法律关系是从法律关系，它的主法律关系是张某、公交公司之间的服务合同法律关系。因此，B 项错误。

公交公司属于法人，其权利能力和行为能力同时产生和同时消灭。因此，C 项正确。

《某市公交卡使用须知》并不属于地方（政府）规章，因为其制定主体并非法定的相关政府。因此，D 项错误。

> 对应章节 » 第一章第七节"法律关系"

67. [答案] BD

[解析] 王某与张某婚姻关系的消灭是堕胎行为引起的，而不是什么法律事件引起的。因此，A 项错误。

张某的生育权只能向其配偶主张，这一权利属于只能向特定主体主张的相对权利。因此，B项正确。

法院并不认为张某的生育权受到了侵害。既然没有侵害，当然就更谈不上违反了"有侵害则有救济"的法律原则。因此，C项错误。

法律往往以"其他情形"作为兜底性条款，这种概括性立法的长处在于提高了法律的覆盖面和适应性。因此，D项正确。

对应章节▶ 第一章第七节"法律关系"

68. 答案 B

解析 判决是非规范性法律文件（如判决书、裁定书、逮捕证、许可证、合同等）。因此，A项错误。

甲和乙对小琳的抚养义务是相对义务，该义务只对特定主体小琳履行。因此，B项正确。

正是因为法院的判决，才使得被告甲和乙必须履行支付原告甲母抚养费的义务，以及原告甲母享受被告甲和乙支付抚养费的权利。因此，C项错误。

小琳既非原告，亦非被告，她与该诉讼的权利和义务并无关联，她不是该民事诉讼法律关系的主体。因此，D项错误。

对应章节▶ 第一章第七节"法律关系"

69. 答案 A

解析 法律关系主体只包括公民（自然人）、机构和组织（法人）、国家这三种，"小K"属于公司财产，不是法律关系主体而是法律关系客体，因此，A项错误，当选。

科学技术的发展创造出更多的物、行为等法律关系客体（比如人工智能产品），相应地就扩大了法律主体的权利能力，扩大了法律调整的社会法律关系的范围，因此，B、C、D项正确，不当选。

对应章节▶ 第一章第七节"法律关系"

70. 答案 BD

解析 "法院认为，借款合同并不因李某犯罪而无效"，判决李某承担还款责任，说明犯罪归犯罪，还款归还款，二者并不冲突，所以即使李某罪名成立，也不会出现民事责任和刑事责任的竞合。因此，A项错误。

"法院认为，借款合同并不因李某犯罪而无效"，说明法院认定借款合同有效，也就是说，李某与王某的借款行为是合法的，合法行为引起的法律关系属于调整性法律关系。因此，B项正确。

引起这一诉讼法律关系的法律事实不仅有王某的起诉，还有李某涉嫌犯罪被立案等其他法律事实。因此，C项错误。

李某与王某之间的借款关系属于民事法律关系，它遵循着"意思自治"的基本精神，故王某可以免除李某的部分民事责任。因此，D项正确。

对应章节▶ 第一章第七节"法律关系"

71. 答案 D

解析 张某与李某之间存在两种法律关系：张某和李某之间的雇佣劳动法律关系基于合法行为而产生，是调整性法律关系；张某把李某打伤后引起的法律关系基于违法行为而产生，属于保护性法律关系。因此，A项正确，不当选。

在买卖合同中，张某与检察院的主体地位平等，故二者之间的买卖合同法律关系属于横向法律关系。因此，B项正确，不当选。

在诉讼中，法院和张某的地位并不平等，故二者之间的诉讼法律关系属于纵向法律关系。因此，C项正确，不当选。

公安机关逮捕张某是因为张某的违法行为，违法行为引起的法律关系属于保护性法律关系。因此，D项错误，当选。

对应章节 » 第一章第七节"法律关系"

72. 答案 ABD

解析 本案例中有三个法律关系：张某与拍卖公司之间的委托法律关系、拍卖公司与文化公司之间的拍卖法律关系、张某与文化公司之间的买卖法律关系。因此，A项错误，当选。

拍卖公司和竞拍者的法律关系属于平等主体之间的平权型法律关系，而非不平等主体之间的隶属型法律关系。因此，B项错误，当选。

本案例的三个法律关系（委托法律关系、拍卖法律关系、买卖法律关系）中，涉及的主体既有张某（自然人），也有拍卖公司和文化公司（法人）。因此，C项正确，不当选。

促成拍卖成交的客观情况是以当事人意志为转移的法律行为，而非不以当事人意志为转移的法律事件。因此，D项错误，当选。

对应章节 » 第一章第七节"法律关系"

73. 答案 ABD

解析 本案中，法律关系的主体不限于甲剧团和乙剧院，演员曾某、潘某、廖某也是法律关系的主体，因此，A项错误，当选。

剧团与剧院的合同关系基于合法的行为产生，属于调整性法律关系，因此，B项错误，当选。

剧团与剧院的法律权利和法律义务都是针对特定的主体而言的，属于相对权利义务，因此，C项正确，不当选；D项错误，当选。

对应章节 » 第一章第七节"法律关系"

74. 答案 D

解析 "习惯法"不是"习惯"而是"法"，它由习惯演变而来并得到国家认可，由国家强制力保障。此处男方付"认大小"钱只是通行的习惯，而不是习惯法。因此，A项错误。

引起马先生诉讼的并非张老太犯病，而是张老太不返还马先生垫付的医药费。因此，B项错误。

法院所持主要原则当为公正原则，而非效益原则，效益原则表现为司法时追求低成本、高产出。因此，C项错误。

本案争议主要是"认大小"钱的法律地位，故本案焦点并非事实认定而是法律认定。因此，D项正确。

> 对应章节 » 第一章第七节"法律关系"

75. [答 案] ABC

[解 析] 法律责任归责原则中的"公正原则"是衡量法律责任轻重的重要标准，它要求赵某应当尽到注意义务。因此，A项正确。

相对民事赔偿法律关系而言，该案的诉讼法律关系是第二性法律关系。因此，B项正确。

赵某放弃索赔构成自愿协议免责。因此，C项正确。

法官的任何自由裁量都会受到相应的限制，自由裁量不等于毫无限制的任性而为。因此，D项错误。

> 对应章节 » 第一章第八节"法律责任"

76. [答 案] BD

[解 析] 方某开设诊所和非法行医对应的两个责任，被分别予以追究，二者并未产生冲突，不构成法律责任竞合。因此，A项不当选。

"可选择以侵权或违约为由"追究责任，说明要么选侵权责任，要么选违约责任，这当然属于法律责任竞合。因此，B项当选。

被追究刑事责任"和"民事责任，说明了两个责任并不冲突。因此，C项不当选。

"同时触犯"意味着两个法律责任中只能择其一而追究，这属于法律责任竞合。因此，D项当选。

> 对应章节 » 第一章第八节"法律责任"

77. [答 案] CD

[解 析] 王某殴伤唐某的行为属于违法行为，引起的责任属于过错责任。因此，A项错误。

王某赔偿6600元是自愿而为，并非国家强制力实施的结果。因此，B项错误。

调解协议自愿达成说明唐某与王某自愿协议免责。因此，C项正确。

先调解、后诉讼的效益性非常明显，体现了效益原则。因此，D项正确。

> 对应章节 » 第一章第八节"法律责任"

78. [答 案] ACD

[解 析] 在全国人大闭会期间，全国人大常委会有权对全国人大制定的法律在不同该法律基本原则相抵触的条件下进行部分补充和修改。因此，A项正确。

全国人大通过的法律应该是由国家主席通过签署主席令予以公布。因此，B项错误。

根据我国《宪法》第80条的规定，中华人民共和国主席根据全国人民代表大会的决定和全国人民代表大会常务委员会的决定，公布法律。

依现行《立法法》，C项正确。2015年《立法法》修改以前，法律规定的是"可以邀请"而非"应邀请"，故依旧法，它是错误选项。但是，2015年修改后，现行《立法法》第36条第2款规定，宪法和法律委员会审议法律案时，应当邀请有关的专门委员会的成员列席会议，发表意见。注意，2018年《深化党和国家机构改革方案》中将"法律委员会"改为"宪法和法律委员会",但只是名称的修改,不影响答题。

现行《立法法》第31条第1款规定,列入常务委员会会议议程的法律案,除特殊情况外,应当在会议举行的7日前将法律草案发给常务委员会组成人员。因此,D项正确。

▶ 对应章节 ▶ 第二章第一节"法的制定与法的实施"

79. [答 案] ABCD

[解 析] A项与法条相同,它规定的是法律委员会对法律案的统一审议职责。因此,A项正确。

B项与法条相同,它规定的是提案人的撤回程序。因此,B项正确。

C项与法条相同,它规定的是全国人大常委会的审议程序。因此,C项正确。

D项与法条相同,它规定的是没有再次列入审议的议案的处理程序。因此,D项正确。

▶ 对应章节 ▶ 第二章第一节"法的制定与法的实施"

80. [答 案] ABC

[解 析] 根据《立法法》第78条的规定,行政法规签署公布后,及时在国务院公报和中国政府法制信息网以及在全国范围内发行的报纸上刊载。在国务院公报上刊登的行政法规文本为标准文本。据此,A、B、C项当选,D项不当选。

▶ 对应章节 ▶ 第二章第一节"法的制定与法的实施"

81. [答 案] BD

[解 析] 法律有广义、狭义两种理解。广义上讲,法律泛指一切规范性文件;狭义上讲,法律仅指全国人大及其常委会制定的规范性文件。因此,A项正确,不当选。

B项错在"所有法律、法规",当选。法律以全国人大常委会公报的文本为标准文本,行政法规才以国务院公报的文本为标准文本。

行政法规和地方性法规均可采取"条例""规定""办法"等名称。因此,C项正确,不当选。

"所有"之类的绝对说法要小心。全国人大和全国人大常委会均有权通过法律。因此,D项错误,当选。

▶ 对应章节 ▶ 第二章第一节"法的制定与法的实施"

82. [答 案] B

[解 析]《母婴保健法》属于法律,《婚姻登记条例》属于行政法规,法律的效力位阶当然高于行政法规。因此,A项正确,不当选。

全国人大常委会审查后认定存在冲突,则有权撤销但无权改变《婚姻登记条例》。因此,B项错误,当选。

C项表述与法条相符。因此,C项正确,不当选。

公民的监督属于社会监督。因此,D项正确,不当选。

▶ 对应章节 ▶ 第二章第一节"法的制定与法的实施"

83. [答 案] C

[解 析] 法官的法律世界会受其他社会领域(政治、经济、文化等)的深刻影响。因此,A

项错误。

法官的裁判权受到严格的程序性、合法性的制约。因此，B项错误。

法官必须依法裁判，这被形象地称为"法官是法律世界的国王，但必须是法律的奴仆"。因此，C项正确。

法官不可能永远是其他一切法律主体（或机构）的上司。因此，D项错误。

> **对应章节** » 第二章第一节"法的制定与法的实施"

84. [答 案] ABC

[解 析] 王某申请信息公开属于积极主动行使自己法定权利的守法行为。因此，A项正确。

环保局败诉后须依法向王某公开信息，当然体现了法的强制作用。因此，B项正确。

王某通过起诉环保局，对环保局公开信息活动的合法性进行监督，当然属于社会监督。因此，C项正确。

王某起诉时只能告市环保局，而不能告任何主体，故王某的诉权属于相对权利。因此，D项错误。

> **对应章节** » 第二章第一节"法的制定与法的实施"

85. [答 案] ABCD

[解 析] 法律决定的可预测性是形式法治的要求，它的正当性是实质法治的要求。因此，A项正确。

B项换成大白话就是说，可预测性要求法律人必须依照法条作出判断，这当然是正确的。因此，B项正确。

C项是一条靠谱的传统经验和法理常识。因此，C项正确。

对于特定国家的法律人来说，首先理当崇尚的是法律的可预测性。因此，D项正确。

> **对应章节** » 第二章第二节"法适用的一般原理"

86. [答 案] C

[解 析] 制裁即"惩罚"，而题干中，法院酌定被告各"补偿"3000元，由此可见，法院对两被告并未实施"惩罚"，而只是裁定了"补偿"。因此，A项错误。

法院受理此案且作出判决，故不属于"不诉"免责和"协议"免责的情况。因此，B项错误。

案件的审理就是从法律规范、案件事实到作出判决的证成过程。因此，C项正确。

法院认定了"原告毕竟为小黄所撞伤"，说明行为与损害存在因果关系。因此，D项错误。

> **对应章节** » 第二章第二节"法适用的一般原理"

87. [答 案] AD

[解 析] 外部证成保证内部证成的前提正当，外部证成必然涉及内部证成，二者共同保证了法律决定的合理性。因此，A项正确。

就推理技术而言，内部证成和外部证成都是三段论，二者在步骤上都一样，只不过其用意有区别：内部证成是为了得到一个法律决定，而外部证成是为了保证内部证成的前提不出错漏。因此，B项错误，D项正确。

根据法条推导出结论的过程属于内部证成而非外部证成。因此，C 项错误。

对应章节» 第二章第二节"法适用的一般原理"

88. [答案] ACD

[解析] 原《婚姻法》和原《民法通则》属同一法律部门，都是民商法部门的规范性法律文件；二者的通过机关都是全国人大，故二者均是"基本法律"。因此，A 项正确。

"民事活动应当尊重社会公德"的规定属于法律原则而不是法律规则，即"公序良俗"原则。因此，B 项错误。

"判决理由"其实就是前提，而对前提的证成就是外部证成。因此，C 项正确。

法的安定性同义于可预测性，合目的性同义于正当性，判决必须考虑到这两层要求。因此，D 项正确。

对应章节» 第二章第二节"法适用的一般原理"

89. [答案] D

[解析] 习俗属于非正式的法的渊源。因此，A 项错误。

法官依据法条，结合本案事实，作出判断，这是一个典型的演绎推理而非归纳推理。因此，B 项错误。

从法理上看，赵某与陈女只是订婚，并非结婚，不存在婚姻关系，不能适用《婚姻法》第 19 条（现为《民法典》第 1065 条），法官的判决没毛病。因此，C 项错误。

原《婚姻法》是法律，原《最高人民法院关于适用〈中华人民共和国婚姻法〉若干问题的解释（二）》是法律解释，二者均属于规范性法律文件。因此，D 项正确。

对应章节» 第二章第二节"法适用的一般原理"

90. [答案] ABD

[解析] 法律证成可分为内部证成和外部证成，它们都是给一个法律决定提供充足理由的活动。因此，A 项正确。

法律决定必须按照一定的推理规则从相关前提中逻辑地推导出来，这属于内部证成。因此，B 项正确。

对法律决定所依赖的前提的证成属于外部证成，而不是内部证成。因此，C 项错误。

内部证成需要外部证成来避免前提出错，外部证成给内部证成提供了保障，二者当然是相互关联的。因此，D 项正确。

对应章节» 第二章第二节"法适用的一般原理"

91. [答案] BD

[解析] 法的发现是法律人获得法律决定或判断的事实过程，而法的证成是为法律决定或判断提供充足理由的推理或论证过程。因此，A 项错误。

案件事实即术语所说的"小前提"，属于前提的一种，"对于案件事实的争论"就是"对小前提的争论"，也就是"对前提的论证"即外部证成。因此，B 项正确。

对证据证明能力的认定过程，既涉及事实判断（如证据的真假），也涉及价值判断（证据证明能力的高下）。因此，C 项错误。

内部证成的过程既涉及案件事实的认定（主要关乎事实判断），也涉及法律规范的适用（主要关乎价值判断）。因此，D项正确。

对应章节▶ 第二章第二节"法适用的一般原理"

92. [答 案] A

[解 析] 法院并不认可"悼念权"属于法定权利，至于法律规定之外的所谓"权利"，法院也管不了。因此，A项错误，当选；C项正确，不当选。

习惯是我国的非正式法律渊源之一。因此，B项正确，不当选。

适用法律作出判决的过程就是证成的过程。因此，D项正确，不当选。

对应章节▶ 第二章第二节"法适用的一般原理"

93. [答 案] ABC

[解 析] 穷尽式列举有助于提高法的可预测性。因此，A项正确。

法官引用"社会公共利益和他人合法权益"进行说理，就是利益衡量的具体表现。因此，B项正确。

案件事实并不完全等于客观事实，案件事实是用法律这面筛子筛选过的客观事实。因此，C项正确。

在一般情况下，法律规则优先于法律原则适用。因此，D项错误。

对应章节▶ 第二章第二节"法适用的一般原理"

94. [答 案] ABC

[解 析] 准用性规则和委任性规则都是属于本身内容不确定，援引其他相关内容的规范。因此，A项正确。

法律推理和法律解释能够避免武断和恣意，从而提高法的可预测性，即法的确定性。因此，B项正确。

法律原则、概括条款的弹性能缓解法律的确定性所带来的呆板、僵化。因此，C项正确。

由于法律语言的开放性，规定义务并不等于极度确定，如宪法上的公民基本义务。同样的道理，规定权利并不等于不确定，如非常具体的绝对权利的规定。因此，D项错误。

对应章节▶ 第二章第二节"法适用的一般原理"

95. [答 案] CD

[解 析] 并非任何生活事实都必须被转化为案件事实，案件事实是用法律这面筛子筛选过的客观事实。因此，A项错误。

"有乡绅夺去祖先坟茔作了自家坟地"是一个事实描述而非规范语句，规范语句是使用了道义助动词（如应当、不得、可以等）的法律语句。因此，B项错误。

勘查现场只能确定部分案件事实，而不能确定全部案件事实，说明勘查现场是确定案件事实的必要条件，但并非充分条件。充分条件是指如果A能推出B，则A是B的充分条件；必要条件是指无A必无B，也就是说有B就一定有A。因此，C项正确。

裁判者确认案件事实的过程离不开价值判断，这意味着裁判者自身的价值判断可能干扰其对案件事实的认定。因此，D项正确。

对应章节》第二章第二节"法适用的一般原理"

96. [答案] AC

[解析] 原《民法通则》属于基本法律，原《道路交通事故处理办法》属于行政法规，二者冲突时，只能适用上位法优于下位法原则，不能适用特别法优于一般法的原则。因此，A 项错误，当选。

在法律适用的辩论中，法律渊源、法律规范属于大前提，对大前提、小前提等前提的证成属于外部证成。因此，B 项正确，不当选。

对案件事实的认定过程并非一个纯粹的事实判断过程，而是一个基于事实判断作出价值判断的过程。因此，C 项错误，当选。

指引作用的对象是具体的人，李某之妻和高某都是特定的、具体的人，因而其举动体现了法的指引作用。因此，D 项正确，不当选。

对应章节》第二章第二节"法适用的一般原理"

97. [答案] B

[解析] 法律适用时既涉及法律问题，也涉及事实问题。实际上，适用法律的过程就是根据法律规范和案件事实作出判决的过程。因此，A 项错误。

法的强制力本质上属于国家暴力、国家权力，是一种"合法的暴力"。因此，B 项正确。

"马过城门须出示通关文牒"是法律规定，它的适用离不开相应的解释。因此，C 项错误。

双方在法律上的分歧有二：①白马非马是否成立；②通关是否需要文书。前者是案件事实层面的分歧，后者是基于事实认定在规范适用层面上的分歧。因此，D 项错误。

对应章节》第二章第二节"法适用的一般原理"

98. [答案] C

[解析] 范某要求拓展训练中心赔偿 10 万余元就是在事实基础上作出的法律判断。因此，A 项错误。

裁判事实不能作为演绎推理的大前提，而是小前提。因此，B 项错误。

"该中心按 40% 的比例承担责任，赔偿 4 万元"是判决结果，它当然是从逻辑前提中推导而来的。因此，C 项正确。

法院据以判决的原则是公平原则，注意，效益原则追求的是低投入、高产出。因此，D 项错误。

对应章节》第二章第二节"法适用的一般原理"

99. [答案] C

[解析] 法的可预测性、安定性与法院和法官法律解释并不矛盾。因此，A 项错误。

法的发展变化的根本原因在于特定物质生活条件或曰经济基础的变动。因此，B 项错误。

法始终随着社会发展变化而发生变动，法律文字也需要通过解释而与时俱进。因此，C 项正确。

法律相对滞后于社会发展是一个涵盖人类发展几千年的整体判断，但这并不意味着在某个时间点上法律不能及时回应和解释社会问题。因此，D 项错误。

> 对应章节 » 第二章第三节 "法律解释"

100. [答 案] C

[解 析] 规范即法条，事实即案情，适用法律当然必须面对事实问题。因此，A 项正确，不当选。

当法律的字面含义不清晰时，可透过法律体系这个整体来理解其具体含义。因此，B 项正确，不当选。

法律体系仅包括现行法律，不包括历史上废止的已经不再有效的法律，一般也不包括尚待制定、还没有生效的法律。因此，C 项错误，当选。

法律的字面含义与其背后意义不一致的现象，是法的局限性的表现之一。因此，D 项正确，不当选。

> 对应章节 » 第二章第三节 "法律解释"

101. [答 案] BCD

[解 析] 只有执政官依照法律所说的话，才能算是法律，"只要……都是"的说法显然曲解了西塞罗的原意。因此，A 项错误。

"法律统治执政官"，故执政官是法律的产物，必须服从法律。因此，B 项正确。

"法律统治执政官"，而"执政官统治人民"，故执政官的统治实际上是法律的统治。因此，C 项正确。

"执政官乃是会说话的法律"，故执政官有权依照法律作出解释、裁判。在历史上，特定人、组织、机构都曾经是法定解释的主体，现代法治社会通常以特定国家机关而非人或组织作为法定解释主体。因此，D 项正确。

> 对应章节 » 第二章第三节 "法律解释"

102. [答 案] BD

[解 析] 法官的解释属于非正式解释。因此，A 项错误。

立法解释与司法解释都属于正式解释，都具有法律效力。因此，B 项正确。

在一般情况下，应当首先适用文义解释的方法。一般而言，法律解释应当遵循约定俗成的解释方法的位阶，即文义解释→体系解释→立法者主观目的解释→历史解释→比较解释→客观目的解释。因此，C 项错误。

司法解释自公布之日起 30 日之内报全国人大常委会备案，是《立法法》的明文规定。因此，D 项正确。

> 对应章节 » 第二章第三节 "法律解释"

103. [答 案] BCD

[解 析] 林某是公民，其监督当然只能是社会监督。因此，A 项正确，不当选。

司法解释的对象是法律，不包括行政法规和地方性法规。因此，B 项错误，当选。

司法解释既可由最高人民法院作出，也可由最高人民检察院作出。因此，C 项错误，当选。

经审查认为司法解释同法律规定相抵触的，不可直接撤销，其做法是：①可以提出要求最高人民法院或者最高人民检察院予以修改、废止的议案；②可以提出由全国人大常委会作出法律解释的议案，由委员长会议决定提请全国人大常委会审议。因此，D 项错误，当选。

> 对应章节 » 第二章第三节"法律解释"

104. [答案] BCD

[解析] 我国宪法并未明确规定姓名权，仅仅是笼统地规定了"人格尊严不受侵犯"。因此，A 项错误。

全国人大常委会的立法解释的效力与法律相同，是《立法法》的明确规定。因此，B 项正确。

全国人大常委会的立法解释由其自身发布公告予以公布，是《立法法》的明确规定。因此，C 项正确。

法院在具体审判中针对个案作出解释是《人民法院组织法》《法官法》所规定的职权和义务。因此，D 项正确。

> 对应章节 » 第二章第三节"法律解释"

105. [答案] C

[解析] "正式的法律解释权"的享有主体只能是法定的国家机关，如全国人大常委会、国务院、最高法院和最高检察院，王某老伴及其子女并非这样的特定主体。因此，A 项错误。

"主观目的解释"是指依照立法者原意对法律规范作出解释，此处的"遗嘱"并非"法律规范"，王某更不是"立法者"。因此，B 项错误。

王某立遗嘱既没有虚假的意思表示，也没有违背法律，因而当然可谓"遗嘱符合意思表示真实、合法的要求"。因此，C 项正确。

"历史解释"特指从历史事实形成的过程对法律规范作出解释，此处王某就立了一个遗嘱，并没有什么历史事实可言。因此，D 项错误。

> 对应章节 » 第二章第三节"法律解释"

106. [答案] AC

[解析] 该解释是针对《民法典》第 539 条的"明显不合理"这一规定的，它由抽象的法律条文引起，而非由某个个案裁判而引起。因此，A 项正确。

该解释的目的就在于合理界定"明显不合理"，当然涉及解释结果的公正问题。因此，B 项错误。

该解释属于司法解释，具有正式的法律约束力。因此，C 项正确。

最高人民法院、最高人民检察院作出的司法解释，应当自公布之日起 30 日内报全国人大常委会备案。因此，D 项错误。

> 对应章节 » 第二章第三节"法律解释"

107. [答案] B

[解析] 学理解释的对象是法律规定，而商场要解释的是促销活动而非法律规定。因此，A 项错误。

公平正义是订立合同的前提，也是弥补合同漏洞的支配性要求。因此，B 项正确。

"法定的解释权"只属于法定授权主体，如全国人大常委会等，而当事人的解释权是非法定的解释权。因此，C项错误。

商场以片面的"本商场有最终解释权"为托词，只享受权利，却逃避义务，显然割裂了权利和义务的一致性，因而当然不符合"权利和义务相一致"的原则。因此，D项错误。

> **对应章节** 第二章第三节"法律解释"

108. **【答案】** AC

【解析】 杨某之解释属于无法律效力的任意解释。因此，A项当选。

比较解释是指根据外国的立法例和判例学说对本国某个法律规定进行解释，而题干并未提及这种情况。因此，B项不当选。

文义解释又称语法解释、文法解释、文理解释、字面解释，其特点是拘泥于字面语言或曰"抠字眼"而不顾及结果是否公正，其缺陷在于容易死抠字眼。题干中，杨某死抠"白骨"不等于"尸体"即是此例。因此，C项当选。

D项不当选。其理由见上文对A项的解析。

> **对应章节** 第二章第三节"法律解释"

109. **【答案】** CD

【解析】 李某的解释方法属于"抠字眼"的文义解释，而非寻求立法意图和立法资料的主观目的解释。因此，A项错误。

法官的解释不属于有权解释而是无权解释。我国的有权解释又称法定解释，是指立法解释、司法解释、行政解释，除此之外，其他解释均属于无权解释。因此，B项错误。

该副院长将分则条文勾连到总则条文予以解释，属于体系解释。因此，C项正确。

"发挥法律的社会功能"说明该解释属于从社会需要出发的客观目的解释。因此，D项正确。

> **对应章节** 第二章第三节"法律解释"

110. **【答案】** A

【解析】 "法官认为，该协议……合法有效"说明该协议在法律上的有效性，而不仅仅具有道德上的约束力。因此，A项错误，当选。

在法理学上，"意思表示"应当被视为行为。因此，B项正确，不当选。

导致法律关系产生的行为可以是合法行为，也可以是违法行为，它们就是"法律禁止的行为或不禁止的行为"。因此，C项正确，不当选。

法官对协议的解释符合"法伦理性的原则"，这一原则是指法官的解释应当依据社会发展及伦理道德价值观念之变迁。因此，D项正确，不当选。

> **对应章节** 第二章第三节"法律解释"

111. **【答案】** D

【解析】 题干中"李某"并非获得法律授权的解释主体，其解释当然是非正式解释。因此，A项正确，不当选。

李某援引《消费者权益保护法》第7条第1款的规定，认为自己就是"消费者"，

自己就餐属于"购买、使用商品和接受服务",他运用的解释方法正是文义解释的方法。因此,B项正确,不当选。

"法官结合该法第7条第2款……来解释第7条第1款"的表述,说明法官作出的是体系解释。因此,C项正确,不当选。

不同的法律解释方法之间并没有固定位阶,因为不同的解释方法是约定俗成而非法定的。因此,D项错误,当选。

对应章节 » 第二章第三节"法律解释"

112. [答案] A

[解析] 法律权利和法律上的自由当然要受到法律限制,婚姻自由也在法律限制之内。因此,A项错误,当选。

本案中,张林享有遗嘱自由,王珍享有婚姻自由,法院认为遗嘱所附条件侵犯了婚姻自由,实际上就是二者发生冲突。因此,B项正确,不当选。

法院认为婚姻自由是宪法基本权利,表明法官采用了合宪性解释的方法。因此,C项正确,不当选。

本案中,张林遗嘱只涉及财产权利,至于这一权利与王珍的婚姻权利的冲突,其实是遗嘱所附条件带来的影响。因此,D项正确,不当选。

对应章节 » 第二章第三节"法律解释"

113. [答案] D

[解析] 该解释是由最高人民法院、最高人民检察院作出的司法解释,当然是法定解释。因此,A项正确,不当选。

最高人民法院、最高人民检察院所作的这一解释,是对《刑法》"开设赌场"一词作出的扩大解释。因此,B项正确,不当选。

司法解释自公布之日起30日内报全国人大常委会备案,是《立法法》的明确规定。因此,C项正确,不当选。

历史解释方法是指依据历史事实情况对当下法律问题作出指导和说明,该解释并未使用这一方法。因此,D项错误,当选。

对应章节 » 第二章第三节"法律解释"

114. [答案] AC

[解析] 题干所列即属于责任自负的例外情形。因此,A项正确。"责任自负"有两个例外:①责任转承,如上级对下级的行为承担替代责任等;②侵权人不明确时,无法证明自身不是侵权人的主体须承担责任。

该法条并未提及任何法律解释方法位阶的规定。因此,B项错误。

该规则属于确定性规则,即无须再援引或参照其他规则来确定其内容的法律规则。因此,C项正确。

该法条与司法公正原则没有关系,它体现的是责任自负原则的例外。因此,D项错误。

对应章节 » 第二章第三节"法律解释"

115. [答案] AC

[解析] 外部证成是对大前提（法律规定）或小前提（案件事实）的证成，"公共场所"属于法律规定的内容，所以，对其具体含义的证成当然属于外部证成。因此，A项正确。

法官并没有去找"公共场所"的历史依据，所以法官并未运用历史解释的方法。因此，B项错误。

法官参考了其他法律和地方性法规对"公共场所"的规定，所以，法官运用了体系解释方法。因此，C项正确。

"均应相同"之类的绝对说法要小心。对同一个术语在所有法律条文中的含义均应作相同解释，无疑是机械、僵化的错误做法。因此，D项错误。

对应章节 » 第二章第三节"法律解释"

116. [答案] BD

[解析] 法学学说是当代中国法的非正式渊源，不可能属于法律原则的一种。因此，A项错误。

非正式解释在法律适用、法学研究、法学教育、法治宣传以及法律发展方面还是有着很重要的意义。因此，B、D项正确。

法学学说作为非正式渊源，只要满足援引条件，就可以在任何案件中被援引。因此，C项错误。

对应章节 » 第二章第三节"法律解释"

117. [答案] ABC

[解析] 一般而言，没有极端情形时，解释法律时应首先运用文义解释方法。因此，A项正确。

《工伤保险条例》的字面含义强调"在工作时间和工作岗位"，而法官把"出差途中"也视为"在工作时间和工作岗位"，这显然是扩张解释。因此，B项正确。

法律解释不能违背立法目的，扩张解释也必须遵守这一法理。因此，C项正确。

无论有无法律漏洞，法律都需要解释，比如对于"法盲+杠精"而言，可能法律中的每个字眼甚至是标点符号都需要解释。因此，D项错误。

对应章节 » 第二章第三节"法律解释"

118. [答案] C

[解析] 全国人大常委会所作的解释属于立法解释，效力与法律（比如刑法）相同。因此，A项错误。

全国人大常委会不仅能对《刑法》作法律解释，而且能对其他法律作法律解释。因此，B项错误。

题干中"只适用于"一语，即为限制解释的标志。因此，C项正确。

全国人大常委会作出的解释，当然属于法定解释（有权解释）而非学理解释（无权解释）。因此，D项错误。

对应章节 » 第二章第三节"法律解释"

119. [答案] ACD

[解析] 法官通过解释"非法买卖"实现了刑法禁止非法买卖氰化钠的目的。因此，A项正确。

查明和确认"王某非法买卖毒害性物质"的过程是一个与法律适用紧密相关的过程。因此，B项错误。

外部证成是对大前提（即法律规定）或小前提（即案件事实）的证成，"非法买卖"是刑法的规定，对它的解释当然属于外部证成。因此，C项正确。

内部证成就是从前提推导出结论的过程，它当然关注从前提到结论之间推论的有效性。因此，D项正确。

对应章节 » 第二章第三节"法律解释"

120. [答案] ABC

[解析] "依照第1款的规定处罚"说明这一规则指向了本法的其他规则。因此，A项正确。

法院引用"相关司法解释"的做法，正是体系解释方法的运用。因此，B项正确。

"依照第1款的规定处罚"的表达，有效地避免了再次重复第1款具体语句。因此，C项正确。

法院的解释将焦点放在相关法条的彼此联系上，而不是将焦点集中在语言上，死抠字眼。因此，D项错误。

对应章节 » 第二章第三节"法律解释"

121. [答案] ACD

[解析] 体系解释即结合不同规定予以体系性、整体性、综合性的解释，法院把日常理解和保险合同中的规定综合在一起，进而认定"自燃"不是火灾，属于体系解释。因此，A项正确。

比较解释即参考国外的判例、理论或法律规定作出解释，法院并未这样做。因此，B项错误。

文义解释即根据词语的字面意思（日常含义）作出解释，法院"按照日常理解"将"自燃"解释为属于火灾，当然属于文义解释。因此，C项正确。

法律解释的冲突模式是指运用不同解释方法而导致解释结果相互矛盾，从而只能选择其一的情形。本题中文义解释和体系解释的解释结果相互矛盾，法院选择了体系解释方法，属于冲突模式。因此，D项正确。

对应章节 » 第二章第三节"法律解释"

122. [答案] ABC

[解析] 在本案中，法院是依据诚实信用和公序良俗原则作出判决的。因此，A项当选。

依法判决即为演绎推理，法官运用的就是演绎推理，因此，B项当选。

案件事实就是推理的小前提，确认案件事实就是法官进行推理的前提条件。因此，C项当选。

任何裁判，无论是依据法律原则裁判，还是依据法律规则裁判，都需要裁判理由。因此，D项不当选。

对应章节 » 第二章第四节"法律推理"

123. [答 案] ACD

[解 析] 反向推理是"明示其一则否定其余"的推理，对于不符合法定条件的情形就绝不适用相应法条。法官强调法律只规定了支付彩礼一方才有彩礼返还请求权，而乙女不符合该规定要求的主体条件，进而不能适用该条款，属于典型的反向推理。因此，A项正确。

法律发现是社会人作出法律判断的事实过程，法院作出判决是法律人作出判断的论证过程，所以，它不是法律发现，而是法的证成。因此，B项错误。

法律判断的大前提即行为规范（如法律规定、风俗习惯等），法官"根据当地风俗"作出判决，是运用公序良俗原则对风俗习惯的认可和吸收。因此，C项正确。

"依法判决"即为演绎推理，而"涵摄"是最常见的演绎推理。因此，D项正确。

对应章节 » 第二章第四节"法律推理"

124. [答 案] C

[解 析] "唯一"之类的狭隘说法要小心。法适用的目标包括法律决定的可预测性和正当性。因此，A项错误。

法律人查明和确认案件事实的过程是一个在法律规范与事实之间来回衡量的循环过程，与规范认定密切相关。因此，B项错误。

法律适用过程是一个法律证成的过程，"证成"是给一个决定提供充足理由的活动或过程。因此，C项正确。

法的适用过程不仅仅是运用演绎推理的过程，归纳推理、类比推理和设证推理等其他的推理也在法律适用中经常运用。因此，D项错误。

对应章节 » 第二章第四节"法律推理"

125. [答 案] AC

[解 析] 辨认和控制能力是否存在、有无完全的刑事责任能力，属于法律事实，对二者的认定就是对事实的法律认定。因此，A项正确。

法院判决体现了法的评价作用。评价即评判，比如专门性评价（如法院的判决）和舆论性评价（如口诛笔伐）。因此，B项错误。

法官依法（一般性的法律规范）判决（个别性的个案判决）就是演绎推理（从一般到个别的推理）。因此，C项正确。

"徐某将何某刺成重伤"是对案件事实的认定，属于小前提的范畴。因此，D项错误。

对应章节 » 第二章第四节"法律推理"

126. [答 案] BC

[解 析] "鉴定"本身是对客观事实的认定，"经鉴定为重伤"是事实判断而非价值判断，鉴定结论、犯罪金额、勘验结果、实际损失等都属于事实判断。因此，A项错误。

判例是我国的非正式法律渊源之一。因此，B项正确。

"类似案件……也应作相同处理"即同案同判，这正是类比推理。因此，C项正确。

法院生效的判决属于非规范性法律文件，不具有普遍约束力。因此，D 项错误。

对应章节 » 第二章第四节"法律推理"

127. [答案] B

[解析]"法的非正式渊源"是法的表现形式（比如法律观念、法律思想），话本小说是文学表现形式，与戏曲、诗歌等并列，可以表达法律观念等，但不能把二者混为一谈。因此，A 项错误。

该案中，邻居看到刘家被劫的结果就假定陈二姐、崔宁二人是凶手，是典型的设证推理。因此，B 项正确。

"盗贼自刘贵家盗走 15 贯钱并杀死刘贵"所表述的是案件事实，而非法律规则中的假定条件。因此，C 项错误。

官府将陈、崔二人屈打成招，与"法治"背道而驰。因此，D 项错误。

对应章节 » 第二章第四节"法律推理"

128. [答案] C

[解析] 在我国，指导性案例是非正式的法的渊源。因此，A 项错误。

判决是非规范性法律文件，而不是规范性法律文件。因此，B 项错误。

法官参照指导性案例作出判决，属于类比推理。因此，C 项正确。

在我国的法院系统中，仅最高人民法院有权发布指导性案例。因此，D 项错误。

对应章节 » 第二章第四节"法律推理"

129. [答案] ABD

[解析] 法律证成即适用法律作出判决的过程，它当然首先是内部证成的过程。因此，A 项正确。

从大前提和小前提推导出结论即为内部证成，内部证成当然要关注从前提到结论之间的推论是否有效。因此，B 项正确。

"以偏概全"属于不完全归纳推理的错误运用，完全归纳推理是以"全"概"全"。因此，C 项错误。

限制扩张例外条款属于反向推理的具体情形之一。因此，D 项正确。

对应章节 » 第二章第四节"法律推理"

130. [答案] B

[解析] 原《婚姻法》与原《民法总则》都是全国人大制定的，二者效力位阶相同。因此，A 项错误。

法官依据法律规定认定 5 万元属于"彩礼"，当然是基于法律层面。因此，B 项正确。

法官依法判决，属于演绎推理而非当然推理。因此，C 项错误。

原《最高人民法院关于适用〈中华人民共和国婚姻法〉若干问题的解释（二）》不属于基本法律，而是司法解释。因此，D 项错误。

对应章节 » 第二章第四节"法律推理"

131. [答案] AD

[解析] 法适用的一般原理就是法律决定既要在形式上符合法律规定，具有可预测性，又

要在内容上符合法的精神和价值，具有正当性。因此，A项正确。

检察院依照法律规定作出个案判断，属于演绎推理而非归纳推理。因此，B项错误。

"并非因……引起"说明庭审主要解决的是因果关系问题，而因果关系的认定属于价值问题。因此，C项错误。

法庭主持调查和辩论就是为了弄清案件事实（即小前提），适用法律规定（即大前提）。因此，D项正确。

> 对应章节 ▶ 第二章第四节"法律推理"

132. [答 案] AD

[解 析] 法律不予调整的事项不属于法律漏洞的范围。法律漏洞是就"法内空间"而言的，友谊、爱情等社会关系和领域属于"法外空间"，当然不属于法律漏洞。因此，A项正确。

B项前半句正确，后半句错误。法律漏洞可以通过多种方式解决。

C项表述的法律漏洞属于明知漏洞而非明显漏洞。明显漏洞与隐藏漏洞相对，是指关于某个法律问题，法律应当积极规定却未予规定。明知漏洞是指立法者在立法之时意识到法律不完善或缺漏的存在，却有意不作规定，而将这一问题的解决保留给其他主体进行。因此，C项错误。

目的论扩张的适用情形正是法律的"潜在包含""词不达意""言不尽意"。因此，D项正确。

> 对应章节 ▶ 第二章第五节"法律漏洞的填补"

133. [答 案] D

[解 析] 法律漏洞是法律内的、不符合立法目的的缺失，而非简单的法律的缺失。因此，A项错误。

对于"辞不尽意"的法律漏洞应采用目的论扩张的方法予以弥补。因此，B项错误。

法律漏洞的有无涉及事实判断，但在更多的情况下，它是个价值判断的问题——比如说，一个法条有没有漏洞，不同人看并不一样，需要法官进行价值判断。因此，C项错误。

目的论限缩的解释与缩小解释、目的论扩张的解释与扩大解释的区别主要在于有无改变法律规范的适用范围，缩小解释、扩大解释都是在既定的适用范围之内对字词的意义予以解释，而目的论限缩的解释、目的论扩张的解释则可以基于法律规范的目的对法律规范的适用范围予以限缩或扩张。因此，D项正确。

> 对应章节 ▶ 第二章第五节"法律漏洞的填补"

134. [答 案] C

[解 析] "对《民法典》的解释"就是"对前提的解释"，根据证成的分类，这属于外部证成。因此，A项正确，不当选。

法院根据居住权条款的立法目的，在房屋没有设立居住权的情形下，把李某纳入居住权的主体范围之内，人为扩大了居住权条款的适用范围，这一做法当然属于目的论扩张。因此，B项正确，不当选。

普通权利是法律规定的权利，基本权利是宪法规定的权利。所有权是基本权利而不是普通权利，居住权是普通权利而不是基本权利。因此，C 项错误，当选。

判决要符合立法目的，民法最根本的立法目的就是不能缺德，具体表现为诚实信用原则、公序良俗原则等，本题中法院捍卫了公序良俗原则，也就确保了判决的合目的性。因此，D 项正确，不当选。

> **对应章节** 第二章第五节"法律漏洞的填补"

135. [答案] AB

[解析] 法律以社会为基础，法律的起源与社会发展的进程相一致，都是马克思主义法学基本的原理。因此，A、B 项正确。

法律产生的根本原因不在于社会资源有限与人的欲求无限之间的矛盾，而在于特定的物质生活条件或曰物质基础。因此，C 项错误。

"解决社会冲突，分配社会资源，维持社会秩序"属于法的社会作用而非法的规范作用（指引、评价、教育、预测、强制）。因此，D 项错误。

> **对应章节** 第三章第一节"法的起源"

136. [答案] A

[解析] 法的发展的一般规律就是从个别调整到规范性调整。因此，A 项正确。

"始终"之类的绝对说法要小心。法并非"始终是"社会调整的首要工具，近代以来法逐渐成为社会调整的首要工具。因此，B 项错误。

题干并未涉及经济因素和政治因素对法的产生的作用，而仅仅是从解决纠纷的角度谈到了法的产生。因此，C 项错误。

题干并未提及其他社会规范，更未提及法律与其他社会规范的区别。因此，D 项错误。

> **对应章节** 第三章第一节"法的起源"

137. [答案] BD

[解析] 情与法的冲突并非"总能"找到两全其美的解决方案，实际上，"法不容情"的例证比比皆是。因此，A 项错误。

中华法文化对伦理和亲情的重视，能为当代法治建设提供有益的借鉴。坚持从中国实际出发，就要汲取中华法律文化精华。因此，B 项正确。

孟子的方案部分地顾及了法律。在他的方案中，舜既不能以天子之权要求有司枉法，也不能罔顾亲情坐视父亲受刑，所以，舜不得与法律相对抗，只能窃父而逃。因此，C 项错误。

法律传统的差异会导致解决情、法矛盾的处理方式差异，比如，传统中华法系对家庭内部纠纷的解决，就与西方法律传统存在明显不同。因此，D 项正确。

> **对应章节** 第三章第二节"法的发展"

138. [答案] CD

[解析] 题干所引古文与古代名贤之士道德高尚没有任何关系。因此，A 项错误。

文中的"名分"是指事物在法律上的相应名义，与现代的"所有权"截然不同。

因此，B项错误。

"定分止争"是法家商鞅的典型思想。因此，C、D项正确。

对应章节>> 第三编第一章第一节"法律思想"

139. 答案 B

解析 法律移植的对象包括外国的法律、国际法律和判例。法律移植是对同时代不同国家、地区和国际法律制度、判例、惯例等法律渊源的借鉴。因此，A项错误。

法律移植的主要原因是社会和法律的发展不平衡。与之对照，法律继承的原因则在于对传统的承接和继受。因此，B项正确。

我国当前对美国诉讼法的吸收属于法律移植。只要是对同一时代不同空间如不同国家、地区和国际的法律制度、判例、惯例等法律渊源的借鉴，都叫作法律移植。因此，C项错误。

法律继承不必局限于本民族古代法。法律继承是指对不同历史时期法律的承接和继受，它也可以是近代法等其他历史时期的法律。因此，D项错误。

对应章节>> 第三章第二节"法的发展"

140. 答案 D

解析 普通法系又称普通法法系、英国法系、判例法系、英美法系，是指以英格兰中世纪的普通法为基础和传统产生与发展起来的法律的总称。因此，A项正确，不当选。

民法法系又称为大陆法系、罗马-德意志法系、法典法系，是指以古罗马法特别是以19世纪初《法国民法典》为传统产生和发展起来的法律的总称。该法系又分为法国支系和德国支系，前者凸显个人本位，后者强调社会利益。因此，B项正确，不当选。

在法律分类上，大陆法系一般采用公法、私法的划分，海洋法系以普通法和衡平法作为基本分类。因此，C项正确，不当选。

英美法系的正式渊源是判例法而非普通法和衡平法。因此，D项错误，当选。

对应章节>> 第三章第二节"法的发展"

141. 答案 BCD

解析 中国的法的现代化并非"自下而上的、渐进变革的"，而是"自上而下的、迅速变化的"。前一类型是内发型的法的现代化，后一类型是外源型的法的现代化。中国的法的现代化属于外源型。因此，A项错误。

随着朝代的更迭，一朝一代的制度很容易被废掉，但是，根植在民众头脑中的法律意识却不容易被更换。因此，B项正确。

外源型的法的现代化特点在于：被动性、反复性、依附性。外源型的法的现代化进程带有明显的工具色彩，一般被要求服务于政治、经济变革。因此，C项正确。

以收回领事裁判权为契机，中国法的现代化在制度层面上正式启动。因此，D项正确。

对应章节>> 第三章第三节"法的现代化"

142. 答案 C

解析 外源型法的现代化具有依附性，带有明显的工具色彩，其典型国家是俄国、印度、日本和清末的中国。内发型的法的现代化并非如此，其典型是西方文明背景下的西欧法的现代化。因此，A、B项错误。

外源型法的现代化过程中，外来因素是最初的推动力。因此，C项正确。

中国法的现代化的启动形式是立法主导型而非司法主导型。因此，D项错误。

> 对应章节 » 第三章第三节"法的现代化"

143. [答案] ACD

[解析] 法的发展深刻受制于它所在的社会条件，当下的中国特色社会主义市场经济产生了"网约车"这样的新经营模式时，法律应当理性对待，而不是一概排斥。因此，A项正确。

程某受到处罚，违背了"法无授权不可为"的法治原则。"法无授权不可为"是指国家机关在没有法律明文授权的情况下，不可行使公权力，否则就会造成公权力的滥用。因此，B项错误。

科学技术与时俱进，就对治理体系和治理能力提出了更高要求。因此，C项正确。

法治思维是规则思维、平等思维、权力受制约思维、程序思维，而以禁代管、以罚代管的做法恰恰无视规则，破坏平等，让权力不受制约，违背程序要求。因此，D项正确。

> 对应章节 » 第四章第二节"法与经济、政治、道德"

144. [答案] C

[解析] 根据禁止拒绝裁判原则，法院应当对诉讼进行裁判。禁止拒绝裁判原则是指法官不得以法律没有规定或规定不清楚为理由而拒绝作出裁判。也就是说，除了法律明确规定不受理、不裁判的诉求之外，其他诉求法院必须予以裁判。因此，A项错误。

科技发展引发的问题可以通过其他手段如政策、伦理道德加以解决，而非只能通过法律解决。因此，B项错误。

法的局限性的表现之一就是立法跟不上形势，出现空白。因此，C项正确。

法律对科技的调整不仅是在事后，而且包括在事前。立法应当具有一定的前瞻性，对可能出现的问题进行事前的预防。因此，D项错误。

> 对应章节 » 第四章第二节"法与经济、政治、道德"

145. [答案] D

[解析]《儿童权利公约》属于国际条约，不是国际惯例。国际条约是国家与国家之间缔结的成文的正式文件，国际惯例是国际裁决机构的判例所体现或确认的不成文的习惯。因此，A项错误。

小雨并非本案中法律关系的主体，法律关系的主体是特定法律关系中行使权利、履行义务的特定主体，小雨作为孩子，并不在本案的法律关系中行使权利、履行义务，而只是被抚养的对象。因此，B项错误。

在审判中，裁决所依据的规定、规范、规则、原则都属于大前提而非小前提。因此，C项错误。

非法代孕与子女监护权归属的法律问题实为科技发展与法律之间的问题，当然体现了法的最深层次的本质（法的物质制约性）。因此，D项正确。

> 对应章节 » 第四章第二节"法与经济、政治、道德"

146. 答案 CD

解析 甲死亡的事实属于法律事实，本身就属于法内空间而非法外空间。因此，A 项错误。

在本案中出现的"死亡"这一法律概念，并未因为科技发展而具有新的含义。因此，B 项错误。

"往往"这一说法不绝对，很妥当，"法律往往滞后于科技改革"也符合常识。因此，C 项正确。

法律的进步与现实的发展并不完全同步，法的相对滞后性常常在具体案件中造成法律与社会之间的矛盾，而恰当的法律解释则有助于妥善处理案件、缓解二者之间的矛盾。因此，D 项正确。

对应章节 » 第四章第二节"法与经济、政治、道德"

147. 答案 A

解析 "法律""国家政策"都是法的渊源，前者是正式渊源，后者是非正式渊源。因此，A 项当选。

"法律没有规定的，应当遵守国家政策"，不是规定了法与政策的一般关系，而是规定了法和政策的适用顺序。因此，B 项不当选。

本条法律规定属于"原则"而非"规则"，它规定了"裁判原则"，而不是"裁判规则"。因此，C 项不当选。

法律关系是在法律规范调整社会关系的过程中所形成的人与人之间的权利和义务关系，此处并无"人与人之间的权利和义务"可言。因此，D 项不当选。

对应章节 » 第四章第二节"法与经济、政治、道德"

148. 答案 ACD

解析 控权的着眼点在于用程序规范权力的行使，而不是单纯的弱化权力。因此，A 项正确。所谓控权，是指权力必须按照法定的程序行使，而按照程序来行使权力，可以是对权力的弱化，也可以是对权力的强化。

"只控制公权"，不仅与题干没有联系，而且是与常识相悖的。因此，B 项错误。

C 项题干有明确表示，即"控权，即对权力在形式和实质上的合法性的强调"。因此，C 项正确。

"程序""法律的制约"等词组表明，权力制约权力、权利制约权力实际上也应当是在法律范围内的制约和法律程序上的制约。因此，D 项正确。

对应章节 » 第四章第二节"法与经济、政治、道德"

149. 答案 C

解析 公权力不可能也不得超越政治。因此，A 项错误。

只要不违法不违纪，公职人员可以获得在公职外的个人利益。因此，B 项错误。

公权力必须得到制约和监督，这是全面依法治国的要求。因此，C 项正确。

公权力行使的依据既包括"国法"，也包括党纪党规等其他规范，"仅限于"的说法过于片面。因此，D 项错误。

对应章节 » 第四章第二节"法与经济、政治、道德"

第二编　宪法学

第一章　宪法基本理论

1. 根据我国宪法的规定，一切国家机关和武装力量、各政党和各社会团体、各企业事业组织的根本活动准则，是下列哪一选项？（2023-回忆版-单）
   A. 宪法和法律　　　　　　　　　　B. 党章
   C. 章程　　　　　　　　　　　　　D. 法规

2. 我国《立法法》明确规定："宪法具有最高的法律效力，一切法律、行政法规、地方性法规、自治条例和单行条例、规章都不得同宪法相抵触。"关于这一规定的理解，下列哪一选项是正确的？（2016/1/22-单）
   A. 该条文中两处"法律"均指全国人大及其常委会制定的法律
   B. 宪法只能通过法律和行政法规等下位法才能发挥它的约束力
   C. 宪法的最高法律效力只是针对最高立法机关的立法活动而言的
   D. 维护宪法的最高法律效力需要完善相应的宪法审查或者监督制度

3. 根据宪法分类理论，下列哪一选项是正确的？（2012/1/21-单）
   A. 成文宪法也叫文书宪法，只有一个书面文件
   B. 1215 年的《自由大宪章》是英国宪法的组成部分
   C. 1830 年法国宪法是钦定宪法
   D. 柔性宪法也具有最高法律效力

4. 成文宪法和不成文宪法是英国宪法学家提出的一种宪法分类。关于成文宪法和不成文宪法的理解，下列哪一选项是正确的？（2017/1/21-单）
   A. 不成文宪法的特点是其内容不见于制定法
   B. 宪法典的名称中必然含有"宪法"字样
   C. 美国作为典型的成文宪法国家，不存在宪法惯例
   D. 在程序上，英国不成文宪法的内容可像普通法律一样被修改或者废除

5. 关于宪法的分类，下列哪一选项是正确的？（2018-回忆版-单）
   A. 世界上第一部宪法是 1787 年的《美国宪法》，欧洲的第一部宪法是 1791 年的《法国宪法》
   B. 中国是典型的刚性宪法国家，宪法的修改程序严于普通法律，宪法修正案要求全国人大全体代表的 2/3 以上多数表决通过，普通法律只需要 1/2 以上表决通过即可
   C. 在成文宪法国家，宪法典就是通常意义上的宪法，而在不成文宪法国家，其宪法往往体现为实质意义上的宪法性法律、宪法惯例等形式
   D. 1889 年的《明治宪法》和 1830 年的《法国宪法》是两部典型的钦定宪法

6. 我国宪法规定了"一切权力属于人民"的原则。关于这一规定的理解，下列选项正确的是：（2016/1/91-任）

A. 国家的一切权力来自并且属于人民

B. "一切权力属于人民"仅体现在直接选举制度之中

C. 我国的人民代表大会制度以"一切权力属于人民"为前提

D. "一切权力属于人民"贯穿于我国国家和社会生活的各领域

7. 宪法的渊源即宪法的表现形式。关于宪法渊源，下列哪一表述是错误的？（2015/1/21-单）

A. 一国宪法究竟采取哪些表现形式，取决于历史传统和现实状况等多种因素

B. 宪法惯例实质上是一种宪法和法律条文无明确规定、但被普遍遵循的政治行为规范

C. 宪法性法律是指国家立法机关为实施宪法典而制定的调整宪法关系的法律

D. 有些成文宪法国家的法院基于对宪法的解释而形成的判例也构成该国的宪法渊源

8. 综观世界各国成文宪法，结构上一般包括序言、正文和附则三大部分。对此，下列哪一表述是正确的？（2016/1/21-单）

A. 世界各国宪法序言的长短大致相当

B. 我国宪法附则的效力具有特定性和临时性两大特点

C. 国家和社会生活诸方面的基本原则一般规定在序言之中

D. 新中国前三部宪法的正文中均将国家机构置于公民的基本权利和义务之前

9. 关于宪法的分类、宪法渊源和宪法典的结构，下列哪一说法是正确的？（2020-回忆版-单）

A. 成文宪法都是刚性宪法

B. 一般来说，不成文宪法都是柔性宪法

C. 英美法系国家中，作为宪法渊源的宪法判例均有明文规定

D. 我国现行《宪法》在序言部分明确了公民的基本权利和义务

10. 关于宪法的渊源与结构，下列哪一选项是错误的？（2020-回忆版-单）

A. 在成文宪法国家，宪法典就是通常意义上的宪法，而在不成文宪法国家，其宪法往往体现为实质意义上的宪法性法律、宪法惯例等形式

B. 宪法惯例实质上是一种无明文规定但被普遍遵循的政治行为规范

C. 有些成文宪法国家的法院基于对宪法的解释而形成的判例也构成该国的宪法渊源

D. 我国现行《宪法》正文的排列顺序是：总纲、公民的基本权利和义务、国家机构以及国旗、国歌、国徽、首都、附则

11. 我国《宪法》中第5条第3款规定："一切法律、行政法规和地方性法规都不得同宪法相抵触。"关于该款宪法规范，下列哪一选项是正确的？（2021-回忆版-单）

A. 该款宪法规范属于确认性规范

B. 该款宪法规范属于宣言性规范

C. 在逻辑结构上，该款宪法规范没有规定法律后果

D. 在逻辑结构上，该款宪法规范规定了行为模式

12. 关于宪法规范，下列哪一说法是不正确的？（2013/1/22-单）

A. 具有最高法律效力

B. 在我国的表现形式主要有宪法典、宪法性法律、宪法惯例和宪法判例

C. 是国家制定或认可的、宪法主体参与国家和社会生活最基本社会关系的行为规范

D. 权利性规范与义务性规范相互结合为一体，是我国宪法规范的鲜明特色

13. 我国《宪法》第38条明确规定："中华人民共和国公民的人格尊严不受侵犯。"关于该条文所表现的宪法规范，下列哪些选项是正确的？（2015/1/61-多）
    A. 在性质上属于组织性规范
    B. 通过《民法通则》（现为《民法典》）中有关姓名权的规定得到了间接实施
    C. 法院在涉及公民名誉权的案件中可以直接据此作出判决
    D. 与法律中的有关规定相结合构成一个有关人格尊严的规范体系

14. 维护国家主权和领土完整，维护国家统一是我国宪法的重要内容，体现在《宪法》和法律一系列规定中。关于我国宪法对领土的效力，下列表述正确的是：（2012/1/89-任）
    A. 领土包括一个国家的陆地、河流、湖泊、内海、领海以及它们的底床、底土和上空（领空）
    B. 领土是国家的构成要素之一，是国家行使主权的空间，也是国家行使主权的对象
    C. 《宪法》在国土所有领域的适用上无任何差异
    D. 《宪法》的空间效力及于国土全部领域，是由主权的唯一性和不可分割性决定的

15. 关于宪法效力的说法，下列选项正确的是：（2014/1/94-任）
    A. 宪法修正案与宪法具有同等效力
    B. 宪法不适用于定居国外的公民
    C. 在一定条件下，外国人和法人也能成为某些基本权利的主体
    D. 宪法作为整体的效力及于该国所有领域

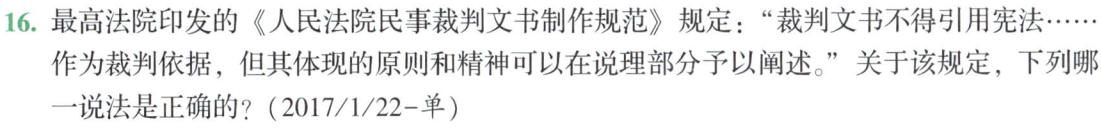

16. 最高法院印发的《人民法院民事裁判文书制作规范》规定："裁判文书不得引用宪法……作为裁判依据，但其体现的原则和精神可以在说理部分予以阐述。"关于该规定，下列哪一说法是正确的？（2017/1/22-单）
    A. 裁判文书中不得出现宪法条文
    B. 当事人不得援引宪法作为主张的依据
    C. 宪法对裁判文书不具有约束力
    D. 法院不得直接适用宪法对案件作出判决

17. 根据我国现行法律的规定和宪法基本理论，关于宪法，下列哪些选项是正确的？（2019-回忆版-多）
    A. 我国各级人民法院作出的判决不能援引宪法
    B. 近代以来，宪法具有鲜明的政治性
    C. 我国现行《宪法》中不存在权利义务相结合的宪法规范
    D. 我国华侨受到中国宪法的保护

第二章 我国宪法的制定、实施、监督和宪法宣誓

18. 宪法的制定是指制宪主体按照一定程序创制宪法的活动。关于宪法的制定，下列哪一选项是正确的？（2015/1/20-单）
    A. 制宪权和修宪权是具有相同性质的根源性国家权力
    B. 人民可以通过对宪法草案发表意见来参与制宪的过程
    C. 宪法的制定由全国人民代表大会以全体代表的2/3以上的多数通过

D. 1954年《宪法》通过后,由中华人民共和国主席根据全国人民代表大会的决定公布

19. 关于宪法的历史发展,下列哪一选项是不正确的?(2014/1/21-单)
    A. 资本主义商品经济的普遍化发展,是近代宪法产生的经济基础
    B. 1787年美国宪法是世界历史上的第一部成文宪法
    C. 1918年《苏俄宪法》和1919年德国《魏玛宪法》的颁布,标志着现代宪法的产生
    D. 行政权力的扩大是中国宪法发展的趋势

20. 1949年9月29日,中国人民政治协商会议第一届全体会议正式通过《共同纲领》。对此,下列哪些选项是正确的?(2019-回忆版-多)
    A. 《共同纲领》起到了临时宪法的作用
    B. 《共同纲领》确认人民代表大会制度为我国的政权组织形式
    C. 《共同纲领》规定人民享有广泛的民主权利
    D. 《共同纲领》规定了男女同权和男女婚姻自由

21. 关于宪法实施,下列哪一选项是不正确的?(2012/1/22-单)
    A. 宪法的遵守是宪法实施最基本的形式
    B. 制度保障是宪法实施的主要方式
    C. 宪法解释是宪法实施的一种方式
    D. 宪法适用是宪法实施的重要途径

22. 关于宪法实施,下列哪些说法是正确的?(2023-回忆版-多)
    A. 宪法实施包括宪法的遵守、适用与宪法实施的保障
    B. 宪法的适用包括宪法解释与宪法监督
    C. 宪法实施的保障包括政治保障、社会保障、法律保障
    D. 在我国,宪法实施有间接性,没有直接性

23. 宪法修改是指有权机关依照一定的程序变更宪法内容的行为。关于宪法的修改,下列选项正确的是:(2016/1/93-任)
    A. 凡宪法规范与社会生活发生冲突时,必须进行宪法修改
    B. 我国宪法的修改可由1/5以上的全国人大代表提议
    C. 宪法修正案由全国人民代表大会公告公布施行
    D. 我国1988年《宪法修正案》规定,土地的使用权可依照法律法规的规定转让

24. 关于我国宪法修改,下列哪一选项是正确的?(2014/1/22-单)
    A. 我国修宪实践中既有对宪法的部分修改,也有对宪法的全面修改
    B. 经1/10以上的全国人大代表提议,可以启动宪法修改程序
    C. 全国人大常委会是法定的修宪主体
    D. 宪法修正案是我国宪法规定的宪法修改方式

25. 关于2018年《宪法修正案》,下列说法错误的是:(2018-回忆版-任)
    A. 2018年《宪法修正案》是对1982年《宪法》的全面修改,共计21条修正案
    B. 2018年《宪法修正案》明确了监察委员会的宪法地位
    C. 2018年《宪法修正案》增加了习近平新时代中国特色社会主义思想
    D. 2018年《宪法修正案》体现了宪法与时俱进、全面发展

26. 宪法解释是保障宪法实施的一种手段和措施。关于宪法解释，下列选项正确的是：（2015/1/94-任）

   A. 由司法机关解释宪法的做法源于美国，也以美国为典型代表
   B. 德国的宪法解释机关必须结合具体案件对宪法含义进行说明
   C. 我国的宪法解释机关对宪法的解释具有最高的、普遍的约束力
   D. 我国国务院在制定行政法规时，必然涉及对宪法含义的理解，但无权解释宪法

27. 关于2018年《宪法》修改的说法，下列哪些选项是正确的？（2019-回忆版-多）

   A.《宪法修正案》首次将党的领导写进《宪法》正文
   B. 在爱国统一战线中首次增加"致力于中华民族伟大复兴的爱国者"
   C. 进一步明确我国将长期处于社会主义初级阶段
   D.《宪法修正案》首次将核心价值观写入《宪法》序言

28. 关于规范性文件的说法，下列哪一选项是正确的？（2019-回忆版-单）

   A. 由第八届全国人民代表大会常务委员会第十五次会议通过的《体育法》是我国的基本法律
   B. 中国马术行业协会制定的《裁判员培训考核认证实施细则》应当向国务院备案
   C. 国家体育总局规章由国家体育总局局长办公会议审议通过
   D. 国家体育总局规章报国务院备案

29. 根据《立法法》，关于规范性文件的备案审查制度，下列哪些选项是正确的？（2017/1/66-多）

   A. 全国人大有关的专门委员会可对报送备案的规范性文件进行主动审查
   B. 自治县人大制定的自治条例与单行条例应按程序报全国人大常委会和国务院备案
   C. 设区的市市政府制定的规章应报本级人大常委会、市所在的省级人大常委会和政府、国务院备案
   D. 全国人大法律委员会经审查认为地方性法规同宪法相抵触而制定机关不予修改的，应向委员长会议提出予以撤销的议案或者建议

30. 关于宪法监督的方式，我国采取事先审查与事后审查相结合的方式。根据《立法法》的规定，关于我国宪法监督事先审查方式的说法，下列哪一选项是不正确的？（2022-回忆版-单）

   A. 自治区的自治条例和单行条例，报全国人大常委会批准后生效
   B. 自治州、自治县的自治条例和单行条例，报省、自治区、直辖市的人大常委会批准后生效
   C. 省、自治区、直辖市的地方性法规，报全国人大常委会批准后施行
   D. 设区的市、自治州的地方性法规，报省、自治区的人大常委会批准后施行

31. 第十三届全国人大常委会第二十五次会议对2020年以来报送备案的1310件行政法规、地方性法规、司法解释、香港特别行政区和澳门特别行政区法律等进行逐件审查；对公民、组织提出的属于全国人大常委会审查范围的3378件审查建议进行逐一研究，提出处理意见并及时反馈；围绕疫情防控、野生动物保护、食品药品安全、优化营商环境等5个方面进行专项审查和集中清理，发现需要修改或废止的规范性文件共3372件。关于备案审查制度，下列哪一说法是错误的？（2021-回忆版-单）

   A. 备案审查制度是完善严密的法治监督体系的重要内容

B. 宪法和法律委员会是我国的合宪性审查主体

C. 公民可以在全国人大常委会官网向全国人大常委会提出行政法规和地方性法规审查的建议

D. 要进一步加强备案审查能力建设

32. 某省人大常委会对其辖区内甲市政府报送的《甲市交通管理办法》进行审查时，发现该规章存在与上位法相抵触的情形。根据《宪法》和相关法律的规定，该省人大常委会的下列哪些做法是错误的？（2021-回忆版-多）

A. 致函甲市政府，提出审查研究意见和处理建议，由甲市政府主动纠正

B. 提出书面审查意见，转甲市人大常委会处理

C. 直接对该办法予以撤销

D. 直接对该办法进行修改

33. 根据省政府制定的地方规章，省质监部门对生产销售不合格产品的某公司予以行政处罚。被处罚人认为，该省政府规章违反《产品质量法》规定，不能作为处罚依据，遂向法院起诉，请求撤销该行政处罚。关于对该省政府规章是否违法的认定及其处理，下列哪一选项是正确的？（2012/1/25-单）

A. 由审理案件的法院进行审查并宣告其是否有效

B. 由该省人大审查是否违法并作出是否改变或者撤销的决定

C. 由国务院将其提交全国人大常委会进行审查并作出是否撤销的决定

D. 由该省人大常委会审查其是否违法并作出是否撤销的决定

34. 根据《立法法》的规定，下列哪些选项是不正确的？（2014/1/61-多）

A. 国务院和地方各级政府可以向全国人大常委会提出法律解释的要求

B. 经授权，行政法规可设定限制公民人身自由的强制措施

C. 专门委员会审议法律案的时候，应邀请提案人列席会议，听取其意见

D. 地方各级人大有权撤销本级政府制定的不适当的规章

35. 某设区的市的市政府依法制定了《关于加强历史文化保护的决定》。关于该决定，下列哪些选项是正确的？（2015/1/65-多）

A. 市人大常委会认为该决定不适当，可以提请上级人大常委会撤销

B. 法院在审理案件时发现该决定与上位法不一致，可以作出合法性解释

C. 与文化部有关文化保护的规定具有同等效力，在各自的权限范围内施行

D. 与文化部有关文化保护的规定之间对同一事项的规定不一致时，由国务院裁决

36. 2015 年 10 月，某自治州人大常委会出台了一部《关于加强本州湿地保护与利用的决定》。关于该法律文件的表述，下列哪一选项是正确的？（2016/1/27-单）

A. 由该自治州州长签署命令予以公布

B. 可依照当地民族的特点对行政法规的规定作出变通规定

C. 该自治州所属的省的省级人大常委会应对该《决定》的合法性进行审查

D. 与部门规章之间对同一事项的规定不一致不能确定如何适用时，由国务院裁决

37. 根据《宪法》和法律，关于我国宪法监督方式的说法，下列选项正确的是：（2016/1/94-任）

A. 地方性法规报全国人大常委会和国务院备案，属于事后审查

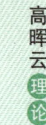

B. 自治区人大制定的自治条例报全国人大常委会批准后生效，属于事先审查
C. 全国人大常委会应国务院的书面审查要求对某地方性法规进行审查，属于附带性审查
D. 全国人大常委会只有在相关主体提出对某规范性文件进行审查的要求或建议时才启动审查程序

38. 宪法作为国家根本法，在国家和社会生活中发挥着重要作用。关于宪法作用和相关制度的说法，下列选项正确的是：（2018-回忆版-任）
   A. 宪法宣誓制度有利于宪法作用的发挥
   B. 宪法修改是宪法作用发挥的重要前提
   C. 宪法为避免法律体系内部冲突提供了具体机制
   D. 宪法能够为司法活动提供明确而直接的依据

39. 《全国人民代表大会常务委员会关于实行宪法宣誓制度的决定》于2016年1月1日起实施。关于宪法宣誓制度的表述，下列哪些选项是正确的？（2016/1/61-多）
   A. 该制度的建立有助于树立宪法的权威
   B. 宣誓场所应当悬挂中华人民共和国国旗或者国徽
   C. 宣誓主体限于各级政府、法院和检察院任命的国家工作人员
   D. 最高法院副院长、审判委员会委员进行宣誓的仪式由最高法院组织

40. 关于宪法宣誓制度的说法，下列哪些选项是正确的？（2019-回忆版-多）
   A. 宪法宣誓制度是我国现行《宪法》的明确规定
   B. 所有国家机关公务人员都要进行宪法宣誓
   C. 全国人民代表大会常务委员会任命或者决定任命的全体人员，其宣誓仪式由全国人大常委会委员长会议组织
   D. 国务院任命的国家工作人员的宣誓仪式由国务院组织

第三章 国家的基本制度

41. 根据《宪法》，关于中国人民政治协商会议，下列哪些选项是正确的？（2013/1/62-多）
   A. 中国人民政治协商会议是具有广泛代表性的统一战线组织
   B. 中国人民政治协商会议是重要的国家机关
   C. 中国共产党领导的多党合作和政治协商制度将长期存在和发展
   D. 中国共产党领导的爱国统一战线将继续巩固和发展

42. 我国宪法序言规定："中国共产党领导的多党合作和政治协商制度将长期存在和发展。"关于中国人民政治协商会议，下列选项正确的是：（2017/1/91-任）
   A. 由党派团体和界别代表组成，政协委员由选举产生
   B. 全国政协委员列席全国人大的各种会议
   C. 是中国共产党领导的多党合作和政治协商制度的重要机构
   D. 中国人民政治协商会议全国委员会和各地方委员会是国家权力机关

43. 关于爱国统一战线的说法，下列哪些选项是正确的？（2019-回忆版-多）
   A. 爱国统一战线是中国共产党为取得革命和建设的胜利而与各阶级组成的政治联盟
   B. 爱国统一战线的组织形式是中国人民政治协商会议，它是由中国共产党领导的民间组织

C. 爱国统一战线是我国人民民主专政的主要特色之一
D. "政协"不是国家机关，它属于人民团体

44. 人民代表大会制度是我国的根本政治制度。关于人民代表大会制度，下列表述正确的是：（2017/1/92-任）

    A. 国家的一切权力属于人民，这是人民代表大会制度的核心内容和根本准则
    B. 各级人大都由民主选举产生，对人民负责，受人民监督
    C. "一府两院"都由人大产生，对它负责，受它监督
    D. 人民代表大会制度是实现社会主义民主的唯一形式

45. 与西方议会制度相比，我国的人民代表大会制度自有其内容和特点。对此，下列哪一选项是正确的？（2020-回忆版-单）

    A. 在机关设置上的两院制
    B. 人大代表任职的专职制
    C. 人民代表大会的全权性
    D. 人大代表选任的限任制

46. 根据《宪法》的规定，下列哪些选项是正确的？（2012/1/60-多）

    A. 社会主义的公共财产神圣不可侵犯
    B. 社会主义的公共财产包括国家的和集体的财产
    C. 国家可以对公民的私有财产实行无偿征收或征用
    D. 土地的使用权可以依照法律的规定转让

47. 根据《宪法》规定，关于我国基本经济制度的说法，下列选项正确的是：（2014/1/95-任）

    A. 国家实行社会主义市场经济
    B. 国有企业在法律规定范围内和政府统一安排下，开展管理经营
    C. 集体经济组织实行家庭承包经营为基础、统分结合的双层经营体制
    D. 土地的使用权可以依照法律的规定转让

48. 社会主义公有制是我国经济制度的基础。根据现行《宪法》的规定，关于基本经济制度的表述，下列哪一选项是正确的？（2016/1/23-单）

    A. 国家财产主要由国有企业组成
    B. 城市的土地属于国家所有
    C. 农村和城市郊区的土地都属于集体所有
    D. 国营经济是社会主义全民所有制经济，是国民经济中的主导力量

49. 根据我国《宪法》的规定，下列说法错误的是：（2018-回忆版-任）

    A. 城市的土地属于国家所有。农村和城市郊区的土地，除有法律规定属于国家所有的以外，属于集体所有
    B. 宅基地、自留地、自留山属于集体所有
    C. 国家为了公共利益的需要，可以对土地实行征收或征用并给予补偿
    D. 土地的所有权可以依照法律的规定转让

50. 某村处在草原地区，经勘探，发现该村周边草原下蕴藏着一座煤矿。根据我国现行《宪

法》的规定，关于草原和煤矿所有权，下列表述正确的是：（2023-回忆版-任）

A. 草原及煤矿都属于该村集体所有

B. 草原只能属于该村集体所有

C. 煤矿可以属于该村集体所有

D. 草原可以属于该村集体所有，煤矿只能属于国家所有

51. 我国《宪法》第13条第1、2款规定："公民的合法的私有财产不受侵犯。国家依照法律规定保护公民的私有财产权和继承权。"关于这一规定，下列哪些说法是正确的？（2017/1/61-多）

A. 国家不得侵犯公民的合法的私有财产权

B. 国家应当保护公民的合法的私有财产权不受他人侵犯

C. 对公民私有财产权和继承权的保护和限制属于法律保留的事项

D. 国家保护公民的合法的私有财产权，是我国基本经济制度的重要内容之一

52. 关于宪法与文化制度的关系，下列哪一选项是不正确的？（2012/1/23-单）

A. 宪法规定的文化制度是基本文化制度

B.《魏玛宪法》第一次比较全面系统规定了文化制度

C. 宪法规定的公民文化教育权利是文化制度的重要内容

D. 保护知识产权是我国宪法规定的基本文化权利

53. 近代意义宪法产生以来，文化制度便是宪法的内容。关于两者的关系，下列哪一选项是不正确的？（2013/1/23-单）

A. 1787年美国宪法规定了公民广泛的文化权利和国家的文化政策

B. 1919年德国魏玛宪法规定了公民的文化权利

C. 我国现行宪法对文化制度的原则、内容等做了比较全面的规定

D. 公民的文化教育权、国家机关的文化教育管理职权和文化政策，是宪法文化制度的主要内容

54. 关于国家文化制度，下列哪些表述是正确的？（2015/1/62-多）

A. 我国宪法所规定的文化制度包含了爱国统一战线的内容

B. 国家鼓励自学成才，鼓励社会力量依照法律规定举办各种教育事业

C. 是否较为系统地规定文化制度，是社会主义宪法区别于资本主义宪法的重要标志之一

D. 公民道德教育的目的在于培养有理想、有道德、有文化、有纪律的社会主义公民

55. 文化制度是宪法的重要内容之一。对此，下列哪一说法是不正确的？（2023-回忆版-单）

A. 1919年《魏玛宪法》第一次比较全面系统地规定了文化制度

B. "推广普通话"是我国宪法规定的基本文化制度的内容

C.《专利法》是我国宪法规定的基本文化制度的内容的延伸

D. 我国宪法明确规定了公民出版文学艺术作品的自由属于基本文化制度的范畴

56. 国家的基本社会制度是国家制度体系中的重要内容。根据我国宪法规定，关于国家基本社会制度，下列哪一表述是正确的？（2015/1/22-单）

A. 国家基本社会制度包括发展社会科学事业的内容

B. 社会人才培养制度是我国的基本社会制度之一

C. 关于社会弱势群体和特殊群体的社会保障的规定是对平等原则的突破
D. 社会保障制度的建立健全同我国政治、经济、文化和生态建设水平相适应

57. 我国的基本社会制度是基于经济、政治、文化、社会、生态文明五位一体的社会主义建设的需要，在社会领域所建构的制度体系。关于国家的基本社会制度，下列哪些选项是正确的？（2016/1/62-多）

A. 我国的基本社会制度是国家的根本制度
B. 社会保障制度是我国基本社会制度的核心内容
C. 职工的工作时间和休假制度是我国基本社会制度的重要内容
D. 加强社会法的实施是发展与完善我国基本社会制度的重要途径

58. 维护国家主权和领土完整，维护国家统一是我国宪法的重要内容，体现在《宪法》和法律一系列规定中。关于我国的国家结构形式，下列选项正确的是：（2012/1/90-任）

A. 我国实行单一制国家结构形式
B. 维护宪法权威和法制统一是国家的基本国策
C. 在全国范围内实行统一的政治、经济、社会制度
D. 中华人民共和国是一个统一的国际法主体

59. 维护国家主权和领土完整，维护国家统一是我国宪法的重要内容，体现在《宪法》和法律一系列规定中。关于我国的行政区域划分，下列说法不成立的是：（2012/1/91-任）

A. 是国家主权的体现
B. 属于国家内政
C. 任何国家不得干涉
D. 只能由《宪法》授权机关进行

60. 根据《宪法》的规定，关于国家结构形式，下列哪一选项是正确的？（2013/1/24-单）

A. 从中央与地方的关系上看，我国有民族区域自治和特别行政区两种地方制度
B. 县、市、市辖区部分行政区域界线的变更由省、自治区、直辖市政府审批
C. 经济特区是我国一种新的地方制度
D. 行政区划纠纷或争议的解决是行政区划制度内容的组成部分

61. 根据《宪法》规定，关于行政建置和行政区划，下列选项正确的是：（2014/1/96-任）

A. 全国人大批准省、自治区、直辖市的建置
B. 全国人大常委会批准省、自治区、直辖市的区域划分
C. 国务院批准自治州、自治县的建置和区域划分
D. 省、直辖市、地级市的人民政府决定乡、民族乡、镇的建置和区域划分

62. 根据《宪法》和法律法规的规定，关于我国行政区划变更的法律程序，下列哪一选项是正确的？（2015/1/23-单）

A. 甲县欲更名，须报该县所属的省级政府审批
B. 乙省行政区域界线的变更，应由全国人大审议决定
C. 丙镇与邻近的一个镇合并，须报两镇所属的县级政府审批
D. 丁市部分行政区域界线的变更，由国务院授权丁市所属的省级政府审批

63. 第十二届全国人大常委会第二十九次会议通过了《国歌法》并于2017年10月1日起施行。根据《宪法》和《国歌法》的规定，关于国歌，下列哪一选项是错误的？（2018-回忆版-单）

A. 国歌是国家的象征和标志
B. 宪法宣誓仪式上应奏唱国歌
C. 国歌应加入中小学教育
D. 国歌是历部宪法中不可缺少的内容

64. 关于国歌的说法，下列哪些选项是错误的？（2020-回忆版-多）

A. 各级机关举行或者组织的重大庆典上应当奏唱国歌
B. 国歌可以作为公共场所的背景音乐
C. 奏唱国歌可以使用简谱记载的国歌标准演奏曲谱
D. 公民可以在国庆节等重要的国家法定节日于广播电台点播国歌

65. 根据我国宪法和《国旗法》《国徽法》《国歌法》的有关规定，关于国家标志的说法，下列哪些选项是错误的？（2021-回忆版-多）

A. 机场、港口、火车站每日升挂国旗
B. 所有政府机关应当悬挂国徽
C. 宪法宣誓时，应当同时升挂国旗、悬挂国徽并且奏唱国歌
D. 国旗、国歌、国徽、首都、国家主席均为国家标志

66. 关于《选举法》和平等权，下列选项正确的是：（2021-回忆版-任）

A. 宪法保护的平等权禁止任何选举权上的差别对待
B. 省、自治区、直辖市应选全国人民代表大会代表名额，由根据该地区人口数计算确定的名额数构成
C. 每一代表所代表的城乡人口数相同
D. 城市代表和农村代表名额必须相同

67. 根据《选举法》和相关法律的规定，关于选举的主持机构，下列哪一选项是正确的？（2016/1/24-单）

A. 乡镇选举委员会的组成人员由不设区的市、市辖区、县、自治县的人大常委会任命
B. 县级人大常委会主持本级人大代表的选举
C. 省人大在选举全国人大代表时，由省人大常委会主持
D. 选举委员会的组成人员为代表候选人的，应当向选民说明情况

68. 根据《地方各级人民代表大会和地方各级人民政府组织法》的规定，云南省人大常委会第二十四次会议决定："我省县乡两级人民代表大会代表换届选举工作安排在2021年7月1日同步开始进行，2021年12月31日前选举产生新一届县乡两级人民代表，并依在代表选举产生后2个月内召开新一届县乡两级人民代表大会第一次会议。"对此，下列哪一选项是正确的？（2021-回忆版-单）

A. 县、乡人大代表的选举由省级人大常委会主持
B. 县人大代表由乡人大代表选举
C. 乡人大有权选举乡人大主席、副主席、乡长、副乡长、镇长、副镇长
D. "同步进行"是指县选举的人大代表同时也是乡人大代表

69. 根据《宪法》和法律的规定，关于选举程序，下列哪些选项是正确的？（2013/1/60-多）

A. 乡级人大接受代表辞职，须经本级人民代表大会过半数的代表通过
B. 经原选区选民30人以上联名，可以向县级的人民代表大会常务委员会书面提出罢免乡级人大代表的要求

C. 罢免县级人民代表大会代表，须经原选区 2/3 以上的选民通过
D. 补选出缺的代表时，代表候选人的名额必须多于应选代表的名额

70. 根据《选举法》的规定，关于选举制度，下列哪些选项是正确的？（2014/1/62-多）
A. 全国人大和地方人大的选举经费，列入财政预算，由中央财政统一开支
B. 全国人大常委会主持香港特别行政区全国人大代表选举会议第一次会议，选举主席团，之后由主席团主持选举
C. 县级以上地方各级人民代表大会举行会议的时候，1/3 以上代表联名，可以提出对由该级人民代表大会选出的上一级人大代表的罢免案
D. 选民或者代表 10 人以上联名，可以推荐代表候选人

71. 甲市乙县人民代表大会在选举本县的市人大代表时，乙县多名人大代表接受甲市人大代表候选人的贿赂。对此，下列哪些说法是正确的？（2015/1/63-多）
A. 乙县选民有权罢免受贿的该县人大代表
B. 乙县受贿的人大代表应向其所在选区的选民提出辞职
C. 甲市人大代表候选人行贿行为属于破坏选举的行为，应承担法律责任
D. 在选举过程中，如乙县人大主席团发现有贿选行为应及时依法调查处理

72. 根据宪法和法律的规定，关于人大代表的资格终止情形，下列哪些选项是正确的？（2018-回忆版-多）
A. 被行政拘留的
B. 未经批准 1 次不出席本级人大会议的
C. 被判处管制并附加剥夺政治权利的
D. 丧失行为能力的

73. 下列哪一情况下，人大代表要终止代表资格？（2021-回忆版-单）
A. 被刑事羁押，正在接受审判的
B. 迁出或者调离本单位的
C. 未经批准 2 次缺席本级人大会议的
D. 被判处管制正在服刑，但未被剥夺政治权利的

74. 根据宪法和法律的规定，关于人大代表的资格终止情形，下列哪一选项是正确的？（2021-回忆版-单）
A. 迁出原工作单位或原选区的
B. 未经批准 2 次不出席本级人大会议的
C. 被依法判处管制、拘役或有期徒刑的
D. 不履行人大代表义务的

75. 关于一般议案、质询案的说法，下列选项正确的是：（2018-回忆版-任）
A. 1 个代表团或者 30 名以上的全国人大代表，可以向本级人大和本级人大常委会提出议案和质询案
B. 本级法院、检察院可以向本级人大和本级人大常委会提出议案
C. 县级以上人大的专门委员会可以向本级人大和本级人大常委会提出议案
D. 5 名以上乡级人大代表可以向本级人大提出议案和质询案

76. 根据《宪法》和法律的规定，关于全国人大代表的权利，下列哪些选项是正确的？（2016/1/64-多）
A. 享有绝对的言论自由
B. 有权参加决定国务院各部部长、各委员会主任的人选

C. 非经全国人大主席团或者全国人大常委会许可，一律不受逮捕或者行政拘留

D. 有 1/5 以上的全国人大代表提议，可以临时召集全国人民代表大会会议

77. 根据《宪法》和法律的规定，关于民族区域自治制度，下列哪些选项是正确的？（2014/1/63-多）

    A. 民族自治地方法院的审判工作，受最高法院和上级法院监督
    B. 民族自治地方的政府首长由实行区域自治的民族的公民担任，实行首长负责制
    C. 民族自治区的自治条例和单行条例报全国人大批准后生效
    D. 民族自治地方自主决定本地区人口政策，不实行计划生育

78. 根据《宪法》和法律的规定，关于民族自治地方自治权，下列哪一表述是正确的？（2015/1/24-单）

    A. 自治权由民族自治地方的权力机关、行政机关、审判机关和检察机关行使
    B. 自治州人民政府可以制定政府规章对国务院部门规章的规定进行变通
    C. 自治条例可以依照当地民族的特点对宪法、法律和行政法规的规定进行变通
    D. 自治县制定的单行条例须报省级人大常委会批准后生效，并报全国人大常委会备案

79. 根据我国民族区域自治制度，关于民族自治县，下列哪一选项是错误的？（2017/1/23-单）

    A. 自治机关保障本地方各民族都有保持或改革自己风俗习惯的自由
    B. 经国务院批准，可开辟对外贸易口岸
    C. 县人大常委会中应有实行区域自治的民族的公民担任主任或者副主任
    D. 县人大可自行变通或者停止执行上级国家机关的决议、决定、命令和指示

80. 关于我国民族区域自治制度的表述，下列哪一选项是不正确的？（2022-回忆版-单）

    A. 民族自治地方的自治机关是中央统一领导下的地方政权机关
    B. 民族自治地方人大常委会的主任和副主任，应当由实行区域自治的民族的公民担任
    C. 民族自治地方的自治机关依照国家的军事制度和当地的实际需要，经国务院批准，可以组织本地方维护社会治安的公安部队
    D. 自治州、自治县决定减税或者免税，须报省、自治区政府批准

81. 关于我国民族区域自治制度的表述，下列哪一选项是不正确的？（2022-回忆版-单）

    A. 民族自治地方的自治机关是自治区、自治州、自治县的人大和常委会
    B. 民族自治地方人大常委会的主任或副主任，应当由实行区域自治的民族的公民担任
    C. 自治县人大有权制定自治条例和单行条例，报省、自治区的人大常委会批准后生效
    D. 自治地方可优先开发本地方的自然资源，依法确定本地方内森林和草场的归属

82. 根据《香港特别行政区基本法》和《澳门特别行政区基本法》的规定，下列哪些选项是正确的？（2013/1/61-多）

    A. 对世界各国或各地区的人入境、逗留和离境，特别行政区政府可以实行入境管制
    B. 特别行政区行政长官依照法定程序任免各级法院法官、任免检察官
    C. 香港特别行政区立法会议员因行为不检或违反誓言而经出席会议的议员 2/3 通过谴责，由立法会主席宣告其丧失立法会议员资格
    D. 基本法的解释权属于全国人大常委会

83. 根据《宪法》和法律的规定，关于特别行政区，下列哪一选项是正确的？（2014/1/23-单）

    A. 澳门特别行政区财政收入全部由其自行支配，不上缴中央人民政府
    B. 澳门特别行政区立法会举行会议的法定人数为不少于全体议员的 2/3
    C. 非中国籍的香港特别行政区永久性居民不得当选为香港特别行政区立法会议员
    D. 香港特别行政区廉政公署独立工作，对香港特别行政区立法会负责

84. 澳门特别行政区依照《澳门基本法》的规定实行高度自治，享有行政管理权、立法权、独立的司法权和终审权。关于中央和澳门特别行政区的关系，下列哪一选项是正确的？（2016/1/25-单）

    A. 全国性法律一般情况下是澳门特别行政区的法律渊源
    B. 澳门特别行政区终审法院法官的任命和免职须报全国人大常委会备案
    C. 澳门特别行政区立法机关制定的法律须报全国人大常委会批准后生效
    D. 《澳门基本法》在澳门特别行政区的法律体系中处于最高地位，反映的是澳门特别行政区同胞的意志

85. 根据《宪法》和《香港特别行政区基本法》规定，下列哪一选项是正确的？（2017/1/24-单）

    A. 行政长官就法院在审理案件中涉及的国防、外交等国家行为的事实问题发出的证明文件，对法院无约束力
    B. 行政长官对立法会以不少于全体议员 2/3 多数再次通过的原法案，必须在 1 个月内签署公布
    C. 香港特别行政区可与全国其他地区的司法机关通过协商依法进行司法方面的联系和相互提供协助
    D. 行政长官仅从行政机关的主要官员和社会人士中委任行政会议的成员

86. 根据我国现行《宪法》和法律的规定，关于特别行政区的说法，下列哪一选项是正确的？（2019-回忆版-单）

    A. 全国人大常委会可以授权特别行政区立法会对基本法关于特别行政区自治范围内的条款自行解释
    B. 特别行政区立法会可以就基本法关于中央和特别行政区关系的条款提请全国人大予以解释
    C. 特别行政区行政长官可以根据立法会的建议，对行为不检的法官予以免职
    D. 特别行政区法院独立进行审判，不受任何干涉

87. 根据我国现行《宪法》和法律的规定，关于特别行政区的说法，下列哪些选项是正确的？（2019-回忆版-多）

    A. 香港特别行政区法院依照在香港特别行政区实施的法律审判案件，同时可以参考其他普通法适用地区的司法判例
    B. 香港特别行政区法院的法官，根据当地法官和法律界及其他方面知名人士组成的独立委员会推荐，由行政长官任命
    C. 香港特别行政区法院的法官只能由在外国无居留权的香港特别行政区永久性居民中的中国公民担任
    D. 香港特别行政区行政长官可对行为不检的法官予以免职

88. 2020年5月28日《全国人民代表大会关于建立健全香港特别行政区维护国家安全的法律制度和执行机制的决定》授权全国人大常委会制定相关法律，据此，2020年6月30日第十三届全国人大常委会第二十次会议通过了《香港特别行政区维护国家安全法》。对此，下列哪一选项是正确的？（2020-回忆版-单）

    A. 香港特别行政区可以自行制定有关国家安全的基本法律
    B. 根据法律规定，维护香港特别行政区的国家安全仅仅是香港同胞的义务
    C. 维护国家主权、统一和领土完整是香港特别行政区的宪制责任
    D. 香港特别行政区的国家安全事务均由香港特别行政区有关机关负责

89. 根据我国宪法和法律规定，关于特别行政区，下列哪些选项是错误的？（2020-回忆版-多）

    A. 特别行政区立法机关制定的法律，须报全国人大常委会备案，备案不影响该法律的生效
    B. 全国人大常委会将香港特别行政区立法机关报送备案的法律发回之后，该法律立即失效且不具有溯及力
    C. 只有全国人大常委会和特别行政区终审法院才有权解释基本法
    D. 立法会如果认为行政长官有严重违法的行为，以全体议员2/3多数通过，直接弹劾行政长官

90. 根据我国香港、澳门特别行政区基本法的规定，下列哪一选项是不正确的？（2022-回忆版-单）

    A. 香港特别行政区终审法院和高等法院的首席法官，应由在外国无居留权的香港特别行政区永久性居民中的中国公民担任
    B. 香港特别行政区的法官，根据当地法官和法律界及其他方面知名人士组成的独立委员会推荐，由行政长官征得立法会同意后任命，并报全国人民代表大会常务委员会备案
    C. 澳门特别行政区检察长由澳门特别行政区永久性居民中的中国公民担任，由行政长官提名，报中央人民政府任命
    D. 澳门特别行政区设立行政法院管辖行政诉讼和税务诉讼，不服行政法院裁决者，可向中级法院上诉

91. 根据《香港特别行政区基本法》及其附件一、附件二的规定，关于香港特区行政长官和候选人资格审查委员会，下列说法正确的有：（2023-回忆版-任）

    A. 香港特别行政区行政长官经选举或者协商产生，由中央政府任命
    B. 香港候选人资格审查委员会审查选举委员会候选人、特首候选人、立法会议员候选人资格
    C. 立法会主席由立法会议员选举产生
    D. 选举委员会的总召集人由担任国家领导职务的选举委员会委员担任

92. 根据《香港特别行政区基本法》的规定，关于香港特别行政区法官的任免，下列哪一说法是正确的？（2023-回忆版-单）

    A. 终审法院和高等法院的所有法官，都应由在外国无居留权的香港特别行政区永久性居民中的中国公民担任
    B. 在香港特别行政区的法官年满60周岁的情况下，行政长官可根据终审法院首席法官任命的不少于3名当地法官组成的审议庭的建议，对其予以免职
    C. 香港特别行政区的法官，根据当地法官或法律界及其他方面知名人士推荐，由行政长官

任命

D. 香港特别行政区的法官和其他司法人员,可以从其他普通法适用地区聘用

93. 关于香港特别行政区,下列哪一说法是正确的?(2023-回忆版-单)

A. 《香港国安法》不适用于不具有香港特别行政区永久性居民身份的人在香港特别行政区以外针对香港特别行政区实施的本法规定的犯罪

B. 危害国家安全犯罪案件的审判必须组成陪审团审理

C. 香港特别行政区维护国家安全委员会下设秘书处,秘书长由行政长官任命

D. 驻香港特别行政区维护国家安全的人员依法执行职务的行为,不受香港特别行政区管辖

94. 根据《香港国安法》的规定,下列哪一选项是正确的?(2021-回忆版-单)

A. 《国家安全法》是《香港国安法》的重要立法依据

B. 香港特别行政区维护国家安全委员会作出的决定不受司法复核

C. 警务处维护国家安全部门负责人由驻香港特别行政区维护国家安全公署提名,行政长官任命

D. 香港特别行政区维护国家安全委员会秘书处秘书长由行政长官任命

95. 根据《村民委员会组织法》的规定,下列哪一选项是正确的?(2012/1/26-单)

A. 村民委员会每届任期3年,村民委员会成员连续任职不得超过2届

B. 罢免村民委员会成员,须经投票的村民过半数通过

C. 村民委员会选举由乡镇政府主持

D. 村民委员会成员丧失行为能力的,其职务自行终止

96. 关于我国基层群众性自治组织的表述,下列哪一选项是错误的?(2022-回忆版-单)

A. 村民委员会是村民自我管理、自我教育、自我服务的基层群众性自治组织

B. 村民会议有权变更和撤销村民代表会议、村民委员会的不适当决定

C. 罢免村民委员会成员,须有登记参加选举的村民2/3以上投票,并须经投票的村民过半数通过

D. 村民委员会成员被判处刑罚的,其职务自动终止

97. 根据《宪法》和法律的规定,关于基层群众自治,下列哪一选项是正确的?(2014/1/25-单)

A. 村民委员会的设立、撤销,由乡镇政府提出,经村民会议讨论同意,报县级政府批准

B. 有关征地补偿费用的使用和分配方案,经村民会议讨论通过后,报乡镇政府批准

C. 居民公约由居民会议讨论通过后,报不设区的市、市辖区或者它的派出机关批准

D. 居民委员会的设立、撤销,由不设区的市、市辖区政府提出,报市政府批准

98. 某村村委会未经村民会议讨论,制定了土地承包经营方案,侵害了村民的合法权益,引发了村民的强烈不满。根据《村民委员会组织法》的规定,下列哪些做法是正确的?(2015/1/64-多)

A. 村民会议有权撤销该方案

B. 由该村所在地的乡镇级政府责令改正

C. 受侵害的村民可以申请法院予以撤销

D. 村民代表可以就此联名提出罢免村委会成员的要求

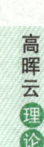

99. 某乡政府为有效指导、支持和帮助村民委员会的工作，根据相关法律法规，结合本乡实际作出了下列规定，其中哪一规定是合法的？（2016/1/26-单）
   A. 村委会的年度工作报告由乡政府审议
   B. 村民会议制定和修改的村民自治章程和村规民约，报乡政府备案
   C. 对登记参加选举的村民名单有异议并提出申诉的，由乡政府作出处理并公布处理结果
   D. 村委会组成人员违法犯罪不能继续任职的，由乡政府任命新的成员暂时代理至本届村委会任期届满

100. 杨某与户籍在甲村的村民王某登记结婚后，与甲村村委会签订了"不享受本村村民待遇"的"入户协议"。此后，杨某将户籍迁入甲村，但与王某长期在外务工。甲村村委会任期届满进行换届选举，杨某和王某要求参加选举。对此，下列说法正确的是：（2017/1/93-任）
   A. 王某因未在甲村居住，故不得被列入参加选举的村民名单
   B. 杨某因与甲村村委会签订了"入户协议"，故不享有村委会选举的被选举权
   C. 杨某经甲村村民会议或村民代表会议同意之后方可参加选举
   D. 选举前应当对杨某进行登记，将其列入参加选举的村民名单

101. 关于村庄治理，下列说法正确的是：（2018-回忆版-任）
   A. 村民代表应当对其推选户或者村民小组负责，接受村民监督
   B. 村务监督机构成员对村民委员会负责，可以列席村民委员会会议
   C. 村民委员会工作移交由村民选举委员会主持，由乡、民族乡、镇的人民政府监督
   D. 村民会议有权撤销或者变更村民委员会不适当的决定，有权撤销或者变更村民代表会议不适当的决定

102. 根据我国现行《宪法》和法律的规定，关于基层群众自治组织的说法，下列哪一选项是正确的？（2019-回忆版-单）
   A. 居民委员会、村民委员会同基层政权的相互关系由法律、行政法规等规定
   B. 居民委员会、村民委员会可以就本居住地区的公共事务和公益事业向人民政府反映群众的意见、要求和提出建议
   C. 居民委员会、村民委员会每届任期3年，其成员可以连选连任
   D. 曾经被判处刑罚的人不得参加居民委员会、村民委员会的选举

第四章　公民的基本权利和义务

103. 我国《宪法》第二章规定了"公民的基本权利"，对于宪法上的权利之所以被称为"基本权利"，下列选项的理由中，哪些是正确的？（2021-回忆版-多）
   A. 对公民来说不可或缺
   B. 是公民其他权利的基础
   C. 由《宪法》规定
   D. 涉及公民和国家之间的关系

104. 我国宪法明确规定："国家为了公共利益的需要，可以依照法律规定对公民的私有财产实行征收或者征用并给予补偿。"关于公民财产权限制的界限，下列选项正确的是：（2016/1/92-任）
   A. 对公民私有财产的征收或征用构成对公民财产权的外部限制

B. 对公民私有财产的征收或征用必须具有明确的法律依据

C. 只要满足合目的性原则即可对公民的财产权进行限制

D. 对公民财产权的限制应具有宪法上的正当性

105. 基本权利的效力是指基本权利规范所产生的拘束力。关于基本权利效力，下列选项正确的是：（2017/1/94-任）

A. 基本权利规范对立法机关产生直接的拘束力

B. 基本权利规范对行政机关的活动和公务员的行为产生拘束力

C. 基本权利规范只有通过司法机关的司法活动才产生拘束力

D. 一些国家的宪法一定程度上承认基本权利规范对私人产生拘束力

106. 关于基本权利，下列哪一说法是正确的？（2022-回忆版-单）

A. 同社会经济权利一样，文化教育权利也属于公民的积极受益权

B. 劳动、受教育既是公民的基本权利，又是公民的基本义务

C. 公民有权对任何国家机关和国家工作人员提出批评、建议、申诉、控告和检举

D. 公民在年老、疾病或者身体虚弱的情况下，有从国家和社会获得物质帮助的权利

107. 中华人民共和国公民在法律面前一律平等。关于平等权，下列哪一表述是错误的？（2015/1/25-单）

A. 我国宪法中存在一个关于平等权规定的完整规范系统

B. 犯罪嫌疑人的合法权利应该一律平等地受到法律保护

C. 在选举权领域，性别和年龄属于宪法所列举的禁止差别理由

D. 妇女享有同男子平等的权利，但对其特殊情况可予以特殊保护

108. 根据我国宪法规定，关于公民住宅不受侵犯，下列哪些选项是正确的？（2012/1/61-多）

A. 该规定要求国家保障每个公民获得住宅的权利

B. 《治安管理处罚法》第40条规定，非法侵入他人住宅的，视情节给予不同时日的行政拘留和罚款。该条规定体现了宪法保障住宅不受侵犯的精神

C. 《刑事诉讼法》第69条（现为第71条第1款第1项）规定，被取保候审的犯罪嫌疑人、被告人未经执行机关批准不得离开所居住的市、县。该条规定是对《宪法》规定的公民住宅不受侵犯的合理限制

D. 住宅自由不是绝对的，公安机关、检察机关为了收集犯罪证据、查获犯罪嫌疑人，严格依法对公民住宅进行搜查并不违宪

109. 根据《宪法》和法律的规定，下列哪些选项是不正确的？（2012/1/63-多）

A. 生命权是我国宪法明确规定的公民基本权利

B. 监督权包括批评建议权、控告检举权和申诉权

C. 《宪法》第43条第1款规定，中华人民共和国公民有休息的权利

D. 受教育既是公民的权利也是公民的义务

110. 关于《宪法》对人身自由的规定，下列哪一选项是不正确的？（2013/1/25-单）

A. 禁止用任何方法对公民进行侮辱、诽谤和诬告陷害

B. 生命权是《宪法》明确规定的公民基本权利，属于广义的人身自由权

C. 禁止非法搜查公民身体

D. 禁止非法搜查或非法侵入公民住宅

111. 王某为某普通高校应届毕业生，23 岁，尚未就业。根据《宪法》和法律的规定，关于王某的权利义务，下列哪一选项是正确的？（2014/1/24-单）
    A. 无需承担纳税义务
    B. 不得被征集服现役
    C. 有选举权和被选举权
    D. 有休息的权利

112. 某县政府以较低补偿标准进行征地拆迁。张某因不同意该补偿标准，拒不拆迁自己的房屋。为此，县政府责令张某的儿子所在中学不为其办理新学期注册手续，并通知财政局解除张某的女婿李某（财政局工勤人员）与该局的劳动合同。张某最终被迫签署了拆迁协议。关于当事人被侵犯的权利，下列选项正确的是：（2015/1/92-任）
    A. 张某的住宅不受侵犯权
    B. 张某的财产权
    C. 李某的劳动权
    D. 张某儿子的受教育权

113. 张某对当地镇政府干部王某的工作提出激烈批评，引起群众热议，被公安机关以诽谤他人为由行政拘留 5 日。张某的精神因此受到严重打击，事后相继申请行政复议和提起行政诉讼，法院依法撤销了公安机关《行政处罚决定书》。随后，张某申请国家赔偿。根据《宪法》和法律的规定，关于本案的分析，下列哪些选项是正确的？（2016/1/63-多）
    A. 王某因工作受到批评，人格尊严受到侵犯
    B. 张某的人身自由受到侵犯
    C. 张某的监督权受到侵犯
    D. 张某有权获得精神损害抚慰金

114. 某市执法部门发布通告："为了进一步提升本市市容和环境卫生整体水平，根据相关规定，全市范围内禁止设置各类横幅标语。"根据该通告，关于禁设横幅标语，下列哪一说法是正确的？（2017/1/25-单）
    A. 涉及公民的出版自由
    B. 不构成对公民基本权利的限制
    C. 在目的上具有正当性
    D. 涉及宪法上的合理差别问题

115. 关于《宪法》对人身自由的规定，下列选项正确的是：（2018-回忆版-任）
    A. 禁止用任何方法对公民进行侮辱、诽谤和诬告陷害
    B. 在诉讼过程中，为了搜集证据，法院可以对公民的电话进行监听
    C. 禁止非法搜查公民的身体
    D. 禁止非法搜查或者非法侵入公民的住宅

116. 关于公民的基本权利，下列哪些选项是错误的？（2020-回忆版-多）
    A. 对于公民的申诉、控告和检举，一切国家机关必须查清事实，负责处理，任何人不得压制和打击报复
    B. 我国公民有休息的权利，国家依照法律规定实行企业事业组织的职工和国家机关工作人员的退休制度，退休人员的生活受到国家和社会的保障
    C. 劳动既是权利又是义务。国家通过各种途径，创造劳动就业条件，加强劳动保护，改善劳动条件，并在发展生产的基础上，提高劳动报酬和福利待遇
    D. 在我国，为了国家安全或追查刑事犯罪的需要，公安机关、检察院、法院可以依法检查公民通信

117. 我国《宪法》第 13 条规定："公民的合法的私有财产不受侵犯。国家依照法律规定保护公

民的私有财产权和继承权。国家为了公共利益的需要，可以依照法律规定对公民的私有财产实行征收或者征用并给予补偿。"关于该条文，下列说法正确的是：（2021-回忆版-任）

A. 国家保护公民合法的私有财产不受侵犯
B. 一切国家机关、社会团体和个人都不得侵犯公民的合法私有财产
C. 国家保护私人财产属于国家的给付义务
D. 宪法条文中的"私有财产不受侵犯"是国家消极义务的表达

118. 根据《宪法》的规定，关于公民纳税义务，下列哪些选项是正确的？（2012/1/62-多）

A. 国家在确定公民纳税义务时，要保证税制科学合理和税收负担公平
B. 要坚持税收法定原则，税收基本制度实行法律保留
C. 纳税义务直接涉及公民个人财产权，宪法纳税义务具有防止国家权力侵犯其财产权的属性
D. 履行纳税义务是公民享有其他权利的前提条件

119. 我国现行《宪法》规定，公民有依法纳税的义务。对此，下列哪些选项是正确的？（2019-回忆版-多）

A. 宪法关于公民纳税义务的规定是我国确定税种、税率和税收征收管理法律规定的依据
B. 宪法关于公民纳税义务的规定并不具体，其具体内容由法律和行政法规等规定
C. 公民不依法纳税属于不履行宪法规定的基本义务
D. 只有年满18周岁的公民才负有依法纳税的义务

第五章 国家机构

120. 我国《宪法》第2条明确规定："人民行使国家权力的机关是全国人民代表大会和地方各级人民代表大会。"关于全国人大和地方各级人大，下列选项正确的是：（2015/1/91-任）

A. 全国人大代表全国人民统一行使国家权力
B. 全国人大和地方各级人大是领导与被领导的关系
C. 全国人大在国家机构体系中居于最高地位，不受任何其他国家机关的监督
D. 地方各级人大设立常务委员会，由主任、副主任若干人和委员若干人组成

121. 关于全国人大会议制度和有关职权的表述，下列哪一选项是正确的？（2022-回忆版-单）

A. 全国人大会议由全国人大常委会主持
B. 全国人大会议由全国人大主席团召集
C. 全国人大代表的选举由全国人大常委会主持
D. 全国人大批准省、自治区和直辖市的建置和区域划分

122. 全国人大常委会下设人大代表工作委员会。关于该委员会的职责，下列哪一说法是正确的？（2023-回忆版-单）

A. 该委员会的工作内容包括审查人大代表资格
B. 该委员会由人大选举产生，在人大开会时由人大领导，闭会时由人大常委会领导
C. 该委员会对所有审查工作全权负责
D. 该委员会可以确认代表资格无效

123. 根据我国《宪法》和法律的规定，关于全国人大的职权和全国人大代表的权利，下列哪些选项是错误的？（2020-回忆版-多）

    A. 全国人大审议通过的法律，由全国人大主席团公布后才产生法律效力
    B. 全国人大代表在各种会议上的发言和表决，不受法律追究
    C. 在全国人大闭会期间，全国人大代表非经全国人大常委会许可，不受逮捕和刑事审判
    D. 全国人大每年举行会议时，全国人大常委会、国务院、中央军委、最高人民法院、最高人民检察院向会议提出的工作报告，经各代表团审议后，会议可以作出相应决议

124. 根据我国现行《宪法》和相关法律的规定，下列哪一选项是正确的？（2020-回忆版-单）

    A. 全国人大选举产生国务院总理
    B. 全国人大选举产生国务院副总理
    C. 全国人大选举产生中央军委主席
    D. 全国人大选举产生中央军委副主席

125. 预算制度的目的是规范政府收支行为，强化预算监督。根据《宪法》和法律的规定，关于预算，下列表述正确的是：（2015/1/93-任）

    A. 政府的全部收入和支出都应当纳入预算
    B. 经批准的预算，未经法定程序，不得调整
    C. 国务院有权编制和执行国民经济和社会发展计划、国家预算
    D. 全国人大常委会有权审查和批准国家的预算和预算执行情况的报告

126. 关于撤职案，下列哪些选项是错误的？（2021-回忆版-多）

    A. 全国人大常委会有权对其产生的国家机关组成人员进行撤职
    B. 中央军委主席有权向全国人大常委会提出针对中央军委其他组成人员的撤职案
    C. 委员长会议有权向全国人大常委会提出针对国务院组成人员的撤职案
    D. 地方各级人大常委会的撤职对象是地方"一府两院"中除正职外的其他组成人员

127. 根据我国《宪法》和法律的规定，关于国家勋章和国家荣誉称号制度的说法，下列哪些选项是正确的？（2021-回忆版-多）

    A. 国务院有权向全国人大常委会提出授予国家勋章、国家荣誉称号的议案
    B. 全国人大常委会授权国家主席决定授予国家勋章和国家荣誉称号
    C. 国家勋章和国家荣誉称号为国家最高荣誉
    D. 国家勋章和国家荣誉称号的撤销由全国人大常委会依法决定并予以公告

128. 根据《国家勋章和国家荣誉称号法》规定，下列哪一选项是正确的？（2017/1/26-单）

    A. 共和国勋章由全国人大常委会提出授予议案，由全国人大决定授予
    B. 国家荣誉称号为其获得者终身享有
    C. 国家主席进行国事活动，可直接授予外国政要、国际友人等人士"友谊勋章"
    D. 国家功勋簿是记载国家勋章和国家荣誉称号获得者的名录

129. 关于国家勋章和国家荣誉称号的说法，下列哪一选项是不正确的？（2022-回忆版-单）

    A. 国家荣誉称号的具体名称由全国人大常委会在决定授予时确定
    B. 国务院、中央军事委员会可以向全国人大常委会提出授予国家勋章、国家荣誉称号的

议案

C. 国家勋章包括"共和国勋章"，不包括"友谊勋章"

D. 国家主席进行国事活动，可以直接授予外国政要、国际友人等人士"友谊勋章"

130. 根据我国《宪法》和法律关于国家勋章和国家荣誉称号的规定，下列哪些选项是正确的？（2021-回忆版-多）

A. 国家勋章和国家荣誉称号是国家最高荣誉

B. 全国人大常委会有权决定国家勋章和国家荣誉称号的授予

C. 国务院可以向全国人大常委会提出授予国家勋章和国家荣誉称号的议案

D. 全国人大常委会可以依法决定对国家勋章和国家荣誉称号予以撤销

131. 根据《宪法》和法律的规定，关于2019年我国第九次特赦的说法，下列哪些选项是正确的？（2019-回忆版-多）

A. 全国人大常委会决定特赦并发布特赦令

B. 我国的特赦"只赦其刑，不赦其罪"

C. 经特赦的犯罪人再犯罪不构成累犯

D. 我国的第九次特赦并不是法外开恩的决定，不是法治原则的例外

132. 某县人大闭会期间，赵某和钱某因工作变动，分别辞去县法院院长和检察院检察长职务。法院副院长孙某任代理院长，检察院副检察长李某任代理检察长。对此，根据《宪法》和法律，下列哪一说法是正确的？（2017/1/27-单）

A. 赵某的辞职请求向县人大常委会提出，由县人大常委会决定接受辞职

B. 钱某的辞职请求由上一级检察院检察长向该级人大常委会提出

C. 孙某出任代理院长由县人大常委会决定，报县人大批准

D. 李某出任代理检察长由人大常委会决定，报上一级检察院和人大常委会批准

133. 根据我国《宪法》和法律的规定，下列哪一选项是正确的？（2023-回忆版-单）

A. 县级以上各级人大选举本级人民法院院长，须报上级人民法院院长提请该级人大常委会批准

B. 县级以上各级人大罢免本级人民检察院检察长，须报上级人民检察院检察长提请该级人大常委会批准

C. 县级以上各级人大罢免本级人民政府行政首长，须报上级人民政府行政首长提请该级人大常委会批准

D. 县级以上各级人大选举本级人民政府行政首长，须报上级党委批准

134. 根据《宪法》和《监督法》的规定，关于各级人大常委会依法行使监督权，下列选项正确的是：（2013/1/91-任）

A. 各级人大常委会行使监督权的情况，应当向本级人大报告，接受监督

B. 全国人大常委会可以委托下级人大常委会对有关法律、法规在本行政区域内的实施情况进行检查

C. 质询案以书面答复的，由受质询的机关的负责人签署

D. 依法设立的特定问题调查委员会在调查过程中，可以不公布调查的情况和材料

135. 根据《监督法》的规定，关于监督程序，下列哪一选项是不正确的？（2014/1/26-单）

A. 政府可委托有关部门负责人向本级人大常委会作专项工作报告

B. 以口头答复的质询案，由受质询机关的负责人到会答复

C. 特定问题调查委员会在调查过程中，应当公布调查的情况和材料

D. 撤职案的表决采用无记名投票的方式，由常委会全体组成人员的过半数通过

136. 根据《宪法》规定，关于全国人大的专门委员会，下列哪一选项是正确的？（2013/1/26-单）

A. 各专门委员会在其职权范围内所作决议，具有全国人大及其常委会所作决定的效力

B. 各专门委员会的主任委员、副主任委员由全国人大及其常委会任命

C. 关于特定问题的调查委员会的任期与全国人大及其常委会的任期相同

D. 全国人大及其常委会领导专门委员会的工作

137. 国家实行审计监督制度。为加强国家的审计监督，全国人大常委会于1994年通过了《审计法》，并于2006、2021年进行了修正。关于审计监督制度，下列哪些理解是正确的？（2016/1/65改编-多）

A. 《审计法》的制定与执行是在实施宪法的相关规定

B. 地方各级审计机关对本级人大常委会和上一级审计机关负责

C. 国务院各部门和地方各级政府的财政收支应当依法接受审计监督

D. 国有的金融机构和企业事业组织的财务收支应当依法接受审计监督

138. 国务院是我国最高国家权力机关的执行机关，是最高国家行政机关。对此，下列哪些说法是错误的？（2020-回忆版-多）

A. 国务院负责管理和领导对外事务，同外国缔结条约和协定

B. 全国人大常委会决定特别行政区进入紧急状态，国务院决定特别行政区的部分地区进入紧急状态

C. 国务院设立的审计机关在国务院总理领导下，依照法律规定独立行使审计监督权，不受其他行政机关、社会团体和个人的干涉

D. 国务院由正副总理、国务委员、组成部门正副首长和秘书长组成

139. 甲市政府对某行政事业性收费项目的依据和标准迟迟未予公布，社会各界意见较大。关于这一问题的表述，下列哪些选项是正确的？（2016/1/66-多）

A. 市政府应当主动公开该收费项目的依据和标准

B. 市政府可向市人大常委会要求就该类事项作专项工作报告

C. 市人大常委会组成人员可依法向常委会书面提出针对市政府不公开信息的质询案

D. 市人大举行会议时，市人大代表可依法书面提出针对市政府不公开信息的质询案

140. 中华人民共和国中央军事委员会领导全国武装力量。关于中央军事委员会，下列哪一表述是错误的？（2015/1/26-单）

A. 实行主席负责制 B. 每届任期与全国人大相同

C. 对全国人大及其常委会负责 D. 副主席由全国人大选举产生

141. 根据我国现行的《宪法》《监察法》等法律的规定，关于监察委的说法，下列哪一选项是正确的？（2019-回忆版-单）

A. 国家监察委员会领导地方各级监察委员会

B. 监察委员会对本级人大及其常委会负责，但是不向本级人大及其常委会报告工作

C. 监察机关调查涉嫌重大贪污贿赂等职务犯罪，情况紧急的，可以在技术调查之后补办批准手续

D. 监察机关独立行使监察权，不受任何机关、团体和个人的影响

142. 2020年8月，第十三届全国人大常委会第二十一次会议上，全国人大常委会首次听取国家监察委员会《关于开展反腐败国际追逃追赃工作情况的报告》的专项工作报告。对此，下列选项正确的是：（2021-回忆版-任）

A. 国家监察委员会作专项工作报告是接受全国人大常委会监督并对其负责的表现之一

B. 在全国人大常委会听取国家监察委员会的专项工作报告时，可邀请全国人大代表列席会议

C. 反腐败国际合作中，加强对反腐败国际追逃追赃工作的组织协调，是国家监察委员会的重要职责

D. 全国人大常委会组成人员可依据法律规定的程序就监察工作中的有关问题提出询问或质询

143. 我国宪法规定，法院、检察院和公安机关办理刑事案件，应当分工负责，互相配合，互相制约。对此，下列哪些选项是正确的？（2017/1/65-多）

A. 分工负责是指三机关各司其职、各尽其责

B. 互相配合是指三机关以惩罚犯罪分子为目标，通力合作，互相支持

C. 互相制约是指三机关按法定职权和程序互相监督

D. 公、检、法三机关之间的这种关系，是权力制约原则在我国宪法上的具体体现

答案及解析
Answers & Explanations

1. **答案** A

   解析 宪法规定，一切国家机关和武装力量、各政党和各社会团体、各企业事业组织，都必须以宪法和法律为根本的活动准则。因此，A项当选，B、C、D项不当选。

   对应章节 ▶ 第一章第一节"宪法的概念"

2. **答案** D

   解析 题干中第一处"法律"泛指一切法律规范，第二处"法律"才仅指全国人大及其常委会制定的法律。因此，A项错误。

   宪法具有直接约束力。因此，B项错误。宪法效力具有最高性与直接性。在整个法律体系中，宪法效力是最高的，不仅成为立法的基础，同时对立法行为与依据宪法进行的各种行为产生直接的约束力。《宪法》序言最后一个自然段明确规定了这一点。

我国宪法具有最高法律效力，并不是因为它是最高立法机关的产物，而是因为宪法具有正当性基础，即宪法是社会共同体的基本规则，是社会多数人共同意志的最高体现。因此，C 项错误。

维护宪法的最高法律效力需要完善相应的宪法审查或者监督制度。因此，D 项正确。

对应章节 » 第一章第一节"宪法的概念"

3. [答案] B

   [解析] 成文宪法是指具有统一法典形式的宪法，它可以是一个或多个书面文件。因此，A 项错误。例如，法国 1875 年宪法是法国历史上实施时间最长的一部成文宪法，但是，它却由三个宪法性文件组成，即《参议院组织法》《政权组织法》《国家政权机关相互关系法》。

   英国宪法是不成文宪法，其不具有统一法典的形式，散见于多种法律文书、宪法判例和宪法惯例，它们未见得自称为"宪法"，却实际上发挥着宪法的作用。因此，B 项正确。

   1830 年法国宪法是协定宪法，而不是钦定宪法。除此之外，英国 1215 年《自由大宪章》也是协定宪法。因此，C 项错误。

   柔性宪法是指制定、修改的机关和程序与一般法律相同的宪法，其法律效力和权威与一般法律同等。因此，D 项错误。

对应章节 » 第一章第一节"宪法的概念"

4. [答案] D

   [解析] 不成文宪法与制定法并不冲突——不成文宪法国家只是没有宪法典而已，并不是连制定法都没有，其宪法内容都是用非宪法典形式的制定法（宪法性法律等文件）加以规定的。因此，A 项错误。

   宪法典的名称不一定必然含有"宪法"字样，如《德意志联邦共和国基本法》。因此，B 项错误。

   美国虽然是成文宪法国家，但是也存在着相当多的宪法惯例。因此，C 项错误。

   英国是不成文宪法国家，在程序上，英国不成文宪法的内容可像普通法律一样被修改或者废除。因此，D 项正确。

对应章节 » 第一章第一节"宪法的概念"

5. [答案] C

   [解析] 1787 年《美国宪法》和 1791 年《法国宪法》分别是世界和欧洲第一部"成文宪法"而非"宪法"。因此，A 项错误。

   我国普通法律的表决通过是"过半数"而非"1/2 以上"，前者不包括半数，后者包括半数。因此，B 项错误。

   成文宪法国家即有宪法典的国家，其通常意义上的宪法就是指宪法典。不成文宪法国家是没有宪法典的国家，其宪法的表现形式是宪法性法律、宪法惯例、宪法判例等形式。因此，C 项正确。

   1889 年《明治宪法》属于钦定宪法，但是，1830 年《法国宪法》属于协定宪法。因此，D 项错误。

对应章节 » 第一章第一节"宪法的概念"

6. [答案] ACD

[解析] "一切权力属于人民"的原则简称人民主权原则，这一原则是现代宪法为国家组织规定的一个基本原则，主要阐明了国家权力的来源和归属的问题。所以，"一切权力属于人民"意味着国家的一切权力来自并且属于人民。因此，A项正确。

《宪法》第2条第3款规定："人民依照法律规定，通过各种途径和形式，管理国家事务，管理经济和文化事业，管理社会事务。"这充分说明"一切权力属于人民"体现在国家和社会生活的各个领域、各个层次和各个方面，而不是仅体现在直接选举制度之中。因此，B项错误，D项正确。

我国的人民代表大会制度以"一切权力属于人民"为前提。因此，C项正确。现行《宪法》第2条第1、2款规定："中华人民共和国的一切权力属于人民。人民行使国家权力的机关是全国人民代表大会和地方各级人民代表大会。"在这个意义上说，人民代表大会制度以主权在民为逻辑起点，而人民主权构成了人民代表大会制度最核心的基本原则。

对应章节 ▶ 第一章第二节"宪法的基本原则"

7. [答案] C

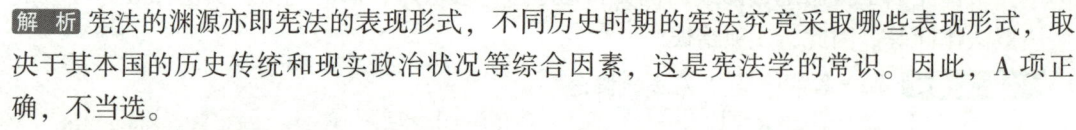

[解析] 宪法的渊源亦即宪法的表现形式，不同历史时期的宪法究竟采取哪些表现形式，取决于其本国的历史传统和现实政治状况等综合因素，这是宪法学的常识。因此，A项正确，不当选。

宪法惯例，是指宪法条文无明确规定，但在实际政治生活中已经存在，并为国家机关、政党及公众所普遍遵循，且与宪法具有同等效力的习惯或传统。因此，B项正确，不当选。

在有宪法典的国家，C项说法成立；但是在没有宪法典的国家，C项说法不成立。因此，C项说法以偏概全，错误，当选。

宪法判例也是宪法渊源之一。因此，D项正确，不当选。

对应章节 ▶ 第一章第三节"宪法的渊源与宪法典的结构"

8. [答案] D

[解析] 从形式上看，各国宪法序言的长短不尽相同。因此，A项错误。

我国现行《宪法》没有规定附则。因此，B项错误。

宪法序言一般并不规定"国家和社会生活诸方面"的基本原则，而主要围绕着"制宪的诸方面"展开。因此，C项错误。

新中国成立后的前三部宪法均将国家机构置于公民的基本权利和义务之前，1982年《宪法》调整了这种结构，将公民的基本权利和义务一章提到国家机构之前。因此，D项正确。

对应章节 ▶ 第一章第三节"宪法的渊源与宪法典的结构"

9. [答案] B

[解析] 成文宪法（有统一的宪法典）不一定都是刚性宪法（宪法制定、修改程序比普通法律更严格）。例如，哥伦比亚、智利、秘鲁等国虽然是成文宪法国家、有宪法典，但是，其宪法典的修改程序却与普通法律并无差别。因此，A项错误。

不成文宪法（没有统一的宪法典）一般都是柔性宪法（宪法制定、修改程序与普通法律相同），因为不成文宪法国家没有宪法典，只有宪法性法律等其他宪法渊源，所以，宪法规范的制定、修改程序与普通法律相同。因此，B项正确。

宪法判例是宪法没有明文规定，由司法机关在实践中形成的、具有宪法效力的判例。因此，C项错误。

我国公民的基本权利和义务规定在现行《宪法》的第二章，而非序言部分。因此，D项错误。

对应章节》 第一章第三节"宪法的渊源与宪法典的结构"

10. **[答案]** D

[解析] 成文宪法国家（有宪法典的国家）中的"宪法"一词通常就是指宪法典，而不成文宪法国家没有宪法典，只有宪法性法律、宪法惯例等形式。因此，A项正确，不当选。

宪法惯例就是没有宪法、法律上的明文规定，但是被普遍遵循的政治规范。因此，B项正确，不当选。

美国是成文宪法国家，与此同时，其还通过宪法判例形成宪法渊源。因此，C项正确，不当选。

我国现行《宪法》无附则，这是一个经典考点。因此，D项错误，当选。

对应章节》 第一章第三节"宪法的渊源与宪法典的结构"

11. **[答案]** D

[解析] 从宪法规范的分类来看，本条文包含"不得"，属于禁止性规范，而不属于确认性规范、宣言性规范。因此，A、B项错误。

由法理学的知识可知，在逻辑结构上，任何一个法律规则均包含假定条件、行为模式、法律后果。换句话说，在逻辑结构上，这三个要素缺一不可。因此，C项错误，D项正确。

注意，本题将宪法学与法理学混起来考，大家别被蒙蔽了。

对应章节》 第一章第四节"宪法规范与宪法效力"

12. **[答案]** B

[解析] 宪法规范与其他各种法律规范的区别就在于，宪法规范是最高国家权力机关制定的，其程序最严格、位阶最高，因而宪法规范具有最高效力。因此，A项正确，不当选。

我国只有宪法典、宪法性法律和宪法惯例，并无宪法判例。因此，B项错误，当选。

C项是宪法理论的常识。因此，C项正确，不当选。

从我国现行《宪法》的字面来看，规定公民权利义务时，往往使用授权性规范和义务性规范相结合的形式，由此，我国宪法规范表现出权利性规范与义务性规范相互结合为一体的鲜明特色。因此，D项正确，不当选。

对应章节》 第一章第四节"宪法规范与宪法效力"

13. **[答案]** BD

[解析] 这一条文属于权利性规范。因此，A项错误。

宪法在实施过程中主要是通过具体法律规范来作用于具体的人和事的。因此，B项正确。

我国宪法目前还不能作为判决的直接依据。因此，C项错误。

D项与我国宪法的规定相吻合。因此，D项正确。

对应章节 第一章第四节"宪法规范与宪法效力"

14. [答案] ABD

[解析] 领土包括一个国家的陆地、河流、湖泊、内海、领海以及它们的底床、底土和上空（领空），是主权国管辖的国家全部疆域。领土是国家的构成要素之一，是国家行使主权的空间，也是国家行使主权的对象。因此，A、B项正确。

宪法的普遍效力、最高效力并不意味着宪法机械地、无差别地适用于国土所有领域，比如，香港、澳门特别行政区可以有自己的变通规定。因此，C项错误。

任何一个主权国家的宪法的空间效力都及于国土的所有领域，这是由主权的唯一性和不可分割性所决定的，也是由宪法的根本法地位所决定的。因此，D项正确。

对应章节 第一章第四节"宪法规范与宪法效力"

15. [答案] ACD

[解析] 宪法修正案是宪法被修正的部分，它一旦被通过，就成为宪法的组成部分，当然与宪法具有同等效力。因此，A项正确。

作为法的一种，宪法同样具有法的对人效力、对事效力、时间效力和空间效力。因此，B项错误。

外国人和法人在一定的条件下也能成为某些基本权利的主体，在其享有基本权利的范围内，宪法效力适用于外国人和法人的活动。因此，C项正确。

一般来说，作为一国根本法，宪法适用于该国主权范围所及的全部领域，包括领土、领水及其底土和领空。根据有关国际条约的规定，一国的宪法和法律也可以适用于本国驻外使馆、在外船舶及飞机。因此，D项正确。

对应章节 第一章第四节"宪法规范与宪法效力"

16. [答案] D

[解析] 根据题干中最高院的规定，裁判文书中可以出现宪法条文，但不得引用宪法作为裁判依据。因此，A项错误。

当事人可以援引宪法作为主张的依据。宪法规定了公民的基本权利和基本义务，是一切相关法律规定和诉讼主张的根据，当事人当然可以加以援引。因此，B项错误。

宪法对裁判文书具有约束力。在法律效力上，宪法具有最高法律效力，即最高的约束力和强制力，包括裁判文书在内的任何法律文件都不得同宪法的内容、原则和精神相违背。因此，C项错误。

在我国，法院不得直接适用宪法对案件作出判决。因此，D项正确。

对应章节 第一章第四节"宪法规范与宪法效力"

17. [答案] BD

[解析] 人民法院的判决可以援引宪法，只是不能把宪法作为裁判依据，直接适用宪法作出判决。因此，A项错误。

政治性是宪法的本质属性之一。因此，B项正确。

劳动和受教育是权利与义务相结合的宪法规范。因此，C项错误。

华侨是定居在国外的中国公民，我国宪法效力适用于所有中国公民，当然包括华侨。因此，D项正确。

> 对应章节 » 第一章第四节"宪法规范与宪法效力"

18. [答案] B

[解析] 修宪权是依据制宪权而产生的权力形态。制宪权与修宪权是两种不同性质的权力。因此，A项错误。

现代宪法产生的过程中，人民可以通过对宪法草案发表意见来参与制宪的过程。因此，B项正确。

在世界范围内，不同国家通过宪法的主体和要求并不一样，有的国家要求宪法通过机关成员的2/3以上或3/4以上的多数赞成才有效，有的国家规定要通过全体投票、全民公决。因此，C项错误。

我国1954年《宪法》是第一届全国人民代表大会第一次会议以全国人民代表大会公告的形式公布的，自通过之日起生效。因此，D项错误。

> 对应章节 » 第二章第一节"我国宪法的制定"

19. [答案] D

[解析] 近代宪法产生的三大基础：经济基础（资本主义商品经济的普遍化发展）、政治基础（资产阶级革命国家建立及其民主制度形成）、思想基础（资产阶级启蒙思想，如民主、自由、平等、人权和法治等理论）。因此，A项正确，不当选。

1787年美国宪法是世界历史上的第一部成文宪法。因此，B项正确，不当选。

1900年之后的宪法都可以认定为现代宪法，其中就包括1918年《苏俄宪法》和1919年《魏玛宪法》。因此，C项正确，不当选。

"把权力关进制度的笼子里"是当前我国推进全面依法治国的常识之一，与之相适应，我国宪法发展的趋势是规范行政权力的行使，而不单单是行政权力的扩大。因此，D项错误，当选。

> 对应章节 » 第二章第一节"我国宪法的制定"

20. [答案] ABCD

[解析] 《共同纲领》是在新中国成立前期，召开全国人民代表大会制定宪法的时机还不成熟的背景下出台的，具有临时宪法性质。因此，A项正确。

《共同纲领》规定，中华人民共和国的国家政权属于人民。人民行使国家政权的机关为各级人民代表大会和各级人民政府。因此，B项正确。

《共同纲领》规定，人民有选举权和被选举权，有思想、言论、出版、集会、结社、通讯、人身、居住、迁徙、宗教信仰及示威游行的自由权。因此，C项正确。

《共同纲领》规定，妇女在政治的、经济的、文化教育的、社会的生活各方面，均有与男子平等的权利。实行男女婚姻自由。因此，D项正确。

> 对应章节 » 第二章第一节"我国宪法的制定"

21. [答案] B

解析 宪法实施通常包括宪法的遵守、宪法的适用和宪法实施的保障三个方面，其中，宪法的遵守是宪法实施最基本的形式。因此，A、D项正确，不当选。

宪法实施的保障可以分为三个方面：①政治保障；②社会保障；③法律保障。其中并无"制度保障"一说，更不要说"制度保障是宪法实施的主要方式"。因此，B项错误，当选。

宪法实施包括了宪法适用，宪法适用包括了宪法解释，所以，宪法解释当然是宪法实施的一种方式。因此，C项正确，不当选。

对应章节 》 第二章第二节"我国宪法的实施"

22. **答 案** ABC

解析 宪法理论认为，宪法实施既具有直接性，又具有间接性。因此，D项错误。

A、B、C项均符合宪法学基本理论的表述。因此，A、B、C项正确。

对应章节 》 第二章第二节"我国宪法的实施"

23. **答 案** BC

解析 "凡……必须"之类的绝对说法要小心。如果宪法规范与社会生活的冲突不大、不深刻，可以通过其他方式化解冲突，不一定非要修改宪法。因此，A项错误。

根据现行《宪法》第64条第1款的规定，宪法的修改，由全国人大常委会或者1/5以上的全国人大代表提议。因此，B项正确。

全国人大主席团公布宪法修正案是我国法律的明文规定。因此，C项正确。

1988年《宪法修正案》规定，土地的使用权可以依照"法律"的规定转让，其中并无"法规"。因此，D项错误。

对应章节 》 第二章第二节"我国宪法的实施"

24. **答 案** A

解析 我国修宪实践中既有对宪法的部分修改（共7次），也有对宪法的全面修改（共3次）。因此，A项正确。

根据现行《宪法》第64条第1款的规定，宪法修改的提案主体是全国人大常务委员会或者1/5以上的全国人大代表。因此，B项错误。

现行《宪法》明确规定了修宪主体是全国人大。因此，C项错误。

我国现行《宪法》并未明文规定宪法修正案是宪法修订的方式。因此，D项错误。

对应章节 》 第二章第二节"我国宪法的实施"

25. **答 案** A

解析 2018年《宪法修正案》是对1982年《宪法》的部分修改而非全面修改，它在保持现行《宪法》的权威性、连续性、稳定性的基础上与时俱进、全面发展。因此，A项错误，当选；D项正确，不当选。

2018年《宪法修正案》明确规定了监察委员会是国家的监察机关，明确了其宪法地位。因此，B项正确，不当选。

2018年《宪法修正案》在我国的指导思想中增加了"习近平新时代中国特色社会主义思想"。因此，C项正确，不当选。

对应章节》 第二章第二节"我国宪法的实施"

26. [答 案] ACD

[解 析] 由司法机关按照司法程序解释宪法的体制起源于美国。因此，A项正确。

宪法解释机关必须结合具体案件对宪法含义进行说明的应当是"美国"而非"德国"。因此，B项错误。

我国的宪法解释机关是全国人大常委会，它对宪法的解释等同于宪法本身，因而具有最高的、普遍的约束力。因此，C项正确。

行政法规是宪法的具体体现，行政法规的制定当然涉及对宪法含义的理解。解释宪法的权限仅属于全国人大常委会，国务院无权解释宪法。因此，D项正确。

对应章节》 第二章第二节"我国宪法的实施"

27. [答 案] AB

[解 析] 2018年《宪法修正案》首次将"党的领导"写入现行《宪法》第1条第2款，在其中增加规定"中国共产党领导是中国特色社会主义最本质的特征"。因此，A项正确。

2018年《宪法修正案》在《宪法》序言第十自然段关于爱国统一战线的组成中增加了"致力于中华民族伟大复兴的爱国者"。因此，B项正确。

"我国将长期处于社会主义初级阶段"是1999年《宪法修正案》的内容，而非2018年《宪法修正案》的内容。因此，C项错误。

2018年《宪法修正案》首次将核心价值观写入《宪法》正文第24条第2款，而非《宪法》序言。其表述为"国家倡导社会主义核心价值观"。因此，D项错误。

对应章节》 第二章第二节"我国宪法的实施"

28. [答 案] D

[解 析] 只有全国人大制定和修改的规范性文件才是基本法律。全国人大常委会制定、修改的规范性文件不属于基本法律，仅属于法律渊源中的"非基本法律"。因此，A项错误。

行业协会制定的细则不是向国务院备案，而是向主管部门备案。中国马术协会属于全国性、行业性、非营利性的社会组织，接受国家体育总局的业务指导和民政部的监督管理。因此，B项错误。

国家体育总局规章由体育总局局务会议审议通过。根据《国家体育总局规章和规范性文件制定程序规定》第32条的规定，规章草案和起草说明由政策法规司提请体育总局局务会议审议。规范性文件草案和起草说明由起草单位报送，经政策法规司核准后提请体育总局局长办公会议审议。因此，C项错误。

部门规章报国务院备案。根据《立法法》第109条第4项的规定，部门规章和地方政府规章报国务院备案；地方政府规章应当同时报本级人民代表大会常务委员会备案；设区的市、自治州的人民政府制定的规章应当同时报省、自治区的人民代表大会常务委员会和人民政府备案。因此，D项正确。

对应章节》 第二章第三节"我国宪法的监督"

29. [答 案] ABCD

[解 析] A项与法条相同，它规定的是专门委员会的主动审查权。因此，A项正确。

B项与法条相同，它规定的是自治县制定的自治条例和单行条例的备案程序。因此，B项正确。

C项与法条相同，它规定的是设区的市的政府规章的报备程序。因此，C项正确。

D项与法条相同，它规定的是专门委员会和常委会工作机构的撤销建议权。因此，D项正确。

> 对应章节 » 第二章第三节"我国宪法的监督"

30. [答案]C

[解析]自治区的自治条例和单行条例，报全国人大常委会批准后生效。因此，A项正确，不当选。

自治州、自治县的自治条例和单行条例，报省、自治区、直辖市的人大常委会批准后生效。因此，B项正确，不当选。

省、自治区、直辖市的地方性法规，适用备案程序而非批准程序，也就是报全国人大常委会和国务院备案。因此，C项错误，当选。

设区的市、自治州的地方性法规，报省、自治区的人大常委会批准后施行。因此，D项正确，不当选。

> 对应章节 » 第二章第三节"我国宪法的监督"

31. [答案]B

[解析]法治监督体系包括党内监督、人大监督、民主监督、行政监督、司法监督、审计监督、社会监督、舆论监督等一系列监督，其中，人大监督又包含了备案审查。因此，A、D项正确，不当选。

在规范性法律文件的审查上，国务院等法定的国家机关有权提出审查要求，其他主体如公民、社会组织等有权提出审查建议。因此，C项正确，不当选。

我国的宪法监督机关仅有全国人大及其常委会。全国人大宪法和法律委员会没有合宪性审查的职权，不是合宪性审查主体。因此，B项错误，当选。

> 对应章节 » 第二章第三节"我国宪法的监督"

32. [答案]CD

[解析]甲市政府的规章与上位法相抵触，可由甲市政府自行主动纠正。因此，A项正确，不当选。

甲市政府的规章可由甲市人大常委会予以撤销，所以该省人大常委会转到甲市人大常委会处理的做法合法。因此，B项正确，不当选。

对于辖区内的甲市政府，该省人大常委会没有立法上的审查职权，所以它无权直接改变或者撤销该《办法》。因此，C、D项错误，当选。

> 对应章节 » 第二章第三节"我国宪法的监督"

33. [答案]D

[解析]如果省政府规章违反《产品质量法》的规定，只能由该省人大常委会予以撤销该政府规章。因此，本题中只有D项正确，而A、B、C项均错误。《立法法》第107条第2项规定，下位法违反上位法规定的，按照本法第108条的规定处理。其中，"地方人民

代表大会常务委员会有权撤销本级人民政府制定的不适当的规章"。这说明，本题中，只有该省人大常委会有权撤销省政府规章。

> **对应章节** 第二章第三节"我国宪法的监督"

34. **[答案]** ABCD

    [解析] 地方各级政府并无提出法律解释要求的权限。因此，A 项错误，当选。

    对于公民政治权利和人身自由、犯罪和刑罚、司法制度，绝对只能以"法律"的形式加以规定，这被称为"绝对保留"。因此，B 项错误，当选。

    此处是"可以"而非"应"。因此，C 项错误，当选。

    这一权限只能由地方各级人大常委会来行使，地方各级人大没有这一权限。因此，D 项错误，当选。

    > **对应章节** 第二章第三节"我国宪法的监督"

35. **[答案]** CD

    [解析] 某设区的市的市政府制定的《关于加强历史文化保护的决定》属于地方政府规章，这是解题的关键。

    市人大常委会认为该决定不适当，可以直接予以撤销。因此，A 项错误。

    法院无权作出合法性解释，合法性解释是确定法律规范"对不对（合法不合法）"的解释，法院的权力仅限于"用不用"。在我国，合法性解释由全国人大常委会、最高法和最高检、国务院及其所属部门作出。因此，B 项错误。

    《立法法》第 102 条规定，部门规章之间、部门规章与地方政府规章之间具有同等效力，在各自的权限范围内施行。因此，C 项正确。

    《立法法》第 106 条第 1 款第 3 项规定，部门规章之间、部门规章与地方政府规章之间对同一事项的规定不一致时，由国务院裁决。因此，D 项正确。

    > **对应章节** 第二章第三节"我国宪法的监督"

36. **[答案]** C

    [解析] 某自治州人大常委会出台的《关于加强本州湿地保护与利用的决定》属于地方性法规，这是解题的关键。

    自治州制定的地方性法规不由州长签署命令公布，而是经所在省级人大常委会批准后，于本地人大常委会公报、中国人大网、本地方人大网站以及在本行政区域范围内发行的报纸上刊载，对外公布，简称"两网两报"。因此，A 项错误。

    地方性法规无此权限，只有自治条例和单行条例有权依照当地民族的特点，对法律和行政法规的规定作出变通规定。因此，B 项错误。

    地方性法规由谁批准，就由谁作出合法性审查。因此，C 项正确。

    与部门规章之间对同一事项的规定不一致不能确定如何适用时，应当是由国务院"提出意见"，而非"裁决"。因此，D 项错误。

    > **对应章节** 第二章第三节"我国宪法的监督"

37. **[答案]** AB

    [解析] 备案属于事后审查，批准属于事先审查。因此，A、B 项正确。

附带性审查由司法机关进行，全国人大常委会是立法机关，其审查不是附带性审查。因此，C项错误。

全国人大常委会除了根据要求或建议进行审查之外，还可以主动启动审查程序。因此，D项错误。

> 对应章节 » 第二章第三节"我国宪法的监督"

38. [答案] AB

    [解析] 宪法宣誓制度有利于增强公职人员的宪法意识，树立宪法权威，发挥宪法作用。因此，A项正确。

    宪法修改保证了宪法与时俱进、全面发展，避免宪法与现实脱节，有利于宪法发挥其作用。因此，B项正确。

    宪法规定最重要、最根本的内容，其宏观性、根本性决定了其本身并不提供冲突解决的具体机制，具体机制一般由下位法提供。因此，C项错误。

    我国宪法不得作为判决等司法活动的直接依据，只能被判决说理所引用。因此，D项错误。

> 对应章节 » 第二章第四节"宪法宣誓"

39. [答案] ABD

    [解析] 宪法宣誓制度的建立有助于树立宪法的权威，这是常识。因此，A项正确。

    《全国人民代表大会常务委员会关于实行宪法宣誓制度的决定》第8条第2款规定，宣誓场所应当庄重、严肃，悬挂中华人民共和国国旗或者国徽。因此，B项正确。

    宣誓主体包括各级人民代表大会及县级以上各级人民代表大会常务委员会选举或者决定任命的国家工作人员，以及各级人民政府、监察委员会、人民法院、人民检察院任命的国家工作人员。因此，C项错误。

    《全国人民代表大会常务委员会关于实行宪法宣誓制度的决定》于2018年进行了修订，修订后的决定第6条规定，全国人民代表大会常务委员会任命或者决定任命的国家监察委员会副主任、委员，最高人民法院副院长、审判委员会委员、庭长、副庭长、审判员和军事法院院长，最高人民检察院副检察长、检察委员会委员、检察员和军事检察院检察长，中华人民共和国驻外全权代表，在依照法定程序产生后，进行宪法宣誓。宣誓仪式由国家监察委员会、最高人民法院、最高人民检察院、外交部分别组织。因此，D项正确。

> 对应章节 » 第二章第四节"宪法宣誓"

40. [答案] AD

    [解析] 我国现行《宪法》第27条第3款规定，国家工作人员就职时应当依照法律规定公开进行宪法宣誓。因此，A项正确。

    "所有"之类的绝对说法要小心。只有被选举或者决定任命的国家工作人员才需要宪法宣誓。除此之外，经其他方式如考试录用产生的国家机关公务人员无须宪法宣誓。因此，B项错误。

    宪法宣誓的一般原则是"谁产生，谁组织"。全国人大常委会产生的人员原则上由全国人大常委会组织宪法宣誓，但是，有一部分人员的宣誓仪式由其他机关组织（国家监察委员会、最高法院、最高检察院、外交部的部分成员的宣誓由其所在单位组织)。因此，C项错误。

宪法宣誓的一般原则是"谁产生，谁组织"，国务院及其各部门、国家监察委员会、最高法院、最高检察院任命的国家工作人员的宣誓仪式由任命机关组织。因此，D项正确。

> **对应章节** 第二章第四节"宪法宣誓"

41. **答案** ACD

    解析 爱国统一战线的组织形式是中国人民政治协商会议，简称"政协"。因此，A项正确。

    中国人民政治协商会议不是国家机关，也不同于一般的人民团体。因此，B项错误。

    我国现行《宪法》在序言中规定，中国共产党领导的多党合作和政治协商制度将长期存在和发展。因此，C项正确。

    1993年第八届全国人民代表大会第一次会议通过了《宪法修正案》第3~11条，其中增加规定"中国共产党领导的多党合作和政治协商制度将长期存在和发展"。因此，D项正确。

    > **对应章节** 第三章第一节"基本政治制度"

42. **答案** C

    解析 政协委员并不是由选举产生，而是由邀请产生。因此，A项错误。

    全国政协委员并不能列席全国人大的各种会议，而是只能列席听取政府工作报告或参加对某项问题的讨论。因此，B项错误。

    中国人民政治协商会议是中国人民爱国统一战线的组织，是中国共产党领导的多党合作和政治协商的重要机构，是我国政治生活中发扬社会主义民主的重要形式，其主要职能是政治协商、民主监督、参政议政。因此，C项正确。

    政协既不是国家机关，也不是人民团体。因此，D项错误。

    > **对应章节** 第三章第一节"基本政治制度"

43. **答案** AC

    解析 爱国统一战线是政治联盟，贯穿了我国新民主主义革命时期和社会主义革命时期。因此，A项正确。

    中国人民政治协商会议是政治性组织而非民间组织，它同我国的权力机关即人大的活动有着密切联系。因此，B项错误。

    爱国统一战线以及中国共产党领导的多党合作和政治协商制度是我国人民民主专政的两大主要特色。因此，C项正确。

    "政协"既不是国家机关，也不属于人民团体，它是政治性组织。因此，D项错误。

    > **对应章节** 第三章第一节"基本政治制度"

44. **答案** ABC

    解析 我国《宪法》第2条第1、2款明确规定，中华人民共和国的一切权力属于人民。人民行使国家权力的机关是全国人民代表大会和地方各级人民代表大会。人民代表大会制度以主权在民为逻辑起点，而人民主权构成了人民代表大会制度最核心的基本原则。因此，A项正确。

我国《宪法》第3条第2款明确规定，全国人民代表大会和地方各级人民代表大会都由民主选举产生，对人民负责，受人民监督。因此，B项正确。

我国《宪法》第3条第3款明确规定，国家行政机关、监察机关、审判机关、检察机关都由人民代表大会产生，对它负责，受它监督。因此，C项正确。

实现社会主义民主的形式除了人民代表大会制度之外，还有中国人民政治协商会议，公民享有批评、建议的权利等。人民代表大会制度只是其中的基本形式而非唯一形式。因此，D项错误。

[对应章节]》第三章第一节"基本政治制度"

45．[答案]C

[解析]我国的人民代表大会是"议行合一"的权力机关，代表人民统一行使权力，不实行西方议会的两院制。因此，A项错误。

我国的人大代表是兼职而非专职性质。因此，B项错误。

人民代表大会的全权性，是指人民代表代表人民统一行使权力，人民代表大会在国家机关中居于最高地位，其他机关由它产生，对它负责，受它监督。这是我国现行《宪法》的明确规定。因此，C项正确。

我国的人大代表一任5年，连选连任没有限制，也就是说，我国并不实行代表选任的限任制。因此，D项错误。

[对应章节]》第三章第一节"基本政治制度"

46．[答案]ABD

[解析]《宪法》第12条规定："社会主义的公共财产神圣不可侵犯。国家保护社会主义的公共财产。禁止任何组织或者个人用任何手段侵占或者破坏国家的和集体的财产。"这说明，社会主义的公共财产包括国家的和集体的财产。因此，A、B项正确。

C项错在"无偿征收或征用"，应当是"依照法律规定征收或者征用并给予补偿"。因此，C项错误。

D项是1988年《宪法修正案》的内容。因此，D项正确。

[对应章节]》第三章第二节"基本经济制度"

47．[答案]AD

[解析]《宪法》第15条第1款规定，国家实行社会主义市场经济。因此，A项正确。

《宪法》第16条第1款规定，国有企业在法律规定的范围内有权自主经营（并非政府统一安排）。因此，B项错误。

《宪法》将"集体经济组织"分为两类，一类是农村的，另一类是城镇的。只有"农村"集体经济组织才会实行家庭承包经营为基础、统分结合的双层经营体制，而"城镇中的"集体经济组织并不是这样。因此，C项错误。

《宪法》第10条第4款规定，土地的使用权可以依照法律的规定转让。因此，D项正确。

[对应章节]》第三章第二节"基本经济制度"

48. [答案] B

[解析] 国家财产的主要部分包括国有企业和国有自然资源。因此，A项错误。

《宪法》第10条第1、2款规定，城市的土地属于国家所有。农村和城市郊区的土地原则上属于集体所有，但由法律规定属于国家所有的，属于国家所有。因此，B项正确，C项错误。

在1993年以前，社会主义全民所有制经济一般被称为国营经济。1993年以后，"国营经济"修改为"国有经济"。因此，D项错误。

对应章节 » 第三章第二节"基本经济制度"

49. [答案] D

[解析] 《宪法》第10条第1、2款规定，城市的土地属于国家所有。农村和城市郊区的土地，除由法律规定属于国家所有的以外，属于集体所有；宅基地和自留地、自留山，也属于集体所有。因此，A、B项正确，不当选。

国家为了公共利益的需要，可以依照法律规定对土地实行征收或者征用并给予补偿。因此，C项正确，不当选。

任何组织或者个人不得侵占、买卖或者以其他形式非法转让土地。土地的使用权（而非所有权）可以依照法律的规定转让。因此，D项错误，当选。

对应章节 » 第三章第二节"基本经济制度"

50. [答案] D

[解析] 我国《宪法》规定，矿藏、水流、森林、山岭、草原、荒地、滩涂等自然资源，都属于国家所有，即全民所有；由法律规定属于集体所有的森林和山岭、草原、荒地、滩涂除外。由此可知，草原可以属于集体所有，煤矿只能属于国家所有。因此，D项正确，A、B、C项错误。

对应章节 » 第三章第二节"基本经济制度"

51. [答案] ABCD

[解析] 《宪法》第13条第1款规定，公民的合法的私有财产不受侵犯。这里的"不受侵犯"是指不受任何侵犯，即使是国家也不得侵犯——国家依法对公民财产予以处置并不叫"侵犯"。因此，A项正确。

"公民的合法的私有财产不受侵犯"，意味着国家不仅不能侵犯，而且有义务阻止他人侵犯公民的合法私有财产权。因此，B项正确。

对公民私有财产权和继承权的保护和限制属于法律保留的事项，这是《立法法》的明确规定。因此，C项正确。

我国基本经济制度的内容主要包括社会主义市场经济体制、全民所有制经济、集体所有制经济、非公有制经济，以及社会主义公共财产和公民合法私有财产的有关规定。因此，D项正确。

对应章节 » 第三章第二节"基本经济制度"

52. [答案] D

[解析] 宪法是国家的根本法，在内容上，宪法规定一个国家最根本、最核心的问题，所

以，宪法规定的文化制度是基本文化制度。因此，A项正确，不当选。

1919年德国《魏玛宪法》第一次比较全面系统地规定了文化制度，后为许多资本主义国家宪法所效仿。因此，B项正确，不当选。

我国现行《宪法》对文化制度的规定包括：①国家发展教育事业；②国家发展科学事业；③国家发展文学艺术及其他文化事业；④国家开展公民道德教育。因此，C项正确，不当选。

现行《宪法》并未明确规定知识产权属于公民的基本权利；同时，知识产权的根本属性是财产权，它属于社会经济权利的范畴，并非基本文化权利。因此，D项错误，当选。

对应章节 » 第三章第三节"基本文化制度"

53. 答案 A

解析 美国宪法是世界上第一部成文宪法，当时只有52字的序言和7条本文，内容仅限于国家权力在联邦与州之间如何分配，以及"三权分立"。这一宪法既没涉及文化权利，也没涉及文化制度。对此详细规定的是1919年德国《魏玛宪法》。因此，A项错误，当选；B项正确，不当选。

我国现行《宪法》对文化制度的原则、内容作了比较全面和系统的规定。从内容来看，也的确如此，《宪法》序言将精神文明作为国家的根本任务。因此，C、D项正确，不当选。

对应章节 » 第三章第三节"基本文化制度"

54. 答案 BD

解析 爱国统一战线并不属于我国基本文化制度的内容，它是我国人民民主专政制度的特色。因此，A项错误。

现行《宪法》对文化制度的原则、内容等作了比较全面和系统的规定，其中包括国家发展教育事业。因此，B项正确。

社会主义宪法和资本主义宪法都对文化制度作出了规定。因此，C项错误。

现行《宪法》对文化制度的原则、内容等作了比较全面和系统的规定，其中也包括国家开展公民道德教育。因此，D项正确。

对应章节 » 第三章第三节"基本文化制度"

55. 答案 D

解析 1919年《魏玛宪法》不仅详尽地规定了公民的文化权利，还明确规定了国家的基本文化政策，它第一次比较全面系统地规定了文化制度。因此，A项正确，不当选。

《宪法》第19条第5款规定："国家推广全国通用的普通话。"因此，B项正确，不当选。

《宪法》第20条规定："国家发展自然科学和社会科学事业，普及科学和技术知识，奖励科学研究成果和技术发明创造。"据此，国家颁布了《专利法》《著作权法》等一系列单行法律法规以具体实施这一基本制度。因此，C项正确，不当选。

公民出版文学艺术作品的自由即出版自由，注意，重点是"出版"这个词，它属于公民政治权利和政治自由的内容，不属于基本文化制度的范畴。因此，D项错误，当选。

对应章节 » 第三章第三节 "基本文化制度"

56. 答案 B

解析 发展社会科学事业属于基本文化制度的内容。因此，A项错误。

我国现行《宪法》对基本社会制度的规定主要包括以下方面：社会保障制度、医疗卫生事业、劳动保障制度、人才培养制度、计划生育制度、社会秩序及安全维护制度。因此，B项正确。

保障弱势群体更好地体现了平等原则。因此，C项错误。

社会保障制度的建立健全只须与我国经济水平相适应，而无须与政治、文化和生态建设水平相适应。因此，D项错误。

对应章节 » 第三章第四节 "基本社会制度"

57. 答案 BCD

解析 我国的国家根本制度是社会主义制度，它不等于基本社会制度。因此，A项错误。

社会保障制度是基本社会制度的核心内容，甚至说狭义上的社会制度就是指社会保障制度。因此，B项正确。

我国现行《宪法》对基本社会制度的规定包括劳动保障制度，对此，宪法明确规定了职工的工作时间和休假制度。因此，C项正确。

社会法是宪法中基本社会制度的具体实施，加强社会法的实施顺理成章地成为发展与完善我国基本社会制度的重要途径。因此，D项正确。

对应章节 » 第三章第四节 "基本社会制度"

58. 答案 ABD

解析 现行《宪法》序言第十一自然段中规定："中华人民共和国是全国各族人民共同缔造的统一的多民族国家。"这一规定表明，单一制是我国的国家结构形式。因此，A项正确。

我国只有一部宪法，只有一套以宪法为基础的法律体系，维护宪法的权威和法制的统一是国家的基本国策。因此，B项正确。

我国在特别行政区实行"一国两制"，而不是机械地搞一套制度。因此，C项错误。

在对外关系方面，中华人民共和国是一个统一的国际法主体，公民具有统一的中华人民共和国国籍。因此，D项正确。

对应章节 » 第三章第五节 "国家结构形式"

59. 答案 D

解析 行政区划是国家主权的体现。因此，A项成立，不当选。

行政区划属于国家内政，国际社会应予以尊重，任何国家都不得干涉其他国家的行政区划。因此，B、C项成立，不当选。

行政区划可由《宪法》授权，还可由其他形式的法律规范授权。因此，D项不成立，当选。

对应章节 » 第三章第五节 "国家结构形式"

60. 答案 D

解析 从中央和地方的关系上看，我国的地方制度分为三种类型：普通行政区划、民族自治地方区划和特别行政区划。A项表述遗漏了"普通行政区划"这一数量最多的类型。因此，A项错误。

县、市、市辖区部分行政区域界线的变更应当是经国务院授权后，由省、自治区、直辖市政府审批。因此，B项错误。

经济特区不是地方制度，它并非行政区划，而是既定行政区划基础上享受政策优惠的"经济圈"。因此，C项错误。

行政区域划分制度包括行政区域划分的机关、原则、程序以及行政区域边界争议的处理等内容。因此，D项正确。

对应章节》 第三章第五节"国家结构形式"

61. **答案** AC

解析 省、自治区、直辖市的设立、撤销、更名，特别行政区的成立，应由全国人大审议决定。因此，A项正确。

有权参与行政区划决定的主体只有全国人大，国务院，省、自治区、直辖市人民政府，并无全国人大常委会。因此，B项错误。

省、自治区、直辖市行政区域界线的变更，自治州、县、自治县、市、市辖区的设立、撤销、更名或者隶属关系的变更，自治州、自治县的行政区域界线的变更，县、市的行政区域界线的重大变更，都须经国务院审批。因此，C项正确。

乡、民族乡、镇的设立、撤销、更名或者行政区域界线的变更，由省、自治区、直辖市人民政府审批。因此，D项错误。

对应章节》 第三章第五节"国家结构形式"

62. **答案** D

解析 县、市、市辖区部分行政区域界线的变更，由国务院授权省、自治区、直辖市人民政府审批。因此，A项错误。

省、自治区、直辖市行政区域界线的变更，自治州、县、自治县、市、市辖区的设立、撤销、更名或者隶属关系的变更，自治州、自治县的行政区域界线的变更，县、市的行政区域界线的重大变更，都须经国务院审批。因此，B项错误。

乡、民族乡、镇的设立、撤销、更名或者行政区域界线的变更，由省、自治区、直辖市人民政府审批。因此，C项错误。

县、市、市辖区部分行政区域界线的变更，由国务院授权省、自治区、直辖市人民政府审批。因此，D项正确。

对应章节》 第三章第五节"国家结构形式"

63. **答案** D

解析《国歌法》第3条第1款规定，中华人民共和国国歌是中华人民共和国的象征和标志。因此，A项正确，不当选。

《国歌法》第4条第3项规定，宪法宣誓仪式上应当奏唱国歌。因此，B项正确，不当选。

《国歌法》第11条规定，国歌纳入中小学教育。中小学应当将国歌作为爱国主义教育的重要内容，组织学生学唱国歌，教育学生了解国歌的历史和精神内涵、遵守国歌奏唱礼仪。因此，C项正确，不当选。

现行《宪法》的2004年修正案首次规定国歌为《义勇军进行曲》，在此之前，历部宪法并未对国歌作出规定。因此，D项错误，当选。

对应章节 第三章第六节"国家标志"

64. **答案** BCD

解析 应当奏唱国歌的场合包括各级机关举行或者组织的重大庆典。因此，A项正确，不当选。

国歌不得用于或者变相用于商标、商业广告，不得在私人丧事活动等不适宜的场合使用，不得作为公共场所的背景音乐等。因此，B项错误，当选。

《国歌法》规定的国歌标准演奏曲谱为五线谱而非简谱。因此，C项错误，当选。

公民不得以国歌作为电台点播歌曲，国歌须依法播放。因此，D项错误，当选。

对应章节 第三章第六节"国家标志"

65. **答案** ABCD

解析 只有"出入境"的机场、港口、火车站应当每日升挂国旗（它们属于要求宣示国家主权的场所），而不包括一般的机场、港口、火车站。因此，A项错误，当选。

"各级人民政府"而非"所有政府机关"应当悬挂国徽。因此，B项错误，当选。

宪法宣誓时，可以悬挂国旗并奏唱国歌，也可以悬挂国徽并奏唱国歌，而非三者齐备。因此，C项错误，当选。

国家主席不是国家标志。因此，D项错误，当选。

对应章节 第三章第六节"国家标志"

66. **答案** C

解析 我国《宪法》保护的平等权允许存在合理差别。因此，A项错误。

根据《选举法》第17条第2款的规定，全国人大代表名额数的构成有三：根据人口数计算确定的名额数、相同的地区基本名额数和其他应选名额数。B项表述漏掉了后二者。因此，B项错误。

选举名额分配的基本原则是每一代表所代表的城乡人口数相同，但是，这并不等于城市代表和农村代表名额相同。因此，C项正确，D项错误。

对应章节 第三章第七节"人大代表选举制度"

67. **答案** A

解析 乡镇选举委员会的组成人员由县级人大常委会会任命。因此，A项正确。

县级人大代表选举属于直接选举，由本地选举委员会主持。因此，B项错误。

全国人大代表由省级人大选举产生，省级人大选举全国人大代表时要开会进行，开会的主持机关是人大主席团而非省级人大常委会。因此，C项错误。

选举委员会的组成人员为代表候选人的，应当辞去选举委员会的职务，而不是说明情况。因此，D项错误。

对应章节 第三章第七节"人大代表选举制度"

68. [答案] C

[解析] 直接选举的主持机构为选举委员会，而不是人大常委会。因此，A 项错误。

直接选举的代表由选民直接选举产生。因此，B 项错误。

乡级人大的职权包括选举本级人大正副职，选举乡、镇政府正副职。因此，C 项正确。

"同步进行"是指县、乡两级人大代表选举同时举行，而不是两级代表相同。因此，D 项错误。

[对应章节] 第三章第七节"人大代表选举制度"

69. [答案] AB

[解析] 接受辞职都是"过半数"。因此，A 项正确。

罢免县、乡两级人大代表，都是由原选区选民联名向县级的人大常委会书面提出。因此，B 项正确。

罢免都只需要"过半数"，用不着"2/3 以上"的绝对多数。因此，C 项错误。

D 项错在"必须多于"，应是"可以多于""也可以等于"。

[对应章节] 第三章第七节"人大代表选举制度"

70. [答案] BD

[解析] 全国人大和地方人大的选举经费，列入财政预算，由国库开支而非中央财政统一开支。因此，A 项错误。

我国《选举法》并未对香港、澳门两个特别行政区选举全国人大代表的名额和办法作出具体规定，而只是授权全国人大另行规定。根据《香港特别行政区选举第十二届全国人民代表大会代表的办法》第 6 条的规定，选举会议第一次会议由全国人民代表大会常务委员会召集，根据全国人民代表大会常务委员会委员长会议的提名，推选 19 名选举会议成员组成主席团。主席团主持选举会议。因此，B 项正确。

对上一级人大代表的罢免案，人大开会期间是主席团或 1/10 以上代表联名提出，人大闭会期间是人大常委会主任会议或常委会 1/5 以上成员联名提出。因此，C 项错误。

各政党、各人民团体，可以联合或单独推荐代表候选人。选民或者代表，10 人以上联名，也可以推荐代表候选人。因此，D 项正确。

[对应章节] 第三章第七节"人大代表选举制度"

71. [答案] ACD

[解析] 县、乡两级人大代表都是由原选区选民联名向县级人大常委会提出罢免。因此，A 项正确。

县、乡两级人大代表不是向选民提出辞职，县级人大代表向本级人大常委会提出辞职，乡级人大代表向本级人大提出辞职。因此，B 项错误。

行贿行为属于破坏选举的行为。因此，C 项正确。

乙县人大主席团属于"主持选举的机构"，有权对破坏选举的行为或相应举报依法处理。因此，D 项正确。

[对应章节] 第三章第七节"人大代表选举制度"

72. 答案 CD

解析 根据《代表法》第62条的规定，代表有下列情形之一的，其代表资格终止：①地方各级人民代表大会代表迁出或者调离本行政区域的；②辞职或者责令辞职被接受的；③未经批准2次不出席本级人民代表大会会议的；④被罢免的；⑤丧失中华人民共和国国籍的；⑥依照法律被剥夺政治权利的；⑦丧失行为能力的；⑧去世的。因此，A、B项错误，C、D项正确。

对应章节 >> 第三章第七节"人大代表选举制度"

73. 答案 C

解析 A、D项属于暂时停止执行代表职务的情形。根据《代表法》第61条第1款的规定，代表有下列情形之一的，暂时停止执行代表职务：①因刑事案件被羁押正在受侦查、起诉、审判的（A项情形）；②被依法判处管制、拘役或者有期徒刑而没有附加剥夺政治权利，正在服刑的（D项情形）。

B项错在"迁出或者调离本单位"，应是"迁出或者调离本行政区域"，所以不当选；C项"未经批准2次缺席本级人大会议"属于代表资格终止的情形，当选。根据《代表法》第62条的规定，代表资格终止的情形有八：①地方各级人民代表大会代表迁出或者调离本行政区域的；②辞职或者责令辞职被接受的；③未经批准2次不出席本级人民代表大会会议的；④被罢免的；⑤丧失中华人民共和国国籍的；⑥依照法律被剥夺政治权利的；⑦丧失行为能力的；⑧去世的。

对应章节 >> 第三章第七节"人大代表选举制度"

74. 答案 B

解析 人大代表有下列情形之一的，其代表资格终止：①地方各级人民代表大会代表迁出或者调离本行政区域的（A项错误）；②辞职或者责令辞职被接受的；③未经批准2次不出席本级人民代表大会会议的（B项正确）；④被罢免的；⑤丧失中华人民共和国国籍的；⑥依照法律被剥夺政治权利的；⑦丧失行为能力的；⑧去世的。

代表被依法判处管制、拘役或者有期徒刑而没有附加剥夺政治权利，正在服刑，或者因刑事案件被羁押正在受侦查、起诉、审判的，暂时停止执行代表职务，而不是终止其人大代表资格。因此，C项错误。

不履行人大代表义务不一定会被终止代表资格，要具体情况具体对待——要看不履行义务的具体情形，该终止资格的就终止资格，该暂停履职的就暂停履职。因此，D项错误。

对应章节 >> 第三章第七节"人大代表选举制度"

75. 答案 C

解析 只有全国人大开会期间才会出现代表团，也就是说，代表团不可能向全国人大常委会提出议案。因此，A项错误。

地方法院、检察院只能向本级人大而非人大常委会提出议案。因此，B项错误。

专门委员会既可以向人大提出议案，也可以向人大常委会提出议案。因此，C项正确。

质询案需要10名以上乡级人大代表联名提出，5名不够数。因此，D项错误。

对应章节 >> 第三章第七节"人大代表选举制度"

76. [答案] BD
    [解析] 全国人大代表并没有绝对的言论自由，只有言论免责权。因此，A项错误。
    全国人大代表有权参加各项选举和表决。因此，B项正确。
    全国人大代表有人身受特别保护权，非经全国人大主席团或者全国人大常委会许可，一律不受逮捕或者"刑事审判"，而非"行政拘留"。因此，C项错误。
    全国人大会议每年举行1次。如果全国人大常委会认为有必要或者有1/5以上的全国人大代表提议，可以临时召集全国人大会议。因此，D项正确。
    [对应章节] 第三章第七节"人大代表选举制度"

77. [答案] AB
    [解析] 上下级法院之间是监督关系，民族区域自治地方的法院也不例外。因此，A项正确。
    民族自治地方的政府首长由实行区域自治的民族的公民担任，同时实行首长负责制。因此，B项正确。
    民族自治区的自治条例和单行条例报全国人大常委会（而非全国人大）批准后生效。因此，C项错误。
    民族自治地方也实行计划生育，仅仅可以变通执行（注意"实行"与"执行"的区别）。因此，D项错误。
    [对应章节] 第三章第八节"民族区域自治制度"

78. [答案] D
    [解析] 民族自治地方的人民法院和人民检察院不属于自治机关的范畴，因而不得行使自治权。因此，A项错误。
    地方政府规章并无变通的权限。因此，B项错误。
    自治条例不能对宪法的规定进行变通，只能对法律和行政法规的规定进行变通。因此，C项错误。
    D项表述与法条原文一致。因此，D项正确。
    [对应章节] 第三章第八节"民族区域自治制度"

79. [答案] D
    [解析] 民族自治地方的自治机关保障本地方各民族都有使用和发展自己的语言文字的自由，都有保持或者改革自己的风俗习惯的自由。因此，A项正确，不当选。
    民族自治地方经国务院批准，可以开辟对外贸易口岸和边境贸易。因此，B项正确，不当选。
    民族自治地方的人大常委会中应当有实行区域自治的民族的公民担任主任或者副主任。因此，C项正确，不当选。
    变通或停止执行须经批准，不可以"自行"。因此，D项错误，当选。
    [对应章节] 第三章第八节"民族区域自治制度"

80. [答案] B
    [解析] 民族自治地方的自治机关是中央统一领导下的地方政权机关。因此，A项正确，不

当选。

民族自治地方人大常委会的"主任或副主任"而非"主任和副主任"有相应的任职民族限制。因此，B项错误，当选。

经国务院批准，民族自治地方的自治机关可以组织本地方维护社会治安的公安部队。因此，C项正确，不当选。

自治州、自治县决定减税或者免税，须报省、自治区、直辖市人民政府批准。因此，D项正确，不当选。

对应章节 » 第三章第八节"民族区域自治制度"

81. [答案] A

[解析] 民族自治地方的自治机关是自治区、自治州、自治县的人大和政府，不包括常委会、监察委、法院、检察院。因此，A项错误，当选。

民族自治地方的人民代表大会常务委员会中应当有实行区域自治的民族的公民担任主任或者副主任。因此，B项正确，不当选。

自治州、自治县的自治条例和单行条例报省、自治区的人大常委会批准后生效。因此，C项正确，不当选。

根据《民族区域自治法》第27条第1款、第28条第2款的规定，民族自治地方的自治机关根据法律规定和国家的统一规划，对可以由本地方开发的自然资源，优先合理开发利用。民族自治地方的自治机关根据法律规定，确定本地方内草场和森林的所有权和使用权。因此，D项正确，不当选。

对应章节 » 第三章第八节"民族区域自治制度"

82. [答案] ACD

[解析] 对出入境实行管制是特别行政区政府的权限。因此，A项正确。

香港特别行政区行政长官没有任免检察官的权限，香港特别行政区没有检察院和检察官。因此，B项错误。

香港特别行政区立法会议员如有行为不检或违反誓言而经立法会出席会议的议员2/3通过谴责，由立法会主席宣告其丧失立法会议员资格。因此，C项正确。

《香港特别行政区基本法》第158条第1款和《澳门特别行政区基本法》第143条第1款均规定，本法的解释权属于全国人民代表大会常务委员会。因此，D项正确。

对应章节 » 第三章第九节"特别行政区制度"

83. [答案] A

[解析] 特别行政区保持财政独立，财政收入自行支配。因此，A项正确。

澳门特别行政区立法会举行会议的法定人数应为不少于全体议员的1/2而非2/3。因此，B项错误。

非中国籍的香港特别行政区永久性居民可以（而非"不得"）当选为香港特别行政区立法会议员，不过，其所占比例不得超过立法会全体议员的20%。因此，C项错误。

香港特别行政区的廉政公署是政府机关，它独立工作，对行政长官负责。因此，D项错误。

对应章节 » 第三章第九节"特别行政区制度"

84. [答案]B

[解析]全国性法律一般不在特别行政区实施。因此，A项错误。

澳门特别行政区终审法院法官的免职由行政长官根据澳门特别行政区立法会议员组成的审议委员会的建议决定，其任免须报全国人大常委会备案。因此，B项正确。

香港和澳门特别行政区的立法会制定的法律报全国人大常委会备案，而不是批准。因此，C项错误。

《澳门特别行政区基本法》反映的是"澳门特别行政区同胞在内的全国人民的意志和利益"，而不仅仅是"澳门特别行政区同胞的意志"。因此，D项错误。

对应章节 » 第三章第九节"特别行政区制度"

85. [答案]C

[解析]A项中的证明文件对法院有约束力。因此，A项错误。

行政长官还可以解散立法会，并不是只有"1个月内签署公布"这一个选择。因此，B项错误。

香港特别行政区可与全国其他地区的司法机关通过协商依法进行司法方面的联系和相互提供协助。因此，C项正确。

D项错在漏写了"立法会议员"。

对应章节 » 第三章第九节"特别行政区制度"

86. [答案]D

[解析]获得授权的主体不是特别行政区立法会，而是特别行政区法院。因此，A项错误。

提请解释的主体不是特别行政区立法会，而是特别行政区法院。接受提请并予以解释的主体是全国人大常委会，而不是全国人大。因此，B项错误。

提出法官免职建议的主体不是立法会，而是审议庭。因此，C项错误。

特别行政区法院独立审判，不受任何干涉。因此，D项正确。

对应章节 » 第三章第九节"特别行政区制度"

87. [答案]ABD

[解析]香港特别行政区法院审判案件时可参考其他普通法适用地区的司法判例，其终审法院还可以根据需要邀请其他普通法适用地区的法官参加审判。因此，A项正确。

特别行政区所有法官均由独立委员会推荐，由行政长官任命。因此，B项正确。

不是所有的香港特别行政区法官都要满足身份限制。总体来说，行政长官、行政会议成员、主要官员、立法会的主席和其中80%的成员、终审法院和高等法院的首席法官，要满足身份限制——由在外国无居留权的香港特别行政区永久性居民中的中国公民担任。除此之外，就不用满足身份限制。因此，C项错误。

行政长官有权根据审议庭的建议，对无力履行职责或行为不检的法官予以免职。因此，D项正确。

对应章节 » 第三章第九节"特别行政区制度"

88. [答案]C

[解析]香港特别行政区无权自行制定有关国家安全的基本法律，基本法律只能由全国人大

制定，而《香港国安法》是全国人大授权全国人大常委会制定的。因此，A项错误。

维护香港特别行政区的国家安全是包括香港特别行政区同胞在内的全中国人民的共同义务。因此，B项错误。

香港特别行政区维护国家主权、统一和领土完整有其宪法依据，香港特别行政区的宪制责任的依据是《宪法》第31条和第62条第2、14、16项的规定，以及《香港特别行政区基本法》的有关规定。因此，C项正确。

香港特别行政区的国家安全事务原则上由香港特别行政区有关机关负责，如果情形需要，则由中央人民政府在香港特别行政区设立的机构负责。因此，D项错误。

▷ 对应章节 ≫ 第三章第九节"特别行政区制度"

89. [答案] BCD

[解析] 特别行政区的立法机关制定的法律，须报全国人大常委会备案，备案不影响该法律的生效。因此，A项正确，不当选。

经全国人大常委会发回的法律立即失效。该法律的失效，除特别行政区的法律另有规定外，无溯及力。B项漏掉了"另有规定"这一限制条件。因此，B项错误，当选。

包括终审法院在内的特别行政区法院都有权解释基本法。因此，C项错误，当选。

弹劾行政长官须报请中央人民政府决定，而不能直接弹劾。因此，D项错误，当选。

▷ 对应章节 ≫ 第三章第九节"特别行政区制度"

90. [答案] B

[解析] 香港特别行政区终审法院和高等法院的首席法官，应由在外国无居留权的香港特别行政区永久性居民中的中国公民担任。这是《香港特别行政区基本法》第90条第1款的规定。因此，A项正确，不当选。

香港特别行政区的法官中，只有终审法院的法官和高等法院首席法官的任命或免职须由行政长官征得立法会同意，并报全国人民代表大会常务委员会备案，其他法官没有这一程序要求。因此，B项错误，当选。

澳门特别行政区检察长由澳门特别行政区永久性居民中的中国公民担任，由行政长官提名，报中央人民政府任命。这是《澳门特别行政区基本法》第90条第2款的规定。因此，C项正确，不当选。

澳门特别行政区设立行政法院管辖行政诉讼和税务诉讼，不服行政法院裁决者，可向中级法院上诉。这是《澳门特别行政区基本法》第86条的规定。因此，D项正确，不当选。

▷ 对应章节 ≫ 第三章第九节"特别行政区制度"

91. [答案] ABCD

[解析] 根据《香港特别行政区基本法》第45条第1款的规定，香港特别行政区行政长官在当地通过选举或协商产生，由中央人民政府任命。因此，A项正确。

根据《香港特别行政区基本法》附件一、附件二的规定，香港特别行政区候选人资格审查委员会审查选举委员会委员候选人、特首候选人、立法会议员候选人的资格。因此，B项正确。

根据《香港特别行政区基本法》第71条第1款的规定，香港特别行政区立法会主席由立法会议员互选产生。因此，C项正确。

根据全国人大常委会2021年3月30日公布的《香港特别行政区基本法》附件一第5条的规定，选举委员会设召集人制度，总召集人由担任国家领导职务的选举委员会委员担任。因此，D项正确。

> 对应章节》第三章第九节"特别行政区制度"

92. [答案] D

[解析] 不是"所有法官"都由在外国无居留权的香港特别行政区永久性居民中的中国公民担任，有此限制的只包括香港特别行政区终审法院和高等法院的首席法官。因此，A项错误。

香港特别行政区法院的法官只有在无力履行职责或行为不检的情况下，才被予以免职。年满60周岁并非将法官免职的法定条件。因此，B项错误。

推荐法官的是独立委员会这一机构而非知名人士。因此，C项错误。

香港特别行政区的法官和其他司法人员，应根据其本人的司法和专业才能选用，并可从其他普通法适用地区聘用。因此，D项正确。

> 对应章节》第三章第九节"特别行政区制度"

93. [答案] D

[解析] "人""地""事"三项中有任一项与香港特别行政区维护国家安全沾边，就适用《香港国安法》。因此，A项错误。

危害国家安全犯罪案件的审判由行政长官指定法官审理。经律政司长发出证书，审判可以不需要陪审团。因此，B项错误。

香港特别行政区设立维护国家安全委员会，下设秘书处，由秘书长领导。秘书长由行政长官提名，报中央人民政府任命。因此，C项错误。

驻香港特别行政区维护国家安全公署人员除遵守全国性法律外，还应当遵守香港特别行政区法律。驻香港特别行政区维护国家安全的人员依法执行职务的行为，不受香港特别行政区管辖。因此，D项正确。

> 对应章节》第三章第九节"特别行政区制度"

94. [答案] B

[解析]《香港国安法》的立法依据是《宪法》和《香港特别行政区基本法》的相关条文和《全国人民代表大会关于建立健全香港特别行政区维护国家安全的法律制度和执行机制的决定》，而不是《国家安全法》。因此，A项错误。

香港特别行政区维护国家安全委员会作出的决定不受司法复核。因此，B项正确。

警务处维护国家安全部门负责人由行政长官任命，行政长官任命前须书面征求维护国家安全公署的意见。因此，C项错误。

香港特别行政区维护国家安全委员会下设秘书处，由秘书长领导。秘书长由行政长官提名，报中央人民政府任命。因此，D项错误。

> 对应章节》第三章第九节"特别行政区制度"

95. [答案] D

[解析] 村民委员会成员可以连选连任，没有 2 届的任期限制。因此，A 项错误。

B 项的陷阱在于漏掉了"登记参加选举的村民"，只说了经投票的村民过半数通过。因此，B 项错误。

村民委员会属于基层群众性自治组织，其选举由村民选举委员会而非乡镇政府主持。因此，C 项错误。

村民委员会成员职务自行终止的情形有二：①丧失行为能力；②被判刑。D 项所表述的情形即为其中之一。因此，D 项正确。

对应章节 » 第三章第十节"基层群众自治制度"

96. [答案] C

[解析] 村民委员会是村民自我管理、自我教育、自我服务的基层群众性自治组织。这是《村民委员会组织法》的明确规定。因此，A 项正确，不当选。

变更和撤销村民代表会议、村民委员会的不适当决定是村民会议的职权之一。此外，村民会议审议村民委员会的年度工作报告，评议村民委员会成员的工作；村民会议可授权村民代表会议行使上述（除变更和撤销村民代表会议的不适当决定外）权力。因此，B 项正确，不当选。

罢免村民委员会成员，须有登记参加选举的村民"过半数"而非"2/3 以上"投票，并须经投票的村民过半数通过，此为"双过半罢免"原则。因此，C 项错误，当选。

村民委员会成员丧失行为能力或者被判处刑罚的，其职务自行终止。因此，D 项正确，不当选。

对应章节 » 第三章第十节"基层群众自治制度"

97. [答案] A

[解析] 村民委员会的设立、撤销、范围调整，由乡、民族乡、镇的人民政府提出，经村民会议讨论同意，报县级人民政府批准。因此，A 项正确。

有关征地补偿费用的使用和分配方案，由村民会议决定，无须报乡镇政府批准。因此，B 项错误。

居民公约由居民会议讨论通过后，只需要备案而不需要批准。因此，C 项错误。

居民委员会的设立、撤销，由不设区的市、市辖区的人民政府决定。因此，D 项错误。

对应章节 » 第三章第十节"基层群众自治制度"

98. [答案] ABCD

[解析] 村民会议有权撤销或者变更村民委员会不适当的决定。因此，A 项正确。

乡、民族乡、镇的人民政府有权对其责令改正。因此，B 项正确。

受侵害的村民可以申请人民法院予以撤销。因此，C 项正确。

村民代表可以联名要求罢免村民委员会成员。因此，D 项正确。

对应章节 » 第三章第十节"基层群众自治制度"

99. [答案] B

[解析] 村民委员会的年度工作报告应当由村民会议审议。因此，A 项不当选。

村民会议制定和修改的村民自治章程和村规民约，报乡政府备案。因此，B 项当选。

对登记参加选举的村民名单有异议的，向村民选举委员会申诉。因此，C 项不当选。

任何组织和个人不得指定、委派、撤换村委会成员，乡政府也不能任命村委会成员。因此，D 项不当选。

> 对应章节 » 第三章第十节"基层群众自治制度"

100. 【答案】D

【解析】王某户籍在甲村，不能因其未在甲村居住，就不将其列入选民名单。因此，A 项错误。

杨某已将户籍迁入甲村，其选举权和被选举权不因"入户协议"而被剥夺，除非杨某被依法剥夺政治权利。因此，B 项错误。

杨某依法参加选举，无须经甲村村民会议或村民代表会议同意。因此，C 项错误。

登记选民并列入选民名单是法律的明确规定。因此，D 项正确。

> 对应章节 » 第三章第十节"基层群众自治制度"

101. 【答案】ACD

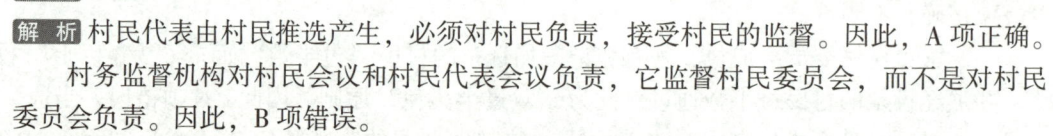

【解析】村民代表由村民推选产生，必须对村民负责，接受村民的监督。因此，A 项正确。

村务监督机构对村民会议和村民代表会议负责，它监督村民委员会，而不是对村民委员会负责。因此，B 项错误。

新旧村民委员会工作移交由村民选举委员会主持，受乡级政府监督。因此，C 项正确。

村民会议领导村民委员会的工作，对于村民委员会或村民代表会议的决定，村民会议既有权改变，也有权撤销。因此，D 项正确。

> 对应章节 » 第三章第十节"基层群众自治制度"

102. 【答案】B

【解析】居民委员会、村民委员会同基层政权的相互关系只能由法律规定，这里的"法律"是指全国人大及其常委会制定的规范性法律文件，不包括行政法规（国务院制定）等其他法的表现形式。因此，A 项错误。

居民委员会、村民委员会可以向政府反映群众的意见、要求和提出建议。因此，B 项正确。

居民委员会、村民委员会任期为 5 年而非 3 年。因此，C 项错误。

曾经被判处刑罚，但是没有被剥夺政治权利的人也有权参加居民委员会、村民委员会选举。因此，D 项错误。

> 对应章节 » 第三章第十节"基层群众自治制度"

103. 【答案】ABCD

【解析】"基本权利"中的"基本"意味着该权利必不可少。因此，A 项正确。

基本权利具有母体性，也就是说，基本权利是其他权利的基础。因此，B 项正确。

只有《宪法》规定的权利才够资格称为"基本权利"。因此，C 项正确。

《宪法》规定的是国家与公民之间的基本关系。因此，D 项正确。

对应章节 » 第四章第一节"我国公民的基本权利"

104. [答案] ABD

[解析] 对公民私有财产的征收或征用并不属于对基本权利的内在限制，而属于外部限制。因此，A 项正确。

征收或征用的法律依据必须明确而不得含混。因此，B 项正确。

限制公民财产权不仅要合理，更要合法，仅仅有正当的目的，还不足以限制公民的财产权。因此，C 项错误。

公民财产权是一种宪法基本权利，对其作出限制当然要具有宪法上的正当性。因此，D 项正确。

对应章节 » 第四章第一节"我国公民的基本权利"

105. [答案] ABD

[解析] 基本权利规范即宪法规范，它是一切国家机关、社会团体和全体公民的最高行为准则，对它们都有直接的约束力。因此，A、B 项正确，C 项错误。

对于宪法中的基本权利规范对私人有没有拘束力，不同国家的规定不完全相同，甚至一个国家在不同历史时期的规定也不一样。因此，D 项正确。举个例子，德国的传统宪法理论一直认为，宪法基本权利规范应该用来约束国家公权力，而不应该用来约束私人之间的行为，因为基本权利是一种公民抵御国家侵害的消极防御性权利，其目的在于排除公权力对公民权利的侵害。但是，在德国的魏玛共和国时期，《魏玛宪法》却反传统，把宪法基本权利规范运用到公民间的私法关系上。对比《魏玛宪法》，美国联邦宪法的规定又不一样，它的禁止性条款与义务性规范对私人没有拘束力，只是针对政府行为有效，其他条款却不是这样。总而言之，就这件事儿，什么操作都有。如果选项的表述很谨慎，那就是正确选项。

对应章节 » 第四章第一节"我国公民的基本权利"

106. [答案] B

[解析] 公民的文化教育权利、社会经济权利一般属于积极受益权，但是，财产权和继承权却属于消极受益权。因此，A 项错误。

劳动权、受教育权与其他公民基本权利不同，它们具有权利义务复合性。因此，B 项正确。

公民有权对任何国家机关和国家工作人员提出批评、建议，但是，公民只能对违法失职行为提出申诉、控告和检举。因此，C 项错误。

公民在年老、疾病或者丧失劳动能力（而非身体虚弱）的情况下，有从国家和社会获得物质帮助的权利。因此，D 项错误。

对应章节 » 第四章第一节"我国公民的基本权利"

107. [答案] C

[解析] A 项表述与现行《宪法》的规定相吻合。因此，A 项正确，不当选。

只要是合法权利，就应该一律平等地受到法律保护，犯罪嫌疑人也不例外。因此，B 项正确，不当选。

在选举权领域，性别属于宪法所列举的禁止差别理由，但是，年龄属于合理差别。因此，C项错误，当选。

我国宪法规定男女平等，且规定了对妇女的特殊保护。因此，D项正确，不当选。

> 对应章节 》 第四章第一节"我国公民的基本权利"

108. [答案] BD

[解析] 题干所说的"住宅不受侵犯"，是指公民住宅不受非法侵入和非法搜查，而不是选项中所说的"住宅获得权"。因此，A项错误。

对非法侵入他人住宅的行为予以制裁，体现了公民住宅不受侵犯的宪法权利。因此，B项正确。

狭义人身自由权与公民住宅不受侵犯的权利是并列关系，二者不可混淆。因此，C项错误。

D项表述符合我国法律的有关规定和法律常识。因此，D项正确。

> 对应章节 》 第四章第一节"我国公民的基本权利"

109. [答案] AC

[解析] 我国宪法并未明确规定生命权。因此，A项错误，当选。

监督权包括批评、建议权、控告、检举权和申诉权。因此，B项正确，不当选。

休息权的主体是劳动者而非公民。因此，C项错误，当选。

我国的宪法基本权利中，受教育和劳动既是权利又是义务。因此，D项正确，不当选。

> 对应章节 》 第四章第一节"我国公民的基本权利"

110. [答案] B

[解析] A项表述是《宪法》的明文规定。因此，A项正确，不当选。

生命权并非由《宪法》"明确规定"。因此，B项错误，当选。

C项表述是《宪法》的明文规定。因此，C项正确，不当选。

D项表述是《宪法》的明文规定。因此，D项正确，不当选。

> 对应章节 》 第四章第一节"我国公民的基本权利"

111. [答案] C

[解析] 根据《宪法》的规定，公民必须纳税，所以王某作为公民，必须承担纳税义务。因此，A项错误。

王某为某普通高校应届毕业生，23岁，当然可以被征集服现役。因此，B项错误。《兵役法》第20条第1款规定，年满18周岁的男性公民，应当被征集服现役；当年未被征集的，在22周岁以前仍可以被征集服现役。普通高等学校毕业生的征集年龄可以放宽至24周岁，研究生的征集年龄可以放宽至26周岁。

王某23岁，并未被剥夺政治权利，故他有选举权和被选举权。因此，C项正确。

休息权的主体是劳动者，不是公民。因此，D项错误。

> 对应章节 》 第四章第一节"我国公民的基本权利"

112. [答案] BCD

[解析] 强拆住宅所侵犯的不是住宅不受侵犯的权利，而是财产权利。因此，A项错误，B项正确。

劳动合同对应劳动权。因此，C项正确。

新学期注册对应受教育权。因此，D项正确。

对应章节》 第四章第一节"我国公民的基本权利"

113. [答案] BCD

[解析] 王某因工作受到张某批评，其实是张某行使监督权的表现。因此，A项错误。

张某的人身自由受到侵犯。人身自由是指公民的身体不受非法侵犯，即不受非法限制、搜查、拘留和逮捕。因此，B项正确。

法院依法撤销了公安机关的行政处罚决定，这充分说明了公安机关并未查清事实就对张某予以行政拘留，公安机关的这一行政行为当然侵犯了张某的监督权。因此，C项正确。

宪法规定了公民的获得赔偿权。现行《国家赔偿法》第35条明确规定，致人精神损害，造成严重后果的，赔偿义务机关应当支付相应的"精神损害抚慰金"。因此，D项正确。

对应章节》 第四章第一节"我国公民的基本权利"

114. [答案] C

[解析] 设置横幅标语并不属于公民的出版自由，而属于言论自由。因此，A项错误。

禁设横幅标语构成对言论自由的限制，而言论自由属于公民基本权利。因此，B项错误。

维护公共利益就是"宪法上的目的正当性"的内容之一，为了"市容和环境卫生"这一公共利益而禁设横幅标语，当然具有目的正当性。因此，C项正确。

禁设横幅标语不涉及合理差别问题。宪法上的合理差别主要包括基于特定资格或是性别、年龄及个人生活环境的差异，而予以合理的差别对待。因此，D项错误。

对应章节》 第四章第一节"我国公民的基本权利"

115. [答案] ACD

[解析] A、C、D项表述均与宪法原文相同。因此，A、C、D项正确。

法院无权监听公民的电话。除了公安机关或者检察机关依法可以对通信进行检查外，任何组织或者个人不得以任何理由侵犯公民的通信自由和通信秘密。因此，B项错误。

对应章节》 第四章第一节"我国公民的基本权利"

116. [答案] ABD

[解析] "一切"之类的绝对说法要小心。对于公民的申诉、控告和检举，有关国家机关（而非"一切国家机关"）必须查清事实，负责处理。因此，A项错误，当选。

我国劳动者（而非"公民"）有休息的权利。因此，B项错误，当选。

C项表述与《宪法》原文相同。因此，C项正确，不当选。

公安机关、检察院可以依法检查公民通信，法院没有这一权力。因此，D项错误，当选。

> **对应章节** » 第四章第一节 "我国公民的基本权利"

117. [答案] ABD

[解析] "侵犯"是错的，"不受侵犯""不得侵犯"就是对的。因此，A、B项正确。

国家对私有财产的保护属于国家的消极义务，表现为国家不得侵犯公民的私有财产；而"国家的给付义务"即国家的积极义务（如国家积极主动为丧失劳动能力的公民提供物质帮助的义务），不包括国家保护私有财产的义务。因此，C项错误，D项正确。

> **对应章节** » 第四章第一节 "我国公民的基本权利"

118. [答案] ABC

[解析] 纳税义务首先要贯彻纳税平等与公平原则，要保证税制的科学合理和税收负担的公平。因此，A项正确。

税收属于法律保留事项。我国的法律保留体现在《立法法》第11、12条之中。因此，B项正确。

纳税直接涉及公民个人财产权的保护问题，纳税义务具有防止国家权力侵犯其财产权的属性。因此，C项正确。

我国宪法并未规定履行纳税义务是公民享有其他权利的前提条件。因此，D项错误。

> **对应章节** » 第四章第二节 "我国公民的基本义务"

119. [答案] ABC

[解析] 宪法是普通法律制定的基础和依据，其他法律规定是对宪法规定的具体化。因此，A项正确。

宪法规定最根本、最重要的问题，一般不对这些问题予以具体规定，这些问题的具体表述一般由相应的下位法予以规定。因此，B项正确。

依法纳税是公民应当履行的基本义务，不依法纳税即属于不履行这一义务。因此，C项正确。

依法纳税的义务并无年龄限制。因此，D项错误。

> **对应章节** » 第四章第二节 "我国公民的基本义务"

120. [答案] AC

[解析] 人大代表人民统一行使国家权力是人大制度的基本内容。因此，A项正确。

全国人大和地方各级人大是监督与被监督、指导与被指导的关系。因此，B项错误。

全国人大不受任何其他国家机关的监督。因此，C项正确。

地方各级人大中，乡、镇、民族乡人大不设常务委员会，只有县级以上地方各级人大才设常务委员会。因此，D项错误。

> **对应章节** » 第五章第二节 "全国人大和全国人大常委会"

121. [答案] C

[解析] 全国人大会议由全国人大主席团而非全国人大常委会主持。因此，A项错误。

全国人大会议由全国人大常委会而非全国人大主席团召集。因此，B项错误。

全国人大代表的选举由全国人大常委会主持。这是《宪法》第 59 条第 2 款的规定。因此，C 项正确。

全国人大批准省、自治区和直辖市的建置，省、自治区和直辖市的区域划分由国务院批准。因此，D 项错误。

对应章节 第五章第二节"全国人大和全国人大常委会"

122. [答案] A

[解析] 该委员会负责全国人大代表资格审查有关工作。因此，A 项正确。

该委员会属于全国人大常委会的工作机构，直接由全国人大常委会产生，受全国人大常委会领导。因此，B 项错误。

该委员会承担全国人大常委会代表资格审查委员会的具体工作，而非对所有审查工作全权负责。因此，C 项错误。

该委员会无权确认代表资格无效，这一职权由代表资格审查委员会行使。因此，D 项错误。

对应章节 第五章第二节"全国人大和全国人大常委会"

123. [答案] ABD

[解析] 法律由国家主席以主席令的形式公布生效，而非由全国人大主席团公布生效。因此，A 项错误，当选。

全国人大代表在全国人大各种会议上的发言和表决不受法律追究，注意这里是"全国人大各种会议上"而非"各种会议上"。因此，B 项错误，当选。

全国人大代表非经全国人大主席团许可，在全国人大闭会期间非经全国人大常委会许可，不受逮捕或者刑事审判。因此，C 项正确，不当选。

中央军委不向全国人大报告工作。因此，D 项错误，当选。

对应章节 第五章第二节"全国人大和全国人大常委会"

124. [答案] C

[解析] 在全国人大开会期间，国务院全体成员、中央军委副主席和其他委员，均由全国人大"决定产生"，而不是"选举产生"。因此，A、B、D 项错误。中央军委主席由全国人大"选举产生"。因此，C 项正确。

对应章节 第五章第二节"全国人大和全国人大常委会"

125. [答案] ABC

[解析] A 项表述与《预算法》第 4 条第 2 款的规定相同。因此，A 项正确。

B 项表述与《预算法》第 13 条的规定相同。因此，B 项正确。

C 项表述与《宪法》第 89 条第 5 项的规定相同。因此，C 项正确。

国家的预算和预算执行情况的报告由全国人大审查和批准，而不是全国人大常委会。因此，D 项错误。

对应章节 第五章第二节"全国人大和全国人大常委会"

126. [答案] ACD

[解析] 全国人大常委会的撤职权只能对国务院和中央军委的相关成员行使，但是它产生

的人员范围要大得多，包括国务院、中央军委、国家监察委、最高法院、最高检察院等相关人员。因此，A项错误，当选。

国务院和中央军委的其他组成人员的撤职案，分别由国务院总理和中央军委主席向全国人大常委会提出。因此，B项正确，不当选。

委员长会议只能针对"国务院其他个别组成人员"提出撤职案，而非"国务院组成人员"，C项表述漏掉了"其他个别"这一限定。因此，C项错误，当选。

D项表述有遗漏，地方各级人大常委会的撤职对象包括本级政府个别副职首长、由它任命的本级政府副职和其他成员、监察委副职和其他成员、法院副职和其他成员、检察院副职和其他成员、"特殊中院"院长、"特殊检察分院"检察长。因此，D项错误，当选。

对应章节 » 第五章第二节"全国人大和全国人大常委会"

127. [答案] ACD

[解析] 有权向全国人大常委会提出授予国家勋章、国家荣誉称号议案的主体有三：全国人大常委会委员长会议、国务院、中央军委。因此，A项正确。

授予国家勋章和国家荣誉称号的决定权属于全国人大常委会，国家主席只能根据决定，向获得者授予勋章、奖章，签发证书。因此，B项错误。

C项表述与《国家勋章和国家荣誉称号法》第2条第1款的规定相同。因此，C项正确。

D项表述与《国家勋章和国家荣誉称号法》第18条的规定相同。因此，D项正确。

对应章节 » 第五章第二节"全国人大和全国人大常委会"

128. [答案] C

[解析] 勋章授予的决定权属于全国人大常委会，而不是全国人大。因此，A项错误。

国家荣誉称号并不是无条件地终身享有，而是附有相应的限制，若有违反，则予以撤销。因此，B项错误。

国家主席有直接授予"友谊勋章"的权力。因此，C项正确。

国家功勋簿记载国家勋章和国家荣誉称号获得者及其功绩，D项表述漏掉了"功绩"。因此，D项错误。

对应章节 » 第五章第二节"全国人大和全国人大常委会"

129. [答案] C

[解析] 国家荣誉称号的名称冠以"人民"，也可以使用其他名称，至于具体名称如何确定，则由全国人大常委会在决定授予时确定。因此，A项正确，不当选。

有权向全国人大常委会提出授予国家勋章、国家荣誉称号议案的法定主体有三：全国人大常委会委员长会议、国务院、中央军事委员会。因此，B项正确，不当选。

国家勋章包括"共和国勋章"（授予中国人）和"友谊勋章"（授予外国人），授予对象有区别，但是都叫国家勋章。因此，C项错误，当选。

国家主席有直接授予"友谊勋章"的权力。因此，D项正确，不当选。

对应章节 » 第五章第二节"全国人大和全国人大常委会"

130. [答案] ABCD

[解析] 国家勋章和国家荣誉称号是法律规定的国家最高荣誉。因此，A 项正确。

国家勋章和国家荣誉称号的授予、撤销，是全国人大常委会的法定职权。因此，B、D 项正确。

授予国家勋章和国家荣誉称号的提请主体有三：国务院、中央军委、全国人大常委会委员长会议。因此，C 项正确。

对应章节 » 第五章第二节"全国人大和全国人大常委会"

131. [答案] BD

[解析] 特赦由全国人大常委会决定，但是由主席发布。因此，A 项错误。

特赦的特点就在于"赦刑不赦罪"。特赦是赦免的形式之一，它与大赦的不同之处在于，大赦"既赦其刑，也赦其罪"。因此，B 项正确。

特赦"赦刑不赦罪"，所以，经特赦的犯罪人再犯罪可能构成累犯。因此，C 项错误。

特赦只能依法作出，不存在"法外开恩"的可能性，体现了法治原则。因此，D 项正确。

对应章节 » 第五章第二节"全国人大和全国人大常委会"

132. [答案] A

[解析] 县级以上的地方各级人大闭会期间，本级法院院长、检察院检察长的辞职，向各该级人大常委会提出，并由该人大常委会决定是否接受。因此，A 项正确，B 项错误。

县级以上的地方各级法院院长、检察院检察长的代理人选，直接由其本级人大常委会决定。因此，C、D 项错误。

对应章节 » 第五章第三节"地方各级人大和人大常委会"

133. [答案] B

[解析] 根据《宪法》第 101 条第 2 款的规定，县级以上各级人大选举本级人民法院院长，无须报上级人民法院院长提请该级人大常委会批准。县级以上各级人大选举或者罢免本级人民检察院检察长，须报上级人民检察院检察长提请该级人大常委会批准。因此，A 项错误，B 项正确。

行政机关的行政首长的选举和任免采用"谁选举，谁罢免"的模式，无须上级机关批准，更不用党委批准。因此，C、D 项错误。

对应章节 » 第五章第三节"地方各级人大和人大常委会"

134. [答案] ACD

[解析] 各级人大常委会应当对产生它的人大负责并接受其监督。因此，A 项正确。

B 项说法错在"下级"，应当是"下一级"。

质询案以口头答复的，由受质询机关的负责人到会答复；质询案以书面答复的，由受质询机关的负责人签署。因此，C 项正确。

D 项表述与《各级人民代表大会常务委员会监督法》第 58 条第 3 款的规定一致。因此，D 项正确。

对应章节 » 第五章第四节"专门委员会和调查委员会"

135. 答案 C

解析 专项工作报告可以委托部门负责人向本级人大常委会作出。因此，A项正确，不当选。

质询案以口头答复的，由受质询机关的负责人到会答复；质询案以书面答复的，由受质询机关的负责人签署。因此，B项正确，不当选。注意：质询相当于老师点名学生回答问题，不得由其他学生代为答复；专项工作报告相当于学生向老师打报告，可以由其他学生代劳。

调查委员会在调查过程中，可以不公布调查的情况和材料。因此，C项错误，当选。

D项表述与《各级人民代表大会常务委员会监督法》第62条第3款的规定相同。因此，D项正确，不当选。

对应章节 » 第五章第四节"专门委员会和调查委员会"

136. 答案 D

解析 全国人大的各专门委员会是全国人大的辅助性工作机构，其决议须经全国人大及其常委会审议通过方有效力。因此，A项错误。

各专门委员会的主任委员、副主任委员由全国人大产生，全国人大常委会只能在全国人大闭会期间，补充任命个别副主任委员和部分委员。因此，B项错误。

调查委员会是临时性机构，并无任期。因此，C项错误。

全国人大及其常委会领导专门委员会的工作。这是宪法的规定。因此，D项正确。

对应章节 » 第五章第四节"专门委员会和调查委员会"

137. 答案 ACD

解析 包括《审计法》在内的下位法的制定与执行，都是在实施宪法的相关规定。因此，A项正确。

地方各级审计机关对本级人民政府和上一级审计机关负责并报告工作，审计业务以上级审计机关领导为主。因此，B项错误。

审计机关对国务院各部门和地方各级人民政府的财政收支，对国有的金融机构和企业事业组织的财务收支，实行审计监督。因此，C、D项正确。

对应章节 » 第五章第五节"国务院和地方各级人民政府"

138. 答案 ABD

解析 国务院负责管理（没有"领导"的权力）对外事务，同外国缔结条约和协定。因此，A项错误，当选。

特别行政区紧急状态只能由全国人大常委会决定，国务院只能决定省、自治区、直辖市范围内的部分区域进入紧急状态。因此，B项错误，当选。

C项表述与《宪法》第91条的规定相同。因此，C项正确，不当选。

国务院的组成人员不包括其组成部门的副职首长。因此，D项错误，当选。

对应章节 » 第五章第五节"国务院和地方各级人民政府"

139. 答案 ABCD

解析 A项表述与《政府信息公开条例》第20条第8项的规定相符合。因此，A项正确。

县级以上地方各级人大常委会有权监督本级政府、法院和检察院的工作，其监督形式之一就是听取和审议"一府两院"的专项工作报告。因此，B项正确。

只要是人大代表、人大常委会组成人员，都有权联名提出质询案。因此，C项正确。

人大代表有权提出议案、质询案、罢免案等。因此，D项正确。

> 对应章节 » 第五章第五节"国务院和地方各级人民政府"

140. [答案] D

[解析] 中央军事委员会实行主席负责制是《宪法》的明文规定。因此，A项正确，不当选。

中央军事委员会每届任期同全国人大每届任期相同，即5年。因此，B项正确，不当选。

中央军事委员会主席对全国人大及其常委会负责，是《宪法》的明文规定。因此，C项正确，不当选。

中央军事委员会副主席由全国人大"决定"产生，而不是"选举"产生。因此，D项错误，当选。

> 对应章节 » 第五章第六节"国家主席、中央军事委员会"

141. [答案] A

[解析] 上下级监察机关之间是领导与被领导的关系。因此，A项正确。

监察委员会不向本级人大报告工作，但要向本级人大常委会作专项工作报告。因此，B项错误。

先获得批准，后技术调查，即使情况紧急也不能颠倒程序。因此，C项错误。

监察机关独立行使监察权，不受"干涉"（贬义词），而不是不受"影响"（中性词）。因此，D项错误。

> 对应章节 » 第五章第七节"监察委员会、人民法院和人民检察院"

142. [答案] ABCD

[解析] 各级监察委要向本级人大常委会作专项工作报告。因此，A项正确。

人大常委会可以安排有关人大代表列席常委会会议，听取专项工作报告，提出意见。因此，B项正确。

人大代表或者人大常委会成员可以依法就监察工作中的有关问题提出询问或者质询。因此，D项正确。

C项表述与《监察法》第59条的规定一致。因此，C项正确。

> 对应章节 » 第五章第七节"监察委员会、人民法院和人民检察院"

143. [答案] ACD

[解析] 三机关各司其职、各尽其责就是分工负责的含义。因此，A项正确。

三机关互相配合的目标是实现司法公正，不是惩罚犯罪分子。因此，B项错误。

互相制约必须依法进行。因此，C项正确。

权力制约原则在我国宪法中表现为权力监督，其中包括国家机关之间相互监督。因此，D项正确。

> 对应章节 » 第五章第七节"监察委员会、人民法院和人民检察院"

第三编　中国法律史

第一章　法律思想和立法活动

1. 《左传》云："礼，所以经国家，定社稷，序民人，利后嗣者也"，系对周礼的一种评价。关于周礼，下列哪一表述是正确的？（2015/1/16-单）
   A. 周礼是早期先民祭祀风俗自然流传到西周的产物
   B. 周礼仅属于宗教、伦理道德性质的规范
   C. "礼不下庶人"强调"礼"有等级差别
   D. 西周时期"礼"与"刑"是相互对立的两个范畴

2. 《汉书·陈宠传》就西周礼刑关系描述说："礼之所去，刑之所取，失礼则入刑，相为表里。"关于西周礼刑的理解，下列哪一选项是正确的？（2017/1/15-单）
   A. 周礼分为五礼，核心在于"亲亲""尊尊"，规定了政治关系的等级
   B. 西周时期五刑，即墨、劓、剕（刖）、宫、大辟，适用于庶民而不适用于贵族
   C. "礼"不具备法的性质，缺乏国家强制性，需要"刑"作为补充
   D. 违礼即违法，在维护统治的手段上"礼""刑"二者缺一不可

3. 中国古代关于德与刑的关系理论，经历了一个长期的演变和发展过程。下列哪些说法是正确的？（2014/1/56-多）
   A. 西周时期确立了"以德配天，明德慎罚"的思想，以此为指导，道德教化与刑罚处罚结合，形成了当时"礼""刑"结合的宏观法制特色
   B. 秦朝推行法家主张，但并不排斥礼，也强调"德主刑辅，礼刑并用"
   C. 唐律"一准乎礼，而得古今之平"，实现了礼与律的有机统一，成为了中华法系的代表
   D. 宋朝以后，理学强调礼和律对治理国家具有同等重要的地位，二者"不可偏废"

4. 《唐律》开篇言明"德礼为政教之本，刑罚为政教之用"，如唐太宗所说"失礼之禁，著在刑书"。根据上述说法，下列哪些选项是错误的？（2018-回忆版-多）
   A. 《唐律》"礼律合一"的统治方法体现了对西周"德主刑辅，礼刑并用"的法律思想的承袭
   B. 《唐律》具有继往开来，承前启后的重要地位，其"礼律合一"的思想和方法对后世产生深远影响
   C. 《唐律》注重"礼律合一"的理论基础，是汉代中期儒家提出的"以德配天，明德慎罚"的策略思想
   D. 《唐律》与春秋战国时期法家思想同受西周法律思想影响，都主张和实行礼刑合一

5. 春秋时期，针对以往传统法律体制的不合理性，出现了诸如晋国赵鞅"铸刑鼎"，郑国执政子产"铸刑书"等变革活动。对此，下列哪一说法是正确的？（2016/1/16-单）
   A. 晋国赵鞅"铸刑鼎"为中国历史上首次公布成文法

B. 奴隶主贵族对公布法律并不反对，认为利于其统治
C. 打破了"刑不可知，则威不可测"的壁垒
D. 孔子作为春秋时期思想家，肯定赵鞅"铸刑鼎"的举措

第二章　主要法典及其内容

6. 关于中国古代法律历史地位的表述，下列哪一选项是正确的？（2012/1/18-单）
   A.《法经》是中国历史上第一部比较系统的成文法典
   B.《北魏律》在中国古代法律史上起着承先启后的作用
   C.《宋刑统》是中国历史上第一部刊印颁行的仅含刑事内容的法典
   D.《大明会典》以《元典章》为渊源，为《大清会典》所承继

7. 元代人在《唐律疏议序》中说："乘之（指唐律）则过，除之则不及，过与不及，其失均矣。"表达了对唐律的敬畏之心。下列关于唐律的哪一表述是错误的？（2016/1/17-单）
   A. 促使法律统治"一准乎礼"，实现了礼律统一
   B. 科条简要、宽简适中、立法技术高超，结构严谨
   C. 是我国传统法典的楷模与中华法系形成的标志
   D. 对古代亚洲及欧洲诸国产生了重大影响，成为其立法渊源

8. 下列哪一选项不适用唐朝的八议制度？（2019-回忆版-单）
   A. 强买民产的皇后之弟　　　　B. 残伤家奴的开国功臣
   C. 控告父母的高级官僚　　　　D. 打伤邻居的前朝皇族

9. 依照唐宋时法律的规定，殴打或谋杀祖父母、父母的行为构成"十恶"犯罪中的哪一项？（2020-回忆版-单）
   A. 谋大逆　　　　　　　　　　B. 恶逆
   C. 不孝　　　　　　　　　　　D. 不睦

10. 《唐律疏议·贼盗》载"祖父母为人杀私和"疏："若杀祖父母、父母应偿死者，虽会赦，仍移乡避仇。以其与子孙为仇，故令移配。"下列哪些理解是正确的？（2013/1/56-多）
    A. 杀害同乡人的祖父母、父母依律应处死刑者，若遇赦虽能免罪，但须移居外乡
    B. 该条文规定的移乡避仇制体现了情法并列、相互避让的精神
    C. 该条文将法律与社会生活相结合统一考虑，表现出唐律较为高超的立法技术
    D. 该条文侧面反映了唐律"礼律合一"的特点，为法律确立了解决亲情与法律相冲突的特殊模式

11. "名例律"作为中国古代律典的"总则"篇，经历了发展、变化的过程。下列哪一表述是不正确的？（2013/1/18-单）
    A.《法经》六篇中有"具法"篇，置于末尾，为关于定罪量刑中从轻从重法律原则的规定
    B.《晋律》共20篇，在刑名律后增加了法例律，丰富了刑法总则的内容
    C.《北齐律》共12篇，将刑名与法例律合并为名例律一篇，充实了刑法总则，并对其进行逐条逐句的疏议

D. 《大清律例》的结构、体例、篇目与《大明律》基本相同，名例律置首，后为吏律、户律、礼律、兵律、刑律、工律

12. 明太祖朱元璋在洪武十八年（公元 1385 年）至洪武二十年（公元 1387 年）间，手订四编《大诰》，共 236 条。关于明《大诰》，下列哪些说法是正确的？（2014/1/57-多）
    A. 《大明律》中原有的罪名，《大诰》一般都加重了刑罚
    B. 《大诰》的内容也列入科举考试中
    C. "重典治吏"是《大诰》的特点之一
    D. 朱元璋死后《大诰》被明文废除

13. 关于中国古代法典的表述，下列哪些选项是错误的？（2020-回忆版-多）
    A. 《法经》由魏文侯李悝制定，是中国历史上第一部成文法典，其中《盗法》《贼法》位于法典篇首，《具法》位于篇尾
    B. 《魏律》依据《周礼·八辟》规定了"八议"，这是死刑复奏制度的最早规定
    C. 《宋刑统》颁行于建隆四年，其篇章、体例与唐律基本相同
    D. 《大清新刑律》是中国历史上第一部近代意义上的专门刑法典，抛弃了以往"诸法合体"的编纂形式，但其总则部分仍称为《名例律》

14. 关于中国古代法律制度的说法，下列哪些选项是正确的？（2019-回忆版-多）
    A. 商鞅变法广泛实行什伍连坐、家庭连坐等连坐制度
    B. 商鞅实行连坐之法的目的在于强调"刑无等级"和国家法律的权威性
    C. 唐朝《贞观律》相对于《武德律》缩小了连坐的范围
    D. 宋代法定刑中并未规定连坐之法

15. 武昌起义爆发后，清王朝于 1911 年 11 月 3 日公布了《宪法重大信条十九条》。关于该宪法性文件，下列哪一说法是错误的？（2014/1/19-单）
    A. 缩小了皇帝的权力
    B. 扩大了人民的权利
    C. 扩大了议会的权力
    D. 扩大了总理的权力

16. 清末修律时，修订法律大臣俞廉三在"奏进民律前三编草案折"中表示："此次编辑之旨，约分四端：①注重世界最普通之法则；②原本后出最精确之法理；③求最适于中国民情之法则；④期于改进上最有利益之法则。"关于清末修订民律的基本思路，下列哪一表述是最合适的？（2013/1/17-单）
    A. 西学为体、中学为用
    B. 中学为体、西学为用
    C. 坚持德治、排斥法治
    D. 抛弃传统、尽采西说

17. 1903 年，清廷发布上谕："通商惠工，为古今经国之要政，急应加意讲求，著派载振、袁世凯、伍廷芳，先定商律，作为则例。"下列哪一说法是正确的？（2016/1/19-单）
    A. 《钦定大清商律》为清朝第一部商律，由《商人通例》、《公司律》和《破产律》构成
    B. 清廷制定商律，表明随着中国近代工商业发展，其传统工商政策从"重农抑商"转为"重商抑农"
    C. 商事立法分为两阶段，先由新设立商部负责，后主要商事法典改由修订法律馆主持起草
    D. 《大清律例》、《大清新刑律》、《大清民律草案》与《大清商律草案》同属清末修律成果

18. 中国历史上曾进行多次法制变革以适应社会的发展。关于这些法制变革的表述，下列哪

一选项是错误的？（2013/1/19-单）

A. 秦国商鞅实施变法改革，全面贯彻法家"明法重刑"的主张，加大量刑幅度，对轻罪也施以重刑，以实现富国强兵目标
B. 西汉文帝为齐太仓令之女缇萦请求将自己没官为奴、替父赎罪的行为所动，下令废除肉刑
C. 唐代废除了宫刑制度，创设了鞭刑和杖刑，以宽减刑罚，缓解社会矛盾
D. 《大清新刑律》抛弃了旧律诸法合体的编纂形式，采用了罪刑法定原则，规定刑罚分为主刑、从刑

第三章　刑事法律制度

19. 秦统治者总结前代法律实施方面的经验，结合本朝特点，形成了一些刑罚适用原则。对于秦律原则的相关表述，下列哪一选项是正确的？（2017/1/16-单）

    A. 关于刑事责任能力的确定，以身高作为标准，男、女身高六尺二寸以上为成年人，其犯罪应负刑事责任
    B. 重视人的主观意识状态，对故意行为要追究刑事责任，对过失行为则认为无犯罪意识，不予追究
    C. 对共犯、累犯等加重处罚，对自首、犯后主动消除犯罪后果等减轻处罚
    D. 无论教唆成年人、未成年人犯罪，对教唆人均实行同罪，加重处罚

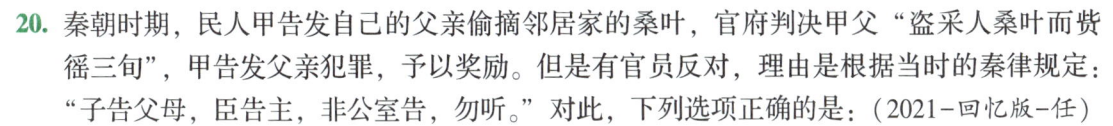

20. 秦朝时期，民人甲告发自己的父亲偷摘邻居家的桑叶，官府判决甲父"盗采人桑叶而赀徭三旬"，甲告发父亲犯罪，予以奖励。但是有官员反对，理由是根据当时的秦律规定："子告父母，臣告主，非公室告，勿听。"对此，下列选项正确的是：（2021-回忆版-任）

    A. "盗采人桑叶而赀徭三旬"体现了秦朝"明法重刑"的原则
    B. 赀徭是判处强制罚金或者强制服徭役的行为，不是独立刑种之一
    C. 如果官府判决"失刑"，有关官员将会以"不直"受处
    D. 秦朝鼓励"告奸"，因此奖励甲告其父符合法律规定

21. 关于唐律中公罪和私罪的说法，下列选项正确的是：（2018-回忆版-任）

    A. 缘公事致罪就是公罪
    B. "公罪"处刑从重
    C. "私罪"处刑从轻
    D. 不缘公事，私自犯者是私罪

22. 唐永徽年间，甲由祖父乙抚养成人。甲好赌欠债，多次索要乙一祖传玉坠未果，起意杀乙。某日，甲趁乙熟睡，以木棒狠击乙头部，以为致死（后被救活），遂夺玉坠逃走。唐律规定，谋杀尊亲处斩，但无致伤如何处理的规定。对甲应当实行下列哪一处罚？（2015/1/17-单）

    A. 按"诸断罪而无正条，其应入罪者，则举轻以明重"，应处斩刑
    B. 按"诸断罪而无正条，其应出罪者，则举重以明轻"，应处绞刑
    C. 致伤未死，应处流三千里
    D. 属于"十恶"犯罪中的"不孝"行为，应处极刑

23. 《唐律·名例律》规定："诸断罪而无正条，其应出罪者，则举重以明轻；其应入罪者，则举轻以明重"。关于唐代类推原则，下列哪一说法是正确的？（2014/1/17-单）

    A. 类推是适用法律的一般形式，有明文规定也可"比附援引"

B. 被类推定罪的行为，处罚应重于同类案件

C. 被类推定罪的行为，处罚应轻于同类案件

D. 唐代类推原则反映了当时立法技术的发达

24. 《唐律疏议》有云："诸不应得为而为之者，笞四十；事理重者，杖八十。【疏】议曰：杂犯轻罪，触类弘多，金科玉条，包罗难尽。其有在律在令无有正条，若不轻重相明，无文可以比附。临时处断，量情为罪，庶补遗阙，故立此条。情轻者，笞四十；事理重者，杖八十。"对此，下列哪一理解是正确的？（2021-回忆版-单）

　　A. 该条文与"举重以明轻""举轻以明重"功能重复

　　B. 该条文说明判断"情轻""情重"的标准是律文规定

　　C. 该条文的目的在于弥补立法漏洞

　　D. 该条文主要适用于严重的违法行为

25. 关于明代刑事法律原则，下列哪一项表述是错误的？（2022-回忆版-单）

　　A. 与唐律相比，明律采用"轻其轻罪，重其重罪"的原则，对伦理纲常以及危害封建统治犯罪加重处罚

　　B. 对于"祖父母、父母在，子孙别籍异财"，唐律规定徒3年，明律规定杖100

　　C. "引律比附"原则在"律令不尽事理，断罪无正条"情形下适用，但是须由皇帝批准。若辄引比，则构成犯罪

　　D. 根据《大明律·名例律》相关规定，化外人犯罪科刑适用属地原则，一体适用明律

26. 秦律明确规定了司法官渎职犯罪的内容。关于秦朝司法官渎职的说法，下列哪一选项是错误的？（2014/1/16-单）

　　A. 故意使罪犯未受到惩罚，属于"纵囚"

　　B. 对已经发生的犯罪，由于过失未能揭发、检举，属于"见知不举"

　　C. 对犯罪行为由于过失而轻判者，属于"失刑"

　　D. 对犯罪行为故意重判者，属于"不直"

27. 秦汉时期的刑罚主要包括笞刑、徒刑、流放刑、肉刑、死刑、羞辱刑等，下列哪些选项属于徒刑？（2012/1/56-多）

　　A. 候　　　　　　　　　　　　B. 隶臣妾

　　C. 弃市　　　　　　　　　　　D. 鬼薪白粲

第四章　民事法律制度

28. 关于西周法制的表述，下列哪一选项是正确的？（2013/1/16-单）

　　A. 周初统治者为修补以往神权政治学说的缺陷，提出了"德主刑辅，明德慎罚"的政治法律主张

　　B. 《汉书·陈宠传》称西周时期的礼刑关系为"礼之所去，刑之所取，失礼则入刑，相为表里"

　　C. 西周的借贷契约称为"书约"，法律规定重要的借贷行为都须订立书面契约

　　D. 西周时期在宗法制度下已形成子女平均继承制

29. 西周商品经济发展促进了民事契约关系的发展。《周礼》载:"听买卖以质剂。"汉代学者郑玄解读西周买卖契约形式:"大市谓人民、牛马之属,用长券;小市为兵器、珍异之物,用短券。"对此,下列哪一说法是正确的?(2016/1/15-单)
   A. 长券为"质",短券为"剂"
   B. "质"由买卖双方自制,"剂"由官府制作
   C. 契约达成后,交"质人"专门管理
   D. 买卖契约也可采用"傅别"形式

30. 随着商品经济的繁荣,两宋时期的买卖、借贷、租赁、抵押、典卖、雇佣等各种契约形式均有发展。据此,下列哪一说法是错误的?(2017/1/18-单)
   A. 契约的订立必须出于双方合意,对强行签约违背当事人意愿的,要"重寘典宪"
   B. 买卖契约中的"活卖",是指先以信用取得出卖物,之后再支付价金,且须订立书面契约
   C. 付息的消费借贷称为出举,并有"(出举者)不得迴利为本"的规定,防止高利贷盘剥
   D. 宋代租佃土地契约中,可实行定额租,佃农逾期不交租,地主可诉请官府代为索取

31. 关于先秦时期的法制内容,下列说法正确的是:(2018-回忆版-任)
   A. 西周时期奉行"德主刑辅"的治国思想,要求统治者应具有"敬天、敬祖、保民"的道德品行
   B. 西周时期,男女离婚的法定理由称为"七出",即若具法定七种理由之一,男女即可离婚
   C. 西周时期,张三和李四就买卖一头黄牛所签订之契约称为"质剂",因此产生的纠纷法官审理称为"听讼"
   D. 《法经》是中国历史上第一部比较系统的成文法典,具有六篇制的法典结构,其中《具法》相当于现代刑法的总则部分,置于法典最后

32. 关于我国古代法律制度和立法活动的说法,下列哪些选项是错误的?(2022-回忆版-多)
   A. 西周的法律思想主要体现为"德主刑辅,礼刑并用"
   B. 西周婚姻关系的成立要符合"三不去"的条件
   C. 公元前513年晋国赵鞅"铸刑鼎"是我国历史上第一次公布成文法
   D. 西周的借贷契约称为"傅别","别"是在简札中间写字,然后一分为二

33. 关于中国历代法律观念和法律制度的说法,下列哪些选项是正确的?(2019-回忆版-多)
   A. 中华民国刑法规定同财共居亲属犯盗窃罪可免除刑罚
   B. 汉代确立的"秋冬行刑"之制是明清"秋审"之渊源
   C. 唐代法律首次规定夫妻"义绝"由官府审断强制离婚
   D. 唐宋时期,法律规定夫妻不相安谐可协议离婚,即"和离"

34. 唐朝开元年间,刘某娶张氏女为妻,后张氏女因为父亲重病、无人照顾,向刘某提出离婚归家的要求,并得到了刘某的同意。于是,二人经协商办理了离婚手续。对此,下列哪一选项是正确的?(2021-回忆版-单)
   A. 根据"三不去"的法律规定,刘某不得休妻
   B. 根据"和离"的法律规定,刘某、张氏女可以离婚
   C. 根据"七出"的法律规定,刘某有权休妻
   D. 根据"义绝"的法律规定,政府可以强制刘某、张氏女二人离婚

35. 唐朝时期，杨氏嫁与王某为妻，后杨父生活不能自理，杨氏为尽孝道，欲长期照顾杨父，王某答应与杨氏解除婚姻关系。下列哪一说法是正确的？（2021-回忆版-单）

    A. 官府可据此强制解除婚姻关系

    B. 双方可以适用"和离"

    C. 王某可根据"七出"休妻

    D. 杨氏可根据"义绝"强制解除婚姻关系

36. 宋承唐律，仍实行唐制"七出""三不去"的离婚制度，但在离婚或改嫁方面也有变通。下列哪一选项不属于变通规定？（2012/1/16-单）

    A. "夫外出三年不归，六年不通问"的，准妻改嫁或离婚

    B. "妻擅走者徒三年，因而改嫁者流三千里，妾各减一等"

    C. 夫亡，妻"若改适（嫁），其见在部曲、奴婢、田宅不得费用"

    D. 凡"夫亡而妻在"，立继从妻

37. 南宋时，霍某病故，留下遗产值银9000两。霍某妻子早亡，夫妻二人无子，只有一女霍甲，已嫁他乡。为了延续霍某姓氏，霍某之叔霍乙立本族霍丙为霍某继子。下列关于霍某遗产分配的哪一说法是正确的？（2016/1/18-单）

    A. 霍甲9000两

    B. 霍甲6000两，霍丙3000两

    C. 霍甲、霍乙、霍丙各3000两

    D. 霍甲、霍丙各3000两，余3000两收归官府

38. 南宋时，甲、乙、丙一家乘马车出游，途中遭遇车祸，父母甲、乙当场死亡，子丙重伤，次日而亡。当地知府按照户绝之法，判决此家出嫁女可分得遗产，然而府衙中司法参军提出异议：父母先亡，遗产为子继承则为子之财产，继而子伤重而亡，则该财产实为子之遗产，故此家已嫁之女不享有遗产继承权。关于本案，下列哪一选项是正确的？（2019-回忆版-单）

    A. 此家出嫁女享有遗产继承权

    B. 半数财产应当收归官府所有

    C. 司法参军属于地方司法机关

    D. 南宋的继承立法中女性享有继承权的规定与现代法律一致

39. 清朝乾隆年间，庶民李某去世，其妻李张氏居丧期间，生活难以为继，不得已改嫁本地同姓男子，违反了"同姓不婚"的礼制。李氏族人讼之于官府，当地知县认为，李张氏改嫁触犯《大清律例》的规定，构成风俗教化犯罪。但是，幕僚提出异议说，李张氏生活难以为继，不得已改嫁，如果追究其罪责虽于法有据，但不合情理，有损于妇女名节，至于同姓相婚违背礼制一事，刑部曾经批复"民俗有之"，因此，也不宜追究。最终，官府并未追究李张氏的罪责，而是判决准予其改嫁。关于本案，下列哪一说法是正确的？（2019-回忆版-单）

    A. 清朝规定不得"居丧嫁娶"是法家思想的体现

    B. 官府对此案的判决反映了"礼不下庶人"的原则

    C. 此案表明清朝时期对风俗教化的犯罪从轻处罚

    D. "同姓不婚"的法律原则首次确立于西汉时期

40. 关于中国古代的继承制度，下列哪一说法是正确的？（2022-回忆版-单）

   A. 西周时期主张"以德配天，明德慎罚"，强调统治者"德性"的后果之一，就是在继承问题上主张"立嫡以长不以贤"
   B. 西周时期的继承主要是财产的继承，此外还包括政治身份的继承
   C. 宋代的继承制度比较灵活，沿袭了遗产兄弟均分制，还允许在室女享受部分财产继承权
   D. 宋代的继承制度规定，在有遗腹子的情况下，亲生子享有 3/4 的财产继承权，遗腹子享有 1/4 的财产继承权

41. 宋朝有个富豪，死的时候写了遗嘱，把大部分遗产给女儿、女婿，让他们照顾好自己 3 岁的儿子。遗嘱内容为：把 3/10 的遗产留给儿子，7/10 留给女儿、女婿。儿子长大后跟姐姐、姐夫争遗产，去官府。县令对儿子说："幸好你爹聪明，留了这个遗产，不然你就活不了了。"然后改判遗产的 7/10 归儿子、3/10 归女儿。对于本案，下列哪一选项是正确的？（2023-回忆版-单）

   A. 古代判决以遗嘱为先
   B. 县令判决遵从法律
   C. 判决完全不遵守契约
   D. 宋朝规定，出嫁女能得到一半的财产

第五章　司法制度

42. 关于大理寺和死刑复核的说法，下列哪一选项是正确的？（2019-回忆版-单）

   A. 北魏时期正式设置大理寺以增强中央司法机关的审判职能
   B. 隋唐时期大理寺有权重审刑部移送的疑难死刑案件
   C. 宋代大理寺负责刑部判决的全国死刑案件的复核
   D. 明代刑部负责驳正大理寺判决的"情词不明或失出入者"的案件，并予以复核

43. 鸦片战争后，清朝统治者迫于内外压力，对原有的法律制度进行了不同程度的修改与变革。关于清末法律制度的变革，下列哪一选项是正确的？（2015/1/18-单）

   A.《大清现行刑律》废除了一些残酷的刑罚手段，如凌迟
   B.《大清新刑律》打破了旧律维护专制制度和封建伦理的传统
   C. 改刑部为法部，职权未变
   D. 改四级四审制为四级两审制

44. 关于会审公廨的说法，下列哪些选项是正确的？（2019-回忆版-多）

   A. 会审公廨是 1864 年之后设立在租界之内的特殊审判机关
   B. 凡涉及外国人案件，必须有领事官员参加会审
   C. 租界内纯属中国人之间的诉讼由清朝司法机关独立审理
   D. 会审公廨是领事裁判权的扩充和延伸

45. 董仲舒解说"春秋决狱"："春秋之听狱也，必本其事而原其志；志邪者不待成，首恶者罪特重，本直者其论轻。"关于该解说之要旨和倡导，下列哪些表述是正确的？（2013/1/57-多）

   A. 断案必须根据事实，要追究犯罪人的动机，动机邪恶者即使犯罪未遂也不免刑责

B. 在着重考察动机的同时，还要依据事实，分别首犯、从犯和已遂、未遂

C. 如犯罪人主观动机符合儒家"忠""孝"精神，即使行为构成社会危害，也不给予刑事处罚

D. 以《春秋》经义决狱为司法原则，对当时传统司法审判有积极意义，但某种程度上为司法擅断提供了依据

46. 董仲舒在《春秋繁露》"精华"篇中解释"春秋决狱"说："春秋之听狱也，必本其事而原其志；志邪者不待成，首恶者罪特重，本直者其论轻。"《后汉书·章帝传》记载，东汉章帝元和二年重申："王者生杀，易顺时气。其定律：无以十一、十二月报囚。"关于汉代的"春秋决狱"与"秋冬行刑"，下列哪一选项是错误的？（2020-回忆版-单）

A. "春秋决狱"是法律儒家化在司法领域的反映，即只能依据儒家经典《春秋》来审判案件

B. "春秋决狱"强调，审案时应重视行为人在案情中的主观动机，实行"论心定罪"的原则

C. 汉代统治者根据"天人感应"理论规定，春夏不得执行死刑

D. 唐律规定"立春后不决死刑"，即源于汉代"秋冬行刑"制度

47. 董仲舒在《春秋繁露》中对"春秋决狱"解释说："春秋之听狱也，必本其事而原其志；志邪者不待成，首恶者罪特重，本直者其论轻。"根据这一解释，下列哪些选项是正确的？（2023-回忆版-多）

A. 以《春秋》等经义决狱是法律儒家化在司法领域的反映

B. "春秋决狱"的核心是实行"论心定罪"原则

C. 以《春秋》经义决狱为司法原则，对传统的司法审判既是一种积极的补充，也为司法擅断提供了依据

D. 父亲和别人发生斗殴，对方用刀刺父亲，儿子拿棍子相救，却误伤父亲。依照汉律，儿子殴打父亲应当处死。董仲舒根据"春秋决狱"原则，认为虽应判处儿子死刑，但应当在秋天霜降以后、冬至以前执行，即"秋冬行刑"

48. 关于中国古代法律思想和法律制度的说法，下列哪些选项是正确的？（2019-回忆版-多）

A. 西周将过失称为"眚"，将故意称为"非眚"

B. 秦代将过失称为"端"，将故意称为"不端"

C. 汉代"春秋决狱"对于共同犯罪中的首犯加重处罚

D. 对贼盗犯罪的处罚，明律的规定比唐律更重

49. 在我国封建法制中，国家对死刑的适用及执行非常重视，专门确立了死刑复奏制度。关于死刑复奏制度，下列哪些说法是正确的？（2018-回忆版-多）

A. 汉代根据"天人感应"的理论，规定除谋反、大逆等"决不待时"者外，一般死刑犯须在秋天霜降以后、冬至以前执行

B. 死刑复奏制度是在北魏太武帝时正式确立的

C. 明代的死刑复奏制度叫朝审

D. 清代的秋审是对刑部判决的重案及京师附近绞、斩监候案件进行的复审

50. 唐代诉讼制度不断完善，并具有承前启后的特点。下列哪一选项体现了唐律据证定罪的原则？（2017/1/17-单）

A. 唐律规定，审判时"必先以情，审察辞理，反复参验，犹未能决，事须拷问者，立案同判，然后拷讯，违者杖六十"

B. 《断狱律》说："若赃状露验，理不可疑，虽不成引，即据状断之"

C. 唐律规定，对应议、请、减和老幼残疾之人"不合拷讯"

D. 《断狱律》说："（断狱）皆须具引律、令、格、式正文，违者笞三十"

51. 关于宋代的法律制度，下列哪一说法是错误的？（2018-回忆版-单）

    A. 《宋刑统》是中国历史上第一部刊印颁行的法典，全称为《宋建隆重详定刑统》

    B. 张三借李四纹银十两，约定3个月后归还十两五钱，此种借贷在宋朝称为"出举"

    C. 南宋宋慈所著之《洗冤集录》是中国也是世界历史上第一部系统的法医学著作

    D. 宋朝法律承认户绝之家在室女与继子的继承权，具体比例为在室女继承1/3，继子继承1/3，另1/3收为官有

52. 《折狱龟鉴》载一案例：张咏尚书镇蜀日，因出过委巷，闻人哭，惧而不哀，遂使讯之。云："夫暴卒。"乃付吏穷治。吏往熟视，略不见其要害。而妻教吏搜顶发，当有验。乃往视之，果有大钉陷其脑中。吏喜，辄矜妻能，悉以告泳。泳使呼出，厚加赏方，问所知之由，并令鞠其事，盖尝害夫，亦用此谋。发棺视尸，其钉尚在，遂与哭妇俱刑于市。关于本案，张咏运用了下列哪一断案方法？（2012/1/17-单）

    A. 《春秋》决狱

    B. "听讼""断狱"

    C. "据状断之"

    D. 九卿会审

53. 清乾隆年间，甲在京城天安门附近打伤乙被判笞刑，甲不服判决，要求复审。关于案件的复审，下列哪些选项是正确的？（2012/1/57-多）

    A. 应由九卿、詹事、科道及军机大臣、内阁大学士等重要官员会同审理

    B. 应在霜降后10日举行

    C. 应由大理寺官员会同各道御史及刑部承办司会同审理

    D. 应在小满后10日至立秋前一日举行

54. 根据清朝的会审制度，案件经过秋审或朝审程序之后，分四种情况予以处理：情实、缓决、可矜、留养承嗣。对此，下列哪一说法是正确的？（2014/1/18-单）

    A. 情实指案情属实、罪名恰当者，奏请执行绞监候或斩监候

    B. 缓决指案情虽属实，但危害性不能确定者，可继续调查，待危害性确定后进行判决

    C. 可矜指案情属实，但有可矜或可疑之处，免于死刑，一般减为徒、流刑罚

    D. 留养承嗣指案情属实、罪名恰当，但被害人有亲老丁单情形，奏请皇帝裁决

55. 关于清代会审制度，下列哪些选项是错误的？（2020-回忆版-多）

    A. 秋审是最重要的死刑复审制度，其对象是全国上报的绞、斩监候案件，每年秋八月由三法司会同审理

    B. 朝审是对刑部判决重案及京师附近绞、斩监候案件进行的复审，其审判组织、方式与秋审大体相同，于每年霜降后10日举行

    C. 案件经秋审或朝审后，若"留养承祀"，是指案情属实、罪名恰当，但受害人有亲老丁单情形，则依法上奏皇帝裁决

    D. 热审是对发生在京师的死刑案件进行重审的制度，于每年小满后10日至立秋前一日由大理寺官员会同各道御史及刑部承办司共同进行

56. 根据1932年南京国民政府公布的《法院组织法》的规定，下列哪一制度属于普通法院实

行的制度？（2020-回忆版-单）

A. 四级三审制 B. 三级三审制
C. 四级二审制 D. 三级二审制

答案及解析
Answers & Explanations

1. [答案] C

[解析] 周礼并非自然流传，而是有意整理的产物。因此，A项错误。

周礼不仅属于宗教、伦理道德性质的规范，更是具备了法律性质的规范。因此，B项错误。

"礼不下庶人，刑不上大夫"强调平民百姓与贵族官僚之间的不平等，强调官僚贵族的法律特权。因此，C项正确。

礼与刑并非相互对立，而是相互依存、相为表里。因此，D项错误。

对应章节》第一章第一节"法律思想"

2. [答案] D

[解析] 周礼包括"五礼"、"九礼"、婚姻"六礼"等诸多内容，并不仅限于"五礼"（吉礼、凶礼、宾礼、军礼、嘉礼）。因此，A项错误。

西周五刑并非不适用于贵族，"刑不上大夫"仅强调贵族官僚在适用刑罚上的特权。因此，B项错误。

西周时期的礼已具备法的性质。因此，C项错误。

在西周违礼即违法，礼、刑二者无非是一体之两面。因此，D项正确。

对应章节》第一章第一节"法律思想"

3. [答案] ACD

[解析] "以德配天，明德慎罚"的主张代表了西周初期统治者的基本政治观和基本的治国方针。因此，A项正确。

"德主刑辅"是汉代而非秦代的立法指导思想。因此，B项错误。

唐朝承袭和发展了以往礼法并用的统治方法，使得法律统治"一准乎礼"，真正实现了礼与律的统一。因此，C项正确。

宋朝朱熹对"明刑弼教"作了新的阐释，认为礼、律二者对治国同等重要，"不可偏废"。因此，D项正确。

对应章节》第一章第一节"法律思想"

4. [答案] ACD

解析 "德主刑辅"是汉代立法思想，西周立法思想是"明德慎罚"。因此，A、C项错误，当选。

唐律"礼律合一"承前启后、继往开来，成为中华法系的代表作。因此，B项正确，不当选。

唐律是法律儒家化的巅峰之作，与法家思想迥然相异。因此，D项错误，当选。

对应章节》 第一章第一节"法律思想"

5. **答案** C

解析 晋国赵鞅"铸刑鼎"是中国历史上第二次公布成文法的活动。因此，A项错误。

春秋时期成文法的公布，严重冲击了奴隶主旧贵族操纵和使用法律的特权，遭到了奴隶主贵族的反对。因此，B项错误。

成文法的公布，否定了"刑不可知，则威不可测"的旧传统，打破了旧壁垒。因此，C项正确。

孔子对晋国赵鞅"铸刑鼎"予以激烈批判。因此，D项错误。

对应章节》 第一章第二节"立法活动"

6. **答案** A

解析 《法经》是中国历史上第一部比较系统的成文法典。因此，A项正确。

不是《北魏律》而是《北齐律》在中国古代法律史上起着承先启后的作用。因此，B项错误。

《宋刑统》虽名为刑统，但它是综合性法典而非仅含刑事内容的法典。因此，C项错误。

会典沿革如下：《唐六典》→《明会典》→《清会典》，这三部法典皆为中央朝廷按六部体例编制的行政法典。因此，D项错误。

对应章节》 第二章第一节"《法经》与魏晋南北朝律典"、第二节"隋唐宋时期的法典"、第三节"明清时期的法典"

7. **答案** D

解析 唐律"一准乎礼而得古今之平"，礼律合一。因此，A项正确，不当选。

唐朝立法科条简要、宽简适中，结构严谨，举世公认。因此，B项正确，不当选。

唐律是中国传统法典的楷模与中华法系形成的标志。因此，C项正确，不当选。

唐律对亚洲诸国产生了重大影响，并不包括欧洲诸国。因此，D项错误，当选。

对应章节》 第二章第二节"隋唐宋时期的法典"

8. **答案** C

解析 唐律规定，犯"十恶"者不适用八议，控告父母属于"十恶"中的"不孝"。因此，C项不适用，当选。

"八议"包括议亲（皇帝亲戚）（A项适用，不当选）、议故（皇帝故旧）、议贤（有大德行）、议能（有大才能）、议功（有大功勋）（B项适用，不当选）、议贵（贵族官僚）、议勤（勤于国事）、议宾（前代皇室宗亲）（D项适用，不当选）。

对应章节》 第二章第二节"隋唐宋时期的法典"

9. [答案]B

[解析]殴打或谋杀祖父母、父母的行为构成"恶逆"。因此，B项当选，A、C、D项不当选。

对应章节» 第二章第二节"隋唐宋时期的法典"

10. [答案]ABCD

[解析]"若杀祖父母、父母应偿死者，虽会赦，仍移乡避仇"的意思就是，杀害同乡人的祖父母、父母依律应处死刑者，若遇赦虽能免罪，但须移居外乡。因此，A项正确。

"移配"的原因在于复仇是被害人子孙的情感选择，有鉴于此，故将犯罪人"移配"他乡以避让寻仇，这就是"以其与子孙为仇，故令移配"。这一规定当然体现了情法并列、相互避让的精神。因此，B项正确。

唐律的这一规定顺应了唐代社会对复仇的认同，表现出唐律较为高超的立法技术。因此，C项正确。

该条文从复仇的特定角度体现了唐律"礼律合一"的特点。因此，D项正确。

对应章节» 第二章第二节"隋唐宋时期的法典"

11. [答案]C

[解析]《法经》体例"先分则，后总则"，"具法"作为总则放在最末。因此，A项正确，不当选。

《晋律》共20篇，在"刑名"之后增加了"法例"，将总则从一篇改为两篇，丰富了刑法总则的内容。因此，B项正确，不当选。

《北齐律》并无疏议，"疏议"出现在唐朝的《永徽律》。因此，C项错误，当选。

《大清律例》的结构、形式、体例、篇目与《大明律》基本相同。因此，D项正确，不当选。

对应章节» 第二章第一节"《法经》与魏晋南北朝律典"、第三节"明清时期的法典"

12. [答案]ABC

[解析]对于明律中的罪名，《明大诰》一般都予以加重处罚，尤其是在"重典治吏"方面。因此，A、C项正确。

《明大诰》是中国法制史上空前普及的法规，原因之一就在于《明大诰》的内容列入科举考试。因此，B项正确。

明太祖死后，《大诰》被束之高阁，不再具有法律效力，但这并不等于被明文废除。因此，D项错误。

对应章节» 第二章第三节"明清时期的法典"

13. [答案]ABD

[解析]《法经》的制定者李悝不是魏文侯，而是魏文侯的国相。因此，A项错误，当选。

"八议"并非死刑复奏，它是对八种特权人物减免适用刑罚的规定。因此，B项错误，当选。

宋承唐制，《宋刑统》的篇章、体例与唐律基本相同。因此，C项正确，不当选。

《大清新刑律》是中国历史上第一部近代意义上的专门刑法典，采用了"总则加分则"的体例，其总则的名称就叫"总则"，总则下第一节称"法例"，不再沿用传统中国法典的"名例律"之称呼。因此，D项错误，当选。

> 对应章节 ▶ 第二章第一节"《法经》与魏晋南北朝律典"

14. [答案] ACD

[解析] 商鞅变法广泛实行连坐制度，如什伍连坐、军事连坐、职务连坐、家庭连坐等。因此，A项正确。

连坐制度的目的在于强调民众之间负有彼此监督告奸、举盗的责任，而不是强调"刑无等级"和国家法律的权威性。因此，B项错误。

唐朝《贞观律》相对于《武德律》缩小了连坐的范围，改变了"父子兄弟，连坐俱死"的情形。因此，C项正确。

宋承唐制，其五刑体系中并无连坐之法。因此，D项正确。

> 对应章节 ▶ 第一章"法律思想和立法活动"

15. [答案] B

[解析]《宪法重大信条十九条》是清政府于辛亥革命武昌起义爆发后抛出应景性的文件，在形式上被迫缩小了皇帝的权力，相对扩大了议会和总理的权力，但仍强调皇权至上，且对人民权利只字未提，更暴露其虚伪性。该文件随即被革命所淹没。由此可见，A、C、D项正确，不当选；B项错误，当选。

> 对应章节 ▶ 第二章第四节"清末修律与民国时期的法典"

16. [答案] B

[解析] 清末从来就没有出现"西学为体、中学为用"的说法。因此，A项不当选。

清末修订民律的基本思路，总体上没有超出"中学为体、西学为用"的思想格局。因此，B项当选。

C、D项不当选，是干扰项。

> 对应章节 ▶ 第二章第四节"清末修律与民国时期的法典"

17. [答案] C

[解析]《钦定大清商律》由《商人通例》《公司律》构成，并不包括《破产律》。因此，A项错误。

B项纯粹为干扰项，实际上，鼓励工商经济的发展是出现在民国时期的法律中的。因此，B项错误。

在清末商事立法的第二阶段，主要商事法典改由修订法律馆主持起草；单行法规仍由各有关机关拟订，经宪政编查馆和资政院审议后请旨颁行。因此，C项正确。

《大清律例》是乾隆年间的产物，并不在清末修律这一时期。因此，D项错误。

> 对应章节 ▶ 第二章第四节"清末修律与民国时期的法典"

18. [答案] C

[解析] 商鞅变法全面贯彻法家"以法治国"和"明法重刑"的主张，轻罪重刑，富国强兵。因此，A项正确，不当选。

缇萦上书推动了汉朝文景废肉刑的刑制改革。因此，B项正确，不当选。

废宫刑、设鞭刑是在魏晋南北朝时期，而非唐代。因此，C项错误，当选。

D项描述与史实相符合。因此，D项正确，不当选。

对应章节 » 第二章第二节"隋唐宋时期的法典"

19. 【答案】C

【解析】身高的尺寸男女相同，均为六尺五寸而非六尺二寸。因此，A项错误。

过失行为从轻处理，而不是不予追究。因此，B项错误。

秦律规定了共同犯罪与集团犯罪加重处罚、自首减轻处罚的原则。因此，C项正确。

秦律规定了教唆犯罪加重处罚的原则，其中，教唆未成年人犯罪者加重处罚。因此，D项错误。

对应章节 » 第三章第一节"法律适用原则"

20. 【答案】A

【解析】对于偷桑叶的轻罪处以"赀徭三旬"的重刑，体现了秦朝贯彻法家"以法治国""明法重刑"的思想主张。因此，A项正确。

赀徭属于赀刑的一种，赀刑是独立刑种。因此，B项错误。

"失刑"是过失误判，"不直"是指故意重罪轻判或者轻罪重判，二者完全不同。因此，C项错误。

秦朝的"告奸"是指告发敌国奸细、外国间谍，子告其父不属于"告奸"，奖励甲告其父的做法不符合"告奸"的法律要求。因此，D项错误。

对应章节 » 第三章第一节"法律适用原则"

21. 【答案】D

【解析】唐律中的"缘公事犯罪"须区分具体情形：①缘公事而无私曲，则为公罪；②虽缘公事而意涉阿曲，则为私罪。因此，A项错误。

唐律中"公罪从轻，私罪从重"。因此，B、C项错误。

唐律中的"私罪"包括：①不缘公事私自犯者；②虽缘公事，意涉阿曲。因此，D项正确。

对应章节 » 第三章第一节"法律适用原则"

22. 【答案】A

【解析】唐律规定，谋杀即处斩刑，本案案情是已杀伤，比起谋杀要重，故必须"举轻以明其重"而处斩刑。因此，A项当选。

本案不适用"出罪"，故不可"举重以明轻"而处绞刑。因此，B项不当选。

从题干可知，"唐律规定，谋杀尊亲处斩，但无致伤如何处理的规定"，这显然是需要类推量刑的情形，由A项的分析可知，该行为当处斩刑而非流刑。因此，C项不当选。

甲的行为并不属于"不孝"，而是属于"恶逆"。因此，D项不当选。

对应章节 » 第三章第一节"法律适用原则"

23. 【答案】D

【解析】唐代"比附援引"即类推，其适用条件是法律没有明文规定（断罪无正条），有明文规定就不得"比附援引"。因此，A项错误。

唐代类推的适用要分情况对待，一种是举重以明轻，另一种是举轻以明重，而B、C

项没有区分具体情况，笼统地认为"处罚应重于同类案件""处罚应轻于同类案件"。因此，B、C项错误。

唐代立法技术发达的表现之一就是类推的相关规定。因此，D项正确。

对应章节 》 第三章第一节"法律适用原则"

24. [答案] C

[解析] "不应得为"条适用于法律有空白、需要临时处断的情形，"举轻以明重""举重以明轻"属于法律有规定、可以类推适用的原则，二者不存在功能重复。因此，A项错误。

"金科玉条（律文规定），包罗难尽"说明法条无法囊括现实中"情轻""情重"的情形，无法作为判断"情轻""情重"的标准。因此，B项错误。

"庶（为了）补（弥补）遗（遗漏）阙（缺失），故立此条"说明这一条文就是为了弥补立法漏洞。因此，C项正确。

"杂犯轻罪"说明该条文主要适用于轻罪，而不是"严重的违法行为"。因此，D项错误。

对应章节 》 第三章第一节"法律适用原则"

25. [答案] A

[解析] 与唐律相比，明律采用"轻其轻罪，重其重罪"的原则，对伦理纲常犯罪从轻处罚，对危害封建统治犯罪加重处罚，A项混淆了这两种情形。因此，A项错误，当选。

B、C、D项均引自《唐律疏议》《大明律》原文，正确，不当选。

对应章节 》 第三章第一节"法律适用原则"

26. [答案] B

[解析] "纵囚"罪是指故意放纵罪犯。因此，A项正确，不当选。

"见知不举"罪，是指官员了解到犯罪而不纠举，则与之同罪。无论是故意还是过失，都构成本罪。因此，B项错误，当选。

"失刑"罪，是指因过失（若系故意，则构成"不直"罪）而量刑不当。因此，C项正确，不当选。

"不直"罪，是指罪应重而故意轻判，应轻而故意重判。因此，D项正确，不当选。

对应章节 》 第三章第二节"罪名"

27. [答案] ABD

[解析] 秦汉时的徒刑主要包括：①城旦舂；②鬼薪、白粲；③隶臣妾；④司寇；⑤候。因此，A、B、D项当选。

"弃市"属于死刑，非徒刑。因此，C项不当选。

对应章节 》 第三章第三节"刑罚"

28. [答案] B

[解析] "德主刑辅"是汉代的立法思想。因此，A项错误。

B项与教材原文一致。因此，B项正确。

西周的借贷契约称为"傅别"而非"书约"。因此，C项错误。

西周时期的继承是嫡长子继承制，而非子女平均继承制。因此，D项错误。

对应章节 » 第四章第一节"契约"、第三节"继承"

29. [答案] A

[解析] 西周时"大市为质,小市为剂",买卖奴隶、牛马等大市用长券为"质",买卖兵器、珍异之物等小市用短券为"剂"。因此,A项正确。

"质""剂"均由官府制作,并由"质人"专门管理。因此,B项错误。

"质人"对"质""剂"的管理,并不以契约达成为条件。因此,C项错误。

西周的借贷契约称为"傅别",买卖契约称为"质剂"。因此,D项错误。

对应章节 » 第四章第一节"契约"

30. [答案] B

[解析] 宋代法律规定契约须出于合意。因此,A项正确,不当选。

B项所说的情形属于"赊卖"而非"活卖"。因此,B项错误,当选。

宋承唐制,区分借、贷。"借"指使用借贷,"贷"则指消费借贷。其中,不付息的使用借贷称为负债,付息的消费借贷称为出举。对此,宋律规定"(出举者)不得迴利为本",不得超过规定实行高利贷盘剥。因此,C项正确,不当选。

宋代地主与佃农签订租佃土地契约中,必须明定纳租与纳税的条款,或按收成比例收租(分成租),或实行定额租。地主同时要向国家缴纳地赋。若佃农过期不交地租,地主可于每年十月初一到正月三十日向官府投诉,由官府代为索取。因此,D项正确,不当选。

对应章节 » 第四章第一节"契约"

31. [答案] D

[解析] "德主刑辅"是西汉的法律指导思想,西周的则是"以德配天,明德慎罚"。因此,A项错误。

西周时并无离婚,只有婚姻的单向解除即休妻,其具体规定是"七出"。遵循双方情愿的离婚出现在唐宋时期,称之为"和离"。因此,B项错误。

买卖黄牛的契约称"质"而非"质剂"。西周时"大市为质,小市为剂",以买卖之物的体积大小为区别,牛马、奴隶等用"质",珠玉、宝剑等用"剂"。因此,C项错误。

《法经》的地位和内容与D项描述一致。因此,D项正确。

对应章节 » 第四章第一节"契约"、第二节"婚姻"

32. [答案] ABC

[解析] "德主刑辅,礼刑并用"是汉代的法律思想,西周的法律思想主要体现为"以德配天,明德慎罚"。因此,A项错误,当选。

"三不去"是西周婚姻关系解除的禁止情形,而非成立要件。因此,B项错误,当选。

公元前513年,晋国赵鞅"铸刑鼎",这是我国历史上第二次公布成文法。第一次公布成文法是公元前536年郑国子产"铸刑书"。因此,C项错误,当选。

西周的借贷契约称为"傅别"。"傅",是把债的标的和双方的权利义务等写在契券上;"别",是在简札中间写字,然后一分为二,双方各执一半,札上的字为半文。因此,D项正确,不当选。

对应章节 » 第四章第一节"契约"、第二节"婚姻"

33. [答案] ABCD

[解析] 中华民国 1928 年《刑法》第 341 条、1935 年《刑法》第 324 条规定，直系血亲配偶或同财共居亲属间犯"盗窃"章所列各罪者，得免除其刑罚。这是传统伦理法精神的再现。因此，A 项正确。

汉代根据"天人感应"理论规定了"顺天行诛""秋冬行刑"。唐律"立春后不决死刑"、明清律"秋审"制度皆渊源于此。因此，B 项正确。

唐律首次规定了"义绝"，无论双方夫妻是否同意离婚，均由官府审断强制离婚。因此，C 项正确。

宋承唐制，规定了协议离婚即"和离"。因此，D 项正确。

> 对应章节 » 第四章第二节"婚姻"

34. [答案] B

[解析] 刘某、张氏女二人协议离婚属于唐律中的"和离"，不适用"七出""三不去""义绝"的法律规定。"七出""三不去"适用于休妻，"义绝"是官府强制离婚。因此，B 项正确，A、C、D 项错误。

> 对应章节 » 第四章第二节"婚姻"

35. [答案] B

[解析] 本题中杨氏为照顾父亲，与丈夫王某达成合意，解除婚姻关系，此为"和离"。因此，B 项正确。

A、D 项属于"义绝"，C 项属于"休妻"，都不适用于"和离"。因此，A、C、D 项错误。

> 对应章节 » 第四章第二节"婚姻"

36. [答案] D

[解析] 请紧扣题干中"在离婚或改嫁方面"这一限定条件。

A、B、C 项不当选，因为这三项皆属于离婚或改嫁方面的变通规定。

D 项当选，因为它属于继承方面的规定，不属于离婚或改嫁方面的变通规定。

> 对应章节 » 第四章第二节"婚姻"

37. [答案] D

[解析] 南宋时，继子与户绝之女均享有继承权，但只有出嫁女（已婚女）的，出嫁女享有 1/3 的财产继承权，继子享有 1/3，另外的 1/3 收为官府所有。因此，A、B、C 项错误，D 项正确。

> 对应章节 » 第四章第二节"婚姻"

38. [答案] A

[解析] 本案属于"户绝"情形，按照南宋法律的规定，继子与户绝之女均有权继承户绝财产。有未嫁女的，未嫁女享有 3/4 的财产继承权，继子享有 1/4 的财产继承权；只有出嫁女的，出嫁女享有 1/3 的财产继承权，继子享有 1/3 的财产继承权，另外的 1/3 收为官府所有。因此，A 项正确，B 项错误。

司法参军不是宋朝的地方司法机关，而是地方司法机关中的官员。因此，C 项错误。

宋代继承立法有部分规定与现代法律相近，但是，女性享有继承权的规定与现代法律并不一致。因此，D项错误。

▶ 对应章节 » 第四章第二节"婚姻"

39. [答案] C

[解析] 不得"居丧嫁娶"是儒家思想的体现。因此，A项错误。

此案判决并未反映"礼不下庶人"的原则。"礼不下庶人"强调礼有等级差别，禁止任何越礼的行为。因此，B项错误。

清承明制"重其所重，轻其所轻"，对典礼和风俗教化犯罪的处罚轻于唐律。因此，C项正确。

"同姓不婚"的法律原则首次确立于西周时期而非西汉时期。因此，D项错误。

▶ 对应章节 » 第四章第二节"婚姻"

40. [答案] C

[解析] 西周继承原则有二："立子以贵不以长，立嫡以长不以贤"。A项漏掉了一句。因此，A项错误。

西周继承的主要内容是政治身份的继承，土地、财产在其次。因此，B项错误。

宋代沿袭了遗产兄弟均分制，允许在室女享受部分继承财产权。因此，C项正确。

遗腹子与亲生子享有同样的继承权，并无所谓比例之说。因此，D项错误。

▶ 对应章节 » 第四章第三节"继承"

41. [答案] B

[解析] 中国古代判决以法律为先，本案中县令也没按遗嘱作出判决，而是以判决修改了遗嘱，所以"古代判决以遗嘱为先"的说法不正确。因此，A项错误。

本案中始终未出现契约，并不存在判决完全不遵守契约的可能性。因此，C项错误。

宋朝规定了遗产兄弟均分，而非子女均分，"出嫁女能得到一半的财产"说法错误。因此，D项错误。

综上所述，只能选B项（至于B项是否符合宋朝法律规定，这不重要）。

▶ 对应章节 » 第四章第三节"继承"

42. [答案] B

[解析] 大理寺正式设置于北齐时期而非北魏时期，以大理寺卿和少卿为正副长官。因此，A项错误。

隋唐时期大理寺有权审理中央百官与京师徒刑以上案件，同时对刑部移送的死刑与疑难案件有重审权。因此，B项正确。

宋代大理寺是最高审判机关，刑部是最高复核机关，所以，由刑部负责大理寺详断的全国死刑已决案件的复核。因此，C项错误。

明代大理寺而非刑部掌复核驳正，刑部是审判机关，大理寺发现刑部判决的案件"情词不明或失出入者"，则驳回刑部改判，并再行复核。因此，D项错误。

▶ 对应章节 » 第五章第一节"司法机关"

43. [答案] A

解析 《大清现行刑律》废除了一些残酷的刑罚手段，如凌迟等。因此，A 项正确。

《大清新刑律》仍保持着旧律维护专制制度和封建伦理的传统。因此，B 项错误。

清末司法机关的变化是：改刑部为法部，掌管全国司法行政事务；改大理寺为大理院，为全国最高审判机关；实行审检合署。因此，C 项错误。

清末实行四级三审制。因此，D 项错误。

对应章节 » 第五章第一节"司法机关"

44. [答 案] ABD

解析 会审公廨是 1864 年清廷与英、美、法三国驻上海领事协议在租界内设立的特殊审判机关（A 项正确）。凡涉及外国人案件，必须有领事官员参加会审（B 项正确）。凡中国人与外国人之间诉讼案，由本国领事裁判或陪审，甚至租界内纯属中国人之间的诉讼也由外国领事观审并操纵判决（C 项错误）。会审公廨的确立，是外国在华领事裁判权的扩充和延伸（D 项正确）。

对应章节 » 第五章第一节"司法机关"

45. [答 案] ABD

解析 翻译一下：春秋之听狱（依据儒家经典来断案）也，必本其事（根据事实）而原其志（追究犯罪人的动机）；志邪者（动机邪恶者）不待成（犯罪未遂也不免刑责，区分了已遂、未遂），首恶者罪特重（对于为首作恶者要特别加重处罚，区分了首犯、从犯），本直者其论轻（对于动机善良者予以从轻论处）。因此，A、B 项正确。

"春秋决狱"强调从主观动机出发，来判断有罪、无罪或罪行轻重，在某种程度上为司法擅断提供了依据。因此，D 项正确。

题干中的文言文与"犯罪人主观动机符合儒家忠、孝精神"没有关系。因此，C 项错误。

对应章节 » 第五章第二节"诉讼制度"

46. [答 案] A

解析 "春秋决狱"的依据不仅限于《春秋》一书，还包括其他儒家经典，"只能依据《春秋》"的说法不正确。因此，A 项错误，当选。

"春秋决狱"强调"论心定罪"，在审判中重视行为人的主观动机。因此，B 项正确，不当选。

汉代统治者根据"天人感应"理论，规定春夏不得执行死刑，唐律规定"立春后不决死刑"即源于汉代"秋冬行刑"制度。因此，C、D 项正确，不当选。

对应章节 » 第五章第二节"诉讼制度"

47. [答 案] ABC

解析 D 项刻意混淆了"春秋决狱"这一司法原则与"秋冬行刑"这一刑罚执行原则，纯属生拉硬扯。因此，D 项错误。

A、B、C 项符合"春秋决狱"的基本表述，均正确。

对应章节 » 第五章第二节"诉讼制度"

48. [答 案] ACD

[解析] 西周时期已经区分过失（眚）与故意（非眚）、惯犯（惟终）与偶犯（非终）。因此，A项正确。

秦代区分故意与过失，将故意称为"端"，将过失称为"不端"。因此，B项错误。

"春秋决狱"强调"首恶者罪特重"，对于为首作恶的首犯要特别从重处罚。因此，C项正确。

明律相较于唐律"重其所重，轻其所轻"，对于贼盗及有关钱粮等事，明律较唐律处刑为重，对于典礼及风俗教化等一般犯罪，明律处罚轻于唐律。因此，D项正确。

对应章节 » 第五章第二节"诉讼制度"

49. [答案] BC

[解析] 汉代的"秋冬行刑"与起自北魏太武帝时的死刑复奏是两码事，A项所述是秋冬行刑而非死刑复奏。因此，A项错误。

死刑复奏起自北魏太武帝时期。因此，B项正确。

明代朝审的结果须奏请皇帝定夺，它属于死刑复奏的发展。因此，C项正确。

清代的秋审的受案范围是全国上报中央的绞、斩监候案件，而不是京师附近的绞、斩监候案件。因此，D项错误。

对应章节 » 第五章第二节"诉讼制度"

50. [答案] B

[解析] A项说的是拷讯的条件，与据证定罪无关。因此，A项不当选。

B项"据状断之"的"状"即为证据，"据状断之"，即根据证据定罪。因此，B项当选。

C项说的是禁止使用刑讯的情形，与据证定罪无关。因此，C项不当选。

D项说的是判决须援引法条正文，与据证定罪无关。因此，D项不当选。

对应章节 » 第五章第二节"诉讼制度"

51. [答案] D

[解析]《宋刑统》是中国历史上第一部刻版刊印的法典。因此，A项正确，不当选。

宋代称无息的使用借贷为"负债"，有息的消费借贷为"出举"，借纹银十两后偿还十两五钱属于有息的借贷，故为"出举"。因此，B项正确，不当选。

南宋宋慈《洗冤集录》是世界第一部法医学著作。因此，C项正确，不当选。

宋朝户绝之家，在室女和继子的继承份额是在室女3/4、继子1/4。没有在室女、只有出嫁女的户绝之家，继承份额是出嫁女1/3、继子1/3、官府1/3。因此，D项错误，当选。

对应章节 » 第五章第二节"诉讼制度"

52. [答案] C

[解析] 张咏决狱未引用《春秋》等儒家经典"论心定罪"。因此，A项不当选。

张咏所断案件是刑事案件而非民事案件，所以不能称之为"听讼"，而只能称之为"断狱"。因此，B项不当选。

张咏依据证据破案、定罪，即"据状断之"。因此，C项当选。

"九卿会审"是九个官员会同审理案件，题干从头到尾只说了张咏这一个官审案。因此，D 项不当选。

对应章节 » 第五章第二节"诉讼制度"

53. [答案] CD

解析 清代甲于京师伤乙当受笞杖刑，当适用"热审"程序。因此，A、B 项错误，C、D 项正确。清代的热审是对发生在京师的笞杖刑案件进行重审的制度，于每年小满后 10 日至立秋前一日，由大理寺官员会同各道御史及刑部承办司共同进行，快速决放在监笞杖刑案犯。

对应章节 » 第五章第二节"诉讼制度"

54. [答案] C

解析 情实，指罪情属实、罪名恰当者，奏请执行死刑。因此，A 项错误。在这里，是奏请执行死刑而非"奏请执行绞监候或斩监候"，执行死刑是立即执行，而"监候"是关起来等到秋后再执行死刑。

缓决，指案情虽属实，但危害性不大者，可减为流三千里，或发烟瘴极边充军，或再押监候。因此，B 项错误。在这里，首先是其危害性不大而非"危害性不能确定"；其次，缓决的结果是要么流、要么充军、要么监候，而非"待危害性确定后进行判决"。

可矜，指案情属实，但有可矜或可疑之处，可免于死刑，一般减为徒、流刑罚。因此，C 项正确。

D 项中添加了"被害人"三字，是为陷阱。留养承嗣，指被告人而非被害人有亲老丁单之情形。因此，D 项错误。

对应章节 » 第五章第二节"诉讼制度"

55. [答案] ACD

解析 清朝"秋审"机关不是三法司，而是九卿、詹事、科道、军机大臣、内阁大学士等，如果是三法司，则称为"三司会审"而非"秋审"。因此，A 项错误，当选。

清朝"朝审"源自明朝，是对刑部判决重案及京师附近绞、斩监候案件进行的复审，其审判组织、方式与秋审大体相同，于每年霜降后 10 日举行。因此，B 项正确，不当选。

"留养承祀"适用于有亲老丁单情形的"被告人"而非"受害人"。因此，C 项错误，当选。

"热审"是对发生在京师的"笞杖刑"而非"死刑"案件进行重审的制度。因此，D 项错误，当选。

对应章节 » 第五章第二节"诉讼制度"

56. [答案] B

解析 根据 1932 年南京国民政府公布的《法院组织法》，普通法院包括三级：最高法院、高等法院、地方法院，即"三级三审制"。因此，B 项当选，A、C、D 项不当选。

注意：清末民初的审级变化如下：清末《大理院审判编制法》首次规定四级三审制；民国北京政府《暂行法院编制法》承袭这一规定，沿用四级三审制；南京国民政府改为三级三审制。

对应章节 » 第五章第二节"诉讼制度"

第四编　习近平法治思想

第一章　习近平法治思想的形成发展及重大意义

1. 全面依法治国是中国特色社会主义的本质要求和重要保障。关于全面依法治国，下列哪一项是错误的？（2023-回忆版-单）
   A. 全面依法治国是实现国家治理体系和治理能力现代化的必然要求，事关我党执政兴国，事关人民的幸福安康，事关党和国家的长治久安
   B. 人民民主是依法治国的政治前提和基础，依法治国的法应当是体现人民意志和利益的法，是党领导人民制定和实施的法
   C. 总目标包括形成完备的法律规范体系、高效的法律实施体系、严密的法治监督体系、有力的法治保障体系和完善的党内法规体系
   D. 通过将全部社会关系法律化，为建设和发展中国特色社会主义法治国家提供保障

2. 党的十九大报告提出："中国特色社会主义进入新时代，我国社会主要矛盾已经转化为人民日益增长的美好生活需要和不平衡不充分的发展之间的矛盾。"关于社会主要矛盾变化对法治建设提出的新要求，下列哪些选项是正确的？（2022-回忆版-多）
   A. 人民美好生活需要日益广泛，不仅对物质文化生活提出了更高要求，而且在民主、法治、公平、正义、安全、环境等方面的要求日益增长
   B. 发展不平衡不充分问题已经成为满足人民日益增长的美好生活需要的主要制约因素
   C. 依法维护国家安全，防范和化解风险，严厉打击严重侵害人民群众生命财产安全的违法犯罪行为，不断增强人民群众的幸福感、安全感
   D. 社会矛盾和问题交织叠加，全面依法治国任务依然繁重，国家治理体系和治理能力有待加强

3. 关于习近平法治思想形成和发展的历史进程，下列说法不正确的有：（2022-回忆版-任）
   A. 党的十九大出台了《关于全面推进依法治国若干重大问题的决定》
   B. 党的十八届四中全会提出到2035年基本建成法治国家、法治政府、法治社会
   C. 党的十九届三中全会决定成立中央全面依法治国委员会，加强党对全面依法治国的集中统一领导
   D. 党的十九届五中全会从推进国家治理体系和治理能力现代化的角度，对坚持和完善中国特色社会主义法治体系，提高党依法治国、依法执政能力作出部署

4. 关于全面依法治国的重大意义的说法，下列哪些选项是正确的？（2023-回忆版-多）
   A. 依法治国是坚持和发展中国特色社会主义的本质要求和重要保障
   B. 依法治国是实现国家治理体系和治理能力现代化的必然要求
   C. 依法治国事关我们党执政兴国，事关人民幸福安康，事关党和国家长治久安
   D. 全面建成现代主义现代化国家、全面深化改革、全面从严治党，必须全面依法治国

第二章 习近平法治思想的核心要义

5. 全面依法治国，必须坚持人民主体地位。对此，下列哪一理解是错误的？（2021-回忆版-单）
   A. 法律既是保障人民自身权利的有力武器，也是人民必须遵守的行为规范
   B. 人民依法享有广泛的权利和自由，同时也承担应尽的义务
   C. 人民通过各种途径直接行使立法、执法和司法的权力
   D. 人民根本权益是法治建设的出发点和落脚点，法律要为人民所掌握、遵守、运用

6. 截至2021年10月，全国人大常委会法工委基层立法联系点先后就126部法律草案、年度立法计划等征求基层群众意见建议7800余条，2200余条意见建议被不同程度采纳吸收，其中部分意见建议被直接反映在法律条文中。关于上述做法，下列哪些选项是正确的？（2021-回忆版-多）
   A. 该做法表明我国的人民民主是全过程的民主，人民群众可以有效地参与国家立法
   B. 该做法表明我国的人民民主是全过程的民主，人民事实上直接行使管理国家的权力
   C. 该做法打通了国家立法机关直接联系人民群众的渠道，是实现法治社会的重要措施
   D. 全民依法治国的基础在基层，根基在民众

7. 中共中央印发了《法治中国建设规划（2020～2025年）》。关于坚定不移走中国特色社会主义法治道路，奋力建设良法善治的法治中国的主要原则，下列哪一选项是不正确的？（2022-回忆版-单）
   A. 牢牢把握党的领导是社会主义法治最根本的保证，坚持党领导立法、保证执法、支持司法、带头守法
   B. 坚持法治建设为了人民、依靠人民，促进人的全面发展
   C. 聚焦党中央关注、人民群众反映强烈的突出问题和法治建设薄弱环节，着眼推进国家治理体系和治理能力现代化
   D. 汲取中华法律文化精华，应当借鉴国外法治有益经验

8. 我国正处于社会主义初级阶段，全面建成小康社会进入决定性阶段，改革进入攻坚期和深水区，国际形势复杂多变，我们党面对的改革发展稳定任务之重前所未有、矛盾风险挑战之多前所未有，依法治国在党和国家工作全局中的地位更加突出、作用更加重大。因此，必须在习近平法治思想指导下，坚持全面依法治国的基本原则。关于全面依法治国，下列哪一说法是正确的？（2022-回忆版-单）
   A. 党的领导是中国特色社会主义最本质的特征，是社会主义法治最根本的保证
   B. 人民是依法治国的主体和力量源泉，人民代表大会制度是保证人民当家作主的根本制度
   C. 坚持法律面前人人平等就要做到一切情况都平等对待
   D. 学习西方先进经验，改革人民代表大会制度成为"三权分立"

9. 关于坚持中国特色社会主义法治道路，下列哪一选项是不正确的？（2022-回忆版-单）
   A. 坚持中国特色社会主义法治道路，本质上是中国特色社会主义道路在法治领域的具体体现
   B. 坚持中国共产党的领导是中国特色社会主义法治道路最根本的保证
   C. 中国特色社会主义法治道路是社会主义法治建设成就和经验的集中体现，是建设社会主

法治国家的唯一正确道路

D. 要从中国国情和实际出发，走适合自己的法治道路，不借鉴国外法治

10. 关于全面贯彻实施宪法，坚定维护宪法尊严和权威，下列哪一选项是不正确的？（2022-回忆版-单）

A. 坚持依宪治国、依宪执政，把全面贯彻实施宪法作为首要任务

B. 党带头遵从和执行宪法，把党领导人民制定和实施宪法法律同党坚持在宪法法律范围内活动统一起来，保障宪法法律的有效实施

C. 凡涉及宪法有关规定如何理解、实施、适用问题的，都应当依照有关规定向全国人大常委会书面提出合宪性审查请求

D. 在备案审查工作中，应当注重审查是否存在不符合宪法规定和宪法精神的内容

11. 习近平总书记在党的十八届四中全会上指出，建设中国特色社会主义法治体系，必须坚持立法先行，发挥立法的引领和推动作用，抓住提高立法质量这个关键，明确要求完善立法体制。下列哪一选项是不正确的？（2022-回忆版-单）

A. 党中央向全国人大提出宪法修改建议，依照宪法规定的程序进行宪法修改。法律制定和修改的重大问题由全国人大常委会向党中央报告

B. 加强党对立法工作的领导，完善党对立法工作中重大问题决策的程序。凡立法涉及重大体制和重大政策调整的，必须报党中央讨论决定

C. 对部门间争议较大的重要立法事项，由决策机关引入第三方评估，充分听取各方意见，协调决定，不能久拖不决

D. 依法建立健全专门委员会、工作委员会立法专家顾问制度

12. 近年来，网络安全领域出现直播乱象、电子诈骗等现象。为此，我国加快推进网络安全领域顶层设计，在深入贯彻落实《网络安全法》的基础上，制定完善网络安全相关战略规划、法律法规和标准规范，把握好网络安全的"四梁八柱"。据此，下列哪些说法是正确的？（2023-回忆版-多）

A. 落实网络运营者为网络安全第一责任人

B. 网络安全关系人民重大利益

C. 没有网络安全就没有国家安全

D. 网络犯罪已成为危害我国国家政治安全、网络安全、社会安全、经济安全等的重要风险之一

13. 关于新时代深化依法治国实践的主要任务，下列哪些选项是正确的？（2022-回忆版-多）

A. 成立中央全面依法治国领导小组，加强对法治中国建设的统一领导

B. 深入推进科学立法、民主立法、依法立法，以良法促进发展、保障善治

C. 加强宪法实施和监督，推进合宪性审查工作，维护宪法权威

D. 建设法治政府，推进依法行政，严格规范公正文明执法

14. 习近平总书记在不同场合一再强调"把权力关进制度的笼子里"。将权力管好，尤其是将行政权力管好，涉及人民利益的保障，也符合宪法的要求。关于强化行政权力的制约和监督，下列哪些说法是正确的？（2022-回忆版-多）

A. 加强党内监督、人大监督、民主监督、行政监督等各种监督，努力形成科学有效的权力运

行机制和监督体系，增强监督合力和实效

B. 探索省以下地方审计机关人财物统一管理

C. 完善纠错问责机制，健全责令公开道歉、停职检查、引咎辞职、责令辞职、罢免等问责方式和程序

D. 完善政府内部层级监督和专门监督，改进上级机关对下级机关的监督，建立常态化监督制度

15. Z市烧烤持续升温，该市充分发挥网格员作为基层社会治理的"神经末梢"作用，公开网格员服务电话，顾客现场遇到任何问题可直接向网格员电话反馈，由网格员第一时间处理，确保顾客满意。关于网格员在法治建设中的作用，下列哪一说法是错误的？（2023-回忆版-单）

A. 网格员先行办事属于行政调解

B. 网格员制度开创了平安建设新局面

C. 网格化管理的制度切实解决了社会服务管理中的问题

D. 网格化管理有利于提升基层社会治理的效率

16. 为了解决村级"小微权力"权责不清、程序不严、执行失范等问题，陕西省民政厅、省委组织部联合印发《关于推行村级"小微权力"清单制度的意见》，在全省推行村级"小微权力"清单制度，建立村级"小微权力"事项清单和村级班子主要负责人责任清单"两个清单"，对村级重大事项、日常性事务和公共教育、劳动就业、社会保障、脱贫攻坚等与群众生产生活密切相关的权力事项进行全面梳理，进一步厘清村级组织和村干部的职责权限。下列哪些表述是正确的？（2021-回忆版-多）

A. "小微权力"清单有利于将矛盾纠纷化解在基层

B. "小微权力"清单能为乡村振兴战略实施提供重要的支撑

C. "小微权力"清单有助于加强对权力运行事前、事中、事后的监督力度

D. "小微权力"清单有利于社会主义法治建设的顺利进行

17. 关于全面依法治国工作重要环节，下列哪些选项是正确的？（2021-回忆版-多）

A. 健全法律法规规章起草征求人大代表意见制度，增加代表列席常委会会议人数

B. 政府建立所有决策终身责任追究制度及责任倒查机制

C. 减少多头执法，减少市县两级政府执法队伍种类

D. 加强和规范司法解释和案例指导，统一法律适用标准

18. 完善立法体制是社会主义法治建设的重要环节。关于立法体制，下列哪些说法是正确的？（2023-回忆版-多）

A. 推进科学立法、民主立法，是提高立法质量的根本途径

B. 要完善立法体制必须禁止所有地方制定和发布带有立法性质的文件

C. 增加有法治实践经验的专职常委比例，依法建立健全专门委员会、工作委员会立法专家顾问制度

D. 科学立法的核心在于尊重和体现客观规律，民主立法的核心在于为了人民、依靠人民

19. 《史记·商君列传》有云："孝公既用卫鞅，鞅欲变法，恐天下议己……令既具，未布，恐民之不信，乃立三丈之木于国都市南门，募民有能徙置北门者予十金。民怪之，莫敢

徙。复曰：'能徙者予五十金。'有一人徙之，辄予五十金，以明不欺。卒下令。""商鞅变法"中"立木为信"的典故体现了下列哪一法治思想？（2021-回忆版-单）
A. 法者所以兴功惧暴也，律者所以定分止争也，令者所以令人知事也
B. 盖天下之事，不难于立法，而难于法之必行
C. 善禁者，先禁身，而后人；不善禁者，先禁人，而后身
D. 法不阿贵，绳不挠曲

20. 某地法院开展便民服务，为老弱（幼）人群提供法律服务，取得了很好的效果。下列说法不正确的是：（2021-回忆版-任）
A. 法院的做法体现了司法为民、司法便民的要求
B. 法院的做法违背了法律面前人人平等原则，不利于实现司法公正
C. 保障弱势群体的权益是实现司法公正的必然要求
D. 司法公正对社会公正具有关键的引领作用，司法不公对社会公正有致命的破坏作用

21. 关于推进全民守法，下列哪一选项是错误的？（2022-回忆版-单）
A. 建立健全立法工作宣传报道常态化机制，对立法热点问题主动发声、解疑释惑
B. 深入开展法官、检察官、监察官、行政复议人员、行政执法人员、律师等以案释法活动
C. 广泛推动人民群众参与社会治理，打造共建共治共享的社会治理格局
D. 积极引导人民群众依法维权和化解矛盾纠纷，坚持和发展新时代"枫桥经验"

22. 习近平总书记强调："全面推进依法治国，建设一支德才兼备的高素质法治队伍至关重要。"下列哪一选项是不正确的？（2022-回忆版-单）
A. 要把拥护中国共产党领导、拥护我国社会主义法治作为法律服务人员从业的基本要求
B. 推进法治专门队伍革命化、正规化、专业化、职业化
C. 全面推进依法治国，首先要把法律服务队伍建设好
D. 加强教育、管理、引导，引导法律服务工作者坚持正确的政治方向，依法依规诚信执业，认真履行社会责任

第三章　习近平法治思想的实践要求

23. 习近平总书记指出，推进全面依法治国是国家治理的一场深刻变革，必须以科学理论为指导。对此，下列说法正确的有：（2022-回忆版-任）
A. 要营造各种所有制主体依法平等使用资源要素、公开公平公正参与竞争、同等受到法律保护的市场环境
B. 立法要主动适应改革需要，改革也要以习近平法治思想为指导思想
C. 对实践证明已经比较成熟的改革经验和行之有效的改革举措，要尽快上升为法律，先推行改革，再修订、解释或者废止原有法律
D. 立足新发展阶段，贯彻"发展要上，法治要让"的基本原则，对不适应改革要求的现行法律法规要及时修改或废止，不能让一些过时的法律条款成为改革的绊马索

24. 关于党内法规和法律的关系，下列哪一说法是不正确的？（2023-回忆版-单）
A. 党的纪律是党内规矩，党规党纪严于国家法律
B. 党内法规是管党治党的重要依据，也是建设社会主义法治国家的有力保障

C. 党章是最根本的党内法规，对所有党员都平等适用
D. 党内法规可以成为法院审理案件的直接依据

答案及解析
Answers & Explanations

1. [答案] D

   [解析]"将全部社会关系法律化"的说法明显错误，"全部"这一表述过于绝对，违背"法的局限性"这一常识。因此，D 项错误，当选。

   A、B、C 项符合习近平法治思想的基本表述，均正确，不当选。

   对应章节 » 第一章第一节"习近平法治思想的形成发展"

2. [答案] ABCD

   [解析] 党的十九大报告提出，中国特色社会主义进入新时代，我国社会主要矛盾已经转化为人民日益增长的美好生活需要和不平衡不充分的发展之间的矛盾。我国稳定解决了十几亿人的温饱问题，总体上实现小康，不久将全面建成小康社会，人民美好生活需要日益广泛，不仅对物质文化生活提出了更高要求，而且在民主、法治、公平、正义、安全、环境等方面的要求日益增长。（A 项正确）同时，我国社会生产力水平总体上显著提高，社会生产能力在很多方面进入世界前列，更加突出的问题是发展不平衡不充分，这已经成为满足人民日益增长的美好生活需要的主要制约因素。（B 项正确）……同时，必须清醒看到，我们的工作还存在许多不足，也面临不少困难和挑战。主要是：发展不平衡不充分的一些突出问题尚未解决，发展质量和效益还不高，创新能力不够强，实体经济水平有待提高，生态环境保护任重道远；民生领域还有不少短板，脱贫攻坚任务艰巨，城乡区域发展和收入分配差距依然较大，群众在就业、教育、医疗、居住、养老等方面面临不少难题；社会文明水平尚需提高；社会矛盾和问题交织叠加，全面依法治国任务依然繁重，国家治理体系和治理能力有待加强（D 项正确）；意识形态领域斗争依然复杂，国家安全面临新情况（C 项正确）；一些改革部署和重大政策措施需要进一步落实；党的建设方面还存在不少薄弱环节。这些问题，必须着力加以解决。

   对应章节 » 第一章第一节"习近平法治思想的形成发展"

3. [答案] ABD

   [解析] 党的十八届四中全会而非十九大出台了《中共中央关于全面推进依法治国若干重大问题的决定》。因此，A 项错误，当选。

   党的十九大而非十八届四中全会提出到 2035 年基本建成法治国家、法治政府、法治社会。因此，B 项错误，当选。

   2018 年党的十九届三中全会决定成立中央全面依法治国委员会，加强党对全面依法治国的集中统一领导。因此，C项正确，不当选。

党的十九届四中全会而非十九届五中全会从推进国家治理体系和治理能力现代化的角度，对坚持和完善中国特色社会主义法治体系，提高党依法治国、依法执政能力作出部署。因此，D项错误，当选。

> 对应章节 » 第一章第一节"习近平法治思想的形成发展"

4. [答案] ABCD

[解析] 依法治国，是坚持和发展中国特色社会主义的本质要求和重要保障，是实现国家治理体系和治理能力现代化的必然要求，事关我们党执政兴国，事关人民幸福安康，事关党和国家长治久安。因此，A、B、C项正确。

D项即"四个全面"的内容。因此，D项正确。

> 对应章节 » 第一章第二节"习近平法治思想的重大意义"

5. [答案] C

[解析] A项说法与十八届四中全会报告一致，且符合我们的常识。因此，A项正确，不当选。

权利与义务具有一致性，没有无权利的义务，也没有无义务的权利。因此，B项正确，不当选。

C项错在人民"直接行使"管理国家的权力，根据我国宪法和法律的规定，人民通过人民代表大会行使相应的权力。因此，C项错误，当选。

坚持以人民为中心是中国特色社会主义法治的本质要求，具体而言就是运用法治方式维护人民权益。因此，D项正确，不当选。

> 对应章节 » 第二章第二节"坚持以人民为中心"

6. [答案] ACD

[解析] 全国人大常委会法工委基层立法联系点征求并采纳基层群众意见建议，推动立法工作，体现了立法上的全过程人民民主。因此，A项正确。

"全过程人民民主"不等于人民群众"直接行使"国家权力。因此，B项错误。

法治社会是法治国家、法治政府建设的基础和依托，法治国家、法治政府建设必须筑牢法治社会根基。因此，C、D项正确。

> 对应章节 » 第二章第二节"坚持以人民为中心"

7. [答案] D

[解析] 法治中国建设规划的主要原则有：坚持党的集中统一领导、坚持贯彻中国特色社会主义法治理论、坚持以人民为中心、坚持统筹推进、坚持问题导向和目标导向、坚持从中国实际出发。因此，A、B、C项正确，不当选；D项错误，当选。

> 对应章节 » 第二章第一节"坚持党对全面依法治国的领导"、第二节"坚持以人民为中心"、第三节"坚持中国特色社会主义法治道路"

8. [答案] A

[解析] 党的领导是中国特色社会主义最本质的特征，是社会主义法治最根本的保证。这是习近平法治思想的原文表述。因此，A项正确。

人民代表大会制度是保证人民当家作主的"根本政治制度"而非"根本制度"。因此，B 项错误。

坚持法律面前人人平等不等于一切情况都平等对待，而是在坚持人人平等的同时，允许合理的差别对待。因此，C 项错误。

学习西方先进经验必须把握原则、坚守底线，绝不能把改革变成"对标"西方法治体系、"追捧"西方法治实践。所以，改革人民代表大会制度成为"三权分立"的做法绝对错误。因此，D 项错误。

对应章节 》第二章第一节"坚持党对全面依法治国的领导"、第二节"坚持以人民为中心"、第三节"坚持中国特色社会主义法治道路"

9. [答案] D

[解析] 中国特色社会主义法治道路，本质上是中国特色社会主义道路在法治领域的具体体现，是社会主义法治建设成就和经验的集中体现，是建设社会主义法治国家的唯一正确道路。因此，A、C 项正确，不当选。

中国特色社会主义法治道路的核心要义有三：坚持党的领导、坚持中国特色社会主义制度、贯彻中国特色社会主义法治理论。其中，坚持党的领导是中国特色社会主义法治道路最根本的保证。因此，B 项正确，不当选。

坚持从实际出发不等于"关起门来搞法治"，法治的精髓和要旨对于各国国家治理和社会治理具有普遍意义，"不借鉴国外法治"的说法错误。因此，D 项错误，当选。

对应章节 》第二章第三节"坚持中国特色社会主义法治道路"

10. [答案] C

[解析] 坚持依法治国首先要坚持依宪治国，坚持依法执政首先要坚持依宪执政，由此可见，坚持依宪治国、依宪执政，全面贯彻实施宪法是首要任务。因此，A 项正确，不当选。

习近平法治思想指出，必须坚持党领导立法、保证执法、支持司法、带头守法，把依法治国基本方略同依法执政基本方式统一起来，把党总揽全局、协调各方同人大、政府、政协、监察机关、审判机关、检察机关依法依章程履行职能、开展工作统一起来，把党领导人民制定和实施宪法法律同党坚持在宪法法律范围内活动统一起来。因此，B 项正确，不当选。

习近平法治思想要求，凡涉及宪法相关规定如何理解、如何适用的（不包括实施），都应当事先经过全国人大常委会合宪法性审查，确保同宪法规定、宪法精神相符合。C 项表述多了"实施"二字，因此，C 项错误，当选；D 项正确，不当选。

对应章节 》第二章第四节"坚持依宪治国、依宪执政"

11. [答案] A

[解析] 习近平法治思想指出，完善立法体制：

加强党对立法工作的领导，完善党对立法工作中重大问题决策的程序。凡立法涉及重大体制和重大政策调整的，必须报党中央讨论决定（B 项正确，不当选）。党中央向全国人大提出宪法修改建议，依照宪法规定的程序进行宪法修改。法律制定和修改的重大问题由全国人大常委会党组向党中央报告（A 项漏掉了"党组"二字，错误，当选）。

明确立法权力边界，从体制机制和工作程序上有效防止部门利益和地方保护主义法律化。对部门间争议较大的重要立法事项，由决策机关引入第三方评估，充分听取各方意见，协调决定，不能久拖不决（C项正确，不当选）。加强法律解释工作，及时明确法律规定含义和适用法律依据。明确地方立法权限和范围，依法赋予设区的市地方立法权。

健全有立法权的人大主导立法工作的体制机制，发挥人大及其常委会在立法工作中的主导作用。建立由全国人大相关专门委员会、全国人大常委会法制工作委员会组织有关部门参与起草综合性、全局性、基础性等重要法律草案制度。增加有法治实践经验的专职常委比例。依法建立健全专门委员会、工作委员会立法专家顾问制度（D项正确，不当选）。

对应章节» 第二章第四节"坚持依宪治国、依宪执政"

12. [答 案] BCD

   [解 析] 网络安全第一责任人不是网络运营者，而是当地党委（党组）主要负责人。因此，A项错误。B、C、D项说法正确。

   对应章节» 第二章第五节"坚持在法治轨道上推进国家治理体系和治理能力现代化"

13. [答 案] ABCD

   [解 析] 成立中央全面依法治国领导小组，加强对法治中国建设的统一领导是十九大报告提出的明确任务。因此，A项正确。

   《法治中国建设规划（2020~2025年）》明确规定了新时代深化依法治国实践的主要任务，其中包括建设法治中国，必须加强和改进立法工作，深入推进科学立法、民主立法、依法立法，以建设完备的法律规范体系，以良法促进发展、保障善治（B项正确），加强宪法实施和监督，推进合宪性审查工作，维护宪法尊严和权威（C项正确），建设法治政府，推进依法行政，严格规范公正文明执法（D项正确）。

   对应章节» 第二章第六节"坚持建设中国特色社会主义法治体系"

14. [答 案] ABCD

   [解 析]《中共中央关于全面推进依法治国若干重大问题的决定》要求，强化对行政权力的制约和监督：

   加强党内监督、人大监督、民主监督、行政监督、司法监督、审计监督、社会监督、舆论监督制度建设，努力形成科学有效的权力运行制约和监督体系，增强监督合力和实效。（A项正确）

   加强对政府内部权力的制约，是强化对行政权力制约的重点。对财政资金分配使用、国有资产监管、政府投资、政府采购、公共资源转让、公共工程建设等权力集中的部门和岗位实行分事行权、分岗设权、分级授权，定期轮岗，强化内部流程控制，防止权力滥用。完善政府内部层级监督和专门监督，改进上级机关对下级机关的监督，建立常态化监督制度。（D项正确）完善纠错问责机制，健全责令公开道歉、停职检查、引咎辞职、责令辞职、罢免等问责方式和程序。（C项正确）

   完善审计制度，保障依法独立行使审计监督权。对公共资金、国有资产、国有资源和领导干部履行经济责任情况实行审计全覆盖。强化上级审计机关对下级审计机关的领导。探索省以下地方审计机关人财物统一管理。（B项正确）推进审计职业化建设。

   对应章节» 第二章第六节"坚持建设中国特色社会主义法治体系"

15. [答案] A

[解析] 行政调解须行政机关主持，网格员不属于行政机关工作人员，其先行办事不属于行政调解。因此，A项错误，当选。B、C、D项说法均正确，不当选。

对应章节» 第二章第七节"坚持依法治国、依法执政、依法行政共同推进，法治国家、法治政府、法治社会一体建设"

16. [答案] ABCD

[解析] 村级属于基层。因此，A项正确。

乡村振兴离不开厘清村级班子权责、规范"小微权力"行使。因此，B项正确。

"小微权力"清单从程序着手予以全过程监督。因此，C项正确。

"权力清单"是中国特色社会主义法治建设的一项重要经验，"小微权力"清单当然有利于社会主义法治建设的顺利进行。因此，D项正确。

对应章节» 第二章第七节"坚持依法治国、依法执政、依法行政共同推进，法治国家、法治政府、法治社会一体建设"

17. [答案] ACD

[解析] 健全法律法规规章起草征求人大代表意见制度，增加代表列席常委会会议人数，体现了人大主导立法和民主立法的要求。因此，A项正确。

政府决策终身责任追究制度及责任倒查机制仅适用于"重大决策"而非"所有决策"。因此，B项错误。

减少多头执法，减少市县两级政府执法队伍种类，符合推进综合执法的要求。因此，C项正确。

通过案例指导和司法解释制度，能够有效地避免司法适用过程中的不统一现象，符合公正司法的基本理念。因此，D项正确。

对应章节» 第二章第八节"坚持全面推进科学立法、严格执法、公正司法、全民守法"

18. [答案] ACD

[解析] "必须禁止所有地方制定和发布带有立法性质的文件"的说法过于绝对，正确的说法中并无"所有"二字。实际上，禁止地方制定和发布带有立法性质的文件，含义是说禁止没有立法权的地方制定和发布带有立法性质的文件，也就是说，不允许没有立法权的地方以其他形式搞变相立法。因此，B项错误。

A、C、D项符合习近平法治思想的基本表述，正确。

对应章节» 第二章第八节"坚持全面推进科学立法、严格执法、公正司法、全民守法"

19. [答案] B

[解析] 商鞅"徙木立信"的目的在于取信于民，强调言出法随，说话算话。A项表述与"徙木立信"没关系，不当选。

B项说的是比起法律的制定，法律的执行到位是更加困难的事情，它与"徙木立信"相契合，当选。

C项说的是要想规矩被人遵守，得首先从自己做起，然后要求别人做到，而规矩不被遵守的原因恰恰与此相反，这与"徙木立信"扯不到一块儿去，不当选。

D项说的是法不能阿谀奉承贵族，木匠弹出来的墨线不会向弯曲的地方倾斜，借以比喻法律应当公平公正、一视同仁、不偏袒、不搞特殊化，这与"徙木立信"没关系，不当选。

> 对应章节 》 第二章第八节"坚持全面推进科学立法、严格执法、公正司法、全民守法"

20. [答案] B

[解析] 合理的差别对待更好地体现了司法为民、法律面前平等原则、司法公正的关键作用。因此，A、C、D项正确，不当选；B项错误，当选。

> 对应章节 》 第二章第八节"坚持全面推进科学立法、严格执法、公正司法、全民守法"

21. [答案] B

[解析]《法治中国建设规划（2020～2025年）》规定，深入推进全民守法。……改进创新普法工作，加大全民普法力度，增强全民法治观念。建立健全立法工作宣传报道常态化机制，对立法热点问题主动发声、解疑释惑（A项正确，不当选）。全面落实"谁执法谁普法"普法责任制。深入开展法官、检察官、行政复议人员、行政执法人员、律师等以案释法活动（B项多写了"监察官"，错误，当选）。加强突发事件应对法治宣传教育和法律服务。广泛推动人民群众参与社会治理，打造共建共治共享的社会治理格局（C项正确，不当选）。完善群众参与基层社会治理的制度化渠道。加快推进市域社会治理现代化。健全社会治理规范体系。……积极引导人民群众依法维权和化解矛盾纠纷，坚持和发展新时代"枫桥经验"（D项正确，不当选）。

> 对应章节 》 第二章第八节"坚持全面推进科学立法、严格执法、公正司法、全民守法"

22. [答案] C

[解析] 习近平法治思想指出，建设革命化、正规化、专业化、职业化的法治专门队伍。坚持把政治标准放在首位，加强科学理论武装，深入开展理想信念教育。因此，B项正确，不当选。

习近平法治思想指出，要把拥护中国共产党领导、拥护我国社会主义法治作为法律服务人员从业的基本要求，加强教育、管理、引导，引导法律服务工作者坚持正确政治方向，依法依规诚信执业，认真履行社会责任，满腔热忱投入社会主义法治国家建设。因此，A、D项正确，不当选。

全面推进依法治国，首先要把法治专门队伍而非法律服务队伍建设好。因此，C项错误，当选。

> 对应章节 》 第二章第十节"坚持建设德才兼备的高素质法治工作队伍"

23. [答案] AB

[解析] 习近平法治思想明确要求，要积极营造公平有序的经济发展法治环境，依法平等保护各类市场主体合法权益，营造各种所有制主体依法平等使用资源要素、公开公平公正参与竞争、同等受到法律保护的市场环境。因此，A项正确。

习近平法治思想明确要求，立法主动适应改革需要，积极发挥引导、推动、规范、保障改革的作用，做到重大改革于法有据，改革和法治同步推进，增强改革的穿透力。因此，B项正确。

习近平法治思想明确要求，对实践证明已经比较成熟的改革经验和行之有效的改革举措，要尽快上升为法律，先修订、解释或者废止原有法律之后再推行改革。C项颠倒了"先修法，后改革"的先后顺序。因此，C项错误。

"发展要上，法治要让"是认识误区而非基本原则。因此，D项错误。

▶ 对应章节 » 第三章第一节"充分发挥法治对经济社会发展的保障作用"、第二节"正确认识和处理全面依法治国一系列重大关系"

24. [答案] D

[解析] 法院审理案件的依据只能是法的正式渊源，党内法规仅适用于党员，不能直接作为裁判案件的依据。因此，D项错误，当选。

A、B、C项符合习近平法治思想的基本表述，均正确，不当选。

▶ 对应章节 » 第三章第二节"正确认识和处理全面依法治国一系列重大关系"

第五编　司法制度和法律职业道德

第一章　司法制度和法律职业道德概述

1. 关于司法、司法制度的特征和内容，下列哪一表述不能成立？（2012/1/45-单）
   A. 中国特色社会主义司法制度包括司法规范体系、司法组织体系、司法制度体系、司法人员管理体系
   B. 法院已成为现代社会最主要的纠纷解决主体，表明司法的被动性特点已逐渐被普遍性特点所替代
   C. 解决纠纷是司法的主要功能，它构成司法制度产生的基础、决定运作的主要内容和直接任务，也是其他功能发挥的先决条件
   D. "分权学说"作为西方国家一项宪法原则，进入实践层面后，司法的概念逐步呈现技术性、程序性特征

2. 下列关于司法原理的表述，哪一选项的内容是正确的？（2022-回忆版-单）
   A. 与行政相比，司法具有独立性、法定性、交涉性、程序性、普遍性、终极性以及受监督性等特点
   B. 司法公开要求推进审判公开、检务公开、警务公开、狱务公开，所有生效法律文书必须统一上网
   C. 为办案需要，某法官经领导批准后，与当事人相约在距离当事人较近的某咖啡厅里沟通案件情况
   D. 司法机关领导干部因履行职责需要对正在办理的案件提出指导意见，应当以书面形式提出

3. 在甲诉其子女赡养纠纷案中，经法官调解，诉讼各方达成调解协议。对于该案反映的司法功能及其相关认识，下列哪些选项是正确的？（2021-回忆版-多）
   A. 具有使甲的子女认知赡养法律制度的功能
   B. 案件的成功调解，有利于维护尊老、敬老的传统道德风尚
   C. 法官能否成功调解赡养纠纷，受我国司法体制机制、法律文化传统、法官素质等因素影响
   D. 具有化解家庭赡养纠纷，维护社会和谐的功能

4. 保证公正司法，提高司法公信力，一个重要的方面是加强对司法活动的监督。下列哪一做法属于司法机关内部监督？（2015/1/45-单）
   A. 建立生效法律文书统一上网和公开查询制度
   B. 逐步实行人民陪审员只参与审理事实认定、不再审理法律适用问题
   C. 检察院办案中主动听取并重视律师意见
   D. 完善法官、检察官办案责任制，落实谁办案谁负责

5. 司法公正体现在司法活动各个方面和对司法人员的要求上。下列哪一做法体现的不是司法公正的内涵？（2014/1/45-单）

A. 甲法院对社会关注的重大案件通过微博直播庭审过程
B. 乙法院将本院公开审理后作出的判决书在网上公布
C. 丙检察院为辩护人查阅、摘抄、复制案卷材料提供便利
D. 丁检察院为暴力犯罪的被害人提供医疗和物质救助

6. 关于法官在司法活动中如何理解司法效率，下列哪一说法是不正确的？（2014/1/46-单）
   A. 司法效率包括司法的时间效率、资源利用效率和司法活动的成本效率
   B. 在遵守审理期限义务上，对法官职业道德上的要求更加严格，应力求在审限内尽快完成职责
   C. 法官采取程序性措施时，应严格依法并考虑效率方面的代价
   D. 法官应恪守中立，不主动督促当事人或其代理人完成诉讼活动

7. 关于司法公正和司法效率的关系，下列哪一选项是错误的？（2022-回忆版-单）
   A. 司法效率大致包括司法的时间效率、司法的资源利用效率和司法活动的成本效率三个方面
   B. 司法公正是司法永恒的目标追求，提高司法效率是适应我国社会新的形势发展的要求
   C. 当代社会的司法不仅要追求正义，而且要以效率作为正义的补充
   D. 公正与效率存在不可调和的矛盾，追求公平的同时难以兼顾效率

8. 司法活动的公开性是体现司法公正的重要方面，要求司法程序的每一阶段和步骤都应以当事人和社会公众看得见的方式进行。据此，按照有关文件和规定精神，下列哪一说法是正确的？（2016/1/45-单）
   A. 除依法不在互联网公布的裁判文书外，法院的生效裁判文书均应在互联网公布
   B. 检察院应通过互联网、电话、邮件、检察窗口等方式向社会提供案件程序性信息查询服务
   C. 监狱狱务因特殊需要不属于司法公开的范围
   D. 律师作为诉讼活动的重要参与者，其制作的代理词、辩护词等法律文书应向社会公开

9. 中国特色社会主义司法制度是一个科学系统，既包括体制机制运行体系，也包括理念文化等丰富内容。关于我国司法制度的理解，下列哪一选项是正确的？（2017/1/46-单）
   A. 我国司法制度主要由四个方面的体系构成：司法规范体系、司法组织体系、司法制度体系、司法文化体系
   B. 司法组织体系主要包括审判组织体系、律师组织体系、公证组织体系
   C. 人民调解制度和死刑复核制度是独具中国特色的司法制度，司法解释制度和案例指导制度是中外通行的司法制度
   D. 各项司法制度既是司法机关职责分工、履行职能的依据和标准，也是监督和规范司法行为的基本规则

10. 关于法律职业道德，下列哪一表述是不正确的？（2013/1/45-单）
    A. 基于法律和法律职业的特殊性，法律职业人员被要求承担更多的社会义务，具有高于其他职业的职业道德品行
    B. 互相尊重、相互配合为法律职业道德的基本原则，这就要求检察官、律师尊重法官的领导地位，在法庭上听从法官的指挥
    C. 选择合适的内化途径和适当的内化方法，才能使法律职业人员将法律职业道德规范融进法律职业精神中
    D. 法律职业道德教育的途径和方法，包括提高法律职业人员道德认识、陶冶法律职业人员道

德情感、养成法律职业人员道德习惯等

11. 关于法律职业道德的理解，下列哪一说法不能成立？（2012/1/46-单）
   A. 法律职业道德与其他职业道德相比，具有更强的公平正义象征和社会感召作用
   B. 法律职业道德与一般社会道德相比，具有更强的约束性
   C. 法律职业道德的内容多以纪律规范形式体现，具有更强的操作性
   D. 法律职业道德通过严格程序实现，具有更强的外在强制性

12. 关于法律职业道德，下列哪些说法是正确的？（2021-回忆版-多）
   A. 法律职业道德的基本内容可以从大众朴素的道德体系中直接推出
   B. 与一般道德相比，法律职业道德更关注法律实务问题
   C. 法律职业人员的程序性思维可能与广大群众观念价值存在差异
   D. 立法本身存在的矛盾直接导致了法律职业道德与大众观念的差异

13. 关于法律职业道德，下列哪一表述是错误的？（2022-回忆版-单）
   A. 法律职业道德与其他职业道德相比，具有更强的公平正义象征和社会感召作用
   B. 法律职业以法官、检察官、律师为代表，法律职业之间具备同质性而无行业属性，因此，多数国家规定担任法官、检察官、律师需通过专门培养和训练
   C. 选择合适的内化途径和适当的内化方法，才能使法律职业人员将法律职业道德规范融进法律职业精神中
   D. 法律职业道德教育的途径和方法，包括提高法律职业人员道德认识、陶冶法律职业人员道德情感、养成法律职业人员道德习惯等

14. 法律在社会中负有分配社会资源、维持社会秩序、解决社会冲突、实现社会正义的功能，这就要求法律职业人员具有更高的法律职业道德水准。据此，关于提高法律职业道德水准，下列哪些表述是正确的？（2016/1/83-多）
   A. 法律职业道德主要是法律职业本行业在职业活动中的内部行为规范，不是本行业对社会所负的道德责任和义务
   B. 通过长期有效的职业道德教育，使法律职业人员形成正确的职业道德认识、信念、意志和习惯，促进道德内化
   C. 以法律、法规、规范性文件等形式赋予法律职业道德以更强的约束力和强制力，并加强道德监督，形成他律机制
   D. 法律职业人员违反法律职业道德和纪律的，应当依照有关规定予以惩处，通过惩处教育本人及其他人员

15. 根据有关规定，我国法律职业人员因其职业的特殊性，业外活动也要受到约束。下列哪些说法是正确的？（2014/1/85-多）
   A. 法律职业人员在本职工作和业外活动中均应严格要求自己，维护法律职业形象和司法公信力
   B. 业外活动是法官、检察官行为的重要组成部分，在一定程度上也是司法职责的延伸
   C. 《律师执业行为规范》规定了律师在业外活动中不得为的行为
   D. 《公证员职业道德基本准则》要求公证员应当具有良好的个人修养和品行，妥善处理个人事务

16. 司法人员恪守司法廉洁，是司法公正与公信的基石和防线。违反有关司法廉洁及禁止规定将受到严肃处分。下列属于司法人员应完全禁止的行为是：（2016/1/98-任）

   A. 为当事人推荐、介绍诉讼代理人、辩护人

   B. 为律师、中介组织介绍案件

   C. 在非工作场所接触当事人、律师、特殊关系人

   D. 向当事人、律师、特殊关系人借用交通工具

17. 法官、检察官、律师等法律职业主管机关就三个职业在诉讼活动中的相互关系，出台了一系列规定。下列哪一说法是正确的？（2012/1/47-单）

   A. 这些规定的目的是加强职业纪律约束，促进维护司法公正

   B. 这些规定具有弥补履行职责上地位不平等，利于发挥各自作用的意义

   C. 这些规定允许必要时适度突破职权限制、提高司法效率

   D. 这些规定主要强调配合，不涉及互相制约关系的内容

18. 法律职业道德具有不同于一般职业道德的职业性、实践性、正式性及更高标准的特征。关于法律职业道德的表述，下列哪些选项是正确的？（2017/1/83-多）

   A. 法律职业人员专业水平的发挥与职业道德水平的高低具有密切联系

   B. 法律职业道德基本原则和规范的形成，与法律职业实践活动紧密相连

   C. 纵观伦理发展史和法律思想史，法律职业道德的形成与"实证法"概念的阐释密切相关

   D. 法律职业道德基本原则是对每个法律从业人员职业行为进行职业道德评价的标准

19. 建立领导干部、司法机关内部人员过问案件记录和责任追究制度，规范司法人员与当事人、律师、特殊关系人、中介组织接触交往行为，有利于保障审判独立和检察独立。据此，下列做法正确的是：（2017/1/98-任）

   A. 某案承办检察官告知其同事可按规定为案件当事人转递涉案材料

   B. 某法官在参加法官会议时，提醒承办法官充分考虑某案被告家庭现状

   C. 某检察院副检察长依职权对其他检察官的在办案件提出书面指导性意见

   D. 某法官在参加研讨会中偶遇在办案件当事人的律师，拒绝其研讨案件的要求并向法院纪检部门报告

20. 某非法吸收公众存款刑事案件，因涉及人数众多，影响面广，当地领导私下曾有"必须重判"的说法。①主审李法官听此说法即向院长汇报。②开庭时，李法官对律师提出的非法证据排除的请求不予理睬。③李法官对刘检察官当庭反驳律师无罪辩护意见、严斥该律师立场有问题的做法不予制止。④李法官几次打断律师用方言发言，让其慢速并重复。⑤律师对法庭上述做法提出异议，遭拒后并没有退庭抗议。⑥刘检察官大声对律师说："你太不成熟，本地没你的饭吃了。"⑦律师担心报复，向当事人提出解除委托关系。⑧李法官、刘检察官应邀参加该律师所在律所的10周年所庆，该律师向李、刘赠送礼品。关于法律职业人员的不当行为，下列哪些选项是正确的？（2012/1/84 改编-多）

   A. ①④⑤　　　　　　　　　　B. ②③④

   C. ②⑥⑦　　　　　　　　　　D. ③⑦⑧

21. 关于法律职业人员职业道德，下列哪一说法是不正确的？（2014/1/49-单）

   A. 法官职业道德更强调法官独立性、中立地位

B. 检察官职业道德是检察官职业义务、职业责任及职业行为上道德准则的体现

C. 律师职业道德只规范律师的执业行为，不规范律师事务所的行为

D. 公证员职业道德应得到重视，原因在于公证证明活动最大的特点是公信力

22. 法律职业人员在业内、业外均应注重清正廉洁，严守职业道德和纪律规定。下列哪些行为违反了相关职业道德和纪律规定？（2015/1/84-多）

A. 赵法官参加学术研讨时无意透露了未审结案件的内部讨论意见

B. 钱检察官相貌堂堂，免费出任当地旅游局对外宣传的"形象大使"

C. 孙律师在执业中了解到委托人公司存在严重的涉嫌偷税犯罪行为，未向税务机关举报

D. 李公证员代其同学在自己工作的公证处申办学历公证

23. 法律职业人员应自觉遵守回避制度，确保司法公正。关于法官、检察官、律师和公证员等四类法律职业人员的回避规定，下列哪些判断是正确的？（2015/1/85-多）

A. 与当事人（委托人）有近亲属关系，是法律职业人员共同的回避事由

B. 法律职业人员的回避，在其《职业道德基本准则》中均有明文规定

C. 法官和检察官均有任职回避的规定，公证员则无此要求

D. 不同于其他法律职业，律师回避要受到委托人意思的影响

第二章 审判制度和法官职业道德

24. 法院的下列哪些做法是符合审判制度基本原则的？（2016/1/84-多）

A. 某法官因病住院，甲法院决定更换法官重新审理此案

B. 某法官无正当理由超期结案，乙法院通知其3年内不得参与优秀法官的评选

C. 对某社会高度关注案件，当地媒体多次呼吁法院尽快结案，丙法院依然坚持按期审结

D. 因人身损害纠纷，原告要求被告赔付医疗费，丁法院判决被告支付全部医疗费及精神损害赔偿金

25. 2015年4月，最高法院发布了《关于人民法院推行立案登记制改革的意见》。关于立案登记制，下列理解正确的是：（2015/1/87-任）

A. 有利于做到有案必立，保障当事人诉权

B. 有利于促进法院案件受理制度的完善

C. 法院对当事人的起诉只进行初步的实质审查，当场登记立案

D. 适用于民事起诉、强制执行和国家赔偿申请，不适用于行政起诉

26. 随着法院案件受理制度改革的落实，当事人诉权得到进一步保障。关于行政诉讼立案登记制的理解和执行，下列哪一选项是正确的？（2017/1/47-单）

A. 立案登记制有助于实现司法效率，更有助于强化司法的应然功能

B. 对当事人提交的起诉状存在的欠缺和错误，法院应主动给予指导和释明，并一次性告知需要补正的内容

C. 如不能当场判定起诉是否符合规定，法院应接收起诉状，并口头告知当事人注意接听电话通知

D. 对法院既不立案也不做出不予立案裁定的，当事人可以向上一级法院投诉，但不可向上一级法院起诉

27. 最高法院设立巡回法庭有利于方便当事人诉讼、保证案件审理更加公平公正。关于巡回法庭的性质及职权，下列说法正确的是：（2017/1/99-任）

   A. 巡回法庭是最高法院的派出机构、常设审判机构
   B. 巡回法庭作出的一审判决当事人不服的，可向最高法院申请复议1次
   C. 巡回法庭受理本巡回区内不服高级法院一审民事、行政裁决提起的上诉
   D. 巡回区内应由最高法院受理的死刑复核、国家赔偿等案件仍由最高法院本部审理或者办理

28. 审判组织是我国法院行使审判权的组织形式。关于审判组织，下列说法错误的是：（2015/1/98-任）

   A. 独任庭只能适用简易程序审理民事案件，但并不排斥普通程序某些规则的运用
   B. 独任法官发现案件疑难复杂，可以转为普通程序审理，但不得提交审委会讨论
   C. 再审程序属于纠错程序，为确保办案质量，应当由审判员组成合议庭进行审理
   D. 不能以审委会名义发布裁判文书，但审委会意见对合议庭具有重要的参考作用

29. 某法院推行办案责任制后，直接由独任法官、合议庭裁判的案件比例达到99.9%，提交审委会讨论的案件仅占0.1%。对此，下列说法正确的是：（2017/1/87-任）

   A. 对提交审委会讨论的案件，法官、合议庭也可以不执行审委会的决定
   B. 办案责任制体现了"让审理者裁判、让裁判者负责"的精神
   C. 提交审委会讨论的案件应以审委会的名义发布裁判文书
   D. 法庭审理对于查明事实和公正裁判具有决定性作用

30. 关于深化法院人事管理改革措施的表述，下列选项正确的是：（2016/1/99-任）

   A. 推进法院人员分类管理制度改革，将法院人员分为法官、法官助理和书记员三类，实行分类管理
   B. 建立法官员额制，对法官在编制限额内实行员额管理
   C. 拓宽法官助理和书记员的来源渠道，建立法官助理和书记员的正常增补机制
   D. 配合省以下法院人事改革，设立省市两级法官遴选委员会

31. 关于《法官法》最新修订的说法，下列哪些选项是正确的？（2019-回忆版-多）

   A. 法官包括审判员和助理审判员
   B. 法官实行员额制，其员额根据案件数量、经济社会发展情况等因素确定
   C. 法官助理独立进行审判事务性工作，经遴选后可以任命为法官
   D. 初任法官统一进行职前培训

32. 职业保障是确保法官、检察官队伍稳定、发展的重要条件，是实现司法公正的需要。根据中央有关改革精神和《法官法》、《检察官法》规定，下列哪一说法是错误的？（2015/1/46-单）

   A. 对法官、检察官的保障由工资保险福利和职业（履行职务）两方面保障构成
   B. 完善职业保障体系，要建立符合职业特点的法官、检察官管理制度
   C. 完善职业保障体系，要建立法官、检察官专业职务序列和工资制度
   D. 合理的退休制度也是保障制度的重要组成部分，应予高度重视

33. 关于《法官法》的说法，下列哪一选项是正确的？（2019-回忆版-单）

   A. 担任法官的一般条件包括身体健康

B. 法官有义务通过依法办理案件以案释法
C. 法官考核的重点在于专业水平和工作能力
D. 法官必须逐级遴选，上级法院只能从下一级法院遴选法官

34. 法院领导在本院初任法官任职仪式上，就落实法官职业道德准则中的"文明司法"和践行执法为民理念的"理性文明执法"提出要求。下列哪些选项属于"文明执法"范围？（2012/1/83-多）
    A. 提高素质和修养，遵守执法程序，注重执法艺术
    B. 仪容整洁、举止得当、言行文明
    C. 杜绝与法官职业形象不相称的行为
    D. 严守办案时限，禁止拖延办案

35. 关于法官任免和法官行为，下列哪一说法是正确的？（2013/1/46-单）
    A. 唐某系某省高院副院长，其子系该省某县法院院长。对唐某父子应适用任职回避规定
    B. 楼法官以交通肇事罪被判处有期徒刑1年、缓刑1年。对其无须免除法官职务
    C. 白法官将多年办案体会整理为《典型案件法庭审理要点》，被所在中级法院推广到基层法院，收效显著。对其应予以奖励
    D. 陆法官在判决书送达后，发现误将上诉期15日写成了15月，立即将判决收回，做出新判决书次日即交给当事人。其行为不违反法官职业规范规定

36. 根据我国《法官法》有关法官的任职回避的规定，下列哪些选项是正确的？（2020-回忆版-多）
    A. 甲与乙系夫妻，二人不得同时担任同一人民法院的院长、副院长
    B. 甲系乙的岳母，二人不得同时担任同一人民法院的院长、审判员
    C. 甲与乙系同胞兄弟，二人不得同时担任同一人民法院的刑一庭庭长、民一庭审判员
    D. 甲系某省高级人民法院院长，其妻乙不得同时担任该省某县人民法院院长

37. 张法官与所承办案件当事人的代理律师系某业务培训班同学，偶有来往，为此张法官向院长申请回避，经综合考虑院长未予批准。张法官办案中与该律师依法沟通，该回避事项虽被对方代理人质疑，但审判过程和结果受到一致肯定。对照《法官职业道德基本准则》，张法官的行为直接体现了下列哪一要求？（2017/1/48-单）
    A. 严格遵守审限
    B. 约束业外活动
    C. 坚持司法便民
    D. 保持中立地位

38. 《法官职业道德基本准则》为加强法官职业道德建设，保证法官正确履行法律赋予的职责，规定了相关内容。以下说法正确的是：（2018-回忆版-任）
    A. 法官应当严格遵守法定办案时限，提高审判执行效率，及时化解纠纷，注重节约司法资源，杜绝玩忽职守、拖延办案等行为，符合司法为民的要求
    B. 法官认真贯彻司法公开原则，尊重人民群众的知情权，自觉接受法律监督和社会监督，同时避免司法审判受到外界的不当影响，符合司法公正的要求
    C. 法官加强自身修养，培育高尚道德操守和健康生活情趣，杜绝与法官职业形象不相称、与法官职业道德相违背的不良嗜好和行为，遵守社会公德和家庭美德，维护良好的个人声誉，符合司法忠诚的要求
    D. 法官不从事或者参与营利性的经营活动，不在企业及其他营利性组织中兼任法律顾问等职

务，不就未决案件或者再审案件给当事人及其他诉讼参与人提供咨询意见，符合司法中立的要求

39. 某县法院的法官毛某交际广泛，其同学张某经营一家洗浴中心，经常组织聚会，毛某每次均欣然赴约，一起吃喝玩乐。张某在经营、生活中遇到法律纠纷，毛某尽力为其提供法律咨询。张某到县法院打官司，毛某主动提出回避。根据《法官职业道德基本准则》的规定，毛法官的行为直接违反了下列哪一要求？（2020-回忆版-单）
   A. 约束业外活动
   B. 保障司法廉洁
   C. 保持中立地位
   D. 忠诚司法事业

40. 银行为孙法官提供了利率优惠的房屋抵押贷款，银行王经理告知孙法官，是感谢其在1年前的合同纠纷中作出的公正判决而进行的特殊安排，孙法官接受该笔贷款。关于法院对孙法官行为的处理，下列说法正确的是：（2016/1/100-任）
   A. 法院认为孙法官的行为系违反廉政纪律的行为
   B. 如孙法官主动交代，并主动采取措施有效避免损失的，法院应从轻给予处分
   C. 由于孙法官行为情节轻微，如经过批评教育后改正，法院可免予处分
   D. 确认属于违法所得的部分，法院可根据情况作出责令退赔的决定

41. 根据《法官法》及《人民法院工作人员处分条例》对法官奖惩的有关规定，下列哪一选项不能成立？（2012/1/48-单）
   A. 高法官在审判中既严格程序，又为群众行使权利提供便利；既秉公执法，又考虑情理，案结事了成绩显著。法院给予其嘉奖奖励
   B. 黄法官就民间借贷提出司法建议被采纳，对当地政府完善金融管理、改善服务秩序发挥了显著作用。法院给予其记功奖励
   C. 许法官违反规定会见案件当事人及代理人，此事被对方当事人上网披露，造成不良影响。法院给予其撤职处分
   D. 孙法官顺带某同学（律师）参与本院法官聚会，半年后该同学为承揽案件向聚会时认识的某法官行贿。法院领导严告孙法官今后注意

42. 关于法官惩戒委员会的说法，下列哪些选项是正确的？（2019-回忆版-多）
   A. 各级人民法院设立惩戒委员会
   B. 法官惩戒委员会负责从专业角度认定法官是否存在违反审判职责的行为
   C. 人民法院根据法官惩戒委员会的审查意见，依照有关规定作出是否惩戒的决定
   D. 当事法官对审查意见有异议的，可以向上一级惩戒委员会提出

第三章　检察制度和检察官职业道德

43. 某检察院改革内部管理体制，将原有的多个内设处（室）统一整合，消除内部职能行政化、碎片化的弊端。关于上述改革，下列说法正确的是：（2016/1/87-任）
    A. 完善内部管理体制有利于保证司法公正，提高检察机关公信力
    B. 检察官独立行使检察权不应受任何组织和个人的监督
    C. 将检察官等同于一般公务员的管理体制不利于提高检察官的专业素质和办案质量
    D. 内部管理体制改革为完善检察官职业保障体系创造了条件

44. 《中共中央关于全面深化改革若干重大问题的决定》提出，应当改革司法管理体制，推动省以下地方检察院人财物统一管理，探索建立与行政区划适当分离的司法管辖制度。关于上述改革措施，下列哪些理解是正确的？（2014/1/84-多）

    A. 有助于检察权独立行使
    B. 有助于检察权统一行使
    C. 有助于检务公开
    D. 有助于强化检察机关的法律监督作用

45. 检察一体原则是指各级检察机关、检察官依法构成统一的整体，下级检察机关、下级检察官应当根据上级检察机关、上级检察官的批示和命令开展工作。据此，下列哪一表述是正确的？（2016/1/47-单）

    A. 各级检察院实行检察委员会领导下的检察长负责制
    B. 上级检察院可建议而不可直接变更、撤销下级检察院的决定
    C. 在执行检察职能时，相关检察院有协助办案检察院的义务
    D. 检察官之间在职务关系上可相互承继而不可相互移转和代理

46. 关于审判制度和检察制度，下列哪一说法是正确的？（2021-回忆版-单）

    A. 法院人才分为员额法官、审判辅助人员、司法行政人员三类，法官助理属于员额法官的一种
    B. 省、自治区、直辖市设立法官遴选委员会，负责初任法官人选专业能力的审核并任命法官
    C. 检察权一体化行使原则决定了检察机关不宜实行司法责任制
    D. 最高人民检察院和省级人民检察院检察官可以从下两级人民检察院遴选

47. 根据我国相关法律的规定，检察官可以兼任下列哪一职务？（2020-回忆版-单）

    A. 行政机关职务
    B. 审判机关职务
    C. 人大常委会委员
    D. 政协委员

48. 某地发生一起涉嫌危害公共安全犯罪案件，社会影响较大。在移送审查起诉时，办案检察官经全面审查移送材料，听取辩护律师的意见，收集相关证据，提出该案犯罪事实不清、证据不足的意见，最终被公安机关接受。对于检察官以上行为，下列哪些选项是正确的？（2021-回忆版-多）

    A. 检察官听取辩护律师意见，有利于保障犯罪嫌疑人及律师诉讼权利
    B. 检察官坚持正确意见，体现了"坚持担当精神，强化法律监督"的职业道德准则
    C. 检察官全面审查案卷材料，收集证据，体现了检察官以事实为依据，以法律为准绳，秉持客观公正的办案立场
    D. 检察官了解犯罪嫌疑人认罪认罚情况，有助于了解犯罪嫌疑人真实意愿，确保认罪认罚制度正确实施

49. 关于检察官的行为，下列哪一观点是正确的？（2012/1/49-单）

    A. 房检察官在同乡聚会时向许法官打听其在办案件审理情况，并让其估计判处结果。根据我国国情，房检察官的行为可以被理解
    B. 关检察长以暂停工作要挟江检察官放弃个人意见，按照陈科长的判断处理某案。关检察长的行为与依法独立行使检察权的要求相一致

C. 容检察官在本地香蕉滞销、蕉农面临重大损失时，多方奔走将10万斤香蕉销往外地，为蕉农挽回了损失，本人获辛苦费5000元。容检察官没有违反有关经商办企业、违法违规营利活动的规定
D. 成检察官从检察院离任5年后，以律师身份担任各类案件的诉讼代理人或者辩护人，受到当事人及其家属的一致肯定。成检察官的行为符合《检察官法》的有关规定

50. 关于检察官职业道德和纪律，下列哪一做法是正确的？（2014/1/47-单）
  A. 甲检察官出于个人对某类案件研究的需要，私下要求邻县检察官为其提供正在办理的某案情况
  B. 乙检察官与其承办案件的被害人系来往密切的邻居，因此提出回避申请
  C. 丙检察官发现所办案件存在应当排除的证据而未排除，仍将其作为起诉意见的依据
  D. 丁检察官为提高效率，在家里会见本人所承办案件的被告方律师

51. 王检察官的下列哪一行为符合检察官职业道德的要求？（2011/1/48-单）
  A. 穿着检察正装、佩戴检察标识参加单位组织的慰问孤寡老人的公益活动
  B. 承办一起两村械斗引起的伤害案，受害人系密切近邻，但为早日结案未主动申请回避
  C. 参加朋友聚会，谈及在办案件犯罪嫌疑人梁某交代包养了4个情人，但嘱咐朋友不要外传
  D. 业余时间在某酒吧任萨克斯管主奏，对其检察官身份不予否认，收取适当报酬

52. 根据法官、检察官纪律处分有关规定，下列哪一说法是正确的？（2016/1/46-单）
  A. 张法官参与迷信活动，在社会中造成了不良影响，可予提醒劝阻，其不应受到纪律处分
  B. 李法官乘车时对正在实施的盗窃行为视而不见，小偷威胁失主仍不出面制止，其应受到纪律处分
  C. 何检察官在讯问犯罪嫌疑人时，反复提醒犯罪嫌疑人注意其聘请的律师执业不足2年，其行为未违反有关规定
  D. 刘检察官接访时，让来访人前往国土局信访室举报他人骗取宅基地使用权证的问题，其做法是恰当的

53. 2016年10月20日，《检察人员纪律处分条例》修订通过。关于规范检察人员的行为，下列哪些说法是正确的？（2017/1/84-多）
  A. 领导干部违反有关规定组织、参加自发成立的老乡会、校友会、战友会等，属于违反组织纪律行为
  B. 擅自处置案件线索，随意初查或者在初查中对被调查对象采取限制人身自由强制措施的，属于违反办案纪律行为
  C. 在分配、购买住房中侵犯国家、集体利益的，属于违反廉洁纪律行为
  D. 对群众合法诉求消极应付、推诿扯皮，损害检察机关形象的，属于违反群众纪律行为

第四章　律师制度和律师职业道德

54. 为促进规范司法，维护司法公正，最高检察院要求各级检察院在诉讼活动中切实保障律师依法行使执业权利。据此，下列选项正确的是：（2015/1/100-任）
  A. 检察院在律师会见犯罪嫌疑人时，不得派员在场
  B. 检察院在案件移送审查起诉后律师阅卷时，不得派员在场

C. 律师收集到犯罪嫌疑人不在犯罪现场的证据，告知检察院的，其相关办案部门应及时审查
D. 法律未作规定的事项，律师要求听取意见的，检察院可以安排听取

55. 法院、检察院、公安机关、国家安全机关、司法行政机关应当尊重律师，健全律师执业权利保障制度。下列哪一做法是符合有关律师执业权利保障制度的？（2016/1/48-单）
   A. 县公安局仅告知涉嫌罪名，而以有碍侦查为由拒绝告知律师已经查明的该罪的主要事实
   B. 看守所为律师提供网上预约会见平台服务，并提示律师如未按期会见必须重新预约方可会见
   C. 国家安全机关在侦查危害国家安全犯罪期间，多次不批准律师会见申请并且说明理由
   D. 在庭审中，作无罪辩护的律师请求就被告量刑问题发表辩护意见，合议庭经合议后当庭拒绝律师请求

56. 加强人权司法保障是司法机关的重要职责，也是保证公正司法的必然要求。下列哪一做法符合上述要求？（2017/1/45-单）
   A. 某公安机关第一次讯问犯罪嫌疑人时告知其有权委托辩护人，但未同时告知其如有经济困难可申请法律援助
   B. 某省法院修订进入法庭的安检流程，明确"禁止对律师进行歧视性安检"
   C. 某法官在一伤害案判决书中，对被告人及律师"构成正当防卫"的证据和意见不采信而未做回应和说明
   D. 某法庭对辩护律师在辩论阶段即将结束时提出的"被告人庭前供述系非法取得"的意见及线索，未予调查

57. 王某和李某斗殴，李某与其子李二将王某打伤。李某在王某提起刑事自诉后聘请省会城市某律师事务所赵律师担任辩护人。关于本案，下列哪一做法符合相关规定？（2015/1/48-单）
   A. 赵律师同时担任李某和李二的辩护人，该所钱律师担任本案王某代理人
   B. 该所与李某商定辩护事务按诉讼结果收取律师费
   C. 该所要求李某另外预交办案费
   D. 该所指派实习律师代赵律师出庭辩护

58. 某律师事务所一审代理了原告张某的案件。1年后，该案再审。该所的下列哪一做法与律师执业规范相冲突？（2014/1/48-单）
   A. 在代理原告案件时，拒绝与该案被告李某建立委托代理关系
   B. 在拒绝与被告李某建立委托代理关系时，承诺可在其他案件中为其代理
   C. 得知该案再审后，主动与原告张某联系
   D. 张某表示再审不委托该所，该所遂与被告李某建立委托代理关系

59. 关于我国法律职业人员的入职条件与业内、业外行为的说法：①法官和检察官的任职禁止条件完全相同；②被辞退的司法人员不能担任律师和公证员；③王某是甲市中院的副院长，其子王二不能同时担任甲市乙县法院的审判员；④李法官利用业余时间提供有偿网络法律咨询，应受到惩戒；⑤刘检察官提出检察建议被采纳，效果显著，应受到奖励；⑥张律师2年前因私自收费被罚款，目前不能成为律所的设立人。对上述说法，下列判断正确的是：（2015/1/99-任）

A. ①⑤正确   B. ②④错误
C. ②⑤正确   D. ③⑥错误

60. 某律师事务所律师代理原告诉被告买卖合同纠纷案件，下列哪一做法是正确的？（2016/1/49-单）
   A. 该律师接案时，得知委托人同时接触他所律师，私下了解他所报价后以较低收费接受委托
   B. 在代书起诉状中，律师提出要求被告承担精神损害赔偿20万元的诉讼请求
   C. 在代理合同中约定，如胜诉，在5万元律师代理费外，律师事务所可按照胜诉金额的一定比例另收办案费用
   D. 因律师代理意见未被法庭采纳，原告要求律师承担部分诉讼请求损失，律师事务所予以拒绝

61. 下列哪一情形下律师不得与当事人建立或维持委托关系？（2013/1/48-单）
   A. 律师与委托当事人系多年好友
   B. 接受民事诉讼一方当事人委托，同一律师事务所其他律师系该案件对方当事人的近亲属，但委托人知悉且同意
   C. 同一律师事务所不同律师同时担任同一民事案件争议双方当事人代理人
   D. 委托关系停止后2年，律师就同一法律业务接受与原委托人有利害关系的对方当事人委托

62. 律师事务所应当建立利益冲突审查制度，在接受委托之前，应当进行利益冲突审查。办理委托事务的律师与委托人之间存在利害关系或利益冲突的，不得承办该业务并应当主动提出回避。下列哪些选项构成利益冲突，应当回避的情形？（2018-回忆版-多）
   A. 甲曾是行政执法人员，曾承办对某公司的行政处罚案件，1年后甲成为律师，受该公司委托，成为该公司的法律顾问
   B. 在张某诉王某侵权案中，张某解除对赵律师的委托关系后，在后续审理中，赵律师接受了王某的委托
   C. 在非诉业务中，各方当事人共同委托甲律师事务所的律师同时担任各方当事人的代理人
   D. 汪律师接受张某委托，担任张某的辩护人，而同所的方律师是该案被害人的近亲属，张某尚不知情

63. 律师事务所应当建立健全执业管理和各项内部管理制度，履行监管职责，规范本所律师执业行为。根据《律师事务所管理办法》，某律师事务所下列哪一做法是正确的？（2017/1/49-单）
   A. 委派钟律师担任该所出资成立的某信息咨询公司的总经理
   B. 合伙人会议决定将年度考核不称职的刘律师除名，报县司法局和律协备案
   C. 对本所律师执业表现和遵守职业道德情况进行考核，报律协批准后给予奖励
   D. 对受到6个月停止执业处罚的祝律师，在其处罚期满1年后，决定恢复其合伙人身份

64. 律师在推进全面依法治国进程中具有重要作用，律师应依法执业、诚信执业、规范执业。根据《律师执业管理办法》，下列哪些做法是正确的？（2017/1/85-多）
   A. 甲律师依法向被害人收集被告人不在聚众斗殴现场的证据，提交检察院要求其及时进行审查
   B. 乙律师对当事人及家属准备到法院门口静坐、举牌、声援的做法，予以及时有效的劝阻
   C. 丙律师在向一方当事人提供法律咨询中致电对方当事人，告知对方诉讼请求缺乏法律和事

实依据

D. 丁律师在社区普法宣传中，告知群众诉讼是解决继承问题的唯一途径，并称其可提供最专业的诉讼代理服务

65. 某检察院对王某盗窃案提出二审抗诉，王某未委托辩护人，欲申请法律援助。对此，下列哪一说法是正确的？（2015/1/49-单）

　　A. 王某申请法律援助只能采用书面形式
　　B. 法律援助机构应当严格审查王某的经济状况
　　C. 法律援助机构只能委派律师担任王某的辩护人
　　D. 法律援助机构决定不提供法律援助时，王某可以向该机构提出异议

66. 根据《法律援助条例》和《关于刑事诉讼法律援助工作的规定》，下列哪些表述是正确的？（2016/1/85-多）

　　A. 区检察院提起抗诉的案件，区法院应当通知区法律援助中心为被告人甲提供法律援助
　　B. 家住A县的乙在邻县涉嫌犯罪被邻县检察院批准逮捕，其因经济困难可向A县法律援助中心申请法律援助
　　C. 县公安局没有通知县法律援助中心为可能被判处无期徒刑的丙提供法律援助，丙可向市检察院提出申诉
　　D. 县法院应当准许强制医疗案件中的被告丁以正当理由拒绝法律援助，并告知其可另行委托律师

67. 某法律援助机构实施法律援助的下列做法，哪一项是正确的？（2014/1/50-单）

　　A. 经审查后指派律师担任甲的代理人，并根据甲的经济情况免除其80%的律师服务费
　　B. 指派律师担任乙的辩护人以后，乙自行另外委托辩护人，故决定终止对乙的法律援助
　　C. 为未成年人丙指派熟悉未成年人身心特点但无律师执业证的本机构工作人员担任辩护人
　　D. 经审查后认为丁的经济状况较好，不符合法律援助的经济条件，故拒绝向其提供法律咨询

68. 根据《法律援助条例》等规定，下列关于法律援助的哪一说法是不能成立的？（2013/1/50-单）

　　A. 在共同犯罪案件中，其他犯罪嫌疑人、被告人已委托辩护人的，本人及其近亲属可向法律援助机构提出法律援助申请，法律援助机构无须进行经济状况审查
　　B. 律师事务所拒绝法律援助机构的指派，不安排本所律师办理法律援助案件的，由司法行政部门给予警告，责令改正
　　C. 我国的法律援助实行部分无偿服务、部分为"缓交费"或"减费"形式有偿服务的制度
　　D. 检察院审查批准逮捕时，认为公安机关对犯罪嫌疑人应当通知辩护而没有通知的，应当通知公安机关予以纠正，公安机关应当将纠正情况通知检察院

69. 来某县打工的农民黄某欲通过法律援助帮其讨回单位欠薪。根据《法律援助条例》等规定，有关部门下列做法正确的是：（2017/1/100-任）

　　A. 县法律援助中心以黄某户籍不在本县为由拒绝受理其口头申请，黄某提出异议
　　B. 县司法局受理黄某异议后函令县法律援助中心向其提供法律援助
　　C. 县某律所拒绝接受县法律援助中心指派，县司法局对该所给予警告的行政处罚
　　D. 县法院驳回了黄某以"未能指派合格律师、造成损失应予赔偿"为由对县法律援助中心的起诉

第五章 公证制度和公证员职业道德

70. 盘叔系某山村农民，为人正派，热心公益，几十年来为村邻调解了许多纠纷，也无偿代理了不少案件，受到普遍肯定。下列哪一说法是正确的？（2013/1/49 改编-单）
    A. 法官老林说盘叔是个"土法官"，为充分发挥作用，可临时聘请其以人民陪审员身份参与审判活动
    B. 检察官小张说盘叔虽然见多识广，但是，检察院不可以聘请其为检察监督员
    C. 律师小李说盘叔扰乱了法律服务秩序，应该对其进行批评教育，并禁止其继续代理案件
    D. 公证员老万说盘叔熟悉法律法规，有几十年处理纠纷经验，经考核合格，可以担任公证员

71. 关于我国公证的业务范围、办理程序和效力，下列哪一选项符合《公证法》的规定？（2015/1/50-单）
    A. 申请人向公证机关提出保全网上交易记录，公证机关以不属于公证事项为由拒绝
    B. 自然人委托他人办理财产分割、赠与、收养关系公证的，公证机关不得拒绝
    C. 因公证具有较强的法律效力，要求公证机关在办理公证业务时不能仅作形式审查
    D. 法院发现当事人申请执行的公证债权文书确有错误的，应裁定不予执行并撤销该公证书

72. 下列哪一选项的事项不可以成为公证对象？（2022-回忆版-单）
    A. 张三请求公证处公证其借给李某 100 万元，李某予以否认，张三就此向法院起诉李某，此案目前尚未审结
    B. 叶某于 2019 年 10 月 16 日 22 时 35 分在医院死亡的事实
    C. 万力胜达教育科技有限公司的公司章程内容
    D. 刘某设立的一份自书遗嘱，把遗产留给了小三田某

73. 关于公证制度和业务，下列哪一选项是正确的？（2016/1/50-单）
    A. 依据统筹规划、合理布局设立的公证处，其名称中的字号不得与国内其他公证处的字号相同或者相近
    B. 省级司法行政机关有权任命公证员并颁发公证员执业证书，变更执业公证处
    C. 黄某委托其子代为办理房屋买卖手续，其住所地公证处可受理其委托公证的申请
    D. 王某认为公证处为其父亲办理的放弃继承公证书错误，向该公证处提出复议的申请

74. 王某育有二子。因王某行动不便，王某长子王大拿着王某的遗嘱去公证处公证，遗嘱内容为"王某遗产仅由其长子王大一人继承"。公证员李某为其公证。此后，王某次子王二认为公证书与事实完全不符，向公证处提出复查申请。根据公证救济制度，下列选项正确的是：（2019-回忆版-任）
    A. 对于王二的申请，公证处指派原承办公证员李某进行复查
    B. 若公证书与事实完全不符，则公证处可以撤销公证书
    C. 若公证员李某因过错造成王二损失，则王二可以找公证员李某进行赔偿
    D. 若公证员李某为不真实的事项出具公证书，则司法行政部门可以吊销其执业证书

75. 下列哪一选项属于违反律师或公证有关制度及执业规范规定的情形？（2012/1/50-单）
    A. 刘律师受当事人甲委托为其追索 1 万元欠款，因该事项与另一委托事项时间冲突，经甲同

意后另交本所律师办理，但未告其支出增加

    B. 李律师承办当事人乙的继承纠纷案，表示乙依法可以继承2间房屋，并作为代理意见提交法庭，未被采纳，乙仅分得万元存款

    C. 林公证员对丙以贵重金饰用于抵押的事项，办理了抵押登记

    D. 王公证员对丁代理他人申办合同和公司章程公证的事项，出具了公证书

76. 下列哪些行为违反了相关法律职业规范规定？（2013/1/85-多）

    A. 某律师事务所明知李律师的伯父是甲市中院领导，仍指派其到该院代理诉讼

    B. 检察官高某在办理一起盗车并杀害车内行动不便的老人案件时，发现网上民愤极大，即以公诉人身份跟帖向法院建议判处被告死刑立即执行

    C. 在法庭上，公诉人车某发现李律师发微博，当庭予以训诫，审判长怀法官未表明态度

    D. 公证员张某根据甲公司董事长申请，办理了公司章程公证，张某与该董事长系大学同学

77. 公证制度是司法制度重要组成部分，设立公证机构、担任公证员具有严格的条件及程序。关于公证机构和公证员，下列哪一选项是正确的？（2017/1/50-单）

    A. 公证机构可接受易某申请为其保管遗嘱及遗产并出具相应公证书

    B. 设立公证机构应由省级司法行政机关报司法部依规批准后，颁发公证机构执业证书

    C. 贾教授在高校讲授法学11年，离职并经考核合格，可以担任公证员

    D. 甄某交通肇事受过刑事处罚，因此不具备申请担任公证员的条件

78. 下列哪些说法不符合公证员职业道德的要求？（2018-回忆版-多）

    A. 王公证员除了做公证工作外，还自己开办了一家工厂

    B. 某公证机构的公证员经常利用节假日到街上发传单，对自己所在的公证机构进行大肆炫耀

    C. 某公证机构的业务做得很好，深受当地人们的信赖，于是此公证机构找到了市行政部门，通过行政支持对当地的公证业务进行垄断

    D. 公证员为一些当事人进行公证，给当事人带来了很大的益处，有时接受当事人的答谢款待也是人之常情

第六章　其他法律职业人员职业道德

79. 关于公职律师及其法律职业道德的说法，下列哪一选项是正确的？（2019-回忆版-单）

    A. 公职律师必须忠诚、尽心尽责为所在单位的部门利益服务

    B. 公职律师是法治服务队伍的重要成分，丰富了律师队伍的角色

    C. 退役军人部门的公职律师可以接受法律援助机构指派，担任涉嫌刑事犯罪的退役军人的辩护律师

    D. 公职律师的考核由所在地司法行政机关会同律师协会组织进行

80. 小吴是某仲裁委员会的仲裁员。下列哪一选项是不正确的？（2023-回忆版-单）

    A. 应当作风公道正派

    B. 仲裁某案件时有徇私舞弊行为，则该仲裁裁决可能被法院撤销

    C. 以仲裁委员会名义对外参加有关仲裁的学术会议，事后向仲裁委员会备案

    D. 拒绝向当事人透露任何有关案件的情况、本人看法以及仲裁庭合议的情况

81. 关于法律职业人员的行为，下列哪一说法是正确的？（2023-回忆版-单）

A. 法学院教授法制史的副教授，工作4年后，可以通过遴选的方式被任命为法官
B. 法官可以利用业余时间担任仲裁员，但不可以收取报酬
C. 高等学校教授经学校批准，可以兼职律师
D. 县检察官丁被遴选为市检察官，必须进行统一职前培训

答案及解析
Answers & Explanations

1. [答案] B

   [解析] 中国特色社会主义司法制度主要由四个方面构成：司法规范体系、司法组织体系、司法制度体系、司法人员管理体系。因此，A项成立，不当选。

   被动性是司法的根本属性之一，它不会因为现代社会司法成为解决纠纷的主要方式而被取代。因此，B项不成立，当选。

   解决纠纷是司法的主要功能，它构成司法制度产生的基础、决定运作的主要内容和直接任务，也是其他功能发挥的先决条件。因此，C项成立，不当选。

   在近代资产阶级国家建立以后，分权学说得以逐步应用，1787年美国宪法使得分权学说从学术层面进入现实政治实践，司法的概念逐步呈现技术性、程序性特征。因此，D项成立，不当选。

   对应章节》第一章第一节"中国特色社会主义司法制度概述"

2. [答案] C

   [解析] 与行政相比，司法具有独立性、法定性、交涉性、程序性、普遍性、终极性，但是没有"受监督性"这一特点。因此，A项错误。

   并非所有生效法律文书必须统一上网，依法不公开的法律文书不用上网公开。因此，B项错误。

   法官应当在工作场所、工作时间接触当事人，但是，经批准可以在非工作场所、非工作时间接触当事人。因此，C项正确。注意：选项中出现"依法""依职权""经机关或领导批准"的做法都正确。

   司法机关领导干部因履行职责需要提出指导意见的，可以用书面形式，也可以用口头形式，只要记录在案即可。因此，D项错误。

   对应章节》第一章第一节"中国特色社会主义司法制度概述"

3. [答案] ABCD

   [解析] 司法的直接功能是解决纠纷，间接功能包括人权保障、调整社会关系、补充解释法律、形成公共政策等。A、B项体现了间接功能，D项体现了直接功能。因此，A、B、D项正确。

调解成功受诸多社会因素影响是法理常识。因此，C项正确。

对应章节 » 第一章第一节"中国特色社会主义司法制度概述"

4. [答案] D

[解析] 司法机关的内部监督，是指司法机关对其所属各职能部门、隶属机关的监督，以及同一系统司法机关之间的监督。

生效法律文书统一上网和公开查询，实行人民陪审员制度，以及检察官听取并重视律师意见，均意味着监督来自于司法机关的外部而非内部。因此，A、B、C项虽然表述无误，但是不当选。

完善法官、检察官办案责任制意味着责任的认定和追究来自于司法机关内部，这是内部监督的表现。因此，D项当选。

对应章节 » 第一章第一节"中国特色社会主义司法制度概述"

5. [答案] D

[解析] 司法公正的内涵及其相应表现有七：司法活动的合法性、司法人员的中立性、司法活动的公开性、当事人地位的平等性、司法程序的参与性、司法结果的正确性、司法人员的廉洁性。

微博直播庭审、判决书上网体现的是司法活动的公开性。因此，A、B项不当选。

为辩护人查阅、摘抄、复制案卷材料提供便利，体现了司法程序的参与性。因此，C项不当选。

为暴力犯罪的被害人提供医疗和物质救助体现的是伦理道德上的道义帮助，它并不属于司法公正的范围。因此，D项当选。

对应章节 » 第一章第一节"中国特色社会主义司法制度概述"

6. [答案] D

[解析] 司法效率包括司法的时间效率、资源利用效率和司法活动的成本效率三个方面。因此，A项正确，不当选。

近年来我国法院努力提高司法效率，强化审限意识，严格禁止超审限审理案件。因此，B项正确，不当选。

在司法过程中，"公正优先，兼顾效率"是基本原则，因此自然要求合理地进行诉讼程序的制度设计，在采取程序性措施时，严格依法并考虑效率方面的代价。因此，C项正确，不当选。

主动督促当事人或其代理人完成诉讼活动是法官的重要职责，恪守中立并不意味着法官可以放弃这一职责。因此，D项错误，当选。

对应章节 » 第一章第一节"中国特色社会主义司法制度概述"

7. [答案] D

[解析] 司法效率强调以最少的司法投入获得最大的司法产出，具体表现为时间效率、资源利用效率和成本效率三个方面。因此，A项正确，不当选。

司法公正是司法永恒的目标追求，提高司法效率是适应我国社会新的形势发展的要求，当代社会的通行原则是"公正优先，兼顾效率"。因此，B、C项正确，不当选。

公正与效率并不存在不可调和的矛盾，通过司法体制改革、优化职权配置，在追求公平的同时可以兼顾效率。因此，D项错误，当选。

对应章节»第一章第一节"中国特色社会主义司法制度概述"

8. [答案] A

[解析] 除依法不公布的裁判文书之外，法院的生效裁判文书应当在互联网公布。因此，A项正确。

向相关人员提供的是案件程序性信息查询服务，向社会公开的是重要案件信息和法律文书，二者不可混淆。因此，B项错误。

狱务也要公开，《中共中央关于全面推进依法治国若干重大问题的决定》明确要求推进审判公开、检务公开、警务公开、狱务公开。因此，C项错误。

向社会公开的内容是生效法律文书，律师制作的法律文书并不属于国家司法机关制作的法律文件，不在司法公开的范围内。因此，D项错误。

对应章节»第一章第一节"中国特色社会主义司法制度概述"

9. [答案] D

[解析] 中国特色社会主义司法制度主要由以下四个方面的体系构成：司法规范体系、司法组织体系、司法制度体系和司法人员管理体系。在这里，并没有"司法文化体系"的说法。因此，A项错误。

司法组织体系主要指审判组织体系和检察组织体系，并不包括"律师组织体系、公证组织体系"。因此，B项错误。

在司法制度体系中，人民调解制度、人民陪审制度、死刑复核制度、审判监督制度、司法解释制度以及案例指导制度等，都是独具中国特色的司法制度。因此，C项错误。

司法制度是关于司法功能、司法机构、司法组织、司法程序、司法机制等方面规范的总称。各项司法制度既是司法机关明确职责分工和履行司法职能的平台，也是监督和规范司法行为的基本规则。因此，D项正确。

对应章节»第一章第一节"中国特色社会主义司法制度概述"

10. [答案] B

[解析] 法律职业道德的特征有四：职业性、实践性、正式性、更高性。A项体现了法律职业道德的更高性。因此，A项正确，不当选。

检察官、律师、法官三者在法庭上地位平等，尊重法官并不等于听从法官的指挥。因此，B项错误，当选。

在实践中，只有选择合适的内化途径和适当的内化方法才能够使法律职业者将法律职业道德规范融进法律职业精神中。因此，C项正确，不当选。

法律职业道德教育的途径和方法，主要包括提高法律职业人员道德认识、陶冶法律职业人员道德情感、锻炼法律职业人员道德意志、养成法律职业人员道德习惯等方面。因此，D项正确，不当选。

对应章节»第一章第二节"法律职业与法律职业道德概述"

11. [答案] D

[解析] 法律职业道德具有更高性的特征，与其他职业道德相比，它围绕着法律规范这一最具强制力的社会规范而形成，因而它具有更强的公平正义象征和社会感召作用。因此，A项不当选。

法律职业道德的更高性要求法律职业人员具有更高的法律职业道德水准，因而法律职业道德的约束力和强制力也更为明显。因此，B项不当选。

法律职业道德通过法律、法规、规范性文件等形式表现出来，因而具有更强的操作性。因此，C项不当选。

法律职业道德属于道德，它的实现与道德实现的一般方式并无本质差别，既包括他律方式，也包括自律方式，而自律并非通过严格程序来实现，更不具有"更强的外在强制性"。因此，D项当选。

对应章节 » 第一章第二节"法律职业与法律职业道德概述"

12. [答案] BC

[解析] 法律职业道德的职业性、专业性决定了它不可能从大众朴素的道德中"直接推出"。因此，A项错误。

法律职业道德的实践性特征决定了它更关注法律实务。因此，B项正确。

"可能"之类的严谨说法一般都是对的。因此，C项正确。

D项错在前言不搭后语，乱找因果关系。

对应章节 » 第一章第二节"法律职业与法律职业道德概述"

13. [答案] B

[解析] 法律职业道德的品行要求高于其他职业道德，因而具有更强的公平正义象征和社会感召作用。因此，A项正确，不当选。

法律职业之间既具备同质性又具有行业属性，法官、检察官、律师、公证员等都属于法律职业，但是各自所在行业存在着具体差别。因此，B项错误，当选。

规范是外在规矩，道德是内在要求，唯有选择合适的内化途径和适当的内化方法，才能使法律职业人员将法律职业道德规范融进法律职业精神中。因此，C项正确，不当选。

法律职业道德教育的途径和方法有五：提高法律职业人员道德认识、陶冶法律职业人员道德情感、养成法律职业人员道德习惯、确立法律职业人员道德信念、锻炼法律职业人员道德意志。因此，D项正确，不当选。

对应章节 » 第一章第二节"法律职业与法律职业道德概述"

14. [答案] BCD

[解析] 职业道德兼具对内性和对外性，它既是本行业人员在职业活动中的行为规范，又是行业对社会所负的道德责任和义务。因此，A项错误。

职业道德教育是职业道德内化的必要途径。因此，B项正确。

法律职业道德具有正式性。因此，C项正确。

法律职业道德的更高性就表现在它具有更强的约束力。因此，D项正确。

对应章节 » 第一章第二节"法律职业与法律职业道德概述"

15. [答案] ABCD

    解析 清正廉洁、遵纪守法是法律职业道德的内容之一，它要求法律职业人员在本职工作和业外活动中严格要求自己，维护法律职业形象和司法公信力。因此，A、B 项正确。

    《律师执业行为规范（试行）》规定了律师在业外活动中不得有损律师行业声誉、不得违反社会公德、不得为严重损害律师职业形象等。因此，C 项正确。

    公证员应当具有良好的个人修养和品行，妥善处理个人事务是《公证员职业道德基本准则》的明确规定。因此，D 项正确。

    对应章节» 第一章第二节"法律职业与法律职业道德概述"

16. [答案] ABD

    解析 根据 2015 年《最高人民法院、最高人民检察院、公安部、国家安全部、司法部关于进一步规范司法人员与当事人、律师、特殊关系人、中介组织接触交往行为的若干规定》第 5 条的规定，严禁司法人员与当事人、律师、特殊关系人、中介组织有下列接触交往行为：……②为当事人推荐、介绍诉讼代理人、辩护人（因此，A 项当选），或者为律师、中介组织介绍案件（因此，B 项当选）……④向当事人、律师、特殊关系人、中介组织借款、租借房屋，借用交通工具（因此，D 项当选）……

    司法人员在非工作场所接触当事人、律师、特殊关系人难以完全避免，不可能被完全禁止。因此，C 项不当选。

    对应章节» 第一章第二节"法律职业与法律职业道德概述"

17. [答案] A

    解析 司法公正离不开三机关的相互配合、相互制约，主管机关的有关规定必然体现了这一基本精神。因此，A 项正确。

    法官、检察官和律师按照法律规定分别履行着各自的职责，三者地位平等。因此，B 项错误。

    法官、检察官和律师的职责范围均是由法律规定的，这些规定不允许公、检、法部门肆意违背法律，突破职权限制，而是要求其恪尽职守，不渎职、不越权。因此，C 项错误。

    在不同角色的相互配合中，相互制约是应有之义，比如，作为法院监督机关的检察机关的职责正是监督法官和律师的行为，这就是一种典型的制约关系。因此，D 项错误。

    对应章节» 第一章第二节"法律职业与法律职业道德概述"

18. [答案] ABD

    解析 A 项的表述是法律职业"专业性"的表现。因此，A 项正确。

    B 项的表述是法律职业道德"职业性"的表现。因此，B 项正确。

    法律职业道德的形成与"实证法"概念的阐释并无密切关联。因此，C 项错误。

    职业道德的基本原则是职业道德的高度概括，因而成为职业行为的评价标准。因此，D 项正确。

    对应章节» 第一章第二节"法律职业与法律职业道德概述"

19. [答案] ACD

【解析】"按规定"的做法一般都是正确的。按规定转递涉案材料的做法，符合现行法律的规定。因此，A项正确。

法官在参加法官会议时对其他法官承办的案件作提醒的做法，违背了办案规定。因此，B项错误。

"依职权"的做法一般都是正确的。检察长依职权对在办案件提出书面指导性意见的做法，符合法律规定。因此，C项正确。

法官的做法符合有关规定：司法人员在案件办理过程中因不明情况或者其他原因在非工作时间或非工作场所接触当事人、律师、特殊关系人、中介组织的，应当在3日内向本单位纪检监察部门报告有关情况。因此，D项正确。

对应章节 》第一章第二节"法律职业与法律职业道德概述"

20. 【答案】CD

【解析】①中李法官对社会影响重大案件的有关情况向院长报告的行为妥当；②中李法官不理睬排除非法证据请求的行为不当，原则上应当休庭进行审查，依照法定程序作出决定；③中李法官行为不当，他应当维持法庭秩序，对无关法律的言行予以制止；④中李法官的行为妥当，因为律师用方言发言不利于交流，李法官几次打断让其慢速并重复，反而可以提高司法效率；⑤中律师的行为妥当，自2016年以来，律师须遵守法庭秩序，不得随意退庭；⑥中刘检察官的行为不当，他应当依照法律的规定发表法律意见，不得针对律师进行不适当的评论；⑦中律师以担心报复为借口向当事人提出解除委托关系的行为不当，律师只能依法向当事人提出解除委托关系，担心报复并不是法定的解除理由；⑧中李法官、刘检察官收受礼品的行为不当，法官、检察官应当避免使公众对公正司法和清正廉洁产生合理怀疑。

根据以上分析，①、④、⑤的行为妥当，凡有这三者的选项都不当选。因此，A、B项不当选，C、D项当选。

对应章节 》第一章第二节"法律职业与法律职业道德概述"

21. 【答案】C

【解析】法官职业道德在独立性、中立性方面的要求比其他法律职业道德更高、更严格。因此，A项正确，不当选。

检察官的职业道德既包括职业义务、职业责任，也包括职业行为上的道德准则。因此，B项正确，不当选。

律师职业道德既规范律师行为，也规范律所行为。因此，C项错误，当选。

公证最大的特点是公信力，如果不强调公证员的职业道德，就会直接影响公证的公信力。因此，D项正确，不当选。

对应章节 》第一章第二节"法律职业与法律职业道德概述"

22. 【答案】AD

【解析】法官应当保守审判工作秘密，不得泄露内部讨论意见。因此，A项违规，当选。

免费担任国家机关政务活动中的"形象大使"，并无不妥。因此，B项不违规，不当选。

涉嫌偷税犯罪不属于危害国家安全、公共安全的事项，律师不举报并不违规。因此，

C 项不违规，不当选。

公证员、公证机构的其他工作人员不得代理当事人在本公证机构申办公证。因此，D 项违规，当选。

> 对应章节 » 第一章第二节"法律职业与法律职业道德概述"

23. [答案] CD

[解析] 律师无须回避自己与当事人（委托人）的近亲属关系。因此，A 项错误。

《律师职业道德基本准则》并未规定回避制度。因此，B 项错误。

公证员与法官、检察官不同，并非国家司法机关工作人员，没有相应公职，无须任职回避。因此，C 项正确。

律师应当在法定情形下告知委托人并主动提出回避，但委托人同意其代理或者继续承办的除外。也就是说，在法定情形下，律师是否回避，要受到委托人意思的影响。因此，D 项正确。

> 对应章节 » 第一章第二节"法律职业与法律职业道德概述"

24. [答案] ABC

[解析] 我国审判制度的基本原则包括审判独立原则、不告不理原则、直接言词原则、及时审判原则。

甲法院的做法符合集中审理原则。因此，A 项当选。

乙法院的做法符合及时审判原则。因此，B 项当选。

丙法院坚持按期审结，符合及时审判原则。因此，C 项当选。

丁法院判决的内容超出了当事人的诉讼请求，违背了不告不理原则。因此，D 项不当选。

> 对应章节 » 第二章第一节"审判制度概述"

25. [答案] AB

[解析] 该意见指出，将法院案件受理制度从立案审查制改革为立案登记制，坚持有案必立、有诉必理，保障当事人诉权，方便当事人诉讼。其实施有利于促进法院案件受理制度的完善。因此，A、B 项正确。

该意见规定，法院对当事人的起诉只进行初步的形式审查。因此，C 项错误。

该意见规定，行政诉讼也采立案登记制。因此，D 项错误。

> 对应章节 » 第二章第一节"审判制度概述"

26. [答案] B

[解析] 立案登记制提高了司法效率，它强化的是司法的实然功能而非应然功能。因此，A 项错误。

行政诉讼的立案登记制要求人民法院对此类起诉状予以释明。因此，B 项正确。

对 C 项中的情形，法院应当出具书面凭证而非口头告知。因此，C 项错误。

对 D 项中的情形，当事人可以向上一级法院起诉而非投诉。因此，D 项错误。

> 对应章节 » 第二章第一节"审判制度概述"

27. [答案] ACD

[解析] 巡回法庭是最高人民法院的派出机构、常设审判机构。因此，A项正确。

巡回法庭在审级上等同于最高人民法院，其判决效力等同于最高人民法院的判决，均为终审判决。不服巡回法庭判决的，不得向最高人民法院申请复议。因此，B项错误。

巡回法庭受理本巡回区内不服高级人民法院一审民事、行政裁决提起的上诉。因此，C项正确。

知识产权、涉外商事、海事海商、死刑复核、国家赔偿、执行案件和最高人民检察院抗诉的案件暂由最高人民法院本部审理或者办理。因此，D项正确。

对应章节» 第二章第一节"审判制度概述"

28. [答案] ABCD

[解析] 独任庭不仅适用于民事案件，还适用其他案件。因此，A项错误，当选。

案件疑难复杂就可以提交审判委员会讨论。因此，B项错误，当选。

再审程序视不同情况，既可由审判员也可由陪审员参与组成合议庭进行审理。因此，C项错误，当选。

审委会的决定应当被执行，而不仅仅是参考。因此，D项错误，当选。

对应章节» 第二章第一节"审判制度概述"

29. [答案] BD

[解析] 审判委员会的决定，法官、合议庭应当执行。因此，A项错误。

办案责任制的特点就是谁办案，谁决定，谁负责。因此，B项正确。

审判委员会讨论决定的案件的判决书和裁定书，应当以审理该案件的合议庭成员的名义发布。因此，C项错误。

D项是《中共中央关于全面推进依法治国若干重大问题的决定》的明确要求。因此，D项正确。

对应章节» 第二章第一节"审判制度概述"

30. [答案] BC

[解析] 根据《最高人民法院关于全面深化人民法院改革的意见——人民法院第四个五年改革纲要（2014~2018）》的规定，深化法院人事管理改革有以下措施：

推动法院人员分类管理制度改革，将法院人员分为法官、审判辅助人员（法官助理、书记员等）和司法行政人员，实行分类管理；拓宽审判辅助人员的来源渠道，建立审判辅助人员的正常增补机制，减轻法官事务性工作负担。因此，A项错误，C项正确。

建立法官员额制，对法官在编制限额内实行员额管理。因此，B项正确。

在国家和省一级分别设立法官遴选委员会。因此，D项错误。

对应章节» 第二章第一节"审判制度概述"

31. [答案] BD

[解析] 根据最新修订的《法官法》的规定，法官不包括助理审判员。因此，A项错误。

根据最新修订的《法官法》第25条第1款的规定，法官实行员额制。法官员额根据案件数量、经济社会发展情况、人口数量和人民法院审级等因素确定。因此，B项正确。

根据最新修订的《法官法》第67条第1款的规定，法官助理在法官指导下负责审查案件材料、草拟法律文书等审判辅助事务，而不是独立进行审判事务性工作。因此，C项错误。

根据最新修订的《法官法》第30条的规定，初任法官实行统一职前培训制度。因此，D项正确。

> 对应章节 » 第二章第一节"审判制度概述"

32. [答案] A

[解析] 对法官的保障除了工资保险福利保障和职业保障之外，还有人身和财产保障。因此，A项错误，当选。

《中共中央关于全面推进依法治国若干重大问题的决定》要求，加快建立符合职业特点的法治工作人员管理制度（B项正确，不当选），完善职业保障体系，建立法官、检察官、人民警察专业职务序列及工资制度（C项正确，不当选）。

法官享有生活保障权，法官退休制度也是保障制度的重要组成部分。因此，D项正确，不当选。

> 对应章节 » 第二章第一节"审判制度概述"

33. [答案] B

[解析] 法官须"具有正常履行职责的身体条件"，而非"身体健康"。因此，A项错误。

法官应当履行以案释法的法定义务。因此，B项正确。

法官考核内容包括：审判工作实绩、职业道德、专业水平、工作能力、审判作风。考核的重点在于审判工作实绩。因此，C项错误。

最高人民法院和高级人民法院法官可以从下两级人民法院遴选。一般而言，上级人民法院法官均逐级遴选。因此，D项错误。

> 对应章节 » 第二章第一节"审判制度概述"

34. [答案] ABC

[解析] A、B、C项的内容都规定在《法官职业道德基本准则》第六章"维护司法形象"之中，当然属于文明司法、文明执法的范围。因此，A、B、C项均当选。

严守办案时限，禁止拖延办案属于公正司法的内容，不属于文明司法。因此，D项不当选。

> 对应章节 » 第二章第二节"法官职业道德"

35. [答案] C

[解析] 省高院和县法院不属于上下相邻两级法院，唐某父子无须回避。因此，A项错误。

被依法判处刑罚的人民法院工作人员，必须依法免除其职务。因此，B项错误。

工作成效显著的，应当受到奖励。因此，C项正确。

判决书中出现笔误，依法应当通过裁定书加以补正。因此，D项错误。

> 对应章节 » 第二章第二节"法官职业道德"

36. [答案] AB

[解析] 根据《法官法》第23条的规定，法官之间有夫妻关系、直系血亲关系、三代以内旁系血亲以及近姻亲关系的，不得同时担任下列职务：①同一人民法院的院长、副院长

（A项正确）、审判委员会委员、庭长、副庭长；②同一人民法院的院长、副院长和审判员（B项正确）；③同一审判庭的庭长、副庭长、审判员；④上下相邻两级人民法院的院长、副院长（D项错误）。另外，依据这一条文的规定，有夫妻关系、直系血亲关系、三代以内旁系血亲以及近姻亲关系的人员，可以同时担任同一法院不同法庭的庭长、副庭长和审判员。因此，C项错误。

对应章节 » 第二章第二节"法官职业道德"

37. [答案] D

[解析] 题干并未提及超审限审理案件，与严格遵守审限并无关系。因此，A项不当选。

法官的审判活动并不属于业外活动。因此，B项不当选。

张法官的行为并未体现司法便民的要求。司法便民服务包括为当事人和其他诉讼参与人提供必要的诉讼便利，尽可能降低其诉讼成本，树立服务意识，做好诉讼指导、风险提示、法律释明等。因此，C项不当选。

遵守回避规定正是保持中立地位的表现。因此，D项当选。

对应章节 » 第二章第二节"法官职业道德"

38. [答案] B

[解析] 遵守办案时限等规定属于保障司法公正的要求，不属于司法为民的要求。因此，A项错误。

贯彻司法公开原则等规定属于司法公正的要求。因此，B项正确。

加强自身修养、培育高尚道德操守等规定属于维护司法形象的要求，不属于司法忠诚的要求。因此，C项错误。

不从事或者参与营利性的经营活动等规定，不属于司法中立的要求，而属于司法廉洁的要求。因此，D项错误。

对应章节 » 第二章第二节"法官职业道德"

39. [答案] A

[解析] "约束业外活动"要求法官在职业之外的活动避免引起公众的合理怀疑。法官毛某对张某有求必应、过从甚密，难以避免合理怀疑。因此，A项当选。

"保障司法廉洁"要求法官拒绝收受不合法的利益。法官毛某并未违反这一要求。因此，B项不当选。

"保持中立地位"要求法官在司法活动中无涉案件利益，避免形成前见，与诉讼各方保持同等司法距离，态度超然、客观。法官毛某对张某提起的诉讼主动提出回避，符合"保持中立地位"要求的第一要义。因此，C项不当选。

"忠诚司法事业"要求法官忠于党、忠于国家、忠于人民、忠于法律。题干并未提及法官毛某违背这四项要求。因此，D项不当选。

对应章节 » 第二章第二节"法官职业道德"

40. [答案] ACD

[解析] 孙法官接受优惠，属于收受利益输送，违反了廉政纪律。因此，A项正确。

孙法官主动交代，并主动采取措施有效避免损失，对其应当减轻处分，而非从轻处分。因此，B 项错误。

违纪违法行为情节轻微，经过批评教育后改正的，可以免予处分。因此，C 项正确。

对违纪违法取得的财物和用于违纪违法的财物，应当没收、追缴或者责令退赔。因此，D 项正确。

> 对应章节 » 第二章第二节"法官职业道德"

41. [答案] C

[解析] 凡是工作成绩突出、显著的，都应当给予奖励。因此，A、B 项不当选。

已经造成了不良影响的，应给予记过或者记大过处分，而不是撤职。因此，C 项当选。

孙法官与同学贿赂某法官并无直接关系，法院领导严告孙法官今后注意的做法妥当。因此，D 项不当选。

> 对应章节 » 第二章第二节"法官职业道德"

42. [答案] BC

[解析] 最高人民法院、最高人民检察院和省、自治区、直辖市设立法官、检察官惩戒委员会，其办公室设在省级的法院和检察院。因此，A 项错误。

法官惩戒委员会负责从专业角度审查认定法官是否存在以下违反审判职责的行为：①故意违反法律法规办理案件的；②因重大过失导致裁判结果错误并造成严重后果的。因此，B 项正确。

法官惩戒委员会提出意见后，人民法院依照有关规定作出是否予以惩戒的决定，并给予相应处理。因此，C 项正确。

当事法官对审查意见有异议的，可以向作出审查的惩戒委员会提出，而不是向上一级惩戒委员会提出。因此，D 项错误。

> 对应章节 » 第二章第二节"法官职业道德"

43. [答案] ACD

[解析] 完善内部管理体制，将内设机构统一整合，消除内部职能行政化、碎片化的弊端，使得检察官管理体制区别于一般公务员的管理体制，有利于提高检察官的专业素质和办案质量；有利于保证司法公正，提高检察机关公信力；有利于检察独立，为完善检察官职业保障体系创造了条件。因此，A、C、D 项正确。

"不受任何监督"的表述是错误的，检察官独立行使检察权并不意味着检察机关和检察官不受任何监督。因此，B 项错误。

> 对应章节 » 第三章第一节"检察制度概述"

44. [答案] ABD

[解析] 省以下地方检察院人财物统一管理，建立与行政区划适当分离的司法管辖制度，这两个措施的目的就在于确保检察权的独立行使、统一行使，避免检察权的行使过程受到干扰，也有助于检察机关排除行政区域和地方政府的干扰，强化法律监督。因此，A、B、D 项均正确。

这些改革措施与检务公开无关。因此，C 项错误。

对应章节 » 第三章第一节"检察制度概述"

45. 答案 C

解 析 检察委员会实行民主集中制而非检察长负责制。因此，A项错误。

上级检察院有权纠正或撤销下级检察院的决定。因此，B项错误。

根据检察一体原则，各地和各级检察机关之间具有职能协助的义务，检察官之间和人民检察院之间在职务上可以发生相互承继、移转和代理的关系。因此，C项正确，D项错误。

对应章节 » 第三章第一节"检察制度概述"

46. 答案 D

解 析 法官助理属于审判辅助人员。因此，A项错误。

法官由法院院长提请本级人大常委会任免，法官遴选委员会没有任免法官的法定职权。因此，B项错误。

司法责任制是指法官、检察官要负司法责任，它与检察制度中的检察权一体化行使原则不冲突。因此，C项错误。

D项表述与《检察官法》第17条的规定相同。因此，D项正确。

对应章节 » 第三章第一节"检察制度概述"

47. 答案 D

解 析 根据《检察官法》第23条的规定，检察官不得兼任人大常委会的组成人员（C项不当选），不得兼任行政机关（A项不当选）、监察机关、审判机关（B项不当选）的职务，不得兼任企业或者其他营利性组织、事业单位的职务，不得兼任律师、仲裁员和公证员。由此可见，政协委员不在禁止兼任的范围之内。实际上，政协委员、人大代表都是兼职，法官、检察官可以兼任之。因此，D项当选。

对应章节 » 第三章第二节"检察官职业道德"

48. 答案 ABC

解 析 检察官听取辩护律师意见，坚持正确意见，全面审查案卷材料，符合检察官职业道德准则的相关要求。因此，A、B、C项正确。

题干并未提到"犯罪嫌疑人认罪认罚"，D项无中生有。因此，D项错误。

对应章节 » 第三章第二节"检察官职业道德"

49. 答案 D

解 析 检察官不得私自探询正在办理的案件信息。因此，A项错误。

检察长要挟检察官的行为显然不当。因此，B项错误。

检察官收受辛苦费的行为是违反廉洁规定的。因此，C项错误。

离任5年后以律师身份担任诉讼代理人和辩护人，符合职业道德要求。因此，D项正确。

对应章节 » 第三章第二节"检察官职业道德"

50. 答案 B

[解析] "出于个人需要，私下"是不允许的，检察官不得私自探询正在办理的案件信息。因此，A项错误。

检察官回避其邻居的行为妥当，对法定回避事由以外可能引起公众对办案公正产生合理怀疑的情形，检察官应当主动请求回避。因此，B项正确。

"应当排除而不排除"是错误的，检察官有依法排除非法证据的法定义务。因此，C项错误。

"在家里会见"是错误的，检察官不得在非工作时间和非工作场所会见当事人。因此，D项错误。

对应章节 » 第三章第二节"检察官职业道德"

51. [答案] A

[解析] "单位组织"就没毛病。因此，A项当选。

检察官应依法自觉回避，王检察官未主动申请回避其邻居，违背职业道德要求。因此，B项不当选。

检察官在私人聚会中披露案情，违反了保密要求。因此，C项不当选。

检察官担任主奏并且收取报酬是业外的营利活动，违反了清廉的要求。因此，D项不当选。

对应章节 » 第三章第二节"检察官职业道德"

52. [答案] D

[解析] 张法官参与迷信活动已经造成了不良影响，应当给予纪律处分。因此，A项错误。

抓小偷的义务不是职业义务，李法官的行为没有违反法官职业纪律，不应受到纪律处分。因此，B项错误。

检察官不得暗示或明示当事人更换律师。因此，C项错误。

骗取宅基地使用权证不归检察院管，刘检察官让来访人找对口的单位去举报的做法妥当。因此，D项正确。

对应章节 » 第三章第二节"检察官职业道德"

53. [答案] ABCD

[解析] 领导干部组织、参加老乡会、校友会、战友会等有关社会组织，应当符合有关规定。因此，A项正确。

办案纪律是指检察人员在办案过程中应当遵守的行为规范，B项行为属于违反办案纪律的行为。因此，B项正确。

廉洁纪律是指检察人员在从事公务活动或其他与行使职权有关的活动中，应当遵守的廉洁用权的行为规范，C项行为属于违反廉洁纪律的行为。因此，C项正确。

群众纪律是指检察官处理与人民群众之间关系的行为规范，D项行为属于违反群众纪律的行为。因此，D项正确。

对应章节 » 第三章第二节"检察官职业道德"

54. [答案] AC

[解析] 律师会见犯罪嫌疑人时，检察院不得派员在场。因此，A项正确。

案件移送审查起诉后律师阅卷时，检察院可以派员在场。因此，B项错误。

检察院应当依法保障律师在刑事诉讼中的申请收集、调取证据权。因此，C项正确。

法律未作规定但律师要求听取意见的，检察院"应当"及时安排听取，而不是"可以"及时安排听取。因此，D项错误。

> 对应章节 » 第四章第一节"律师制度"

55. [答案] C

[解析] 县公安局应当保障律师的知情权，不得拒绝告知案情。因此，A项不当选。

律师会见未经预约，仍可会见，其会见权是法定权利，不得借口预约问题而不予保障。因此，B项不当选。

危害国家安全犯罪属于法定情形，国家安全机关可以对此不批准律师的会见申请。因此，C项当选。

律师在庭审中就重要事项提出申请或异议，法庭原则上应当休庭审查，不得当庭拒绝申请。因此，D项不当选。

> 对应章节 » 第四章第一节"律师制度"

56. [答案] B

[解析] 公安机关第一次讯问犯罪嫌疑人时应当告知其申请法律援助的权利。因此，A项不当选。

"歧视性安检"明显侵犯人权，应当予以禁止，该省法院的做法保障了律师的人权。因此，B项当选。

如果法官对律师提出的证据和意见不予采信，应当在裁判文书中写明情况，并说明理由。因此，C项不当选。

法庭对于律师提出的非法证据排除申请，应当依法审查并作出决定。因此，D项不当选。

> 对应章节 » 第四章第一节"律师制度"

57. [答案] C

[解析] 同一律所的不同律师不得同时担任同一刑事案件的被害人的代理人和犯罪嫌疑人、被告人的辩护人。因此，A项不当选。

刑事诉讼、行政诉讼、国家赔偿案件以及群体性诉讼案件不得适用风险代理收费。因此，B项不当选。

办案费不同于律师费，律所可以要求另外预交。因此，C项当选。

辩护人只能由律师担任，实习律师不可以。因此，D项不当选。

> 对应章节 » 第四章第二节"律师职业道德"

58. [答案] D

[解析] 律所或律师不得在同一案件中为双方当事人担任代理人。因此，A项不当选。

律所或律师不得在同一案件中为双方当事人担任代理人，但是，可以在其他案件中为对方当事人担任代理人。因此，B项不当选。

律师积极与委托人联系，通报案件新进展的行为符合执业规范。因此，C项不当选。

在委托关系终止后，同一律所或同一律师在同一案件后续审理或处理中不得再接受对方当事人委托。因此，D项当选。

> 对应章节 » 第四章第二节"律师职业道德"

59. [答案] AD

[解析] ①说法正确，对比《法官法》第12、13条与《检察官法》第12、13条的规定即知。②说法错误，被辞退者仍然有可能担任律师和公证员，被开除者则不可以。③说法错误，父子不能同时担任上下相邻两级法院的院长、副院长，但是，一方为副院长、另一方为审判员的情形并不违法。④说法正确，法官不得从事经营性营利活动，李法官提供有偿法律咨询，应当受到惩戒。⑤说法正确，刘检察官提出检察建议被采纳，效果显著，应受到奖励。⑥说法错误，张律师2年前因私自收费被罚款，并不影响他成为律所的设立人。综上所述，A、D项正确，B、C项错误。

> 对应章节 » 第四章第二节"律师职业道德"

60. [答案] D

[解析] 低价争揽业务属于不正当竞争。因此，A项错误。

律师代书不得超出当事人要求的范围增加诉讼请求。因此，B项错误。

办案费用应如实收取，不得按比例收取。因此，C项错误。

律师的辩护、代理意见未被采纳，不属于虚假承诺，因而不存在此类情形造成所谓的"诉讼请求损失"，所以，律师事务所有权拒绝当事人的这一要求。因此，D项正确。

> 对应章节 » 第四章第二节"律师职业道德"

61. [答案] C

[解析] 律师可以与好友建立或维持委托关系。因此，A项不当选。

在委托人知悉且同意的前提下，律师可以维持委托关系。因此，B项不当选。

同一律师事务所的不同律师，不得同时担任同一民事案件争议双方当事人的代理人。因此，C项当选。注意：如果在该县区域内只有一家律师事务所且事先征得当事人同意，还是可以建立委托关系的。

委托关系停止后2年，律师可以就同一法律业务接受与原委托人有利害关系的对方当事人的委托。因此，D项不当选。

> 对应章节 » 第四章第二节"律师职业道德"

62. [答案] BD

[解析] 在委托关系终止后，同一律师事务所或同一律师在同一案件后续审理或者处理中不得接受对方当事人委托，B项情形就属于这一类利益冲突，赵律师应当回避。因此，B项当选。

担任刑事案件犯罪嫌疑人、被告人的辩护人，而同所的其他律师是该案件被害人的近亲属的，律师应当告知委托人并主动提出回避，但委托人同意其代理或者继续承办的除外，D项情形就属于这一类利益冲突，汪律师应当回避。因此，D项当选。

A、C项所述情形并不在现行规范的禁止范围之内，不构成利益冲突，故无须回避。因此，A、C项不当选。

> 对应章节 » 第四章第二节"律师职业道德"

63. [答案] B

[解析] 律师事务所不得委派律师担任企业总经理职务。因此，A 项错误。

律所对律师的辞退或除名，应当报备所在地县级司法行政机关和律协。因此，B 项正确。

对律师的奖励由司法行政机关、律师协会而非由律所进行。因此，C 项错误。

已担任合伙人的律师受到 6 个月以上停止执业处罚的，自处罚决定生效之日起至处罚期满后 3 年内，不得担任合伙人。因此，D 项错误。

对应章节 » 第四章第二节"律师职业道德"

64. [答案] AB

[解析] 甲律师依法收集证据并提交检察院进行审查，符合律师执业行为规范。因此，A 项正确。

乙律师劝阻当事人及家属的不理性做法，符合《律师执业管理办法》。因此，B 项正确。

丙律师给对方当事人提供此类信息，其做法违背了《律师执业管理办法》。因此，C 项错误。

丁律师为承揽业务，哄骗群众说诉讼是唯一途径，并吹嘘其专业水平，违背了承揽业务的相关规定。因此，D 项错误。

对应章节 » 第四章第二节"律师职业道德"

65. [答案] C

[解析] 法律援助的申请应当采用书面形式，在特定条件下，申请法律援助也可以采取口头形式，由工作人员书面记录。因此，A 项错误。

检方抗诉时，提供法律援助则无须审查经济状况。因此，B 项错误。

刑事辩护的援助只能委托律师。因此，C 项正确。

王某应当向司法行政机关而非法律援助机构提出异议。因此，D 项错误。

对应章节 » 第四章第三节"法律援助制度"

66. [答案] CD

[解析] 检察院抗诉的案件，属于可以申请援助而非"应当"援助。因此，A 项错误。

乙应当向办案机关所在地的法律援助中心申请法律援助。因此，B 项错误。

对于公、检、法应当予以法律援助告知有异议的，可以向同级或者上一级人民检察院申诉或者控告。因此，C 项正确。

丁以正当理由拒绝法律援助，法院应当准许并告知其可另行委托律师。因此，D 项正确。

对应章节 » 第四章第三节"法律援助制度"

67. [答案] B

[解析] 法律援助完全免费。因此，A 项错误。注意：法律援助既非"减费"也非"缓交费"，而是完全免费。

自行另外委托辩护人是决定终止法律援助的法定情形。因此，B 项正确。

法律援助机构不得指派无律师执业证的工作人员担任辩护人。因此，C 项错误。

提供法律咨询无须进行经济状况审查。因此，D项错误。

对应章节》第四章第三节"法律援助制度"

68. [答案] C

[解析] 共同犯罪案件中，其他犯罪嫌疑人、被告人已委托辩护人的，是无须审查经济状况即可获得法律援助的法定情形。因此，A项不当选。

律师事务所拒绝法律援助机构的指派，不安排本所律师办理法律援助案件的，由司法行政部门依法给予处罚。因此，B项不当选。

我国的法律援助完全免费。因此，C项当选。

人民检察院审查批准逮捕时，认为犯罪嫌疑人具有应当通知辩护的情形，公安机关未通知法律援助机构指派律师的，应当通知公安机关予以纠正，公安机关应当将纠正情况通知人民检察院。因此，D项不当选。

对应章节》第四章第三节"法律援助制度"

69. [答案] BD

[解析] 县法律援助中心不得拒绝受理口头申请。因此，A项错误。

县司法局有权书面责令县法律援助中心提供法律援助。因此，B项正确。

律师事务所拒绝履行法律援助义务的，县司法局没有行政处罚的权力，应当由设区的市级或者直辖市的区人民政府司法行政部门视其情节给予相应处罚，情节特别严重，应当处以吊销律所执业证书的，由省、自治区、直辖市人民政府司法行政部门作出。因此，C项错误。

黄某提出的"指派律师、造成损失"的异议，应当向司法行政机关提出，由司法行政机关最终裁决，所以，法院对其诉讼请求予以驳回的做法并无不妥。因此，D项正确。

对应章节》第四章第三节"法律援助制度"

70. [答案] B

[解析] 人民陪审员系推荐、任命，不得临时聘请。因此，A项错误。

人民监督员不由检察机关聘请，而是由省级和设区的市级司法行政机关负责选任管理。司法行政机关从人民监督员信息库中随机抽选、联络确定参加监督活动的人民监督员，并通报人民检察院。因此，B项正确。

我国并未彻底取消公民代理，盘叔"无偿代理案件"本身并不违法，更没有扰乱法律服务秩序。因此，C项错误。

公证员必须通过国家法律职业资格考试，方可担任。因此，D项错误。

对应章节》第五章第一节"公证制度"

71. [答案] C

[解析] 证据保全属于法定的公证的业务范围。因此，A项不当选。

收养公证须本人亲自办理，不得委托他人，公证机关可以拒绝代办收养公证的要求。因此，B项不当选。

我国的公证既关注真实性，也关注合法性，所以既要进行形式审查，也要进行实质审查。因此，C项当选。

法院不得直接撤销该公证书。债权文书确有错误的，人民法院裁定不予执行，并将裁定书送达双方当事人和公证机构。因此，D项不当选。

对应章节》 第五章第一节"公证制度"

72. [答 案] A

[解 析] 公证的对象是没有争议的民事法律行为、有法律意义的事实和文书。

张三与李某之间的借款还存在争议，不属于公证对象。因此，A项当选。

死亡事实属于有法律意义的事实，公司章程和自书遗嘱属于有法律意义的文书。因此，B、C、D项都属于公证对象，不当选。

对应章节》 第五章第一节"公证制度"

73. [答 案] C

[解 析] A项错在"国内"二字。公证机构名称中的字号，应当由两个以上文字组成，并不得与所在省、自治区、直辖市内设立的其他公证机构的名称中的字号相同或者近似。

B项错在"省级司法行政机关有权任命"。担任公证员，应当由符合公证员条件的人员提出申请，经公证机构推荐，由所在地的司法行政部门报省级司法行政部门审核同意后，报请国务院司法行政部门任命，并由省级司法行政部门颁发公证员执业证书。

申请办理涉及不动产的公证，应当向不动产所在地的公证机构提出，但是，申请办理涉及不动产的委托、声明、赠与、遗嘱的公证，可以向住所地、经常居住地、行为地或事实发生地的公证机构提出。因此，C项正确。

D项错在"申请复议"，应为申请复查。

对应章节》 第五章第一节"公证制度"

74. [答 案] D

[解 析] 公证机构应当指派原承办公证员以外的其他公证员进行复查。复查结论及处理意见，应当报公证机构的负责人审批。因此，A项错误。

若公证书与事实完全不符，公证处"应当"而非"可以"撤销公证书。因此，B项错误。

王二只能找公证机构赔偿损失。因此，C项错误。

情节严重者，可以予以吊销执业证书。因此，D项正确。

对应章节》 第五章第一节"公证制度"

75. [答 案] A

[解 析] 非经委托人的同意，律师不能因为转委托而增加委托人的费用支出。刘律师未告知支出增加，违反了该规定。因此，A项当选。

即使法庭未采纳律师意见，律师也并未违反规定。律师的辩护、代理意见未被采纳，不属于虚假承诺。因此，B项不当选。

以贵重金饰用于抵押的事项，办理了抵押登记，符合规定。因此，C项不当选。

代理他人申办合同和公司章程公证的事项属于法定公证情形。因此，D项不当选。

对应章节》 第五章第一节"公证制度"

76. [答 案] BC

[解 析] 现行法律只是禁止法官的配偶、子女担任该法官所任职单位办理案件的诉讼代理人

或者辩护人。因此，A 项没有违反相关规定，不当选。

检察官高某已经明显受到网络舆论的影响，未能保持独立行使检察权。因此，B 项违反相关规定，当选。

公诉人训诫李律师，审判长应当维持法庭秩序却不表明态度，违反了相关法律规定。因此，C 项当选。

公证员不得为本人及近亲属办理公证或者办理与本人及近亲属有利害关系的公证。公证员张某与该公司董事长仅是大学同学，且只是根据其申请办理公司章程公证，张某的行为并未违反相关规定。因此，D 项不当选。

▶ 对应章节 》第五章第一节"公证制度"

77. [答案] C

[解析] 公证机构保管遗嘱、遗产时，没有出具相应公证书的义务。因此，A 项错误。

设立公证机构由省级司法行政部门审批。因此，B 项错误。

教授属于法学教学、研究方面的高级职称，离职属于已经离开原工作岗位，加之考核合格，贾某当然可以担任公证员。因此，C 项正确。

公证员任职禁止条件并不包括非职务过失犯罪（如交通肇事等）。因此，D 项错误。

▶ 对应章节 》第五章第一节"公证制度"

78. [答案] ABCD

[解析] 公证员不得从事有报酬的其他职业，以及与公证员身份、职业不相符的活动。因此，A 项不符合要求，当选。

"大肆炫耀"自己所在的公证机构属于不正当竞争行为，应当禁止。因此，B 项不符合要求，当选。

通过行政部门搞业务垄断属于不正当竞争行为，应当禁止。因此，C 项不符合要求，当选。

公证员不得接受或索取当事人及其代理人、利害关系人的答谢款待等利益输送。因此，D 项不符合要求，当选。

▶ 对应章节 》第五章第二节"公证员职业道德"

79. [答案] B

[解析] 公职律师不能局限于狭隘的部门利益，为部门保护主义、部门利益分割提供法律服务。因此，A 项错误。

公职律师是法律服务队伍的有机组成部分。党的十八届四中全会报告要求各级党政机关和人民团体普遍设立公职律师，参与决策讨论，提供法律意见，促进依法办事，防范法律风险。因此，B 项正确。

公职律师应当接受所在单位的管理、监督，根据委托或者指派办理法律事务，不得从事有偿法律服务，不得在律师事务所等法律服务机构兼职，不得以律师身份办理所在单位以外的诉讼或者非诉讼法律事务。因此，C 项错误。

公职律师由其所在单位考核。因此，D 项错误。

▶ 对应章节 》第六章第二节"其他法律职业人员职业道德"

80. [答案] C

[解析] 根据《仲裁法》第13条第1款的规定，仲裁员应当"公道正派"。因此，A项正确，不当选。

仲裁员在仲裁时有索贿受贿，徇私舞弊，枉法裁决行为的，法院有权予以撤销该裁决。因此，B项正确，不当选。

以仲裁委员会名义对外参加有关仲裁的学术会议的，应当事前报仲裁委员会批准，而非事后向仲裁委员会备案。因此，C项错误，当选。

仲裁员保守工作秘密，符合法律职业道德的要求。因此，D项正确，不当选。

对应章节》 第六章第二节"其他法律职业人员职业道德"

81. [答案] C

[解析] 法学教学、研究人员应当具有中级以上职称，从事教学、研究工作5年以上，有突出研究能力和相应研究成果，才能参与法官的公开遴选，工作4年显然不符合选拔条件，因此，A项错误。

法官不得兼任人民代表大会常务委员会的组成人员，不得兼任行政机关、监察机关、检察机关的职务，不得兼任企业或者其他营利性组织、事业单位的职务，不得兼任律师、仲裁员和公证员。因此，B项错误。

该教授兼职律师得到了学校批准，符合律师法的规定。因此，C项正确。

检察官被遴选到上一级检察院任职，无须进行统一职前培训，只有初任检察官才必须进行统一职前培训。因此，D项错误。

对应章节》 第六章第二节"其他法律职业人员职业道德"

附赠 金句180

一 法理学

1. 道德非实证，实证否道德，争议在概念，陷阱在斑马。
2. 国法＝国家法+其他法（例、文、不文、他）。
3. 法的特征："归宿已变成墙"。
4. 法的可诉性＝可争讼性+可裁判性。
5. 被立法认可/司法认可的其他社会规范（风俗习惯等）可以作为判决依据。
6. 国家强制力是"合法"的暴力，既要合实体法，又要合程序法。
7. 任何社会规范都有强制力保证其实施，法有国家强制力作为保证。
8. 法的规范作用："加强测英语"。指引特定人，教育一大拨，评价已发生，预测未发生，强制管违法。
9. 没有指名道姓的法律文件（如《民法典》）具有规范性法律文件的效力，产生的是规范性指引；指名道姓的法律文件（如判决书）具有非规范性法律文件的效力，产生的是个别性指引。
10. 法的基本价值：秩序→基础价值、自由→最高目标、正义→检测法的标准、人权→是人就有。
11. 法限制自由的三个原则"害道长"：伤害原则、道德主义原则、家长主义原则/父爱主义原则。
12. 分配正义的三个原则"求差评"：平等原则或无差别原则；差别原则（按贡献）；个人需求的原则（按个体差异）。
13. 同种价值搞个比，过度伤害是大忌；异种价值搞位阶，先后顺序不拘泥。
14. 一切法律规范必须以"法律语句"来表达。
15. 法条中有道义助动词，则该法条运用了"规范语句"；反之，则该法条运用了"非规范语句"。
16. 法条中出现"职权"字样，那么，该法条表述了授权性规则（职权性规则）。
17. 法条中出现"可以""有权"等字样，那么，该法条属于规范语句中的允许句，属于规范性条文，表述了授权性规则（权利性规则）& 任意性规则。
18. 法条中出现"应当""必须"等字样，那么，该法条属于规范语句中的命令句，属于规范性条文，表述了义务性规则（命令性规则）& 强行性规则。
19. 法条中出现"禁止""不得"等字样，那么，该法条属于规范语句中的命令句，属于规范性条文，表述了义务性规则（禁止性规则）& 强行性规则。

20. 法律规则着眼于共性、某一类型的行为，在适用上只采用全有或全无的方式；法律原则同时关注共性和个性，甚至全部法律体系均通用，在适用上不采用全有或全无的方式。
21. 法律原则的适用条件：规则优先适用，除非个案正义。
22. 任何具有法律意义的概念（专门法律概念和日常法律概念）都是法律概念；任何法律规范均由法律概念组成。
23. 分类概念找差别，类型概念举特例。
24. 描述性概念→事实判断，评价性概念→价值判断，论断性概念→依赖参照物。
25. 权利不得强制行使，义务可被强制履行。
26. 权利的语义类型："一姐资助了二姐的权力"。
27. 权利义务的对应：主张权→命令性义务，自由权→禁止性义务，权力权→服从性义务。
28. 基本权义宪法定，普通权义法律定。
29. 绝对权义对所有人，相对权义对特定人。
30. 人大→基本法律，人常→非基本法律，人大可以授权人常→基本法律。
31. 法律绝对保留事项：献身政治，司法最行。
32. 正式的法的渊源的冲突原则：先看位阶，上位优先；同一位阶，特别优先、后法优先。
33. 法律文件冲突裁决：①地方性法规 VS. 部门规章——国务院提出意见，由全人常裁决；②部门规章之间，由国务院裁决；③授权制定的法规 VS. 法律，由全人常裁决。
34. 经济社会，公私兼备。
35. 对人效力原则：属人主义看国籍，属地主义看国界，保护主义看利益。
36. 法一般不溯及既往，但并非绝对。
37. 法律关系的分类：合法调整，违法保护。横向平权，纵向隶属。后出为从，先出为主。
38. 法律责任的竞合：两责冲突，择一处。
39. 法律责任的免责条件：不，时，愿，自，功，卫，避，不，人道。
40. 题目中出现"惩罚"字眼，就意味着实施了制裁；否则，就没有实施制裁。
41. 法律案提出：全国人大立法时"十主体"：两团、两委、两央、两高、监 30；全人常立法时"八主体"：两委、两央、两高、监 10。
42. 法律案审议：宪法和法律委员会负责统一审议并提出表决稿。
43. 法律案表决：无记名。通过：宪法修正案"绝对多数"，法律"相对多数"。
44. 法律的公布：宪法修正案用人大公告，法律用主席令；本文+附随全公布，载体"一网两报"（对比：地方性法规、民族自治法规公布载体是"两网两报"）。
45. 守法＝积极守法 & 消极守法。守法义务（一般是道德义务）≠法律义务。
46. 法律监督＝国家法律监督体系（权力、行政、监察、司法）+社会法律监督体系（四机关之外）。
47. 司法追求"合理的决定"（包括两层要求：可预测性+正当性，第一层要求优先）。
48. 法适用的步骤包括：定案情（小前提）→找法条（大前提）→作决定（结论）。
49. 确认"案件事实/案情/小前提"的过程，并非纯粹的"事实过程/事实判断"。
50. 事实判断包括犯罪金额、鉴定结论、勘验结果、实际损失等，价值判断包括因果关系、情节轻重、主观恶性、危害大小等。
51. 法的发现是事实过程，法的证成是论证过程。

52. "依照/根据/从"法条或者案情作出判决属于内部证成,"对/针对/对于"法条或者案情作出"论证/讨论/质疑"属于外部证成。
53. 法官依法作出判决属于演绎推理,涵摄属于演绎推理。
54. 抽样调查即不完全归纳推理,全样本调查即完全归纳推理。
55. 类比推理即"同案要同判",当然推理即"异案要同判"(举轻以明重 & 举重以明轻)。
56. 反向推理是谨守"明文规定/明确规定","明示其一则否定其余"。
57. 设证推理即倒推:由果推因/猜测过程。
58. 我国的正式法律解释仅有全国人大常委会的立法解释、国务院的行政解释、"两高"的司法解释。其他主体所作法律解释,均属于非正式解释。
59. 学理解释"符合学术/常识",任意解释"没有任何道理"。
60. 法律解释方法:文义解释抠字眼,体系解释找另文,主观目的立法人,历史解释依史实,比较解释看外国,客观解释讲公德。
61. 法律漏洞的性质:法律之内,"意料/目的"之外。
62. 法律漏洞填补的方法:词不达意→目的论扩张;言过其实→目的论限缩。
63. 法律意识/法律观念的分类:普通人都懂的→法律心理;专业人才懂的→法律思想。
64. 法的继承→借鉴此前时代;法的移植→借鉴同期国外。
65. 中国的法的现代化:外源型→被动模仿,主动创造;立法主导,制度先搞。

二 宪法学

66. 宪法文本中出现"法律的形式""法律效力"时,"法律"是广义的用法,其他都是狭义的用法。
67. 宪法的基本原则:主力法人(人民主权原则、权力制约原则、法治原则、基本人权原则)。
68. "有典即成文,无典不成文":不成文宪法国家没有宪法典。
69. 成文往往是刚性,三个例外鲁智哥(秘鲁、智利、哥伦比亚)。
70. 法国宪法"3民4钦0协"。
71. 我国有宪法典(典+修正案)、宪法性法律、宪法惯例,没有宪法判例、宪法附则。
72. 我国现行《宪法》序言表明了宪法的根本法地位和最高效力,没有规定我国宪法与国际条约的关系,没有规定外国人和法人也是基本权利的主体。
73. 1982年《宪法》:继承"五四",两个首次(首次将"公民的基本权利和义务"置于"国家机构"之前,首次规定宪法修正案的提案主体)。
74. 宪法制定:国民西耶斯,人民开现代。
75. 在我国,制宪主体是人民,制宪机关是1954年第一届全国人大第一次会议;起草机关是1953年宪法起草委员会;修宪机关是全国人大;释宪机关是全国人大常委会。
76. 我国属于代议机关解释和监督宪法的模式,全国人大和全人常监督宪法实施。
77. 我国宪法经历了3次全面修改和7次部分修改。现行《宪法》经历了5次修改。
78. 我国的修宪程序:"四明文"(全国人大修宪、人常五一提案、绝对多数通过、公告形式公布），"二惯例"（中央建议、用修正案）。

79. 我国的宪法监督：除了三批准，其余都备案。①"三批准"：民族自治法规、市州地方法规，特殊情况下的海南自贸法规。②备案：备案要找上级，除开人大、法律；行政规章加一条，最高备到国务院。

80. 规范性文件的处理：①政府的文件由本级人大常委会/上级政府处理；人大系统的文件由其上级人常处理；人常的文件由其人大处理。②人常来处理，只能搞撤销；政府来处理，改变和撤销。③民族自治法规（自治条例、单行条例），只能搞撤销。④政府不能管人大；人大只管自家人常，不管其他。

81. 我国的宪法宣誓：谁产生就由谁组织，但是，中央"法检监外"，宣誓"各自回家"。宣誓仪式——独、众皆可，有"声"有"色"。

82. 我国的根本制度是社会主义制度，根本政治制度是人民代表大会制度。"政协"既非国家机关，亦非人民团体。

83. 绝对"全民/国家"所有：城市的土地、矿藏、水流；"原则上集体所有，例外时全民所有"：农村和城市郊区的土地；"原则上全民所有，例外时集体所有"：森林、山岭、草原、荒地、滩涂。

84. 国家财产的主要部分包括国有企业、国有自然资源，其他属于重要部分。

85. 我国宪法对文化制度的规定："文科道教"（文学艺术及其他文化事业、科学事业、公民道德教育、教育事业）。

86. 我国宪法对社会制度的规定："保护人家生痨病"[社会保障制度（核心内容）、劳动保障制度、医疗卫生事业、婚姻家庭、计划生育制度、人才培养制度、社会秩序及安全维护制度]。

87. 我国是单一制的国家结构形式："一宪、一体系、一籍、央统地"。

88. 行政区域变更的法律程序：全国人大建省设特；乡镇全找省级政府；改动县以上，要找国务院。

89. 我国对国家标志以"宪法专章+法律"的形式予以规定。国家标志只能用于国家活动的场合，不得用于商业、私人等其他非国家活动的场合。

90. 《国旗法》中全是"应当"升挂，"可以"升挂的说法都错。国家机关、党的机构都要升挂国旗。网络使用的国旗图案标准版本在中国人大网和中国政府网上发布。

91. 应当奏唱国歌的场合：人大、政协，会议开闭；政党、团体、代表大会；宣誓、升旗，庆、表、纪；国家公祭，重大外、体。

92. 悬挂国徽的，包括各级国家机关（常、府、监、法、检、军委、外交机构、驻港澳机构）和与国家机关相关的审判庭、会堂、会场、口岸，不包括党的机构。

93. 直接选举由本级选举委员会主持，间接选举由本级人大常委会主持。县级以上地方各级人大选举上一级人大代表时，由其主席团主持。

94. 投票和当选：直接选举"双过半"当选，间接选举"全过半"当选。

95. 选民委托投票：只可委托其他选民，经选委会同意，书面委托，不超3人，按委托人意愿投票。

96. 罢免代表：直接选举的，由原选区选民罢免；间接选举的，由原选举单位罢免。代表辞职：直接选举的，向工作单位辞职；间接选举的，向原选举单位辞职。

97. 代表资格终止的情形：迁离、辞职、两缺席、剥、罢、疯、逝、丧国籍。
98. 民族自治机关只包括民族自治地方的人大和人民政府。自治地方的政府首长有民族限制，人大常委会的主任或者副主任中1人满足民族限制即可。其他国家机关的领导没有民族限制。民族乡的乡长有民族限制。
99. 香港、澳门的行政、立法、司法三机关的主要公职人员须宣誓拥护基本法，效忠特别行政区。澳门行政长官、主要官员、立法会主席、终审法院院长、检察长还须效忠中华人民共和国。
100. 特别行政区所有法官均由独立委员会推荐，由特首任命。香港终审法院的法官和高等法院首席法官的任免、澳门终审法院的法官和院长的任免，均须报全国人大常委会备案。
101. 《香港国安法》，"管治"双保险：香港国安委（本地机构）+国务院国安公署（派驻机构），国安委主席（特首兼任）+国安顾问（国务院指派），"一条红线，两种管辖"。
102. 居委会和村委会是宪法规定的基层群众性自治组织，其特点是"组织独立，事务自决"。
103. 村民委员会的设立、撤销、范围调整："乡提县批政府管，村民会议要同意"。
104. 村民委员会成员选任："本村村籍，年满十八，既没发疯，也没被抓，一任五年，任届不限"，程序上"双过半选举""双过半罢免"。
105. 对村委会纠错："三找两干掉"（找法院撤销、找村民会议纠正、找乡级政府责令改正；对于村委会成员依法罢免，或者连续2次民主评议不称职予以解职）。
106. 我国宪法未明确规定生命权，其他权利都有明文规定。
107. 私有财产权和继承权规定在《宪法》正文第一章"总纲"，其余基本权利均规定在《宪法》正文第二章"公民的基本权利和义务"。劳动和受教育既是权利又是义务。
108. 基本权利的主体一般而言是公民。但是，劳动权的主体是有劳动能力的公民；休息权的主体是劳动者；物质帮助权的主体是年老、疾病或者丧失劳动能力的公民。
109. 社会经济、文化教育权利主要是一种积极受益权，但是，财产权和继承权是消极受益权。
110. 公民在法律面前一律平等：禁止差别对待，存在合理差别→法定的差别对待理由：性别、年龄、生活环境。
111. 出版自由须事前审批，言论自由用事后追惩。
112. 监督权包括批评、建议权（对任何国家机关及其工作人员），控告、检举权和申诉权（只能对国家机关及其工作人员的违法失职而行使）。
113. 其他国家机关都由人大产生，对人大负责，受人大监督。全国人大不受任何其他国家机关监督。
114. 县级以上各级人大常委会主持召集预备会议，乡级人大无预备会议。县级以上各级人大会议每年举行1次，乡级人大会议一般每年举行2次。
115. 全国人大秘密会议的条件：必要时，经主席团征求各代表团的意见后，由有各代表团团长参加的主席团会议决定。
116. 临时召集人大会议的条件：人大常委会（乡级为人大主席团）认为有必要，或者有1/5以上的人大代表提议。
117. 人大开会须有全体代表2/3以上出席。人常开会须有常委会全体成员过半数出席。

118. 全国人大以决定方式产生：除开军委主席的"两央"（国务院、中央军委）人员；以选举方式产生：其他国家机关领导人员。

119. 全国人大开会期间，国务院人事变动用主席令公布，其余的都用全国人大公告。

120. 人大监督其他机关：全国人大"四报告、三例外"，县级以上人大"四报告、一例外"。

121. "府、军、监、法、检、专（专门委员会）、省常"有权要求全人常解释法律。

122. 有立法权的地方人大、人大常委会（设区的市、自治州以上）可以协同立法。

123. 地方人大选举本级其他国家机关领导人员时，正职等差皆可，副职应当差额。

124. 地方各级检察长由本级人大选举产生，报上一级人大常委会批准任免。地方人大常委会决定本级"府、监、法、检"代理正职，决定代理检察长时，须报上一级检察院和人大常委会备案。

125. 国务院成员新增中国人民银行行长。国务院各部门副职（包括央行副行长）由国务院任免。

126. 总理召集和主持国务院的全体会议和常务会议，根据需要召开总理办公会议和国务院专题会议。

127. 国家主席的职权：自行决定两件事，友谊勋章+国事活动。

三 中国法律史

128. 传统中国法律思想的变迁：周"天"+汉"辅"+唐"合"+明"明"。

129. 西周礼刑关系：一体两面，各依等级，不可混用。

130. 古代法典体例的变化：《法经》先分后总→《魏律》先总后分→《晋律》两篇总则→《北齐》合一到明清。

131. 亲亲得相首匿：卑幼隐匿尊长任何犯罪→无责，尊长隐匿卑幼的非死罪→无责，尊长隐匿卑幼的死罪→上报皇帝减责。

132. 春秋决狱：依据《春秋》等儒家经典"论心定罪"，"本直者其论轻，首恶者罪特重（区分首从），志邪者不待成（区分未遂、既遂）"。

133. 类推：断罪无正条，则入罪举轻以明重，出罪举重以明轻。

134. 秦朝渎职罪：见知不举、不直（故意颠倒轻重）、纵囚（故意放纵）、失刑（过失量刑不当）。

135. 秦朝徒刑中的城旦舂、鬼薪、白粲、隶臣妾，都分男女。

136. 十恶中，打、谋杀尊亲是恶逆，控告尊亲是不孝，殴打或控告丈夫是不睦，夫丧违礼是不义。犯十恶者，不适用赦免、自首，不能搞特权。

137. 宋朝：①准改嫁，但不得"擅走"，且改嫁者不能带走家族财产；②准"和离"；③"义绝"即官府强制离婚。

138. 宋朝遗产兄弟均分；允许在室女继承部分财产（在室女3/4，继子1/4；只有出嫁女的，则出嫁女、继子、官府各得1/3），遗腹子与亲生子享有同样继承权。

139. 马锡五审判方式体现了人民司法、群众路线。

140. 人民调解三原则：自愿不强迫、合法兼良俗、非诉讼必须。

141. 新民主主义革命时期的宪法性文件："红苏维，抗宁纲，宁原、华政、明解放"；工农红军:《中华苏维埃共和国宪法大纲》;抗日时期:《陕甘宁边区施政纲领》;解放时期:《陕甘宁边区宪法原则》《华北人民政府施政方针》《关于时局的声明》。

142. 《关于废除国民党的〈六法全书〉与确定解放区的司法原则的指示》的基本精神:"除旧布新改造人"。

143. 工农时期:政审合一,审检合一,司法与行政中央分立、地方合一,四级两审;抗日时期:审检合一,司法与行政中央、地方均合一,两级两审;解放时期:审检合一、司法与行政分立、三级三审。

四 习近平法治思想

144. "一个地位":习近平法治思想在全面依法治国工作中的指导地位,由2020年11月中央全面依法治国工作会议明确。

145. "两个大局":习近平法治思想着眼于中华民族伟大复兴战略全局和当今世界百年未有之大变局。

146. "三大逻辑":①历史逻辑(三规律:共产党执政规律、社会主义建设规律、人类社会发展规律);②理论逻辑(四来源:马克思主义法治理论的基本内容、党关于法治建设的重要理论、中华优秀传统法律文化、新时代中国特色社会主义法治实践经验);③实践逻辑(四伟大:伟大斗争、伟大工程、伟大事业、伟大梦想)。

147. "四大意义":①是马克思主义法治理论同中国法治建设具体实际相结合、同中华优秀传统法律文化相结合的最新成果;②是对党领导法治建设丰富实践和宝贵经验的科学总结;③是在法治轨道上全面建设社会主义现代化国家的根本遵循;④是引领法治中国建设实现高质量发展的思想旗帜。

148. "五大特色":原创性、时代性、人民性、实践性、系统性。

149. "七大节点":十八亲,八四定,十九"三法治",九三全法委,九五新发展,二十大专章。

150. 习近平法治思想的核心要义是"十一个坚持":党领、人、道、两依宪,法轨两现、体系建,三推三体、四全面,统筹、队伍、抓关键。

151. 党的领导是推进中国特色社会主义法治之魂。以人民为中心是中国特色社会主义法治的根本立场。

152. 中国特色社会主义法治道路是建设中国特色社会主义法治体系、建设社会主义法治国家的唯一正确道路。

153. 依宪治国、依宪执政是建设社会主义法治国家的首要任务。

154. 建设中国特色社会主义法治体系是推进全面依法治国的总目标和总抓手。

155. "坚持依法治国、依法执政、依法行政共同推进,法治国家、法治政府、法治社会一体建设"是对全面依法治国的工作布局。

156. "新十六字方针"是科学立法、严格执法、公正司法、全民守法。党领导全面依法治国的基本经验是党领导立法、保证执法、支持司法、带头守法。

157. 中国共产党是最高政治领导力量,党的领导是我国法治同西方资本主义国家法治最大的区别。

158. "一规划两纲要"都以"法治"开头,"一规划两纲要"的时间表路线图:"2025 一初步,2035 三基本"。

五 司法制度和法律职业道德

159. 党的十八届四中全会首次明确提出"法治工作队伍"概念。法治专门队伍与法律服务队伍区别在于是否在国家机关从事相关工作。

160. 注意关键字眼:行政机关内部重大决策合法性审查机制,重大决策终身责任追究制及责任倒查机制,领导干部干预司法活动、插手具体案件处理的记录通报和责任追究制。

161. 司法的特征:立定编程射击(与行政相比,司法具有独立性、法定性、普遍性、程序性、交涉性、终极性)。

162. 司法的直接功能是解决纠纷,其他一切功能皆属于间接功能。

163. 法律职业人员的行为规范:"经批准""依法""依授权""依职权""按程序""单位安排""组织派遣"的,都对;反之,则错。

164. 法律职业人员在履职和人格上平等,其共同目标是追求司法公正。

165. 法官无须任职回避的情形:①同一法院不同法庭的:a. 庭长、副庭长和审判员;b. 审判员和审判员。②相邻两级法院的正副职领导之外的其他职务。

166. 检察官无须任职回避的情形:①同一检察院不同业务部门的检察员和检察员;②相邻两级检察院的正副职领导之外的其他职务。

167. 法官、检察官的任职回避:配偶、父母及子女,任职回避须记牢,辖区律所合伙设,代理辩护有偿帮。

168. 法官、检察官的奖励:重在程度,显著、突出,即予奖励。

169. 法官、检察官的惩戒:惩戒委省级以下无;专业角度审查认定;惩戒委张口,本单位动手;半数以上,须是同行;若有异议,再行审查。

170. 法官、检察官非经正当程序,不过问、不干预、不评论其他法官、检察官正在审理的案件。

171. 法官、检察官的廉洁:不论利益大小均应拒绝,教育督促家庭成员要廉洁。

172. 法官、检察官不得针对具体案件和当事人进行不适当的评论。

173. 严禁法官、检察官与律师、当事人、特殊关系人、中介组织交往中的司法掮客、利益输送。

174. 对于律师和法官、检察官不正当接触交往的线索,涉及律师的线索送司法行政机关或者纪检监察机关,涉及法官、检察官的线索送法院、检察院或者纪检监察机关。

175. 法院、检察院离任工作人员,凡具有公务员身份的,均限期隔离与律师、律所沾边的工作。

176. 律师业务推广时"不准吹牛"。

177. 律师业务交往时,禁止虚假承诺(辩护、代理意见未被采纳的,不属于虚假承诺)。

178. 法律援助免费无偿、主体特定、统一组织、形式丰富、方式特定。

179. 申请法援不看经济条件的有:英烈、再审、见义、虐待、家暴、遗弃。

180. 公证对象是没有争议的民事法律行为、有法律意义的事实和文书。

声　明　　1. 版权所有，侵权必究。

　　　　　2. 如有缺页、倒装问题，由出版社负责退换。

图书在版编目（CIP）数据

理论法全解. 客观 / 高晖云编著. -- 北京 : 中国政法大学出版社，2025. 2. -- ISBN 978-7-5764-2000-5

Ⅰ. D920.0

中国国家版本馆CIP数据核字第202576MD89号

出 版 者	中国政法大学出版社
地　　址	北京市海淀区西土城路25号
邮寄地址	北京100088 信箱 8034 分箱　邮编 100088
网　　址	http://www.cuplpress.com（网络实名：中国政法大学出版社）
电　　话	010-58908285(总编室) 58908433（编辑部）58908334(邮购部)
承　　印	三河市华润印刷有限公司
开　　本	787mm×1092mm　1/16
印　　张	29.25
字　　数	705千字
版　　次	2025年2月第1版
印　　次	2025年2月第1次印刷
定　　价	89.00元

厚大法考 2025 年客观题面授教学计划

班次名称		授课时间	标准学费（元）	阶段优惠(元)			备注
				11.10 前	12.10 前	1.10 前	
至尊系列	至尊私塾班（上海）	全年招生，随报随学	199000	自报名之日至通关之时，专业讲师一对一私教，学员全程、全方位享受厚大专业服务，导师全程规划；私人定制、小组辅导、大班面授，专属自习室，多轮次、高效率系统学习；主客一体，签订协议，让你法考无忧。			专属10人自习室，小组辅导，量身打造个性化学习方案。
	至尊主客一体班（上海）	3.22~主观题考前	69800	主客一体，签订协议，无优惠。2025年客观题考试成绩合格，凭客观题成绩单上2025年主观决胜VIP班；2025年客观题意外未通过，退30000元；2025年主观题意外未通过，退20000元。			
	至尊班(上海)	3.22~9.7	59800	35000	40000	45000	
大成系列	大成长训主客一体班（上海）	3.22~主观题考前	39800	主客一体，签订协议，无优惠。2025年客观题考试成绩合格，凭客观题成绩单上2025年主观题决胜班；2025年客观题意外未通过，退10000元。			本班配套图书及内部资料
	大成长训班(上海)	3.22~9.7	39800	23800	24800	25800	
	MAX 魔训营(北京)	4.10~主观题考前	79800	两年无忧通关，主客一体，签订协议。全面量化，教学颗粒度对齐；定制课程，专属辅导，高强度、高效率系统学习，高质海量模考，让学员敢做题、会做题；强管理、细过程、重执行，带背、带读、抽背，建立学习档案，家校协同。2025年客观题考试成绩合格，凭客观题成绩单上2025年主观题衔接班；2025年客观题意外未通过，免费读2026年MAX魔训营；2025年主观题意外未通过，免费读2026年二战主观定制班；2026年主观题意外未通过，全额退费。			
	大成特训主客一体班（上海）	4.15~主观题考前	30800	主客一体，签订协议，无优惠。2025年客观题考试成绩合格，凭客观题成绩单上2025年主观题决胜班；2025年客观题意外未通过，退10000元。			
	大成特训班(上海)	4.15~9.7	30800	18800	19800	20800	
	全封闭极训营(北京)	5.5~主观题考前	69800	两年无忧通关，主客一体，签订协议。全面量化，教学颗粒度对齐；定制课程，专属辅导，高强度、高效率系统学习，高质海量模考，让学员敢做题、会做题；强管理、细过程、重执行，带背、带读、抽背，建立学习档案，家校协同。2025年客观题考试成绩合格，凭客观题成绩单上2025年主观题衔接班；2025年客观题意外未通过，免费读2026年全封闭极训营；2025年主观题意外未通过，免费读2026年二战主观定制班；2026年主观题意外未通过，全额退费。			
	大成集训主客一体班（上海、广州）	5月初~主观题考前	29800	22800	23800	24800	
	大成集训主客一体协议班（上海、广州）	5月初~主观题考前	29800	主客一体，签订协议，无优惠。2025年客观题考试成绩合格，凭客观题成绩单上2025年主观题决胜班；2025年客观题意外未通过，退15000元。			
	大成集训班(上海、广州)	5月初~9.7	29800	16800	17800	18800	
暑期系列	暑期狂训营(北京)	7月初~主观题考前	39800	两年无忧通关，主客一体，签订协议。专属辅导，高质海量模考，以考代学，让学员敢做题、会做题；严格监督，严格考勤，带背、抽背，建立学习档案，家校协同。2025年客观题考试成绩合格，凭客观题成绩单上2025年主观题衔接班；2025年客观题意外未通过，免费读2026年暑期狂训营；2025年主观题意外未通过，免费读2026年二战主观定制班；2026年主观题意外未通过，全额退费。			
	暑期主客一体尊享班（全国）	7.9~主观题考前	18500	主客一体，签订协议，无优惠；专业班主任跟踪辅导，个性学习规划。2025年客观题考试成绩合格，凭客观题成绩单上2025年主观题决胜班(赠送专属辅导，一对一批阅)；2025年客观题意外未通过，退10000元。			
	暑期主客一体班（全国）	7.9~主观题考前	13500	主客一体，签订协议，无优惠。2025年客观题考试成绩合格，凭客观题成绩单上2025年主观题决胜班；2025年客观题意外未通过，退8000元。			
	暑期全程班(全国)	7.9~9.7	11800	6800	7300	7600	
	大学生法考先锋班（上海、广州）	3.23~6.30 / 7.8~9.7	15800	8000	8500	8800	

续表

班次名称		授课时间	标准学费(元)	阶段优惠(元)			备注
				11.10前	12.10前	1.10前	
周末系列	周末主客一体班(上海、广州)	3.8~主观题考前	13800	主客一体，签订协议，无优惠。2025年客观题考试成绩合格，凭客观题成绩单上2025年主观题决胜班；2025年客观题意外未通过，退6000元。			本班配套图书及内部资料
	周末VIP班(上海、广州)	3.8~9.7	16800	VIP模式，无优惠；座位前三排，专业班主任跟踪辅导，个性学习规划。			
	周末全程班(上海、广州)	3.8~9.7	11800	7800	7900	8100	
	周末精英班(上海、广州)	3.8~8.24	7980	6300	6500	6800	
	周末强化班(上海、广州)	3.8~6.22	5980	3280	3580	3880	
	周末特训班(上海、广州)	6.28~9.7	7980	4180	4580	4980	
	周末长训班(上海、广州)	3.8~6.22(周末) 7.9~9.7(脱产)	15800	7980	8480	8980	
冲刺系列	点睛冲刺班(全国)	8.30~9.7	4580	2980			本班内部资料

其他优惠：

1. 多人报名可在优惠价格基础上再享团报优惠（协议班次除外）：3人（含）以上报名，每人优惠200元；5人（含）以上报名，每人优惠300元；8人（含）以上报名，每人优惠500元。
2. 厚大面授老学员报名（2025年3月10日前）再享9.5折优惠（VIP班次和协议班次除外）。

备注：各地班次价格，以当地招生简章为准。面授教室按照学员报名先后顺序安排座位。面授班次时间根据2025年司法部公布的客观题考试时间安排，部分面授班次时间将根据司法部公布的考试时间微调。

咨询热线：4009900600

【北京教学基地】北京市海淀区花园东路15号旷怡大厦10层
　　　　　　　咨询热线：陈老师18610642307　王老师18610094790　刘老师15001086365　周老师18611561731

【上海教学基地】上海市松江大学城文汇路1128弄双创集聚区3楼301室　咨询热线：021-67663517

【广州教学基地】广州市海珠区新港东路1088号中洲交易中心六元素体验天地1207室　咨询热线：020-87595663　020-85588201
　　　　　　　廖老师18613097079　张老师18613090550　罗老师18924254345　林老师13318893410

【郑州教学基地】郑州市南大学城泰山路与107国道交叉口向东100米厚大法考教学基地
　　　　　　　咨询热线：李老师19939507026　杨老师17303862226　姚老师19939507028

【西安教学基地】西安市雁塔区长安南路449号丽融大厦1802室
　　　　　　　咨询热线：李老师18691857706　李老师18192337083　王老师18192337067

【成都教学基地】成都市成华区梦魔方广场1栋1318室
　　　　　　　咨询热线：028-83533213　王老师19938016216　彭老师18113150178

【南京教学基地】南京市江宁区宏运大道1890号厚大法考南京教学基地
　　　　　　　咨询热线：025-84721211　咸老师18351884770　张老师18351883791　马老师18351889136

【杭州教学基地】杭州市钱塘区二号大街515号智慧谷2幢1009室（厚大教育）
　　　　　　　咨询热线：0571-28187005　朱老师18757123093（24小时热线）　郭老师18814812009　彭老师15988472258

【深圳教学基地】深圳市罗湖区滨河路1011号深城投中心7楼717室　咨询热线：0755-22231961　廖老师18613091602

厚大法考APP　　厚大法考官博　　厚大法考公众号

2025年主客一体全程班

2025年1月中旬-2025年主观题考前
*课程价格：10800元

厚大网授

◎ 时间充分　◎ 多轮巩固　◎ 配套图书　◎ 海量习题

万元以下　高端班次

基础搭建	重点科目知识点体系搭建，完成首轮复习
理论精讲	八大科目系统讲解大纲知识点，完成第二轮复习
臻题回顾	真题库中精选配套习题，讲练评结合辅学
真金演练	择选易错、难点、高频考点真金题，以题带点传授技巧
名师带背	八科名师梳理必考重难点，带你轻松背诵并完成第三轮复习
客观考前预测	浓缩客观考试范围，迅速复盘，直击考点
三位一体	主观知识点、案例、法条融合式教学掌握主观答题能力
专项突破	主观难点专项讲解、专项突破
实战演练	精编2套全真模拟卷直观感受题型精批，严格控时
主观考前预测	主观考前冲刺，推测命题趋势，从容应考

主客一体普通模式
扫码购买了解详情

2025年主客一体私教课

2025年三月底-2025年主观题考前
*课程价格：6980元

厚大网授

◎ 免费课件的考生量身定制　专为使用学习包+

专业课程配方　主观化思维训练

讲授干货	纯干货讲授，针对考查频率讲授重点
通俗易懂	将难懂的法言、法语转变为易懂的白话
应试技巧	深度剖析疑难点后总结技巧一招制敌
靶向训练	靶向训练考哪打哪，精准训练各个命题角度
边学边记	提炼直接记忆的关键词，帮助考生节约背诵时间
以考带学	多阶段、多频次以考代练、以练促学
案例教学	助力考生正确运用法律思维分析案例
答题套路	教你审题方法，案例拆解步骤
人工批改	在线感受阅卷标准，建立规范的答题模型

主客一体普通模式
扫码购买了解详情